纪念孙中山先生创办中山大学 90 周年校庆丛书编委会

总策划：李　萍　陈春声　黎孟枫
主　任：梁庆寅
成　员：李　萍　李宝健　陈汝筑　梁庆寅
　　　　　黄天骥　邱　捷　程焕文　丘国新

纪念孙中山先生创办中山大学90周年校庆丛书
Publications to Celebrate the 90th Anniversary of the Founding of Sun Yat-sen University by Dr. Sun Yat-sen

孙中山社会建设思想研究
（修订版）

林家有 ◆ 等著

中山大学出版社
SUN YAT-SEN UNIVERSITY PRESS
·广州·

版权所有　翻印必究

图书在版编目（CIP）数据

孙中山社会建设思想研究/林家有等著 . —修订版 . —广州：中山大学出版社，2014.11
ISBN 978-7-306-05032-8

Ⅰ.①孙…　Ⅱ.①林…　Ⅲ.①孙中山（1866—1925）—社会发展—思想评论　Ⅳ.①D693.0

中国版本图书馆 CIP 数据核字（2014）第 219421 号

出 版 人：	徐　劲
策划编辑：	邹岚萍
责任编辑：	赵　婷
封面设计：	曾　斌
责任校对：	刘丽丽
责任技编：	黄少伟
出版发行：	中山大学出版社
电　　话：	编辑部（020）84111996，84113349
	发行部（020）84111998，84111981，84111160
地　　址：	广州市新港西路 135 号
邮　　编：	510275　传真：（020）84036565
网　　址：	http://www.zsup.com.cn　E-mail: zdcbs@mail.sysu.edu.cn
印 刷 者：	广州中大印刷有限公司
规　　格：	787mm×1092mm　1/16　30.25 印张　590 千字
版次印次：	2009 年 8 月第 1 版　2014 年 11 月第 2 版　2014 年 11 月第 2 次印刷
定　　价：	80.00 元

本书如有印装质量问题影响阅读，请与出版社发行部联系调换

总 序

李 萍

今年是孙中山先生创办中山大学90周年。90年来,中大人秉承中山先生"天下为公"的精神,在人才培养、科学研究、服务社会、文明传承与创新上砥砺前行,形成了中山大学的优良办学传统,为实现建设世界一流大学的战略目标奠定了坚实基础。

为纪念和庆祝建校90年,学校以"学术与校友"为主题开展了一系列活动,建立了学校的顾问董事会,举办了全球中大校友会会长论坛等等,出版"纪念孙中山先生创办中山大学90周年校庆丛书"就是这次校庆活动中的一个重要部分。这套丛书包括《孙中山研究丛录》、《孙中山社会建设思想研究(修订版)》、《孙中山与近代中国的觉醒(增订本)》、《中山手创 巍巍上庠》、《声振神州:孙中山在中山大学及前身院校的演讲》、《辛亥革命与新中国》、《中山大学与现代中国学术》、《中大童缘》、《岭南记忆》、《思华年——中山大学外语人的故事》、《康乐芳草:中山大学校园植物图谱》、《泽惠翰林 德铭千秋:1978—2014年中山大学受赠建筑集萃》、《校园歌曲30年》、《中山大学外语学科90年(1924—2014)》共14部。这14部著作,有的通过深入挖掘史料,对中山先生的思想、精神和伟大贡献作出了新的阐发,进一步深化了孙中山研究;有的打开尘封已久但依然鲜活的记忆,讲述了中大的人、中大的事、中大的草木、中大的建筑,呈现了一个个动人的中大故事;有的把笔触投向中大与现代中国学术的关系,从多个视角阐述了中山大学在现代中国学术形成、发展过程中的地位和重要贡献。为完成这套丛书，各书的作者花费了许多精力和心血，丛书的字里行间饱含着他们热爱中大、心系中大的赤诚之情。我们相信，这套丛书的出版必将在凝聚中大精神、传播中大文化方面起到推动作用。

撰写、出版有关中山大学的历史和当前发展的书籍，校庆自然是合适的契机，但是这项工作当然不止于校庆期间。我们希望"书写中大"成为中大师生、校友的常态，在书写中寄托爱校的情怀，寄望学校的发展，让中大精神发扬光大，让中大文化薪火相传。

是为序。

2014 年 12 月 1 日于康乐园

目 录

引论 …………………………………………………………………… (1)
  一、孙中山社会建设思想研究的缘起与意义 ………………………… (1)
  二、孙中山社会建设思想研究的情况与评述 ………………………… (6)
  三、孙中山社会建设思想研究的问题与思考 ………………………… (13)

第一章　孙中山社会建设思想的理论构建 ………………………… (17)
  一、孙中山对中西方社会发展理论的融合与创新 …………………… (17)
    （一）孙中山对西方社会发展观的吸纳与扬弃 ………………… (17)
    （二）孙中山对马克思主义社会发展观的研究与评析 ………… (47)
    （三）孙中山对中国传统社会发展观的批评与继承 …………… (60)
  二、孙中山对社会发展阶段论的传承与发展 ………………………… (66)
    （一）孙中山对社会进化史观的认知与盲点 …………………… (66)
    （二）孙中山社会发展观的基本内涵 …………………………… (72)
  三、孙中山对中国社会变革道路的反思与设想 ……………………… (89)
    （一）孙中山对和平变革道路的思考与试验 …………………… (89)
    （二）孙中山激进变革思想的形成与设想 ……………………… (96)
    （三）孙中山对大同理想社会的追求 …………………………… (100)
  四、孙中山社会发展理论的特色与价值 ……………………………… (107)
    （一）孙中山激进与温和相统一的社会发展模式 ……………… (107)
    （二）孙中山革命（破坏）为了建设的思想价值 ……………… (110)
    （三）孙中山对立与统一社会发展观的鲜明特色 ……………… (113)

第二章　孙中山对中国传统社会的认知与改造 …………………… (117)
  一、孙中山对中国传统社会的认知 …………………………………… (117)
    （一）政治与社会控制的失衡 …………………………………… (117)
    （二）士农工商阶层的错动 ……………………………………… (122)
    （三）绅商与社团对中国社会的影响 …………………………… (129)
    （四）宗族制度对中国基层社会的维系 ………………………… (146)
    （五）多元社会调适制衡思想的缺失 …………………………… (151)
  二、孙中山人本思想对中国社会改造的指导意义 …………………… (155)

（一）孙中山"治理社会先治人"思想的意义 …………… (155)
　　　（二）孙中山陶冶中国国族意识的目的 ………………… (160)
　　　（三）孙中山改造国民性格思想的影响 ………………… (169)
　三、孙中山治理中国社会的构想 ………………………………… (175)
　　　（一）孙中山的富民思想 …………………………………… (175)
　　　（二）孙中山的社会救助思想 ……………………………… (183)
　　　（三）孙中山的女性观与男女平权思想 …………………… (189)
　　　（四）孙中山的民族观念与民族平等思想 ………………… (196)

第三章　孙中山的社会政治意识与社会变革 ……………………… (204)
　一、孙中山的社会政治概念与新社会政治制度的建设 ………… (204)
　　　（一）孙中山的社会政治概念 ……………………………… (204)
　　　（二）孙中山的政治与社会建设的依附性观念 …………… (208)
　　　（三）《民权初步》与政治启蒙 …………………………… (211)
　二、孙中山社会建设的政治基础——地方自治理论 …………… (222)
　　　（一）孙中山地方自治理论的形成 ………………………… (223)
　　　（二）孙中山地方自治理论的社会理想与目标 …………… (224)
　　　（三）孙中山对地方自治实践的重视 ……………………… (227)
　三、孙中山建立权力秩序的思想与中国社会变革 ……………… (230)
　　　（一）孙中山的均权思想及其历史影响 …………………… (230)
　　　（二）孙中山的训政思想与政治权力秩序的确立 ………… (233)
　四、孙中山对中国社会管理的政治考量 ………………………… (237)
　　　（一）传统政治、现代政治与社会管理的目标 …………… (237)
　　　（二）孙中山对民初社会政治管理的批判和对社会主体的
　　　　　　认识 ……………………………………………………… (242)
　　　（三）孙中山对社会政治精英——革命党的要求和期望 … (245)

第四章　孙中山的经济建设思想与福利社会的追求 ……………… (252)
　一、孙中山经济建设的大方针与社会的全面发展 ……………… (252)
　　　（一）孙中山《实业计划》的制订 ………………………… (252)
　　　（二）孙中山发展经济与社会建设的主张 ………………… (255)
　二、孙中山民生社会史观的正确诠释 …………………………… (262)
　　　（一）孙中山民生史观的内涵 ……………………………… (262)
　　　（二）学术界对民生史观的误读 …………………………… (269)
　　　（三）孙中山民生史观的当代价值 ………………………… (273)

三、孙中山的城市建设主张 …………………………………… (281)
　　（一）孙中山对现代城市功能的认识 ……………………… (282)
　　（二）孙中山对现代城市建设内涵的界定 ………………… (284)
　　（三）孙中山对现代城市化道路的选择 …………………… (286)
四、孙中山对农业、农村、农民的认识与改造 ………………… (291)
　　（一）孙中山对农业发展道路的设计 ……………………… (291)
　　（二）孙中山对农村社会建设的思考 ……………………… (295)
　　（三）孙中山对农民社会意识的批判 ……………………… (299)
五、孙中山关于人与自然和谐发展的理想 ……………………… (303)
　　（一）孙中山与治水 ………………………………………… (303)
　　（二）孙中山与植树 ………………………………………… (306)

第五章　孙中山的科学发展观与社会转型 ……………………… (310)
一、孙中山"建设，必须学问"创新思想的提出 ……………… (310)
　　（一）孙中山对知识分子与教育作用的认识 ……………… (310)
　　（二）孙中山的科学救国思想解读 ………………………… (324)
二、孙中山将科学与人文精神合一，构建中国社会理论的贡献 … (331)
　　（一）孙中山的"人学"理论——三种人的定位 ………… (331)
　　（二）孙中山"人心就是立国的大根本"评说 …………… (337)

第六章　孙中山的宗教人性观与对儒学的改造 ………………… (347)
一、孙中山政治与宗教相互提挈人性观念的实质 ……………… (347)
　　（一）孙中山的宗教精神 …………………………………… (347)
　　（二）孙中山关于"政治与宗教互相提挈"的主张 ……… (354)
　　（三）孙中山的宗教精神对中国社会秩序建构的影响 …… (362)
二、孙中山与儒学的改造 ………………………………………… (367)
　　（一）孙中山对西学与儒学的调适 ………………………… (367)
　　（二）孙中山对儒学公私观的诠释 ………………………… (373)
　　（三）孙中山对儒学中庸思想的继承 ……………………… (381)
三、孙中山的道德观与中国社会新风的树立 …………………… (386)
　　（一）孙中山道德观的时代精神 …………………………… (386)
　　（二）孙中山"为人"思想的人格魅力 …………………… (390)
　　（三）孙中山树立"敢开风气之先"新风对社会改造的
　　　　　影响 ……………………………………………………… (395)

第七章 孙中山的大同理想与社会新秩序的构想 ……………… (399)
  一、孙中山大同理想的提出与世界社会新秩序的构想 ………… (399)
    (一) 孙中山"世界大同"构想的提出及其发展 …………… (399)
    (二) 孙中山"世界大同"思想的内涵 ……………………… (404)
    (三) 孙中山"世界大同"思想与苏俄样板 ………………… (410)
    (四) 孙中山追求"世界大同"与对资本主义社会的政策 … (416)
    (五) 孙中山与中国的国家社会主义 ………………………… (421)
  二、孙中山的大同理论与平等国家观念的确立 ………………… (425)
    (一) 孙中山的平等国家观念 ………………………………… (425)
    (二) 孙中山的国权与民权并重的思想 ……………………… (440)
    (三) 孙中山的国际主义思想 ………………………………… (448)
  三、孙中山的"博爱"观与"天下为公"思想的意义 ………… (452)
    (一) 孙中山的"博爱"与爱我中华 ………………………… (452)
    (二) 孙中山"天下为公"思想的内涵和意义 ……………… (460)
    (三) 孙中山对中国未来社会的构建 ………………………… (467)

后记 ……………………………………………………………………… (476)

引　论

一、孙中山社会建设思想研究的缘起与意义

孙中山是 20 世纪促使中国社会发生巨变的主要代表人物，是中国民主革命的先行者，是中国近代化的先驱和社会建设的前瞻者。伟人的智慧与精神跟凡人不同，他的前瞻性、时代性与民族性的思想不仅对于当时人，而且对于后代和来世也有影响。我们的时代需要思想，也需要智慧，当然还需要科学和践行。近十多年来，我们都在思考和探索"近现代中国政治与社会变迁"的有关问题，并将政治、社会与教育作为研究的重点。前些年，林家有出版过《孙中山与中国近代化道路研究》（广东教育出版社 1999 年版）、《政治·教育·社会——近代中国社会变迁的历史考察》（天津古籍出版社 2004 年版）等著作，随后对于孙中山及其建设中国的思想的研究仍然不断。"近现代中国政治与社会变迁"是一个有意义的研究课题。经林家有申报，中山大学同意将此研究列入中山大学"985"学术建设的研究课题。经过中山大学历史学系有关教师和学生的努力，历经数年终于成书 16 部，由天津古籍出版社于 2004 年至 2005 年全部陆续出版发行。

政治是一个含义广泛、内容复杂的概念。我们将政治作广义的论述，研究视野拓展到政治思想、政治制度和国际环境、对外关系，以及在此基础上的重要政治人物和重大政治事件，将政治与社会综合起来，考察政治与经济的关系、政治对教育和人才培养的影响、政治与社会的稳定和文明进步、政治与对外关系，尤其是对一些重要人物的政治态度和他们的治国理论、方针、手段造成的社会影响，作多角度、多层面的透视，试图用政治社会学的理论和方法就政治与社会的互动关系做新的探索，用社会的稳定、进步、发展和文明的程度来衡量与评论政治人物的政治思想、主张和政治人物施政的正误。这是一种新的尝试。

历史学者应当参与政治，参与社会建设，参与历史。在当今全国人民为实

现中华民族伟大复兴而努力奋斗的情况下,历史学者应该做些什么?又能够做些什么?这是一个无法回避,也不必回避的问题。基于这个思考,在2004年,林家有曾写过一篇小文章《历史学者需要眼睛向下透视社会》,发表在河南省开封市《史学月刊》(2004年第6期)上。在这篇文章中,林家有一方面肯定半个多世纪以来,中国近代史研究取得的骄人成就,指出无论是政治史、经济史、思想史,还是文化史、军事史、中外关系史的研究都有突破性的进步和发展,出版的研究成果不仅数量多,质量也有很大的提高,尤其是一些利用中外文新资料,用新的视角和方法发表的高水平研究成果享誉学术界。

然而,事物都有两面性,在看到我们研究成绩的同时,也应看到我们的不足和缺点。所谓不足,主要有两点:一是急功近利价值观催生了不少短、平、快的作品,在浮躁心态下研究,出不了与时代相适应的、反映时代智慧的高水平的著作,所以跨时代的人,出不了跨时代的著作;二是方法单纯,许多学者研究历史使用的方法,即不新又不旧,所出版的一些成果可能材料有所增加,陈述的方法有所不同,但创新性不够,未能给人治史的智慧和启迪。有些作品又盲目地搬用西方的自由主义思维,随心所欲地乱说一通,将原来已经清晰的问题搅得糊涂不堪,对于一些人和事作出反主流的说法,哗众取宠,将历史学弄成是任人摆布、愚弄人民的未知数。正由于这些所谓反主流派人士的"高见",人家说是,他就说非,人家说非,他便说是,弄到历史已无诚实可言、无真实可言。

何谓历史?当然历史不仅是阶级对阶级的斗争。近代中国历史也不能解释为仅是资本-帝国主义侵略和中国人民反侵略反斗争的历史。近代中国的历史不只是阶级斗争史、革命史,或称反帝反封建的历史。广义的历史应包括政治、经济、思想、文化,以及社会各个方面的历史。简而言之,昨天以前发生的事都是历史。我们的研究就是用我们的思维、立场和方法去整理和归纳历史的经过,力求弄清事实真相,给人们一个较为客观的说法,使人们从中得到智慧和启迪。但是,历史是真实的,而我们要做到求真求实,由于受到各方面条件制约很难做到,得出的结论只能是相对的,不可能是绝对的。因此,历史需要一代又一代人去研究、去探索、去补充、去发展、去创新。历史只有创新才有生命,重复旧说,研究旧课题,从真理不怕重复的角度看,也不应受指责,但要尽量避免重复劳动,不要浪费时间和精力。历史学的使命应该是研究新课题,开拓新的研究领域,做出创新性成果,为现实服务,为未来的社会发展提供借鉴。这是时代的要求,也是历史学的使命和本身发展的需要。

但是,中国近代史应该如何创新?我们说不好,也不敢乱说。我们粗浅地认为,应该做的事还很多,有待我们去深入研究的问题还不少,但研究应该有主次,现在做史的人多,什么问题都应该有人去研究,然而从一个国家、一个民族而言,一定的时代应该有一个时代的研究重点,重点突破与全面铺开结合起来,从微观到宏观,从部分到全体,这应是不变的规律。没有重点,也就没有一般,全面出击,等于不出击,所以集中力量做一些有重大影响的历史课题势所必然,也不能不然。

近代中国的主题是什么?学术界有不同说法,这属于正常的学术讨论。林家有和陈金龙曾说过,中国的近代化是近代中国的主题。所谓近代化,我们的理解不仅仅是经济问题,还是一个完整的社会变革系统工程,它涵盖经济、政治、军事、文化、教育、社会和人的近代化等多个方面的内容。从1840年的中英鸦片战争开始,中国社会由封建社会进入半殖民地半封建社会,人们把从这时发端至1949年新中国成立这段时期,称为中国的近代时期。这一时期的贤达志士、文人学者所追求的近代化也就是实现中国的独立、民主、统一和富强,也就是实现由中国传统的农业社会向工业社会转型,实现中国社会的文明、进步和发达,使中国的国力达到一个高的水平。然而,中国近代社会的转型不是在社会生产力发生巨大变革的条件下导致的,亦非为波澜壮阔的革命运动所引发,而是为英国殖民主义者发动的一场推销毒品——鸦片,毒害中国人民,危害中华民族,获取经济、政治权益的鸦片战争所拉动的。所以,中国的近代化明显地与英国的工业革命、德意志的社会改革、法兰西的革命导引的社会变迁不同;与欧洲的近代化,乃至北美的近代化不仅道路不同,实现的办法也不一样。中国的近代是灾难深重的年代,也是民族复兴、人民觉醒的年代,这一切都直接或间接地影响中国社会的转型。资本-帝国主义的侵略虽然在客观上加速了中国封建主义社会自然经济的解体,加速了资本主义经济的生长,但资本-帝国主义与中国封建主义相结合却又以残酷的统治妨碍中国经济和民主的发展,使中国社会在向殖民地化转变的同时保留了封建主义,始终未能促成中国社会自然经济和政治体制的转型。封建专制主义统治者与资本-帝国主义者相勾结,保持它落后的半封建经济状态,使其成为资本-帝国主义的附庸。资本-帝国主义支持中国的封建势力,竭力维护现存的社会秩序,阻碍任何真正的社会变革。资本-帝国主义和封建主义成为阻碍中国近代化进程的两大重要因素。所以,百多年来,中国的仁人志士所追求的目标,以及近代化的任何构想、任何变革方案都不能离开这个历史主题。与其说近代中国社会发展的主要问题是经济问题,毋宁说是政治问题。政治环境不好,经济环境也不会好;只有政治环境好了,经济才能发展,民族才能振兴,国家才会富强,社会才会文明、进步。

以往的中国近代政治史研究,着重于阶级斗争和革命运动,单向性地解释政治变迁给社会造成的动荡,对经济、文化和教育的影响,在一定程度上局限了中国近代政治史研究领域的扩展和提高。中国近代政治史是中国近代史研究的重要方面，从整体上看，以往的研究兼具成果数量多而缺点明显的双重特点，可以进一步拓展的空间仍然很大，对控制近代中国社会转型之关键枢纽的政治变迁对社会的影响的研究较为薄弱，有着更加值得迫切研究的需要和更高的要求。研究政治史的重心有从革命战争、政党政治、阶级斗争、意识形态各方面向广义政治回归的发展趋势和从具体研究向整体把握提高水平的客观要求。借用西方政治社会学的理论和方法，将政治与社会结合起来，考察政治与经济的关系、政治对教育和人才培养的影响、政治与社会的稳定和文明进步，政治与对外关系，尤其是一些重要人物对政治的态度和他们的治国理论、方针、手段对社会造成的影响，即就政治与社会的互动关系作新的探索，用社会的稳定、进步、发展、文明，以及和谐的程度来衡量和评论政治人物的政治思想、主张和政治人物施政的正误，这是应该引起我们注意的重大课题。

将近代中国政治与社会变迁结合起来研究近代中国社会，用社会的变动来检验政治，以近代中国政治与社会变迁的互动作为基本切入点，在既有微观研究的基础上建立富于创见的和有时代特征的宏观阐释系统，以观察视野的扩展和研究层面的深入为主导，通过宏观和微观相结合的研究和方法的创新，提高研究水平，开辟新的路径，也许会有所作为，会作出新的贡献。以社会作为舞台和政治人物的政治表演作为重心，用社会的文明、发展、进步、和谐作为衡量近代中国社会的变迁、转型的标尺，在方法上必须更新，如能把历史学、社会学、政治学的理论和方法结合起来阐释历史过程，也许会使研究成果更加充满历史感和现实感，以及将历史和现实结合起来，避免历史脱离现实的弊端，这样做也许能引起治史者思维的变化和视野的拓宽，使历史更具思想性、时代性、民族性、现实性和世界性。总之，历史学者只有眼睛向下透视社会，用自己的聪明才智将社会变迁、社会操控、转型过程中的种种问题解说清楚才算有真本事。社会问题不解决，政治社会不稳定，社会也不可能文明、进步、和谐；社会不进步、不文明、不和谐，政治也不可能文明，更加不会有人类的幸福和美好；国家与社会的问题不能解决，势必又带来统治者与社会之间的不协调，影响政治与社会的矛盾。所以，政治文明与社会文明是相伴相随、同步前进的。近代中国政治不仅是考察近代中国社会变化、转型的中心内容和基础背景，也是检验政治成果的试验场。

基于这种认识，我们认为，作为一个历史学者的研究成果，不仅仅是说明过去，更重要的是让历史启迪今人，告诉未来，重现过去是为了现在，更是为了将来，通过总结历史经验和教训，使人们更好地珍惜现在，从而创造美好的未来。所以，建设理想的美好社会，历史学者也有不可推卸的责任和义务。

一百多年来的中国社会发生了翻天覆地的历史巨变，由封建社会向半殖民地半封建社会、社会主义社会转型。这其中有外国的原因，也有中国的原因；有历史的沉沦，也有国民的觉醒；有中华民族的沉重苦难，也有中国的奋起和中华民族的伟大复兴。在中华民族历经苦难与觉醒、耻辱与怨愤、抗争与失败、沉沦与复兴的同时，中华民族近代的历史，告诉我们一个真理：中华民族是一个伟大的前程远大的民族，中国是一个地大物博、人口众多的伟大国家。由于中国历史悠久，文化深厚，中国不仅人文昌盛、人才辈出，也是一个产生和造就爱国者和思想家的温床。孙中山是20世纪中国乃至世界级的重要的政治人物，他的诞生给中国带来希望，他与中国社会的进步、文明和发展关系重大。他的思想，尤其是他的社会建设的思想，内容丰富，含义宽广，影响深远。在2007年10月15日中国共产党第十七次全国代表大会政治报告中，胡锦涛同志认真总结了中共十六大以来五年的工作，回顾总结了改革开放的伟大历史进程和宝贵经验，对继续推进改革开放和社会主义现代化建设、实现全面建设小康社会的宏伟目标作出了全面部署，对经济建设、政治建设、文化建设三位一体的中国特色社会主义总体布局作了明确的陈述。在中国人民努力振兴中华、建构文明和谐社会的今天，研究孙中山的社会建设思想，总结他为拯救中国、振兴中华所贡献的智慧和从事的实践活动，将会给我们的思想以巨大的启迪，对于我们今天建设社会主义和谐社会，实现中华民族的复兴也会产生正确的导引作用。

理想社会的追求是人类的本能反应，也是人类对社会进行理性探索产生的结果。建构社会主义和谐社会，是中国建设现代化社会的重大战略选择，是中国共产党和中国人民孜孜以求的伟大理想。社会越向前发展，问题就越多，深入探索孙中山的社会建设思想，有利于我们深入认识近代以来的中国社会，有利于我们对于社会和谐的条件和社会秩序重构的认识。孙中山的社会建设思想对于社会和谐与社会开放，对于物质建设与精神文明建设，对于社会的稳定与人的道德的培养和综合素质的提高都有影响。

社会是以人为主导的社会。社会的文明、进步与和谐靠的是人去努力和营造。社会的和谐突出的是人与人的和谐，其次是人与自然、人与社会的和谐。社会的改革与改造既依靠人，又是为了人。所以，只有发展人的力量和意志，才能实现社会的文明进步，才能加速社会的和谐进程。社会的文明、进步、和谐是一个动态建构的过程，是一个不断改革、不断重构、循序渐进的过程。在这些方面，孙中山的社会建设思想都有重大的当代意义。

研究孙中山社会建设思想是我们早已有的设想，2006年6月，孙中山基金会第二届理事会改选，在第一次理事长、副理事长、秘书长会议上讨论今后的工作时，基金会将"孙中山社会建设思想研究"列入基金会的研究计划，并决定该书由林家有先生组织编写，孙中山社会建设思想研究便由思考酝酿阶段，进入实质性的研究和撰写书稿阶段。这是一个具有开拓学术价值和现实意义的研究课题，我们既需要作为政治家、思想家的孙中山，也同样需要学术上的孙中山，所以我们必须按时高质量地完成此项学术研究任务，为从学术上说明孙中山建设中国社会的思想作出我们应有的努力和贡献。

二、孙中山社会建设思想研究的情况与评述

中国社会史研究自 20 世纪 80 年代再次勃兴以来，已成为目前史学研究中最为兴旺的领域，当然也是争论最多和有许多问题需要开拓的领域。关于 20 世纪 80 年代中国社会史的研究情况，常建华在《中国社会史研究 10 年》[①] 一文中有详细陈述。此后，中国社会史研究方兴未艾，出版的著作层出不穷。由蔡少卿主编的《再现过去：社会史的理论视野》[②] 一书，选择了英、美、法著名社会史学者的 17 篇文章，突出地反映了西方社会史发展的梗概和当代西方社会史的研究趋势，并介绍了西方历史学家关于社会史的定义、范畴和方法等问题以及争论，尤其是介绍了英、美、法等国社会史学者研究的成果，阐述了社会史与其他社会科学的关系。该书的出版，带动了中国学术界对社会史理论、概念、范畴，以及相关问题的讨论。与此同时，许多相关的论文和著作不断问世，如冯尔康的《开展社会史研究》[③]、乔志强的《中国社会史研究的对象和方法》[④]、王正波的《为社会史正名》[⑤]、陆震的《关于社会史研究的学科对象诸问题》[⑥]、陈旭麓的《略论中国近代社会史研究》[⑦] 等等文章，都就社会史的理论问题、方法问题进行了研究，说明何谓社会史，为何研究社会史，怎样研究社会史。他们的看法为中国社会史研究的勃兴提供了内在和外在的依据。诚如蔡少卿先生所指出的："社会史研究的生命力不像那些'微观'史学仅仅关注于历史的细枝末节，也不像那些'宏观'史学仅仅重视重要的社会运动和社会变化，它的努力不管是'全面的'、'总体的'，还是'局部的'、'片面的'，都服务于再现过去社会生活的目的，而且，它不是……，永远向着过去，为过去而再现过去，它的着眼点是现在和未来，通过再现过去，映照

[①] 常建华：《中国社会史研究 10 年》，《历史研究》1997 年第 1 期。
[②] 蔡少卿主编：《再现过去：社会史的理论视野》，杭州：浙江人民出版社 1988 年版。
[③] 参见《历史研究》1987 年第 1 期。
[④] 参见《光明日报》，1986 年 8 月 13 日。
[⑤] 参见《光明日报》，1986 年 9 月 10 日。
[⑥] 参见《历史研究》1989 年第 1 期。
[⑦] 参见《华东师范大学学报（社会科学版）》1989 年第 5 期。

出我们生活的未来图景。"① 1987 年 10 月，中华书局又出版蔡少卿先生的《中国近代会党史研究》；随后于 1989 年 9 月，浙江人民出版社又出版了蔡少卿先生的《中国秘密社会》一书；1988 年 7 月，中国人民大学出版社出版了秦宝琦先生的《清前期天地会研究》，中国社会史的研究呈现出发展势头。但正如隗瀛涛先生所指出："近年来（按：指 20 世纪 80 年代），关于社会史的研究愈益受到中外学者的注意，国内学术界曾就社会史研究的对象、范围等问题进行过争论，各抒己见，尚存分歧，但是系统的研究成果不多，特别是较为全面的区域性社会的研究成果更为少见。"②

经过 20 世纪 80 年代的起始和准备，中国社会史的研究在 20 世纪 90 年代则向广度和深度发展，出版的成果很多，有通史性质的，也有许多社会史方方面面内容的专书，发表的论文也很多，呈现出一派兴旺的态势。1992 年 2 月，人民出版社出版了乔志强主编的《中国近代社会史》；同年 7 月，上海人民出版社又出版了陈旭麓先生的《近代中国社会的新陈代谢》一书；1993 年 3 月，中国社会科学出版社出版了陈宝良的《中国流氓史》；1997 年 6 月，四川人民出版社出版了由刘世宁、丁元竹编的《走向 21 世纪的中国社会问题》文集，说明社会问题已为学术界广为注视和重视。1995 年 5 月，中国人民大学出版社出版了李文海先生的《世纪之交的晚清社会》。1996—1997 年，山西教育出版社出版了由龚书铎先生主编，曹文柱、朱汉国副主编的《中国社会通史》，由先秦写到民国，共 8 卷，龚先生在《中国社会通史·总序》中，较为宏观和系统地陈述了社会史研究的范畴，以及用新的思维去思考近代中国社会的变迁和新陈代谢，开拓了中国近代史研究的视野，对学术界起到启迪作用。从普及的角度看，浙江人民出版社在 20 世纪 80 年代末 90 年代初先后出版"中国社会史丛书"共 4 批，内容涉及社会的方方面面，如《中国秘密社会》、《中国婚姻家庭的嬗变》、《动荡时代的知识分子》、《十字架与龙》、《近代上海黑社会研究》、《中国民间秘密宗教》、《酷刑与中国社会》、《中国丧葬礼俗》、《权力塔尖上的奴仆——宦官》、《中国近代社会风俗史》、《中国近代人口史》、《商人与中国近世社会》、《清代社会的贱民等级》、《吏与中国传统社会》、《中国的宗族社会》、《黄土板结——中国传统社会结构探析》等等，这几批书的出版，将旧中国社会的各个方面的情况呈现在读者的面前，无论是对社会史的普及或是学术研究的拓展都有影响。

---

① 蔡少卿先生为《再现过去：社会史的理论视野》一书写的"序言"，引文见浙江人民出版社 1988 年版，该书"序文"，第 4 页。
② 见隗瀛涛先生 1989 年 4 月为王笛的专著《跨出封闭的世界——长江上游区域社会研究（1644—1911）》写的序，该书于 1993 年由中华书局出版，引文见隗先生为该书撰写的序文，第 1 页。

随后，近代中国社会史的研究在区域社会史、市民社会、农村社会、国家与社会，以及社团史、帮会史、洪门史、毒品史、禁毒史方面的专题研究都有长足的进展，出版了许多有分量、有影响的专著。中华书局于1993年1月出版了王笛的《跨出封闭的世界——长江上游区域社会研究（1644—1911）》，该书用新的视角就长江上游四川省的人口问题、移民问题、粮食问题、市场问题、乡村结构与国家关系问题、士绅问题、地方自治问题、地方军事问题、近代警察问题、新旧教育体制的更迭问题，以及社会救济问题、行会与帮会问题、宗教信仰与冲突问题、社团问题、城市问题、秘密结社问题、社会生活与风俗问题等等，作了全方位的研究，基本上勾画了清代长江上游区域社会与社会生活的概貌，在理论上和研究方法上都有所突破。帮会是旧中国封建性的民间团体的总称。《河北文史资料》编辑人员收集了有关研究帮会的文章，以《近代中国帮会内幕》为书名，分上、下卷，由群众出版社于1993年9月出版，这部100多万字的文集的出版，对近代中国帮会史研究提供了信息和参考资料。随后，上海人民出版社于1993年3月出版了周育民、邵雍的《中国帮会史》，这部由国家社会科学基金资助、纳入上海市"七五"社会科学规划的项目，以丰富的史料，就中国帮会的产生，以及天地会、青洪帮与反洋教运动、帮会与辛亥革命，一直写到孙中山与帮会、国民党控制下的帮会活动、中国共产党的帮会工作及帮会的没落与衰亡。这是一部中国近代帮会史的集大成之作，对于近代中国帮会史的研究既是一个总结，又是一个新的尝试，具有学术和现实意义。1994年12月，安徽人民出版社出版了王世刚主编的《中国社团史》，从中国古代社团的兴起，写到当代中国的社团，内容稍为简略，但对中国社团的产生、发展和演化有简要介绍。1996年5月，辽宁人民出版社出版了胡珠生的《清代洪门史》一书，该书不但就清代的洪门会党作了全面系统的研究，并就洪门会党对辛亥革命的贡献和所起的作用作了具体的陈述，还对民国成立后洪门会党的涣散和转化做了研究，并从历史发展的角度对洪门会党的历史作用和局限性做了探讨，指出："有清一代，洪门会党在长达二百多年的活动过程中，是作为现政权的对立物、民族斗争和阶级斗争的主体出现的，因此，在推动历史前进的同时，也对当时社会产生巨大的影响，起着不容忽视的重大作用"，但由于它"作为地下斗争的政治团体，它的性质、组织、传统和使命早已定型，并凝结在原始社会里，因此，它很难适应不断变化的形势进行自我改革，从而存在着阻碍自身继续前进的局限性"。[①] 2000年4月，当代出版社出版了山东大学路遥先生的《山东民间秘密教门》，就山东民间秘密教门在近三百年来中国秘密社会中的影响做了实地的调查和了解，该书对于

[①] 胡珠生著：《清代洪门史》，沈阳：辽宁人民出版社1996年版，第577页。

山东民间秘密教门的研究提供了许多新资料和新视角。

中国农民问题一直是中国革命和建设中的重大问题。而农民问题在根本上又是土地问题，农民土地的丧失和解决关系到中国农村社会的安定，以及农业建设的成败。但过去学术界对此注意不够，出版的有分量、有价值的成果也不多。1993年9月，青岛出版社出版了郭德宏的《中国近现代农民土地问题研究》，填补了这方面的空白。李新先生为该书写了长篇序言，书中从旧中国农村的基本情况、孙中山等人的土地主张与中国国民党的土地改革，写到中国共产党领导的土地改革，以及土地改革史的若干问题，对毛泽东等共产党人的农民及土地主张也有论述。作者花了十多年时间陆续写完此书，采用系统叙述和专题研究的形式建构本书的体例，但正如作者自己在该书后记中所言，该书的缺点是深度不够，注释也不详。1994年12月，陕西人民出版社出版了刘锋的《中国现代化进程中的农民问题》。1995年4月，上海社会科学出版社出版了钟祥财的《中国土地思想史稿》，该书从先秦写到20世纪40年代。

毒品的出现和发展，与人类社会的历史相随相伴。近代中国，由于鸦片的泛滥，引起中国人民掀起两次鸦片战争，这在中国人民的心中记忆犹新。在中国近代历史上，毒品的危害渗透到政治、经济、军事、外交、民众生活等社会各个领域。毒品几乎无处不在、无时不有，时至今日，毒品仍然是中国社会的一个毒瘤。1997年1月，上海人民出版社出版了上海师范大学苏智良的《中国毒品史》，这是苏智良教授承担国家社会科学基金"九五"规划资助的重点研究课题，书中就毒品及其历史、鸦片在中国的流布、清末民国的禁烟运动，一直写到当代中国的毒况和禁毒斗争，对当代世界各国的毒况和禁毒也有附表介绍。这是一部全面了解毒品及其对中国社会危害的毒品史。1997年9月，岳麓书社出版了王宏斌的《禁毒史鉴》，成为苏智良《中国毒品史》的姐妹篇；2004年5月，福建人民出版社出版了邵雍的《中国近代贩毒史》。这些著作帮助人们了解毒品对中国社会的危害，对中国的禁毒起到警醒和启导作用。

土匪是旧中国一个严重的社会问题。对于这样一个社会问题，以往人们只是注视它和议论它，却很少有人能透彻和深入地了解它，更缺乏对它进行认真的研究和做科学的解释。1993年5月，中国人民大学出版社出版了蔡少卿主编的《民国时期的土匪》一书，就什么是土匪、什么人充当土匪、土匪组织的内幕，以及土匪与革命、全国各地的土匪情况作了陈述，运用多种学科的方法，就民国时期中国的土匪活动的规律，不同地区、不同类型土匪活动的特点，勾画出全国土匪活动的全貌。同年9月，《河北文史资料》编辑部收编全国各地关于土匪的文史资料200多篇，由群众出版社分上、中、下三卷出版，使人们对近代中国各地土匪的情况有了更全面的了解，对于学界研究民国时期中国的土匪产生影响。

20世纪90年代后半期，中国社会史的研究又向前迈进，主要是将社会史的研究拓展到城市史，如1991年9月，四川大学出版社出版了隗瀛涛主编的《近代重庆城市史》；1995年11月，北京大学出版社出版了史明正的《走向现代化的北京城——城市建设与社会变革》；1996年7月，上海人民出版社出版了张仲礼主编的《东南沿海城市与中国近代化》，等等。与此同时，在关于国家与社会的关系方面，四川人民出版社于1997年1月出版了邓正来的《国家与社会：中国市民社会研究》；1999年3月，中央编译出版社出版了由邓正来翻译、英国J. C. 亚历山大编的《国家与市民社会：一种社会理论的研究路径》一书，此后，有关国家与社会的著作和论文不断被出版和发表，引起学术界的争论。这是社会史研究的进步，是一种好现象。市民社会理论形成于西方的现代化理论，是企图以"市民社会"模式替代"西方冲击—中国回应"模式或"革命"模式而提出来的。然而，正如邓正来所言，"此一欲求"替代"西方冲击—中国回应"观的"革命"历史解释模式，却又于20世纪50年代在一个路向上因受全球性的对革命的否定思路以及后来中国内部对"文化大革命"进行否定因素的影响而开始遭到质疑，并在另一个向度上因社会史的拓深研究而受到挑战。在后一类研究中，近年来又逐渐形成了"早期现代"（early modern）的概念，持这一观念的学者不仅否定了"革命"模式，也动摇了"停滞的中华帝国"模式。中国内地一些市民社会论者认为，"中国现代化始终面临着"一个严峻的结构性挑战："作为现代化的迟—外发型国家，中国必须作出相当幅度的政治和社会结构调整，以容纳和推进现代化的发展。在这一结构的调整过程中，需要解决的核心问题被认为是如何改造传统的政治结构和权威形态，使其在新的基础上重新获致合法性并转换成具有现代化导向的政治核心。然而，正是这一挑战构成了中国现代化的两难困境。"市民社会无论是作为一种社会存在，或是作为一种观念，都是欧洲或西方文明的产物。① 市民社会理论作为一种新的理论，学术界对此仍有许多问题需要讨论，而且市民社会的研究刚起步不久，对这种理论的看法产生分歧也很正常，市民社会论者的目的是要借用西方或欧洲的社会理论来建构一种符合中国国情的国家与人民之间的市民二元结构，使国家与人民保持必要的平衡，有利于中国社会的发展。

随着市民社会的讨论，中国社会史研究者将视角转入国家与社会的互动或双向研究，出现了不少研究成果，如朱英的《转型时期的社会与国家》（华中

---

① 有关市民社会的理论及其产生的原因，以及在中国大陆、香港、台湾研究和讨论的情况，参见邓正来为《国家与市民社会》一书写的"导论"，以及本书有关的文章（《国家与市民社会：一种社会理论的研究路径》，北京：中央编译出版社1999年版）。

师范大学出版社 1997 年版)、刘志伟的《国家与社会之间——明清广东里甲赋役制度研究》(中山大学出版社 1997 年版)、陶东风的《社会转型与当代知识分子》(上海三联书店 1999 年版)、刘祖云的《从传统到现代——当代中国社会转型研究》(湖北人民出版社 2000 年版)、马小泉的《国家与社会:清末地方自治与宪政改革》(河南大学出版社 2001 年版)、蔡勤禹的《国家社会与弱势群体》(天津人民出版社 2003 年版)、陈桦和刘宗志的《救灾与济贫——中国封建时代的社会救助活动(1750—1911)》(中国人民大学出版社 2005 年版)等等。此外,关于人口、移民、女性教育、环境与社会、灾荒史、社会救济与济贫、慈善史、社区与社会发展、社会风尚、社会与文化、地方社会、城市的变迁、都市社会与生活等等,都出版了不少著作。无疑,中国社会史的研究在 20 世纪有了很大的进步,学者注视到了社会的各个方面,出版的著作牵涉面较广,但内容都比较零散,研究取得的成果还有不深入、不全面的地方。

21 世纪是一个很好的开端,最令人高兴的是,不少学者都开始眼睛向下探视下层社会,关怀弱势群体,重视农村、农民、农业"三农"问题,并出版了不少有关的论著,这对于改变学者以往重视上层社会、忽视下层社会,重视城市、忽视农村的倾向有所启发。早在 20 世纪 30 年代,费孝通先生就身体力行深入农村进行江村研究、云南三村研究①,并倡导社会史研究必须深入到社会实践中去,但几十年过去了,真正深入乡村进行研究的人还不是很多。但到 20 世纪末这种情况则有所变化,进行乡村研究的学者不仅多了起来,出版的著作也由华北乡村向华中、华南乃至全国展开。1998 年 11 月,人民出版社出版了乔志强、成龙主编的《近代华北农村社会变迁》及其他有关农村社会的著作。21 世纪初,已经出现重视乡村建设的研究成果。2000 年 10 月,中华书局出版了"中国乡村社会研究丛书",包括夏明芳的《民国时期自然灾害与乡村社会》等。2001 年 12 月,人民出版社出版了苑书义、董丛林的《近代中国小农经济的变迁》一书,就近代中国旧生产关系下的小农、小农与市场、小农的两极分化,以及革命根据地农村生产关系的变革和生产力的解放等多个专题进行研究,提出小农经济的变迁以及出路等问题,把视角转入乡村,尤其是小农,使近代中国史、社会史的研究得到新的拓宽。随后,人民出版社于 2003 年 11 月出版了魏宏运先生主编的《二十世纪三四十年代太行山地区社会调查与研究》,该书是"九五"国家社会科学研究重点项目,是在南开大学师生多年深入太行山区进行调查的基础上完成的,对太行山区的自然环境和社会

---

① 参见费孝通著:《江村经济——中国农民的生活》,香港:中华书局香港分局 1987 年版;费孝通、张之毅著:《云南三村》,北京:社会科学文献出版社 2006 年版。

制度，小农社会的变革，商业与集市贸易，工矿业的兴衰，村落、家庭和家族的变迁，新文化、新风尚的兴起都有详细的陈述，对读者了解华北太行山地区的社会及其变迁提供实实在在的数据和概貌，读后使人有身临其境的真实体会。而对"近二十年来中国社会史研究做了一次成功的总结"的巨著是2000年由湖北教育出版社出版的，由周积明、宋德金主编，郭莹副主编的《中国社会史论》。这部研究成就显著的由数十名学者编写的有120多万字的巨著，自它出版后就产生了较广泛的影响，2005年10月又由湖北教育出版社出版第二版。诚如该书主编所说："《中国社会史论》不仅集中了近二十年中国社会史研究的前沿性思考，而且集结了中国社会史学界的精神力量，充分展现了中国社会史学界的气度、氛围以及学术实力。"随着时间的推移，《中国社会史论》将会日益清晰地显示出其特殊意义。①

关于清末民初中国历史与社会的研究也成果颇多，先后出版了章开沅先生的《辛亥革命与近代社会》（天津人民出版社1985年1月版）、李文海先生的《世纪之交的晚清社会》（中国人民大学出版社1995年5月版）、罗苏文的《女性与近代中国社会》（上海人民出版社1996年12月版）、章开沅先生与田彤合著的《张謇与近代社会》（华中师范大学出版社2001年9月版）、周育民的《晚清财政与社会变迁》（上海人民出版社2000年12月版）、胡绳武先生的《清末民初历史与社会》（上海人民出版社2002年7月版）等等。至于有关近代中国社会的学术论文就更多了，在此不详细评述。

通过以上不系统不全面、挂一漏万的整理和陈述，我们大概可以清晰地看到，从20世纪80年代以来掀起的中国社会史研究，取得了很大的进展，出版的成果由社会史研究的概念、范畴、方法等理论问题向研究中国社会的结构、社会变动，以及社会的政治、经济、文化、教育、城市、乡村等多个方面迈进，并出现了理论与实际相结合的中国社会史论，这是一个很大的进步，它不仅充实了中国近代史的研究内容、拓宽了视野、开辟了新的领域，也体现了中国近代史由政治史、阶级斗争和革命史向广阔的社会，广大的市民、农民及下层民众转移，使近代中国社会史的研究更具魅力和学术价值。

然而，近代中国社会史研究仍然存在不足，主要是中国社会史的面向还不够明晰，主要表现是对近代中国社会存在的阴暗面研究比较多，出版的成果也不少，但对中国社会建设，尤其是在近代中国社会新陈代谢中存在的积极的，追求世界进步潮流，建设中国社会，促使中国社会向前迈进的思想、主张和实践方面高水平的学术著作还不多见。尤其是对近代中国社会思想的研究，除了以往从政治史的角度去研究近代中国社会思潮外，关于近代中国社会改革家、

---

① 参见周积明、宋德金为《中国社会史论》写的"总序"，武汉：湖北教育出版社2005年版。

政治家和思想家对中国社会建设思想的研究还比较少，目前我见到的中国社会思想史的著作，除了中国人民大学出版社于 2002 年 6 月出版的王处辉先生主编的《中国社会思想史》教材之外，其余关于中国社会思想史的著作不是太多，而这部思想史从中国古代讲到近代，真正讲到近代时期中国的社会思想的也不多，除了提到龚自珍、魏源、洪秀全、洪仁玕、郑观应、康有为、孙中山外，其他并未涉及，而谈及的孙中山社会建设思想的内容也比较简单。近代中国出现了许多社会改革家和学者，他们为了改革中国社会，促进近代中国社会迈向文明、进步与和谐作出了不懈的努力和积极的贡献，他们是我们近代中国社会建设的先行者、先驱者，他们的社会建设思想对我们今天建设社会主义文明、富强、幸福、和谐社会仍有明显的启迪作用。

孙中山是 20 世纪中国伟大的民主革命的先行者、近代化事业的先驱和开拓者，也是近代中国社会的改革家，研究他的社会建设思想不仅是学术上的需要，也是我们建设社会主义和谐社会、建设和谐世界的需要。尽管学术界早已注意到孙中山与近代中国社会的研究，并且编撰和出版过《孙中山与近代社会》、《孙中山与近代广东社会》等书，但全面系统，并深入地研究孙中山社会思想和实践且具有学术价值的著作还没有见到。而且在某种程度上，孙中山的社会建设思想还受到世人的冷遇，比如法国谢和耐（Jacques Gemet）著有《中国社会文化史》一书，法文版称《华夏世界》（Le Monde Chinois），是一部"中国社会文化通史"之类的著作，该书对孙中山几乎不谈。为什么会是如此，与其说不了解孙中山，不如说其不重视孙中山更为确切。①

三、孙中山社会建设思想研究的问题与思考

我们研究社会，研究孙中山社会建设思想，何谓社会建设思想？这是必须要弄清楚的问题。

按照《辞海》的解释：社会是以共同的物质生产活动为基础而相互联系的人们的总体。②"是人们交互作用的产物"。③ 龚书铎先生在《中国社会通史》"总序"中说："社会是人类生活的共同体……是一个有机的系统，一个由许多要素部分组成的有机的整体。"④ 社会史即社会的历史。这个社会，不是指一般的与"自然"相对的"人类社会"那种广义的概念，而是指由一群

---

① （法）谢和耐著：《中国社会文化史》，黄建华、黄迅余译，长沙：湖南教育出版社 1994 年版。
② 《辞海》，上海：上海辞书出版社 1980 年版，第 1577 页。
③ 《马克思恩格斯选集》第 4 卷，北京：人民出版社 1972 年版，第 320 页。
④ 龚书铎主编，曹文柱、朱汉国副主编：《中国社会通史》，太原：山西教育出版社 1997 年版。

享有共同地域和共同文化的、彼此之间发生相互联系和相互作用的人们组成的"人们共同体"。① 按照马克思主义的观点，物质资料的生产是社会存在的基本条件。人们在生产中形成与一定生产力发展程度相适应的生产关系的总和，构成社会的经济基础，并在这个基础上产生与它相适应的上层建筑。社会是按它自身所固有的不以人们意志为转移的客观规律而发展变化，由低级向高级发展。在这里我们所使用的"社会"一词是指具体的或社会学意义上的"社会"概念。诚如孙中山所说："社会者，即分工之最大场所也。合农、工、商等之各种组织，而始成一大社会。故社会之事业，愈分愈多，则愈形活动。"② 可见，社会是由各种人结成的群体和活动场所。作为一个中国人必须要认识中国社会，科学地认识中国社会是解决怎样建设中国、建设一个什么样的社会的必要前提，所以研究历史上中国的社会是为了今天的中国，是为了建设一个文明的、发达的、和谐的幸福社会所必需的。

先进思潮是社会变革的先导。社会的变革和转型原因很多，但当一个社会发展到一定的阶段，由于经济的发展或其他的因素阻碍社会的进步时，改革家通过自己的思想去调控、去启导，往往便成为革命、改革或维新的先导。所以，社会的发展、变革和转型离不开先进思想的指导。

社会思想的定义，据《中国社会思想史》教材作者统计有60多种，比如，社会思想即是等于各个人论及社会问题的思想，也即一个人或少数人对于团体问题的考察；又比如，社会思想即是以社会问题作为对象的一切思想；再比如，社会思想就是有关人类社会共同生活及其问题的思想；等等。《中国社会思想史》作者则将其定义为，"社会思想是人们在社会生产和生活实践中所形成的关于社会生活、社会问题、社会模式的观念、构想或理论"③。社会建设思想属于社会思想的分支，它主要是指人们在解决社会生产、社会生活，以及社会问题中所提出的思想主张、方案和建设理想社会的理论。

孙中山是20世纪中国的近代化先驱、社会改革家和最具影响的社会思想家。他为了终结近代中国的半殖民地半封建社会，结束中国封建君主制度，建立一个文明和富裕的中国，实现国民共同富裕、天下为公的大同社会，提出了系统的建设理论，在政治、经济、文化、教育和社会救济等方面都有自己的主张和理论，反映和概括了20世纪中国整个时代的要求和历史的发展趋向，它代表了中国人民对建立一个民主、富强、和谐的理想大同社会的强烈渴望，也

---

① 参见周积明、宋德金主编：《中国社会史论》上卷，武汉：湖北教育出版社2005年版，第32页。

② 孙中山：《在桂林对滇、赣、粤军的演说》，《孙中山全集》第6卷，北京：中华书局1985年版，第18页。

③ 王处辉主编：《中国社会思想史》，北京：中国人民大学出版社2002年版，第4~7页。

代表了当时具有先进思想的中国人对人类前途命运的探索和思考。孙中山的社会发展观及建设中国社会的主张和理论，是他追赶时代潮流，"后来居上"、"赶超突驾"欧美，建设中国文明、富裕、和谐社会的真实反映，是人类自步入工业革命时代以来社会剧烈变迁对孙中山产生影响的具体表现。孙中山的社会建设思想不仅具有学术和理论价值，对当时及以后中国的政治、经济、文化和社会发展也具有指导意义。

本书的基本思路是坚持历史唯物主义的观点，对孙中山改造中国，建设新社会的思想、理论、主张和方案进行全面的清理和实事求是的评述，力求做到全面系统、评价公允，坚持学术性与思想性相统一，不仅要给读者提供准确的史实和更多的研究信息，也力求做到分析合理、陈述史实清楚、结论明确，给读者提供真实的史料并留有思考的空间和余地。伟大的人、杰出的人都是时代的人，带有他那个时代的烙印，具有阶级的局限性和不足。

著名英国历史学家汤因比说过："历史学家在社会里生活和工作，他们的职责一般只能说明这些社会的思想，而不是纠正这些思想。"[①] 基于上述基本的认识和思考，我们准备将《孙中山社会建设思想研究》一书写成一部既有系统性，又力求重点突出，以说理和陈述史事相结合，既有学术性，又有思考意义的论著。本书着重就下列问题进行研究和论述：

第一，研究孙中山社会建设思想的理论建构。将孙中山对中西方社会发展理论的融合与创新，孙中山对社会发展阶段论的传承与发展，孙中山对中国社会变革道路的反思与设想，孙中山社会发展理论的特色与价值等问题进行理论上的探讨，说明孙中山对中国社会的发展，以及建设一个美好的、合理的、文明的与和谐幸福的社会具有系统的理论和较为全面的建设思想和主张。

第二，研究孙中山对中国传统社会的认知与改造。将孙中山对中国传统社会的认知，孙中山的人本思想对中国社会改造的指导意义，以及孙中山治理中国社会的构想进行一个全面的概括和较为明晰的陈述，帮助读者了解孙中山的国情观以及他治理中国社会产生的思想框架。

第三，研究孙中山的社会政治意识与社会变革的关系。具体说明孙中山的政治概念与他建设的社会的政治制度的构想；探讨他的社会建设的政治基础——地方自治理论、建立权力秩序的思想，以及他对民初中国社会管理的政治考量，说明孙中山对政治在社会变革中的重要作用的认知和追求。

第四，研究孙中山经济建设与福利社会建设的追求。经济是社会发展的基础，说明孙中山对中国经济建设的重视，制订《实业计划》，确立民生史观创新思维的当代价值，具体陈述孙中山对中国城市、乡村建设的认识和建设

---

① （英）汤因比著：《历史研究》，曹末风等译，上海：上海人民出版社1997年版，第1页。

主张。

第五，研究孙中山的科学发展观在社会转型中的作用和意义。将其"建设，必须学问"创新思维的提出，以及在重视教育、培养社会建设人才中所形成的"人学"理论和科学与人文精神合一的突出贡献作研究，帮助人们了解孙中山对人在社会建设中的作用有一个正确的理解。

第六，研究孙中山的宗教人性观及对儒学的改造，在建构中国秩序中的作用。说明孙中山建立中庸调和思想、确立中国新的道德观、树立高尚人格和社会新风的重大意义。

第七，研究孙中山大同理想及其"天下为公"思想在当今建设和谐世界、和谐中国，建构中国社会新秩序中的突出地位和意义。说明孙中山的思想不仅没有过时，没有失去其动员国民努力建设中国，实现"天下为公"、"世界大同"的伟大作用，而且在21世纪建设和谐世界、和谐中国，实现中华民族的伟大复兴中，仍然闪烁着他思想的光辉和人格魅力。

世纪伟人孙中山，为中国社会的进步和发展贡献了很多很多，他的精神和人格为中国人树立了典范，他的存在是我们伟大时代的骄傲和中国人的自豪。但自豪和骄傲都不是力量，真正的力量是弘扬孙中山的思想和精神所产生的能量，全国上下，各民族、各阶层、各地区、各团体团结一致，在中国共产党的领导下，为建设一个文明、民主和繁荣富强的社会主义中国，实现中华民族的伟大复兴中国梦贡献我们的智慧和力量。

第一章 孙中山社会建设思想的理论构建

一、孙中山对中西方社会发展理论的融合与创新

(一) 孙中山对西方社会发展观的吸纳与扬弃

西方历史学家的社会理论

所谓西方,孙中山称为"泰西",狭义地说,是指莱茵河以西最早产生资本主义文明的欧洲西部地区,如英、法、德、意等西方资本主义国家;广义地说,则包括与上述国家有血缘关系的一切地区,如美国、澳大利亚等。资本主义的兴起在人类社会历史上是一次巨大的变革,诚如马克思和恩格斯在《共产党宣言》中所指出的:这是一个新的时代,即资产阶级时代,"资产阶级,由于一切生产工具的迅速改进,由于交通的极其便利,把一切民族甚至最野蛮的民族都卷入到文明中来了。它的商品的低廉价格,是它用来摧毁一切万里长城、征服野蛮人最顽强的仇外心理的重炮。它迫使一切民族——如果它们不想灭亡的话——采用资产阶级的生产方式;它迫使它们在自己那里推行所谓文明制度,即变成资产者。一句话,它按照自己的面貌为自己创造出一个世界"①。这个世界仍然存在着许多难以克服的矛盾,但它的确打破了许多世纪以来世界许多地区和国家孤立和隔绝的状态,把世界上的一切地区和一切民族都囊括进资本主义世界之中。资本主义把人们从封建等级制的束缚下解放出来,创造了巨大的生产力,拥有高度的物质文明和精神文明,在历史上曾经起过积极的进步作用。所以,西方的历史学家如英国的汤因比教授,则将资本主义社会称为"文明"社会。② 美国的马文·佩里、默纳·蔡斯、詹姆斯·雅各布、玛格丽

---

① (德)马克思、恩格斯著:《共产党宣言》,北京:人民出版社1972年版,第255页。
② (英)汤因比著:《历史研究》上卷,曹未风等译,上海:上海人民出版社1997年版,第15页。

特·雅各布和西奥多·冯·劳五位学者还合作撰写了一部《西方文明史》,该书于 1986 年由美国波士顿霍顿·米夫林出版公司出版后已出版了三版,被美国各大学采用为专业教科书或主要参考书,具有较大影响力。这部书由胡万里、王世民、姜开君、黄英翻译成中文,由商务印书馆于 1993 年 9 月分上、下卷出版。该书的一些观点我们不能完全赞同,但从该书下卷第四编"一个革命的时代:自由革命,民族革命,工业革命(1789—1848)",我们清楚地看到,西方学者的所谓近代社会或文明时代,是从 14 世纪末意大利的文艺复兴直到 18 世纪的启蒙运动,与中世纪的世界观和社会制度解体同时出现的一种全新的近代社会形式。在经济方面,商业贸易和工业急剧变革,中世纪的经济组织形式被资本主义形式所取替;在政治方面,在封建主义衰退基础上建立的中央政权变得日益强大;在社会方面,随着欧洲各国在城乡中拥有财富的人在数量上的增加和力量上的壮大,他们要求在政治上和文化中分享更多的权力;在文学艺术方面,中世纪那种对来世天国的憧憬让位于现世主义。也就是说,随着文艺复兴的思想由意大利传播到了欧洲其他地区,宗教改革则打破了中世纪的宗教观并且结束了中世纪的宗教统一。商业革命的成功,以及海上对外扩张,使欧洲的资本主义迅速发展。从他们的叙述中可以清楚地看到,欧洲所谓的文明时代,即从法国的大革命开始以后形成的工业革命造成工业时代的到来,以及资产阶级各种思潮的涌现,引起了社会的变革。①

在西方学者看来,由文艺复兴开始,经由法国大革命、英国工业革命开始的文明成就,是西方战胜中世纪衰朽的政治、经济制度所取得的,随着竞争意识的增长,自由、平等、民主、共和等有益于文明发展的重要概念产生了;政治上的宽松,为西方经济起飞提供了可能。从此,西方成为科学和经济发达的先进的西方,也由此形成了以西方为中心的社会发展观。

19 世纪下半叶,工业资本主义突飞猛进,科学技术大发展,英国、法国、德国、西班牙、葡萄牙、荷兰等资本主义国家向世界各地扩张,将西方的所谓文明带到美洲、澳洲、亚洲各地,又形成了所谓的新文明。所以,文明又由欧洲传遍世界,西方文明的发展模式、理论和观点便成为当时史学界的经典。后来,由于第一次世界大战、20 世纪 20 年代经济危机和 30 年代世界形势的恶化,暴露出西方文明与进步存在许多问题和错误。随着第二次世界大战的爆发,以西方为本位、为世界发展的中心的观点受到学术界的质疑和批评,但文明史观则在世界各地广泛流行。正如美国学者查尔斯·比尔德与他的妻子、妇女史学家玛丽·比尔德合作撰写的《美国文明的兴起》一书所言:"美国文明

---

① 参见(美)马文·佩里主编:《西方文明史》下卷,胡万里等译,北京:商务印书馆 1993 年版,第 3 页、第 61 页、第 87~112 页。

特别是它的民主政治,虽源于欧洲,但它并不是欧洲文明的简单的延长,而是欧洲文明与美洲荒原的新的历史结合。现代美国文明建立在过去的复杂的文化遗产的基础之上,既是一种高度的物质文明,又有与之相适应的精神文明。全书把美国文明的演进过程解释为从农业时代向工业时代的升进。"①

西方的资本主义道路充满血与剑,它们都是通过掠夺殖民地国家的资源和财富,通过剥削进行原始资本积累发展起来的,这种文明制度不符合后现代化国家的基本发展理念。所以,西方的文明对世界的发展产生过积极的影响,但过分夸大其作用,将其视为世界不同民族、不同国家和地区发展的一种普遍性的发展模式则不妥当。因为西方有西方的文明,东方有东方的文明,先进的未必一切都先进,落后的也未必一切都落后。作为一种历史学家的史观,它只是对过去的历史进程的再认识和史家本人的历史观的某种反映。不同的时代,或同一时代的不同时期产生观点不同的历史学家,同一历史学家由于认识的提高或新的史料的发掘也会写出不同观点的历史著作,所以对一种史观也要进行分析和合理的评判。被人们称为"世纪的智者"的英国著名哲学家罗素是20世纪最早的认真进行中西文明比较研究的思想家。他在《东西文明比较》一书中说:

> 中华民族是一个艺术家的民族,中国人以这样的观点来衡量艺术家的善与恶:美德主要有利于他人;罪恶则主要对自己有害。中国人能否继续保持自己的美德?中华民族为了求得生存,振兴国威,是否必须学习西方国家的样子,用罪恶替代美德,从而对其他的民族造成苦难?假如中国完全模仿自己交往的所有其他国家所提供的样式,那么这个世界又会变成一个什么样的形式呢?②

这个问题提得好。中国作为一个文明古国,一贯以道德作为衡量善恶标准的中华民族,在对待西方以损人利己,用霸权去征服别人,使被侵略被压迫的民族和国家接受这种所谓"文明"的"恩赐"时,必须进行深入的再思考。以西方的资本主义建设的模式作为中国社会建设的榜样,给中国带来的是福还是祸?是社会的文明进步,还是社会的衰败和文明的颓丧?必须认真地思考,三思而后行。

总之,西方的社会发展观输入中国后,在政界和学界都引起了重视,在争

---

① 罗荣渠:《略谈查尔斯·比尔德和他的史学著作》;参见(美)查尔斯·比尔德、玛丽·比尔德著:《美国文明的兴起》,许亚芬译,北京:商务印书馆1991年版,第4页。
② 王正平主编:《罗素文集》,北京:改革出版社1996年版,第21页。

论中进行反思,在认同"文明"的概念之余,对西方的社会发展观进行融合和创新,企图追寻到一个既与中国传统社会不同、又与西方"文明"社会有别,符合中国实际的有中国特色的发展道路。这是中国人觉醒的表现,也是中华民族充满智慧和深远眼光,不盲从不苟且,具有创新思维和发展能力的体现。在这些方面,孙中山是一个先行者,他为我们认识西方、了解西方作出了典范。

为了中国的发展去了解世界

世界是一个整体,它分东半球和西半球,人种不同、文化不一,但东方人与西方人都生活在地球上,应该天下为公、世界大同,不能你欺我诈,不能只有对抗、没有对话,不能只讲斗争、不讲调和,不能只讲功利强权、不讲仁义道德。孙中山了解世界是为了中国,是为了将现代与传统结合起来,将中国和亚洲与西方结合起来,形成无私、为公和大同的世界观。孙中山是中国的民族主义者,也是国际主义者,所以他的思想和行动具有世界性,也具有民族性。他要了解世界,更要了解中国。孙中山了解世界,一是靠书本,二是通过亲历考察,三是通过别人间接了解。关于读书成为孙中山的嗜好已为学人所知,也被许多人传为佳话。曾任孙中山大元帅府机要秘书的邵元冲在《总理学记》一文中,对孙中山读书治学的认真执着的精神有许多钦崇的话语。他说:"先生平日所治甚博,于政治、经济、社会、工业、法律诸籍,皆笃嗜无勤",凡一切有助于他革命建国的书都"研精不懈,所学益进";又说:孙中山读书"虽伏暑祁寒,不稍间断","平时读书虽不甚速,而阅读之时,字字着眼,行行经心,不肯随意放过,故阅后于书中要义无不了然"。[①] 吴敬恒在《我亦讲中山先生》文中,讲到孙中山"手不释卷"时说:"1908年他到伦敦时,似乎旅费甚穷。所以有位朋友曹亚伯,在学生中凑了三、四十镑送他。不料三天以后,我们到他寓里见他,已把那个钱买了一大堆紧要书籍,指示我们什么什么。我是惊骇他的好学……,后来我每见他,不是谈国事,便是看书,终不谈闲天。什么麻雀下棋,更生平不懂得的了。直到前一月,皮海寰先生也对我说:'孙先生真用功。他把最新欧美的社会学说,无不浏览。'"[②] 正由于孙中山"无书不读,而且无不精了"[③],所以他的思想活跃,见闻广远。他通过书

---

① 邵元冲:《总理学记》,尚明轩、王学庄、陈崧编:《孙中山生平事业追忆录》,北京:人民出版社1986年版,第694~698页。

② 吴敬恒:《我亦讲中山先生》,尚明轩、王学庄、陈崧编:《孙中山生平事业追忆录》,北京:人民出版社1986年版,第699~701页。

③ 黄季陆:《孙中山先生的健谈和好学》,尚明轩、王学庄、陈崧编:《孙中山生平事业追忆录》,北京:人民出版社1986年版,第702~703页。

本了解世界是为了世界,但更重要的是为了中国,为了我们中华民族,为了中国社会的发展。中国要面向现代化,面向未来,面向世界,要追赶欧美,发展中国需要比照,需要论别人和自己的长短,找到追赶的路向和振兴民族的问题所在,才能做到心中有数、行中有度。时为美国学者,今在以色列任教的著名的孙中山研究专家史扶邻(Harold Z. Schiffrin)教授说过:孙中山作为一位"民族主义领袖竟有了强烈的国际主义思想意识!在为中国现代化奋斗的过程中,孙中山清楚地认识到,在达到民族平等的目的后,与国际社会的合作是必不可少的。他还想到未来的国际合作是世界和平的基础。"① 这说明孙中山具有开放的、务实的、前瞻性的世界观和全球意识,他从不认为自己是孤立于世界之外的圣人,也从不认为中国可以孤立于世界之外去实现近现代化。孙中山讲过:"夫事有顺乎天理,应乎人情,适乎世界之潮流,合乎人群之需要……此古今之革命维新、兴邦建国等事业是也。"② 又说:"现在世界的潮流,都是进到新的文明。我们如果大家能醒起来,向新的文明这条路去走,我们才可以跟得到各国来追前去。"③ 可见,孙中山是以中国应该追赶世界的先进潮流作为建构世界观的出发点、立足点,提倡中国向世界先进的新的文明学习,追赶发达国家,建设高度的物质文明、心性文明和政治文明是他了解世界的目的。诚如美国哥伦比亚大学著名学者韦慕庭(C. Martin Wilbur)教授所正确指出的,"孙中山是一位重要的世界性人物",是一位"属于全世界的人"。④ 孙中山是一位对祖国怀抱崇高理想的、无与伦比的杰出人物,又是一位具有国际主义倾向的、同情和支持世界受苦受难的民族和人民的国际主义者;他是将民族主义与国际主义完满结合起来的 20 世纪中国杰出的、有远见的政治家和思想家,又是脚踏实地、非常认真和执着地为人类服务的实行家。我们研究孙中山不能不与世界联系起来,更加不能将孙中山的个人历史同世界政治史和社会史分割开来。然而,要将孙中山与世界结合起来研究的困难不少,因为研究孙中山这样的人物,仅从文本和孙中山论著中寻找资料显然是不够的,但在世界上,包括中国在内,真正能了解孙中山的人也不多,时至今日,能够回忆起孙中山所生活的时代是什么样子、当时的中国和世界又是一种什么情状的人,也是为数不多了。所以,在试图了解孙中山与世界的努力中,我们只能凭借现成

---

① (美)史扶邻著:《孙中山:勉为其难的革命家》,丘权政、符致兴译,北京:中国华侨出版社 1996 年版,序篇,第 29~30 页。
② 孙中山:《建国方略》,《孙中山全集》第 6 卷,北京:中华书局 1985 年版,第 228 页。
③ 孙中山:《应上海〈中国晚报〉所作的留声演说》,《孙中山全集》第 10 卷,北京:中华书局 1986 年版,第 237 页。
④ (美)韦慕庭著:《孙中山——壮志未酬的爱国者》,杨慎之译,中译本新序,广州:中山大学出版社 1986 年版,第 1 页。

的而又能够见到的文字资料,即孙中山本人的著述文字、有记载的言论和其他人的回忆文字及其他成果。

世界是复杂和多面的,即便是伟大的人物对世界的了解、对世界的看法也不可能很全面,只能粗略地了解世界各国过去、现在的基本情况,并尽自己的能力预见世界的发展趋势、发展潮流,而从中得到启迪。人类生活在地球上,由于人种不同,生活的环境和条件有异,文化的特征、人格的特点也不同。我们要了解世界,首先必须要了解清楚自家与别人的不同,探寻自己的长处与短处,才能学习别人的优点和长处,克服自己的短处,使社会向着新的文明迈进。曾受命出使过美国、西班牙、秘鲁,后支持孙中山革命,曾任孙中山广东军政府外交部长、广东国民政府外交部长兼财政部长的伍廷芳在 1899 年就"中国和西方的关系"进行过演讲,他讲过一些意味深长的话。他说:

> 本世纪(19 世纪)内,西方的各不相同的国家,已经在科学、知识和财富方面发展得如此迅速,以致人们一提起他们,就认为是世界上最文明的国家,并认为东方的一些国家,他们的文明程度是如此的低——事实上是野蛮或半开化。对东方国家具有的优良特点视而不见,不考虑他们已有的成就,这是不能令人容忍的习惯。这简直是不公正的,东方也有它自己的文明。其间中国是主要典型。

伍廷芳又说:

> 中国和西方文明的相遇是两种社会力量的会合。我们所当期待的不是一种力量完全被另一种力量融合,而是靠两种努力相结合达到推动社会前进的效果。①

伍廷芳指出这一点非常重要,如果对东西方的文明、文化没有一个基本正确的认识,便会产生偏离现状的世界观,它带来的错误不仅仅是在方法论上出现问题,如果用来指导实践则会造成偏向,危害更大。

1890 年,孙中山在《致郑藻如书》中提到他"远观历代,横览九洲"②,总结治理国家的经验,说明孙中山一方面重视历史,一方面重视世界的经验,以古论今,从外到内寻找治国的良方,这是智者、贤者的所为。1891 年,孙

---

① 伍廷芳:《中国和西方的关系》,丁贤俊、喻作凤编:《伍廷芳集》上册,北京:中华书局 1993 年版,第 67~68 页。
② 孙中山:《致郑藻如书》,《孙中山全集》第 1 卷,北京:中华书局 1981 年版,第 2 页。

中山又以泰西国家在农政、农学方面的优长，建议我国派专员赴泰西各国学习农学，"综理农事，参仿西法"，"讲求树艺农桑、养蚕牧畜、机器耕种、化瘠为腴一切善法，泐为专书"加以推广。① 从这些早年孙中山思考治国平天下的粗疏主张中，我们将会朦胧地意识到孙中山是从中国去看世界，又从世界反观中国，他从中国的古代联系至中国的近代，可见他从不孤立地就自己谈自己，也不盲目地就世界谈世界，更不认为中国古代文化优良，现代也一定优良。这在"中国好，一切皆好；西方好，一切皆好；中国古代繁盛，近现代也一定会繁盛"的极端思想弥漫全国之时，发表不偏不倚的思想，在当时的中国是相当不容易的。正如蒋梦麟先生所指出："凡是经常接触抽象原则和理论的人，或者熟悉如何由问题中找出基本原则的人，都不难了解中山先生的立论。在另一方面，凡是惯常注重近功实利而不耐深思熟虑的人，可就不容易了解中山先生的主张了。"② 蒋梦麟还说："在清室式微的日子里，中国并不缺乏锐意改革的人，但是真能洞烛病根，且能策定治本计划的人却很少。孙先生深知西方文化的发展过程，同时对中国的发展前途也具有远大的眼光，因此他深感超越近功近利的原理原则的重要，他知道只有高瞻远瞩的知识才能彻底了解问题的本质。"③ 这个话语说到了问题的要害处，中国之所以不能快速发展，就是因为太缺乏既了解世界，又了解中国，且有气度和魄力的人才。

1894年，孙中山在《上李鸿章书》中就中国与泰西各国治国的方法作比较，他说："泰西之儒以格致为生民根本之务，舍此则无以兴物利民，由是孜孜然日以穷理致用为事"。又说："泰西各国体恤商情，只抽海口之税，只设入国之关，货之为民生日用所不急者重其税，货之为民生日用所必需者轻其敛。"中国则不然，过省有关，越境有卡，海口完纳，又有补抽，处处敛征，节节阻滞。加上交通不便，货不能畅其流，人不能尽其才，所以我国弱，泰西各国强。中国仿行西法，于今已有30余年，而犹不能与欧洲颉颃者，其故就在于不能根据中国之人民材力，步武泰西，参行新法。他指出："夫天下之事，不患不能行，而患无行之人。方今中国之不振，固患于能行之人少，而尤患于不知之人多。夫能行之人少，尚可借材异国以代为之行；不知之人多，则虽有人能代行，而不知之辈必竭力以阻挠。此昔日国家每举一事，非格于成例，辄阻于群议者。此中国之极大病源也。"孙中山还向李鸿章表示："文今年拟有法国之行，从游其国之蚕学名家，考究蚕桑新法，医治蚕病，并拟顺道往游环球各邦，观其农事。"如李鸿章有意兴农，孙中山表示他"回华后可再

---

① 孙中山：《农功篇》，《孙中山全集》第1卷，北京：中华书局1981年版，第5页。
② 蒋梦麟著：《西潮》，台北：辅欣书局1990年版，第130～131页。
③ 蒋梦麟著：《西潮》，台北：辅欣书局1990年版，第131页。

行游历内地、新疆、关外等处,察看情形,何处宜耕,何处宜牧,何处宜蚕,详明利益,尽仿西法,招民开垦,集商举办,此于国计民生大有裨益。"① 这篇上书,过去我们只强调是孙中山利用李鸿章为推行自上而下改革中国提出的温和主张,多有批评和责骂,而对孙中山了解世界,改造中国,将仿行西法与实际运用于中国建设,促进中国富强的思想和方法则多有忽视,所以未能深切了解孙中山学习西方、改革中国的主张的思想价值和思维方式。

孙中山常言,他"综览古今,旷观宇宙",得到的一个认识就是"国家得臻隆盛、人民克享雍熙者,无非上赖君相之经纶,下藉师儒之学术,有以陶熔鼓舞之而已。是一国之兴衰,系夫上下之责任,师儒不以独善自遂,君相不以威福自雄,然后朝野交孚,君民一体,国于是得长治久安。"孙中山指出,我中国衰败至今,已经很严重了,"追求积弱之故,不得尽归咎于廊庙之上,即举国之士农工商亦当自任其过焉"。他以泰西为例,指出:"泰西士庶,忠君爱国,好义急公,无论一技之能,皆献于朝,而公于众,以立民生富强之基。"而"中华以士为四民之首,外此则不列于儒林矣。而泰西诸国则不然,以士类而贯四民"。"以视我国之农仅为农、工仅为工、商仅为商者,相去奚啻霄壤哉?故欲我国转弱为强,反衰为盛,必俟学校振兴,家传户诵,无民非士,无士非民,而后可与泰西诸国并驾齐驱,驰骋于地球之上。"② 从孙中山的言论中得知,他早年对于泰西各国寄予厚望,不仅认真地探索泰西富强的缘由,而且将其同中国的现状相比较,并从中找出中国贫弱的根由,进而采取步法泰西、揖睦邻国、通商惠工等举措,以达到振兴中国。所以,毛泽东说孙中山是旧中国向西方寻求真理的先进人物,是正确的评述。

1896 年 10 月,孙中山伦敦蒙难是他人生的转折点,也是他反清救国事业的新起点。经过这次蒙难,孙中山一方面因得到英国政府、宣传媒体和各界友好人士的拯救得以获释,心中充满感激之情;另一方面是他对清政府的自我改革已完全失望,他认为,"期望当今的中国政府能在时代要求影响下自我革新,并接触欧洲文化,这等于希望在农场的一头猪会对农业全神贯注并善于耕作"③ 一样的荒唐。基于此,孙中山在伦敦《双周论坛》(Fortnightly Review)发表《中国的现在和未来》一文,呼请英国政府对中国的革新事业保持善意的中立。他指出:"在英国,有人以为只要说服李鸿章等人,使他们相信铁路、电话、欧洲陆军组织等效用,启发中国人民,并设法把整套文明机器输入

---

① 孙中山:《上李鸿章书》,《孙中山全集》第 1 卷,北京:中华书局 1981 年版,第 8~18 页。
② 孙中山:《拟创立农学会书》,《孙中山全集》第 1 卷,北京:中华书局 1981 年版,第 24~25 页。
③ 孙中山:《与〈伦敦被难记〉俄译者等的谈话》,《孙中山全集》第 1 卷,北京:中华书局 1981 年版,第 86 页。

中国，那么中国的新生活就会开始。"孙中山说，这也是和"使吃人的野兽改用银制餐具，想藉此把它们改变成素食者是同样的荒唐"！① 孙中山说："全体中国人民正准备着要迎接一个变革。有大多数的诚实的人们，准备着而且决心要进入公共民主的生活"，迎接新的斗争，进行新的革命。孙说他写这篇文章的目的"就是要向英国人民说明，让我们成功"，我们成功既是为了中国的进步，也是为了欧洲的利益而特别是为了英国的利益，并说"目前我们所需要的援助仅是英帝国以及其他列强善意的中立"，只要列强保持不偏袒清政府的善意态度，"就可使得目前的制度让位于一个不贪污的制度了"。② 这时的孙中山还不了解欧洲列强，尤其是不了解这些国家的统治者对华政策的出发点和企图，以一种善良的君子之心去劝说帝国主义国家统治者的怜悯，诚如美国学者柯文所指出："孙中山不可能生活在1800年的中华世界……之所以说孙中山不可能生活于1800年，只是为了说明，在任何特定的一代人中所能发生的变化都是有限度的，而这种限度是任何人物——无论多么卓越——都无法超越的。"所以，"孙中山在本世纪（按：20世纪）初之所想所做，部分是建筑在他的前辈当年所想所做的基础之上"。③ 不过，随着情况的变化和孙中山的觉醒，他对世界的认识也深入了一大步。

1897年8月中下旬，孙中山与日本友人宫崎寅藏、平山周谈话时就指出：我国"沃野好山，任人割取，灵苗智种，任人践踏，此所以陷于悲境而无如何也。方今世界文明日益增进，国皆自主，人尽独立，独我汉种每况愈下，滨于死亡。于斯时也，苟非凉血部之动物，安忍坐圈此三等之奴隶之狱以与终古？""呜呼！今举我国土之大，人民之众，而为俎上之肉，饿虎取而食之，以振其蛮力，雄视世界。自热心家用之，以提挈人道，足以号令宅内。反掌之间，相去天壤。余为世界之一平民，而人道之拥护者，犹且不可恝然于此，况身生于其国土之中，尝直接而受其苦痛者哉！"孙中山还表示，"余短才浅智，不足以担任大事；而当此千钧一发之秋，不得不自进为革命之先驱，而以应时势之要求"；并说明，中国革命是"为支那苍生，为亚洲黄种，为世界人道"。④ 由于孙中山要革命反清，势必引起世界的关注。他一方面想用"中东

---

① 孙中山：《中国的现在和未来——革新党呼吁英国保持善意的中立》，《孙中山全集》第1卷，北京：中华书局1981年版，第103~104页。
② 孙中山：《中国的现在和未来——革新党呼吁英国保持善意的中立》，《孙中山全集》第1卷，北京：中华书局1981年版，第106页。
③ （美）柯文著：《在传统与现代性之间——王韬与晚清改革》，南京：江苏人民出版社2003年版，第2~3页。
④ 孙中山：《与宫崎寅藏平山周的谈话》，《孙中山全集》第1卷，北京：中华书局1981年版，第172~174页。

合同，以亚洲之盟主"来抗衡和"阻遏西势东渐"，但又担心"以招欧人之忌"、"欧洲联盟而制我"，尤其担心"俄人东向"，但他又说："欧洲联盟制我之事，或未必有，然不可不为之防。"① 可见，这个时期，孙中山对俄国不放心，并产生防俄意向，1899 年孙中山手绘《支那现势地图》，翌年 7 月 14 日在日本出版发行，孙中山在《支那现势地图》跋中指出："中国舆图，以俄人所测绘者为精审。盖俄人早具萧何之智，久已视此中华土地为彼囊中之物矣。"② 防俄不能说不对，因为沙皇俄国是掠夺中国领土最多的国家，问题则在于此时的孙中山有联合日本形成大亚洲主义以防"西势东渐"的意图。对于孙中山的大亚洲主义，日本伊原泽周先生称之为"泛亚洲主义"。他认为，"被帝国主义列强侵略已沦为'次殖民地'的中国，怎么能与帝国主义日本去并肩携手为解放被压迫的弱小民族而共同推进'大亚洲主义'呢？"③ 但他也认为："今日或未来的国际纷争的解决，仍可使用孙中山的泛亚洲主义的哲学理念与思想，也就是说孙中山的泛亚细亚主义并未失掉它的现实意义。"④

西方列强对于中国的领土和权益的攫取图谋已久，但未能如愿实现，这有列强之间的矛盾和相互制衡的缘故，也因为有中国人民的顽强斗争，挫败了它们的图谋。1900 年八国联军侵略中国并激起中国强大的民族主义潮头和民族觉醒时，西方的政界、学界对中国的看法产生分歧，有保全中国和分割中国之论。

对此，孙中山指出："今天下之大事，无过于支那之问题矣。东西洋政家筹东亚之策者，其所倡皆为保全、分割之二说。"提倡分割者认为，要"维持文明之福，防塞黄毒之祸，宜分割支那，隶之为列强殖民之地"。倡保全者认为，中国"今虽积弱不振，难以自保，然皆清廷失措有以致之，其汉民之勤忍和平亘古如斯，未尝失德也。凡望世界和平、维持人道、奖进文明者，不可不保全此老大帝国。助之变法维新，为之开门户，辟宝藏，以通商而惠工，则地球列国岂不实蒙其福也哉"。日本对中国也有保全与分割两种意见。孙中山说："就国势而论，无可保全之理；就民情而论，无可分割之理也。"孙中山强调："从支那之现势而观，保全既无其道，分割又实难行，然则欲筹东亚

---

① 孙中山：《与宫崎寅藏等笔谈》，《孙中山全集》第 1 卷，北京：中华书局 1981 年版，第 175～182 页。
② 孙中山：《〈支那现势地图〉跋》，《孙中山全集》第 1 卷，北京：中华书局 1981 年版，第 188 页。
③ （日）伊原泽周著：《从"笔谈外交"到"以史为鉴"——中日近代关系史探研》，北京：中华书局 2003 年版，第 337 页。
④ （日）伊原泽周著：《从"笔谈外交"到"以史为鉴"——中日近代关系史探研》，北京：中华书局 2003 年版，第 337 页。

治安之策以何而可？曰：惟有听之支那国民，因其势顺其情而自立之，再造一新支那而已。"①"支那"即中国。到了这时，孙中山对东西方列强的了解进了一大步，起码使他明白无论列强要瓜分中国，或保全中国，都有一个目的，那就是阻止中国人觉醒，妨碍中国社会进步、人民富强，使中国这个富饶的文明古国永远成为列强掠夺的对象。孙中山认识到，列强要瓜分中国，是因中国"政府无振作也，人民不奋发也。政府若有振作，则强横如俄罗斯，残暴如土耳其，外人不敢侧目也。人民能发奋，则微小如巴拿马、激烈如苏威亚，列强向之承认也。盖今日国际，惟有势力强权，不讲道德仁义也。满清政府今日已矣，要害之区尽失，发祥之地已亡，浸而日削百里，月失数城，终归于尽而已。尚有一线生机之可望者，惟人民之发奋耳"。"清国帝后今日日媚外人矣，日日宴会公使及其夫人矣；媚外人之中又与俄国为亲慝矣，然而据其发祥之地者则俄也。"② 从孙中山所论证，清政府希望列强保全自己，但列强保全清政府是为了灭亡中国。所以要保全中国，首先要清政府垮台，保全清政府不能保全中国；其次是保全中国只有"革命为惟一法门，可以拯救中国出于国际交涉之现时危惨地位，只有革命成功推倒清政府"。③ 1904 年 8 月，孙中山在《支那问题真解》中又揭露，"今日全球之视线，集于远东"，"而支那久有'东方病夫'之称，以世界最良沃之大地，适投欧人之所好。虽亚米利加（按：指美国，今译美利坚）对于万国政策，表其孟罗主义，然谓其手段异于他国则可，谓其甘放弃权利则不可也"。又说，"日露战争之结果，由种种方面思之，或有解决之道。由支那观之，则此时已处冲激之旋涡，而战争之止，且莫知所从。盖彼不过两国最高权之问题，而其他若英、美、德、法诸国将如何收其利益，其条件复杂，属于将来之解决，不能与战争为终始也"。而清政府又不能调和列强之间的利益和矛盾，列强侵略中国、瓜分中国势所必然。所以，中国问题的解决必须"更造文明之新政府以代其旧政府"，若此目的已达，"不止建新纪元之国家，而更可分其文明于全世界之人类。普通之平和，固可随之而苏复；社会主义经济主义之理想的世界，亦将现于实际"。④ 1905 年 8 月 13 日，孙中山在日本东京参加中国留学生欢迎会，在会上发表演说，

---

① 孙中山：《支那保全分割合论》，《孙中山全集》第 1 卷，北京：中华书局 1981 年版，第 218~224 页。

② 孙中山：《驳保皇报书》，《孙中山全集》第 1 卷，北京：中华书局 1981 年版，第 233~234 页。

③ 孙中山：《在檀香山正埠荷梯厘街戏院的演说》，《孙中山全集》第 1 卷，北京：中华书局 1981 年版，第 226 页。

④ 孙中山：《支那问题真解》，《孙中山全集》第 1 卷，北京：中华书局 1981 年版，第 243~248 页。

谈他由东到西、由西到东，中经美国，由美至英、德、法等国的见闻。他将世界各国与中国比较指出，日本与中国不同有两件：第一件是日本的旧文明皆由中国输入，但今中国文明已落后于日本；第二件如日本的衣、食、住的文明乃由中国输入，但因中国改从满制，则我中国的文明之失之日本了。孙中山又说：美国的人物皆新，于今的文明，即欧洲列强亦不能及。"各洲从前极文明者，如罗马、埃及、希腊、雅典等皆败，极野蛮者如条顿民族等皆兴。中国的文明已有数千年，西人不过数百年，中国人又不能由过代之文明变而为近世的文明；所以人皆说中国最守旧，其积弱的缘由也在于此。殊不知不然。不过我们中国现在的人物皆无用，将来取法西人的文明而用之，亦不难转弱为强，易旧为新。"孙中山还指出：

日本不过我中国四川一省之大，至今一跃而为头等强国；

米（即美）国土地虽有清国版图之大，而人口不过八千万，于今米人极强，即欧人亦畏之；

英国不过区区海上三岛，其余都是星散的属地；

德、法、意诸国虽称强于欧西，土地人口均不如我中国；

俄现被挫于日本，土地虽大于我，人口终不如我。

孙中山认为：我们中国的土地人口，世界莫及，但不能利用此一片大好河山，建一头等民主大共和国，以握全球之牛耳，实为可惜！所以现在中国国民要兴起，要立下决心改变旧观念，追赶世界潮流，取法现代世界文明，把我们中国造起一个20世纪头等的共和国来；必须改变观念，用新的思维去审视世界，实行改革，使中国富裕和强盛起来。我们如果认为中国四千年来的文明很好，不肯改革，中国仍将落居人后。所以，中国的出路决不要随天演的变更，定要为人事的变更，其进步方速。①

由上述可见，孙中山对于西方文明并不抗拒，但他对于西方人的价值观，以及侵略他国人的霸道行为从不认同。对于西方、日本的发展道路，孙中山有借鉴的地方，但他不完全认同它们的发展路向和目标。所以，孙中山通过各种方法去了解世界，他的目的很明显，就是要找寻出中国落后的根本原因，确立改变中国、建设中国的方针，实现中国独立、民主和富强的目标，与世界先进国家拉近距离。非常明显，孙中山了解世界不是为了与世界文明国家抗衡，而是汲取它们的发展经验和教训，建设一个文明的和进步的中国社会，以振兴中

---

① 孙中山：《在东京中国留学生欢迎大会的演说》，《孙中山全集》第1卷，北京：中华书局1981年版，第277~282页。

华和复兴中国为目的。

东方与西方应该文明共享，共同发展

孙中山指出：

>   欧洲近百年是什么文化呢？是科学的文化。是注重功利的文化。这种文化应用到人类社会，只见物质文明，只有飞机炸弹，只有洋枪大炮，专是一种武力的文化。欧洲人近有专用这种武力的文化来压迫我们亚洲，所以我们亚洲便不能进步。这种专用武力压迫人的文化，用我们中国的古话说就是"行霸道"，所以欧洲的文化是霸道的文化。①

孙中山认为，欧洲人用武力文化来压迫亚洲人，造成亚洲人的落后，并由此引起亚洲人与欧洲人的矛盾和斗争。因此孙中山反对武力文化，他并不因亚洲要进步要发展也提倡用武力文化来抗拒武力文化，相反的，他鼓吹用东方的王道文化来抗衡西方的武力文化（霸道文化）。他说：

>   东方的文化是王道，西方的文化是霸道；讲王道是主张仁义道德，讲霸道是主张功利强权。讲仁义道德，是由正义公理来感化人；讲功利强权，是用洋枪大炮来压迫人。②

既然东方的文化是王道，这种文化的本质就是讲仁义道德，是感化人而不是压迫人，是要怀德，不是要人畏威。这种文化以仁爱和互助作为出发点，比西方欺凌和压迫别人作为出发点的霸道文化要优胜得多。因此，尽管孙中山也提倡要学欧洲的科学，振兴工业，但他也明确指出，我们学习欧洲的科学"不是学欧洲来消灭别的国家，压迫别的民族，我们是学来自卫的"。这种对待科学和西方的大度，如果不是一个大国、文明古国的政治家是很难拥有的。他既肯定西方科学的先进，并说要向人家学习，但又强调学习西方绝对不能学它们的霸权主义去威胁和侵略别的国家。中国的崛起、中华民族的崛起需要世界和平，需要世界民族与中华民族的友好和支持，这种思维的改变，这种平权、平

---

① 孙中山：《对神户商业会议所等团体的演说》，《孙中山全集》第 11 卷，北京：中华书局 1986 年版，第 405 页。

② 孙中山：《对神户商业会议所等团体的演说》，《孙中山全集》第 11 卷，北京：中华书局 1986 年版，第 407 页。

等思想的确立，便成为孙中山在辛亥革命后指导国家与国家、民族与民族关系的原则和准则。

1906年11月，孙中山在回复侨居日本的俄国民粹派《民意》报主编鲁赛尔函中公开声明："在现代文明的发展方面，我们完全还处在未开垦的境况"，"在我们的道路上也就没有现代文明高度发展的国家里那种重大的障碍。中国是一个相当清一色的贫穷国家，大多数居民过着贫困的生活……直到最近几年，现代文明还没有触动过中国，直到目前我们还没有尝到它的善果，也没有受到它的恶果。而且，当我们在我们社会生活中确立现代的文明时，我们有可能选择那些符合我们愿望的东西。我们不指望外来的援助（不管这种援助的愿望如何），它如果不是出于真正利他主义动机的话。"① 毫无疑问，"利他主义"是孙中山对待科学和物质文明的基本态度，是他对待弱小国家的基本立场，也是他要求所谓文明国家对待中国的基本要求。从"利他主义"立场出发，孙中山便主张文明共享。他说：文明越发达，社会问题越多，这是因为文明进步，生产力发达了，生产的物品丰富了，"不愁不足，只愁有余，故此更重商业，要将货物输出别国，好谋利益，这是欧美各国大概一样的。照这样说来，似乎欧美各国应该家给人足，乐享幸福，古代所万不能及的。然而试看各国的现象，与刚才所说正是反比例。统计上，英国财富多于前代不止数千倍，人民的贫穷甚于前代也不止数千倍，并且富者极少，贫者极多"。② 所以，不是科学万能，更不是物质文明发达了，国民就得实惠，就能享受幸福。文明进步是自然所致，是不能逃避的，但如果由少数人把持文明和财富，世界便成为"不平等的世界"。

所谓科学，孙中山指出："世界之学有二大类，其一曰自然科学，其一曰人事科学。自然科学者，如天算、地文、地质、物理（声光电热力等学）、生物（动物、植物二学）、化学是也。人事科学者，如社会学、心理学、伦理学、政治学、法律学、经济学、历史学是也。"③ 科学是不分国界的，但科学技术由人来掌控，由人来运用，人的立场决定科学的效用。人类在生产和创业过程中发明科学是为了改造自然，改造社会，目的是让人类共享科学文明的善果，而不是要人们享受科学带来的恶果。就中国来说，孙中山认为，中国革命成功"将取欧美之民主以为模范，同时仍取数千年前旧有文化而融贯之。语

---

① 孙中山：《复鲁赛尔函》，《孙中山全集》第1卷，北京：中华书局1981年版，第322~323页。
② 孙中山：《在东京〈民报〉创刊周年庆祝大会的演说》，《孙中山全集》第1卷，北京：中华书局1981年版，第326~327页。
③ 孙中山：《平实开口便错》，《孙中山全集》第1卷，北京：中华书局1981年版，第386~387页。

言仍用官话（按：即中国普通话），此乃统一中国之精神，毋庸稍变。汉字每字一义，至为简洁，亦当保存；惟于科学研究须另有一种文字以为补助，则采用英文足矣"；并言中国物产丰盛甲于全球，实现共和后，将输入外资，振兴工商业，并表示中国"共和政府之精神，决无帝国之野心，决不扩张军备，但欲保其独立及领土完全而已"。① 然而，由于中国科学落后，运用"科学专门知识以暨工程上之经验，尚在幼稚时代，亦非取材异域不可。法为共和先进国，当必稍以助中国者矣"②。又说：中国反清革命胜利，"临时政府成立以后，当尽文明国应尽之义务，以期享文明国应享之权利"③。以我五千年文明优秀之民族，应世界之潮流，建设政治最修明、人民最安乐之国家，便是孙中山的基本国策。所以，中国不能孤立于世界之外，它应同世界上的所有国家和民族相互交往，促使文化交流，取长补短，共同进步，共同发展，实现社会文明和"天下为公"。

孙中山在《建国方略》"孙文学说"篇中，仔细地考察了近世欧美文明进步与中国文明落后的原因，并指出，是由我国所谓"知之非艰"，"行之惟艰"的认识思维误致，因此他在文中以饮食为证，以用钱为证，以作文为证，说明近世文明进步，以日加速，最后之百年已胜于以前之千年，而最后之十年又胜以往之百年，但文明程度愈高，则去自然亦会愈远，而且作孽亦多，因此人们应改变"知之非艰，行之惟艰"的思维定式，花苦功研究学问，重视科学，人类和社会才能由野蛮而进文明。然后，孙中山就世界各国的物质文明和心性文明进行比较时又指出：

> 中国近代物质文明不进步，因之心性文明之进步亦为之稽迟。顾古来之研究，非可埋没。持中国近代之文明以比欧美，在物质方面不逮固甚远，其在心性方面，虽不如彼者亦多，而能与彼颉颃者正不少，即胜彼者亦间有之。彼于中国文明一概抹杀者，殆未之思耳。且中国人之心性理想无非古人所模铸，欲图进步改良，亦须以远祖之心性思想，究其源流，考其利病，始知补偏救弊之方。④

---

① 孙中山：《在欧洲的演说》，《孙中山全集》第1卷，北京：中华书局1981年版，第560～561页。
② 孙中山：《与巴黎〈巴黎日报〉记者的谈话》，《孙中山全集》第1卷，北京：中华书局1981年版，第562页。
③ 孙中山：《中华民国临时大总统宣言书》，《孙中山选集》，北京：人民出版社1981年版，第91页。
④ 孙中山：《建国方略之一：孙文学说——行易知难（心理建设）》，《孙中山选集》，北京：人民出版社1981年版，第139～140页。

孙中山的意思很明白，即是说，世界各国的文明各有所长，也各有所短，国与国、民族与民族之间不能自设藩篱，应该文明共享，"近世科学之发达，非一学之造诣，必同时众学皆有进步，互相资助，彼此乃得以发明"①。科学文明是为了促使人类进化，而人类进化之目的，"即孔子所谓'大道之行也，天下为公'，耶稣所谓'尔者得成，在地若天'，此人类所希望，化现在之痛苦世界而为极乐之天堂者是也"②。"世界人类之进化，当分为三时期：第一由草昧进文明，为不知而行之时期；第二由文明再进文明，为行而后知之时期；第三自科学发明而后，为知而后行之时期。欧美幸而无'知易行难'之说为其文明之障碍，故能由草昧而进文明，由文明而进于科学。其近代之进化也，不知固行之，而知之而乐行之，此其进化不息，所以得有今日突飞之进步也。""夫科学者，统系之学也，条理之学也。凡真知特识，必从科学而来也。舍科学而外之所谓知识者，多非真知识也。"③ 所以，孙中山号召中国学界应该学习欧美和日本"翻然觉悟，知锁国之非计，立变攘夷为师夷，聘用各国人才，采取欧美良法，力图改革"；只要如此，"中国欲达于富强之地位，不过十年已足矣。"④

中国是世界的中国，"夫今日立国于世界之上，犹乎人处于社会之中，相资为用、互助以成者"⑤。中国的发展，"固不仅中国一国之益也，而世界亦必同沾其利"⑥。基于这种全球意识，孙中山在制订《中国实业发展计划》时，便将他的计划称为"*The International Development of China*"（《国际共同发展中国实业计划》）。该书是孙中山在1918年11月第一次世界大战停战后开始撰写的。1919年1月，孙中山致函美国驻北京公使芮恩施，3月17日，芮恩施复函孙中山说："来函经于2月1日收到。函内手著《国际共同发展中国实业计划》，拜读之余，良深钦佩。先生对于此重要问题，能以宏伟精深之政策运

---

① 孙中山：《建国方略之一：孙文学说——行易知难（心理建设）》，《孙中山选集》，北京：人民出版社1981年版，第153页。

② 孙中山：《建国方略之一：孙文学说——行易知难（心理建设）》，《孙中山选集》，北京：人民出版社1981年版，第156~157页。

③ 孙中山：《建国方略之一：孙文学说——行易知难（心理建设）》，《孙中山选集》，北京：人民出版社1981年版，第161页。

④ 孙中山：《建国方略之一：孙文学说——行易知难（心理建设）》，《孙中山选集》，北京：人民出版社1981年版，第163页。

⑤ 孙中山：《建国方略之一：孙文学说——行易知难（心理建设）》，《孙中山选集》，北京：人民出版社1981年版，第187页。

⑥ 孙中山：《建国方略之一：孙文学说——行易知难（心理建设）》，《孙中山选集》，北京：人民出版社1981年版，第191页。

用之，可喜可贺。"① 由此可知，孙中山似乎在 1919 年 1 月份已经写成《国际共同发展中国实业计划》英文本并寄发各国有关人士。但 1919 年 4 月下旬，孙中山在回复《新中国》杂志社函中，在谈到实业计划的写作时又说："关于实业计划，弟方从事以累年研究者与海内商榷，而时逾半岁，尚未竣稿。"② 14 日，孙中山批唐继尧来函，告"来函赞同实业计划甚善。如果大局早定，当以贵省列入计划之中也"。15 日，又复函唐继尧，告将就实业计划述为专书，创导国人；并告"贵省天产丰富，矿脉尤盛，徒以交通未便，各种事业遂未能遽见猛进。今执事既表示赞助民生政策，则此后如果大局早定，文当以贵省实业发展之方法列入计划之中"③。由此可见，直至 1919 年 4 月全书尚未完稿。美国哥伦比亚大学韦慕庭教授在其《孙中山——壮志未酬的爱国者》一书中有如下陈述：在 1919 年初，孙中山寄给芮恩施的《国际共同发展中国实业计划》是计划大纲，不是全书。又说：孙先生还给亨德利克·克里斯琴·安德森（一个国际开发计划的工作者）一份复本，安德森转过手来又给在巴黎的威尔逊总统递呈了一份复本，"敦促他对此事予以充分的和深入的考虑"。这样，在孙中山和安德森之间，就开始了广泛的通讯讨论，彼此将自己的计划与对方切磋琢磨。3 月，孙中山把他们初步计划的复本送交美国商业部和美国内阁各成员，也可能送交了其他协约国列强的领导人物。同月，由孙中山的朋友乔治·布朗森·雷主持出版的《远东评论》，刊载有如下标题的介绍性短文："前任中华民国总统撰，《中国的国际发展，帮助战后工业国再调整所设计的计划》。"在这份杂志上，一直到 1920 年 11 月，不时地披露孙中山这一专著的其他部分，因此，当它附以某些从其他作品中引用来的恰当的例证，并最终以书的形式问世的时候，在《远东评论》上所发表的这些文章，实际上已经成为这部著作的主要内容了。孙中山完成这部著作，还得到了他在上海的中国基督教友的帮助，早期计划的中文版在 1919 年 8 月份出现于国民党的刊物《建设》杂志。④

由此可见，从 1918 年起，孙中山就与许多国家的领导者和国际友人书信往返，合议制定国际共同开发中国的计划。所谓开发，就是"盖欲利用战时宏大规模之机器，及完全组织之人工，以助长中国实业之发展，而成我国民一

---

① 孙中山：《建国方略之三：民权初步（社会建设）》，《孙中山选集》，北京：人民出版社 1981 年版，第 405 页。

② 孙中山：《复〈新中国〉杂志社函》，《孙中山全集》第 5 卷，北京：中华书局 1985 年版，第 50 页。

③ 孙中山：《复唐继尧函》，《孙中山全集》第 5 卷，北京：中华书局 1985 年版，第 43 页。

④ （美）韦慕庭著：《孙中山——壮志未酬的爱国者》，杨慎之译，广州：中山大学出版社 1986 年版，第 106 页。

突飞之进步；且以助各国战后工人问题之解决"①。孙中山说："夫物质文明之标的，非私人之利益，乃公共之利益。而其最直捷之途径，不在竞争，而在互助。故在吾之国际发展计划中，提议以工业发展所生之利益"，让"人民将一律享受近代文明之乐矣"；也即"欲使外国之资本主义以造成中国之社会主义，而调和此人类进化之两种经济能力，使之互相为用，以促进将来世界之文明也"②。

孙中山非常重视科学的发展和文明进步，但他主张科学用于发展经济，提高物质文明，促进人类社会的文明进步。所以，他提倡文明共享，提倡用互助代替竞争，这种维护公道正义的主张，在当时的世界政治人物中没有人能出其右。然而，在当时的世界，孙中山的主张也只是一种良好的愿望，只是一种宣示，没有多少实际意义。科学是人发明的，也是由人操控的，科学的进步能否为人类谋福祉，关键在于人。没有具有世界意识和为全人类谋福祉思想的科学家掌控科学的发明和应用，科学是不可能为全人类服务的。孙中山在晚年一再强调："我们现在要学欧洲，是要学中国没有的东西。中国没有的东西是科学，不是政治哲学。"可见，提倡学欧美发展科学是为了改善中国社会的物质文明，提高人的生活水准，不是学习西方人称霸世界的政治哲学，因为中国政治哲学中讲中国固有的道德，说仁爱、信义，讲忠孝、和平，现在世界中最文明的国家也没有像中国讲的这么完全，中国这种"极好的道德，是爱和平"③，反对战争。孙中山肯定科学是肯定它的积极面，他不认为科学万能。所以，他不是盲目地将西方的文明照搬过来，而是根据中国自己的风土人情、文化传统，仿效欧洲的物质文明来改造中国，发展中国的实业，建设中国社会；至于政治、哲学、民主、法律和价值观，他则强调要"择地球上最文明的政治法律来救我们中国，最优等的人格来对待我们四万万同胞"④。"我们现在改良政治，便不可学欧美从前的东西，要把欧美的政治情形考察清楚，看他们政治的进步空间是到了什么程度，我们要学他们的最新发明，才可以驾乎各国之上。"⑤ 可见，孙中山虽主张文明共享，共同进步，但他并不提倡完全按欧美

---

① 孙中山：《建国方略之二：实业计划（物质建设）》，《孙中山选集》，北京：人民出版社1981年版，第212页。
② 孙中山：《建国方略之二：实业计划（物质建设）》，《孙中山选集》，北京：人民出版社1981年版，第369页。
③ 孙中山：《三民主义·民族主义》，《孙中山全集》第9卷，北京：中华书局1986年版，第246页。
④ 孙中山：《在东京中国留学生欢迎大会的演说》，《孙中山全集》第1卷，北京：中华书局1981年版，第281页。
⑤ 孙中山：《三民主义·民权主义》，《孙中山全集》第9卷，北京：中华书局1986年版，第342页。

国家的政治法律去改造世界，更不是盲目地照搬西方社会的发展模式和建设思维来贻误我们的国家。尤其是反对欧美国家滥施霸道文化去侵凌、掠夺弱小的民族和国家。诚如孙中山所指出的："对于世界诸民族，务保持吾民族之独立地位。发扬吾固有之文化，且吸收世界之文化而光大之，以期与诸民族并驱于世界，以驯致于大同。"① 并表示："占世界人口四分之一的中国的复兴，将是全人类的福音。"② "一旦我们革新中国的伟大目标得以完成，不但在我们的美丽的国家将会出现新纪元的曙光，整个人类也将得以共享更光明的前景。普遍和平必将随中国的新生接踵而至，一个从来也梦想不到的宏伟场所，将要向文明世界的社会经济活动而敞开"③，我们改革中国的目标得以实现，中国将在社会建设中取得进步，全世界将在中国的发展中得到好处。这是孙中山向世界的宣示，也是他对世界未来的一种期盼。他的宣言和期盼充分说明孙中山向世界先进民族学习，改革中国政治，发展中国经济，建设现代社会的意图和目的，也表明孙中山对世界文明、文化的根本态度。

孙中山由文化世界观向民族世界观的转变

孙中山在前期从文化层面认识世界，形成他文化优优互补的文化观，谋求相互理解。这有积极的一面。因为文化毕竟是人群生活的积累和创造，具有特殊性，也有普遍性，但任何民族的文化都有精华，也有糟粕，从文化角度审视世界，任何民族都不应唯我独尊和实行文化霸权。但文化也很难区分长短、优劣，一个民族认为好的东西，不一定适合于世界所有民族。所以，文化有世界性，但也不一定具有普遍性。孙中山将西方的科学文化与中国的政治文化进行比较，从而区分中西文化的优点，很明显这种区分带有随意性和主观性。其实中国的政治文化不见得都先进，西方的科学文化也不见得都能为人类造福。任何文化与人的关系，都是人创造文化，文化改造人、制约人。如果不能将人与文化，或人与民族、国家、文化的关系处理好，不仅文化制约不了人，而且还会为人所摆布。如果出现文化霸权主义，就会将人与文化撕裂，文化尤其是科学文化的发展便成为人类的灾难。如果以文化来衡量民族和世界各国的不同，也可能会以文化的不同或独特性形成以文化论民族的现象，容易生成种族、民族优劣思维，造成种族矛盾、民族矛盾，产生抗拒外国文化的民族主义情绪化倾向。

---

① 孙中山：《中国革命史》，《孙中山全集》第 7 卷，北京：中华书局 1985 年版，第 60 页。
② 孙中山：《致鲁赛尔函》，《孙中山全集》第 1 卷，北京：中华书局 1981 年版，第 319 页。
③ 孙中山：《中国问题的真解决——向美国人民的呼吁》，《孙中山全集》第 1 卷，北京：中华书局 1981 年版，第 255 页。

可见，文化世界观有它的优点，但也有明显的缺点，这主要是以文化来区分民族，以文化论民族，容易生成以文明、文化高低来区分民族的贵贱，这不符合实际，也有碍民族之间的联合和团结；但它比起种族主义又是一种进步，它不认为种族具有天生的优劣，它们的差别只在于文化的高下和素质的不同，这是教育的问题、学习的问题，不由种族造定。由于中国和世界的现实所形成的孙中山的文化世界观，正如德国学者海法特（H. Herrfahrdt）所指出的：孙中山这样做，"一方面在对内政策上唤起新民族意识，促起他们的团结，使他们觉醒中国情形的特殊，并鼓励对国家尽忠；另一方面在外交政策上鼓励中国人争取自由平等"①。孙中山主张中国对于西方的物质文明应当迎头赶上，达到"并驾齐驱"，但对于西方的霸道文化及不仁不义的不道德行为要以中国传统文化的道义、博爱与平等精神去取代，这是一种价值选择。这种选择表明中国需要科学、需要进步，但进步不是为了称王称霸，而是要以一种同情心和平等的观念去看待世界和对待不同人群。孙中山在前期一再说明他之所以要起来领导反清革命时指出："不错，我志在驱逐满州人"②，但驱逐满州人的目的是为了"救国救人"，因为"非锄去此恶劣政府"无法救国救民③。"满州政府腐败，我辈所以革命，即令满人同情于我，亦可许其入党。革命党宗旨不专在排满，当与废除专制创造共和并行不悖。"④ 孙中山及其同志们的抱负，是"发动一次有如三十年前日本所发生的革命，希望在中国实现日本化"，"像日本人那样，准备实行改革"，实现中国的近代化，"这是拯救祖国的惟一方法"⑤。可见，孙中山"反满"革命是通过革命"再造支那"，"创兴共和之举"。⑥ 用共和政体来代替"帝政统治"，实现中国与日本一样的工业化和社会近代化。诚如孙中山所言：中国同盟会系"世界最新之革命党，应立志远大，必须将种族、政治、社会三大革命，毕其功于一役"；"不当专向种族、政治二大问题，必须并将来最大困难之社会问题亦连带解决之。庶可建设一世界最

---

① （德）海法特（H. Herrfahrdt）著：《孙中山传》，王家鸿译，台北：商务印书馆有限股份公司1978年版，第77页。

② 孙中山：《与斯韦顿汉等的谈话》，《孙中山全集》第1卷，北京：中华书局1981年版，第195页。

③ 孙中山：《学生要勉术学问琢磨道德——在广州岭南学堂的演说》，孟庆鹏编：《孙中山文集》下，北京：团结出版社1997年版，第692页。

④ 孙中山：《在中国同盟会筹备会议的演说》，郝盛潮主编：《孙中山集外集补编》，上海：上海人民出版社1994年版，第27页。

⑤ 孙中山与林奇谈话的报道，参见《孙中山全集》第1卷，北京：中华书局1981年版，第209～211页。

⑥ 孙中山：《三十三年之梦序》，《孙中山全集》第1卷，北京：中华书局1981年版，第216页。

良善富强之国家"。① 由此可见，孙中山革命的目标是为将中国由封建君主专制转换为民主共和制度，通过政治的转型，凝聚全国人心，实现中国社会的富强、文明和进步。他是为了改革图存，不是为了反满图存，这在当时的中国是一种具有前瞻性的思想。这种思想，来源于西方，也是孙中山建设中国社会的思想以及与世界同步的一种表现。

台北政治大学蒋永敬先生在回忆录《浮生往忆》中，讲到他对孙中山思想的认识时指出："中山认为中国历史上之分裂，源于专制政体，务以防民为目的，以致民自为民，国自为国，国与民不能一体，故彼创立中华民国，以根本解决中国历史上之分裂问题，所谓'分久必合，合久必分'，不再重演。"② 所以，孙中山革命是为了民族共和、中国统一，不是为了分裂；是为了中国的进步，不只是为了光复汉族。保持文化的开放性、兼容性、科学性是孙中山纵观世界各国历史、总结中华民族数千年发展历程后，通过吸收与整合外来文化来构筑适应中国社会发展的文化观。这种观念的特征就是让文化来指引我们的时代，让文化来陶冶我们民族的性格，并给全球以和平，给人类以慈悲。这种观念是大同的观念、平等的观念，它与那些盲目的唯我独尊的祖先崇拜有着根本的不同。正是由于孙中山能在其生活的时代建构出一种新的文化观，使他个人与时代精神结合，使其超越千古，显示了我们民族的智慧。

孙中山一贯认为，进步就能与世界同步。所以，他正视中国的落后，主张追赶世界潮流，积极引进西方先进的科学文化，使中国社会进步、人民安康幸福。他是20世纪真正看到中国未来，并决心通过努力奋斗使中国成为独立、民主和富强的近代化社会的伟大领军人物。

台湾"中央研究院"近代史研究所的陈三井先生在其《中山先生与法国》一书中深刻地说到：孙中山"长期遁迹外洋，具有世界眼光的他，对法国国情与法国文明有相当全面而深入的认识"，并列了孙中山论述法国的十个方面。他认为，"在孙中山的心目中，法国是西方一个崇尚自由、平等、博爱的先进民主国家，既尊重人权，复尚道义，较为接近他的革命思想"，所以他"拿法国革命家喻户晓的自由、平等、博爱三个口号，来与他所提倡的三民主义相比拟阐扬，虽不无用法国大革命来为自己革命主张服务的想法，并多少有点简单化和片面性……但总体而言，在继承中亦有创发，内容较富新意，并具中国特色"。③ 陈先生所言甚是。孙中山作为一个世界性人物，他将他的视野

---

① 孙中山：《在中国同盟会筹备会议的演说》，郝盛潮主编：《孙中山集外集补编》，上海：上海人民出版社1994年版，第27页。
② 蒋永敬著：《浮生往忆》，台北：近代中国出版社2002年版，第231页。
③ 陈三井著：《中山先生与法国》，台北：台湾书店2002年版，第1~13页。

投向世界，通过认识和了解世界的文化来为中国崛起服务。他以法国为借鉴，追求民主、自由和博爱。他越觉得人家民主就越感到中国不民主，越觉得西方民族平等，就越觉得中国民族不平等，并从"夷夏之辨"中激起反清的情绪。孙中山说："我们一定要在非满族的中国人中间发扬民族主义精神……这种精神一经唤起，中华民族必将使其四亿人民的力量奋起并永远推翻清王朝。然后将建立共和政体。"① 通过发扬汉民族的精神来推翻清朝并建立共和政体，首先因为清朝是封建专制政体，其次因为清朝是满族人当家作为统治者，所以反满当然是反清。孙中山这个意图在《支那问题真解》一文中讲得很清楚。他说："当满洲人之未入支那，不过黑龙江畔之野蛮游牧，常寇支那北方平和边境。乘明季内乱，长驱入关，据有燕京，如北狄之蹂躏罗马，其时则千六百四十四年也。支那人尔时不愿为之隶属，各谋反抗。而满州人强欲压制，遂不得不为种种残忍之政策：鞭笞丁壮，及于老弱；火其居，夺其产；逼之从其服制。由剃发令之下，总其所杀戮以亿万计。"② 孙中山对落后于汉族的少数民族满族统治中国心存不满，带有文化的优劣情绪，但重要的是他反对民族压迫。孙中山撰写此文是为了呼吁美国人民支持他的反清革命，孙中山的意图很明显："既然你美国能在不堪忍受英国的压迫时奋起反抗，那我们汉族人民在清廷如此残暴的专制统治下度过了二百多年，如今在实在不堪忍受的情况下起来造反，本是顺理成章的事，所以应该受到世界各国的谅解和支持。"③ 孙中山一再说明中华民族是"世界上最爱好和平的民族"，中国的觉醒与经济的振兴，"不但对中国人，而且对全世界都有好处"。④ 孙中山说这些话，无疑是为了消除外国人对他反满的误解，也是他真实思想的流露，这种思想的本质就是不推翻清朝，就不会有民主，也不会有共和，更加不会有中华民族的复兴和中国社会的文明进步。

由此可见，孙中山前期的反满，还是站在中国的立场上，是为了结束民族的不平等、人民的不民主，实现革新中国，建设美好的中国社会，让中国人乃至"整个人类得以共享更为光明的前景"⑤。孙中山前期从世界先进国家的文化入手认识世界，通过了解世界，吸收全世界全人类的先进文明来革命救国，

---

① 孙中山：《在檀香山正埠的演说》，《孙中山全集》第1卷，北京：中华书局1981年版，第227页。
② 孙中山：《支那问题真解》，《孙中山全集》第1卷，北京：中华书局1981年版，第244页。
③ 郝平著：《孙中山革命与美国》，北京：北京大学出版社2000年版，第246页。
④ 孙中山：《中国问题的真解决——向美国人民的呼吁》，《孙中山全集》第1卷，北京：中华书局1981年版，第253页。
⑤ 孙中山：《中国问题的真解决——向美国人民的呼吁》，《孙中山全集》第1卷，北京：中华书局1981年版，第255页。

振兴中华,复兴中国,使中国与世界同步发展。这种文化世界观自有他高明之处。

在《建国方略》中,孙中山不仅论述了交通运输、工业、农业、国防和科学技术现代化的必要性和重要性,而且为中国勾画出了建设富强社会的宏伟蓝图,指出了实现近现代化的具体途径和对"国情"的正确把握,这也是他的爱国主义和世界意识的具体体现。尽管在孙中山的有生之年,由于受到环境和条件的限制,中国仍然没有获得独立自主和繁荣富强,但是,孙中山为革命和建设所做过的一切,却迈出了中国走向世界的沉重而坚决的第一步。将"开放门户"与维护主权意识有机结合起来,考虑中国的治国方略,建设中国社会,便说明孙中山与中国封建王朝的闭关锁国的治国思维有别,也与民族投降主义的甘为人奴的洋奴走狗意识不同。"开放门户"就是说中国的发展离不开世界,要中国进步,也要世界进步,中国是世界的中国,中国的发展必须要与世界联系,只有充分利用全世界所有民族的文明财富为我所用,才能加速中国的发展步伐。所以,孙中山强调,中国不能再过孤岛僻壤式的生活,应该转变封闭思维,敢于与世人交往,采取开放政策吸引世界各路英雄到中国来创业,开辟富源,开启"国际共同发展中国"的局面。"我无资本,利用外资"、"我无人才,利用外国人才"、"我无良好方法,利用外人方法"[①],目的都是为了中国社会的进步,使中国与世界先进国家并驾齐驱。

然而,吸纳先进国家的资本、文化和管理方法也会带来人们思想的混乱,但孙中山讲得很清楚,引进外国的先进文化不是要"全盘西化",不是要认同西方民族的文化在世界的主导地位,而是以我作为主导,通过中西文化的参照,取其所长为我所用。对于文化,的确是有一个认识和认同的问题,只有认识它才能交流、选择,但选择不等于认同。一个民族认同另一个先进民族的文化,可能会激发起民族的上进心,将一个落后的民族引向先进民族。可是,文化认同也可能会带来民族的震荡和分离。所以,文化认同应在国家、民族认同的前提下正确对待。文化认同不等于国家的认同、民族的认同。文化作为一种意识,它会给人一种导向,对这种导向,有人接受,有人排拒,也可能有人持中庸调和的态度,既不接受,也不排拒,不管人们对异质文化采取什么样的态度,对它的选择常常都以个人的感受作为标尺。但无论如何,文化的认同都不能改变人的民族性,更不能淡化国家的观念。中国人或华人不会因为接受或认同某一种文化就变成别的什么人,或改变其民族成分。所以,由文化认同形成对民族和国家的自觉认同是一种进步的表现。前苏共中央总书记戈尔巴乔夫说

---

① 孙中山:《在北京招待报界同人时的演说和谈话》,《孙中山全集》第2卷,北京:中华书局1982年版,第460页。

过:"民族的骄傲是与民族的尊严具有相同的意义。"所以,民族的自觉认同问题,是任何一个民族的任何人都要面对的,是不可回避的重大原则问题。因为它是一个民族"精神面、情绪面的一个支柱"。① 民族感情从人们形成为民族共同体之后就再也没有消失过,将来也不可能消失。所谓民族自觉认同,是指某一个民族共同体的人们对本民族和国家产生的一种责任感。这种责任就是真诚地爱自己的民族和为国家承担责任。不爱自己的民族和祖国的人,不可能有真诚的爱,更不会主动地自觉地承担责任。所以,不能把文化认同说成是人的根本认同,也不能把民族说成是一种单纯的血缘关系。戈尔巴乔夫说:"对我个人来说,'民族'首先是认为自己是俄罗斯人,这意味着对我们的祖国、国家命运负有责任的所有人们的一个命运共同体。"② 作为一个中国人,对自己的祖国本来不存在民族认同问题,在过去除了少数的"汉奸"、"卖国贼"外,在中国境内基本上不存在国家认同问题。但由于国内众多民族构成的大家庭——中华民族,每个成员之间的地位、经历、处境不同,也存在认同不自觉,或没有达到认同的觉醒,所以"国自为国"、"国与民不能一体"的情况在中国也是存在过的。

孙中山前期的"反满",以及他"应乎人情,适乎世界之潮流"③,以西方文化作为改建中国政治和谋求中国出路的思维和实践,虽起到了积极作用,但无疑也带来人们认同的困扰。满族既然是中华民族大家庭的成员,它也有权执掌中国中央大权,所以将"反满"界定为反对清朝的统治者可以,但"反满"则带有反对满人的意义,这实在有失常理。同样,汲取西方的文明来改建中国人的价值观,接受西方文化的成功经验、学习西方的先进科学技术来推进中国的近代化进程,建设近代化的中国社会,这是必要的也是可行的,但如果由此带来"全盘西化",彻底认同西方文化,废弃中国的传统文化,则会给中华民族带来认同的危机。孙中山对此有所认识,诚如他所言:"对于世界诸民族,务保持吾民族之独立地位,发扬吾固有之文化,且吸收世界之文化而光大之,以期与诸民族并驱于世界,以驯致于大同。"④

---

① (俄)戈尔巴乔夫、(日)池田大作著:《二十世纪的精神教训》,香港:天地图书有限公司2004年版,第315页。
② (俄)戈尔巴乔夫、(日)池田大作著:《二十世纪的精神教训》,香港:天地图书有限公司2004年版,第317页。
③ 孙中山:《建国方略》(1917—1919),《孙中山全集》第6卷,北京:中华书局1985年版,第228页。
④ 孙中山:《中国革命史》,《孙中山全集》第7卷,北京:中华书局1985年版,第60页。

1912 年以后，随着国家的多事和孙中山大中华思想的形成①，孙中山的文化世界观发生了变化，由原先强调吸纳西方先进的科学文化与发扬我国的传统文化改革中国、振兴中华，转为提倡发扬中华民族的国族精神，树立国权意识，与世界侵略主义抗衡。这种转变是对世界列强国家对孙中山及其政权采取敌视态度的一种回应，也是他由民族主义而世界主义，又由世界主义向民族主义回归而形成的，具有维护中华民族共同体与侵略的世界主义民族抗衡的一种意识形态的变革。

中国是一个由多民族组成的稳定的民族共同体，它与其他单一的民族国家不同，在中国没有中华民族意识的觉醒，没有统一的民族精神的高扬，它不可能使国民对国家具有崇高的责任感，更加不会为国家的强盛、民族的独立和复兴去奋斗、去献身。如让"脱民族化"的观点形成，中国社会将会四分五裂，中华民族也会分崩离析。所以，孙中山大中华思想的形成与民族世界观的确立是当时现实的需要，也是他觉醒和进步的体现。

孙中山晚年在三民主义演讲时指出："帝国主义就是用政治力去侵略别国的主义。"② 正由于中国遭受帝国主义政治、经济的压迫，"如果政治力和经济力的压迫，我们没有方法去解脱，我们的民族便要被列强的民族所消灭，纵使不至于全数灭亡，也要被天然力慢慢去淘汰"③。所以，孙中山强调："要救中国，想中国民族永远生存必要提倡民族主义……。如果再不留心提倡民族主义，结合四万万人成一个坚固的民族，中国便有亡国灭种之忧。"④ 孙中山在三民主义演讲中，利用自己的影响力和对外部世界的了解，指陈中国很危险，必须通过发扬民族主义的精神反对帝国主义的侵略。正如史扶邻教授所说："孙中山的三民主义讲演的重要性，不在于其思想的连贯性或特殊性，而在于劝勉的效果。"⑤ 所谓"劝勉"就是他告诫国民，中国仍处在内忧外患的关头，国人仍要发扬爱国的精神，团结一致形成中华民族的国族意识，才能战胜强权政治、维护民族的独立。1924 年 1 月，在中国国民党第一次全国代表大会闭

---

① 林家有：《论孙中山的大中华思想》，王功安、林家有主编：《孙中山与祖国的和平统一——纪念辛亥革命 90 周年学术研讨会文集》，广州：中山大学出版社 2001 年版，第 1～20 页；《再论孙中山的大中华思想》，《广东社会科学》2003 年第 3 期。

② 孙中山：《三民主义·民族主义》，《孙中山全集》第 9 卷，北京：中华书局 1986 年版，第 221 页。

③ 孙中山：《三民主义·民族主义》，《孙中山全集》第 9 卷，北京：中华书局 1986 年版，第 198 页。

④ 孙中山：《三民主义·民族主义》，《孙中山全集》第 9 卷，北京：中华书局 1986 年版，第 189 页。

⑤ （美）史扶邻著：《孙中山：勉为其难的革命家》，丘权政、符致兴译，北京：中国华侨出版社 1996 年版，第 211 页。

幕后,孙中山上台做三民主义演讲,在民族主义的讲演中,他就三民主义及民族主义的含义、民族的形成、民族主义与世界主义的关系、中国失去民族主义的原因、恢复民族主义及提高民族地位的办法,进行了详细的讲解,作了全面的陈述。尽管他的解读未必很圆满,但他重新强调"三民主义就是救国主义",提倡三民主义是为了"促进中国之国际地位平等、政治地位平等、经济地位平等,使中国永久适存于世界"。这就改变了过去三民主义只是对内的含义,将其拓展为反对帝国主义与列强、争取国家与国家平等的主义,并强调要"用民族精神来救国",指出"民族主义就是国族主义",是"国家图发达和种族图生存的宝贝"。[①] 孙中山特别强调,"古今民族生存的道理,要救中国,想中国民族永远存在,必须提倡民族主义",并指出中国的民族,除汉族外,还有蒙古人、满洲人、回教之突厥人,是一个多民族的国家,只要提倡民族主义,结合四万万中国人成一个坚固的中华民族,中国便没有"亡国灭种之忧"。可见,孙中山晚年重新强调提倡民族主义是为了"挽救中国危亡",说明他的民族主义真正回到了反对"外族"侵略、实现民族独立的本位,这就使这位中华民族的杰出人士与世界更深刻地联结起来。孙中山将中国与欧洲的英、德、奥、俄、法,以及美洲的美国、亚洲的日本作比较,指出世界上存在两种国家,一种是主张侵略、有强权无公理的霸道国家,一种是主张公理扑灭强权实现王道为目标的国家,全世界"将来白人主张公理和黄人主张公理的一定是联合起来,白人主张强权和黄人主张强权的也一定要联合起来。有了这两种联合,便免不了一场大战,这便是世界将来战争之趋势"[②]。在这种情势下,没有什么比维护民族、国家的利益,捍卫民族、国家的权利更重要的了。孙中山由对世界文化的切入认识本民族在文化上的优劣,进而从民族、国家的视角去透视世界民族和不同国家的政策,造成世界的不公和不平等,认识到只有所有民族、国家都建立起和平的、平等的关系,实现"世界大同"、"天下为公",才有世界的稳定和发展。这种观点确立后,孙中山就向世界宣布,世界上任何国家都只是世界中的一员,任何国家只能与世界各国和平友好("益敦睦谊"),只能为公,不能为私,只能"以进不同",不能扩大矛盾、加深裂痕;世界任何国家都不能以强欺弱,以大凌小,只能"济弱扶倾",共同发展,共进大同。人类应当相亲相爱,共创文明、共享文明进步的成果。基于此,"天下为公"、"世界大同"、和平共处,共享世界的物质、精神文明,便成为孙中山的远大理想和追求。这是孙中山的进步和新的觉醒。这种进步和觉醒体现了中华民族的共同愿望,也反映了世界上被压迫民族和国家的心声。所

---

① 陈锡祺主编:《孙中山年谱长编》下册,北京:中华书局1991年版,第1820~1821页。
② 孙中山:《民族主义第一讲》,《孙中山选集》,北京:人民出版社1981年版,第626页。

以说，孙中山是中国伟大的民族英雄，也是 20 世纪全世界被压迫民族和国家可以信赖的好朋友；他是中国杰出的和平主义者，也是 20 世纪变革时代世界杰出的伟大人物之一。① 也有人说他是"东亚的大明星，世界的大伟人"、"弱小民族的救主"，② 也不失为一种较为切合实际的品评。

西方学者都在鼓吹西方社会的发展由野蛮到文明，或由农业社会向工业文明社会发展都是单向的直线发展的过程，人们称这种发展观为机械论。对于这种机械论，中国的学者有接受者，也有不接受者。孙中山认为社会是由低级向高级逐步递进的，首先是发展的，但它的发展不是直线的、单元的，而是有一个从精神到物质，又由物质到精神的曲折和系统的发展过程。西方文明、东方文明的创造都有其特殊环境，也有自己的特定内涵。所以，孙中山对西方学者的社会发展观有认同的方面，也有不认同和自己的创新方面。对于任何文明都要有比较才能进步，只迷恋于一种文明来救国要特别小心。社会的进步和发展是不可阻挡的，但采取什么样的道路和方法去建设社会，这就有一个选择的问题，有一个国情和人民的感受和支持的问题，所以任何人都不能将一种社会发展模式强加于人。

孙中山对西方发展观的吸纳与扬弃

早在 1915 年 9 月，陈独秀在《新青年》第 1 卷第 1 号发表了一篇《法兰西人与近世文明》的短文。在文中，他说：

> 文明云者，异于蒙昧开化者之称也。……世界各国，无东西今古，但有教化之国，即不得谓之无文明。古代文明，语其大要，不外宗教以止残杀，法禁以制黔首，文学以扬神武，以万国之所同，未可自矜其特异者也。近世文明东西洋绝别为二。代表东洋文明者，曰印度，曰中国，此二种文明虽不无相异之点，而大体相同，其质量举未能脱古代文明之窠臼，名为近世，其实犹古之遗也。可称曰近世文明者，乃欧罗巴之所独有，即西洋文明也，亦谓之欧罗巴文明。移植于亚美利加，风靡亚细亚者，皆此物也。欧罗巴之文明，欧罗巴各国人

---

① 王尔敏：《孙中山先生在二十世纪之历史地位》，台北《近代中国》，2004 年 3 月 31 日，总第 156 期。
② 李云汉：《中山先生民族主义思想的形成与发展》，刘真主编：《中山先生民族主义正解》，台北：台湾书局 1999 年版，第 1~34 页；李云汉：《济弱扶倾——中山先生与亚洲民族独立运动》，刘真主编：《中山先生民族主义正解》，台北：台湾书局 1999 年版，第 219~222 页。

民皆有所贡献，而其先发主动者率为法兰西人。①

陈独秀把近世文明的特征定为三项：人权说、生物进化论和社会主义。他羡慕《人权宣言》的"自由、平等、博爱"的思想，并认为反对"君主与贵族特权"是近世文明的灵魂。这是五四运动者、中国民主主义者对欧洲近世文明的理解和接纳。可是，1921年3月，李大钊则撰文指出："人家已经由自由竞争发达到必须社会主义共管地位，我们今天才起首由人家的出发点，按人家的步数走。正如人家已达壮年，我们尚在幼稚；人家已走远了几千万里，我们尚在初步。在这种势力之下，要想存立，适应这共同生活，恐非取兼程并力社会共管的组织不能有成。所以今日在中国想发展实业，非由纯粹生产者组织政府，以铲除国内的掠夺阶级，抵抗此世界的资本主义，依社会主义的组织经营实业不可。"② 杜亚泉则撰《静的文明与动的文明》一文，说西洋的文明是动的文明，中国固有的文明是静的文明。西洋动的文明的弊端要靠中国固有的静的文明来救济，而中国固有的静的文明，则因系代表多数人之文明，而具有无比优越的价值，所以无须效法西洋的动的文明。③ 1917年4月，杜亚泉又发表了《战后东西文明之调和》一文，他指出西洋文明由于第一次世界大战，破绽暴露无遗，不足以崇信，不要受西洋物质文明的"眩惑"，不要把西洋的科学思想视为"信条"，应"以科学的手段，实现吾人经济的目的。以力行的精神，实现吾人理性的道德"。④ 章士钊主持《甲寅》杂志，也一再发表文章鼓吹对中西文化实行调和，对西洋发展观提出质疑。1918年12月28日，章士钊在北京大学二十周年纪念会上发表《进化与调和》的演讲，认为调和是自然界、人类社会、人类思维发展所遵循的一条普遍规律，因此"调和之理，诚吾人所亟宜讲也"。他认为，社会发展是一个新旧杂糅、持续不断的过程，这个过程如同一个一环紧扣一环的连环式，"今日之社会"与"前代之社会"密切相连，相互接合，"今日之社会""乃由前代之社会嬗脱而来"。所以，必须要注意东西文明的相同与相异，既要言新，又不要舍旧，要新旧式东西调和，在创新时不要忘记保旧。"不善于保旧，决不能

---

① 陈独秀：《法兰西人与近世文明》，原载《新青年》1915年9月第1卷第1号，见《独秀文存》，合肥：安徽人民出版社1987年版，第10～13页。
② 李大钊：《中国的社会主义与世界的资本主义》，《评论之评论》1921年3月20日第1卷第2号；参见《李大钊选集》，北京：人民出版社1959年版，第356～357页。
③ 伧父：《静的文明与动的文明》，《东方杂志》1916年10月第13卷第10号。
④ 伧父：《战后东西文明之调和》，《东方杂志》1917年4月第14卷第4号，又见许纪霖、田建业编：《杜亚泉文存》，上海：上海教育出版社2003年版，第345～350页。

迎新。"①

由此可见，在民国初年中国的知识精英中，对于西方的发展观，对于西方文明的输入，有的人接受，有的人起初接受后又怀疑抛弃，多数是主张吸收、融合、调和，将西方的物质文明同东方的心性文明、道德文明结合起来建构中国社会发展的理论，建设一个具有中国特色的不中不西、又中又西的理想社会。孙中山属于后一种。

西方，在孙中山的言辞和文字里称为"泰西"。据《辞海》解释："泰西，犹言极西，旧时用以称西方国家，一般指欧、美各国。"② 孙中山对于泰西社会发展、科学的成就一贯都以积极的态度去审视，并主张有条件地吸收为我所用。从孙中山早年思考治国平天下的粗疏主张中，不仅看不到他对西方国家的文明、文化有什么抵触的表现，相反，他对西方的先进科学则提倡走出国门去学习、去借鉴，为发展中国的经济，改变中国社会的落后面貌费尽心机。所以，孙中山对于泰西各国的资本主义文明，不抗拒，也不盲从，他主张拿来应用，又不主张无条件地全盘接收。

五四运动前后，"德先生"与"赛先生"即民主与科学思潮在中国兴起，当时一些激进民主主义者过于强调文化的时代性，否定文化的民族性，因而使中国的传统文化处于尴尬地位。孙中山无疑也是"科学"与"民主"思潮的提倡者之一，但孙中山的"科学"观与"民主"观同激进的民主主义者不同，他对于一些人强调以西方强权国家的现代化思潮，并与西方文明作为固定发展模式向世界各地推广的看法不以为然。他对于西方文化在中国传播产生的严重文化冲突甚为忧虑，因为来自西方的文化与中国传统文化发生冲突，其结果是使国家发展的定位失去了方向。由于建国理念不同，所产生的分歧势必造成国家发展的制度杂乱无章、无所适从，若由于社会失序造成动乱不断，则民不聊生。所以，孙中山主张吸收西方文化思潮的精华，力求寻找美国南北战争时期的第16任大总统亚伯拉罕·林肯（Abraham Lincoln，1809—1865）所主张的民有、民治、民享的真谛，并希望使之能够与中国传统的政治文化相通的现代化思潮相结合，以促进中国社会的发展，实现中国的近现代化，使中国富强，改善人民的经济生活和提高人民生活的品质。③

孙中山认识到欧洲科学文化比较发达，物质文明比较先进，需要学习，更要借鉴，但对于欧洲人只重物质、只注重功利的价值观不认同。他认为，亚洲

---

① 章行严：《新时代之青年》，《东方杂志》1919年11月第16卷第11号。
② 《辞海》，上海：上海辞书出版社1986年版，第1614页。
③ 参见魏萼著：《中国国富论》，台北：台湾时报文化出版社企业股份有限公司2000年版，第71～83页。又见魏萼：《孙中山先生的西方文化观》，《第五次中华民国史国际学术讨论会会议论文集》（下），南京：南京大学中华民国研究中心2006年7月，第181页。

尤其是中国不能进步，比欧洲落后，是因为受到欧洲强权国家功利价值观指导下的压迫和剥削，所以，中国社会的建设要重视物质文明，但尤其重要的是要确立平等的人文思想，只有"用我们固有的文化作基础"①，确立我们的伦理观，在"恢复我一切国粹之后"才"去学欧美之所长，然后才可以和欧美并驾齐驱"。②孙中山表示，"我们国家对欧洲文明采取开放态度"，但"不是说，我们要全盘照搬过来。我们有自己的文明，但是，因为无法进行比较、选择而得不到发展，它也就停滞不前。时至今日，这种文明已经和人民群众完全格格不入了"。③西方的资本主义文明是在西方具体的历史条件下产生的，中国的古代文明也有自己的历史背景。尽管中国现时的文明有点停滞不前，但并不是靠输入西方的物质文明就可以解决得了的。西方是侵略国家，中国是被侵略国家，所以中国对西方文化有抗拒性，但由于西方是先进国家，中国是落后国家，中国对西方的物质文明又有学习和吸纳的必要。然而，由于清政府极端腐败，看不清中国落后的原因，又由于"欧洲人并没有充分认识到腐败势力所造成的中国在国际间的耻辱和危险的程度，也没有认识到中国潜在的恢复力量和她的自力更生的各种可能性"，所以，在中国进行近代化建设，并不像一些人所说的"仅仅只是铁路"，多修几条铁路，或将欧洲的"整套文明机器输入中国，那么中国的新生活就会开始"。孙中山说，这种看法和建设方法都是很荒唐的。他说："三十年来，欧洲的新发明创造品曾经输入中国。我们在天津、福州和上海，都有兵工厂和船码头的开设，在天津和南京有军事和海军专门学校，现在电报遍于全国，天津、山海关中间有铁路，在沿海和沿江都有属于官办和商办的汽船。但是从具备这些近代的设备中，没有得到一点进步的效果或是希望。"为什么呢？那是因为清政府不清廉，是因为官吏的贪污，购买西洋机器越多，建设工厂越多，他们贪污就越多。所以，在当时的中国靠腐败的清政府建设不了中国，"不完全打倒目前极其腐败的统治而建立一个贤良政府，由道地的中国人（一开始用欧洲人作顾问并在几年内取得欧洲人行政上的援助）来建立起纯洁的政治，那么，实现任何改进就完全不可能的"。④

基于上述认识，孙中山认为，因为中国是一个不独立的"次殖民地"国

---

① 孙中山：《对神户商业会议所等团体的演说》，《孙中山全集》第 11 卷，北京：中华书局 1986 年版，第 407 页。
② 孙中山：《三民主义·民族主义》，《孙中山全集》第 9 卷，北京：中华书局 1986 年版，第 251 页。
③ 孙中山：《与〈伦敦被难记〉俄译者等的谈话》，《孙中山全集》第 1 卷，北京：中华书局 1981 年版，第 86 页。
④ 孙中山：《中国的现在和未来——革新党呼吁英国保持善意的中立》，《孙中山全集》第 1 卷，北京：中华书局 1981 年版，第 87～106 页。

家,"当今之世,中国非改革不足以图存",① 但清朝政府无力进行体制内的自我改革,只能进行推翻清朝的体制外改革。但中国的改革,由于国情与欧洲不同,中国社会的发展道路不可能像英国那样先实行工业化后再改革政治的道路,也不能像德国那样先实行国家资本主义,后改革政治。中国的社会改革必须走一条先独立、后民主和富强的道路。中国的前途,首先要民族独立,民族不独立,中国就没有富强的条件,所以只有通过革命获得民族独立,然后建立一个有秩序的清廉的政府,在中国人主导和支配下发展经济,实行实业建设,发展教育,提高全民的科学文化素质,才能逐步建设一个为民所有、为民所治、为民所享的民族独立、政治民主、人民富裕的社会。可见,孙中山建设中国社会的模式是先革命化、后近代化。孙中山的意思是美国、法国,以及后来的俄国,"推原他们强盛的来历,都是由于革命的成功",他的具体步骤是通过革命促成政体转换,然后发展经济,改善民生,调动人民的积极性作为社会进化的动力,加速社会的文明、进步和发展。可见,孙中山的发展观的总思路是通过政治整合与社会整合的共同作用,达到经济整合与社会整合的理想目的。孙中山确立通过改造政治达到社会改造的"双改造模式"的企图,就是反对依靠军事力量和强制性的社会整合,使社会所有的社团、群体、民众在与政府处于对立的状态下接受重编,激化社会矛盾,造成社会不稳定,影响经济建设和近代化进程。这是孙中山学习西方、吸收西方社会发展理论带来的双重效应,即避免国家强大与民众贫困、科学发达带来的善果与道德沦落恶果、物质文明与心性文明不协调带来的社会矛盾,造成社会动荡和不和谐。改变西方由以物为中心的"物质文明"建设转变为以人为本的"物质文明与心性文明"同时发展的变革道路。孙中山的指导原则是在有意平衡经济发展和社会矛盾,力图通过解决民生问题,实现社会革命,达到社会的稳定和经济的发展,实现国家富强和社会文明进步。这也是孙中山所强调的民生问题是社会的中心,是社会发展动力的思想指导下的建设模式。

(二)孙中山对马克思主义社会发展观的研究与评析

马克思主义社会发展观的基本内涵及其在中国的传播

社会是动态的,它总是在变化,即由低级向高级、由不文明向文明、由不发达向发达社会转变。而马克思主义的观点认为转变的基础是经济,是生产方式。恩格斯说:"每一时代的社会经济结构形成现实基础,每一个历史时期由

---

① 孙中山:《与杨度的谈话》,郝盛潮主编:《孙中山集外集补编》,上海:上海人民出版社 1994 年版,第 27 页。

法律设施和政治设施以及宗教的、哲学的和其他的观点所构成的全部上层建筑，归根到底都是应由这个基础来说明的。"① 这即是说，马克思主义的唯物史观是以一定历史时期的物质经济生活条件来说明一切历史事迹和观念，以及一切政治、哲学和宗教、文化的变化，社会的政治、法律、哲学、宗教、文学、艺术等领域的发展都是以经济发展为基础的。这种观点的核心本质是经济决定一切。"基础创立上层建筑，就是要上层建筑为它服务，要上层建筑积极帮助它形成和巩固，要上层建筑为消灭已经过时的旧基础及其旧上层建筑而积极斗争。"② 正因如此，马克思指出："社会——不管其形式如何——究竟是什么呢？是人们交互作用的产物。人们能否自由选择某一社会形式呢？决不能。在人们的生产力发展的一定状况下，就会有一定的交换（commerce）和消费形式。在生产、交换和消费发展的一定阶段上，就会有一定的社会制度一定的家庭、等级或阶级组织，一句话，就会有一定的市民社会。有一定的市民社会，就会有不过是市民社会的正式表现的一定的政治国家。"③ 生产方式决定社会面貌是马克思主义的基本观点。"所以，一切社会变迁和政治变革的终极原因，不应当在人们的头脑中，在人们对永恒的真理和正义的日益增进的认识中去寻找，而应当在生产方式和交换方式的变更中去寻找；不应在有关的时代的哲学中去寻找，而应当在有关的时代的经济学中去寻找。"④

马克思主义关于社会变迁的理论的根本点是社会的基本矛盾，即生产力与生产关系的矛盾、经济基础和上层建筑的矛盾促使社会的改变，而最根本的原因是社会的生产方式决定社会的面貌。社会的形态有原始社会、奴隶社会、封建社会、资本主义社会、社会主义社会（共产主义是社会主义的最高阶段），而阶级斗争是阶级社会历史发展的动力，国家是阶级统治的机器。人民，只有人民才是创造历史的真正动力。

20 世纪 20 年代，中国早期的马克思主义者蔡和森运用马克思主义观点开始研究"社会进化史"，他在他的著作中谈到经济和政治组织之关系时指出："在原始共产时代，经济有共同连带性质，故雏形的政治组织全然为共同的形态；奴隶制时代，自由人对于政治上的共同连带仍视为生存必要条件，不过范围只限于富人阶级而非全民族；封建时代，政治的组织，除自治城市之政治连

---

① （德）恩格斯著：《反杜林论》（1876 年 9 月—1878 年 6 月），《马克思恩格斯选集》第 3 卷，北京：人民出版社 1972 年版，第 66 页。
② （俄）斯大林著：《马克思主义和语言学问题》，北京：人民出版社 1973 年版，第 4 页。
③ 《马克思致巴·瓦·安年柯夫》（1846 年 12 月 28 日），《马克思恩格斯选集》第 4 卷，北京：人民出版社 1972 年版，第 320~321 页。
④ （德）恩格斯：《社会主义从空想到科学的发展》（1880 年 1 月—3 月上半月），《马克思恩格斯选集》第 3 卷，北京：人民出版社 1972 年版，第 424~425 页。

带外,纯然以个人主义为其特征;至于近世资本主义时代,经济上纯为个人主义,政治情形也完全与之相适应。"① 他又强调:"资本主义发达到20世纪的初年,全人类五分之四以上已成为最少数资本家的奴隶(或为工钱劳动者或为殖民地半殖民地被压迫的民族)。各国资产阶级因为生产的过剩和紊乱,早已准备异常强大的武力以争夺殖民地。1914—1918年的第一次世界大战爆发,世界形势急转直下入于革命时期,而资本主义社会一切平衡的基础遂根本动摇而濒于破产。"② 根据他的分析,他认为"世界革命的成功,只是时间迟早的问题"。③ 也即是说,社会主义必然代替资本主义,只是时间迟早的问题。这就是马克思主义的五种社会形态理论,这种理论也成为马克思主义史学家的主流思想。在这种思想主导下,历史唯物主义成为研究历史的指南,阶级分析的方法是研究历史的基本方法,历史发展的规律不可抗拒,认识和掌握历史发展规律、总结历史经验成为历史学研究的基本任务。

马克思主义何时传入中国?我没有很认真地进行研究,但据彭明先生主编的《从空想到科学中国社会主义思想发展的历史考察》一书查到的资料,认为马克思的名字最早在中文报刊上出版,应是1899年在上海广学会主办的《万国公报》上登载的一篇名为《大同学》的文章中。这篇文章是英国进化论者颉德(Benjamin Kidd)的著作《社会的进化》(*Social Evolution*)前四章的译文,由李提摩太节译、蔡尔康撰文,曾在1899年2月至5月的《万国公报》(第121~124期)上连载。此后不久(同年),即出了全书的单行本。1899年2月(阴历己亥正月)出版的《万国公报》第121期所载《大同学》第一章中即出现了马克思的名字。文云:"其以百工领袖著名者,英人马克思也。马克思之言曰:纠股办事之人,其权笼罩五洲,实过于君相之范围一国。吾侪若不早为之所,任其蔓延日广,诚恐遍地球之财币,必将尽入其手。"文中将马克思视为英国人,显然弄错了,但这可以理解,因为马克思从1849年流亡至伦敦后,一直在伦敦从事写作,逝世后也葬在伦敦,因此该文作者误认他为英国人。1899年4月(阴历己亥三月)出版的《万国公报》第123期所载《大同学》第三章又出现了马克思的名字。接着,在同一年出版的《大同学》单行本中,除介绍马克思外,也提到了恩格斯的名字。④ 查钱钟书先生主编、朱维铮先生执行主编的中国近代学术名著丛书之《万国公报文选》,录有《大同学》第一、三章,时间为光绪二十五年正月和光绪二十五年三月,第一章的

---

① 蔡和森著:《社会进化史》,北京:东方出版社1996年版,第198~199页。
② 蔡和森著:《社会进化史》,北京:东方出版社1996年版,第201~202页。
③ 蔡和森著:《社会进化史》,北京:东方出版社1996年版,第214页。
④ 彭明主编:《从空想到科学中国社会主义思想发展的历史考察》,北京:中国人民大学出版社1991年版,第252~253页。

题目为《今世景象》、第三章的题目为《相争相进之理》,《大同学》原书作者 Benjamin Kidd,《万国公报》译为颉德原著,李提摩太、蔡尔康编译。① 第八章《今世善民策》中,又谈到"德国讲求养民学者,有名人焉,一曰马克思,一曰恩格斯。又有美国人伯拉米者,即著《百年一觉》奇书者也"②。这是在中国境内较早的在出版刊物上提到马克思和恩格斯,并把马克思称为"百工领袖。"

1902 年,梁启超在《新民丛报》上发表《进化论革命者颉德之学说》,附带说到"麦喀士",即马克思。③ 1903 年,梁启超发表《二十世纪之巨灵托拉斯》一文,也提到"麦喀士,社会主义之鼻祖,德国人,著述甚多"④。同年 2 月出版的《译书汇编》(第 2 年第 12 期)刊载马君武写的《社会主义与进化论比较(附社会党巨子所著书记)》一文也提到马克思:"马克思者,以唯物论解历史学之人也。马氏尝谓阶级竞争为历史之钥。"在文末介绍马克思的著作时也提到《英国工人阶级状况》(系恩格斯著)、《哲学的贫困》、《共产党宣言》、《政治经济学批判》、《资本论》。据彭明等先生研究,马克思以及他的科学社会主义学说,早在 19 世纪末 20 世纪初就在中国传播了,尽管当时中国人还不了解马克思主义学说的详细内容,但已知道马克思的名字,了解到《共产党宣言》和《资本论》等名著。⑤

过去,学术界一般都认为,直至 1906 年,朱执信在《民报》第 2 号上发表了《德意志社会革命家小传》,介绍马克思、恩格斯(译文作"马尔克"、"嫣及尔")的生平及《共产党宣言》(译文作《共产主义宣言》)的要点和"十条纲领",并对《资本论》作了评述,⑥ 中国人才了解马克思和恩格斯。随后在《民报》第 5 号,朱执信又发表《论社会革命与政治革命并行》一文,指出社会主义"自马尔克以来,学说皆变,渐趋实行,世称科学的社会主义"。据此学术界认为,朱执信是最早向中国人介绍马克思及其社会主义学说的人。介绍了马克思,并不一定就说明朱执信真正了解马克思,对于马克思的社会主义学说,朱执信还谈不上有深入的研究,但他初步介绍了马克思的

---

① 钱锺书主编:《万国公报文选》,北京:生活·读书·新知三联书店 1998 年版,第 612~622 页。
② 参见皮明庥著:《近代中国社会主义思潮觅踪》,长春:吉林文史出版社 1991 年版,第 23 页。
③ 梁启超著:《饮冰室全集》卷 1,台南:大孚书局 1999 年版,第 252~259 页。
④ 梁启超著:《饮冰室全集》卷 2,台南:大孚书局 1999 年版,第 94~119 页。
⑤ 参见彭明主编:《从空想到科学中国社会主义思想发展的历史考察》,北京:中国人民大学出版社 1991 年版,第 251~256 页。
⑥ 原载于 1906 年 1 月、4 月《民报》第 2 号、第 3 号,署名蛰伸。《民报》第 2 号题目作《德意志社会革命家小传》,第 3 号改为《德意志社会革命家列传》,参见广东省哲学社会科学研究所历史研究室编:《朱执信集》上集,北京:中华书局 1979 年版,第 8~32 页。

社会革命思想，并提出要将政治革命与社会革命同时进行，"毕其功于一役"的思想正反映了当时以孙中山为代表的民主革命派的共同认识。他的贡献在于向中国社会和知识分子传递了欧洲改造社会、治理社会的一种新的思想——社会主义思想，以及用新的思维——科学社会主义的思维去认识资本主义社会的矛盾，引起人们注意并思考马克思主义与空想社会主义以及无政府主义的区别。

究竟谁是最早知道马克思的中国人？皮明庥先生为此做了觅踪溯源，指出孙中山早在1896年至1897年于大英图书馆时就知道了马克思及其社会主义。① 宋士堂先生也赞同皮明庥的看法，认为皮明庥的"溯源与论证不仅是站得住脚的，而且对研究和探讨孙中山的社会主义思想理论形成的自然历史过程，是很有意义的"②。1896年9月23日，孙中山由纽约赴英国。10月11日，孙中山被清朝驻英使馆设计囚禁，10月23日，清使馆被迫释放孙中山后，孙中山留伦敦居住至1897年8月2日，然后离伦敦赴加拿大。这期间，孙中山常赴大英博物院图书室研读和从事著述，说孙中山此时知道马克思的名字及《共产党宣言》和《资本论》等书，是有可能的。然而，直至现在仍没有人能够了解孙中山在英国伦敦大英博物院图书室读过什么书。孙中山在香港的老师康德黎在《孙逸仙与中国》一书中说过，孙中山不歇地工作，阅读有关政治、外交、法律、军事、海军的书籍，对矿产与矿业、农业、畜牧、工程、政治、经济等类书籍也多有涉猎，还说他"细心和耐心地研究"。③ 但康德黎没有开列孙中山阅读的详细书单，不知他据何而谈。康德黎指出孙中山读书的范围很广泛，但并没有提到孙中山阅读过马克思及恩格斯的书。澳大利亚悉尼大学黄宇和是专心研究孙中山伦敦蒙难的学者，撰有《孙逸仙伦敦蒙难真相》和《中山先生与英国》④ 等书。黄宇和曾利用到英国的机会去大英博物院查找孙中山在伦敦借阅图书的情况，但多次查找都无功而返，这可能是时间久远之故。所以，就孙中山在伦敦读书研究时是否参阅过马克思的书还是个谜。正因如此，史扶邻在他的《孙中山与中国革命的起源》一书中也说，在大英博物院，孙中山"大概还研究了马克思、乔治（他这时在英国特别时髦）、穆勒、

---

① 皮明庥、李怀军：《从首知马克思的中国人到马克思的好朋友》，《武汉大学学报》1987年第3期。
② 宋士堂著：《孙中山宋庆龄社会主义思想论》，北京：红旗出版社1994年版，第7页。
③ （英）康德黎·琼斯著：《孙逸仙与中国》，上海：上海民智书店1930年版，第144页。
④ （澳）黄宇和曾用英文写过一本 The Origins of an Heroic Lmage: Sun Yat-sen in London, 1896—1897 的专著在英国出版，1996年孙中山伦敦蒙难一百周年，他又将此书改写，并用《孙逸仙伦敦蒙难真相——从未披露的史实》作书名，由台北联经出版事业公司于1998年10月出版中文版。2004年2月，上海世纪集团上海书店出版社又将黄宇和亲自编订的《孙逸仙伦敦蒙难真相》一书出版。2005年，台湾学生书局又出版黄宇和的专著《中山先生与英国》。

孟德斯鸠以及其他人"①。

上海孙中山故居藏有英人 Max Hirsch 著的 1901 年伦敦出版的英文书《民主主义与社会主义》(*Democracy Versus Socialism*)②，还藏有一本美国人 R. W. Kauffman 著的 1910 年在纽约出版的英文书《什么是社会主义》 (*What is Socialism*)③。20 世纪初，欧美社会主义学说已开始在中文报刊介绍和宣传，仅 1903 年就发表了邓实的《论社会主义》(《政艺通报》第 2 号，1903 年 2 月 27 日)、马君武的《社会主义与进化论比较（附社会党巨子所著书记）》(《译书汇编》第 2 年第 11 号，1903 年 2 月 15 日)、《圣西门之生活及其学说》(《新民丛报》第 31 号，1903 年 5 月 10 日)、《译书汇编》社撰译的《俄罗斯之国会》(《译书汇编》第 2 年第 12 期，1903 年 2 月)、《大陆》社说《警告中国之新民》(《大陆》第 6 号，1903 年 5 月 6 日)、壮游的《国民新灵》(《江苏》第 5 期，1903 年 8 月)、大陆之民撰《最近三世纪大势变迁史》(《浙江潮》第 6 期，1903 年 8 月)、大我的《新社会之理论》(《浙江潮》第 8、9 期，1903 年 10 月、11 月)、《政艺通报》的《德国之社会民主党》(《政艺通报》癸卯第 21 号，1903 年 12 月 3 日) 等等。这些文章，或谈到法国圣西门与傅立叶的空想社会主义、路易·勃朗的小资产阶级社会主义、蒲鲁东的无政府主义、拉萨尔的机会主义、马克思的科学社会主义，或介绍俄国虚无党的无政府主义，或介绍"共产主义"与"极端民主主义"的主张，或介绍德国社会民主党的势力及政纲。④ 可见，20 世纪初，随着社会主义思潮在欧美和日本的兴起和传播，也直接影响到中国的思想界和学术界。尽管在国内直接介绍社会主义思潮的文章还不多，但通过中国留日学生和旅居日本的华人创办的刊物发表的有关文章已开始在华人和知识分子中流传，中国人已初知各种社会主义，包括马克思科学社会主义思潮。1903 年 12 月，孙中山在《复某友人函》中曾提到："所询社会主义，乃弟所极思不能须臾忘者。"⑤ 这说明在 1903 年孙中山已经开始研究社会主义思潮。据此说，在 19 世纪末 20 世纪初，孙中山在伦敦和日本期间已开始接触并思考社会主义和探研马克思主义的说法比较符合事实。

---

① （美）史扶邻著：《孙中山与中国革命的起源》，北京：中国社会科学出版社 1981 年版，第 119 页。

② Max Hirsch：*Democracy Versus Socialism*，London Macmiccan & Co. Ltd.，1901. 参见上海孙中山故居管理处 1989 年 10 月编印《上海孙中山故居藏书目录》，第 61 页。

③ 《上海孙中山故居藏书目录》，第 62 页。

④ 参见陶季邑著：《论早期国民党人的社会主义思想》，长沙：湖南师范大学出版社 1993 年版，第 20 页。

⑤ 孙中山：《复某友人函》，《孙中山全集》第 1 卷，北京：中华书局 1981 年版，第 228 页。

孙中山对马克思主义和社会主义思想的理解

孙中山是民主主义者，也是社会主义者，他用民主主义的立场去理解马克思主义，又用民主主义的观点去认知和解释当时流行的社会主义，所以他的社会主义思想就是他的社会民主主义思想。孙中山说："民生主义就是社会主义，又名共产主义，即是大同主义。"① 可见，孙中山对当时社会主义的理解与马克思的社会主义有所不同。对于社会主义，他有自己的理解，但他的社会主义与马克思的社会主义虽有异，但也不相悖离，可说是既有相似，也有相异，正因为这样才显示孙中山对世界先进思想既通汇融合，又具有其独创性的本色。孙中山的社会主义就其本质而言是节制私人资本的国家社会主义。这种思想的来源有多种因素，有欧美各派社会主义思想的影响，也有中国国家的实际情况。美国在19世纪七八十年代出版过著名的经济学家和政论家亨利·乔治（Henry George，1839—1897）的著作《进步与贫困》和《土地问题》，提出单税社会主义思想主张。他将土地等天然资源实行归公有或国有视为消灭贫富差别等不公平社会现象的重要政策的思想对孙中山产生了很大影响。孙中山主张建立一个"社会的国家"，提倡土地公有或土地国有明显是来自亨利·乔治。他说："美人有卓尔基亨利者，……曾著有一书，名为《进步与贫困》。其意以为，世界愈文明，人类愈贫困。盖于经济学均分之不当，主张土地公有，实用精确不磨之论。人类发生以前，土地已自然存在，人类消灭以后，土地必长此存留。可见土地实为社会所有，人于其间又恶得而私之耶？或谓地主之有土地，本以资本购来，然试叩其一占有土地之人，又何自购乎？故卓尔基亨利之学说，深合于社会主义之主张，而欲求生产分配之平均，亦必先将土地收回公有，而后始可谋社会永远之幸福也。"② 可见，孙中山对亨利·乔治的土地公有或土地国有社会主义学说表示赞同。

然而，孙中山的思想是多元的，他的思想来源也是较为庞杂的，很难作单一的解说。1912年10月14日至16日，孙中山在上海应中国社会党本部之请发表演说，他就社会主义的名词，社会主义的各种学说、派别，以及社会主义的实践、作用做了全面的阐释，说明此时孙中山对社会主义的研究已经达到相当的深度。

中国社会党由江亢虎创建，成立于1911年11月4日。该党宣言说，中国社会党是中国第一个社会主义团体，党纲有八条，即"赞同共和"、"融化种

---

① 孙中山：《民生主义第一讲》，《孙中山选集》，北京：人民出版社1981年版，第802页。
② 孙中山：《在上海中国社会党的演说》，《孙中山全集》第2卷，北京：中华书局1982年版，第514页。

界"、"改良法律，尊重个人"、"破除世袭遗产制度"、"组织公共机关，普及平等教育"、"振兴直接生利之事业，奖励劳动家"、"专征地税，罢免一切税"、"限制军备，并力军备以外之竞争"。① 据黄彦先生研究，江亢虎当时的思想相当驳杂，他不只鼓吹而且是兼容了"广义的社会主义"的各派学说，其中包括社会主义、无政府主义、社会民主主义乃至亨利·乔治的单税社会主义等思想成分。在当时的条件下，他鼓吹社会主义不遗余力，在社会上掀起一股探求社会主义的热潮，以超前的新思维启迪了众多渴望真理的人们，从而为日后社会主义在中国的科学发展起到了不容忽视的铺垫作用。他在当时赢得了"中国提倡社会主义之第一人"的美誉，并在这个领域与热衷于社会主义的大革命家孙中山齐名，正足以说明他的影响。在民国肇始之际，中国社会党的出现，表明中国的社会主义已处于萌发状态和启蒙阶段。②

孙中山同江亢虎的关系非同凡可。1911 年 10 月，武昌起义时，孙中山在美国，但他已知道江亢虎在上海组织中国社会党。12 月 25 日，孙中山由美国经欧洲回到上海。29 日，孙中山出席上海同盟会本部欢迎会，并发表演说，指出："今民族主义、民权主义者虽已发达，而欲告大成，尚须多人之努力。况民生主义至今未少着手，今后之中国首须在此处着力。"③ 同时孙中山又与江亢虎谈话，表示赞成社会主义，主张"广为鼓吹，使其真理论普及全人心中。至于方法，原非一成不变者，因时制宜可耳"；并将其带回的当时欧美出版的《社会主义概论》、《社会主义之理论与实行》、《社会主义发达史》、《地税原论》等名著赠送给江亢虎，"请精晓西文者代为译述"。④

1914 年 4 月，孙中山辞退中华民国南京临时政府大总统后，就在上海同盟会机关发表致力于民生主义的演讲，强调今后要致力于民生主义的建设。此后，他周游中国各省，走遍了许多大城市，调查、考察和了解民生问题，作了 33 次关于社会主义、经济建设等方面的演讲，并对民生主义做了新解释。孙中山说："民生主义之意义维何？吾人所主张者，并非如反动派所言，将产业重新分配之荒谬绝伦，但欲行一方策，使物产之供给，得按公理而互蒙其利耳。此即余所主张之民生主义的定义。余将使劳工得其劳力所获之全部，将来中国之实业建设于合作的基础之上，政治与实业皆民主化。"在答上海记者问时，孙中山又强调："余乃极端之社会党，其欲采择显现佐氏（按：即亨利·

---

① 《中国社会党宣言》，上海《社会》杂志 1911 年 11 月 10 日第 2 期。
② 参见黄彦：《中国社会党述评》，上海《近代中国》，上海：上海社会科学出版社 2004 年版，第 120～164 页。
③ 《民立报》，1911 年 12 月 30 日。
④ 《民立报》，1912 年 1 月 1 日、2 日。参见陶季邑：《论早期国民党人的社会主义思想》，长沙：湖南师范大学出版社 1993 年版，第 101 页。

乔治）之主义施行于中国","民国政府拟将国内所有铁路、航业、运河及其他重要事业，一律改为国有"，① 提出国家社会主义的主张。1912年4月10日，孙中山在武昌十三团体联合欢迎会上演说，又指出："今社会革命着手伊始，仆以是希望各团体，复以其一致之精神，从事斯业。"他批驳那些反对社会革命者的错误主张，谓"中国之当急首乃政治问题，至社会问题则相去尚远"的看法错误，指示社会主义与中国扞格不入的观点是"浅见"，指出他与这些浅见之徒无法言治中国的事。孙中山强调：

> 诸君须知，欧美改良政治之时，其见解亦胡不同于吾人。当其时社会之流弊未生，彼以为政治良，百事皆良，遂不注意于社会事业。及至社会事业败坏，至于今日之欧美，则欲收拾之，而转无从。诸君只知欧美今日社会上补苴罅陋之政策，为应于社会问题而起，而不悟倘欧美早百年注意社会问题，而今日补苴罅陋之政策可不发生。甚矣，其疏陋也！当美利坚离英自立，岂不于政治上踌躇满志，乃未及百年，而社会上之苦痛以生，国利民福，以此牺牲者多，倘起百年前美洲政家询之，彼必自叹其失策。今吾国之革命乃为国利民福革命，拥护国利民福者，实社会主义。故欲巩固国利民福，不可不注重社会问题。……资本家者，以压抑平民为本分者也，对于人民之痛苦，全然不负责任者也。一言蔽之，资本家者无良心者也。②

由此可见，孙中山的社会主义，就是为了抑阻资本家掠夺财富、造成社会的不平不均。用他的话就是，"民生主义，则排斥少数资本家，使人们共享生产上之自由。故民生主义者，即国家社会主义也"③。孙中山的国家社会主义思想，不是主观的唯心和空想，而是经过研究探索和创造作出的一种社会建设的思想和主张。孙中山的国家社会主义就是让国家掌握自然资源和社会资源，通过平均地权和节制私人资本来发展经济，实现利国福民，解决国民的衣食住行生计问题，使社会在一个稳定、和谐和均富的环境中进步和发展。所以，孙中山的国家社会主义是对资本主义的批判，是一种比欧美资本主义更理想的社会主张。民国成立前，1905年春，孙中山在布鲁塞尔访问第二国际主席王德

---

① 孙中山：《在上海答〈文汇报〉记者问》，《孙中山全集》第2卷，北京：中华书局1982年版，第332页。
② 孙中山：《在武昌十三团体联合欢迎会的演说》，《孙中山全集》第2卷，北京：中华书局1982年版，第333页。
③ 孙中山：《在上海南京路同盟会机关的演说》，《孙中山全集》第2卷，北京：中华书局1982年版，第339页。

威尔得（Vandervelde）和书记处书记胡斯曼（Haysmans），提出接纳他的革命组织为第二国际成员的请求。孙中山"简要地说明了中国社会主义者的目标。……他们纲领的第一点是驱除篡权的外来人（满人），使中国成为中国人的中国。第二点，要使中国的土地全部或大部公有，亦即很少或没有大地主，土地由公社照章租给农民，……每人依其财产数量缴纳租税"，目的在于"防止一个阶级剥夺另一个阶级的现象，就如欧洲各国所发生过的那样"。① 辛亥革命建立民国政府后，孙中山保持同第二国际的联系，1914 年 5 月，孙中山致函第二国际，呼吁共产国际"让中国成为世界上第一个社会主义国家，请把你们的精力花在中国身上，请派你们的优秀人才来中国各地服务，助我一臂之力"②。可见，孙中山在他革命的征程中，一直在探索社会主义，并希望共产国际帮助中国实现社会主义。

孙中山说："社会系对待个人而言，社会主义亦系对待个人主义而言。英国尊重个人，主张极端的自由。德国以国家为本位，个人为国家分子，又宁牺牲而不惜也。此则以其国家政体之不同，故其主义亦因之而有异。主张个人主义者，莫不反对社会主义；主张社会主义者，又莫不反对个人主义。聚讼纷纷，莫衷一是。然而个人、社会，本大我、小我之不同，其理可互相发明，而未可以是非之也。"继而孙中山就社会主义做解释："社会主义，一言以蔽之，曰社会生计而已矣。其主张激烈，均分富人之资财者，于事理上既未能行，于主义上亦未尽合。故欲主张平均社会生计，必另作和平完善之解决，以达此社会之希望。考诸历史，我国固素主张社会主义者。井田之制，即均产主义之滥觞；而累世同居，又共产主义之嚆矢。足见我国人民之脑际，久蕴蓄社会主义之精神，宜其进行之速，有一日千里之势也。""社会主义不独为国家政策之一种，其影响于人类世界者，既重且大。循进化之理，由天演而至人为，社会主义实为之关键。"③ 进而孙中山对社会主义又作了详细的说明，指出：

  尝考社会主义之派别为：一、共产社会主义，二、集产社会主义，三、国家社会主义，四、无政府社会主义。在英、德，又有所谓宗教社会主义、世界社会主义。其以宗教、世界而范围社会主义者，

---

① 布鲁塞尔佛兰德文《人民报》1905 年 5 月 18 日报道。转引自（美）伯纳尔（M. Bernal）著：《1907 年以前的中国社会主义》（*Chinese Socialism to 1907*），美国康奈尔大学1976 年英文版，第 65~66 页，参见《孙中山年谱》，北京：中华书局 1980 年版，第 70 页。

② （法）马·拉什丽娜著：《第二国际和中国革命》，《国际共运史研究资料》第 13 辑，北京：人民出版社 1985 年版，第 262 页。

③ 孙中山：《在上海中国社会党的演说》，《孙中山全集》第 2 卷，北京：中华书局 1982 年版，第 506~507 页。

皆未适当。自予观之,则所谓社会主义者仅可区分为二派:一即集产社会主义,一即共产社会主义。盖以国家社会主义本属于集产社会主义之中,而无政府社会主义又属于共产社会主义者也。夫所谓集产云者,凡生利各事业,若土地、铁路、邮政、电气、矿产、森林皆为国有。共产云者,即人在社会之中,各尽所能,各取所需。如父子昆弟同处一家,各尽其生利之能,各取其衣食所需,不相妨害,不相竞争,郅治之极,政府遂处于无为之地位,而归于消灭之一途。两相比较,共产主义本为社会主义之上乘。然今日一般国民道德之程度未能达于极端,尽其所能以求所需者尚居少数,任取所需而未尝稍尽所能者,随在皆是。于是尽所能者,其所尽未必充分之能,而取所需者,其所取恐又为过量之需矣。狡猾诚实之不同,其勤惰苦乐亦因之而不同,其与真正之社会主义反相抵触。说者谓可行于道德智识完美之后,然斯时人民,道德智识既较我人为高,自有实行之力,何必我人之穷思竭虑,筹划于数千年之前乎!我人既为今日之人民,则对于今日有应负之责任,似未可放弃今日我人应负之责任,而为数千年后之人民负责任也。故我人处今日之社会,即应改良今日社会之组织,以尽我人之本分。则主张集产社会主义,实为今日惟一之要图。凡属于生利之土地、铁路收归国有,不为一、二资本家所垄断渔利,而失业小民,务使各得其所,自食其力,既可补救天演之缺憾,又深合于公理之平允。斯则社会主义之精神,而和平解决贫富之激战矣。①

由上述可知,孙中山主张今人应当做当今的事,不要超越当时人的思想、道德和能力去追求理想甚高的共产主义,故今人处今日之社会应当尽责去改良今日社会,实行集产主义,使大家各得其所、自食其力,实现社会的公平,和平解决贪富与贫困之间的激战。他指出:"社会主义者,人道主义也。人道主义,主张博爱、平等、自由,社会主义之真髓,亦不外此三者,实为人类之福音。"② 孙中山的社会主义主张虽与马克思的社会主义主张有所不同,但正如孙中山所说,都是根据人类社会存在的社会问题,提出为解决社会的进步和发展所面对问题的主张和方法,都是"为社会大多数谋幸福者也"③。孙中山承

---

① 孙中山:《在上海中国社会党的演说》,《孙中山全集》第 2 卷,北京:中华书局 1982 年版,第 508~509 页。
② 孙中山:《在上海中国社会党的演说》,《孙中山全集》第 2 卷,北京:中华书局 1982 年版,第 510 页。
③ 孙中山:《在上海中国社会党的演说》,《孙中山全集》第 2 卷,北京:中华书局 1982 年版,第 514 页。

认,他所主张的国家社会主义(或称集产社会主义)是"取法于德"国,他说:"世界上社会主义最大的思想家都是德国人,像大家都知道有一位大社会主义家叫做马克思,他就是德国人。(从前俄国革命)就是实行马克思主义,俄国的老革命党都是马克思的信徒。"孙中山又强调说:"社会主义本来是和民权主义相连带的,这两个主义发生了以后,本来应该要同时发达的。可是欧洲有了民权思想,便发生民权的革命,为什么有了那样发达的社会主义,在那个时候则不发生经济的革命呢?"孙中山指出,那是"因为德国发生社会主义的时候,正是丕士麦(按:今译俾斯麦)当权的时候。在别人一定是用政治力去压迫社会主义,但是丕士麦不用这种手段。……丕士麦本是主张中央集权的独裁政治,……丕士麦知道不是政治力可以打消的,他实行一种国家社会主义,来防范马克思那般人所主张的社会主义。"俾斯麦"把全国铁路都收归国有,把那些基本实业由国家经营;对于工人方面,又定了作工的时间,工人的养老费和保险全都一一规定。这些事业,本来都是社会党的主张,要拿出来去实行的;但是丕士麦的眼光远大,先用国家的力量去做了,……所以这是丕士麦反对民权的很大手段"。"丕士麦用最巧妙的手段去防止民权,成了民权的第三次障碍。"① 孙中山赞美俾斯麦是"德国很有名望,很有本领的大政治家",他受俾斯麦的影响,吸收了他正确的国家社会主义的一些主张来建构自己的社会主义思想,但他又不赞同俾斯麦反对马克思的民主思想,并对俾斯麦反对民权的思想提出了批评。可见,孙中山的国家社会主义也不是俾斯麦的国家社会主义,而是实行民主的国家社会主义,② 属于民主社会主义的范畴。

孙中山认为,社会主义中的最大问题,就是社会经济问题,也即是一班人的生活问题。他指出:"实业革命以后,研究社会问题的人不下千百家,其中研究最透彻和最有心得的,就是大家所知道的马克思。马克思对于社会问题,好象卢骚对于民权问题一样,在一百多年以前欧美研究民权问题的人中,没有哪一个不是崇拜卢骚为民权中的圣人,好象中国崇拜孔子一样;现在研究社会问题的人,也没有哪一个不是崇拜马克思做社会主义中的圣人。"并说马克思专从科学方法去研究社会问题之解决,发明了社会主义学说,用他的聪明才智和学问经验,"把古人所不知道和所不能解决的都通通发明出来",说明社会问题不是光凭道德心和群众的感情就可以解决得了的,解决社会问题必须全凭事实,不尚理想,必须通过发展经济增加收入才行。所以,孙中山说:"马克思所著的书和所发明的学说,可说是集几千年来人类思想的大成。"③ 马克思

---

① 孙中山:《民权主义第四讲》,《孙中山选集》,北京:人民出版社1981年版,第751~753页。
② 参见韦杰廷著:《孙中山民生主义新探》,哈尔滨:黑龙江教育出版社1991年版,第39页。
③ 孙中山:《民生主义第一讲》,《孙中山选集》,北京:人民出版社1981年版,第807~809页。

说物质是重心，孙中山说我们国民党提倡民生主义，不讲社会主义，只讲民生主义。社会主义和民生主义是什么关系呢？民生问题就是生存问题，民生为社会进化的重心，归根到底历史的重心是民生，不是物质。① 此外，孙中山还指出，马克思研究社会问题，是专注重物质的。并对马克思阶级斗争是社会进化的原动力的看法提出质疑，强调"社会上大多数的经济利益相调和，就是为大多数谋利益。大多数有利益，社会才有进步。……人类求生存，才是社会进化的原因。阶级战争不是社会进化的原因"②。孙中山不同意马克思的物质是基础、是社会历史发展的重心和进行阶级斗争消灭资本家的主张，提倡工人与资本家合作来解决社会问题。可见，孙中山既赞颂马克思，又对其一些主张提出质疑，强调民生就是政治的中心，就是经济的中心和种种历史活动的中心，好像天空以内的重心一样。就此看来，孙中山对于19世纪末20世纪初兴盛于欧美的社会主义思潮进行过一番认真的研究，的确如他所说，有吸收有扬弃，也有独创，这是一个高明的政治家和思想家的表现。他不照搬别人的教条主义和运用别人的学说，而是通过自己的研究，用民生主义，就是共产主义来包容和整合民主主义与社会主义者的分歧，共同为他以平均地权和节制私人资本垄断财富、实现均富和社会稳定的目标服务。孙中山的集产主义（国家社会主义或称民生社会主义）思想和主张的确是他的一大创造。他是根据中国资本主义不发达，工人与资本家存在矛盾但又不如欧美那样突出的现状，强调通过发展实业，遏制私人资本过度发展，预防资本家垄断财富扩大贫富差别、拉大贫富差距，避免造成社会的矛盾和斗争。这种预防的措施具有合理性，如果在资本主义刚刚兴起时就过分强调和提倡工人反对资本家，把企业搞垮对社会和人民都不利。可见，孙中山的社会主义思想也不是乱说的空想，它有合理的内核，当然也存在简单化倾向。如果政局稳定、社会安定，按照孙中山的社会主义主张去实行也并不是无所作为。他的国家社会主义思想虽不属于马克思所主张的科学社会主义，但也是社会主义的一种，是他对西方社会主义进行研究后所作出的选择。他的这种选择因为没有条件进行实践，所以也不宜过多地妄加评论和指责。但也应当看到，孙中山直到晚年对于马克思的科学社会主义思想和剩余价值学说，仍然没有完全弄懂，甚至还存在不少误解，所以，对于孙中山，我们一方面要看到，他的社会主义思想与马克思的社会主义思想既有相同的方面，也有认识上的差异；另一方面也要看到，孙中山对社会主义的探索和一些主张也具有学术和现实的价值和积极意义。社会主义思潮是一个新的思想体系，对它产生不同的认识和主张是一种正常的现象。十分可贵的是，孙中山

---

① 参见孙中山：《民生主义第一讲》，《孙中山选集》，北京：人民出版社1981年版，第812页。
② 孙中山：《民生主义第一讲》，《孙中山选集》，北京：人民出版社1981年版，第817页。

头脑十分清醒,他并不糊涂,在晚年他解释他的民生主义时,坚定地肯定他的"民生主义就是共产主义,就是社会主义",或者起码应该说,共产主义是民生主义的"一个好朋友"。从总的情况看,孙中山的民生主义与社会主义、共产主义完全是一个思想体系,它们之间没有任何冲突和矛盾,并且,孙中山强调"我们所主张的共产,是共将来,不是共现在"①。孙中山在晚年已认识到并放弃了他原来的资产阶级共和国的理想方案,并将其改变成"人民共和国"的理想方案,把他的民生主义的社会主义与马列主义和共产党人的科学社会主义、共产主义融合为一体,呈现出他思想的进步,说明孙中山晚年的社会主义思想孕育了相当程度上的科学社会主义萌芽的部分质变。②

(三) 孙中山对中国传统社会发展观的批评与继承

中国是一个历史悠久的国家,中国古代同世界许多国家的人类社会进程一样,历经原始社会、奴隶社会、封建专制主义社会。古代中国的社会形态,也和物质文明一样,既与世界各国历史发展相同的共性,也有它自己的个性。诚如林甘泉先生在他的《古代中国社会发展的模式》一书中所言:

> 中国早期国家的政治体制保存了若干原始民主的残余,如国君有执政大臣作为辅佐,有卿大夫的朝议制度;遇到关系国家安危的非常事件,有时还要征求国人的意见。但中国古代并不存在古代希腊罗马那种城邦民主制度,其政体基本上是一种等级制的君主专制制度。周初封邦建国,周天子和被分封的诸侯之间并非城邦盟主和同盟关系,而是有君臣的名分。无论是王国或诸侯国,其统治都具有浓厚的宗法家长制的色彩。国君对群臣的意见是否采纳,往往取决于国君本人的意志。臣民对于国君必须尽忠,不得违抗国君的命令,则已成为社会公认的政治和伦理道德准则。战国时代,王权进一步加强。秦始皇统一六国之后,建立了中央集权的封建专制主义国家,等级制的君主专制制度也被个人独裁的君主专制制度所代替。③

在文中,林先生将古代中国政治发展的特点作了概要性的总结,给了我们理解中国古代政治文化和社会发展模式一个带启导性的意见。

---

① 孙中山:《民生主义第二讲》,《孙中山选集》,北京:人民出版社1981年版,第839页。
② 参见宋士堂著:《孙中山宋庆龄社会主义思想论》,北京:红旗出版社1994年版,第176页。
③ 林甘泉:《古代中国社会发展的模式》,原载《中国史研究》1986年第4期;又见林甘泉著:《中国古代政治文化论稿》,合肥:安徽教育出版社2004年版,第1~33页。

中国人同其他民族一样，运用自己的智慧和努力力促中国社会的发展，但它的发展不快，仅是封建君主专制制度，就支配了两千多年中国封建社会的政治生活。

华人社会，最初建立于黄淮平原，后发展到江汉流域，广及于整个东亚大陆。大陆的东与东南，是古人难以逾越的大洋；西北两面，是穷荒大漠；西南，是艰险的横断山脉与世界屋脊，几千年来，华人社会就在这个大半封闭而又相当广大自足的空间之中发展。温带的冲积平原与丘陵，是以农耕为生产之地。农业是附着于大地的培养生产，老百姓不免望天打卦、祈祷丰年，但更要合力耕耘、勉尽人事。人与人的协和、人与天的适应，当然就是生存与发展的首要条件。只有"家和"，才可以"万事兴"，只有"风调雨顺"，才有希望"国泰民安"。生活在这样一个经济圈的中国人所追求的是和谐的自供自给的农耕社会，他们以辛勤地耕种为生，依循节律有序的气候而过活。所以，华人社会崇道德，重人情亲家族，尊往古尚保守，贵和合重均平，安天命宽宗教，尊古人为权威，以复古为更新，就成了华人社会的特征。[①] 为了求稳定，自从儒学被确定为中国封建社会的正统，成为中国封建专制主义统治的大经大法之后，大批经世致用的学者都是从经书中寻找治理社会的方法，解决人心和社会危机，巩固和延长封建社会的寿命。从董仲舒提出"罢黜百家，独尊儒术"的主张以后，儒家思想取得了正统地位，封建统治者要求思想文化的统一。董仲舒的思想是一个"天人合一"的神学体系，但他生活于现实的社会，也就不可能脱离这个社会。他的社会是封建统一的社会，所以，他从天意、政治、经济、法律、伦理、教育、人与人的关系等方面来构想理想社会的模式，让人们去追寻去模造。根据这种思想，中国古代的士大夫虽有各种解读和提出各自的主张，但目的都是维护"天不变，道亦不变"的范式，即社会乱则治，大乱大治，小乱小治，不乱不治。所以，经世致用学派的治乱哲学，便成为封建专制主义统治的体制内变革的大经大本，没有创新思维，不敢站在孔子的肩膀上，超越孔子提出治理国家和社会的新思想，这就禁锢了中国思想的发展。在封建社会的中国，除了孔子还是孔子，不能产生出更多的像孔子那样的社会思想家，未能继往开来，也就不能推陈出新。思想不变，社会也不会变。虽然由于天灾人祸，或因统治阶级的腐败引起改朝换代的"以暴易暴"的农民起义，但它推翻的是封建皇帝，不是封建制度。所以，两千多年来的中国虽然出现过汉唐盛世，但由于我们不能从历史和世界范围去审视中国，因此，也不能在接受古代的经验和教训的基础上，创造出耀眼的历史辉煌。人类历史上的任何社

---

① 参见陈耀南：《华人社会的特质与教育》，《中国的过去、现在与未来国际学术讨论会论文集》，香港：珠海书院亚洲研究中心1994年版，第406页。

会都不能没有科学技术的进步来支撑，但也不能光靠科学技术的进步来解决社会问题，科学不是万能的，但没有科学就万万不能。社会的文明进步随着科学技术的进步带来社会的物质文明，但文明是多元的，除了物质文明，还有精神文明、社会文明和其他各种各样的文明。只要人的精神失落就会乱大谋。所以，古老的文明要跟上世界潮流，不让时代甩在后面，人的综合素质、心理、道德、人格、品行的培养极其重要。治理文明社会，物质文明与精神文明必须同步建设，才能有效地解决人们思想上和经济上的困厄。中国的古代文明对世界的文明作出过贡献，产生过积极的影响，但它基本上是维护自己本来的面目，但是到了后来，我们忽然不行了，西方人瞧不起我们，我们也瞧不起自己，这主要是中国科学不发达，经济不发达，社会进步不明显。我们不能躺在光荣的历史上，认为自己是天之骄子，什么都行，从开天辟地以来就是如此，将来也会永远如此，但也不能认为中国什么都不行，自暴自弃，嗟叹中国的一切都不如人。中国封建时代的士大夫阶层缺的就是宏观、客观的思维和方法，看不清世界，也弄不明白中国，好像社会的文明发展只有一条路，要不崇洋媚外，死心当洋奴走狗；要不回归传统，从老祖宗那里去寻找治理今天中国社会的"良方"。结果是误了自己，误了社会发展，浪费了时光。

鸦片战争以后，西方用坚船利炮强行打开了中国的大门，并狠狠地教训了中国的封建统治者，帝国主义列强通过发动侵略战争，强迫中国签订不平等条约，割地赔款，开辟通商口岸，不仅打掉了清朝的自大威风，更重要的是动摇了中国的社会基础，破坏了中国的自然经济，改变了中国小手工业的生产方式。而随战争而来的西方文化和商品在中国流通，又打破了中国的自由经济和自由市场。从此不管中国愿意与否，资本主义统一世界的形式，或多或少地把中国纳入了世界资本主义体系。自鸦片战争后，在这场中西较量中，中国不仅军事不如人、科学技术不如人、经济和文化也不如人，这给古老的封建帝国带来的不仅是两千多年的大变局，而且也是尊严和精神的损毁。中国的出路在哪里？西方侵略带来的民族危机和社会危机应该如何应对？在中国社会的上下引起广泛的思考，地主阶级改革派龚自珍、魏源等士大夫运用社会"变易"观念，指出社会危机以及应变的办法，强调社会变迁的不可逆转。开明的封建官僚提出引用西方的科学技术创办军事工业和民用工业以发展经济，开展"洋务运动"实现自强新政，适度改革，维护封建政体。资产阶级维新派主张和平变革，提出引进西方的政治思想，改革封建政治制度以实现中国的政治变革；革命派则主张以激进的办法，推翻封建政体，学习西方，建立民主共和政制，实现振兴中华。在20世纪20年代，还有人提出"全盘西化"的口号，彻底抛弃传统，死心塌地向西方学习。而自由主义知识分子辜鸿铭则痛斥李提摩太等试图"欧化"中国的西方传教士，谴责李鸿章引进"外国方法和外国观念"的庸陋行为，也咒骂康有为领导的戊戌维新变法和孙中山领导的辛亥革命是破坏中国传统政治和文明的罪魁祸首，坚持中国儒家传统的文明观点。① 正由于社会各界对中国社会发展的方向产生分歧，便在行为上左右踌躇、浪费时光。季羡林先生指出，提出"全盘西化"主张的人，有的出于忧国忧民，其用心良苦，我自谓能充分理解。但也可能有人别有用心，这问题我在这里不详细讨论。我只想指出，人类历史证明，全盘西化（或者任何甚至什么化）理论上讲不通，事实上办不到。但这并不影响我们向西方学习。我们必须向西方学习，今天要学习，明天仍然要学习，这是决不能改变的。如果我们故步自封，回到老祖宗走过的道路上去，那将是非常危险的。②

然而中国社会的发展问题并不如我们想象的那么简单，这有历史上的问题，也有现实上的问题，有中国本身的问题，也有外国对待中国的方针政策和态度问题。所以，中国的发展不能一厢情愿，因此也不如士大夫或知识人士所议论的两极思维，要么学习西方要么维护传统就可以解决得了。孙中山认为，现在世界形势不同了，"当今之世界，以竞争而立，又依此而发达"③。"世界之进步无极"④，"现在世界的潮流，都是进到新的文明。我们如果大家能醒起来，向新的文明这条路去走，我们才可以跟得到各国来追向前去"⑤。所以，孙中山一再强调，我们要追赶世界潮流，要学习一切国家的长处，来改造中国，实现中国社会的变迁和进步。但是学西方学什么？学西方要将中国带向何方？走一条什么样的发展道路？孙中山与洋务派、维新派有不同的选择。孙中山批评洋务派，企图通过引进西方的某些技术，发展中国的军事和经济来维护清朝的封建政体，即对所谓的"中体西用"模式不以为然。孙中山批评洋务派"沾沾焉以练兵制械为自强计，是徒袭人之皮毛"，还指出，洋务派在维护封建旧体制的前提下虽然搞一点军事工业，但犯了"未顾己之命脉"的错误。所以，洋务派"一意整年经武，不稍问及细事"的理念，正是中国不能隆盛的原因之所在。如果仅仅是如李鸿章那样输入一些欧洲的物质文明，"就会使得事情越来越坏"。可见，孙中山与洋务派的分歧不在于要不要学习西方和要不要引进西方的科学技术以实现富国强兵，而是在于向西方学什么和怎样学。

---

① 参见黄兴涛著：《文化怪杰辜鸿铭》，北京：中华书局1995年版，第199~200页。
② 参见季羡林：《从宏观上看中国文化》，《中华文化的过去、现在和未来》，北京：中华书局1992年版，第3页。
③ 孙中山：《在日本参观济济簧时的演说》，郝盛潮主编：《孙中山集外集补编》，上海：上海人民出版社1994年版，第128页。
④ 孙中山：《〈国民月刊〉出世辞》，《孙中山全集》第3卷，北京：中华书局1983年版，第62页。
⑤ 孙中山：《应上海〈中国晚报〉所作的留声演说》，《孙中山全集》第10卷，北京：中华书局1986年版，第237页。

孙中山认为，近代中国的问题既是经济问题，又是政治问题，而且只有解决政治问题才能解决经济问题。"不完全打倒目前极其腐败的统治而建立一个贤良政府"，由道地的中国人来建立纯洁的政治，实行政治制度与社会制度相适应的变革，要在中国"实现任何改进"都是"完全不可能的"。① 因为清政府及管理洋务企业的部门由于思想的局限、腐败和无能，所以靠这样的政府和官吏"用输入物质文明的方法"来改良中国，是不会有什么显著效果的，"只有用根绝官吏贪污的办法"，"以共和政体来代替帝政统治"，② 才能改良中国、振兴中华。这就从根本上否定了洋务派的"中学为体，西学为用"发展中国社会的模式。

孙中山当然也不同意维新派的"君主立宪"主张，因为维新派是在不引起社会动荡的前提下，希望光绪皇帝"乾纲独断"，实现欧美的新法、日本的良规，确立君主立宪制度，将中国引向英国、日本式的议会政治，将中国由封建社会导向资本主义社会。孙中山指出："这是不可能的。"因为清政府已经不可能掌控中国的形势，它也不会自己削权，中国的出路在共和民主，维新派没有理由说我们不能建立共和制度，因为"中国已经具备了共和政体的雏形"。他说："观于昏昧之清朝，断难行其君主立宪政体，故非实行革命，建立共和国家不可也。""我们所需要的是一位治理众人之事的总统"③，而不需要把国家变为个人私产的封建皇帝。孙中山的意思是，既然要从清政府的手里夺取政权，就非革命不可；既然要通过革命来夺取政权，那就只能成立共和国，不能维护君主，搞什么君主立宪国，将来再来一次革命打倒皇帝。

对于传统的"天不变，道亦不变"维护和巩固封建专制主义统治的观点，孙中山认为是违背世界潮流的僵化观念，"世界潮流的趋势，好比长江、黄河的流水一样，水流的方向或者有许多曲折，向北流或向南流的，但是流到最后一定是向东的，无论是怎么样都阻止不住的。所以世界的潮流，由神权流到君权，由君权流到民权；现在流到了民权，便没有方法可以反抗"④。

对于经世致用学派的应对性的"补天"办法，孙中山也极力反对，他指出应变性的办法可以延长封建统治者的统治寿命，但它对社会进步没有好处，

---

① 孙中山：《中国的现在和未来——革新党呼吁英国保持善意的中立》，《孙中山全集》第1卷，北京：中华书局1981年版，第88页。

② 孙中山：《与林奇谈话的报道》，《孙中山全集》第1卷，北京：中华书局1981年版，第211页。

③ 孙中山：《在檀香山正埠荷梯厘街戏院的演说》，《孙中山全集》第1卷，北京：中华书局1981年版，第226页。

④ 孙中山：《三民主义·民权主义》，《孙中山全集》第9卷，北京：中华书局1986年版，第267页。

因为阻碍中国社会进步的因素不扫除，社会进步和发展都很难。所以，孙中山强调："中国痼疾已深，除推翻帝政外，别无挽救之法。"①

综上述可见，在19世纪末20世纪初的中国要振兴中华，必须要改变生产关系以适应生产力的发展。生产力不发展，科技不进步，没有强大的经济实力，社会危机和民族危机都不可能缓和。而要实现科技进步、发展经济，没有民主政治作保证，没有政治的改革，根本不可能做到。所以，在中国半殖民地半封建社会的条件下要实现封建社会向民主社会转型，必须要进行革命，只有通过政治的手段终结半殖民地半封建社会的统治，实现政治的转型，才能有计划有步骤地调动人民的积极性，实现中国的实业计划，改变中国社会由农业手工业经济向工业化商业化发展。只有走工商业化、城市化的道路，积累财富，才能解决中国社会的危机，整合中国社会的能量才能实现中国近现代化的既定目标——独立、统一、民主和富强。所以，"变"是孙中山社会发展的核心，只要国民认识到中国必须改变现状，中国人民都懂得"联结四方贤才志士，切实讲求当今富国强兵之学、化民成俗之经，力为推广，晓谕愚蒙。务使举国之人皆能通晓，联智愚为一心，合遐迩为一德，群策群力，投大遗艰。则中国虽危，无难救挽"②。

孙中山对中国社会传统发展观的态度有批评也有继承，但批评多于继承。他继承了龚自珍社会变易的观念，但否定龚自珍温和、渐变的改革主张。对魏源的"变易"思想给予肯定，但对他"人聚而势生"、"人聚则强"的变"势"不变"道"的陈旧观念也给予批评，然而对魏源冲击中国轻视科技的传统观念，提倡"师夷之长技以制夷"的思想又在一定程度上表示认同。所以，孙中山强调："我们现在改良政治，便不可学欧美从前的旧东西，要把欧美的政治情形考察清楚，看他们政治的进步究竟是到了什么程度，我们要学他们的最新发明，才可以驾乎各国之上。"③ 所以将中国的传统发展观与西方的发展观结合起来，在"恢复我一切国粹之后，还要去学欧美之所长，然后才可以和欧美并驾齐驱"④ 的思想便成为孙中山建设中国社会，促进中国社会文明进步的基本指导原则。

---

① 孙中山：《与喜嘉理的谈话》，郝盛潮主编：《孙中山集外集补编》，上海：上海人民出版社1994年版，第24页。
② 孙中山：《香港兴中会章程》，《孙中山全集》第1卷，北京：中华书局1981年版，第22页。
③ 孙中山：《三民主义·民权主义》，《孙中山全集》第9卷，北京：中华书局1986年版，第342页。
④ 孙中山：《三民主义·民族主义》，《孙中山全集》第9卷，北京：中华书局1986年版，第251页。

二、孙中山对社会发展阶段论的传承与发展

(一) 孙中山对社会进化史观的认知与盲点

进化论通常是指生物界的进化论,亦称"演化论",旧称"天演论"。"进化论"一词最初为法国博物学家拉马克所提出。英国博物学家达尔文的《物种起源》一书奠定了进化论的科学基础。现代生物科学的发展,对生命起源、物种分化和形成等进化论有了进一步发展,认为生物最初从非生物发展而来,现代生存的各种生物,有共同的祖先。在进化过程中,通过变异、遗传和自然选择,生物从低级到高级,从简单到复杂,种类由少到多。① 恩格斯对英国自然科学家、科学的生物进化论的奠基人达尔文给予很高的评价,认为他是"极为谦逊"和"伟大"的科学家。② 他说:达尔文"极其有力地打击了形而上学的自然观,因为他证明了今天的整个有机界,植物和动物,因而也包括人类在内,都是延续了几百万年的发展过程的产物。"③ 但恩格斯也指出,达尔文将自然选择和适者生存两件不相干的事情混淆在一起是一个错误。④

达尔文 (1808—1882) 是近代英国著名生物学家,进化论奠基人。达尔文在1859年发表《物种起源》一书,1871年又发表了巨著《人类的由来》,从而奠定了他的生物进化论基础,成为科学研究人类的起点。1895年,严复把达尔文的学生、英国生物学家赫胥黎的《进化论与伦理学》译成中文,后经三次修改,于1898年正式出版,定名为《天演论》,直至此时,达尔文进化论的思想和观念才在中国广泛传播。数十年间,《天演论》一版再版,风行全国,成为中国近现代思想史上一块闪光的丰碑。赫胥黎是达尔文生物进化论的坚决捍卫者,代表作有《人类在自然界的位置》等,他不只是讲生物进化论,而且提倡美德、调和人际关系。严复之所以翻译赫胥黎的著作而不去翻译达尔文的《物种起源》,其用意是为了引进这种新型的伦理思想。赫胥黎主张以"自我约束"取代"自行其是",以求得社会内部的和谐;而严复则企图通过文字宣传,使这种思想深入人心,以求得全民团结、共同对抗外来强敌的良

---

① 参见《辞海》,上海:上海辞书出版社1980年版,第1042页。
② (德) 恩格斯:《〈反杜林论〉的准备材料》,《马克思恩格斯全集》第20卷,北京:人民出版社1971年版,第665页。
③ (德) 恩格斯:《社会主义从空想到科学的发展》,《马克思恩格斯选集》第3卷,北京:人民出版社1972年版,第420页。
④ 参见 (德) 恩格斯:《自然辩证法》,《马克思恩格斯选集》第3卷,北京:人民出版社1972年版,第571页。

好效果。①

费孝通先生称："达尔文是十九世纪英国学术上破旧立新的大师……，忠实于反映客观实际，勇于把见到的自然现象公布于世，成为人类共同的知识。"② 达尔文的《物种起源》和《人类的由来》③ 在中国影响很大，它是中国人类起源教育的标本。诚如早期共产党人蔡和森所指出的：

> 自生物学昌明以来，吾人始知人类不过为哺乳动物一种，和猿类同出于一个共同的祖先。人类达到现今这样的程度，也如其他各种动物一样，完全由于过去……亿兆年载之历史的演进。原始人类自从前的二足演进为两手和脑力逐渐发达而能制造工具之后，才与动物时代完全分离，并且优胜于其他一切动物，而建立人类的社会。
>
> 自发生学、化石学和比较解剖学渐渐发达，各种生物演进的程序略已彰明于世。然而有史以前人类演进之程序怎样？这个问题，直到19世纪下半叶摩尔根（Morgan）的著作出世才有确定的解答。所以19世纪学术界空前的大杰作：于达尔文的种源论（Darwin Origin of Species）和马克斯的《资本论》（Marx～Capital）之外，还有摩尔根的太古社会（Ancient Society）。④

人类社会进化论经过达尔文和马克思，还有摩尔根，并通过恩格斯的《家族私有制与国家的起源》，便奠定了人类历史进化的历史学的科学基础。历史进化论和马克思主义传入中国后，中国才开始科学地认识中国社会。中国早期马克思主义者，如前举的蔡和森等人开始运用马克思主义的历史观来观察中国社会的问题，来认识中国的国情。1921年中国共产党成立后，马克思主义者运用列宁的殖民地理论进一步认识了中国半殖民地半封建的社会地位和反帝反封建的历史使命，并掀起了中国社会性质问题的论战，通过论战使更多的人接受近代中国社会的半殖民地半封建社会的性质，使中国历史学界的认识进了一大步。⑤

孙中山无疑是进化论者。他认为，人类社会是向前运动、向前发展的，由

---

① 参见俞政著：《严复著译研究》，苏州：苏州大学出版社2003年版，第1～94页。
② 费孝通：《潘（光旦）、胡（寿文）译〈人类的由来〉书后》，见《潘光旦文集》14，北京：北京大学出版社2004年版，第953～954页。
③ （英）达尔文著，潘光旦、胡寿文译注：《人类的由来》，北京：北京大学出版社2000年版。
④ 蔡和森著：《社会进化史》，北京：东方出版社1996年版，第1页。
⑤ 关于中国社会性质问题论战的情况和主要问题，可参见高军编：《中国社会性质问题论战》（资料选辑）上下集，北京：人民出版社1984年版。

低级向高级、由野蛮向文明进化。但物种进化以竞争为原则,人类进化以互助为原则。正因如此,有学者指出,孙中山的历史观是多元动力的主体进化史观。

1916年9月,孙中山在题词中言:

"世界潮流,浩浩荡荡,顺之则昌,逆之则亡。"①

1923年1月,孙中山题戴季陶联又言:

"人类进化,世界大同。"②

这些都说明,孙中山一贯认为,世界是向前发展的,好像江海潮流一样浩浩荡荡地向前,人类社会也向前发展,尽管在前进过程中也会有曲折,但潮流总是向东,人类最后总是走向大同。

1908年9月15日,孙中山批评《总汇新报》记者平实谋满人之政而上书乞求开国会,以为庶人之议,遭革命党人批驳,但平实不肯认错,孙中山以南洋小学生为名写《平实不肯认错》一文,发表在新加坡1908年9月15日《中兴日报》上,在文中就自然与人事的进化的区别作了陈述。孙中山指出:"自然与人事,固绝对之不同也。""既知因天时以为人事,则天时、人事固有不同矣",平实的错误是"以人为自然,则以人事亦为自然乎?此即尔之大错特错点也"。孙中山强调:

> 夫人之初生,穴居野处,饥食自然之果实,渴饮自然之泉源,此所谓自然人;今南洋之海岛犹有存者。熙熙嗥嗥,无思无为,如中国古语所谓"无怀氏之民"、"葛天氏之民"也。此自然人之时代,固无所谓理乱兴衰之时势也。及其进化也,由猎而牧而耕而织,于是有夏葛而冬裘,暑扇而寒火,则人事进化矣。其进化之程度愈高,则离天然愈远;及至历史之时代,则人事渐繁,而理乱兴衰之事毕现,然后乃有"时势"之名称。时势者,人事变迁之态度,西名曰Circumstankc[Circumstance],日本人译之为"周遭之情状",而自然则曰Naturk[Nature],二者固绝然不同也。

孙中山又据平实引赫胥黎之《天演论》以自饰,驳斥平实道:

> 尔不怕为赫胥黎所笑乎?我问尔:赫胥黎所著之书共有几种?赫胥黎所主张之学说为如何?即尔所奉之《天演论》之译本,其原意

---

① 刘望龄辑注:《孙中山题词遗墨汇编》,武汉:华中师范大学出版社2000年版,第37页。
② 刘望龄辑注:《孙中山题词遗墨汇编》,武汉:华中师范大学出版社2000年版,第280页。

有无为译者所牵强附会？尔能一一回答我乎？

孙中山说：

  尔云："将人群家国之事，无不纳于天演自然之中。"尔于天演下加多"自然"二字，以为尔之说可完，而不知"天演"二字之原文为 Evolution。此字有数意，兵式操演之"演"亦名曰 Evolution。译者（按，指严复）乃海军学生出身，惯于操演之事，先入为主，故译 Evolution 为"天演"。而平实今欲文其错，并加以"天演自然"四字为一名辞，以辩其"人事即天然为不错"。其实，Evolution 在赫胥黎之书应译为"进化"乃合，译为"天演"则不合；以进化一学，有天然进化、人事进化之别也。若曰天然"天演"、人事"天演"则不合也，因人事进化与天然进化有相因的，亦有相反的也。[①]

可见，赫胥黎的进化论，初由严复译为《天演论》，而在1908年9月，孙中山则将"天演"改译为"进化"，并指出进化有"天然进化"与"人事进化之别"，不能将二者混而为一。

同年10月9日，孙中山又以《平实开口便错》为题著文发表于新加坡《中兴日报》，指出平实"特错大错者，以时势与自然为一也。夫时势者，人事之变迁也；自然者，天理之一定也。吾在小学堂，闻之吾师曰：世界之学有二大类，其一曰自然科学，其一曰人事科学。自然科学者，如天算、地文、地质、物理（声光电热力等学）、生物（动物、植物二学）、化学是也。人事科学者，如社会学、心理学、伦理学、政治学、法律学、经济学、历史学是也。又闻之中国常语有曰：'人事补天工，人事夺天工。'天工者，自然也。如是时势与自然之有区别，虽小学之生徒、常人之见识皆能知也"。平实"扶清灭汉"之谬论遭孙中山痛斥，"时势者非自然也，自然是自然，时势是时势，时势者纯乎人事之变迁也。革命者，大圣人、大英雄能为，常人亦能为"，你所谓"革不革一顺夫国民之心而已"，我则云："四万万同胞必然大醒，则人人必以革命如饮食之不可无者。"孙中山指出，平实"排斥革命，无理由可说，不过以为难事、大事"反对革命而已。[②]

---

① 孙中山：《平实尚不肯认错》，《孙中山全集》第1卷，北京：中华书局1981年版，第383～385页。

② 孙中山：《平实开口便错》，《孙中山全集》第1卷，北京：中华书局1981年版，第386～389页。

由此可见，孙中山是进化论的赞同者，但他反对将自然进化与人事的进化混同起来。他认为，自然界的进化是天演的、缓慢的，而人事的进化则是人为的，是时势造成的，"革命者，大圣人、大英雄能为，常人亦能为"。很明显，孙中山利用进化论鼓吹革命反对保皇，就是要利用进化的理论进行反清革命，实现社会的转型，实现民主共和对封建专制政治的取替。

达尔文进化论的基本思想是，生物界的一切物种都是在"生存斗争"规律支配下发生变异的，优胜劣汰，适者生存，不断地新陈代谢，从而使生物发生由简单到复杂、由低级到高级的演变和进化。[①] 孙中山以达尔文的进化论作为观察世界的武器，从而得出自然界和人类社会依序变化的武器便是进代。孙中山说："进化论乃十九世纪后半期，达文（按：今译达尔文）氏之《物种由来》（按，今译《物种起源》）出版后始大发明者也，由是乃知世界万物皆由进化而成。"并说：自达尔文《物种来由》之书出版后，"进化之学，一时豁然开朗，大放光明，而世界思想为之一变，从此各种学术皆依归于进化矣。夫进化者，自然之道也。而物竞天择，适者生存，不适者淘汰，此物种进化之原则也。""夫进化者，时间之作用也，故自达文氏发明物种进化之理，而学者多称之为时间之大发明，与牛顿氏之摄力为空间之大发明相媲美。"孙中山根据达尔文的进化思想，进而推导出进化的三时期："其一为物质进化之时期，其二为种物进化之时期，其三则为人类进化之时期。""物种由微而显，由简而繁，本物竞天择之原则，经几许优胜劣败，生存淘汰，新陈代谢，千百万年，而人类乃成。人类初出之时，亦与禽兽无异；再经几许万年之进化，而始长成人性。"所以，孙中山认为，物种以竞争为原则，人类则以互助为原则。"社会国家者，互助之体也；道德仁义者，互助之用也。人类顺此原则则昌，不顺此原则则亡。""人类进化之目的为何？即孔子所谓'大道之行也，天下为公'，耶稣所谓'尔旨得成，在地若天'，此人类所希望，化现在之痛苦世界而为极乐之天堂者是也。"[②]

孙中山对人类的进化的看法充满幻想，也极乐观，但他也有个盲点，就是对人类的认识不正确，人为何而生？为何而活？应该说多数是为经济的目的，为了生活得好，过着美满的生活，但也有的是为了极欲，为了显耀自己的地位，所以竞争是避免不了的。为了争权争位，达到掠夺他人财产的目的，战争——乃至你死我活的竞逐，甚至恶斗，也是人性的反映。所以，孙中山所谓

---

① 参见张江明主编：《孙中山哲学思想研究》，广州：广东人民出版社1986年版，第180~181页。

② 孙中山：《建国方略之一：孙文学说——行易知难（心理建设）》，《孙中山选集》，北京：人民出版社1981年版，第155~157页。

"人类则以互助为原则",社会国家乃"互助之体"、"互助之用"的说法,纯属天真的幻想,人类的现实也并非完全如此。这个盲点便是孙中山对人类、对政治缺乏实事求是的评判,将事物的发展绝对化了,就失去了理性,与事理相违。孙中山这个认识上的盲点,也为自己所从事的革命、政治建设留下许多遗憾。光靠互助不能使社会进步,在不得已时孙中山也讲斗争、讲革命(讲破坏),甚至领军进行反对帝国主义和封建主义的斗争,但由于认识的局限,他只追求社会的缓慢的自变,不追求社会的激变和急变。这样一来就给自身的革命带来困扰。既然要用民主政体去代替封建政体,就要承认阶级斗争是社会进步的一种动力,如果否认阶级斗争是推动社会进步的动力之一,势必不认同马克思的社会发展理论,那也就不可能认同马克思的五种社会形态的发展进程,由原始社会、奴隶社会、封建社会、资本主义社会、社会主义(共产主义)递进。孙中山在他的论著和讲演中,很少谈到奴隶社会,讲到封建社会的地方也不多,偶尔谈到资本主义和社会主义。但他对资本主义和社会主义的理解也跟别人不同。孙中山认为,资本主义都是以赚钱为目的,造成工人与资本家的矛盾,以及贫富的差别,商人者无良心者也。所以,他对资本主义的认同也有保留。对于社会主义,孙中山认为,所谓社会主义,各有各的解释,不同社会主义者的追求不一,聚讼纷纷,莫衷一是。"然而个人、社会,本大我、小我之不同,其理可互相发明,而未可以是非之也。"[1] 又说:"只有中国成为一个社会主义国家,我们的人民才能更幸福,他们的苦痛也才能减轻。社会主义将治愈中国的疾苦。"[2] 由此可见,孙中山对于社会主义学说和道路的赞同和肯定,又表明其有选择社会主义道路来建设中国社会,使中国实现"天下为公"、"世界大同"的伟大理想。可见,孙中山对中国社会建设道路的认识和选择存在盲点,他的观念也不是十分明晰,理论也比较模糊和庞杂。

孙中山在晚年做三民主义演讲时,谈到了人类社会发展,他将人类社会的发展分为四个时期:"第一个时期,是人同兽争,不是用权,是用气力。第二个时期,是人同天争,是用神权。第三个时期,是人同人争,国同国争,这个民族同那个民族争,是用君权。到了现在第四个时期,国内相争,人民同君主相争。在这个时代之中,可以说是善人同恶人争,公理同强权争。到这个时代,民权渐渐发达,所以叫做民权时代。这个时代是很新的。"[3] 这就是说,人类社会是由低级向高级发展的,社会的进步是人觉醒的表现,也是人类与兽

---

[1] 孙中山:《在上海中国社会党的演说》,《孙中山全集》第2卷,北京:中华书局1982年版,第506~507页。

[2] 孙中山:《在上海中国社会党的演说》,《孙中山全集》第2卷,北京:中华书局1982年版,第517页。

[3] 孙中山:《民权主义第一讲》,《孙中山选集》,北京:人民出版社1981年版,第699页。

斗、与天争、与人争的结果，它不是自然进化的，是人力斗争的结果。这个看法有它的合理性，基本上反映了人类进化与社会发展的客观，但是到了民权时代——"这个很新的时代"，君权是推翻了，民权比君权进步，"民权不是天生出来的，是时势和潮流所造就出来的"①。现在民权的潮流已经不可抗拒，任何复辟君权、皇权的想法和行动都与时代不符，都一定要失败。这就为民主共和代替专制独裁政治宣判了死刑，为中国社会民主政制的确立奠定了理论基础。

后来，孙中山在民生主义讲演中又强调："社会进化的定律，是人类求生存。人类求生存，才是社会进化的原因。阶级战争不是社会进化的原因，阶级战争是社会当进化的时势所发生的一种病症。这种病症的原因，是人类不能生存。因为人类不能生存，所以这种病症的结果，便是战争。马克思研究社会问题所有的心得，只见到社会进化的毛病，没有见到社会进化的原理。所以马克思只可说是一个'社会病理家'，不能说是一个'社会生理家'。"② 在民权主义讲演中，孙中山强调斗争推动人类社会的进步，在民生主义讲演中，则强调互助促进社会的发展，对于马克思主张打倒资本家，孙中山认为这是一种错误的观念，不应该用斗争的方法解决社会问题，应该用合作的办法、互助的方法来解决社会问题。孙中山反复强调："我们现在要解除社会问题中的纷乱，便要改正这种错误，再不可说物质问题是历史中的中心，要把历史上的政治和社会、经济种种中心都归之于民生问题，以民生为社会历史的中心。"③ 孙中山论证问题的办法是从事实出发，就问题谈问题，因此常常连贯性不够，甚至前后矛盾，所以，就学术来说，孙中山的推论的确不够严密，但他的说法也不是完全没有道理，比如民生是历史重心的说法，就有其充分的道理，因为人类的确是为了生存而存在、为了生存来努力建设社会，但当人类社会到了不用斗争不能进步的时期，斗争也是一种改变现存体制的不可或缺的手段，因此两者并不矛盾，而可并行不悖，但孙中山并没有将这个道理讲清楚，所以给人一种误解，好像孙中山只讲调和、互助，不讲斗争和竞争。其实孙中山也讲斗争，并领导过革命，他也讲竞争并鼓舞人们立志做大事、成伟业。所以，对于孙中山的进化论思想要作分析，对于他所强调的"我们解决社会问题，一定是要根据事实，不能单凭学理"要作全面的理解和诠释。

（二）孙中山社会发展观的基本内涵

历史发展的规律是不可抗拒的，新生的力量必然会战胜腐朽的力量。记得

---

① 孙中山：《民生主义第一讲》，《孙中山选集》，北京：人民出版社1981年版，第703页。
② 孙中山：《民生主义第一讲》，《孙中山选集》，北京：人民出版社1981年版，第81页。
③ 孙中山：《民生主义第一讲》，《孙中山选集》，北京：人民出版社1981年版，第825页。

恩格斯说过这样的话："在发展的进程中，以前的一切现实的东西都会成为不现实的，都会丧失自己的必然性、自己存在的权利、自己的合理性；一种新的、富有生命力的现实的东西就会起来代替正在衰亡的现实的东西，——如果旧的东西足够理智，不加抵抗即行死亡，那就和平地代替；如果旧的东西抵抗这种必然性，那就通过暴力来代替。"① 孙中山虽没有像恩格斯那样对旧事物的变化作辩证的分析，但他坚信人类社会的向前运动、向前发展的规律，但物种以竞争为原则，人类则以互助为原则。所以，孙中山坚持多元主体进化史观，坚持自然与人事皆变、人定胜天的必然规律。

中国古代历史的变动，常是一治一乱，一乱一治，循环起伏，正如《三国演义》所云："天下大势，合久必分，分久必合。"社会动乱的原因说法不一，但归根到底，还是政治原因。国家的安危，社会的治乱，以政治为最重要，关键在于国家统治者的"贤明庸碌"，会直接造成国家的治或乱。② 但人类社会的政治舞台风云变幻，波浪汹涌，政治家的治乱也各式各样，就是贤明的政治家的决策也不能不受当时主客观原因的制约，何况社会现象本来就是复杂的、多面的。政治家治理社会的成败，除了决策的正确，以及实施的政策是否适合多数人的愿望之外，人们的认识程度、接受程度、拥护程度也很重要。所以，研究分析政治人物治理社会的思想，评判他的正误，要比人们在书斋里想象的情况复杂得多、麻烦得多。治理社会的思想正确不一定就成功，相反有的人治理社会的成效不大，但不能完全否定其思想的正当性和合理性。在我们的历史著作中，用简单的方法来处理复杂的社会历史现象的状况也的确存在。所以，历史学者对于社会治理成败的陈述，正确的办法不是做简单的是非判断、情感判断，而是要告诉读者为什么会是那样而不是这样。要注意分析，尽量减少情绪化的功利评判。

话虽然那样说了，但真正要做到客观、合理地评判历史也相当不容易。别的暂不去说，就以孙中山来说，对他治理中国社会的思想和成效的评判就很难说出个所以然来。肯定的人说他的社会历史观和建设思想符合19世纪末20世纪初中国的实际，并具有科学的根据：系统性、科学性、超前性，是中国资产阶级革命派进行革命斗争的理论武器，是近代中国资产阶级社会历史观点的最高成就。批评他的人也可以列举不少理由，指出孙中山的思想未能超越二元论思想体系，始终未能理解和接受历史唯物主义的根本观点，所以批评孙中山的社会思想属于主观唯心主义，将历史视为由英雄和群众共同创造的，是孙中山

---

① （德）恩格斯：《路德维希·费尔巴哈和德国古典哲学的终结》，《马克思恩格斯选集》第4卷，北京：人民出版社1972年版，第212页。
② 参见张益弘著：《孙学体系新论》上册，台北：中华大典编印会1996年版，第164～165页。

二元论的社会历史观的具体表现。① 正因如此，诚如美国韦慕庭先生所指出：

> 孙博士是一个属于全世界的人，他在海外寻求政治上和经济上援助的不懈努力，和他所遭遇到的挫折沮丧一样，人们都必须牢牢地予以记住。当他力图推翻清王朝或其后取代北洋军阀政府的时候，理解和意识他在中国如何受到客观条件困厄制约的情况，也是一桩十分重要的事情。

韦慕庭先生指出："孙博士是一位令人神迷心醉的值得研究的人物。"但是真正了解孙博士的人们，"真是凤毛麟角"。② 他认为："认识'真正的'孙中山是有着许多困难的。在其活着的时候，他就是一个颇有争议的人物。同时，论及他的大量著作都怀着敌意的偏见。在他逝世以后，一个神化的过程又开始了。……孙博士的被人们神化，已经制造出了一个有传奇色彩的英雄形象和扭曲变形的历史真实。"③ 今天，虽然已经不存在韦慕庭先生所讲的情况，但要如实地客观地评判孙中山的社会建设思想也不是十分容易的事情。不过现在我们对孙中山的认识，对他思想的考察完全是学者自己的事情，对他的事功和思想的评判完全是作为一个历史人物来评述，与政治无关。对孙中山这样的伟人不尊不敬实在讲不过去，指责他的人仍然会有，但不管如何说，中国的多数人都认为，孙中山的爱国主义情怀，他为自己的祖国和同胞求得康乐富裕的献身精神，为建设一个美好的、文明的、进步的与和谐的中国社会的思想，以及追求民族的复兴和国家富强的奉献品格是不应该受到指责和挑剔的。

孙中山构建中国社会文明、进步、发展的思想尽管不是十分完美，但他的发展模式，他的社会建设的目的，以及解决社会问题的主张还是相当实在、相当超前的。正如德国学者海法特（H. Herrfahrdt）在其所著的《孙中山传》中所说："孙中山社会思想发展过程中，首受了外来思想的影响。特别是亨利佐治、马克斯（按，今译马克思）、克鲁泡特金及摩里斯威廉（Maurice William）。不过这些人对于孙中山的影响仅限于他的学说体系方面，就大体上说，他的社会思想纯然是中国独有的，就是博爱。与欧洲各国及俄国情形不相同。"④

---

① 参见韦杰廷著：《孙中山社会历史观研究》，长沙：湖南人民出版社1986年版。
② （美）韦慕庭著：《孙中山——壮志未酬的爱国者》，杨慎之译，广州：中山大学出版社1986年版，中译本新序。
③ （美）韦慕庭著：《孙中山——壮志未酬的爱国者》，杨慎之译，广州：中山大学出版社1986年版，第1页。
④ （德）海法特著：《孙中山传》，王家鸿译，台北：台湾商务印书馆有限股份公司1978年版，第103页。

孙中山的社会建设思想不是政治学所能包含的，也不是经济学所能全面概括的。所以，孙中山社会建设的思想包含有多方面的内涵和层次。

第一，通过革命手段实现体制外的政治转型，为经济发展创造条件。

求强求富是19世纪末20世纪初，中国许多仁人志士的追求。他们清楚地认识到，民族的苦难在于贫弱，民族的出路在于国家富强。王韬认为，是"盖富强即治之本也，仓廪实而知礼节，衣食足而知荣辱，民既能自谋其生，以优游于盛世，自然可静而不可动，故舍富强而言治民，是不知为政者也"①。而马建忠则认为，"治国以富强为本，而求强以致富为先"②。所以，要救国必须要致富。孙中山在《农功》一文中强调："以农为经，以商为纬，本末备具，巨细毕赅，是即强兵富国之声，治国平天下之枢纽也。"③ 后来，孙中山又强调："我中华之弱，由于民贫"④，"必也治本为先，救穷宜急，'衣食足而知礼节，仓廪实而知荣辱'，实业发达，民生畅遂，此时普及教育乃可实行矣。"⑤ 所以，孙中山指出："长治久安之道，当以发展实业为先。"⑥

然而，近代中国是一个半殖民地半封建的中国，中国积弱积贫，这有资本帝国主义侵略掠夺的外部原因，也是封建主义闭关锁国经济未能振兴造成的恶果。所以，在近代中国谋求社会进步的进程中，资本帝国主义是一个重大的障碍，封建主义又是另一个重大障碍。反对资本帝国主义的侵略，是为了争取民族的独立，扫除中国社会进步的障碍；反对封建主义的统治，是为了中国的民主、自由，是为了谋求中国社会的进步发展。

1894年11月24日，孙中山在檀香山组建兴中会，提出要振兴中华、挽救危局，以"驱除鞑虏，恢复中国，创立合众政府"为秘密誓词。⑦ 在《檀香山兴中会章程》中，孙中山称："中国积弱，非一日矣！上则因循苟且，粉饰虚张；下则蒙昧无知，鲜能远虑。近之辱国丧师，剪藩压境，堂堂华夏不齿于邻邦，文物冠裳被轻于异族，有志之士，能无抚膺！夫以四百兆苍生之众，数万里土地之饶，固可发奋为雄，无敌于天下。乃以庸奴误国，荼毒苍生，一蹶不兴，如斯之极。方今强邻环列，虎视鹰瞵，久垂涎于中华五金之富、物产之

---

① 王韬：《弢园文录外篇》，中国近代史资料丛刊《戊戌变法》（一），上海：上海人民出版社、上海书店出版社2000年版，第146页。
② 马建忠：《富民说》，中国近代史资料丛刊《戊戌变法》（一），上海：上海人民出版社、上海书店出版社2000年版，第163页。
③ 孙中山：《农功》，《孙中山全集》第1卷，北京：中华书局1981年版，第6页。
④ 孙中山：《在上海中华实业联合会欢迎会的演说》，《孙中山全集》第2卷，北京：中华书局1982年版，第341页。
⑤ 孙中山：《建国方略》，《孙中山全集》第6卷，北京：中华书局1985年版，第228页。
⑥ 孙中山：《复黄肃方函》，《孙中山全集》第6卷，北京：中华书局1985年版，第588页。
⑦ 陈锡祺主编：《孙中山年谱长编》上册，北京：中华书局1991年版，第74页。

饶。蚕食鲸吞,已效尤于接踵;瓜分豆剖,实堪虑于目前。"所以,孙中山说:"亟拯斯民于水火,切扶大厦之将倾",必须集合贤豪会众以兴中,"抒此时艰,奠我中夏。"① 孙中山拯救同类,改良社会,谋求中国社会进步的思想来自于夏威夷,成熟于香港,《檀香山兴中会章程》是他改良中国、谋求中国社会进步思想的集中体现。② 可见,从这个时候起,孙中山已经确立了以政治来促经济的思想,他要救贫,先要救国,从救国起,逐步实现"以建民国,以进大同"③,便成为孙中山谋求中国社会进步的基本宗旨。

钟叔河先生在《中国本身拥有力量》一书中说:

> 从1840年鸦片战争起,一百四十年来,无数爱国知识分子,一直努力想要解决一个问题:怎样使中国早日实现现代化,赶上先进的国家?也就是如何从故步自封的局面中解放出来迅速地、大踏步地走向世界?
>
> 闭关自守是专制宗法社会的特征。陈旧落后的生产方式,把人们束缚在狭小的地面上。由科举和理学作育而成的观念,禁锢着人的头脑,压抑着人的精神,使人们缺乏力量去想象和追求一个广大的、多样化的世界。

钟叔河先生指出:"若对我们民族从封闭社会走向现代化世界的历史,做一番纵横观察,即可发现,这是一段非常重要的历史。它既是中外交往史,又是文化思想史;既是政治史,又是生活史;既是'西学东渐'史,又是反帝斗争史。"④ 钟先生的意思是说,中国走出封闭、走向世界是一个复杂的历史过程,这包括正常的文化交往,也包括不正常的反对帝国主义的侵略,又要向其学习先进文化的过程。这其中有反帝反封建的政治变革,也有社会的新陈代谢。

我们的社会是政府主导的社会,政府的行为对社会的建设关系至为重要,所以孙中山从中国的社会实际出发,认定"革命为惟一法门"⑤,因为不铲除

---

① 孙中山:《檀香山兴中会章程》,《孙中山全集》第1卷,北京:中华书局1981年版,第19页。
② 参阅(美)马衮生著:《孙中山在夏威夷活动和追随者》,台北:近代中国出版社2000年8月印行,第14~28页。
③ 孙中山:《陆军军官学校训词》,《孙中山全集》第10卷,北京:中华书局1986年版,第300页。
④ 钟叔河著:《中国本身拥有力量》(修订本),南京:江苏教育出版社2005年版,第1~3页。
⑤ 孙中山:《在檀香山正埠荷梯厘街戏院的演说》,《孙中山全集》第1卷,北京:中华书局1981年版,第226页。

清廷这个毒瘤,"断不能做事"。为了根除那"恶劣政治",废除君主专制政体,实现平等自由和民主共和的政体,"不做政治革命是断断不成的"。① 但是,"社会问题在欧美是积重难返,在中国却还在幼稚时代,但是将来总会发生的。到那时候收拾不来,又要弄成大革命了。革命的事情是万不得已才用,不可频频伤国民的元气。我们实行民族革命、政治革命的时候,须同时想法子改良社会经济组织,防止后来的社会革命,这真是最大的责任"②。所以,孙中山说:"我们这回革命,不但要做国民的国家,而且要做社会的国家。"③ 通过革命实现政体的转换,在国民的参与下从事实业建设,发展经济使国家强盛起来,便是孙中山社会建设的基本内容。这个原则一确立,孙中山便向世界宣布:"如果中国人能够自主,他们即会证明是世界上最爱好和平的民族。再就经济的观点来看,中国的觉醒以及开明的政府之建立,不但对中国人、而且对全世界都有好处。全国即可开放对外贸易,铁路即可修建,天然资源即可开发,人民即可日渐富裕,他们的生活水准即可逐步提高,对外国货物的需求即可增多,而国际商务即可较现在增加百倍。"④ 他希望世界各国了解中国,支持中国的建设,为人类共享物质文明成果确立一个更为光明的前景。

第二,通过建设良好的政治,为社会的稳定与经济的发展奠定基础。

美国著名政治学家塞缪尔·卫·亨廷顿教授在他的专著《变化社会中的政治秩序》一书中说过:"暴力盛行,政治败坏,社会和自己过不去。到头来,物极必反,社会堕落的结果就是政治角色的奇异改扮。真正无望的社会不是受革命威胁的社会,而是无法进行革命的社会。在正常的政体中,保守派致力于维护安定和秩序,激进派则以急遽的暴力的变迁相威胁。但是,在一个完全处于混乱之中而必须凭助政治意志来采取积极行动方能收拾残局的社会里,保守和激进这两个概念还有什么意义?在这样一种社会里,谁堪称激进派?谁又堪称保守派?惟一真正的保守派难道不就是革命者吗?"⑤ 他是说,所谓激进派和保守派都是在一个特定的时间和空间范围内界定的,并不是一成不变的。孙中山在他革命的时候,是一个激进派,主张通过暴力手段,进行一场急

---

① 孙中山:《在东京〈民报〉创刊周年庆祝大会的演说》,《孙中山全集》第1卷,北京:中华书局1981年版,第325页。

② 孙中山:《在东京〈民报〉创刊同年庆祝大会的演说》,《孙中山全集》第1卷,北京:中华书局1981年版,第326页。

③ 孙中山:《在东京〈民报〉创刊同年庆祝大会的演说》,《孙中山全集》第1卷,北京:中华书局1981年版,第328页。

④ 孙中山:《中国问题的真解决——向美国人民的呼吁》,《孙中山全集》第1卷,北京:中华书局1981年版,第253~254页。

⑤ (美)塞缪尔·卫·亨廷顿著:《变化社会中的政治秩序》,王冠华等译,北京:生活·读书·新知三联书店1988年版,第239~240页。

速的、根本性的、暴烈的国内变革,他是用一种使一个传统社会转换为一个现代社会的手段,来实现政治体制的变革。但当用革命实现政治体制转型的目的达到以后,孙中山就力图通过稳定社会、安定民心来积极推动社会的建设,尤其是经济建设,因此他也由原来的革命者变为保守者,由破坏者变为建设者。但这个变化是一个自动的常态变化,不是被动地强迫性地变动,所以,这个变化是为了实现社会发展进化的自我调节,是人类为了适应社会的文明演进,达到经济发展和社会文明、进一步加速向前运行的自变过程。政治、领袖与社会的互动,说明政治在调节社会秩序中的重要,也说明领袖人物能否根据社会的变动作自我调整适应社会变动的极端重要性,这是自人类步入工业革命时代以来社会剧烈变迁的基本规律,也是政治与经济的相互促进成为社会进化的必然趋势。

孙中山认为,只有政治好,社会才能有效地进行建设;政治不良,经济不能发展,社会也不可能进步。1916 年 7 月 13 日,孙中山在上海欢送国会议员的宴会上发表演说,阐述国会主权的理论,明确指出:"主权在民,民国之通义","以中国之地位,政治日良,为世界最富强之国不难也"。① 可见,政治对于国家的强弱、社会的文明进步关系极大。

何谓政治?有各种解释,马克思主义者一般认为,政治是经济的集中表现,它产生于一定的经济基础,又为一定的经济基础服务。在阶级社会里,处理阶级关系为政治的重要内容。而孙中山则作这样的解释,他认为:"政治两字的意思,浅而言之,政就是众人的事,治就是管理,管理众人的事便是政治。"② 既然政治是管理众人的事,人民大众是否让你去管,以及你能否将民众管好便是政治的核心问题。孙中山指出,政治里面有两种人物,"一是治人者,一是治于人者。孟子所谓:'有劳心者,有劳力者;劳心者治人,劳力者治于人。'治人者必有知识的,治于人者必无知识的。从前底人可说是同小孩子一样,只晓得受治于人,现在已渐长成,大家都明白了,已将治人与治于人底阶级打破。欧洲近世纪已将皇帝治人底阶级打破,人民才晓得今日比较底自由。"③ 也即是说,要改变治人者与治于人者的对立地位,必须实行民主政治,尤其要实行民治,让人民行使管理国家的权利,实现国家为民所治、为民所有、为民所享,只有这样才能使国家进步,也只有这样,国民才安康,社会才

---

① 孙中山:《在沪欢送国会议员宴会上的演说》,《孙中山全集》第 3 卷,北京:中华书局 1983 年版,第 319~320 页。
② 孙中山:《三民主义·民权主义》,《孙中山全集》第 9 卷,北京:中华书局 1986 年版,第 254~255 页。
③ 孙中山:《在广东省教育会的演说》,《孙中山全集》第 5 卷,北京:中华书局 1985 年版,第 492 页。

能和谐以及进步。而要实现这种"良政治",孙中山认为必须有"良政党","无论世界之民主立宪国、君主立宪国,固无不赖政党以成立者"①。"一国之政治,恒视其运用政治之中心势力以推移。其中心势力强健而善良,其国之政治必灿然可观;其中心势力脆薄而恶劣,其国之政治必黯然无色。此消长倚伏之数,固不必论其国体之为君主共和,政体之为专制立宪,而无往不如是也。"② 正是基于国家今日之兴衰强弱,其枢纽全在于代表国民之政党的认识,孙中山便强调:"改造国家,非有很大力量的政党,是做不成功的;非有很正确共同的目标,是不能够改造得好的。"③ 只有政治好,才能经济好,只有政治好,才能振兴国家和民族,所以,建设"良政党",建设一个良好的国家便成为孙中山以党治国的基本思想。1912 年 4 月 1 日,孙中山在南京参议院解职辞中坦承,"当民国初立时,人民颇有不知民国之为何义,文明进步之为何义",他要求先知先觉之人,"即须用从前革命时代之真挚心,努力进行,而后中华民国之基础始固,世界之文明始有进步"。孙中山还表示:"本总统解职之后,即为中华民国之一国民。政府不过一极小之机关,其力量不过国民极小之一部分。其大部分之力量,则全在吾中华民国之国民。"他说,他的解职,"并非功成身退,实欲以中华民国国民之地位,与各国民之力量,与四万万人协力造成中华民国之巩固基础"④。这个解职辞,一方面表明孙中山以一种无奈的心情接受辞职,一方面又不得不表明民国的基础未固,要求国民跟他一起尽天职,尽国民之本分,"切实进行,力谋善果"。也即是说,未来的中国存在两种可能,一种是"中华民国从今而后,得享文明之进行";一种是前功尽弃,重燃战火。后来的事实不出所料,孙中山虽"力谋善果",却得"恶果"。然而,孙中山起初并没有意识到事情的发展会来得如此之快。辞职后,孙中山信誓旦旦地宣告:"今日满清退位、中华民国成立,民族、民权两主义俱达到,惟有民生主义尚未着手,今后吾人所当致力的即在此事。"并认为"英、美诸国社会革命难,中国社会革命易",他决心由政治战线转向经济战线,为振兴中国的实业,从事铁路建设,改善中国的交通,为中国的建设、为改造中国社会贡献力量。孙中山还指责坚持"中国之当急者乃政治问题"观点的人糊涂,认为他们为"浅见之徒,不足与言治也"。他说"政治良,百事

---

① 孙中山:《在上海国民党茶话会的演说》,《孙中山全集》第 3 卷,北京:中华书局 1983 年版,第 5 页。
② 孙中山:《国民党宣言》,《孙中山全集》第 2 卷,北京:中华书局 1982 年版,第 396 页。
③ 孙中山:《中国国民党第一次全国代表大会开幕词》,《孙中山全集》第 9 卷,北京:中华书局 1986 年版,第 96 页。
④ 孙中山:《在沪欢送国会议员宴会上的演说》,《孙中山全集》第 3 卷,北京:中华书局 1983 年版,第 319~320 页。

皆良"的观点是对于"人民之痛苦，全然不负责任"，今日中国乃极贫之国，非振兴实业不能救贫。这种前后不一的主张，说明孙中山已经乱了方寸。辛亥革命前，他说，只有政治好，经济才会好。民国后，孙中山又说，只有经济好，政治才会好。孙中山的主张反映了民国后中国贫穷的实际，问题则在于不是任何人想救贫就能如愿，不是想发展实业就可以顺利进行，进行经济建设致富救贫受诸多因素的制约。而这些因素中最重要的、显而易见的又是政治问题。政治不良，社会不稳定，各种矛盾相互制约，社会经济不能发展，生产力不能提高，救贫只是一句空话。所以，强调为救贫救弱发展经济不能说不对，问题是忽视政治，政治环境不好，所谓救贫救弱只是一种愿望而已。可见孙中山撂下政治的担子专心从事实业救贫，错的偏偏是他自己。①

经济的发展不等于社会的发展，但经济不发展，社会的发展等于空谈。民国成立之初，孙中山有经济好、政治自然会好的思想，所以他"不顾十七省人民付托之重"②，辞去临时大总统职位，专事民生主义和实业建设工作。他认为，国家多一份实业则多一分富力。1913 年 3 月，宋教仁在上海被袁世凯党羽刺杀后，孙中山又有政治好、经济才能好的想法。1913 年 12 月 23 日，孙中山致咸马里夫人函中谓："独夫政治现又得逞，其压迫较之当初的满清，更加令人无法忍受。反动如钟摆之已达极限，回复必将来临。或许现在就是黎明前最黑暗的时刻。"③"二次革命"失败后，孙中山认为，"袁贼窃权弄柄，专制皇帝一般"，如不"扫除专制凶顽，改革恶劣政治，恢复人民主权"④，中国必亡。为改变中国"政治之不良"，故有中华革命党的成立，故有护国运动和护法运动，故有孙中山在广州三次建立革命政权的行动，故有孙中山又回归政治本位去寻求中国发展前途的经历。为此孙中山已经付出了沉重的代价，政治斗争的残酷对于孙中山的打击很沉重，但也因此促使他觉醒。

1921 年 4 月 4 日，孙中山参加广东教育会并发表演说，他就政治问题作了说明。他说："政治的力量，足以改造人心、改造社会，为用至弘，成效至著。""盖人不能离开国家，即不能离政治。"⑤ "政治里面有两个潮流，一个是自由底潮流，一个是秩序底潮流。政治中有这两个力量，正如物理之有离心力与归心力……两个平均，方能适当。此犹自由太过，则成无政府；秩序太

---

① 参见林家有：《孙中山建设广东"模范省"的思想与主张》，广州孙中山大元帅府编：《孙中山与大元帅府》，广州：广东省地图出版社 2001 年版，第 1~2 页。
② 孙中山：《致参议院等通电》，《孙中山全集》第 3 卷，北京：中华书局 1983 年版，第 68 页。
③ 孙中山：《致咸马里夫人函》，《孙中山全集》第 3 卷，北京：中华书局 1983 年版，第 73 页。
④ 孙中山：《讨袁告示》，《孙中山全集》第 3 卷，北京：中华书局 1983 年版，第 89 页。
⑤ 孙中山：《教育家应指导人民谈政治》，孟庆鹏编：《孙中山文集》（下），北京：团结出版社 1997 年版，第 731~736 页。

过,则成为专制。数千年底政治变更,不外夫这两个力量的冲动。"① 后来,孙中山又就政治的好与坏作了解析。他指出:"政治良否,视人与法。人治之系于长吏赏罚,与人民监督固也;法治之精,则首在权能分职,俾得各展其长,不复重为民病。盖自官吏舍能用权,擅作威福,而吾民治有憔悴呻吟于虐政之下者。今知主权在民,官吏不过为公仆之效能者,然后乃有行政清肃之望,而教育、实业诸端,亦得以次第施行。此内政之欲促进人民幸福者三也。"② 在别处,孙中山又讲过:"政治和经济两个问题,总是有连带关系的,如果不问政治,怎么样能够解决经济的面包问题来要求面包呢?""国家最大的问题就是政治,如果政治不良,在国家里头无论什么问题都不能解决。"③ "但也只有经济好,国家才会富强,人民才会幸福。先从根本下手,发展物力,使民生充裕,国势不摇,而政治乃能活动。"④ 尽管孙中山前后对政治与经济的关系强调的重点不一,令人无所适从,但应该看到他的一生都被政治困扰。在孙中山看来,国家最大的问题应是政治,但经济不好也不会有什么政治可谈。治理国家,建设中国社会,使中国向着文明、进步、和谐社会发展,政治是根本,但政治离不开经济,实业不开发,经济不发达,民生不充裕也无所谓政治。这是孙中山建设中国社会的基本主张。这个主张诚如张磊先生所正确指出的:民主政治是孙中山促进中国近代化的杠杆。孙中山对中国政治与经济发展中的关系的论述,反映了当时社会的必然走向及其特色,体现了人民的深切热望。⑤

第三,物质文明与精神文明、政治文明同步发展,建设一个富裕、民主和文明全面发展的和谐社会是孙中山社会发展观的核心内容。

任何社会的发展都包含物质的发展和精神的发展两方面的内容,而物质层面的发展是浅层次的,精神层面的发展是深层次的;一个国家也只有政治文明才能依法治国,才有社会的进步和人民的民主和地位。法治属于政治建设,属于政治文明;德治属于思想建设,属于精神文明。所以,我们国家的社会建设,除了物质文明建设、精神文明建设外,还要有政治文明的建设,这三方面建设是我们理想社会建设的目标,也是我们的伟大理想——"天下为公"的

---

① 孙中山:《在广东省教育会的演说》,《孙中山全集》第 5 卷,北京:中华书局 1985 年版,第 491 页。
② 孙中山:《讨伐曹锟贿选总统檄文》,《孙中山全集》第 11 卷,北京:中华书局 1986 年版,第 535~536 页。
③ 孙中山:《三民主义·民权主义》,《孙中山全集》第 9 卷,北京:中华书局 1986 年版,第 297~298 页。
④ 孙中山:《致宋教仁函》,《孙中山全集》第 2 卷,北京:中华书局 1982 年版,第 404 页。
⑤ 参见张磊:《孙中山的近代化思想(论纲)》,原载于《东方文化》1993 年创刊号,又见《孙中山:愈挫愈奋的伟大先行者》,广州:广东人民出版社 1996 年版,第 290~297 页。

一个完整的建设体系。江泽民同志曾经说过:"物质文明和精神文明,是人类社会实践的两种相互联系的伟大成果,是社会生产和社会生活的两个密切相关的组成部分。""物质文明为精神文明的发展提供物质条件和实践经验,精神文明又为物质文明的发展提供精神动力和智力支持。我们必须全面把握两个文明建设的辩证关系,遵循精神文明自身的发展规律,自觉加强精神文明建设,不断提高精神文明的水平。……社会文明既包括物质文明也包括精神文明,缺少任何一个方面,社会就是畸形的,也不可能健康地向前发展。"① 江泽民将社会建设物质文明与精神文明之间的相互关系讲得很清楚,对于我们理解孙中山的社会建设思想很有启迪和帮助。

现代文明始于欧洲,中国是不是一定要步欧洲的后尘,建设一个西方式的文明社会呢？孙中山经过思考,作出明确的回答:文明是人类共同创造的,西方的文明与东方的文明都有它的共性,这就是文明要有利于人类社会的共同富裕,而不是贫富之间的差别拉大,造成社会贫富两极的对立和矛盾；传统工业文明的社会,并不是现代文明社会,也不是中国人所追求的理想社会。孙中山认为,由于中国与西方国情的不同,中国与西方的发展也应该有所不同。西方由于对物质的过分追求,造成物质文明发展,但道德和伦理缺乏、尔虞我诈,甚至发动战争骨肉相残。中国是一个物质文明不发达的国家,但中国是道德文明的古国,中国在发展物质文明的同时要避免西方文明不道德的"恶果",必须要物质文明和心性文明(精神文明)同步发展,使中国人养成独立和平等、民主和均富的精神氛围,培育公民的独立和自主、博爱和互助道德意识,从而推动社会的文明和发展,最后实现"天下为公"和"世界大同"。

孙中山先后提出了六种文明,即物质文明、教化文明、政治文明、道德文明、精神文明和心性文明。其中,教化文明和政治文明,属于制度文明；道德文明包括在心性文明之中,属于观念文明。孙中山虽将"精神文明"视为谋人民之幸福与安全的内涵,② 但他的"心性文明"也即是精神文明,"心性文明"的提出,正是孙中山文明发展观走向成熟的一个标志。③ 孙中山认为,精神与物质相辅为用,"物质文明与心性文明相待,而后能进步。中国近代物质文明不进步,因之心性文明之进步亦为之稽迟"④。稽迟,即停留、推迟的意

---

① 江泽民:《努力开创社会主义精神文明建设的新局面》,《江泽民文选》第 1 卷,北京:人民出版社 2006 年版,第 575 页。
② 孙中山:《对外宣言》,《孙中山全集》第 6 卷,北京:中华书局 1985 年版,第 525 页。
③ 参见戚其章:《论孙中山的"心性文明"说》,《孙中山与现代文明》,苏州:苏州大学出版社 1997 年版,第 215~228 页。
④ 参见孙中山:《建国方略之一:孙文学说——行易知难(心理建设)》,黄彦编:《孙文选集》上册,广州:广东人民出版社 2006 年版,第 27 页。

思。有学者说，这是孙中山对于当时否定物质文明与心性文明两个文明"俱分进化论"的批判得出的结论。① 《俱分进化论》是章太炎发表于 1906 年 9 月 5 日《民报》第 7 号的一篇谈物质与道德关系的文章。这篇文章谓："进化之所以为进化者，非由一方直进，而必由双方并进。专举一方，惟言智识进化可尔。若以道德言，则善亦进化，恶亦进化。若以生计言，则乐亦进化，苦亦进化。双方并进，如影之随形，如罔两之逐景。"汤志钧先生解释，这就是章太炎的所谓"俱分进化"的主张。他的结论是："进化之实不可非，而进化之用无所取。"② 章太炎对进化论持保留态度，他认为，事物的发展变化并非只有一个趋向、一种可能，发展的进程也可能暂时中断，甚至出现曲折和倒退。要预防和制止事物向坏的方向发展，必须尽力促成事物向好的趋势转化。人习恶易，从善难，盲从进化论，于道德修养是有害无益的。③ 孙中山的看法与章太炎有所不同，但孙中山的两个文明相互关系中各自地位和作用的观点也不完全是针对章太炎而言，而是他研究和总结世界各国社会发展的经验教训总结出来的一种发展主张，并不单纯是针对某人的某种观点得出的结论。孙中山坚持进化论，认为人类的进化和社会进化都是必然的，但心性文明的进步是受物质文明进步制约的，物质文明不进步，心性文明的进步也会受到限制，相反，只有物质文明进步，没有心性文明的进步，物质文明的发展不仅会受到制约，也会影响社会的有序和协调发展。"实业陆续发达，收益日多，则教育、养老、救灾、治疗，及夫改良社会，励进文明，皆由实业发展之利益举办。"④ 也即是说，实业或经济的发展是心性文明发展的基础。

搞物质文明建设，就是发展实业，就是发展经济。孙中山曾讲过："欲图中国实业之发展者，所当注重之问题，即资本与人才而已。"⑤ 人才的问题就是人的培养问题，是用什么思想去培养何种人才的问题。所以，孙中山在《实业计划》书中，便将发展中国的实业做了六种计划，并将其建设的内容、实施的办法，以及资金和人才的引进和储备，做了探讨并发表了具体的意见，并将其《实业计划》作为《建国方略》"物质建设"，说明孙中山对物质建设的期盼和决心。至于精神文明建设，孙中山在《孙文学说》中称为"心理建

---

① 参见张江明主编：《孙中山哲学研究》，广州：广东人民出版社 1986 年版，第 224 页。
② 汤志钧编：《章太炎年谱长编》上册，北京：中华书局 1979 年版，第 214 页。
③ 参见罗福惠、唐文权著：《章太炎思想研究》，武汉：华中师范大学出版社 1986 年版，第 320 页。
④ 孙中山：《中国实业如何能发展》，《孙中山全集》第 5 卷，北京：中华书局 1985 年版，第 135 页。
⑤ 孙中山：《中国实业如何能发展》，《孙中山全集》第 5 卷，北京：中华书局 1985 年版，第 133 页。

设"。心理建设也即人心的建设,包括国民的心性、心力、心理、智力诸多方面的内涵,属于观念方面的哲学、伦理、道德等形态。他在《孙文学说》中强调物质文明要与心性文明相结合,社会才能进步,就是强调要将中国传统的心性文明同西方的物质文明结合起来建设中国,他的主旨是要解决中西文化之间、认识与实践之间、意志与心理之间的错误观念,处理好借鉴和吸收西方文化的关系,树立正确的建设理念,加快中国社会的发展进程。孙中山将《孙文学说》叫作"心理建设",列为"建国方略"的重要内容,说明其对心性文明建设的极端重视。

从孙中山"政治就是管理"的观点去理解,政治文明即管理国家要文明。只要人类存在,政治或社会组织就会存在。管理社会有用人治,有用法治。人治就是专制,法治就是民主。法治属于政治文明,德治属于思想建设、属于精神文明。孙中山强调建设政治文明的国家就是要建设一个民主的法治的民权社会。用他的话说就是:"以我五千年文明优秀之民族,应世界之潮流,而建设一政治最修明、人民最安乐之国家,为民所有、为民所治、为民所享者也。"①正因如此,他将《民权初步》民主启蒙著作列为"社会建设"收入《建国方略》,表明孙中山将"心理建设"、"物质建设"和"社会建设"作为他的《建国方略》的三大任务,建设一个"世界至进步、至庄严、至富强、至安乐之国家,而为民所有、为民所治、为民所享者也"②。可见,建设一个物质文明、心性文明和政治文明的社会便是孙中山社会建设思想的核心内容。

第四,建构中西优秀文化互补的新体系,培养和造就文明社会建设德才兼备的人才,为实现中国社会转型创造条件是孙中山的努力追求。

被孙中山称为"惟一了解中国的外国人"的罗素曾经说过:

> 中国的文化问题,不论对于中国还是对于全人类都具有最重要的意义。如果中国的文化问题得以解决,我也许会心平气和地接受中国任何有利于解决文化问题的政治或经济制度。不幸的是,文化问题几乎不能引起普通人的兴趣,不论怎样,人们都把金钱和权力作为民族和个人的追求目标。

他又说:

---

① 孙中山:《建国方略之一:孙文学说——行易知难(心理建设)》,黄彦编:《孙文选集》上册,广州:广东人民出版社2006年版,第4页。
② 孙中山:《建国方略之三:民权初步(社会建设)》,黄彦编:《孙文选集》上册,广州:广东人民出版社2006年版,第306页。

中华民族有着悠久的古代文明，然而这种古代文明现在正处于一个急剧变化的过程中。以往中国传统文明的发展几乎完全独立于欧洲，因而中国文明较之西方文明有着自己明显不同的优点和缺点。试图对中西文明的优劣下一个定论是徒劳无益的；没有一个深思熟虑的人会胆敢贸然宣称，在总体上，我们今天的西方文明比较17世纪传教士在这个天朝帝国发现的中国文化究竟孰优孰劣。但是，有一种观点轻率地认为我们西方文明比中国文明优越，也有人认为，我们西方文明不如中国文明。假如西方国家与中国之间的交往将会是有益的，那么，我们必须不再把自己看作是一种优等文明的传教士，不再把中国人视为"劣等"民族，从而极端无耻地自认为有权去剥削、压迫和诈骗中国人。我找不到任何理由可以相信中国人比我们西方人低劣；并且我认为，绝大多数对中国有着深刻了解的欧洲人，都会持有和我一样的看法。①

罗素是说，任何文化问题都是与经济问题、政治问题相联系的，要解决经济问题、政治问题、社会问题，首先必须解决文化问题。而且文化都有一个民族性和时代性的问题，在国与国、民族与民族交往时如何正确地看待文化问题的优点与缺点，正确地对待文化问题的传承和吸引力往往又成为评价一个社会共同体是否繁荣昌盛和兴衰荣辱的关键问题。所以，文化体系的建构对于社会的建设是一个至关重要的问题。

人的问题，如人格、人品、人性、人生、人权，以及人道主义、人文思想、人的素质等，所有这些都同作为民族精神的文化分不开。人与人、人与自然、人与社会的协调发展，构建文明和谐的未来社会都与人的觉醒、人的智慧和人的综合素质有关。所以，杰出的思想家没有一个人不是尊重和提升人与文化的价值，强调正确认识人所具有的普遍本性：贪欲、追求、奋斗对社会进步所起的作用。英国著名历史学家汤恩比讲过：

> 要根治现代社会的弊病，只能依靠来自人的内心世界的精神革命。社会的弊病不是靠组织机构的变革就能根除的。这种尝试……的结果，不是全面否定组织机构，就是把一个组织机构改变成另一个组织机构。最终惟一有效的方法还是精神上的。社会的任何组织或制度，也都是以某种哲学或宗教为基础，由于这种精神基础的不同，一

---

① （英）罗素著：《东西方文明比较》，《罗素文集》，北京：改革出版社1996年版，第21~22页。

个组织既可以向善的方向发展，也可以向恶的方向发展。因此，……人必须有一种新的精神基础。如果找到某种新的基础，并能依靠这一基础根治现代社会的弊病，那么，人们就能在这新的、更理想的精神基础之上，建立一个崭新的、更完善的社会。除此之外，就再找不到根治这种弊病的可能性了。①

这也正如日本著名宗教活动家和思想家池田大作先生所说：

人的精神也即是说"应该是使每个人所具有的各种各样的价值观，最终都能得到满足"。但是只要一个人只为一个人、一个集团、一个民族、一个国家，或为某一种意识形态的利益和要求服务和追求的极端利己主义思想存在。在充满矛盾和不合理的社会里往往都是产生悲剧的原因。所以，人应该怎样生存？这决不是在一个社会的一般观念和常识范围之内的问题，而是与人类社会和整个地球的大自然，甚至是与整个宇宙相关的问题。这是因为，"人不单是生存在一个以国家的基础的社会中，而是立足于整个地球的大自然中，与人类社会、甚至是与整个宇宙息息相关的一种存在"。②

所以，池田先生强调，建立一个认识到人类是整个宇宙生态中的存在，他既是属于某一个社会中的人，又是属于全人类的人，整个宇宙中的人的新价值观，便是时代的崭新课题。

杰出思想家毕竟与凡夫俗子不同，他能放开视野，胸怀全人类，提倡建立公天下的理想，建立人与人、人与自然、人与社会和谐共生的观念。这种精神的追求，也即是孙中山所强调的新道德、新伦理观，即"天下为公"、"世界大同"理想的本原所在。

表面上看来，东西方的区别在于科学技术的先进与落后，在于民主与专制，在于经济手段和管理方式的差别，但归根到底，这不单纯是经济问题或政治问题，而是文化问题，即西方的文化与东方的文化的差别问题。所以建构一种符合人类社会共同利益追求，符合中国社会由封建的封闭的小农经济社会向近现代民族民主的工商业社会转型需要的文化新体系便是时代和人类发展的需

---

① （日）池田大作、（英）汤恩比合著：《眺望人类新纪元——汤恩比与池田大作对谈录》，香港：天地图书有限公司2000年版，第171~172页。

② （日）池田大作、（英）汤恩比合著：《眺望人类新纪元——汤恩比与池田大作对谈录》，香港：天地图书有限公司2000年版，第172页。

要，也是中华民族复兴和社会文明、进步、和谐的需要。

文化是人类创造活动的积累，是历史发展的结晶；它既是一种历史现象，也是一种社会现象。文化如果作为一种历史现象，它是历史发展中的一个组成部分；如果作为一种社会现象，又是现实社会的经济结构、社会组织、政治力量在观念形态上的反映，并为它们服务。所以，文化是一个不断创新的过程。① 检验文化的优点与缺点，通常人们都以文化的实用性作为标准，孙中山则以"合用与不合用"来加以区别，他认为"合用便是好"，"不合用便是不好"。由于孙中山认为中国落后、西方国家先进是由于中国科学不如人，所以在第一次世界大战后，许多人包括孙中山在内都主张以东方的王道文化去拯救西方的病态社会。孙中山认为，帝国主义的文化是霸道的文化，只讲强权，不讲公理，任意侵略弱小国家，欺侮落后民族，随意宰制别国领土，掠夺他国资源，这是世界存在不公平、不道德、不安宁的根源。为了清除这种以强凌弱、以大欺小的霸道行为，孙中山在晚年进行民族主义演讲时反复强调，国与国之间要讲公理、讲平权、不讲霸权，不诉诸武力。所谓讲公理就是讲文明、讲道德、讲信义、讲和平。并强调我们东方人向来轻视霸道文化、尊崇王道文化，所以我们要用东方怀德讲仁义的王道文化，去感化西方欺凌压迫别人的霸道文化。由此可见，孙中山是以西方先进的科学与中国的怀德文化结合起来，对中国社会，尤其是对中国人进行改造，通过文化的重构，从根本上更新民族文化的内涵，提高国民的文化素质，开创中国近代物质文明、心性文明和政治文明的新纪元。

人为什么为人的问题是一个根本的问题，这有思想认识的问题，也有一个文化大环境的问题。作为一个文明和谐国家的国民，要激扬新文化、灌输新思想，要树立高尚人格，要立志为国家为世界服务的思想②，要立诚"予以律己，对人无虚言，驭人无权术，一本诚率"③。孙中山再强调：要维持民族和国家的长久地位，除了政治、经济、文化问题外，还有道德问题，有了很好的道德，国家才能长治久安，社会才能文明进步。孙中山说：古时政治一方面讲爱的道理，有所谓"爱民如子"、"仁民爱物"，无论对于什么事，都是用爱字去包括。"物竞争存之义，已成旧说，今则人类进化，非相匡相助，无以自

---

① 关于孙中山的文化观及其对文化的选择，可参阅林家有著：《孙中山与中国近代化道路研究》，广州：广东教育出版社1999年版，第551~593页。

② 孙中山说："盖为一人立志者，不过百数十年；为一国人民立志者，可数千年；为世界人民之立志者，可数千年，以到万年。"刘成禺：《先总理旧德录》，参见孟庆鹏编：《孙中山文集》下，北京：团结出版社1997年版，第688页。

③ 据刘成禺：《先总理旧德录》，参见孟庆鹏编：《孙中山文集》下，北京：团结出版社1997年版，第689页。

存。倘诸君如有志而力行之，则仆之初志赖诸君而达，共和新国亦赖诸君而成。"① 因此，仁爱待人、"天下为公"、"博爱行仁"、"自由平等"就成为孙中山教育国民和要求国民遵行的道德准则。孙中山说：道德问题不仅是中国内部的问题，也是处理国与国之间的问题所应该坚持的一种原则，"近日社会学说，虽大昌明，而国家界限高严。国与国之间，不能无争。道德家必愿世界大同，永无争战之一日。我辈亦须存此心理，感受此学说。"只要坚持大同的理想，"将来世界上总有和平之望，总有大同之一日，此吾人无穷之希望，最伟大之思想"。②

由此可见，所谓物质文明、心性文明和政治文明都是以人为本，以人的文明为根本。而人的品格和道德，以及为谁服务、为了什么去服务都是教育的问题、文化的问题。所以，文化的新架构不确立，一切都无从谈起。社会建设人是第一重要的，而人又以智慧、能力和人格为重要。所以，重视教育，培养具有崇高爱国主义思想和有聪明能力、有替众人来服务的高尚人格的人才③，便是孙中山谋求中国富强、社会进步的基本诉求。没有现代的教育就不会有现代的新人才，就不会有现代社会，没有现代的社会也就谈不上有社会的物质文明、精神文明和政治文明。社会进步的基础在于教育，在于人的综合素质的提高，在于先进文化的导引。④ 所以，孙中山强调："有道德始有国家，有道德始有世界。"⑤ 孙中山从国内外许多事情和人物的兴衰成败中清楚地认识到任何外来文化的影响和移植，都离不开本国文化的历史和土壤。外来的观念、学说，即使是再先进的思想学说，只有与本国国情和具体的社会实践相结合，才能结出丰硕的成果，才能为本国的社会发展服务。这是孙中山高明之所在，也是他与众不同的根本原因。

---

① 《孙先生演说辞》，上海《民立报》1912年5月14日。
② 孙中山：《求学问以福祖国——在东京中国留学生欢迎会的演说》，参见孟庆鹏编：《孙中山文集》下，北京：团结出版社1997年版，第703页。
③ 孙中山：《在岭南大学黄花岗纪念会的演说》，《孙中山全集》第10卷，北京：中华书局1986年版，第156页。
④ 参见林家有著：《政治·教育·社会——近代中国社会变迁的历史考察》，天津：天津古籍出版社2004年版，第124页。
⑤ 孙中山：《求学问以福祖国——在东京中国留学生欢迎会的演说》，参见孟庆鹏编《孙中山文集》下，北京：团结出版社1997年版，第703页。

三、孙中山对中国社会变革道路的反思与设想

（一）孙中山对和平变革道路的思考与试验

社会的变革与转型，一般有两种方式。一是采取温和的手段，进行体制内的改革，促使制度性变革实现转型；一是采取激进的方式，实行暴力革命，采取强制性的手段，实行体制外的改革，促使制度性的转变，达到变革的目的。从中国的封建政体来说，所谓变革或转型就是由封建君主专制制度向民主共和的资本主义制度转变，或者说由1840年以后的半殖民地半封建社会向独立、民主和富强的社会转型。为了实现这种转型，近代中国的仁人志士进行了多方面的探索和艰难的实践，他们的言行都是时代的结晶和宝贵的精神财富。

中国社会科学院前院长胡绳先生说过：

> 半殖民地半封建的中国，要摆脱贫穷落后，进步起来，就必须从帝国主义的压迫下解放出来，成为独立的中国。不完成反帝国主义的任务，也就不能完成反封建主义的任务。这二者是中国民主革命的基本任务。谁能完成这些任务？如果有一个能完成这些任务的资产阶级力量，中国就可能走上独立发展资本主义的道路。1898年以康有为为首的维新派，是近代中国最早带有资产阶级性质的政治派别。他们深切感受帝国主义侵略压迫之苦，有强烈的爱国情绪，提出了在政治上和经济上实行资本主义的纲领，并企图通过皇帝自上而下地实行这个纲领。但他们迅速地失败了。①

康有为、梁启超领导的维新运动是用温和的手段，企图实现体制内由上而下的政治变革，以推动社会进步。当然还有清末的所谓"新政"，也是一些开明的官僚，企图通过清政府体制内的改革，缓和社会矛盾，延长清朝统治的温和改革。激进与温和都是近代中国知识精英、开明官僚在试图寻求一个比较适合中国国情的政体方案，对中国社会实行改革，促使政治及经济向前发展的痛苦摸索中提出来的。温和的自上而下的改革，就是有序的体制内的改革，它不是那种属于自下而上的体制外的革命变革：你死我活的革命行动。清末中国能否两种变革并存，或只有温和的自上而下的改革，政界、学界的认识不一致，

---

① 胡绳：《为什么中国不能走资本主义道路》，原载《人民日报》1987年3月1日，又见《胡绳文集》(1979—1994)，北京：中国社会科学出版社1994年版，第36~37页。

并由此展开的政体变革与国情之论争,及其带来的中国社会的变动则给中国民主进程和社会进步造成种种矛盾、曲折与闹剧。革命与改良孰优孰劣,哪个进步、哪个落后,哪个可行、哪个不可行,成为人们议论中国政治与社会进步的焦点,两种对立思维造成的观点对立贯穿近代中国社会政治历史的始终。

孙中山虽是近代中国坚持革命激进路线改造中国的代表,但他也不是生下来就主张革命激进路线的代表。改良、维新与革命是一个递进的过程,是一个相互促进相互影响的过程,很难说革命在任何时候都正确,改良或维新也很难说在什么时候什么情况下都不对或错误。1898年以康有为、梁启超为代表的改良、维新派跟清政府的保守势力相比,是进步的激进的改革力量。正如首任袁世凯政治顾问美国人古德诺所指出:

> 1898年,变法的时机看来似乎成熟了,这一年9月份的头21天之内(原文如此,百日维新的时间是这一年的4月23日至8月6日),光绪皇帝一连发布了15道激进色彩十分浓厚的诏书,维新变法运动开始了,然而,除了这些诏令之外,其他的具体工作做得很少。作为光绪皇帝的左膀右臂的激进的改革者们看来,似乎相信只要一夜之间对国家的法令、政策来一场彻底的变革,就足以改变中国的现状,日本在不久之前的明治维新运动中所实行的那些被证明是有效的措施在中国却一点也没有被实际运用起来。中国的维新变法没有收到什么实际成效,不仅如此,由于没有将有变革要求的广大民众发动起来,提出来的方案又过分超前于当时中国人的观念,维新变法运动所产生的实际效果却是使本来认为有必要改革的民众反倒对改革变得疏远起来。①

维新变法的领导人康有为、梁启超与孙中山同是广东人,他们都是立志救国救民,实现中国独立、民主、统一和富强的先进人物,但由于他们对中国国情的认识深浅不同,变革中国的方式也不同。康有为、梁启超等维新派相对于清政府的保守派,他们是激进派;以孙中山为代表的革命派相对于以康有为、梁启超为代表的维新派又是更激进的改革派。尽管孙中山与康有为、梁启超对中国体制变革是实行君主立宪还是民主共和,在政治革命与种族革命,在社会革命与政治革命等问题上的看法和做法有分歧,但不是说孙中山一开始就反对维新和变法,更不能说孙中山反对社会的一切改良。

---

① (美)古德诺著:《解析中国》,蔡向阳、李茂增译,北京:国际文化出版社2005年版,第112~113页。

孙中山于 1866 年 11 月 12 日出生于广东省香山县（今中山市）翠亨村。翠亨两面环山，峰岳起伏，满目青翠，溪流潺潺，鸟语花香，气候适宜，是一个人杰地灵的乡村。但在半殖民地半封建社会的大环境下，翠亨村也同其他珠三角地区一样是一个欠发达的地区。据李伯新先生在《孙中山出生时期的翠亨村》一文中统计，全村 60 多户，土地 1102 亩。按当时经济状况大致划分为贫雇农 10 户，约 16 亩地，占 1.5%；佃中农 5 户，约 120 亩，占 11.5%；侨属及其他阶层 40 户，约占土地 100 亩，占 9%；地主买办 6 户，约占 860 亩土地，占 78%。由此可见，翠亨村的土地集中在地主和买办人家手里。孙中山出生于贫苦农民家庭，父亲孙达成务农为生；母亲杨氏是家庭妇女，育有三男三女，家境不宽裕。孙中山从小过着吃不饱、穿不暖的生活，他与村中的其他贫穷孩子一样，童年已参加农务劳动。① 他上山砍柴，下地割草，四处捡猪粪，年纪稍长便下田插秧、除草、排水、打禾、放牛，有时还要跟着外祖父杨胜辉驾船出海采蚝，或到村中水塘边捞塘漂作猪饲料。② 由于家贫，孙中山交不起学费，10 岁时才进入翠亨村的私塾读书，直至 1879 年 6 月，孙中山才随母亲乘木船离开翠亨村，到澳门转乘英国格蓝诺号（SS Grannock）海轮去夏威夷，依靠胞兄孙眉读书，在此之前，孙中山是一个从未离开过乡村的农家孩童，但他个性倔强，敢于反抗欺凌，蔑视强权。由于环境和时代的局限，此时的孙中山并没有显示出超人的智慧，他不是神童，只是一位生于斯、长于斯的乡间孩童。1879 年 9 月，孙中山进入火奴鲁鲁的英国教会办的意奥兰尼学校（Lolani School）读初中，1882 年夏季毕业。接着，他进入普纳胡学校（Punahou，当时叫 Oahu Collese）继续学习，念了半年，停学回国。这次出国读书对孙中山的后来产生巨大影响，这是无疑的，但他在夏威夷读书期间也只是一位拖着长辫子的中国传统学生。他学习认真，天资聪明，进步神速，但与其他中国孩子没有很大的区别。他在夏威夷读书最大的收获，诚如孙中山的孙女孙穗华在为马衮生著《孙中山在夏威夷活动和追随者》一书的序文中所说："我的祖父在他的大哥孙眉的帮助下，在火奴鲁鲁的意奥兰尼和普纳胡两个中学读书。开始，我的祖父一个英文字母都不认识，但在短短的 3 年后，他居然获得全班英语语法第 2 名。这证明他天资聪明，勤奋学习。在夏威夷的教育使他接触到民主思想和基督教义。在他的思想里种下了建立自由和民主中国这一理想的种子。"③ 后来孙中山自述："忆吾幼年，从学村塾，仅识之无。不数年

---

① 参见李伯新著：《孙中山故乡翠亨》，香港：天马出版有限公司 2006 年版，第 13～64 页。
② 参见刘家泉著：《孙中山与香港》，北京：中央文献出版社 2001 年版，第 4 页。
③ 孙穗华：《孙中山在夏威夷活动和追随者》序，参见（美）马衮生著：《孙中山在夏威夷活动和追随者》，台北：近代中国出版社 2000 年版，第 2 页。

得至檀香山,就傅西校,其教法之善,远胜吾乡。故每课暇,辄与同国同学诸人,相谈衷曲,而改良祖国,拯救同群之愿,于是乎生。当时所怀,一若必使我国人人皆免苦难、皆享福乐而后快者。"①

1883年7月,孙中山回到了阔别5年的故乡,"家乡的贫穷与5年前相比几乎没有任何改变。官吏的腐败,却比从前更甚"。对此,孙中山深感不满,但他并没有意识到这是在中国延续了几千年之久的封建专制制度阻碍中国发展而造成的恶果,更不可能由此就立下拯救和改造中国的雄心壮志。但他的思想已经受到外国尤其是欧美建设比中国好的影响,产生了一些改良家乡的意识,并曾一度说服乡绅宿儒,支持修筑公路、改良农田水利、改革乡政、防贼防盗、入夜街道燃灯等主张。孙中山在家感到百无聊赖,除了有时帮助父亲干干农活外,还和同乡好友陆皓东一起毁坏了村庙中的神像,被迫离家到香港读书。②孙中山先进入香港拔萃书室读书,课余跟随基督教伦敦会长区凤墀补习国文,复结识美国传教士喜嘉里(C. R. Hager),因喜嘉里之劝,偕陆皓东受洗加入基督教。1884年4月,孙中山转学香港中央书院,11月再赴夏威夷,在茄剌牧场与胞兄孙眉见面时,孙眉大发雷霆,不仅对孙中山在家乡破坏神像及在香港入教十分生气,还罚孙中山锯木,且加以责打。孙中山不甘示弱,跑到孙眉的书房,将悬在壁上的关帝神像取下扔进厕所。此后,孙眉把孙中山送至荷蕾埠之商店帮做生意,并将以前赠给孙中山的财产收回。③1885年孙中山自夏威夷归国,8月往香港中央书院复学。在此期间,孙中山的思想发生较大的变化,他不仅对国内的事情了解更多,而且对于清廷的腐败以及官吏的无能,更经常发表议论。然而,此时的孙中山思想有某些变化,但也并不是像他后来所忆述"余自乙酉中法战败之年,始决倾覆清廷,创建民国之志"④。

孙中山在香港读书期间,思想发生一定程度的变化,这是事实。原因是什么?有主观上的原因,也有客观上的原因,但最主要的原因是他由中国而夏威夷,又由夏威夷而中国,他的所见所闻与之前有所不同。他没有出国之前,对外国的了解只是书本上的,到了外国后他不仅见到世界之大,无奇不有,外国的建设成就,尤其是管理手段和人的素质较中国好。他初步认识到中国的确比欧美落后,必须改变,"当时西方共和国的组织、法国大革命的故事、英国人

---

① 陈锡祺主编:《孙中山年谱长编》上册,北京:中华书局1991年版,第35页。
② 参见郝平著:《孙中山革命与美国》,北京:北京大学出版社2000年版,第44~48页;李伯新著:《孙中山故乡翠亨》,香港:天马出版有限公司2006年版,第64~65页。
③ 参见陈锡祺主编:《孙中山年谱长编》上册,北京:中华书局1991年版,第39页。
④ 黄彦编:《孙文选集》上册,广州:广东人民出版社2006年版,第83页。

民与王权斗争的经过"①，对他也产生了一定影响。加上当时中法战争中国战败，维新、改良的思潮兴起，救亡图存成为当时社会思潮的主流，他读何启、郑观应的文章，受救亡图存、维新变法思想的影响，产生拯救中国、改良中国的愿望，因而有改革中国，实现社会进步、国民安康的思想，这是实在的，但并没有陈少白在《兴中会革命史要》中所说的那么进步。陈少白说：孙中山1889年在香港与他结识时"谈到革命的事，也很投机"，说"在孙先生的宿舍内谈天，天天谈革命的事，总是很高兴的"②，恐有言过其实。孙中山的同学关景良也忆述"至1889年，总理的言论已充满革命思想，要推翻清廷，废除帝制"③。但我们从孙中山的著作中看不到当时他有那么激烈的反清言论，从孙中山早期的言行考察，孙中山并不像陈少白等人所言，可能这些人的忆述由于受当时环境影响有过分夸张孙中山、神化孙中山的可能性。如果当时孙中山已立志革命，用激进的方法"推翻清廷，废除帝制"，他就不太可能决定学医，到广州、香港读医学至大学毕业，也不太可能希望在家乡推行改革，利用他的努力"求知于当道"，实行从下至上的改革，以贯彻他温和的救国主张。所以，孙中山不是天生的革命家，在1894年兴中会成立之前，孙中山也是置身于改良，尔后又把改良作为走向革命的阶梯，这都是学术界的共识，黄彦先生在其著作《孙中山早期思想的评价问题》中说：

> 孙中山开始用文字表达他的思想观点，是1885年清政府在中法战争中失败以后。在这场民族危机中，外国资本主义的侵略暴行、封建统治集团的昏庸怯懦以及人民群众的英勇抗争，给他上了很好的一课。战后不久他到香港西医书院学习，曾写了不少论文投寄香港、澳门、上海的报刊发表；毕业后行医期间，仍继续有作品问世。应该说，如此旺盛的写作热情正是经过中法战争而日益激发起来的爱国情愫的有力表露，而作品所表述的主张则是人们判断早期孙中山的基本思想倾向的最好根据。这些著作保存下来的共有三篇：1889年致香山县籍退休官僚郑藻如书；1891年前后写的论及农业的文章，后经郑观应酌加修改，以《农功》为题辑入《盛世危言》；1894年上直隶总督北洋通商大臣李鸿章书。孙中山的这些作品，乃是当时改良主义思潮的带有个性的表现。④

---

① 吴伦霓霞：《孙中山早期革命运动与香港》，广州中山大学《孙中山研究论丛》1983年第3集。
② 陈锡祺主编：《孙中山年谱长编》上册，北京：中华书局1991年版，第50页。
③ 简又文著：《国民革命文献丛录》中册，香港中国文化协会1941年版，第102页。
④ 黄彦：《孙中山早期思想的评价问题》，原载广州《学术研究》1978年第2期。

总之，在兴中会成立前，孙中山的主流思想是改良，他的爱国思想和行动就是提议用和平变革的主张，实现政治、经济的发展，促进社会的变化。他《致郑藻如书》和《农功》文章的思想主要是建议在乡下小范围试验发展乡村教育、仿行西法、试验用科学种田，改革乡村经济。这说明孙中山是一位实事求是又务实的人，我们不要将孙中山思想的发展过程作偏离现实的解析，因为这样做对于孙中山并没有什么好处。

在《致郑藻如书》中，孙中山说，他"今年二十有四矣，生而贫，既不能学八股以博科名，又无力纳粟以登仕版，而得之于赋畀者；又不敢自弃于盛世。今欲以平时所学，小以试之一邑，以验其无谬，然后……而别为孙某《策略》，质之当世，……倘从此推而广之，直可风行天下，利百世"。可见，孙中山《致郑藻如书》是属于建议发展乡村经济，解决乡村社会问题的私人建言、提议。他主要陈述三方面的建议：

第一，学习西方"兴农之会"，鼓励农民科学兴农。

孙中山说："今天下农桑之不振，鸦片之为害，亦已甚矣！远者无论矣，试观吾邑东南一带之山，秃然不毛，本可植果以收利，蓄木以为薪，而无人兴之。农民只知斩伐，而不知种植，此安得其不胜用耶？"又说："蚕桑则向无闻焉，询之老农，每谓土地薄，间见园中偶植一桑，未尝不滂勃而生，想亦无人为之倡者。"所以，孙中山建议成立兴农之会，为之先导，发展农业，解决农村和农民的富裕问题。

第二，鸦片之为害甚巨，建议在香山县立会，劝戒、助戒鸦片。

孙中山指出：今之鸦片为害尤烈，"举天下皆被其灾，此而不除，民奚以生？然议焚议辟，既无补于时艰；言禁言种，亦何益于国计。时机一错，贻祸无穷，未尝不咎当时主持之失计也"。他根据世界各地鸦片毒害的情况，建议郑藻如仿上海戒烟之规，在香山"立会以劝戒，设局以助戒"，严禁在香山种植和吸食鸦片，树立良好的社会风尚。

第三，建议在香山县成立兴学之会，发展教育培养人才，实现国家和社会的富强与安定。

孙中山强调："远观历代，横览九洲，人才盛衰，风俗之淳靡，实关教化。教之有道，则人才济济，风俗丕丕，而国以强；否则反此。"又说："今天下之失教亦已久矣，古之庠序无闻焉，综人数而核之，不识丁者十有七八，妇女识字者百中无一。此人才安得不乏，风俗安得不颓，国家安得不弱？"为此，孙中山建议郑藻如在香山县先立兴学之会，每百户设男女蒙馆各一所，在县城设大学馆一所，其费通邑合筹。①

---

① 孙中山：《致郑藻如书》，《孙中山全集》第1卷，北京：中华书局1981年版，第1~3页。

由此可见，孙中山企图通过郑藻如这个退休居乡的官僚在香山县提倡社会改良，"一倡百和，利以此兴，害以此除"，实现香山县社会改良的思想非常明确和坚定。

在《农功》篇中，孙中山又建议学习泰西农政，设农部，专派户部侍郎一员，综理农事，参仿西法，"讲求树艺农桑、养蚕牧畜、机器耕种、化瘠为腴一切善法"，发展农牧业，做到"以农为经，以商为纬，本末备具，巨细毕赅"。孙中山还建议，在我国与英国、俄国毗连之地，造铁路，守以重兵，仿古人屯田之法，"凡于沙漠之区，开河种树，山谷间地，遍牧牛羊，取其毛以织呢绒、毡毯。东南边界则教以树棉种桑、缫丝制茶之法。务使野无旷土，农不失时，则出入有节，种造有法"。孙中山说，只要做到这样，"我国之财"就恒足。①

孙中山上直隶总督、北洋大臣李鸿章书，是企图依靠他们"步武泰西，参行新法"，以西方资本主义国家为楷模，改革教育制度以培养人才，采用先进科学技术以发展农工商业，从而使国家走上独立富强的道路。这次上书同样没有涉及改革封建专制制度及其经济基础封建土地制度的问题，而只限于提倡一种不必消除旧有统治阶级的主要基础的变革，② 属于体制内的自上而下的改良。孙中山的目的是要清廷的重臣明白，"欧洲富强之本，不尽在于船坚炮利、垒固兵强，而在于人能尽其才，地能尽其利，物能尽其用，货能畅其流——此四事者，富强之大经，治国之大本也"；并强调"我国家欲恢扩宏图，勤求远略，仿行西法以筹自强，而不急于此四者，徒惟坚船利炮之是务，是舍本而图末也"。③

孙中山对和平变革道路的思考反映了他对当时中国社会兴起的维新变革思潮的一种回应。他提出的那些温和社会变革的主张带有试探性质，而且他的变革主张主要是经济层面的内容，政治上几乎未曾涉及，而经济上的变革措施主要还是提倡向西方学习，就农工商的发展提出一些建议，如成立各种学会，利用科学的方法种田和重视教育培养人才，以及实现货畅其流等方面的内容。如果清廷能礼贤下士，虚心听取他的意见，并做一些相应的改革，孙中山的态度会如何？不得而知。但由于上书李鸿章被拒和清廷的倒行逆施，孙中山"抚然长叹，知和平之法无可复施。然望治之心愈坚，要求之念愈切，积渐而知和

---

① 孙中山：《农功》，《孙中山全集》第1卷，北京：中华书局1981年版，第3~6页。
② 参见苑书义：《国家政权与社会变革——孙中山"革命尚未成功"探源》，江中考、王杰主编：《跨世纪的解读与审视——孙中山研究论文选辑（1996—2006）》，天津：天津古籍出版社2006年版，第33~34页。
③ 孙中山：《上李鸿章书》，《孙中山全集》第1卷，北京：中华书局1981年版，第8页。

平之手段不得不稍易以强迫"①。所以，由主张温和的和平变革向激进的革命变革思想转变是孙中山社会建设思想转变的重要阶段。这个转变有外部的原因，也有内部的原因，而通过和平的或激进的手段实现中国社会的变革，促使早日振兴中华，实现中华民族的独立和国家的民主富强的使命则是最主要的原因。

（二）孙中山激进变革思想的形成与设想

所谓激进变革，就是通过激烈的革命手段，实现政治体制的转型，为社会的发展扫除障碍。革命，一百多年来在中国有人说它好，有人说它坏。应该如何对待中国的革命？有人说，"革命是一种最激进的办法"，是"一种情绪化的东西"，并指出，"二十世纪中国第一场暴力革命，是孙中山领导的辛亥革命。……现在看来，中国当时如果选择康、梁的改良主义道路会好得多"，认为辛亥革命其实是不必要的。② 但学术界多数人都不同意这种看法。比如李侃先生早就说过，所谓"激进主义"、"激进派"和"激进分子"，是一个含义不定、是褒是贬也往往因时因地而异的政治概念。"激进"原是与"渐进"，有时也是与"保守"、"稳健"相对而言的。近年来认为孙中山及其提倡的民主革命是一种"激进主义"的批评，显然带有贬低和否定的用意，它不是指在变革和革命运动内部，有"渐进"和"稳健"之分，而是用"激进主义"来贬低和否定孙中山和民主革命，并以此来赞美和肯定"稳健"、"温和"的清末"新政"。如果当时的中国是一个独立的国家，清政府是一个有能力、有作为的政府，实行"新政"未尝不是一个明智的选择，可惜，早已丧失独立自主、在半殖民地半封建深渊中极度腐朽的清朝统治集团再也没有挽救覆亡的"回天之力"了。清末"新政"，其实不过是统治者再也不能照旧统治下去，但是还要继续实行统治的一种垂死挣扎。所以，李先生说："在社会中还不具备客观的革命形势和主观的革命条件的情况下，革命是不会发生的；而当着革命的形势已经成熟和革命的条件已经具备的情况下，革命就必然要发生，任何人想要阻止也阻止不住。"孙中山领导的辛亥革命，一举推翻了清朝统治，并且永远埋葬了中国的封建帝制，开创了中国历史的新纪元。近代中国反帝反封建的民主革命任务，虽然没有经过辛亥革命和"中华民国"的成立而完成，

---

① 孙中山：《伦敦被难记》，《孙中山全集》第1卷，北京：中华书局1981年版，第52页。
② 参见李泽厚、刘再复著：《告别革命——回望二十世纪中国》，香港：天地图书有限公司1996年版，第75、79、129页。

但它却开辟了一个新的时代。①

孙中山曾是主张温和改良的人，又是一位主张激进革命的人，说他是温和的改革家或激进的革命家都没有错，但他领导的辛亥革命，终究以一种新的社会制度取代旧的社会制度，尽管这次革命最后是失败了，但我们不能因为前人的革命有缺点和不足乃至失误，就断定革命是不必要的也不应该发生。如果以成败论英雄，往往会以不合情理厚诬前人的付出和贡献，不能实事求是地评论历史，也无益于后人总结经验和教训、继续前进。现在的问题不是讨论孙中山领导的革命该不该发生，重要的是要将孙中山革命思想的产生，以及他与中国民主革命的源起搞清楚说明白。其实，"革命"一词是一个说不清讲不明的概念，各有各的解析。马克思说："革命是历史的火车头。"② 列宁说："所谓革命，就是极端残酷的殊死的阶级斗争。"③ 毛泽东说："革命是暴动，是一个阶级推翻一个阶级的暴烈的行动。"④ 孙中山则认为："要人类进步，便不能不除去反对进步的障碍物，除去障碍物，便是革命。"⑤ 孙中山又说，改造中国第一步的方法，"只有革命"，"革命两字，有许多人听了，觉得可怕的。但革命的意思，与改造是完全一样的。先有了一种建设的计划，然后去做破坏的事，这就是革命的意义"⑥。孙中山还说："大家结合起来，改革公共的事业，便是革命。所以说革命，就是政治事业。中国近来何以要革命呢？就是因为从前的政治团体不好，国家处在贫弱的地位，爱国之士，总想要改良不好的旧团体，变成富强的地位。这种改良，要在短时间或者是一朝一夕之内成功，便是革命。"⑦

由此可见，对于革命各有各的解析，就孙中山来说，他一时说是为了扫除障碍而革命，一时又说革命就是破坏，破坏的事不能频频进行，破坏是为了建

---

① 李侃：《所谓孙中山的"激进主义"质疑》，原文是作者在"孙中山与近代中国"国际学术研讨会上的发言，见广州中山大学《孙中山研究论丛》1995年第5集；又见《李侃史论选集》，北京：中华书局2002年版，第435~444页。

② （德）马克思：《1848年到1850年的法兰西阶级斗争》（1850年1月—11月1日），《马克思恩格斯选集》第1卷，北京：人民出版社1972年版，第474页。

③ （俄）列宁：《关于用自由平等口号欺骗人民》（1919年5月19日），《列宁选集》第3卷，北京：人民出版社1972年版，第850页。

④ 毛泽东：《湖南农民运动考察报告》，《毛泽东著作选读》上册，北京：人民出版社1986年版，第16~17页。

⑤ 孙中山：《在广州商团及警察联欢会的演说》，《孙中山全集》第9卷，北京：中华书局1986年版，第62页。

⑥ 孙中山：《在上海青年会的演说》，《孙中山全集》第5卷，北京：中华书局1985年版，第124~125页。

⑦ 孙中山：《在黄埔军官学校的告别演说》，《孙中山全集》第11卷，北京：中华书局1986年版，第268页。

设,如果不建设就用不着去破坏。他还说,革命便是改良,"改良不好的旧团体"使国家富强。孙中山对于革命的认知是与马克思主义者完全不同的。正因为如此,"孙中山从和平改革转向武装革命,并非意味着他从此就放弃了'和平之法',当时他只是想'稍易以强迫'而已"。所以,孙中山并没有"始终如一地坚持武装夺取政权的革命原则"。① 孙中山的革命尚未成功,他也不始终坚持武装斗争的原则,但不能因此就认为中国的发展与帝国主义无关,也不能因此就否定帝国主义和封建主义是阻碍中国社会发展的两个主要原因。中国辛亥革命未能实现中国的独立、民主与富强,无疑与孙中山的革命未能搬去帝国主义所支持的封建官僚、军阀和政客这三种"陈土"有关系。所以,孙中山以"革命尚未成功"作为遗教,希望国民共同努力完成他的遗嘱,实现中华民族的复兴和社会的繁荣进步。

作为中国民主革命家的孙中山,他的革命思想的源起曾是中外学者争相探讨的重大课题,关于这方面的话语,香港科技大学的陈建华在他的《"革命"的现代性——中国革命话语考论》一书有详尽的考论②,对于了解孙中山革命思想的产生及形成很有帮助。加上学术界对于这个问题的研究成果很多,尽管对孙中山革命思想的产生及形成的看法不太一致,但关于孙中山的革命思想产生于1895年香港兴中会的成立、形成于1903年的东京中国留学生倡言排满期间的说法是一致的。1903年,孙中山前往越南等地组织华侨创立阅书报社,开始宣传革命,以及驱俄运动、《苏报》案发生,孙中山革命思想在这个时候形成,是多数学人的共识,对此我也表示赞同。为避免重复,在这里也不打算就孙中山革命思想形成的表现进行过多的陈述,倒是应该多做些陈述的是孙中山的革命与社会建设的关系问题,因为学人过去谈得最多的是孙中山的革命与中国民主政治建设的关系,而对于革命与中国社会建设的关系则往往语焉不详。其实,就孙中山革命思想的目的而言,他是为了国家的富强,是为了中国社会能同西方社会一样地向着文明、进步的方向发展。所以,孙中山革命(破坏)是为了建设,不强调建设,就不要革命是他思想的精粹所在,用哲学的概念来说就是破与立的高度统一,显示出孙中山对革命的独特理解及其策略

---

① 苑书义:《国家政权与社会变革——孙中山"革命尚未成功"探源》,江中孝、王杰主编:《跨世纪的解读与审视——孙中山研究论文选辑(1996—2006)》,天津:天津古籍出版社2006年版,第32~33页。
② 陈建华著:《"革命"的现代性——中国革命话语考论》,上海:上海古籍出版社2000年版,其中有《孙中山与现代中国"革命"话语关系考释》、《"革命"的注脚——孙中山〈伦敦被难记〉及"革命"话语研究》两篇文章就孙中山与中国民主革命的起源有详细的阐释,文中就中国大陆、台湾、香港以及美、日、英、法等国研究孙中山革命思想的文章进行整理和排比,对于了解孙中山革命思想产生的研究有参考价值。

运用的良好用心。

孙中山强调:"万恶政府之惟一产物,是曰革命,此非国人之好乱,实恶政治之自身有以造成之。"① "夫世界古今何为有革命?乃所以破除人类之不平等。"② "大抵革命之举,不外种族、政治两种,而其目的,均不外求自由、平等、博爱三者而已。"③ 孙中山的思想很明确,就是"从革命这条路去走,拿革命的主义来救中国"④,"革命之功用,在使不平等归于平等"⑤,使中国变得富强,造成国利民福。所以,孙中山认为革命不是目的,它只是手段。"革命是救国救民的事,是消除自己灾害,为自己谋幸福的事,为四万万人幸福的事。"⑥ 为了达到"先破坏而后建设"的目的,孙中山制订的革命方略规定,革命推翻旧政权,建立新政权,第一为军政时期,第二为训政时期,第三为宪政时期。孙中山在他的《建国方略》中明确指出,革命是为了建设,为了社会的文明进步。何谓革命之建设?孙中山说:"革命之建设者,非常之建设也,亦速成之建设也。夫建设固有寻常者,即随社会趋势之自然,因势利导而为之,此异乎革命之建设者也。革命有非常之破坏,如帝统为之斩绝,专制为之推翻;有此非常之破坏,则不可无非常之建设。是革命之破坏与革命之建设必相辅而行,犹人之两足、鸟之双翼也。"⑦ 孙中山强调,革命之事,破坏难,建设尤难,革命是为国家建设打基础,建设是为了社会的文明、繁荣和进步,即为民众的福祉和安康。因此,孙中山在革命之初,便考虑了革命过程中和革命后的各种问题并制订了建设的方略。在辛亥革命之后,孙中山即将注意力和精力转向建设,筹划建设铁路、公路和港口,发展实业,尤其是在《建国方略》中将物质建设、心理建设、社会建设做了全面、系统的陈述,为中国社会的发展和实现中国社会的近现代化做了规划,既有宏观方面的远景式描绘,又有全国和地方特色经济发展的考虑,既有发展农业、解决民生问题,又有发展工矿大企业、发展国家社会主义的宏伟设想,从建设资金和人才的储蓄、吸

---

① 孙中山:《致袁军征滇总司令某函》,《孙中山全集》第 3 卷,北京:中华书局 1983 年版,第 239 页。

② 孙中山:《三民主义》,《孙中山全集》第 5 卷,北京:中华书局 1985 年版,第 185 页。

③ 孙中山:《在北京五族共和合进会与西北协进会的演说》,《孙中山全集》第 2 卷,北京:中华书局 1982 年版,第 438 页。

④ 孙中山:《应上海〈中国晚报〉所作的留声演说》,《孙中山全集》第 10 卷,北京:中华书局 1986 年版,第 237 页。

⑤ 孙中山:《在北京五族共和合进会与西北协进会的演说》,《孙中山全集》第 2 卷,北京:中华书局 1982 年版,第 439 页。

⑥ 孙中山:《在陆军军官学校开学典礼的演说》,《孙中山全集》第 10 卷,北京:中华书局 1986 年版,第 298 页。

⑦ 孙中山:《建国方略》,《孙中山全集》第 6 卷,北京:中华书局 1985 年版,第 207 页。

收，到推行开放政策、使中国的社会发展与国际的和平发展相联系都有谈到。说明孙中山不仅是一名具有杰出的领导才能和超人智慧的政治家，也是中国社会建设的谋略家和近现代化建设的先驱，既是中华民族20世纪出类拔萃的、推动中国历史前进的伟大的政治家和思想家，也是社会的改革家和建设者。

无论怎么说，孙中山领导的辛亥革命，并不只是一个政权代替了另一个政权、一种政治力量代替了另一种政治力量，而是用共和民主政治制度去取代封建君主制度，是中国封建专制君主制度的结束，是共和民主政制度的开始，这是中国社会前所未有的大变革，是中国历史的新纪元。诚如孙中山在1912年的题词中所写到的："民国建设，发轫于斯。"① 所以，孙中山领导的激进革命是中国走向世界、走向近现代化的标志，也是中华民族复兴的新起点。孙中山选择了一条"革命—共和—建设救中国"的道路，说明他的思想反映了中国的国情，体现了时代的主题——救亡与发展。② 中国的未来，中国社会的文明、民主、进步是多种因素造成的，它有经济、文化上的原因，也有制度和人的素质各方面的原因。辛亥革命后中国社会的乱象不断是由于维护传统和革新进取思想的冲突和新旧政治制度的最后较量造成的，不是孙中山的失误，也不是辛亥革命的结果。但它的确以沉痛的教训告诉国人，到了20世纪，中国的发展要走向独立、民主和富强，关键的原因还是政治制度问题，没有民主的政治制度就不会有国民的觉醒，没有国民的觉醒和参与就不会有社会的转型和文明进步，所以，不是别的什么原因，而是政治、经济和文化的综合结果决定中国社会的未来。

（三）孙中山对大同理想社会的追求

自从孔子提出"大道之行也，天下为公"以来，"大同"便成为"天下为公"的最高社会理想。这种理想是对中国封建君权社会的不公正、不平等弊病的揭露和抨击，是对人类遭受的苦难的同情和拯救人类的理想追求。大同思想对近代中国具有深远的影响。继承和发展孔子的大同思想，成为洪秀全、康有为、谭嗣同、孙中山、毛泽东等进步思想家、政治家的共同追求。他们把批判的锋芒直指封建君权，对封建的压迫和剥削、对帝国主义侵略造成的世界不公提出了强烈的抗议，废君权、兴民权、行立宪、倡人权，实现"天下为公"、"世界大同"便成为中国一代又一代人努力奋斗的方向和追求的理想。

---

① 刘望龄辑注：《孙中山题词遗墨汇编》，武汉：华中师范大学出版社2000年版，第179页。

② 参见林家有：《共和国的追求——孙中山与毛泽东两位伟人的奋斗》，中国社会科学院近代史研究所编：《划时代的历史转折——"1949年的中国"国际学术讨论会论文集》，成都：四川人民出版社2002年版，第399页。又见林家有著：《孙中山与近代中国的觉醒》，广州：中山大学出版社2000年版，第32页。

《礼记·礼运》篇所描绘的"大同"、"小康"社会成为进步思想家所向往的理想社会，尤其是"大同"和"天下为公"更为近代不少人津津乐道。

《礼记·礼运》篇的作者借孔子之口对"大同"社会做了精彩的描绘：

> 大道之行也，天下为公，选贤与能，讲信修睦。故人不独亲其亲，不独子其子；使老有所终，壮有所用，幼有所长，矜寡、孤独、废疾者皆有所养；男有分，女有归。货恶其弃于地也，不必藏于己，力恶其不出于其身也，不必为己。是故谋闭而不兴，盗窃乱贼而不作。故外户而不闭，是谓大同。①

显然，"大同"社会模式的最大特点就是"天下为公"。大同社会财产公有，社会事务由大家处理，没有阶级差别，人人参加劳动，女子有合理的归属，老有所养，少有所托，孤寡残疾之人享受社会保障。人与人之间讲诚信和睦，互相亲爱，人们安居乐业，夜不闭户，人与人和平相处，无战乱，无尔虞我诈；选贤能之士担任社会职务、管理社会。所谓"大同"，是把儒家的所谓"仁政"、"王道"和墨家的"兼爱"等社会理想与有关原始社会的传闻有机地缀合在一起，勾勒出一幅令人心往神驰的人类生活画面。②尽管近代中国进步思想家对"大同社会"作了不同的解读，但都对"大同社会"具有某种程度的认同。洪秀全的《原道醒世训》曾全文引录大同论断，作为"天下一家，共享太平"的天国依据，并在《天朝田亩制度》中提出"有田同耕，有饭同食，有衣同穿，有钱同使，无处不均匀，无处不饱暖"的平均主义纲领。康有为将大同、小康思想与公羊三世说相结合，撰《礼运注》③、《大同书》、《实理公法全书》④。诚如朱维铮先生在《导言——从〈实理公法全书〉到〈大同书〉》一文中所言："直到1935年，即康有为去世后第8年，《大同书》全稿才由他的弟子钱安定整理后，在上海中华书局出版。"《实理公法全书》问世更晚，流落和埋藏于海内外的两份抄件，一份在1976年才首次在台湾刊印，而两份合校本在1984年才首次在上海发表。朱维铮先生说，《大同书》肯定不是康有为的早期著作，但它宣布的社会理想，对于中国社会弊病的揭露

---

① 参见刘望龄辑注：《孙中山题词遗墨汇编》，武汉：华中师范大学出版社2000年版，第79页。
② 参见王处辉主编：《中国社会思想史》，北京：中国人民大学出版社2002年版，第210页。
③ 康有为为《礼运》作注。他强调指出："孔子之道有三世，有三统，有五德之运。仁、智、义、信各应时而行运，仁运者，小康之道。"而天下为家的小康之治是进入"天下为公"大同社会之前的必经阶段。见陈永正编注：《康有为诗文选》，广州：广东人民出版社1983年版，第360页。
④ 康有为：《实理公法全书》，参见钱锺书主编：《康有为大同论二种》，北京：生活·读书·新知三联书店1998年版；第3~43页；康有为：《大同书》，《康有为大同论二种》，第47~369页。

和抨击,对于"天赋人权"的张扬,说明康有为关于未来中国的设想,竟是如此超越他的时代和环境,并引起人们对康有为大同论的研究兴味。① 谭嗣同在《仁学》文中,亦主张建立有天下,无国家,君臣废,贵贱平,公理明,贫富均,"仿佛《礼运》大同之象"的社会。

孙中山对于大同社会的论述缺乏系统性,在这方面他没有发表过专门的著作和演讲,但在他的政治学说中无疑占有重要的地位。他的有关论述,不仅反映了当时中国人民的期待和诉求,而且对于中国社会的未来也给予一定的启迪,体现了孙中山对国家和社会发展的一种探索和理解。

吴义雄教授说:孙中山对"大同"一词,有两种理解或诠释。其一,他将大同理解为国家消亡,世界各民族在一个大家庭内相互合并、和平共处,即所谓"天下大同"或称"世界大同"。其二,他将大同理解为国家范围内的一种理想的社会制度,建立高度和谐的社会,并最大限度地为人民提供福祉,相当于实现民生主义。② 吴教授的概括大致符合孙中山"大同"思想的实际情况。关于第一方面的内容,后面本书将有专节详细论述,这里不重复;关于第二方面的情况,以往学界说得较少,这里做些补充说明。

据查,孙中山最早是在1912年9月3日《在北京五族共和合进会与西北协进会的演说》中第一次谈到"大同之世"和"大同主义"的。他说:"现在世界文明未达极点,人类智识,犹不免于幼稚,故以武装求和平,强凌弱,大欺小之事,时有所闻。然使文明日进,知识日高,则必推广其博爱主义,使全世界合为一大国家,亦未可定。""蒙昧之世,小国林立,以千万计,今则世界强国大国仅六、七耳。由此更进,安知此六、七大国不更进而成一世界唯一大国,即所谓大同之世是也。虽然,欲泯除国界而进于大国,其道非易,必须人人尚道德、明公理,庶可致之。今世界先觉之士,鼓吹大同主义者已不乏其人。我五大种族皆爱和平,重人道,若能扩充其自由、平等、博爱之主义于世界人类,则大同盛轨,岂难致乎?"③ 1916年8月21日,孙中山在游览浙江省绍兴上亭公园时,应老同盟会员、《越铎日报》社长孙德卿之请,挥笔题写"大同"二字悬挂于上亭公园朱舜水像旁。④ 在1911年前,因为孙中山要反

---

① 参见朱维铮:《导言——从〈实理公法全书〉到〈大同书〉》,钱锺书主编:《康有为大同论二种》,北京:生活·读书·新知三联书店1998年版,第1~25页。

② 参见吴义雄:《超越大国强权的窠臼——试论孙中山的大同思想与国家观念》,见林家有、(日)高桥强主编:《理想、道德、大同——孙中山与世界和平国际学术研讨会论文集》,广州:中山大学出版社2001年版,第122~143页。

③ 孙中山:《在北京五族共和合进会与西北协进会的演说》,《孙中山全集》第2卷,北京:中华书局1982年版,第439页。

④ 据朱仲华:《我有幸多次得见孙中山先生》,原载于《孙中山与浙江》、《浙江文史资料选辑》第32辑,杭州:浙江人民出版社1986年版。

清,要革命,所以他讲民族要振兴,国家要独立,他讲共和、讲民主,但不讲大同,他讲文明世界,但不讲世界大同;他强调"天下大事"、"公权利于天下"、"天下一家"、"天下安危,匹夫有责",但他不讲"天下为公"。他这时所讲的"天下"还是中国,还没有"天下"即世界的意思。1912年,孙中山在北京五族共和合进会与西北协进会发表演说,第一次谈到世界"大同之世"。在这个讲话中,他虽讲"大同之世"的实现并不容易,但也不否定未来有实现的可能。可见,孙中山使用"大同"、"世界大同"、"大同之世"、"天下为公"是他政治思想、革命学说的发展,是同当时民主共和政治思想和西方社会主义思想在中国的传播分不开的。

联系到孙中山的"博爱"和"天下为公"社会政治思想,"天下为公"则与"大同"差不多都是在1912年出现,我们现在见到的是1912年4月孙中山辞退南京临时大总统后访问武汉,应共进会员、参加武昌起义的曾尚武之邀而题写的"天下为公"字幅。"博爱"、"天下为公"、"大同"均是孙中山社会政治思想的重要内容。孙中山的博爱观是通过道德的感化,使人群在"互助"与"博爱"精神的启导下,努力消除人与人之间的矛盾和贫富差距,实现人类的和谐、幸福和大同。这是孙中山对人类社会文明、进步与和谐作出的理论贡献。"天下为公"主要是讲人类不要仅是为自己、为家庭,更应该立志为国家、为民族献身作贡献,"舍小家为大家",是道德价值的革命。"大同"来自儒家经典,但孙中山给予其崭新的意义,使它与儒家原意面目全非。"大同"就一个国家、民族内部而言,就是我为大家,大家为我,相亲相爱,如兄如弟,和睦亲爱,一视同仁,给人一种心理上的满足,在道德上感到正确。如果从世界范围理解,孙中山认为"大同"是人类进化的必然,诚如他为戴季陶题词中所言:"人类进化,世界大同。"① "世界大同",孙中山的意思就是在一个民主政府领导下建立一个世界国,一个没有亲属、民族和阶级分别的社会,一个没有阶级剥削、压迫、侵夺,以及没有战争的和平世界、和谐世界。在国家消亡之前,为了人类的共同利益,为了世界和平,绝对不能容许任何民族、任何国家被国际社会孤立。人与人之间的差异,人文与文明的多样化,使世界变得更加丰富。所以,根据孙中山的意思,不同国家和民族之间开展文明对话,探讨我们共同的未来,本着共生与和谐的主旨,相互学习、相互促进,必将改变现今人类不公正不平等的现实,才能扩充自由、平等、博爱主义于世界人类,大同盛轨才能实现。孙中山正视世界的现实,但也对未来充满理想和信心,他相信"道德家必愿世界大同,永无战争之一日。我辈亦须存

---

① 孙中山:《题赠戴季陶联》,参见刘望龄辑注:《孙中山题词遗墨汇编》,武汉:华中师范大学出版社2000年版,第280页。

此心理，感此学说。将来世界上总有和平之望，总有大同之一日。此吾人无穷之希望，最伟大之思想"①。

第一次世界大战后，帝国主义之间为了争夺殖民地大打出手，造成人类的大灾难。孙中山认为，这是西方帝国主义霸道行为所致，所以主张用东方的王道文化去感化西方的霸道文化，使人群在"互助"与"博爱"的精神启导下，努力消除人与人之间的矛盾和贫富差距，实现人类的和谐、幸福和大同。这个时期，孙中山主张"天下为公"、"世界大同"，带有抗议西方列强侵略的明显目的，是他对貌似大同思想的世界主义的否定和批驳。

就国内而言，在第一次世界大战期间，社会主义思想在中国开始传播，新文化运动的兴起又引起传统与现代文化之间的争拗，造成学习西方与维护传统之间互不相融的两极思维。1919年10月10日，孙中山领导的中华革命党正式改组为中国国民党后，孙中山又重新领导救国的国民革命。1921年，中国共产党成立并领导新民主主义革命。此时的中国，国共两党并存并独立革命，它们革命的目的不完全相同，但都有反帝反军阀的基本要求，然而国共两党在革命的方法上存在明显的分歧，共产党主张阶级斗争，通过新民主主义革命实现国家的独立和统一，当时的国民党虽主张反对帝国主义支持中国军阀打内战，但反对阶级之间的对立与斗争，所以国共两党在完成中国的统一，建立独立、民主共和国的要求和方法上毕竟有所不同。在共产国际的劝导和撮合下，孙中山有与共产党合作合力革命的要求，共产党也表示愿意与孙中山领导的国民党一起实行国民革命，完成统一大业，但要求孙中山对他的三民主义作新的解析，因此孙中山对革命的理论作了修正，采取中庸的策略。他一方面反对阶级斗争是历史前进动力的说法；另一方面又宣扬民生史观，用解决民生这个民本主义的核心理论去宣传和动员民众起来革命，力图实现"天下为公"和"大同"的理念。从1922年起，孙中山曾两次书赠《礼运·大同篇》给他的同志和战友，一是书赠给时任大元帅府秘书长、曾任广东省省长的杨庶堪，一是书赠给广东参议员玉田，同时还书写"大道之行也，天下为公"的条幅给蒋介石，又以"人类进化　世界大同"书赠给戴季陶，表明孙中山此时的心态是集中精力劝说各方要转变观念，合力革命共同奋斗，为实现"天下为公"的大同理想作贡献。

1924年1月，中国国民党第一次全国代表大会在广州举行，实现了国共合作合力革命的愿望。孙中山在1月18日发布的《国民政府建国大纲》中宣布："建设之首在民生，故对于全国人民之食住衣行四大需要，政府当与人民

---

① 孙中山：《在东京中国留学生欢迎会的演说》，《孙中山全集》第3卷，北京：中华书局1983年版，第25页。

协力,共谋农业之发展以足民食,共谋织造之发展以裕民衣,建筑大计划之各式屋舍以乐民居,修治道路、运河以利民行。"① 将民生主义列为三民主义之首,用发展经济来解决社会民生问题,视为首要任务,这是一种聪明的想法和务实的行动,表明孙中山建国思想和理念的转变,民权与民生位置的转换,是思想的变化,是他民本思想向人本思想、人权思想倾斜的表现。孙中山治国理念的转变,不是他政治思想的倒退,而是他建国思想的进步,这比起那种通过劫富济贫的做法来救贫,更加符合国贫民穷和国民要求改善人权的实际。在随后的民生主义演讲中,孙中山又强调指出:

> 从前的社会主义错认物质是历史的中心,所以有了种种纷乱。这好像从前的天文学错认地球是宇宙的中心,所以计算历数,每三年便有一个月的大差,后来改正太阳是宇宙的中心,每三年后的历数才只有一日之差一样。我们现在要解除社会问题中的纷乱,便要改正这种错误,再不可说物质问题是历史的中心,要把历史上的政治、社会、经济种种中心都归之于民生问题,以民生为社会历史的中心。先把中心的民生问题研究清楚了,然后对于社会问题才有解决的办法。②

孙中山在这里对马克思物质是历史的中心的理论有误解之嫌,但他强调将解决民生问题作为建国时期的中心任务,的确反映了当时的实际,通过解决国民的衣食住行各种生活的实际问题来稳定社会,使社会和谐,国泰民安,实现共同富裕,这的确是孙中山建国理念的一大发展。孙中山的意思是,可用革命的手段解决政治问题,但不可用革命的手段解决经济问题、民生问题和社会问题。他指出:

> 共产主义就是用最高的理想来解决社会问题的。我们国民党所提倡的民生主义,不但是最高的理想,并且是社会的原动力,是一切历史活动的重心。民生主义能够实行,社会问题才可以解决;社会问题能够解决,人类才可以享很大的幸福。我今天来分别共产主义和民生主义,可以说共产主义是民生的理想,民生主义是共产的实行。③

---

① 孙中山:《国民政府建国大纲》,黄彦编:《孙文选集》上册,广州:广东人民出版社2006年版,第397页。
② 孙中山:《民生主义第一讲》,黄彦编:《孙文选集》,广州:广东人民出版社2006年版,第616页。
③ 孙中山:《民生主义第二讲》,黄彦编:《孙文选集》,广州:广东人民出版社2006年版,第620~621页。

孙中山既批评共产党人通过阶级斗争实现共产主义的理论,又批评国民党的旧同志,"以为国民党提倡三民主义是与共产主义不相容"的理论,指出那些"在中国只要行三民主义便够了,共产主义是决不能容纳"的观点是对民生主义的误解。民生主义是什么? 孙中山指出:

> 民生就是社会一切活动中的原动力。因为民生不遂,所以社会的文明不能发达,经济组织不能改良和道德退步,以及发生种种不平的事情。像阶级战争和工人痛苦,那些种种压迫,都是由于民生不遂的问题没有解决。所以,社会中的各种变态都是果,民生问题才是因。照这样判断,民生主义究竟是什么东西呢? 民生主义就是共产主义,就是社会主义。所以我们对于共产主义,不但不能说是和民生主义相冲突,并且是一个好朋友。①

共产主义既然是民生主义的好朋友,为什么国民党员要反对共产党员呢? 孙中山说,这或者是由于共产党员也不明白三民主义为何物,而常有反对三民主义的言论,所以激起国民党员之反感。但是这种无知和妄作的党员只是少数,不得归咎于共产党及其主义。国民党员中何以发生这种反对共产主义的行为? 孙中山指出,"原因就是由于不明白民生主义是什么东西。殊不知民生主义就是共产主义"。所以,国民党员既实行三民主义,便不应该反对共产主义。因为三民主义之中的民生主义,大目的就是要众人能够共产。不过我们所主张的共产,是共将来,不是共现在。②孙中山建设中国社会的目标很明确,那就是"我们要解决中国的社会问题,和外国是有相同的目标。这个目标,就是要全国人民都可以得安乐,都不致受财产分配不均的痛苦。要不受这种痛苦的意思,就是要共产。所以我们不能说共产主义与民生主义不同。我们三民主义的意思,就是民有、民治、民享。这个民有、民治、民享的意思,就是国家是人民所共有,政治是人民所共管,利益是人民所共享。照这样的说法,人民对于国家不只是共产,一切事权都是要共的。这才是真正的民生主义,就是孔子所希望之大同世界"③。

---

① 孙中山:《民生主义第二讲》,黄彦编:《孙文选集》,广州:广东人民出版社 2006 年版,第 624~627 页。
② 孙中山:《民生主义第二讲》,黄彦编:《孙文选集》,广州:广东人民出版社 2006 年版,第 627~628 页。
③ 孙中山:《民生主义第二讲》,黄彦编:《孙文选集》,广州:广东人民出版社 2006 年版,第 634~635 页。

由此可见，孙中山将他的民生主义与马克思主义者的共产主义进行调适、诠释则变为孔子之大同本义。这样一来，西来的马克思主义，同他所创造的三民主义都变成中国传统的大同主义。孙中山的解析具有现实意义，说明他的国家学说和公天下情怀并不是一个虚无缥缈的空中楼阁，也不是主观的空想。大同主义、民生主义、共产主义都是社会建设的最高理想，它的实现在未来，孙中山没有机会和实践验证他的大同学说，但毫无疑问，他的"天下为公"、"世界大同"的民生主义理想是对现实世界中严峻的强权政治和人类的贫富不均、社会不公现实的严重挑衅，孙中山的大同学说是追求普世间的爱，实现人间的永世和平与大同社会。从孙中山的"天下为公"到"世界大同"，有其发展过程，不可能在短期内实现。依孙中山的意思，有了"天下为公"，也不表示"世界大同"已经出现，但没有"天下为公"，"世界大同"则很难出现。所以，"天下为公"是走向"世界大同"的根本前提，"世界大同"是"天下为公"的终极目的，这也就是为什么孙中山在黄埔军官学校校训中明示"以建民国，以进大同"之意。① 孙中山之高明处在于他的思想把民生摆在社会建设的首要位置，立足于解决人的生存权、发展权，他抓住了人的根本人权，以及人为了什么而生存，又为了什么而存在和发展这个哲学的道德问题。"大同"就是平等，就是人人为公，就是建立人世间的"博爱"。如果全世界每一个国家用于民生的费用支出占国民生产总值的第一位，真正实现了"老有所终，壮有所用，幼有所长，矜寡孤独废疾者皆有所养"，社会的矛盾减少，社会公正得到保障，社会就会和谐，大同便有希望。这样的社会进化，不可能在短期内在一个人手中完成，甚至于不可能在一代人手中完成，但它无疑是一种人类向往美好未来的追求，它的作用在于鼓舞国民的上进心，为人类的社会进步确立了奋斗的方向。所以，孙中山的大同思想对于社会进步具有强大推动力，对于当今和谐社会主义建设具有启导意义。

四、孙中山社会发展理论的特色与价值

（一）孙中山激进与温和相统一的社会发展模式

无论在什么社会，主张或支持用激进的革命方式去改变社会的运转方式、

---

① 参见姜新立：《试论孙中山的"天下为公"与"世界大同"思想》，林家有、（日）高桥强主编：《理想·道德·大同——孙中山与世界和平国际学术研讨会论文集》，广州：中山大学出版社2001年版，第146页。孙中山题黄埔陆军军官学校成立训词："三民主义，吾党所宗，以建民国，以进大同，咨尔多士，为民前锋，夙夜匪懈，主义是从，矢勤矢勇，必信必忠，一心一德，贯彻始终。"（刘望龄辑注：《孙中山题词遗墨汇编》，武汉：华中师范大学出版社2000年版，第304页）。

实行新的与传统不同的方式去治理社会、规范人们的行为的人在开始时都是少数。因为革命就是要告别旧的传统社会，就是要用暴力的手段去打倒旧世界的社会秩序，开辟新的世界，建设新秩序，用孙中山的话来说，就是要"破坏"，要废除阻碍社会进步的一切障碍。对于一般具有旧观念、迷恋旧传统的人来说，革命便是蛇蝎，便是洪水猛兽。对于革命，陈独秀曾经有过这样的陈述：

> 今日庄严灿烂之欧洲，何自而来乎？曰：革命之赐也。欧语所谓革命者，为革故更新之义，与中土所谓朝代鼎革，绝不相类；故自文艺复兴以来，政治界革命，宗教界亦有革命，伦理道德亦有革命，文学艺术，亦莫不有革命，莫不因革命而新兴而进化。近代欧洲文明史，宜可谓之革命史。故曰，今日庄严灿烂之欧洲，乃革命之赐也。
>
> 吾苟偷庸懦之国民，畏革命如蛇蝎，故政治界虽经三次革命，而黑暗未尝稍减。其原因之小部分，则为三次革命，皆虎头蛇尾，未能充分以鲜血洗净旧污；其大部分，则为盘踞吾人精神界根深蒂固之伦理道德文学艺术诸端，莫不黑幕层张，垢污深积，并此虎头蛇尾之革命而来有焉。此单独政治革命所以于吾之社会，不生若何变化，不收若何效果也。推其总因，乃在吾人疾视革命，不知其为开发文明之利器故。①

陈独秀是在说，革命带来欧洲文明，中国的革命未给中国社会带来若何变化，所以中国人疾视革命。陈独秀是在强调革命是开发中国文明的利器，中国不能不进行彻底的革命。孙中山是民主革命家，他深知革命在中国社会进步中的位置及其作用，所以他为他30多年的革命生涯而"革命尚未成功"抱恨终生。然而，孙中山也正如鲁迅所说，他一生历史俱在，他生下来就是革命，死了也还是革命。革命不是孙中山的目的，即是如陈独秀所说，只是促进社会文明的一种利器，一种手段。所以，孙中山不是盲目的革命者，也不是革命痴狂者，更不是以暴易暴的朝代鼎革的替代者，而是一个建设者，是为了中国社会的进步、文明、和谐和大同而投身革命的，与其说孙中山是一位指导人民进行革命斗争的领导者，毋宁说是一位以革命为建设的充满智慧的勇士。所以，正如李大钊所概括和指出的，孙中山是一个铸新淘旧、继往开来的开拓者：

> （孙）先生承接了太平天国的革命的正统，而淘汰了他们的帝王

---

① 陈独秀：《文学革命论》，《独秀文存》，合肥：安徽人民出版社1987年版，第95页。

思想、宗教思想。整理了三合会、哥老会一类的民间的民众的结社，改进了他们的思想，使入于革命的正轨，1900 年合并了兴中会与三合会、哥老会而为中和党、兴汉会。1905 年，又在日本东京成立中国革命同盟会。二次革命失败后，又在东京改组中华革命党。1924 年又在广州改组中国国民党，容纳中国共产党的分子，使中国的国民革命运动与世界革命运动联成一体；使民族主义的秘密结社，过渡而扩成现代的工农团体，一体加入国民革命党，使少数革命的知识阶级的革命党，过渡而成为浩大的普遍的国民的群众党，这都是先生在中国民族革命史上继往开来，铸新淘旧，把革命的基础，深植于本国工农民众，广结于世界革命民众的伟大功绩。①

李大钊为孙中山革命生涯所作的陈述合情合理，符合历史事实。孙中山的革命与以前中国的所有革命不同，他的革命不只是为了改朝换代，而是为了中国的农民革命或农民起义所不具备的内容，即为了实现社会的民主进步，达到民有、民治、民享的目的。为了实现革命是为了建设的目的，他将革命与改革作了通盘的考虑，制订了《革命方略》、《建国方略》，草拟了《建国大纲》，有步骤有计划，按序而行，在革命时期，按革命的程序实现军治、宪治、民治，建立一个法律和政治逐渐完善，为人民谋平等，为国家谋富强的政权，他"不畏险不苟安，一生伟绩，山高水长"②，在建设时期，他按《建国方略》将中国建设为物质文明、心性文明和政治文明的富强国家。他"抱三民主义，拯救四百兆同胞，宁一己牺牲，果也遽变数千年政体；立五权宪法，奔走三十年革命，历几回失败，伤哉只享六十载遐迩"③。正因如此，孙中山为革命和建设所作出的巨大贡献，博得全国各族各界人民的称赞和敬仰。

孙中山将革命视为"求进步的事"，指出："无论种族革命、政治革命"、"社会革命"，它的目的，"均不外求自由、平等、博爱三者而已"。④ 将革命视为"除去障碍物"，为建设完美的国家和人类的进步打地基的工作，便说明在孙中山看来，只要有利于建设、能够加速社会进步，改良也罢，革命也罢，都可以使用，这种温和与激进的手段的结合和交互运用，便说明他的胸襟宽

---

① 李大钊：《孙中山先生在中国民族革命史上之位置》，《李大钊选集》，北京：人民出版社 1959 年版，第 543～544 页。
② 参见刘作忠编：《挽孙中山先生联选》，太原：山西高校联合出版社 1994 年版，第 520 页。
③ 1925 年 4 月 12 日上海各界追悼孙中山大会，广州市岭南大学惺社挽联。见刘作忠编：《挽孙中山先生联选》，太原：山西高校联合出版社 1994 年版，第 522～523 页。
④ 孙中山：《在北京五族共和合进会与西北协进会的演说》，《孙中山全集》第 2 卷，北京：中华书局 1982 年版，第 438 页。

广、视野远大,以及策略运用的高明。

正因为孙中山将革命视为建设国家的阶段性任务,所以,1912年1月,中华民国南京临时政府成立后,他就认为政治革命、民族革命的任务已经完成,唯有社会革命的任务尚待进行。社会革命即民生革命,民生革命的关键在于实业建设,在于发展经济。因此,他便从政治战线转向经济战线,集中精力开始规划和力图发展铁道作为发展交通之母。然而,这个决定说明孙中山过分地亟待发展经济的愿望虽然良好,但毕竟是不切实际的错误决定,说明他不懂得巩固政权比夺取政权更加艰难的道理。由于政治失误,实业也无从建设,发展经济的愿望也落空。为了争回领导权,孙中山分别于1913年和1915年发动反袁的"二次革命"和护国运动,可是失去的就不会再来。1917年,孙中山南下广州护法,建立与北洋政府抗衡的军政府,1919年又提出重新革命的口号,并将中华革命党改组为中国国民党,重新恢复民族、民权、民生三民主义。可是由于错失了时机,加上军阀各派力量的崛起,孙中山想通过重新革命夺回全国的领导权、以便更好地推行"建国方略"、将中国社会建设推向文明发展的新阶段的一切努力和设想都未能实现。这其中的原因很复杂,关键在于民主共和政体一时不为多数国人所赞同,甚至出现了复辟帝制的闹剧,造成了思想的混乱。不过这个反复也有意义,那就是使中国各族人民认识到,要建设国家必须要有良好的政治环境,要有稳定的社会条件。因为当时缺乏这样的条件,孙中山的建设计划未能实现,但他留下一部《建国方略》,尤其是其中的《实业计划》就中国的建设提出了全面系统的规划,它的铁道建设、港口修筑、各种资源的开发和利用以及城镇的发展、民生设施的建设主张都为中国的近现代化建设提供了宝贵的依据和经验,为国人留下一部社会建设的宝典。事实和实践证明,孙中山的探索、思考及其行动都证明他用激进与温和相统一的思维和方式来推进中国社会的发展具有学术价值和现实意义。

(二)孙中山革命(破坏)为了建设的思想价值

对于孙中山的革命思想和建设主张,由于碰到很多阻碍和认识上的原因,遭到不少人的指责,认为孙中山的革命主张,以及他的三民主义、五权宪法的要求不符合中国的实际。然而,孙中山则不以为然。他在《建国方略》的《孙文学说——行易知难(心理建设)》中对自己革命为了建设的思想进行总结,用事实和理论全面地批驳指斥他的人,详细地阐释他革命与建设思想的合理性和正确性。他指出:

> 文奔走国事30余年,毕生学力尽萃于斯,精诚无间,百折不回,满清之威力所不能屈,穷途之困苦所不能挠。吾志所向,一往无前,

愈挫愈奋，再接再励，用能鼓动风潮，造成时势。辛赖全国人心之倾向，仁人志士之赞襄，乃得推覆专制，创建共和。本可从此继进，实行革命党所抱持之三民主义、五权宪法，与夫《革命方略》所规定之种种建设宏模，则必能乘时一跃而登中国于富强之域，跻斯民于安乐之天也。不图革命初成，党人即起异议，谓予所主张者理想太高，不适中国之用；众口铄金，一时风靡，同志之士亦悉惑焉。是以予为民国总统时之主张，反不若为革命领袖时之有效而见之施行矣。此革命之建设所以无成，而破坏之后国事更因之以日非也。夫去一满洲之专制，转生出无数强盗之专制，其为毒之烈较前尤甚，于是而民愈不聊生矣！溯夫吾党革命之初心，本以救国救种为志，欲出斯民于水火之中，而登之衽席之上也。今乃反令之隐水益深，蹈火益热，与革命初衷大相违背也，此固予之德薄无以化格同侪，予之能鲜不足驾驭群众，有以致之也。然而吾党之士，于革命宗旨、革命方略亦难免有信仰不笃、奉行不力之咎也。而其所以然者，非尽关乎功成而利达而移心，实多以思想错误而懈志也。①

从孙中山上述言论可见，他对于辛亥革命后政局混乱，造成民不聊生，革命之建设无成，不能实现革命初衷，感到万分无奈。他作了自我检讨，说是由于自己"德薄无以化格同侪"，能力不足以"驾驭群众"的缘故，同时他又批评"吾党之士，于革命宗旨、革命方略亦难免有信仰不笃、奉行不力之咎"。就当时孙中山的思想分析，他对于造成"革命之建设无成"的原因主要是归咎于他领导的国民党、中华革命党人士思想认识错误而懈志，没有团结一致去努力奋斗，使得他的三民主义思想和革命宗旨、革命方略无法实行。

美国学者史扶邻曾指出过："后来，在使共和国成为袁世凯及其将领的抵押品的交易问题上，孙中山试图推卸责任。他责怪其同志'抛弃大义'，指责他们使其成为傀儡。同盟会从不忠实地遵照孙中山的指示行事，在1912年，对他仍不很看重，凡此均系事实。但是，即使让他完全控制同盟会，他也不见得就会走上另一条不同的道路，因同盟会控制不了革命。"② 史扶邻先生的说法比较合理，孙中山让位袁世凯致使革命建设无成，这是历史的事实，如何指责这件事的本身都不过分。但让权后局势的转变，这不是孙中山能左右的，也

---

① 孙中山：《建国方略之一：孙文学说——行易知难（心理建设）》，黄彦编：《孙文选集》上册，广州：广东人民出版社2006年版，第1～2页。
② （美）史扶邻著：《孙中山：勉为其难的革命家》，丘权政、符致兴译，北京：中国华侨出版社1996年版，第132页。

不是同盟会可以控制得了的，因为同盟会是一个有组织无纪律的政治团体，组织松懈、思想认识不一，是同盟会一个致命的弱点。史扶邻说，即使孙中山完全控制了同盟会，同盟会也控制不了革命。这除了内部的原因外，还有帝国主义支持袁世凯及军阀的背景，以及人民群众对同盟会、国民党缺乏了解从而缺乏支持的背景。所以，辛亥革命后，民国政局的反覆，造成革命的艰难和建设无成，这是当时中国社会转型期间，新旧力量的较量、民主共和与封建军阀势力的对决，其实也是中华民族团结统一与帝国主义势力企图掌控中国这两种势力、两种力量的对决。孙中山在护国、护法运动受挫后便冷静下来思考中国的未来，从破除中国人的思维习惯、传统势力着眼，着力从心理上对中国进行建设，撰写《孙文学说》一书。他的目的在于教导自己的同志如何纠正错误思想。孙中山批评他的同志面对挫折而缺乏信心，归咎于"知之非艰，行之惟艰"这个格言。他说："当满清之世，予之主张革命也，犹能日起有功，进行不已；惟自民国成立之日，则予之主张建设，反致半筹莫展，一败涂地矣。吾三十年来精诚无间之心几为之冰消瓦解，百折不回之志为之槁木死灰者，此也。可畏哉此敌！可恨哉此敌！"① 将"知之非艰，行之惟艰"视为他主张建设"一败涂地"的可畏、可恨之敌，并用很大篇幅，反复引证阐释"夫中国近代之积弱不振、奄奄待毙者，实为'知之非艰，行之惟艰'一说误之也"。说明"行易知难"的正确，"能知必能行"、"不知亦能行"。孙中山通过树立正确的思维方式，鼓励国人立下"有志竟成"的决心，重新革命，实现他革命—建设—富强的理想。也因此确立了他革命为了建设的思想价值，成为人们追捧和肯定的心理建设和物质建设的理想基础。

孙中山说："予之提倡共和革命于中国也，幸已达破坏之成功，而建设事业虽未就绪，然希望日佳，予敢信终必能达完全之目的也。"② 所谓"破坏之成功"即革命之成功，这是就辛亥革命的胜利、共和的实现而言；直至《孙文学说》撰写的1917年后，孙中山还说建设事业未有头绪。可见，孙中山的心里一直悬挂着建设中国社会、实现国家富强这个目的，所以在《孙文学说》中，他回顾起他领导的10次武装反清起义的经过，并分析其失败原因，说明"有志竟成"，希望国人立下决心，为实现建设中国为工业化、民主化和近代化的强国而努力奋斗。

在《建国方略》之二的《实业计划（物质建设）》中，孙中山为发展中

---

① 孙中山：《建国方略之一：孙文学说——行易知难（心理建设）》，黄彦编：《孙文选集》上册，广州：广东人民出版社206年版，第3页。
② 孙中山：《建国方略之一：孙文学说——行易知难（心理建设）》，黄彦编：《孙文选集》上册，广州：广东人民出版社206年版，第83页。

国的实业做了六大计划,就发展中国经济的大政策,以及实行开放政策,吸引外资外才,"助长中国实业之发达",达到孙中山理想中之结果"大同之治",做了全面系统的陈述,他认为只有"实业计划"可以实现中国"至少可以打破现存之所谓列强势力范围,可以消灭现在之国际商业战争与资本竞争,最后且可以消除今后最大问题之劳资阶级斗争。如是则关于中国问题之世界祸根永远消灭,而世界人类生活之需要亦可得一绝大之供给源流,销兵气为日月之光,化凶厉于祯祥之域"①。

由上述可见,孙中山革命(破坏)为了建设的思想,不仅表明他将革命视为阶段性任务,即他所说的清除建设障碍的"打地基"工作,而且也表明孙中山在革命与建设问题上的通盘考虑。所以孙中山是革命论者,但不是不断革命论者,他是政治革命的热衷者,但又不是"阶级斗争是人类社会发展动力"的支持者,但他革命(破坏)为了建设,不建设就用不着革命的观点则带有指导性的重大意义。孙中山这个思想的最大价值就在于他根据第一次世界大战后"各国人民久苦战争","均受其殃",要求迅速恢复经济、解决民生的世界潮流,"开发中国潜在地中之富",发展中国的经济,解决社会民生福利,实现中国大同之治的愿望。孙中山认为革命是不得已才进行的,不根据国家和人民的愿望频频革命,则违背了自由、平等、博爱的革命目的,但是该革命不革命也是违背人民的意志的。既然革命是求进步的事,所以革命"无论在哪一个民族或哪一个国家,都是很大的。所以革命的力量,无论在古今中外的哪一国,一经发动之后,不走到底,不做成功,都是没有止境的。不只是十三年,或者二十三年、三十三年,或是四十三年、五十年,革命一日不成功,革命的力量便一日不能阻止"②。直至孙中山弥留之际,还以"革命尚未成功,同志仍须努力",号召国人继续完成他的革命事业,实现他的建设目标。可见,孙中山革命的目的是为了建设,是为了振兴中华,是为了使国家强大、国民幸福。他将他革命与建设的思想与主张明明白白地告诫国人,是他遗留给国人的重要思想遗产,也是他通过革命实现社会发展理论的一个明显的特征。

(三) 孙中山对立与统一社会发展观的鲜明特色

革命与建设,如果从哲学的范畴去审视,也就是对立与统一规律的展示。革命就是对立,无论民族革命或政治革命或社会革命都是对立双方的一种暴力

---

① 孙中山:《建国方略之一:实业计划(物质建设)》"纽约英文版序",黄彦编:《孙文选集》上册,广州:广东人民出版社 2006 年版,第 109 页。
② 孙中山:《在神户欢迎会的演说》,《孙中山全集》第 11 卷,北京:中华书局 1986 年版,第 377 页。

的对抗，都是社会的动乱和社会秩序的大破坏。也正因如此，孙中山便将革命说成是破坏。破坏与建设又是一种对立，革命是阶级与阶级、民族与民族的对抗，但革命过后即开始建设，这又是统一的，就是社会的稳定、民心的团结。诚如张磊先生所指出的："进化发展的普遍观念构成了孙中山哲学思想中方法论的基本内容，坚持进化发展的普遍观念则构成孙中山哲学思想中方法论的基本特色。"①

近代半殖民地半封建的中国是一个动荡的社会，也是一个发展的社会，如何开拓这个时代的革命与建设的新局面，是一切先进中国人都在面对、都在探讨的问题，由此而形成的世界观、革命观和发展观更是显示其才能和能否指导这个时代正确思想的产生和独领风骚的关键所在。

已故的著名历史学家吕思勉教授在他的《吕著中国近代史》一书中说过这样的话：

> 中国既遭遇旷古未有之变局，是时之情形如何，自应加以检讨。社会方面，中国人对外之观念，本属宽大。后来民族主义，推至极端，乃因士人对愚民进行诱导，遂至新机之启辟甚难，仇外之风潮屡起。政治方面，则以根治闭关时代之旧，于竞争极不适宜。由此造成中国近代，富力与西洋各国相差太远，社会经济落伍，赋税之瘠薄随之，不能不遭一时之困难。
>
> 鸦片战争后从五口通商至甲午之战，为中国受外力压迫之时代；自甲午之战以后，可谓中国受外力压迫而起变革之时代。革新之原动力有二：（一）士大夫；（二）平民也。前者恒侧重于政治之改革，后者则较易注重于社会方面，亦易倾向民族主义。前者，康有为等之主张变法维新代表之。后者，孙文之革命代表之。革命之事体较大，久静之社会，骤难大动，故跃登舞台者，以前者为先。②

近代中国之变动，是由士大夫和平民搅动起来的。士大夫如鸦片战争前后的龚自珍、魏源，后来的严复、谭嗣同、康有为、梁启超等的经世致用学术精神，他们中国不变则亡的鼓噪，他们的忧患意识、时代意识和爱国意识的增长，以及他们出于对国家和民族的责任感而进行的宣传鼓动，对国人的觉醒，尤其是士大夫的觉醒起了振荡作用。他们的思想和言行从不同的角度和不同程

---

① 张磊著：《孙中山思想研究》，北京：中华书局1987年版，第164页。
② 吕思勉著：《吕著中国近代史》，上海：华东师范大学出版社1997年版，第245~248页，第256~257页。

度上摆脱了治乱相替千年循环的怪圈的缠绕,指明了中国政治变迁的重要性,为中国摆脱封闭、走向世界、走向近现代化做了舆论的准备。他们所写下的文字记录了中国人的痛苦过程,反映了中国人觉醒的过程。他们的思想和言行代表了中国士大夫变革中国的基本认识。孙中山与他们所不同的是,他突破了前驱者们寻求安定不乱的社会环境、力求保皇权而自上而下推行政体改革方案的局限,选择了自下而上地通过社会的变动达到改革政治、经济、社会和文化的目的。孙中山继承和发展了戊戌时期乃至鸦片战争以来中国人批判闭关自守、重新认识世界的开放思想,明确主张将虚心学习外国的长处与维护民族尊严和优秀文化传统结合起来,从中国革命的实际需要出发,有分析、有鉴别地向西方学习,吸收有益的东西,从而把中国改革成适应现代世界的国家,追求新的世界潮流,使中国社会同世界发展潮流相一致,一道前进。可见,孙中山在中国社会发展的模式问题上,坚持革命建设的模式,要中国近代化先实行革命化,通过革命化、工业化、城市化,改革中国传统的社会结构,完成近现代化建设的目标,但他对于中国士大夫的求改革又要坚持社会安定的思想和方案也不全然反对,除了对他们反对民族革命、政治革命的偏激思想给予批评外,其实在民族思想、变法思想、新民思想、大同思想、中庸思想、维护传统优秀文化与学习和吸收外来有用思想以建构中国的新文化,传承中国优秀文化,建设一个具有中国特色的、文明的、共和的、民主的和大同社会的思想等方面,孙中山与温和的改革派并没有太多原则上的不同。相反,他还在不同程度上吸收来充实和发展自己的文化观。可见,孙中山是在有条件地引进外国社会发展模式和继承中国优秀文化来确立自己的社会发展观,使自己的社会发展思想具有吸收、继承和创新的鲜明特色。

革命是对立,建设是统一,这就是孙中山所说的,"先有了一种建设的计划",然后再去"做破坏的事"的意思。孙中山的对立统一建设思维,既包含他对近代中国经世致用学派正确思想的继承,也包含他对中国传统的以暴易暴、不重视建设思想的批判;既包含他对温和派维护皇权的改良主张的批判,又包含他对温和派许多合理建设主张和文化观的吸纳;既包含他采用激进办法从事政治革命的内涵,又包含他采用稳健的,维护社会稳定和平衡各种利益的思想主张。所以,孙中山的哲学思想是复杂的、多面的,首先他是斗争哲学、革命哲学的鼓噪者,但也是运用对立与统一的思维去从事中国社会的建设,提倡和平、调适、互助思想去维护社会稳定与和谐的思想家。所以,对立与统一既是孙中山政治哲学在社会建设中的具体运用,也是他的唯物主义斗争哲学与和谐相结合的具体表现。

黄明同在其《孙中山建设哲学:中国现代系统思维的开启及运用》一书中说道:

历史的经验告诉人们,从革命时代转入和平建设时代,必须得把思维方式调整过来,树立起均衡、协调、和谐、稳定的和平建设哲学的思维方式。

当然,在建设时期,并非没有斗争,只是斗争的方式不是你死我活,不应是一方吃掉另一方……;在革命时期,并非没有统一,只是统一是为了斗争,为了用更策略的手段把对方消灭。……和中有斗,斗中有和,和斗结合,以和为主,斗为了和,和则为了共生、共赢、共同发展。①

其实,孙中山革命是为了建设,为了祖国的统一和繁荣富强,为了建立一个天、地、人和的和谐社会,是为了建设一个稳定、有序、公平、文明的大同社会。这种思想对于我们今天以人为本、以民生为本,全面建设社会主义和谐社会仍有启导意义和当代价值,对此绝不能低估它的作用。对于孙中山这样的人,他经历的事那么多,他在形成其思想的过程中,也有过困惑,甚至有前后不一的矛盾,但这并不奇怪。对于这种情况,只能坚持理解的态度,只要弄清楚他为什么是那样做,而不是这样做,以及做的目的,就是一种进步。

---

① 黄明同著:《孙中山建设哲学:中国现代系统思维的开启及运用》,北京:社会科学文献出版社 2006 年版,第 6~8 页。

第二章　孙中山对中国传统社会的认知与改造

一、孙中山对中国传统社会的认知

（一）政治与社会控制的失衡

所谓传统是与现代相比较而言的，一般说来中国的传统社会是就中国的封建社会而言，但1840年以后的半殖民地半封建社会，严格说来也属于封建社会范畴，有人说它是半封建，顶多只能算是半资本主义。孙中山所指的中国传统社会无疑是指中华民国南京临时政府成立以前的中国社会，尤其是清政府统治的中国社会。

庞朴先生的文章讲过这样的话："从发展的眼光看，传统与现代无疑是对立的，传统是过去的现代化，是今天的古代化；因之，传统是一种惰性的力量，一种保守的力量，是现代化的阻力，是包袱。但是，发展不仅是决裂，还是连续。同样从发展的观点看，现代又是从古代演化而来……因之传统与现代化又是同一的：传统给现代化准备了基地，现代化的速度与高度，无不这样那样地依赖于传统的成就。从这个角度来看，又可以说传统是现代化的助力，是财富。"[①]

美国费正清教授在其所著《中国：传统与变迁》一书中对中国的传统社会作这样的概括：

> 首先，中国社会的基本单位是家庭而非个人、政府或教会。每个人的家庭都为他提供了主要的经济支持、安全、教育、交际及娱乐活动。通过祭祖，家庭甚至还是个人宗教感情的重心所在。在儒家所说

---

① 庞朴：《传统与现代化》，《稂莠集——中国文化与哲学论集》，上海：上海人民出版社1988年版，第44~45页。

的五伦（君臣、父子、夫妇、兄弟、朋友）中，有三种属于亲属关系。中国的伦理体系并不指向上帝或国家，而是以家庭为其中心的。①

在这样的社会里，社会的行为规范来自家庭制度本身所蕴含的个人品德。法律是进行管理的工具，而个人道德却是维护社会稳定的基础。整个社会靠儒家思想来维系，个人家庭与社会都由儒家的伦理将其紧密地结合在一起。所以，费正清说，中国的传统社会包括以下几个特点：第一，中国的世界最初是以农为本的文化孤岛；第二，中国的世界（天下）从未丧失其一统的意义和文化的完整；第三，中国的世界从一开始就是等级制的和反平等主义的；第四，中国的世界的主宰是天子；第五，天子统治下的等级制的社会秩序，在其构成因素中，包含着大量异乎寻常的思想成分；第六，经典的教育和教义向人们灌输一些正确的标准，促进统治者和被统治者之间的和谐，由此来维持社会秩序；第七，天子是社会和政府的最高核心，实行贵族政治，拥有借奉行礼仪宣扬经典教义和对臣民实行奖惩；第八，中国的行政结构是官僚制度；等等。② 中国的古代社会由于是人治而不是法治社会，所以中国封建社会各个朝代所建立的政治制度都是通过中央集权的贵族官僚制度来控管整个社会的。由中央委派官吏对地方实行统治，这种制度具有时代和阶级的局限，对于民众来说没有民主可言，皇帝的言论就是指令、就得服从。但在如此辽阔、复杂的地区和具有如此众多民族、人口的中国，这种集权制政治也曾经起到维持社会稳定、国家统一的积极作用。所以，中央集权制政治文化也具有中国的历史土壤。可是，到了晚清，由于资本帝国主义的入侵，加上民生困顿，民变不断，中央集权无法应对各种内外事端，面临社会控制的危机。

中央集权的封建君主专制制度，已故王亚南先生在其著作中，将它归纳为三种"性格"：

（一）延续性——那是指中国官僚政治延续期间的悠久，它几乎悠久到同中国传统文化史相始终。（二）包容性——那是指中国官僚政治所包摄范围的广阔，即官僚政治的活动，同中国各种社会文化现象如伦理、宗教、法律、财产、艺术……等等方面，发生了异常密切而协调的关系。（三）贯彻性——那是指中国官僚政治的支配作用有

---

① （美）费正清著：《中国：传统与变迁》，张沛等译，北京：世界出版社2002年版，第15页。
② 参见陶文钊编选：《费正清集》，林海、符致兴等译，天津：天津人民出版社1992年版，第8~14页。

深入的影响，中国人的思想活动及至他们的整个人生观，都拘囚锢蔽在官僚政治所设定的樊笼中。①

陈旭麓先生指出，王亚南先生的归纳未必能代替专门的官制史研究，但却刻画了考据不容易捕捉到的神貌。官僚贵族政治的出现有它的必然性和合理性，它从政治结构上保证了中国大一统帝国的存在。② 但是因为中国封建社会的政治是官僚政治，不是平民政治，所以，官僚政治制度的最大职能就是维护它对平民的压迫和剥削，维护社会的稳定和统治的长治久安。可是，鸦片战争以后，随着资本－帝国主义的侵略，清朝统治者为维护自己的尊严，对外族的侵略要有条件地进行抵抗，加上自然经济的破坏、商业不振和土地的集中，基础社会的士农工商各阶层都面临生计的威胁，所以民变、起义等各种事件不断发生。清朝统治者为了安内又不得不滥用各种强迫的手段进行镇压，造成官僚政府攘外无能，安内也焦头烂额。政治危机随着社会危机而日益严重，因此治政治者首先要治理自己，只有治理好自己才有能力去治理社会。鸦片战争后，按照社会发展的常规，中国古代的封建社会走向近代，意味着发展到资本主义社会，但是从中国社会走向近代的过程来看，随着外来资本－帝国主义入侵的刺激，到19世纪的下半叶，中国国内虽出现一些由私人经营的资本主义新式工业，可是直到20世纪初期，中国社会也没有正常地发展到资本主义社会。那么，中国的社会应该向何处去？清政府为了应对资本－帝国主义的侵略和镇压民众的反抗，有发展经济的要求，举办过洋务运动，企图用国家的权威来尝试发展近代经济，但他们的目的是"中学为体，西学为用"。后来又有立宪运动和推行教育、财政和文化的所谓"新政"，然而清政府的政治改革严格说来都是失败的，因为改来改去都未能改出个思路和办法来控制社会失衡、保持社会的稳定。所以，尽管在清末，中国无论在思想、经济，甚至政治体制都存在向近代社会过渡的社会基础，但由于中央集权制造成的制度性腐败，以及任命官吏的权力过大，出现用人唯亲的缺陷，官与官之间、民与民之间处于对立状态。加上地方督抚权力过大，清政府欲收权不能、欲放权又不是，所以，有清一代就政治体制而言，都存在集权与分权的斗争和争论。清代的中国虽然面对大变局的机遇，在新政期间曾有过对官制的改革，但改来改去，都未达到解决机构庞杂、冗员庸官过多的毛病，所以办事能力低下，控管艰难。中国的政治在清末变也难，不变也难，以不变应万变便失去了发展的机遇。

1897年，孙中山已对清政府的改革失去了信心。他认为由于清政府对中

---

① 王亚南著：《中国官僚政治研究》，北京：中国社会科学出版社1981年版，第39页。
② 参见陈旭麓著：《近代中国社会的新陈代谢》，上海：上海人民出版社1992年版，第7~8页。

国社会的控制已经无能为力,所以"目前中国的制度以及现今的政府绝不可能有什么改善,也决不会搞什么改革,只能加以推翻,无法进行改良"①。

当时的中国为什么会坏到如此程度?孙中山说,那是由于君主专制"极其腐败的统治"造成的。在专制主义政治体制的指引下,人的地位是由官的大小决定的,只要当上官就可以为心所欲、任意胡行,因为没有人民和法制去监管,为官者必然贪污、腐败,这样一来,人民反制的办法就是武装盗匪常年猖獗。②孙中山又指出:中国的灾难不断,但"就中国的灾难原因来说,既不可指责是由于人口过多,也不可说成是自然原因所引起的任何粮食恐慌;那是由于缺点很多与不适当的交通方法,再加上铁路、公路稀少,不完善的、阻塞的水道,更由于在这些上面还有额外地方税(厘金)无限榨取人民的结果。所有这些原因应当首先理解为都是由于贪污所造成,我们官僚生活中的乌烟瘴气犹如死海上的浓雾一样,惟有它那微弱的燐光才把笼罩在阴暗中的北京清廷衬托出来"③。正由于官僚体制贪污行贿、任用私人,以及毫不知耻地对于权势地位的买卖,在当时的中国并不是偶然的个人贪欲、环境或诱惑产生的结果,而是普遍的,是在当时政权下取得文武公职的唯一可能条件。在当时,要做一个公务人员,无论官阶高低,都必须贪污,否则就意味着公务人员的生活难以为继。所以,采取教育的办法,要官吏为政清廉已经根本不可能,用输入西方物质文明的方法发展经济,也不能改善中国,要改善政府与人民的矛盾,只有用彻底根绝官吏贪污的办法才行。清政府越用政治来控制社会就越引起民众的反抗。诚如李剑农先生所指出的:乾隆帝确实很励精图治,但终究掩盖不了他内治的弱点。"他信任一个贪黩不堪的和珅达20年,援引许多贪黩的督、抚,如国泰王亶望、陈辉祖、郝硕、伍拉纳之徒,赃款累累,动辄数百万,在他尚未禅位的时候,已经屡次发生赃贿的大狱;这些赃贿案,实际都是由和珅在内隐为驱迫而成;但是乾隆帝至死不知道这些赃案的根源所在;他的监察人员,也终究不敢触到这个根源上。直到乾隆帝死后,嘉庆帝方把和珅处以死刑,抄没他的家产共计109号,约值八万万两",超过了国库岁入10年的总额。因为有这么一个贪黩的宰相在内,驱使一班贪黩的地方大吏在外搜刮,无所不至,于是民力凋敝,到嘉庆一即位,地方乱事就起来了。④湖南、贵州的

---

① 孙中山:《与〈伦敦被难记〉俄译者等的谈话》,《孙中山全集》第1卷,北京:中华书局1981年版,第86页。
② 参见孙中山:《中国的现在和未来——革新党呼吁英国保持善意的中立》,《孙中山全集》第1卷,北京:中华书局1981年版,第88~89页。
③ 孙中山:《中国的现在和未来——革新党呼吁英国保持善意的中立》,《孙中山全集》第1卷,北京:中华书局1981年版,第90~91页。
④ 李剑农著:《中国近百年政治史》,上海:复旦大学出版社2002年版,第9~10页。

白莲教之乱蔓延 5 省，随后又有天理教扰乱山东、直隶，到嘉庆末道光初，边境又有回部张格尔的乱事。据《东方杂志》记载，清末人民的反清斗争很普遍，也很剧烈。仅是两广地区在清末自发引起的抗捐税斗争，如 1907 年 3 月，广东钦州万人聚会抗捐，就"声势甚盛"①。1910 年 5 月，广东香山县僧道抗捐，"众愈愤激，汹涌上前，将马副将坐舆毁碎"，"放火将该埠烧毁，夺取食盐罄尽"。② 同时，广东又掀起抗查户口的风潮；7 月，广东大埔县乡民数千人又与官兵接仗，"官兵毙 4 名，乡民毙者甚多"③；8 月，广东连州乡民滋事不断，清地方知府穷于应付。1910 年，"广西乱事，此伏彼起，久未平静"、"官激民变，乱象愈益蔓延"。④ 除两广之外，西藏、江苏、江西、河南、福建、浙江、山东、陕西、甘肃、新疆、云南、贵州、四川、湖北、湖南、安徽、直隶、奉天、山西等省民众也蜂起，发动各种形式的反清斗争，这说明清廷对社会的控制失衡，也表明民众已经不允许其照旧统治下来。各地民众的反清斗争也给同盟会和其他革命党人提供了反清的大好机遇，除孙中山领导的同盟会在粤、桂、滇发动起义外，哥老会及其他的会党在湖南、湖北，光复会在浙江、安徽等省也发动了各种反抗斗争，使清朝政府穷于应付。社会的动荡带来的是经济的不振、民生的困楚。孙中山说，"中国民众迟早将要起来"反清，"那是不可避免的"，"我们的行动不会引起大乱，而没有这个行动，中国将无法改造"。⑤ 鉴于当时中国的形势，孙中山在 1900 年 8 月打算由日本回国视察本国情势，并与在中国的政治改革派的力量进行磋商，"很好地联成一体"，进行反清起事。根据这种考虑，孙中山决定回国。但他不抱任何危险激烈的企图，而是考虑始终采取温和的手段和方法，准备赴北京与李鸿章以及已离神户前往上海的梁启超等交换意见。⑥

可是，过不了多久，孙中山则认为，虽然清政府残酷地镇压了各地的义和团起义和民变行动，但"凡是了解中国朝廷，了解包围和影响皇帝的那些人

---

① 《广东钦州乡民抗捐》，《东方杂志》1907 年第 7 期（丁未七月）。
② 《广东香山县僧道抗捐》，《东方杂志》1910 年第 6 期（庚戌六月）。
③ 《广东大埔乡民滋事》，《东方杂志》1910 年第 8 期（庚戌八月）。
④ 广西民变情况，《东方杂志》第 7 期至第 10 期均有详细记述。
⑤ 孙中山：《与斯韦顿汉等的谈话》，《孙中山全集》第 1 卷，北京：中华书局 1981 年版，第 195～196 页。
⑥ 据日本藤井昇三寄赠日本外务省档案《各国内政杂纂·中国部分革命党方面（包括流亡者）机密受》第 1132 号日文原件的影印件——1900 年 9 月 22 日神奈川县知事周布公平给外务大臣青木周藏的报告，金世龙译出。孙中山：《与横滨某君的谈话》，《孙中山全集》第 1 卷，北京：中华书局 1981 年版，第 198～199 页。

物的，谁都应当知道，清朝皇帝没有能力去有效地实行中国所需要的激烈改革"①。中国的出路"惟有听之支那国民，因其势顺其情而自立之，造一新支那而已"②，"造一新支那"即建设一个新中国。

从 1903 年以后，孙中山便利用当时清政府面对 1900 年八国联军侵略中国，掀起瓜分中国的狂潮，加上民众反清斗争接连不断，造成对中国社会控制失衡的有利时机，鼓动人民起来反清，实现改革中国的愿望，再造新中国，以振兴中华，"拯救中国出于国际交涉之现时危惨地位"。孙中山反清革命完全出于挽救当时民族和社会的危机，创造一个良好的政治环境，实现政治、经济、文化、社会的全面发展，使中国摆脱受人欺凌压榨的悲惨命运。所以，反清是孙中山爱国的表现，是为了振兴中华、复兴中国。

孙中山通过对近代中国政治与社会之间关系的探索，明白一个道理，那就是要社会稳定，关键在于政治要纯正，掌权者为政要清廉。而要做到这样，首先必须对政治制度进行改革，实行共和民主体制，让人民有权利掌控国家；其次是让掌权者懂得治人者是人民的公仆，权力来自人民，治人者来自人民，必须服务人民；再次，政权必须为民所有、为民所治和为民所享。中国只有这样，才能掌控社会，才会有一个安定的社会环境去重振经济和进行社会、文化的建设。这就奠定了孙中山建国、治理社会的思想理论基础，为其革命和建设国家确立了方向和目标。

（二）士农工商阶层的错动

封建社会的阶级阶层构成是士、农、工、商，当然也包括洋奴、买办、大资产阶级、大地主阶级及其他各种阶层。士即士大夫，也就是后来所谓的知识分子，农即农民，工即工人，商即从事商业活动的人，广义的商人也包含资产阶级。

据余英时先生考证，近代有关"士"的起源相当的复杂。知识阶层在中国古代的名称是"士"，但"士"却不是一开始就可以被认作知识阶层。"士"原是低级的贵族。士、农、工、商的"四民"说，始于《管子》，士是有职之人，士成为四民之首，是战国游士既兴以后之事。"士民"的出现是中国知识阶层兴起的一个最清楚的标志。古代有武士，至孔子殁后才逐渐有文士的兴起，文士是从武士蜕化而来的。所以，中国士阶层的发展始于孔、墨派的

---

① 孙中山与林奇谈话的报道，最早见《展望》杂志第 67 卷第 12 期（纽约，1901 年 3 月 23 日英文版），林奇《两个西化的东方人》（*Two westemized orientals*），参见《孙中山全集》第 1 卷，北京：中华书局 1981 年版，第 210 页。

② 逸仙：《支那保全分割合论》，《江苏》第 6 期（东京，1903 年 8 月 1 日版）。

建立，而终于秦代的统一。可见，从社会背景来说，"士"从固定的封建身份中获得解放，变成可以自由流动的四民之首。所以"士"虽然是知识分子的一个最重要的历史来源，但我们却不能把古代文献中所有的"士"都单纯地理解为知识分子，以历史断代而言，中国知识分子形成自觉的社会集团是在春秋战国之际才正式开始的。"知识阶层"是西方近代的名词。近代的知识分子来自不同的社会阶层，他们已没有一个组织严密的中古教会作为后台，为了争取社会上各种集团的支持，他们只能在学术思想领域内从事公平而自由的竞争。① 事实上，古代之"士"既可指居官与有职位的人，也可指有一定社会地位的文人。

士不是一个阶级，它来自于不同的阶级，所以士大夫即封建知识分子，是一个庞杂的从事脑力劳动的社会群体。在封建社会它是治人者，即统治者，正因为如此，士大夫是一个值得显耀的人群，由于他们的地位光环，遵奉学而优则仕的士子一辈子都在追求，都在科举的道路上攀登，争取进入官场，凭借资历去张扬去奋斗，企图博取社会上层的地位，享受荣华富贵。孙中山说："社会者，即分工之最大场所也。合农、工、商等之各种组织，而始成一大社会。""社会上之事业，非一人所能独任，如农业、如工业、如商业等，在乎吾人自审所长，各执其业，此之谓分工。"② 孙中山在这里没有讲知识分子，但在别处则将知识分子视为先知先觉的圣人、君子，是中国社会进步的主要推动者。他指出："学者，国之本也。"③ "学者底力量在社会上很大……所以学者对于社会，对于国家，负担有一种责任。现在学者底责任，是在要中国进步。"④ 孙中山非常重视知识分子的作用，认为知识分子是"先知先觉者"，他们的责任是在觉后知后觉者，并与他们一道在社会建设中担负重要的历史责任：推动历史前进，加速中国的进步。

"中国近代知识分子，就他们的阶级、阶层属性来说，就他们的政治分野和世界观来说，可以说是各有不同，复杂多样，甚至是千差万别的。但是不论他们属于哪一个阶级、阶层，不论是哪一个时期，也不论他们有着什么样的思想信仰，只要面对现实，关心国家民族的命运，就会有一个共同的爱国信念把

---

① 余英时先生关于中国"士"产生历史渊源的考察，可参见（美）余英时著：《士与中国文化》，上海：上海人民出版社1987年版，第1～112页。

② 孙中山：《在桂林对滇赣粤军的演说》，《孙中山全集》第6卷，北京：中华书局1985年版，第18页。

③ 孙中山：《令教育部通告各省优初级师范开学文》，《孙中山全集》第2卷，北京：中华书局1982年版，第253页。

④ 孙中山：《在桂林学界欢迎会的演说》，《孙中山全集》第6卷，北京：中华书局1985年版，第70页。

他们凝聚起来，使他们感奋起来。这个共同的信念也是近代中国的中心主题，就是怎样才能解除帝国主义的压迫，怎样才能使中华民族获得解放，怎样才能使中国摆脱落后挨打的惨境而走向进步、走向未来。"① 近代中国知识分子成为近代中国开路先锋的探索者和实践者，在爱国、改革和革命的道路上奋斗、流血、牺牲。他们也有弱点和失误，但都站在时代的前列，是引路人。

任何一个社会都在利益和权力分配等方面存在着不公平的社会群体差异，存在着阶级之间的冲突与对抗，当然也存在着阶层之间的依赖和合作。农民、工人、知识分子、商业劳动者、资产阶级、官吏（公务员）等阶层的分化，如果没有制度性的整合使各阶级、阶层的利益处在一个较为合理的状态下，势必会发生矛盾、冲击和斗争，加剧社会的内耗，使社会缺乏凝聚力。清朝的统治者看到社会矛盾造成贫富不均带来的愤怒和抗争，但它没有能力去整合社会的分化带来的严重后果。正如孙中山所指出的，清政府在统治中国的260多年来，它们实行民族压迫和阶级压迫的政策，使得中国存在严重的社会不公与不平：

一、满洲人的统治是为其本族的私利，而不是为了全体国民。

二、他们反对我们在智力方面和物质方面的进步。

三、他们把我们作为被统治民族对待，否认我们各种平等的权利的特权。

四、他们侵犯我们不可让与的生存权、自由权和财产权。

五、他们纵容和鼓励贪污行贿。

六、他们压制言论自由。

七、他们未经我们的同意，不公平地向我们征收重税。

八、他们实行最野蛮的酷刑。

九、他们不经法律而剥夺我们的各种权利。

十、他们不能履行职责，以保障其辖区内居民的生命和财产。②

在这里孙中山列举清政府对汉族和其他民族实行民族压迫政策的10个方面，并指出"虽然我们有理由憎恨满洲人，我们仍试图与他们和好相安，但却是徒劳无功"。因此，"我们中国人民已经下定决心，尽可能采取和平措施，必要时诉诸暴力，以争取公平的待遇，并奠定远东和世界和平"。只要"一个新的、开明而进步的政府"取代旧政府，"中国将不仅能使自己摆脱困境，而

---

① 李侃：《〈近代中国的知识分子〉序言》，吴廷嘉著：《近代中国的知识分子》，北京：人民出版社1987年版，第2~3页。

② 孙中山：《我的回忆——与伦敦〈滨海杂志〉记者的谈话》，《孙中山全集》第1卷，北京：中华书局1981年版，第555~556页。

且还有可能解救其他国家，维护其独立和领土的完整"。① 乍看起来，孙中山是要靠"有高度文化素质"的中国人组织和发动一场反对满族人统治的民族、民主革命。这样的革命当然要靠知识分子，因为知识分子具有民主意识又有种族观念，但是时代不同了，要进行这样一场革命，光靠知识分子是成功不了的，那么要依靠谁去进行这场革命呢？是士、农、工、商齐发动、共同进行，还是由知识分子单独去进行？严格说来，孙中山对这个问题的考虑是不够清晰的，并存在缺失；而士、农、工、商各阶级、阶层在革命过程中也存在自觉、主动、协调不足的缺陷。该动的没有动，不该动的动了，各阶级的错动跟他们的利益追求和驱动不无关系，跟孙中山对各阶级、阶层的认识不足也有关系。

近代中国是一个半殖民地半封建的社会，工商业发展缓慢。农业是基本的社会经济，农民是最主要的劳动者，农村和农业、农民问题始终是最为突出和最难解决的问题，也是关系到中国近代改革、革命成败的问题。近代中国的社会改革和政治革命的任务是推翻帝国主义和封建主义统治，它属于资产阶级民主革命，在中国的士农工商各阶级和阶层中，资产阶级、小资产阶级、农民阶级和工人阶级是革命的阶级，而农民则是主要的革命力量，这个广大的中间阶层的态度决定革命的胜败。可是，以孙中山为首的革命党人对农民的重要性认识不足，未能解决农村、农业和农民的根本问题：土地问题和发展问题，也未能使农民减轻负担、摆脱封建压迫，满足农民的切身利益要求。所以，大多数农民和城镇的市民群众没有积极参与孙中山早期领导的革命，包括辛亥革命。代表新兴的社会政治势力的革命党人，既要动用武力，又缺乏强大的后盾，客观社会改造力量不足，又削弱了主观的社会改造手段。② 他们将革命局限在由知识分子精英领导，发动会党和新军的力量进行暴力的夺权斗争。孙中山在中华民国南京临时政府成立时，总结出一条经验便是"旷观世界历史，其能成改革大业者，皆必有甲胄之士反戈内向"③。始终没有充分认识到发动群众，尤其是发动广大农民参与革命和改革的重要性，所以，该动起来的农民没有动起来，动起来的只有少数脱离基层民众的游离力量——会党和游民。毛泽东在总结辛亥革命失败的教训时指出："国民革命需要一个大的农村变动，辛亥革命没有这个变动，所以失败了。"④ 说辛亥革命没有一个大的农村变动，实质

---

① 孙中山：《我的回忆——与伦敦〈滨海杂志〉记者的谈话》，《孙中山全集》第 1 卷，北京：中华书局 1981 年版，第 556 页。
② 林家有：《孙中山对中国国情的认识》，《孙中山与近代中国的觉醒》，广州：中山大学出版社 2000 年版，第 97 页。
③ 孙中山：《通告海陆军将士文》，《孙中山全集》第 2 卷，北京：中华书局 1982 年版，第 3 页。
④ 毛泽东：《湖南农民运动考察报告》，《毛泽东选集》四卷横排合订本，北京：人民出版社 1968 年版，第 16 页。

上就是说农村并没有发生真正的革命，除了地方政权形式上的变换之外，农村的社会经济结构、社会秩序、封建上层建筑和意识形态基本上原封不动。这是因为领导这场革命的孙中山及革命党人没有从理论和实践上认识农村和农民问题的重要性，是他们的一个严重失误。农村和农民的情况如何，直接反映了社会的生产和生活情况，反映了社会的发展和社会结构的变动，也体现了统治者治理农村和农民政策的具体效果和成绩。近代中国的改革和革命的失败无一不与脱离农民、忽视农村有关。不论是哪个阶级的改革和革命，离开了广大农民的支持，或者把农民视为无足轻重的存在，甚至把它视为"不知不觉"的异己力量，就一定要失败。①

工人阶级是民主革命的重要力量，但除孙中山领导的辛亥革命外，在护国、护法运动中则基本上没有行动。之所以会这样，既跟孙中山的思想认识有关，也跟当时中国工人对革命的认识有关。1905年5月，孙中山再度至布鲁塞尔，得贺之才介绍走访国际社会党执行局（第二国际常设执行机构），与该局主席王德威尔得、书记胡斯曼晤谈。据记者报道，孙中山认为中国工人全组织起来了，"境遇比世界任何国家都好"，"今天中国工人的生活是远非可怜的。穷人很少，而真正富有的甚至更少"。② 辛亥革命胜利后中华民国南京临时政府成立，孙中山被选为临时大总统，他发布了大量有关内政外交的文件，但没有一件是谈到关注各类工人、职工的利益和解决他们就业的政策性文件。这是孙中山的疏忽吗？不是，是孙中山思想的局限，是他对工人阶级在改革和革命中的作用的漠视。其实，当时中国的铁道工人、码头工人以及织造厂、造船厂、造币厂的工人面对财政匮乏、工厂倒闭和失业的威胁，问题很多，工人的生活并不如孙中山所估计的"远非可怜"。然而，孙中山除了对造币厂批归财政部管辖和任命厂长之类的文件外，几无其他。既然孙中山冷落工人，工人也以局外人的态度看待孙中山的革命。孙中山在1912年4月解职临时大总统时，在南京同盟会会员饯别会上发表演说，他讲到中国的社会革命时透露了他冷落工人的心绪，诉说了他对中国革命不希望工人参与的原因。他说：

> 今日满清退位、中华民国成立，民族、民权两主义俱达到，惟有民生主义尚未着手，今后吾人所当致力的即在此事。社会革命为全球所提倡，中国多数人尚未曾见到，即今日许多人以为改造中国，不过想将中国弄成一个极大的国，与欧美诸国并驾齐驱罢了。其实不然。

---

① 参见林家有：《孙中山对中国农村和农民问题的认识》，《孙中山振兴中华思想研究》，广州：广东人民出版社1996年版，第335~363页。

② 《孙中山访问第二国际书记处》，《近代史资料》1979年第3期，北京：中华书局1979年版。

> 今日最富强的莫过英、美，最文明的莫过法国。英是君主立宪，法、美皆民主共和，政体已是极美的了，但是贫富阶级相隔太远，仍不免有许多社会党要想革命。盖未经社会革命一层，人民不能全数安乐，享幸福的只有少数资本家，受痛苦的尚有多数工人，自然不能相安无事。……英美诸国因文明已进步，工商已发达，故社会革命难。中国文明未进步，工商未发达，故社会革命易。英美诸国资本家已出，障碍物已多，排而去之故难。中国资本家未出，障碍物未生，因而行之故易。……英美诸国社会革命，或须用武力，而中国社会革命，则不必用武力。①

孙中山认为，中国原是个穷国，自经辛亥革命，更是民穷财尽，中等收入人家不多，如外国之资本家，更是没有，所以社会革命不觉痛楚，如以中国资本家未出，便不理社会革命，待贫富阶级已成而后图之，则失之已晚。所以，孙中山的思想是采取政策预防资本家出现，采取德国国家社会主义的政策，防止资本家利用国家土地等资源造成贫富不均。可见，孙中山在民国后考虑进行社会革命，但他反对采取鼓动工人起来用激烈手段举行社会革命，造成社会的混乱。所以，孙中山认为，在中国进行社会革命，不像英、美等国那样号召工人起来罢工和起义与资本家斗争，弄到社会不宁，造成工厂倒闭、商店关门。所以，中国的社会革命乃是为谋国利民的革命，不是工人打倒资本家的革命。孙中山一方面说："美洲之不自由，更甚于专制国。盖专制皇帝，且口不离爱民，虽专横无艺，犹不敢公然以压抑平民为帜志。若资本家则不然，资本家者，以压抑平民为本分者也，对于人民之痛苦，全然不负责任者也。一言蔽之，资本家者无良心者也。"② 但另一方面，孙中山又反对工人用激烈的手段如罢工之类的斗争去对待资本家。工人不理解孙中山的改革和革命，商人和资本家应该支持自己的代理人孙中山革命，但由于孙中山过多地预防资本家的商业活动，加上革命引起的社会动荡影响商人的经营活动，引起商人不满。由于孙中山的思想和政策缺乏明晰性，致使该得到工、农、商各界的支持没有得到，反而造成市民和商人联合工人为难孙中山的革命，这就增加了革命的难度。所以，孙中山预言"西方社会革命难，中国社会革命易"，结果则是适得其反。

---

① 孙中山：《在南京同盟会会员饯别会的演说》，《孙中山全集》第 2 卷，北京：中华书局 1982 年版，第 319 页。
② 孙中山：《在武昌十三团体联合欢迎会的演说》，《孙中山全集》第 2 卷，北京：中华书局 1982 年版，第 333 页。

在农本商末的封建社会，商人是最没有社会地位的群体，为商者被人讽刺为奸商。在清朝统治下，由于自给自足的封建自然经济的价值观念影响，从上到下形成重农轻商的思想观念。"农本商末"、"崇本抑末"、"重农轻商"、"贵谷而贱金，农为本富而商为末富"①的传统思想，极大地妨碍了中国商业经济的发展，使中国的社会经济长期停留于一个低水平的、技术落后的农业社会。然而，孙中山并不漠视商业和商人。他对"我国因工艺不发达，商业不振兴，所用货物，多仰给外国，是以每年出口之货多生货，进口之货多熟货，以致利权外溢"②的情况不满，他强调要使国家富强必须"以农为经，以商为纬，本末备具，巨细毕赅，是即强兵富国之先声，治国平天下之枢纽也"③。而"货能畅其流"又是富国强兵的重要因素，所以他提出各级职能部门都要注重发展交通，实现"保商"政策。他说："商者，一国富强之所关"，"国政与商政并兴，兵饷以商财为表里"，"商不见保则货物不流，货物不流则财源不聚，是虽地大物博，无益也。"④"筹富国者，当以商务收其效。""谋富强者，可不急于保商哉！"⑤ 在孙中山任中华民国南京临时政府大总统期间，他也颁布了不少振兴商务的法令，提倡振兴商业。

商人在商业社会结构中是最吃香的职业，它构成社会舞台中的主要角色，最有势力的人物大都集中在商界。近代中国商人曾支持过孙中山领导的辛亥革命，也反对过孙中山领导的二次革命。所以，1919 年以后，孙中山强调要"重新革命"，并宣称要以实现三民主义为重新革命的目标。关于民生主义，孙中山一要"平均地权"，二要"节制资本"，由于要节制私人资本，孙中山处处预防私人资本的过分膨胀，实行防止"富者益富，贫者益贫"的政策。孙中山限制私人资本主义工商业的发展，防止大资本家对经济的垄断，缩小贫富差别，缓和阶级矛盾，这个考虑无疑是正确的，但因为限制了国内商人投资大型企业，加速私人垄断，变成资本之专制，孙中山采取限制私人资本主义发展的政策，当然也就不可能去鼓励和扶助私人资本主义的发展，这样的结果便造成该限制的没有限制，不该限制的被限制了。在海外经商的大商人、资本家不少，但大都不支持孙中山的革命。国内的资本家对于孙中山的革命打破了他

---

① 王韬：《兴利》，《韬园文录外编》，参见赵靖、易梦虹主编：《中国近代经济思想资料选辑》中册，北京：中华书局 1982 年版，第 16 页。

② 孙中山：《在广东旅桂同乡会欢迎会的演说》，《孙中山全集》第 6 卷，北京：中华书局 1985 年版，第 56 页。

③ 孙中山：《农功》，《孙中山全集》第 1 卷，北京：中华书局 1981 年版，第 6 页。

④ 孙中山：《上李鸿章书》，《孙中山全集》第 1 卷，北京：中华书局 1981 年版，第 14 页。

⑤ 孙中山：《上李鸿章书》，《孙中山全集》第 1 卷，北京：人民出版社 1981 年版，第 15 页。

们发财的梦想，也对孙中山不满。① 这就打乱了孙中山的建设思维，铸成失误。我们中国过去的极大不幸，就是长期以来受传统"重农抑商"思想的影响和束缚，把商业置于最不重要的经济环节，这不仅使我们国家在与列强进行的商战中处于不利地位，而且也使我们国家的商业经济发展未能逐步走上制度理性化的道路，不利于实现现代化生产与市场经济所需要的经济体制，极大地阻碍了中国社会的转型和变迁。孙中山意识到商业发展的重要性，但未能处理好与商人和商团的关系，使他和他的政府未能得到商人及资产阶级的支持，极大地局限了自己的行动，往往是想得很好，但欲达目的而不能。

综上述可见，在近代中国反帝反封建民主革命中，农民和工人阶级应当担负主力，商人应当作为本阶级代表人孙中山等革命党人的后盾，集中力量对付帝国主义支持的大地主、大资产阶级。奇怪的是，在孙中山发动革命的过程中，该动起来的农民和工人基本上没有动起来，不该动起来的商人则动了起来，并带头反对代表本阶级利益的民主政治提倡者和建设者孙中山领导的二次革命和护法运动，以及其三次建立的广东革命政权。这种士农工商阶层的错动，是孙中山领导中国民主革命的怪现象，这跟中国近代农、工、商阶级的发展错位和社会在转型中阶级利益的冲突以及外部势力的干预有关，但跟孙中山的思想和政策的失误也有关。所以，作为一个国家的领导人，他的思想、言行和政策的正确与否对于革命的成败和社会的发展关系重大。

（三）绅商与社团对中国社会的影响

孙中山与绅商和买办商人

绅商，余英时先生说，应是"绅士与商民"的简化②。绅商，是在清末中国社会出现的一个新的社会阶层，是指从官僚、士绅和旧式商人向资产阶级转化的一部分人。他们既不再是传统意识上的绅士，也不是近代工商业资本家，而是介于两者之间，具有相对统一、明确的经济和政治特征。这些人既从事工商实业活动，又同时享有传统功名和职衔，因此，可以视作新旧时代之间的一种过渡性阶层。③ 这个阶层是由取得科举功名和职衔、顶戴为标志的绅士，与从事经商、具有一定经济实力的商人结合而形成的极其活跃的社会集团。这个

---

① 关于孙中山与中国商业和商人的关系，林家有曾发表过《孙中山振兴中国商业的经济思想及其演变》一文，原载于《近代史研究》1994年第6期，又见林家有著：《孙中山振兴中华思想研究》，广州：广东人民出版社1996年版，第384~413页。

② （美）余英时著：《士与中国文化》，上海：上海人民出版社1987年版，第575页。

③ 章开沅、马敏、朱英主编：《中国近代史上的官绅商学》，武汉：湖北人民出版社2000年版，第216页。

社会集团，既掌握着文化知识，又具有维系传统社会内部稳定和社会均衡的作用。诚如马敏教授所言：绅士和商人阶层，一个高居四民之首、备受尊崇，一个忝居四民之末、受到社会的轻蔑与排挤，二者之间有着一条难以逾越的社会等级鸿沟。绅士阶层是传统社会等级结构的中枢和官僚政治的基石，绅商则是传统绅士向近代工商资本家转化的中介桥梁。绅与商的相互渗透融合，终于突破了士、农、工、商尊卑有序的传统格局，使绅与商这两个处于等级结构两端的社会阶层相互趋近和吸纳，衍生出这个具有近代因子的新的社会群体——绅商。亦绅亦商的绅商已不再是传统意义的绅士或商人，但又不够真正近代工商资本家的资格，而仅仅是介于两者之间的"过渡体"或"中介物"。它兼具新旧两个时代的性格与特征，集中体现了近代中国社会转折、过渡的历史行程，构成一个观察近代社会阶级关系转型的绝佳历史透视点。①

近代社会是一个变革的社会。绅与学、绅与商，绅学商社会阶层的联结及其反动是社会发展的一种现象，也是社会意识发生变化的一种标志，对社会发生过积极和消极的影响。正如人们所说的，不懂得绅学商阶层在近代中国进入大变革前后的中国社会中所起的作用，也就不能全面地了解和懂得这个社会。章开沅先生在为《中国近代史上的官绅商学》一书所写的"导言"中说：

    从近代中国历史来看，官、绅、商、学并无截然的分界，或官绅、或士绅、或绅商、或官商、或儒商，常多复合形态，乃至兼官、绅、商、学于一人（如郑观应、张謇、李平书等）。马敏把这种现象称之为缺乏明晰边界的粘连性，所谓粘连性简单讲就是你中有我，我中有你，拖泥带水，分化不充分。②

晚清中国社会的绅、学、商是一个相当活跃的社会群体，他们把往昔与现实及未来连接起来，对于社会发展所起到的重要作用非常明显。中国传统的"四民"社会，即士、农、工、商四个社会集团，构成大一统封建社会的基本阶级结构。明清以来，随着经济的发展、社会民生所需，催生了商品的流通，工商业都市的兴起，商业队伍的扩大，极大地提升了商人的地位，出现了士商融合，发展商业，适应近代社会的大变动。无商不富，农与商不能结合便制约了社会的发展，所以农商为国之根本、民之命脉，这种意识的加强，便使近代

---

① 马敏著：《官商之间：社会剧变中的近代绅商》，天津：天津人民出版社1995年版，第1~3页。
② 章开沅、马敏 、朱英主编：《中国近代史上的官绅商学》，武汉：湖北人民出版社2000年版，第8页。

中国社会逐步向农—工—商道路迈进，表明中国以小农经济为主体的封建社会已经趋向前进。在这个特定历史进程中产生的绅商阶层，由于他们有知识、有经济实力，又同官吏有着种种关系，他们的言与行都对社会发生影响。认识这一社会阶层，正确地争取和利用他们为社会经济和文化教育效力，便成为统治者不容忽视的行为。比如，南洋劝业会的主要发起人与经办者，江苏的绅商张謇、虞洽卿、周金箴、李平书等，被称为"商界之子"的上海著名绅商经元善、夏威夷有名的富翁、被清政府委任为中国驻夏威夷华商董事会首任董事、中国驻夏威夷领事馆的第一任领事广东人陈芳①，等等。还有一些弃吏而商、弃儒而商、致仕经商的广东商人，由于他们经商致富造成良好的社会环境，在一方土地上声名大振。所以，颇具经济势力和影响作用的绅商力量的向背对于政局的稳定和社会的发展都具有举足轻重的作用。此外，与商有关的另一股力量就是买办商人。买办是我国近代社会一个复杂的社会历史现象。买办既是外商的雇员，又是独立商人，有的买办在外商企业中设有办事机构"买办间"，或者兼营自己的生意，或者与外商合伙经营。买办是一个渗透政治、社会、生活各个层面的与外商关系密切的阶层。仅在广东，有影响的买办就有唐廷枢、徐润、郑观应、容闳、陈廉伯，其他省份还有盛宣怀、朱葆三、席正甫等等。有的买办在民族利益与个人利益发生冲突时，表现出舍小家为大家、舍己为国的爱国主义精神，是一支值得重视的社会改革力量。② 正如胡波教授在他的《孙中山与香山买办》文中所言，尽管徐润、唐廷枢、郑观应、容闳等人的经历，以及他们的经济思想、留心西学、改革思想在客观上激发了孙中山的爱国爱乡热情和反抗斗争的精神，他们在道义上和行动上对孙中山的革命活动也提供了帮助，③ 但孙中山对于与他们联络、争取他们的支持和合作似乎显得并不积极。至今为止，除与郑观应④、容闳等

---

① 有关陈芳的家族及经商经历，可参见黄启臣、庞新平著：《明清广东商人》，广州：广东经济出版社 2001 年版，第 346~355 页。
② 参见夏东元编：《郑观应集》上册，上海：上海人民出版社 1982 年版，《救时揭要》余治序，《易言》王韬序，《盛世危言》彭玉麟序、郑藻如序、陈炽序及邓华熙跪奏。
③ 胡波：《孙中山与香山买办》，广东省中山市孙中山研究会编：《孙中山研究文集》第 4 辑，2006 年印，第 210~233 页。又见胡波著：《香山买办与近代中国》，广州：广东人民出版社 2007 年版，第 245~264 页。
④ 有关郑观应的生平经历，可参阅夏东元著：《郑观应传》，上海：华东师范大学出版社 1985 年版。郑观应与孙中山同是香山人。1885 年，郑观应因"太古亏款"事闲居澳门，时孙中山在香港求学，每逢假期途经澳门，必定与郑晤聚，并且在通信中经常"研讨改革时政意见"且"非泛泛之交"。在郑观应改良思想的影响下，1894 年孙中山做《上李鸿章书》，与陆皓东赴天津上书，在上海拜访时任招商总局帮办的郑观应，郑对上书稍作修改，并致信挚友盛宣怀请向李鸿章引荐。郑在信中称赞孙中山的学识和向往，曰孙"其志不可谓不高，其说亦颇切近，而非狂士之大言欺世者所比"。随着孙中山民主革命思想的产生，郑观应与孙中山的交往和情谊也因此结束。一直到逝世，郑观应都没有再跟孙中山联系（参见王远明主编：《风起伶仃洋——香山人物谱》，广州：广东人民出版社 2006 年版，第 48 页）。

人发生过直接关系外,对于其他绅商和买办资本家,并没有看到孙中山对他们的要求和希望的态度。其实利用他们的财力和影响来获得大量的同盟者,对于反清革命和社会改革都是一股不可忽视的力量。

据查,在孙中山的文字里,虽提起过绅士,但他从未使用绅士、绅商概念。这不能理解为他不明绅士、绅商的含义,更加不能认为绅士、绅商这一社会力量,对于社会的稳定和发展所能起到的影响孙中山一概不知。孙中山认为士绅是官吏的耳目,[①] 对于绅商也没有好评,说明他对绅士、绅商存在自己的看法,认为他们既然在清朝的科举上升迁,在职为官,退休后仍为官,所以他们效清的情结使他们不能与革命为伍,因此孙中山对他们采取不屑一顾的态度。其实,孙中山这样做不能说没有道理,但不能认为他的做法完全正确。在改革和革命的征途上,杰出的领导人应该坚持为着一定的政治目的,团结一切可以团结的阶级、阶层,甚至可以同魔鬼结成联盟,但是必须肯定,是你领着魔鬼走,而不是魔鬼领着你走。利用一切可以利用的力量来为自己的政治理想和目的服务,是一切政治家必须学会的斗争本领。在这些方面,孙中山好像不太懂得其中的道理,他对于社会团体如洪门会党有所重视,对军界也有所筹谋,但对商界和学界则周旋不足,灵活性也不够,尤其是对于那些具有显赫地位的绅商联络不够,成效也不多。比如对张謇这样爱国的绅商、实业家,从文字上没有看见孙中山与他之间有何联络和交情。张謇殿试高中一甲第一名,俗称"状元",赐进士及第,授翰林院修撰,大魁天下!张謇办通州大生纱厂发迹,在上海、武汉、镇江、海州、徐州、景德镇等地兴办实业,威震一方,成为东南名流、绅商学界的领袖,并身不由己地被推上了清末民初的政治舞台,荣任江苏省咨议局议长。1912 年 1 月 1 日,孙中山在南京成立中华民国临时政府,任命张謇为实业总长。张謇是一位在地方上有经济实力并举资办学培养人才的贤达,但他也有决心抛弃清廷、转向革命的表现。[②] 可是,孙中山对张謇重视不够,张以"尸位溺职"为由,公开辞退实业总长职。这其中有张謇的原因,也有孙中山的原因。如今从客观上评论,跟孙中山对张謇不信任、不理解,不相信他可能对革命的态度会转变、会给予支持有关。

孙中山与买办商人中关系最好的是容闳。

容闳,广东香山(今珠海市)南屏人,1828 年出生,比孙中山长 38 岁,

[①] 孙中山:《建国方略之一:孙文学说——行易知难(心理建设)》,黄彦编:《孙文选集》上册,广州:广东人民出版社 2006 年版,第 87 页。

[②] 关于张謇的生平经历,可参考刘厚生著:《张謇传记》,上海:上海书店 1985 年版;章开沅著:《开拓者的足迹——张謇传稿》,北京:中华书局 1986 年版;李时岳:《爱国实业家张謇》,《从林则徐到孙中山——近代中国十八先贤传》,广州:中山大学出版社 1994 年版,第 423~443 页。

是孙中山的前辈，通过容闳的堂弟容星桥，孙中山与容闳在1900年自立军起义过程中取得联系。

据记载，1899年冬与孙中山、梁启超均有来往的唐才常，从日本回到上海，准备发动长江流域会党起义。1900年3月，容闳到达新加坡，会见康有为。容与康曾一起向新加坡当局透露，5月底中国将会有大事发生，容还询问，假如发生起义，英国政府是否愿意支持。① 容闳返回香港后，与兴中会成员谢缵泰会见，讨论合作事宜。谢致函孙中山劝他会晤容闳，并安排他与杨衢云见面，谢主张推容为维新联合党派的主席。② 容闳的堂弟容星桥当时在汉口俄国洋行当买办，经常往返上海与容闳联系。8月，容闳参与唐才常自立军起义失败，被清政府列为通缉要犯之一。9月1日，他与容星桥一起乘"神户丸"号离沪赴日本，在船中与孙中山相遇，一同到长崎。孙中山在8月22日离开横滨赴上海之前，曾发表谈话，指出：

> 在中国的政治改革派的力量中，尽管分成多派，但我相信今天由于历史的进展和一些感情因素，照理不致争执不休，而可设法将各派很好地联成一体。作为众望所归的领袖，当推容闳，他曾任驻美公使，在国内也颇孚人望。此外，对国内的李鸿章等各总督以及康有为一派也应重视，暗中联络，这样料可使政治改革方案得以渐次施行。根据这种考虑，我个人准备从中尽力，故匆匆决定回国。我并不抱任何危险激烈的企图，而是考虑始终采取温和的手段和方法。视情况还有最终赴北京的打算。已离神户并往上海的梁启超，大概也是抱着类似的想法而成行的。③

可见，这个时期的孙中山有同国内广泛联络，以实现和平改革中国政治的愿望。自立军起义的失败，对孙中山和容闳都是一个沉痛的教训，所以他们一起抵达长崎后，容闳与孙中山分道而行，容闳留住长崎，孙中山前往东京，但他们分道而不分离，各自都在思考自立军起义失败后，中国的未来应该如何才能有望复兴。此后，孙中山与容闳的关系更加密切。1900年10月下旬，孙中山想在他的新政府成立后拟推举容闳为派驻外国的特使。④ 容闳对孙中山也甚

---

① （澳）黄宇和：《三位流亡的理想主义者：容闳、康有为及孙中山（1894—1911）》，《国外中国近代史研究》第12辑，第311页。
② 陈锡祺主编：《孙中山年谱长编》上册，北京：中华书局1991年版，第204页。
③ 《支那之部》明治三十三年8月22日神奈川县知县发，秘甲第334号，中文译见《与横滨某君的谈话》，《孙中山全集》第1卷，北京：中华书局1981年，第198~199页。
④ 孙中山：《致刘学询函》，《孙中山全集》第1卷，北京：中华书局1981年版，第202页。

推崇，认为孙"宽广诚明有大志，予勗以华盛顿、弗兰克林之心志，他日见面，汝当助其成功"①。1901 年春，容闳造访台湾，谒见台湾总督儿玉源太郎，可能与商讨为孙中山购买军火有关。1902 年，香港的革命派谢缵泰、李纪堂与太平天国余党密谋起事，推举容闳为临时大总统。容闳在同年赴美筹款，因广州起义计划失败，遂居留美国至 1912 年去世。②容闳在美期间，积极为孙中山草拟筹款方案，提出在广东举事的"中国红龙计划"——准备美金 500 万、枪支 10 万、子弹 1 亿。另外还提出在中国设立工厂筹款的构想，安排孙中山在洛杉矶长堤与荷玛李、布斯会商，制订长堤计划，表明容闳晚年对孙中山革命的支持。③

可见，孙中山与买办的关系因人而异，他不一概排斥，但也不无原则地迁就。他的联络原则是视他们对清政府、对其改革意愿和反清革命的态度而定。从总的方面看，孙中山对买办商人与其对绅商一样，有联络争取的意图，但都没有取得实质性的效果。主观与客观愿望的背离，使孙中山失去了有经济实力又对清政府不满的绅商和买办商人的支持，使其改革中国社会的方针和政策缺乏实力的支撑，这是制约孙中山社会改革的一个重要因素。孙中山毕竟缺乏建立统一战线的思想，致使绅商和买办商人最后与孙中山区割，成为一种阻碍孙中山建设中国社会的消极力量。这的确是值得我们总结和研究的历史现象。资产阶级背叛本阶级的政治代表，这是清末民初中国社会的一种怪现象，但也正因为有这种怪现象才使孙中山后来与商会分割、与商团分裂，走向与工农相结合发动国民革命的新道路。

孙中山与商会和商团

中国的商会在一个多世纪的历史中占有重要的地位，它是随着中国民族资本主义经济的发展和民族资产阶级的产生而诞生和发展起来的。商会是工商业者为了保障自己的权益，为了打破旧式行会的陈规戒律，于 20 世纪初在中国建立起来的新式商人组织。它是一个有经济实力的社会团体。

光绪二十九年（1903 年）七月，清政府设置商部。1904 年，清政府商部倡导设立商会，希望通过创办商会达到"去官与商隔膜之弊"、振兴商务、保

---

① 吕芳上：《容闳、孙中山与辛亥革命》，台北《国史馆馆刊》复刊 1992 年 12 月第 13 期，第 74 页。
② （日）容应萸：《容星桥：容闳与孙中山的接触点》，吴文莱主编：《容闳与中国近代化》，珠海：珠海出版社 1999 年版，第 700~717 页。
③ 参见吴相湘：《国父传记新资料》，台北《传记文学》第 11 卷第 5 期；吕芳上：《容闳、孙中山与辛亥革命》，台北《国史馆馆刊》复刊 1992 年 12 月第 13 期。

护商人的权利之目的。① 商部奏定商会简明章程26条,规定:"凡属商务繁富之区,不论系会垣、系城埠,宜设立商务总会。稍次之地设立分会,仍就省分隶于商务总会","商务总会派总理一员、协理一员,分会则派总理一员,应由就地各会董齐集会议,公推熟悉商情、众望素孚者数员,禀请本部酌核,加札委用,以一年为任满之期"。商会董事由就地各商家公举为定,总会董事约20员至50员为率,分会约自10员以至30员为限,就各地商务的繁简以定多寡。所举会董须在才品、地位、资格、名望诸方面具备一定的条件,方才合格。② 随后,上海商务总会、天津商务总会、汉口商务总会、苏州商务总会、广州商务总会纷纷成立。

商会是近代中国的社团,它与行帮、会馆不同,但又与它们有渊源,以商人为依托。商会是商界的组织,但与政府关系密切,又因为商会以商人为依托,它又具有商人在商言商的本质。商人既包含大资产阶级,也包含小资产阶级和民族资产阶级,诚如虞和平先生所言:"商会作为一种资产阶级社会团体,它既有资产阶级的属性,又有社会团体的属性。从资产阶级属性来说,它反映了资产阶级的利益,力图促进中国资本主义的发展,支持和欢迎有利于己的政治和经济变革,反对和抑制不利于己的政治和经济动乱;从社会团体的属性来说,它反映了一切社会团体所固有的社会整合功能,力图把整个工商界紧密地联织起来,形成一个大而有力的资产阶级利益集团,为实现自己的利益而奋斗。"③ 可见,商会的出现无论对于资产阶级本身的发展,还是对于近代中国的政治、经济乃至文化的进步,以及社会的整合均起到积极的作用。

孙中山领导的民主革命,从本质上说乃是资产阶级的革命,但不能说,孙中山即代表民族资产阶级的利益。他领导的革命是反帝反封建的,是为了实现国家的独立、民主和富强,所以他是代表爱国者和被压迫者的利益。他领导的革命是为了扫除阻碍中国工商业进步的基础,实现国家从传统农业社会向工商业社会转型,完成中国由传统封建君主政治制度向现代民主政治制度的转变。这是一场关系到守旧与进步、愚昧与文明、封闭与开放的变革,是属于全方位,包括政治、经济、社会、文化彻底变革的革命。毫无疑问,这场革命的胜败都关系到国家、民族和社会的前途、荣辱与进退。

孙中山领导的旧民主主义革命既然是要反帝反封建,实现民族独立和社会民主、国家富强的任务,它所依靠的阶级基础也就具有广泛性,它不仅仅包括

---

① 章开沅、马敏、朱英主编:《中国近代史上的官绅商学》,武汉:湖北人民出版社2000年版,第515页。

② 《天津商会档案汇编》上册,天津:天津人民出版社1989年版,第21~23页;又见王世刚主编:《中国社团史》,合肥:安徽人民出版社1994年版,第262页。

③ 虞和平著:《商会与中国早期现代化》,上海:上海人民出版社1993年版,第2页。

民族资产阶级、小资产阶级，而且还包括广大的工人、农民和城镇的劳动大众。作为资产阶级以及它的社会团体，商会按理应该积极主动地支持革命党人，为实现建立一个独立、民主和文明、进步的资本主义社会尽力，完成本阶级的政治历史使命。

但是，以资产阶级为主体的商人和商会同以孙中山为代表的革命党人有合作又有矛盾，有支持又有反对，支持和合作都是暂时的，时冷时热的关系反映了革命党人与商人的复杂关系。如果以商会代表民族资产阶级，那么资产阶级便始终没有坚定地支持和参与孙中山领导的民主革命，孙中山的革命党也没有自始至终地将资产阶级作为革命的阶级基础并依靠它们进行革命。所以，孙中山与资产阶级，以及以它为主的社会团体——商会和商团的关系也是若即若离、扑朔迷离的。这种关系制衡着孙中山民主革命的进程和结果，也造成孙中山与商会和商团的复杂和不信任的关系，为孙中山晚年实施扶助农工的政策，依靠广大农工大众进行国民革命奠下了思想和阶级基础。

商会本应以商务为本务，以"讲求商务"、"联络商情"、"开通商智，调查商务"、兴商学、开商智、受理商事纠纷、保护工商利益为主要职责，但由于工商业的发展受到内外诸多因素的压迫，发展受阻，所以商会为了保护工商业者的利益对政治极度敏感，由关心政治到投身政治，由"在商言商"到"在商不言商"再到参与政治干预政治，走上一条与本阶级的代理人孙中山对抗和不合作的道路。商会在1905年的抵制美货运动中，在保路运动中，上海、江苏、四川、广东等地商会在争取商办权的斗争中，以及在立宪请愿运动中都发挥了积极作用。武昌起义后，武汉、上海、广州等地商会也不同程度地支持革命党人发动反清起义，为各省响应创造了良好的条件。① 与此同时，各地商会也纷纷成立，至1912年，全国各地共成立商会920余所，其中商务总会49所，并成立了中华全国商会联合会。② 辛亥革命后的10年间，民族资本主义十分活跃，出现了新一代从事工业生产和采用工资雇佣制的企业家。对外贸易总值也不断增长，从1918年的10.4亿两上升到1923年的16.7亿两。③

然而，商人终究是商人，商人的家业及受"钱孔"局限的视野、趋安厌乱的习性，使其在日益高涨的群众运动面前显得相当保守，在政治斗争中缺乏

---

① 参见王世刚主编：《中国社团史》，合肥：安徽人民出版社1994年版，第271~276页；徐鼎新、钱小明著：《上海总商会史（1902—1929）》，上海：上海社会科学院出版社1991年版，第93~165页；邱捷：《广东商人与辛亥革命》，《孙中山领导的革命运动与清末民初的广东》，广州：广东人民出版社1996年版，第245~282页。

② 参见章开沅主编：《辛亥革命辞典》，武汉：武汉出版社1991年版，第369页。

③ （美）费正清主编：《剑桥中华民国史》，章建刚等译，上海：上海人民出版社1991年版，第797~798页。

铤而走险的勇气及坚持斗争的毅力。由于长期以来商人受歧视、遭贬抑的社会情境，它有时有革命的要求和同情心，但由于它们在官府面前的卑屈心理以及受封建伦理道德束缚造成的分裂性格，又赋予商人踌躇犹豫、谨言慎行的外在特征。商人视钱如命，他们往往以能否赚钱、赚多少钱作为衡量政治和社会良善的标准。所以，资产阶级对于革命造成的社会不安、影响其生意具有极度的敏感，当革命遭受挫折，或一次革命未完，二次革命又起的不断革命触犯本身利益时，又表现出动摇和反对。辛亥革命爆发后，东北及天津等地商会曾协同清朝地方势力维持反动秩序，"二次革命"后，上海商会和工商界的大多数人又从原来的革命同盟者转为革命的反对者。由于盗匪猖獗及社会治安的极度恶化，广州商团初时对于政治的态度也相对冷淡，但对于"举办乡团"捍卫本身利益的要求则极其迫切。这都是商团所具有的两面性格的具体表现。

商团是由商人及其子弟为主体组成的武装团体。1905 年上海商人首先成立的体育会（体操会）是近代商团的前身。它是辛亥革命时期以商人为主体成立的一种准武装性组织。可见商团之设，始于上海。广州商团成立于 1911 年，由广州七十二行商分任联名劝办，每行挑选团长 1 名，以品行纯正、声望素孚者为合格。在此基础上"联为一大团，名曰广州省城总商团"。《粤省商团草章》规定广州省城总商团的宗旨在于"商团之设，原为防御内匪，保全生命财产，维持公安起见，其他事项概不干预"①。广东商团组建在于防御包括革命党人在内的"内匪"，遭到革命党人的抨击。4 月 27 日（阴历三月二十九日）广州黄花岗起义后，部分革命党人退据佛山一带与清军继续激战。佛山商团募集商团 250 余名人员，交清军统带罗廷选、管带刘浦全指挥，并配合警兵分队出巡。顺德、广州的商团也与军警密切配合防御所谓"内匪"。可见，广东同全国其他地方一样，商团的大量涌现是辛亥革命的结果，商团一成立就成为镇压革命党人的帮凶。②

商团与传统的封建势力关系密切，同各级官吏的关系也相当复杂。所以，商团与其说是为了保护商人的利益，还不如说是为了社会的稳定有意地与当道者结合分享经济利益更加确切。表面上看，商团在政治上比较保守，处处表现得谨小慎微，唯恐得罪当局让自己利益受损，但当革命与反革命势力进行政治大搏斗时，历经劫难、受创巨深的工商界及其所代表的商会、商团又容易反向为背，抵制革命。商人阶层是最有势力的社会群体，且具有雄厚的经济实力，他们对社会具有一定的控制力。所以，他们的政治态度如何，对民主革命和社

---

① 《粤省商团议草》，《民立报》1911 年 5 月 6 日。
② 参见敖光旭：《广东商团与商团事件：1911—1924》，中山大学博士学位论文，2002 年 5 月 21 日印，第 10 ~ 15 页。

会建设的成败关系极大,对政局的稳定也起着举足轻重的作用。

中国商人对孙中山领导的革命态度反复无常,起初孙中山显得有点无奈。大概说来,在 1918 年《实业计划》一书写就之前,孙中山还是尽力在做商人的工作,要他们分清是非,坚持"支持正义事业",鼓励振兴商业,繁荣社会经济;1918 年以后,则采取限制私人垄断资本掌控国家经济命脉,推行"节制资本"政策,前后期孙中山对振兴商业态度的演变,正是他思想发生变化的具体反映。

1894 年 6 月,孙中山在《上李鸿章书》中提倡保商政策,"国政与商政并兴,兵饷以商财为表里","商不见保则货物不流,货物不流则财源不聚,是虽地大物博,无益也"。① 直至 1911 年辛亥武昌起义后,孙中山还多次批示要保护商场,以及振兴商业银行,注重商品流通,安定民心。

1916 年 7 月 15 日,孙中山在上海出席驻沪粤籍国会议员举办的尚贤堂茶话会,并发表演说指出:"权利为人类同具之观念,仆不能自外于人类,何能独忘乎权利",但他又以广东商人自对外通商以后由富而穷、由盛而衰的历史告诫上海商人,如果不欲起改革,不参与政治则很难"以绵吾全国同胞奕世不失之大权利"②。对商人不支持他的护国斗争表现出无可奈何,他说:"今当与诸君言建设矣。国家如商业公司然,股东赢利,必无向隅之伙友,若伙友仅谋赢其私利,则股东蹶而伙友无立足地矣。故谋国者,无论英、美、德、法,必有四大主旨;一为国家谋吃饭,二为国家谋穿衣,三为国民谋居屋,四为国家谋走路。衣食住为生活之根本,走路则影响至国家经济、社会经济矣。"③ 孙中山敬告商人要留心政治,要支持正义事业,要懂得国家"治国安民之大经",如果"吾国商人鲜留心政治,孳孳营业,以求发财,以为国政与商无涉。不知国政之良窳与发财有极大关系。国不治不能发大财,即发财亦不能持久。……故商人不留心政治,实大误也"。④ 孙中山指出:"政治为商业根本,无政治即无商业。试观租界操行政权之工部局董事,皆外商而非外官,可见商人与政治有密切关系。"他希望"商界诸公,同心协力,襄助发展工商、农矿各种事业"。⑤ 孙中山把振兴商业让商人发财与改良政治结合起来,意图是想通过振兴商业给商人提供赢利发财的机会,劝说商人支持他的爱国之举,以便

---

① 孙中山:《上李鸿章书》,《孙中山全集》第 1 卷,北京:中华书局 1981 年版,第 14 页。
② 孙中山:《在沪尚贤堂茶话会上的演说》,《孙中山全集》第 3 卷,北京:中华书局 1983 年版,第 321 页。
③ 孙中山:《在沪尚贤堂茶话会上的演说》,《孙中山全集》第 3 卷,北京:中华书局 1983 年版,第 322 页。
④ 《记孙中山先生政见演说会》,上海《民国日报》,1916 年 7 月 18 日。
⑤ 《旅沪粤侨欢送三总裁》,上海《民国日报》,1920 年 11 月 25 日。

他更好地为国家谋富强，为社会谋进步，为民众谋福祉。

1919年五四运动后，孙中山将中华革命党改组为中国国民党，并公布了规约，"以巩固共和，实行三民主义为宗旨"，说明孙中山深切地认识到，民国虽成立，但革命宗旨三民主义并没有实现，这就为他晚年"重行革命"奠定了思想基础。这里所说的三民主义的民生主义，孙中山将其归纳为两个内容：一是要"解决土地问题"，二是要"解决资本问题"。所谓"解决资本问题"，也就是要"节制私人资本"，发展国家资本，防止"富者益富，贫者益贫"① 现象的发展。

可见，从1919年中国国民党宣布政纲时起，孙中山有意采取措施限制私人资本主义工商业的发展，这对于商人、商会、商团是一个不好的消息。孙中山在晚年谈他的民生主义时说："民生主义就是平民反对资本家，穷人反对富人的反动。"② 并明确地指出："我们的民生主义，目的是在打破资本制度。"③ 这种思想一旦确定下来，他就不可能鼓励国内商人投资工商业，更加不允许他们去大发财、去掌握国家的经济命脉。

1921年孙中山南下广州，准备建立政权举兵北伐，统一中国。滇军、桂军、粤军进驻广东，庞大的军费开支，各军的苛求苛索、滥征税饷，使得市民、商人不堪其苦。1922年6月陈炯明叛变，混乱的政局带来混乱的经济，扰乱了社会，造成商人和市民的不满。与此同时，广东商团由陈廉伯接任黄鹭塘为总团长后，获得快速发展。"加入商团的商店，要出资购置枪支子弹服装，并派出人员参加商团军。"④ 粤港商界强人陈廉伯在1919年至1924年间任粤省商团总团长后，在"官之卫民，不如民之自卫"原则的鼓动下，商团军迅速发展，并发动罢市向孙中山的广东政权叫板。广州附近的佛山、顺德、九江、乐从，乃至江门各地的商团又与广州组织联团，要求发枪。为此，陈廉伯从外购置枪支弹药武装商团，与广东革命政府抗衡。正当陈廉伯春风得意之际，共产国际趁机引入阶级斗争的理论，通过鲍罗廷要求中共向孙中山施加压力，同时又从苏联运来枪支弹药武装黄埔学生军、工团军、农团军，鼓动吴铁城的警卫军及滇军、湘军与广州商团军进行生死斗争。孙中山毕竟是政治家，

---

① 孙中山：《国民党恳亲大会纪念册序》，上海《民国日报》1921年3月19日；又见陈旭麓、郝盛潮主编：《孙中山集外集》，上海：上海人民出版社1990年版，第30～31页。
② 孙中山：《在桂林军政学七十六团体欢迎会的演说》，《孙中山全集》第6卷，北京：中华书局1985年版，第4页。
③ 孙中山：《民生主义第三讲》，黄彦编：《孙文选集》上册，广州：广东人民出版社2006年版，第652页。
④ 林郎如等：《广东商团叛乱始末》，《广东文史资料·中国国民党"一大"史料专辑》第42辑，广州：广东人民出版社1984年版，第243页。

他权衡各方力量，以及同商团决裂的后果，开始时主张与广州商团谈判，消除矛盾求得谅解，主张将被扣商团从外购买的枪械发还给商团，条件是商团不要再煽动商人罢市，扰乱治安。后来由于胡汉民、蒋中正等人一再劝说孙中山要与商团决战、解除商团的武装。但广州总商会、粤省商团联防决定于1924年10月10日启动第二次全省大罢工，广州市工人代表会等数十团体，在广州第一公园举行盛大集会和游行反对商人罢市，商团开枪扫射工团军与学生军发生惨案，并最后由国民党政府发动镇压商团的事件。这预示着中国国民革命"合力革命"的终结及"阶级革命"的开端。①

从商人与孙中山关系变化的曲折历程，我们可以看到在封建农业社会里商人被视为士、农、工、商阶层之末，没有地位，后来在工商业发展中，商业有所发展，但在"重农抑商"传统观念的束缚下，商业始终被置于不重要的经济环节，没有下大功夫去抓商业的发展。1912年后，诚如孙中山所指出的："就吾粤言，上年光复，兵不血刃，市不易廛，举动文明，中外称许。徒因民军云集，冲突频闻，复有王和顺辈者，包藏祸心，图谋不轨，以致行者戒途，居难安枕，此等状态，邦人诸友当能念之。幸而一举扑灭，于是得所藉手，以次第遣散民军，粤局于焉敉平，商民于焉复业。"② 辛亥革命后广州商人由于民军及其他匪贼的骚扰，商民受困，发展受阻，自然心中不悦。加上某些商会、商团领导人出于对革命的恐惧而作出某些消极的行为，政治运动中商人摇摆不定的立场，又让革命党人视它为对立物，有的地方还发生镇压商团的现象。商业不振，工商界不理解不支持孙中山等革命党人的革命，这不仅使我们国家在与列强进行政治、经济和军事斗争中处于不利的地位，也使我们国家的工商业经济发展受阻。这样的结果不仅不利于中国实现现代社会化生产与市场关系所需要的经济体制，更重要的是，由于商团与政府间的不和谐，影响了未来政治的走向。商人不满现实造成对革命政府的对立情绪，成为商人干预政治的缘由。所以商人不言商，反而干预政治，不是由政治良好来推动商业的发展，而是由商人来破坏革命政府，这是我们中国过去的极大不幸。③

从孙中山对商人和商会、商团的态度来审视，虽然前后有所不同，但他的基本立场是重视发展商业。商业不发展，民生主义的衣食住行问题都不可能解

---

① 有关共产国际与孙中山及国民党镇压广州商团的原因，参阅敖光旭：《共产国际与商团事件——孙中山及国民党镇压商团的原因及其影响》，原载《中国社会科学》2003年第4期；又见林家有、李明主编：《孙中山与世界》，长春：吉林人民出版社2004年版，第198~228页。

② 孙中山：《通告粤中父老昆弟书》，《孙中山全集》第2卷，北京：中华书局1982年版，第351页。

③ 林家有：《孙中山振兴中国商业的经济思想及其演变》，原载《近代史研究》1994年第6期，又见林家有著：《孙中山振兴中华思想研究》，广州：广东人民出版社1996年版，第412~413页。

决，但他又在一定程度上限制私人资本主义的发展，关键在于他认为资本主义是以赚钱为目的而不是以"养民"为目的，从而又产生了对商业资产阶级的疑虑和防范。孙中山对商业、商人和商团存在矛盾的心态，他既要争取商人对他革命的支持，在一定程度上一定时期内提倡发展商业；但他又担心私人资本主义过于发展，掌控国家的经济命脉，影响他民生主义的实行。最后发展到与商人、商团对抗是他不愿意看到，但为维护政权又不能不采取的政策。商人与政府的矛盾、冲突造成商人与革命政府之间的纠葛、矛盾和斗争，既影响商业经济的发展，又造成市场经济的困境，其中原因很复杂，这与孙中山等人对中国早期资本主义和对商人的偏见有关，也跟社会传统的"农本商末"观念未能破除、重商兴国的新思维未能树立有关。

孙中山与会党

陈旭麓先生说过："不懂会党，就不会懂得进入近代前后的中国社会，或不能全面地懂得这个社会。"①

社会是一个整体，除了经济和政治机构这个构成社会的要件因素外，社会的组织、团体，以及许多社会现象，也是考察社会的重要因素。家族组织是以血缘为纽带，以农村为区域的组织；行会组织则是以工商业为纽带，主要分布于城镇；此外，还有会党这个特殊的社会组织。近代中国的会党是病态社会的反映，如天地会、哥老会等虽是基于抗清要求而产生的，但又是求生存的一种手段，这些会党有说是产生于康熙年间，有说是产生于乾隆中期。② 陈旭麓先生认为，天地会既然是基于"反清复明"的政治要求而产生的，所以天地会产生于乾隆中期的说法引起许多人的异议，他也不以为然。从洪秀全到孙中山及陶成章在《浙案纪略》中所论述天地会的源起，都主康熙说，断非无据。会党是游民组织，是那些失去土地的农民，以及失业的城镇手工业者的游民阶层谋生的集合体。它是秘密结社，又以非常的手段从事带有拉帮结派的行为，被封建社会视为异己力量，但它打破地界限制，讲五湖四海，歃血联盟，朋友加兄弟，一人有难，大家相帮，因此它具有反抗压迫、穷人相帮的互助性质。所以，以天地会为代表的会党势力，"由反清的政治斗争结合畸形的经济生活，形成一种特殊的社会组织，既是变态的又是现实的，既是游离的又是一体的，即分解着封建体制又无自己的新出路，它的存在与繁衍，明显地表现了进

---

① 陈旭麓：《秘密会党与中国社会》，《陈旭麓文集》第2卷《思辨留踪》上，上海：华东师范大学出版社1997年版，第219页。
② 参见蔡少卿著：《中国近代会党史研究》，北京：中华书局1987年版，第45~57页；周育民、邵雍著：《中国帮会史》，上海：上海人民出版社1993年版，第3~25页。

入近代前后中国社会面临的危机"①。

哥老会是清末流传最广、势力最大的秘密结社。关于它的起源、性质及其名称的由来,众说纷纭。哥老会与天地会一样都是清末在中国形成的无业游民组织。蔡少卿先生在《关于哥老会的源流问题》一文中对哥老会进行深入的考察,认为"哥老会发源四川的啯噜会,是由啯噜会逐步演变而成的",是由四川本地的破产劳动者、无业游民结成的互助自卫团体。② 蔡先生的见解得到不少会党史研究学者的认同。啯噜是四川人对于游民盗窃团伙的俗称,它的活动在乾隆初见于文书。哥老会的形成在太平天国农民起义前夕,在内战期间得到很大发展。19 世纪 70 年代后,哥老会向长江中下游地区及南北各省蔓延,19 世纪末有 19 个省有哥老会活动,对社会的变迁产生重要影响。由于失业造成的盗窃问题,清政府中的有识之士并不是没有认识其危害,但要解决失业的问题则无能为力。帮会造反唯有镇压,但这治标不治本,是清王朝日趋没落、行将崩溃的症候。③

对于会党这样一个既可成事又可败事的两面性社会组织,进步的社团和政党对它既有利用的价值,但又必须改造其破坏性和劣根性。然而,这是两难的任务,利用不易,改造更难,这是由会党的性质及其成员的复杂性决定的。所以进步的人物或政党对会党往往是利用不成就抛弃,对其改造就更是说的多做的少,所以近代会党的结局都是悲惨的。因而,解决会党问题,要从源头抓起。首先是要通过发展经济解决民生问题,尽量减少其为了生活铤而走险的可能性;其次就是发动全社会关心失业、无业人群,通过社会保障体系的建立使其能安分守己。但要如此,也不容易。孙中山及其革命党对会党很重视,也力图通过解决其衣食问题,将其改造成为有利于革命党进行改造清代政治、实行"良政治"的社会进步力量,然而孙中山对于会党的利用、改造和依靠都不成功。孙中山在开始革命时,考虑过利用会党发动反清起义。他说:甲午"中日战争既息,和议告成,而朝廷即悍然下诏,不特对于上书请愿之人加以谴责,且谓此等陈请变法之条陈,以后概不得擅上","吾党于是怃然长叹,知和平之法无可复施。然望治之心愈坚,要求之念愈切,积渐而知和平之手段不得不稍易强迫"。因此拟决定成立兴中会,"兴中会之总部,设于上海。而会员用武之地,则定于广州"。为什么定于在广州向清政府发难?孙中山是想到用当时广州的游勇、流民、盗贼的会党力量。他说:

---

① 陈旭麓:《秘密会党与中国社会》,《陈旭麓文集》第 2 卷《思辨留踪》上,上海:华东师范大学出版社 1997 年版,第 202~205 页。
② 蔡少卿著:《中国近代会党史研究》,北京:中华书局 1987 年版,第 207~209 页。
③ 参见周育民、邵雍著:《中国帮会史》,上海:上海人民出版社 1993 年版,第 223~227 页。

1895年北方战事既息之后,广州军队之被政府遣散者约居四分之三,此等军队多散而为流民,为盗贼。即其未解散者亦多愤懑不平,群谓欲解散则全体解散,欲留用则全体留用;然当事者充耳若弗闻也。吾党于是急起而运动之,冀收为己用。①

1902年欧榘甲在《新广东》杂志发表文章指出:1895年6、7月间,广东归善、永安、长乐一带会党起事,聚众达二三千人,"广东之兵,而私会亦居其半,且有居八九者焉"。所谓私会亦即会党,"此私会也,人类不齐,流品最杂,为纳污藏垢之巢窟,其入会也,不过便于出门过埠,无敢欺凌已耳,或倚人众以行强,或借放马以糊口已耳,至于扑满扶汉之宗旨,有所谓大佬先生,亦不知为何物者"。②所以,要将会党改造成为反清的势力,必须下大功夫对会党进行教育和改造,对此孙中山是有所认识的。比如1905年2月4日,孙中山为旧金山致公党起草重订新章程中就强调:"原夫致公党之设,由来已久。本爱国保种之心,立兴汉复仇之志,联盟结义声应气求,民族主义赖之而昌,秘密社会因之日盛。"但因为它的宗旨太旧,每多不合时宜;"维持乏人,间有未惬众意。故有散漫四方,未能联络一气,以成一极强大之团体,诚为憾事。近且有背盟负义、赴入歧途、倒戈相向者,则更为痛恨事"。所以,孙中山下决心将致公党这个海外洪门会党组织改造为"联合大群,团集大力,以捍御祸害、赒恤同人"、"以图光复祖国、拯救同胞"、"先清内奸而后除异种",以"驱除鞑虏,恢复中华、创立民国、平均地权"为致公党的宗旨。③孙中山对致公党的改造可谓心切,亲自制订的章程很完整,要求和希望也很高,可是效果并不理想,主要原因是致公党品流庞杂,虽有组织,但无纪律,改造殊难。

1897年初,孙中山在伦敦与翻译他的《伦敦被难记》的俄国译者谈话。当俄国人询问孙中山,您的党控制的那些秘密会社聚集了多少人时,孙答:"要知道,这些会员的人数我恐怕算不准,但我可以告诉您,在我们的中心省份湖南和湖北,有四分之三以上的居民都加入了秘密会社。""东南各省也遍布着许多秘密组织,甚至在中国的其他地方,这些组织都在蓬勃发展,尽管不像上述省份那样起到举足轻重的作用。这些秘密组织的所有成员,看来正准备

---

① 孙中山:《伦敦被难记》,《孙中山全集》第1卷,北京:中华书局1981年版,第52页。
② 太平洋客(欧榘甲):《新广东》,载《辛亥革命前十年间时论选集》第1卷上,北京:生活·读书·新知三联书店1977年版,第302页。
③ 孙中山:《致公党重订新章要义》,《孙中山全集》第1卷,北京:中华书局1981年版,第259~270页。

拿起武器。"① 可见，在 1895 年 10 月孙中山与郑士良等人密谋在广州发动会党、绿林、游勇起义失败，孙中山逃离广州赴香港、抵日本、转至檀香山，由纽约赴英国抵伦敦被清驻英公使囚禁前后，对于会党都寄予很大的希望，企盼会党作为反清的主力。1899 年春夏间，孙中山往返于日本东京、横滨、长崎等地，宣传革命，结识同志。为再次策划武装起义，派毕永年偕日本人平山周等赴湘、鄂各地联络哥老会，提出了兴中会和哥老会联合反清的建议。孙中山得知在湘、鄂联络会党有所进展，并决定在湘、鄂、粤同时发动反清起义。② 此后，在孙中山及郑士良领导的惠州三洲田起义（1900 年 10 月），以及同盟会成立后，在湘、赣与哥老会发动的萍、浏、醴起义（1906 年 12 月），广东的潮、惠、钦、廉四州起义，尤其是 1907 年 5 月 22 日潮州饶平县黄冈镇起义，都是以三合会为主力。这些起义屡起屡败的原因比较复杂，但与会党组织本身存在的缺点不无关系。

孙中山后来在《孙文学说——行易知难（心理建设）》文中回忆自己的经历时，对于会党及自己改造会党的想法和失败有所总结。这个总结说明了他对会党的认识过程及自己的无奈情况。孙中山说：

> 当予肄业于广州博济医学校也，于同学中物识有郑士良号弼臣者，其为人豪侠尚义，广交游，所结纳皆江湖之士，同学中无有类之者。予一见则奇之，稍与相习，则与之谈革命。士良一闻而悦服，并告以彼曾投入会党，如他日有事，彼可为我罗致会党以听指挥云。……
>
> 及予卒业之后，悬壶于澳门、羊城两地以问世，而实则为革命运动之开始也。时郑士良则结纳会党、联络防营，门径既通，端倪略备。③

可见，孙中山在酝酿反清革命之初就通过郑士良联络会党准备起义反清。随后，孙中山到檀香山创立兴中会又深入洪门社会，发动洪门会党支持国内革命。在这过程中孙中山发现，美洲华侨中之洪门皆以"反清复明"之宗旨结为团体，为防政府之察觉，洪门极为秘密，而政府之爪牙为官吏，而官吏之耳

---

① 孙中山：《与〈伦敦被难记〉俄译者等的谈话》，《孙中山全集》第 1 卷，北京：中华书局 1981 年版，第 87 页。
② 参见广东省哲学社会科学研究所历史研究室等单位合编：《孙中山年谱》，北京：中华书局 1980 年版，第 40～41 页。
③ 孙中山：《建国方略之一：孙文学说——行易知难（心理建设）》，黄彦编：《孙文选集》上册，广州：广东人民出版社 2006 年版，第 84 页。

目为士绅,故凡所谓士大夫之类"皆所当忌而须严为杜绝"。孙中山认为,以此条件立会,其最终目的乃在于传承民族主义,以期达其"反清复明"之目的。多数华侨不了解洪门组织的"反清复明"口号的含义,而且"复明"含义也过时。所以孙中山认为,"洪门之拜会,则以演戏为之,盖此最易动群众之视听也。其传布思想,则以不平之心、复仇之事导之,此最易发常人感情也。其口号暗语,则以鄙俚粗俗之言以表之,此最易使士大夫闻而生厌、远而避之也。其固结团体,则以博爱施之,使彼此手足相顾,患难相扶,此最合夫江湖旅客,无家游子之需要也。而最终乃传以民族主义,以期达其反清复明之目的焉"①。孙中山明白,海外洪门与国内会党存在同样的问题,那就是洪门会党多是江湖游客、无家无业游子,他们为了生计而结合,为了求出路而结社,但没有理想和明确的目标,他们的行为与士大夫格格不入。靠他们成不了大事,但在当时没有他们连小事都成不了。因为会党的"反清复明"与革命党人的"革命排满"目标接近,所以,孙中山及其革命党联络和利用洪门会党,也并非长久之计,只是作为一种反清权宜的手段在运用。

然而,孙中山领导的辛亥革命若无会党在各地举行轰轰烈烈足以令清廷丧胆的起义,也不会有后来新军武昌起义的胜利,所以对于会党的作用也应该充分肯定。可是,会党成员成分复杂,缺乏革命的意识和觉悟,山头林立,难以统一指挥,会党中人没有受过军事训练,尤其缺乏严格的组织纪律性,又缺乏广泛的群众基础,孙中山早期利用会党作为反清的主力,虽然取得某些效果,但也是斗争策略上的严重失误。经过同盟会领导的粤、桂、滇反清起义后,有些革命党人开始注意从实际出发,重视深入群众做新军的发动工作,并开始考虑策略问题和战略的转移。孙中山等人从实践中认识到,会党的性质决定了"其战斗力不如正式军队",在诸役影响下,"今后军队必须继起",对军队之运动,"宜加注重于连排长以下"。此后,孙中山和革命党人在继续联合会党的同时,将重点转向策动日益倾向革命的新军起义。这种依靠新军进行反清革命新思维的出现,是革命党人总结和吸取利用会党发动起义失败的教训的结果,革命战略开始转移,找到了克敌和胜利的法宝。这是新的进步。②

由于孙中山与革命党人无力改造会党,尽管会党和海外洪门在辛亥革命中作出积极的贡献,但因会党与革命党对反清革命的宗旨不同,加上会党又经常结集骗取财货和从事暗杀破坏大局、扰乱治安,革命党与会党的矛盾随着辛亥革命的胜利日益凸显出来,最后革命党人决定取缔会党、镇压会党,造成会党

---

① 孙中山:《建国方略之一:孙文学说——行易知难(心理建设)》,黄彦编:《孙文选集》上册,广州:广东人民出版社2006年版,第87页。
② 参见林家有主编:《辛亥革命运动史》,广州:中山大学出版社1990年版,第261~262页。

的悲剧。因此最终导致革命党人与会党联盟的破裂,"二次革命"也由于缺乏社会广泛的同情和支持即起即败。① 这有孙中山及革命党人对会党的利用和改造不成功的原因,也表明孙中山和革命党人没有真正解决革命应该依靠谁的问题。所以,孙中山及革命党人对于争取利用会党的结果是希望与失败同在,也是同志加兄弟与敌对和悲愤同在。如何解决和处置游民、会党等社会问题,则成为近代中国社会改造和建设的一桩繁重而又烦恼的大事。

(四) 宗族制度对中国基层社会的维系

何谓宗族？说法不一。陈其南说："'宗族'之称不过是证明以父系继嗣关系,即所谓'宗'所界定出来的群体。这个宗族群体可以是缺乏实际社会功能的人群范畴（category）,也可以是带有各种不同功能作用,彼此互动的社会群体（group）。"② 宗族,既包括内部系统关系较清楚的"宗族"（Lineage）,也含有松懈的同姓继嗣群体的"氏族"（Clan）。③ 冯汝康先生则认为："宗族是由男系关系的各个家族,在宗法观念的规范下组成的社会群体。"④ 宗族在不同时代的活动和表现有所不同。从先秦时代的商、周,乃至秦汉至明清以及现代有明显的变化,因此宗族的定义也须有相应的不同。冯尔康先生说,上述定义大约用在先秦典型宗法制时代最为合适,汉至清间也基本适用,唯在宗法具体内容上颇多改变,宗法制规定的某些削弱,因此可以把宗族称为家族。而现在的宗族姓氏相同的人,不一定有血缘关系,所以把宗族定义为具有相同姓氏的人们的群体就不合适。同姓可以有血缘关系,但也可以没有血缘关系。所以,宗族、家族必须具备下列要素：①男性血缘系统的人员关系;②家庭为单位;③聚族而居或相对稳定的民居住区;④有组织原则、组织机构和领导人进行管理。前三点是宗族、家族形成的基本条件,而后一点才使之得以成为社会的组织。没有后一条,居于一定的有男系血缘关系的各个家庭,只是族的关系,而不成为宗族、家族组织的成员,不构成社会群体。⑤ 族有族长、族规和"族团",族团拥有武装,成为维护地方社会秩序和宗族的势力。宗族的制度化、组织化、自治化是近代中国一种控制地方社会举足轻重的

---

① 有关辛亥革命与会党的关系,孙中山与会党的合作与离异,可参见周育民、邵雍著：《中国帮会史》,上海：上海人民出版社1993年版,第289~470页；蔡少卿著：《中国秘密社会》,杭州：浙江人民出版社1989年版,第282~308页。
② 陈其南著：《家庭与社会》,台北：联经出版事业公司1980年版,第217页。
③ 参见周积明、宋德金主编：《中国社会史论》上卷,武汉：湖北教育出版社2005年版,第293页。
④ 冯尔康等著：《中国宗族社会》,杭州：浙江人民出版社1994年版,第10页。
⑤ 参见冯尔康等著：《中国宗族社会》,杭州：浙江人民出版社1994年版,第10~11页。

力量。清朝中央政府只能坐视其力量的增长，但无力加以扼制。

孙中山出生的中国广东省香山县翠亨村，虽然是一个村落，但姓氏颇多，全村60多户，杨、陆两姓是财雄势大的富绅，被称为村中"上等人"，并一度掌管村政；冯姓、孙姓进村较早，麦姓、潭姓续后迁居翠亨，何姓搬迁最迟，这些居民当时被称为"平民"；钱、梁、陈姓人多被卖身为奴，称作"下户"。①杨、陆、冯为村中的三大姓，孙姓在孙中山出生前后只有六七户，属小姓，但因与邻近迳仔蓢孙姓系一家族，且孙德、孙尊贤等人曾与杨、陆、冯三姓代表共同掌管村政事务，故孙姓在村中亦具有较高的社会威望和家族地位。②

根据《翠亨孙氏家谱》记载，孙中山先祖在广东境内先后有过四次搬迁，第一次是在明朝成化（1466—1487）前后，五世孙礼赞（字玄）由东莞上沙乡迁居香山县涌口村；第二次是在清朝顺（治）、康（熙）年间，十一世孙瑞英由涌口村迁居迳仔蓢村；第三次是乾隆八年（1743）左右，十三世孙逈千搬回涌口村生活；第四次是乾隆三十九年（1774），十四世孙殿朝由涌口村迁居翠亨村。③ 孙中山属广府人，并非客家人。④ 孙中山在广东居住的村落并非孙姓独居，加上祖先来源于中原和江浙，在广东省和香山县又有若干支系，翠亨孙氏族人大多富有努力改善家庭生活环境、勇于外出开辟生活新路的传统，孙中山身为中国人，也受传统的家族和宗族意识的影响，具有敬宗收族的观念。

1912年5月，孙中山辞退南京临时政府大总统时回到广东，参加广东孙姓宗族聚会，在欢迎他的恳亲会上发表演说。他说：

> 今日得与我族叔伯兄弟相见，甚属欢喜。惟念四万万同胞，皆黄帝之子孙，其始均无所谓氏族者。自人民繁衍，而姓氏生；姓氏生，而家族之见重，由是家庭以起。然此家族亦甚好，合无数之家族而即成为国家。今者民国成立，政尚共和，合汉、满、蒙、回、藏而成一家，亦犹是一族；将来再为推广，连亚洲而联络之，岂我一族而已

---

① 参见李伯新著：《孙中山故乡翠亨》，香港：天马出版社有限公司2006年版，第13页。
② 参见邹佩丛著：《孙中山家族源流考》，《中山文史》第57辑，中山市政协2005年版，第152页。
③ 参见邹佩丛著：《孙中山家族源流考》，《中山文史》第57辑，中山市政协2005年版，第52~53页。
④ 参见邱捷著：《孙中山领导的革命运动与清末民初的广东》，广州：广东人民出版社1996年版，第402~466页；林家有：《关于翠亨孙氏是否客家人的问题》，《国际客家学研讨会论文集》，香港：香港中文大学出版社1994年版。

哉!①

同月,孙中山回到家乡翠亨村,他不仅与胞兄孙眉联袂赴左埗头拜会宗亲,怀念先祖,且在翠亨村欢宴乡亲时又发表讲话。他说:

> 十多年来,九堡②父老、民众,为我承担了风险,吃尽了苦头。大家的恩义我终生难忘。我做了临时总统,如今辞了职了。朝作总统,夕可解职,这是一个革命党人应有的器量。过去我们大家合力推翻了封建皇帝,今后还要靠大家合力做更多的事情。我们的国家将来是一步一步建设好的,我们也要为九堡民众多做些建设事业。③

可见,孙中山同平常人一样有情有义。他眷恋家乡,崇敬乡亲,崇拜家族、宗族,具有很深的家族、宗族观念,但他更具有国族主义和世界意识。人不能没有家庭、家族,一个不热爱自己家庭、家族的人,也不可能热爱他的民族和国家。然而,家族主义、宗族意识毕竟是狭隘的意识,这种意识的缺点是容易以小为大,往往可能为了小家的狭隘利益去流血牺牲,但不愿意弃小家为大家,不愿意为国家、民族和社会的进步、发展去献身。难怪,孙中山在晚年做三民主义演讲时,面对中国"一盘散沙"的社会现实,特别强调要把"宗族主义扩充到国族主义",亦即联合家族、宗族和各民族以缔造中国中华民族的"国族"意识,使中华民族适应世界潮流,自立于世界民族之林,促进"人类进步,世界大同"。

孙中山在解说什么叫民族主义时,又强调指出:

> 按中国历史上社会习惯情形讲,我可以用一句简单话说,民族主义就是国族主义。中国人最崇拜的是家族主义和宗族主义,所以中国只有家族主义和宗族主义,没有国族主义。外国旁观的人说中国人是一片散沙,这个原因是在什么地方呢?就是因为一般人民只有家族主义和宗族主义,没有国族主义。中国人对于家族和宗族的团结力非常强大,往往因为保护宗族起见,宁肯牺牲身家性命。像广东两姓械斗,两族的人无论牺牲多少生命财产,总是不肯罢休,这都是因为宗

---

① 据《孙族恳亲会欢迎孙中山记》传单原件,藏于广州中山大学孙中山纪念馆。
② 九堡,即翠亨村附近10多个村子的合称。
③ 于平:《孙中山先生于一九一二年回故里》,陈旭麓、郝盛潮主编:《孙中山集外集》,上海:上海人民出版社1990年版,第56页。

族观念太深的缘故。因为这种主义深入人心，所以便能替他牺牲。至于说到对于国家，从没有一次具极大精神去牺牲的。所以中国人的团结力，只能及于宗族而止，还没有扩大到国族。①

家族主义、宗族主义在中国存在几千年，而且深入人心，宗族也是中国封建社会里最基层的社会结构。这是客观存在的事实，我们必须承认这种事实。孙中山的高明之处在于他首先对中国的家族主义、宗族主义作分析，找出其存在的合理因素，然后在这个基础上加以改造，他不轻易否定家族主义、宗族主义在维护社会稳定中的作用，但他也指出其存在的局限，是造成中国"一盘散沙"、没有民族意识的根本原因所在。所以要中国和"欧美各国并驾齐驱"，就必须将这种维系封建社会基础的宗族结构作为基础，将其逐层叠构起来，组为中国的国族来谋求中国的生存和发展。他说："我们鉴于古今民族生存的道理，要救中国，想中国民族永远存在，必须提倡民族主义。同世界上各民族的人数比较起来，我们人数最多，民族最大，文明教化有四千多年，也应该和欧美各国并驾齐驱。但是中国人只有家族和宗族的团体，没有民族的精神，所以虽有四万万人结合成一个中国，实在是一片散沙，弄到今日，是世界上最贫弱的国家，处国际中最低下的地位。"② 因此，孙中山认为，要改变中国贫弱的地位，一要提倡民族主义，弘扬民族精神；二要结成一个大团体——国族。

如何建设国族大团体？孙中山说："我从前说过了，中国有很坚固的家族和宗族团体，中国人对于家族和宗族的观念是很深的。譬如中国人在路上遇见了，交谈之后，请问贵姓大名，只要彼此知道是同宗，便非常之亲热，便认为同姓的伯叔兄弟。由这种好观念推广出来，便可由宗族主义扩充到国族主义。我们失了的民族主义要恢复起来，便要有团体，要有很大的团体。我们要结成大团体，便先要有小基础，彼此联合起来才容易做成功。我们中国可以利用的小基础，就是宗族团体。此外还有家乡基础，中国人的家乡观念也是很深的。……依我看起来，若是拿这两种好观念做基础，很可以把全国的人都联络起来。"③ 孙中山将中国与外国（尤其是与欧美）作比较，他认为，外国的社会结构不如中国，因为它中间缺乏坚固的社会团体作为基础。他说："外国是以个人为单位，他们的法律对于父子、兄弟、姐妹、夫妇各个人的权利都是单独

---

① 孙中山：《民族主义第一讲》，黄彦编：《孙文选集》上册，广州：广东人民出版社2006年版，第404页。

② 孙中山：《民族主义第一讲》，黄彦编：《孙文选集》上册，广州：广东人民出版社2006年版，第408~409页。

③ 孙中山：《民族主义第五讲》，黄彦编：《孙文选集》上册，广州：广东人民出版社2006年版，第464页。

保护的，打起官司来，不问家族的情形是怎么样，只问个人的是非是怎么样。再由个人放大便是国家，在个人和国家之间再没有很坚固、很普遍的中间社会。所以说国民和国家结构的关系，外国不如中国。"孙中山又说："中国个人之外注重家族，有了什么事便要问家长。这种组织，有的说是好，有的说是不好。依我看起来，中国国民和国家结构的关系，先有家族，再推到宗族，再然后才是国族，这种组织一级一级地放大，有条不紊，大小结构的关系当中是很实在的。如果用宗族为单位，改良当中的组织，再联合成国族，比较外国用个人为单位当然容易联络得多。"① 中国人的宗族观念有了几千年，牢不可破，"敬祖亲宗的观念入了中国人的脑"，"国亡他可以不管，以为人人做皇帝，他总是一样的纳粮；若说到灭族，他就怕祖宗血食断绝，不由得不拼命奋斗"。所以，孙中山根据中国家族、宗族的传统观念，主张"用宗族的小基础来扩充国族的工夫"，"把各姓的宗族团体先联合起来，更由宗族团体结合成一个民族的大团体"，振奋起民族精神，形成强固的国族大团体，便成为孙中山团结统一、复兴中华、抵抗外国侵略、救中国危亡的根本方法。②

由此可见，孙中山对中国家族、宗族史的研究，并不是从学理上去说明何为家族、宗教，以及其社会功能和作用为何，而是从一个政治家的立场和视角看问题，从实际出发，将其做一个说理式的解说，为现实服务。他着重于宗族在维护社会中的某种积极因素，从宗族在近代中国社会变迁中可能起的作用着眼，将宗族组织进行改良，将宗族团体扩大，形成中华民族国族团体，从而使分散的中国社会，凝聚成为强固的社会大团体，以利于中国社会的发展和民族的复兴。这不是在回归传统，而是利用中国的传统为中国的现代政治、经济、社会和文化发展服务。这是具有现代意识的孙中山在对家族、宗族做实用主义的判断后作出的有意义的改造。这个改造不是将中国社会原有的宗族架构推倒重来，将中国存在的宗族说得一无是处，然后宣称实行国家主义，不要家庭、不要宗族，只要阶级、只要民族，凭空构建一个做不到的理想化的国族大团体和国族主义来虚张声势。这种改造来得更加实在、更有现实意义。所以，传统的东西，比如宗族这个在中国存在几千年的深入国人心中和脑子里的东西，也不见得就一无是处，关键在于如何对其淘旧铸新，改良其不良的宗规，让其融入现代社会，为当代基层社会的发展服务。

中国的社会是一个二元结构的社会，除了农村就是城市，而农村多是由家

---

① 孙中山：《民族主义第五讲》，黄彦编：《孙文选集》上册，广州：广东人民出版社2006年版，第464页。
② 孙中山：《民族主义第五讲》，黄彦编：《孙文选集》上册，广州：广东人民出版社2006年版，第465～467页。

族、宗族构成，就是多家族、宗族组建起来的农村政治组织，如乡村政府往往也是由大家族、大宗族的绅士和乡间耆老在起联系作用，离开了他们，即便是由上级部门指派官员来任事也十分艰难。所以，正视农村社会结构中的家族、宗族在中国社会底层结构中的维系作用，正是孙中山睿智的结果。他没有用西方的社团组织将宗族、家族打散重组，给基层社会带来伤筋害骨的危害，造成社会只有个人、没有家庭带来的结构脱序和不稳定，这是孙中山尊重传统、实事求是的聪明表现。所以，对中国家族、宗族的改造是中国社会建设必须要面对的问题，孙中山对中国家族、宗族进行改造，组构国族的思想和主张，自有他的高明之处。它比起那些所谓没有国就没有家、只要国不要家的论调要实在得多、进步得多。

（五）多元社会调适制衡思想的缺失

鸦片战争以来的近代中国内忧外患、变乱频仍，传统的社会结构开始松动、瓦解，整个中国社会处在剧烈的变动和转型之中。这个时期，由于外国的侵略和新的资本主义政治、经济、文化、教育观念和思想的输入，致使中国社会生活发生了巨大而深刻的变化，中国社会处于一个新陈代谢的变动过程。在这个过程中，原有的封建专制主义政治体系出现危机，而新的民主宪政体系开始萌生并逐步发展。旧的经济体系即以农业为本位的小农经济体系开始瓦解，新的以工商业为基础的多元经济开始产生和发展。与此同时，文化教育，乃至思想观念都处在大变革的酝酿和变化之中。封建主义中央集权制政治垄断了这个社会中强制力量的权威，专制主义的政治体系维持着社会的统治秩序。但是在新的资本主义经济产生和发展的同时，产生的资产阶级代理人，尤其是新型知识人士的成长则要求平等权、民主权和自由权。新的社会政治力量——各种社团、政党纷纷出现，民主的宪政思想和实践虽然处在初步的崛起阶段，但它们已经造成对封建专制主义政治的威胁。到清朝末年，西方式的民主政治的兴起成为传统中国的异类政治，在它与封建专制主义政治的对立、斗争过程中，日益显现出其与传统社会制度体系之间的相互对立。由于当时中国的政治没有互动，只有对立，各种政治势力处在一种紧张和极度矛盾的状态下，只有专制政治成为维系清朝统治阶级对被统治阶级的工具，凡遇民众对现有政权不满所产生的反抗，清朝政府只有用暴力维系自己的统治。然而，被统治阶级也只有利用自己的反抗或暴力向强权政治斗争作出回应。中央集权的清朝封建官僚统治，与不发达的现代民主政治在清末中国同时存在时，除了少数知识精英能区分其优劣之外，多数的民众则难以分别其间的差异，所以他们的政治取向也难以一时决断。由于中国多元政治的发展缺乏政治历史的土壤和文化的环境，所以成长得相当缓慢，直到民初也还是处在多元政治生态的初起阶段，还不是民主政治，更没有多党竞争。

近代以前的中国是封建社会，其政治制度是中央集权的君主专制制度。在这个社会里，占统治地位的政治思想的主要内容是君权神授说和三纲五常伦理道德观念。在漫长的封建社会中，统治阶级就是用这种思想和观念来维系社会的秩序和稳定。到了近代，由于资本-帝国主义的侵略，中国由封建社会逐渐沦为半殖民地半封建社会，中国社会的各种矛盾加剧，君主专制制度的腐败、衰朽也逐渐暴露，先进的中国人已经意识到君主专制制度再也不能照旧统治下去了，但他们的维护者则希望其能继续统治下去。所以有洋务运动，有维新运动，有预备立宪，有"新政"的官僚改革，以及革命派的反清革命运动。

沈渭滨先生说，洋务派"是从地主阶级中分化出来的一个特殊的政治派别，是清王朝统治营垒中最主要的力量。他们借西法自强的目的是为了维护清王朝的长治久安"。他们提出"中学为体，西学为用"，即"中体西用"的主张，是新旧矛盾斗争导致的结果，但西用，则"成了近代历史前进的桎梏"。①汤志钧先生则对戊戌变法维新运动的思潮作了概括，他指出：维新派思想家的思想是代表了当时中国社会发展的趋势，赋有进步的意义，尽管他们具有局限性，但"戊戌变法时代的思想家们，抨击了封建专制主义的神权观念，用资产阶级的民主、平等原则解释了君民的关系"，因此，维新运动"在中国近代史上的启蒙作用是不能抹杀的"。②戊戌维新运动被镇压，慈禧太后严令捉拿"罪魁"康有为，可康有为在外国人的帮助下逃脱了，慈禧太后想废黜光绪皇帝，可在外国人的干涉下，这一企图又没有得逞。这就激化了以慈禧太后为首的顽固派同帝国主义列强之间的矛盾。清廷的顽固派官员利用义和团的力量，向列强"宣战"，结果在八国联军的进攻面前，清朝的军队全线溃败，慈禧太后带着光绪皇帝仓皇出逃，北京沦陷。③1901年，在内外交困、民族危机与社会危机日趋严重的状态下，清王朝打起了实行"新政"的旗号，发动了一场为了保住清王朝政治体制的自我改革运动。在此后的10年中，清王朝制定了一系列的改革措施，如改革官制，实行预备立宪，颁布了《钦定宪法大纲》。但是，清王朝的"新政"和"立宪"，不但没有能够挽救社会的危机，反而由于集权得罪了地方较为开明的督抚，因为搞假立宪又得罪了民间的立宪派，最后在革命党人的打击下，清王朝众叛亲离，在1911年辛亥革命鼓荡起来的多种力量的逼迫下，终于垮台。

---

① 沈渭滨：《"中体西用"与新陈代谢》，《困厄中的近代化》，上海：上海远东出版社2001年版，第103~111页。
② 汤志钧著：《戊戌变法史》，北京：人民出版社1984年版，第424~450页。
③ 参见殷啸虎著：《近代中国宪政史》，上海：上海人民出版社1997年版，第62页。

由此可见，一元的君权（王权）主宰的强人政治已经失去了制衡社会的能力，政治的多元化成为中国社会发展的必然。诚如孙中山在1897年3月所说："人们都承认中国的现状和未来的情势，是很难令人满意的。"但是，要清政府自己实行体制内的改革，克服社会危机和民族危机已经没有可能了。清政府推行所谓的"新政"，"保护现在政府的政策是完全错误的"，"全体人民正准备着要迎接一个变革。有大多数的诚实的人们准备着而且决心要进入公共的民主的生活"。① 多元社会需要一种制衡的力量，这就是民主共和和依法治国，还政于民，由民选举国家的领导人，由民制定法律管理政府，而政府也是为民的政府，这就是政府为民所有，政治是为民政治，权力由民所享，只有民有、民治、民享的三民政治才能保持社会的稳定和使国家建设有序进行。因此，孙中山一再强调："人群自治为政治之极则，故于政治之精神，执共和主义"，"共和者，我国治世之神髓，先哲之遗业也"。要解决晚清中国政治失去制衡社会和人群的能力，只有"豪杰志士起而倒清虏之政府，代敷善政，约法三章，慰其饥渴，庶爱国之志可以奋兴，进取之气可以振起也"。② 中国自秦朝建立统一的中央集权封建国家后，各个朝代历经治乱兴衰，从分裂到统一，从统一又分裂，都是围绕"集权"与"分权"这个制衡政治的历史命题而展开的。清政府在清朝末年曾考虑过开放政治，准备实行预备立宪。预备立宪作为清政府推行"新政"的重大改革举措，其进行的每一个步骤都牵涉到各方面的政治利益，尤其是关系到权臣与地方督抚的权责，并由此引起分歧和斗争。预备立宪从考虑到准备实行期间造成的裂痕对清朝的政治格局产生巨大的影响，这是不言而喻的。1905年，清廷指派五大臣出国考察宪政，曾给民间立宪派和地方督抚某种积极鼓舞，时论也多数赞同清廷仿行宪政之举动，然而对于实行宪政的本旨："集权"还是"分权"，中央权臣与地方督抚和民间立宪派之间有不同的诉求。袁世凯等督抚主张先组织内阁，从改革官制入手，但铁良、荣庆、孙家鼐等人则反对立宪和组织内阁，如铁良认为："各国之立宪，皆由国民要求，甚至暴动，日本虽不至暴动，而要求则甚力。夫彼能要求，固深知为国家分担义务也。今未经国民要求，辄授之以权，彼不知事之为幸，而反以分担义务为苦，将若之何？"③ 1905年9月1日，清廷颁诏，宣布实现预备立宪，但何时实现立宪政体，谕旨则没有明确表示。

---

① 孙中山：《中国的现在和未来——革新党呼吁英国保持善意的中立》，《孙中山全集》第1卷，北京：中华书局1981年版，第87~106页。

② 孙中山：《与宫崎寅藏平山周的谈话》，《孙中山全集》第1卷，北京：中华书局1981年版，第172~174页。

③ 中国史学会主编：中国近代史资料丛刊《辛亥革命》（4），上海：上海人民出版社1956年版，第16页。

清政府企图从改革官制入手仿行宪政。然而，清中央的政权向在军机处，军机处大臣多为贵阀，如若仿行宪政改军机处为内阁，改军机大臣为内阁大臣，人物依旧，若认其权，则受制于中央门阀政府，苟其不能，则其所谓官制改革纯属纸上之改革，而无事实，所以官制改革困难重重，至于改行宪政，困难更不用待言。端方、戴鸿慈关于中央官制改革的方案，主要是参照西方三权分立的原则，重新规划中央机构：①仿行责任内阁制；②减少各部大臣的数量；③变更部院衙门。主要目的是理顺中央与地方的关系，实行司法与行政分离。由于官制改革涉及中央机构，但中央与地方关系的调整，是一个庞大复杂的工程，做起来很难，为此直至清朝灭亡，清政府都没有制订出最终的方案，更不用说在全国实行了。所以清廷推行预备立宪，各省虽然成立咨议局，中央开设资政院，有了各界议政的咨询机构，但最终还是以皇族内阁的成立来扼杀宪政的机制，咨政院、咨议局等自治团体的有名无实及咨议局的瓦解，也就宣布清廷企图通过宪政改革来统一民心、制衡各方所做的努力的彻底失败。这其中的原因极其复杂，但跟清廷视权如命，害怕立宪还政于民带来君权丧失、皇冠落地有很大的关系。因此，清廷推行了几年的所谓预备立宪，茫茫然又操起集权大棒，硬将政权收回到满族权贵手里，这下子不仅得罪了民间立宪派，也得罪了地方督抚，造成众叛亲离的局面，这种情况的出现大大有利于革命形势的发展，走到这一步清廷已经没有退路，只有下台的结局。①

从清廷的自我改革中，孙中山清楚地意识到清廷已经失去了调适社会矛盾的能力，它不可能挽回颓势，更加不可能治理好中国社会。为了使清廷垮台后不至于造成社会混乱，不至于造成人心的动荡，孙中山强调政治、经济、文化可以多元，但多元必须得到社会各界的理解和包容。按照西方的民主政治概念，政治应该多元，所谓多元就是按照法律的程序，允许不同政党和社团的竞争，甚至轮替。但孙中山则认为，在一个没有独立地位的次殖民地中国，民族必须要从帝国主义的压迫下解放出来，民族不独立，社会不可能进步；然而社会不民主则不能集中民意、团结民心，政府如果不是民主和法治的政府，便不会有社会的公平和公正，所以，他认为，在清末民初这个专制难复、民主未就的社会，为了国家的长治久安，暂时不能实行多元政治，必须采取单一制的国家形式，即采用中央集权制，才能保证政治的稳定和国家的统一。然而，中央集权制不是封建专制主义，而是由全国各族人民通过国民代表的形式选举国家总统，实行总统制政治，在中央与地方实行不同的统治和治理，中央集权与地方分权——推行均权制，通过民主和法治手段，采用政权与治权的分离，完成

---

① 关于清末清廷颁布所谓预备立宪的过程和结局，可参考由林家有指导李振武撰写的博士学位论文《督抚与清末预备立宪研究》，2007年5月20日中山大学印制。

政制的转型，实现民族、领土、军政和内治、财政的统一，推行具有中国特色的五族共和国体和五权分立的政制来相互制衡，维护政局和社会的稳定，促进社会的发展，使中国及时地追赶世界，与世界民主政治国家接轨。

中国幅员辽阔，人口众多，各地各民族有不同的习俗和利益追求，但中国人民对于连续不断的纷争和内战早已厌倦，并深恶痛绝。所以，孙中山认为，国家应该有一种思想来调适社会的各种利益，使之能统一认识、统一行动，而这种思想就是他的民族、民权、民生三民主义，只有"以主义相结合，而后统一可言，举事者能以民意为依归，而后成功可必"①。孙中山又指出："我们要求中国进步，造成一个三民主义、五权宪法的国家，非用群力不可。要用群力，便要合群策群力，大家去奋斗。不可依赖一人一部分，用孤力去做。用孤力去做，所收效果是很小、很慢的。"② 可见，通过共和民主政治的实施，"联合大群，团集大力，以图光复祖国、拯救同胞"③，"讲求富强之学，以振兴中华、维持国体"④，实现公共的民主生活，便成为孙中山改革中国政治，调适社会矛盾，团聚各种力量，治理中国社会，实现中国统一、独立、民主和富强的理想和追求。

二、孙中山人本思想对中国社会改造的指导意义

（一）孙中山"治理社会先治人"思想的意义

人是社会的主体，立政为民、建设为民，以民的感受和对统治者的认同作为检验执政者成败的标准，是民主国家衡量执政者政绩的基本准则。民主国家与君主专制国家最大的不同是对人民的态度，封建帝王将人民视为臣民、牧民、奴仆，他们残害百姓，搜刮民财，以民作为掠夺和奴役的对象；而民主国家则将民视为社会和国家的根本，国家是人民的国家，为民所有，政府为民所治，社会的财富为民所享。所以民主政治是君主专制的对立物，封建君主专制是民主共和制不可调和的敌人，诚如孙中山所言："中国数千年来都是君主专

---

① 孙中山：《致李星阁函》，《孙中山全集》第5卷，北京：中华书局1985年版，第329页。
② 孙中山：《在广州对国民党员的演说》，《孙中山全集》第8卷，北京：中华书局1986年版，第571页。
③ 孙中山：《致公党重订新章要义》，《孙中山全集》第1卷，北京：中华书局1981年版，第261页。
④ 孙中山：《香港兴中会章程》，《孙中山全集》第1卷，北京：中华书局1981年版，第22页。

制政体，这种政体，不是平等自由的国民所堪受的。"① 其实早在1895年2月21日《香港兴中会章程》中，孙中山就指出："盖中国今日政治日非，纲维日坏，强邻轻侮百姓，其原皆由众心不一，只图目前之私，不顾长久大局。不思中国一旦为人分裂，则子子孙孙世为奴隶，身家性命且不保乎！"所以，孙中山强调："倘不及早维持，乘时奋发，则数千年声名文物之邦，累世代冠裳礼仪之族，从此沦亡，由兹泯灭，是谁之咎？识时贤者，能无责乎？故特联结四方贤才志士，切实讲求当今富国强兵之学、化民成俗之经，力为推广，晓谕愚蒙。务使举国之人皆能通晓，联智愚为一心，合遐迩为一德，群策群力，投大遗艰。则中国虽危，无难救挽。"他说，这就是所谓"民为邦本，本固邦宁"也。②这是孙中山对民本思想的继承和变革。所谓民本思想，就是指中国古代历史上将民众视为治国安邦根本的政治学说，是一种关注、重视人民利益的政治学说。它重视、承认民众在社会政治、经济、道德等生活中的重要地位和作用，反映了广大人民的愿望和要求，具有深刻的人民性和进步性。③ "民为邦本"一语，源于古文《尚书·五子之歌》的"民可近，不可下；民惟邦本，本固邦宁"。"邦"，东汉许慎编撰的《说文解字》说："邦，国也。"即是说，邦就是国。周代实行分封，天子建立侯国，诸侯建立采邑，诸侯的封国称为邦。后来，邦泛指国家。"民为邦本"，就是指人民是国家的根本，它的内涵即是民贵君轻、爱民仁民、利民富民、顺民得民等。④ 孙中山的民主共和思想不是民本思想，它是西方宪政思想，它所指的"民"是西方宪政国家的国民，不是封建君主专制国家的臣民，严格说来，孙中山所强调的"民"是国家宪法赋予民主权利和义务的国民，所以它与中国古代开明政治家所强调的"民本"思想的"民"有本质上的差别。然而，孙中山重民、利民、富民，依靠民来建设国家、发展社会的主张则带有对古代"民本"思想的积极继承和吸收。

孙中山一再强调："民权者，民众之主权也。"⑤ 他还批评国民党把平等自由弄错了位置所带来的失误，他说："吾党固主张平等自由，然党人讲平等自由，都把平等自由安错位置，不把平等自由安给国民，而把平等自由安在自己身上。自己要平等，而不肯附从创造主义之人，偏要人来附从他，自己要自由，而不肯牺牲，偏要人来供他的牺牲，所以自第一次革命以来，吾党之受人

---

① 孙中山：《在东京〈民报〉创刊周年庆祝大会的演说》，《孙中山全集》第1卷，北京：中华书局1981年版，第325页。
② 孙中山：《香港兴中会章程》，《孙中山全集》第1卷，北京：中华书局1981年版，第22页。
③ 参见韩喜凯主编：《民本·概论篇》，济南：齐鲁书社2001年版，第2页。
④ 参见韩喜凯主编：《民本·概论篇》，济南：齐鲁书社2001年版，第5页。
⑤ 孙中山：《三民主义》，《孙中山全集》第5卷，北京：中华书局1985年版，第188页。

攻击，以致失败者，大半都是将平等自由弄错了。故欲举第三次革命，以求真正成功，非先把以前错处都改了，则无成功之希望。"① 可见，孙中山的民本，实际上是以人为本。有什么人就有什么样的国家，有什么样的国家就有什么样的统治者。所以，人的素质对于社会建设是十分重要的条件，没有人的觉醒就不会有中国民主共和制度，更不会有中国的近现代化。民主共和政治，并不是推翻皇帝便了事，它必须唤醒民众，把中国人从奴隶意识中解放出来，认识到人的尊严，树立起人的权利和人的自由观念，像法国大革命所做的一样，"总之，我们也是要求人权"②。"人类要能够生存，就须有两件最大的事：第一件是保，第二件是养。保和养两件大事，是人类天天要做的。保就是自卫，无论是个人或团体或国家，要有自卫的能力，才能够生存。养就是觅食。这自卫和觅食，便是人类维持生存的两件大事。……人类要在竞争中求生存，便要奋斗，所以奋斗这一件事，是自有人类以来天天不息的。由此便知权是人类用来奋斗的。"③ 只有人民有了民权，平等自由等权利才能够存在，如果没有民权，什么人权、什么平等和自由都是一句空话。缺乏民权就是专制，专制就不可能有社会的文明以及和谐。所以，孙中山便确立治理社会必须先治人的思想和主张。

何谓治人者？孙中山认为，治人者即管理人者，在封建君主专制时，"劳心者治人，劳力者治于人"，可是在民主国家，治人者即是"人民的公仆"。④ "凡是以人民为重，军人与官吏，不过为国家一机关，为全国人民办事。……共和与自由，全为人民全体而讲。至于官吏，则不过为国民公仆。"⑤ 用现在的话说，就是官吏要为人民服务，为民众打工，不是特权阶层。为改变中国封建君主专制时代"劳心者治人"的传统，孙中山强调法治国家必须以法治国，官吏应该廉洁、奉公，带头遵纪守法。但法律是强制性的，仅有法还不行，它必须与道德结合起来，"有道德始有国家，有道德始有世界"⑥。因此，孙中山

---

① 孙中山：《告诫党员的训词》，郝盛潮主编：《孙中山集外集补编》，上海：上海人民出版社1994年版，第159页。

② 孙中山：《与法国〈时代〉杂志记者罗德的谈话》，郝盛潮主编：《孙中山集外集补编》，上海：上海人民出版社1994年版，第36页。

③ 孙中山：《三民主义·民权主义》，《孙中山全集》第9卷，北京：中华书局1986年版，第255页。

④ 孙中山：《人心不统一必生祸乱——对粤报记者的演说》，孟庆鹏编：《孙中山文集》上，北京：团结出版社1997年版，第493页。

⑤ 孙中山：《官吏应为国民公仆——在湖北军政界代表欢迎会的演说》，孟庆鹏编：《孙中山文集》上，北京：团结出版社1997年版，第490~491页。

⑥ 孙中山：《在东京中国留学生欢迎会的演说》，《孙中山全集》第3卷，北京：中华书局1983年版，第25页。

认为，治理社会必须先治人，只有消除"以千年专制之毒而不解"的状况，端正人们的思想认识，振奋"民族精神"，才能朝野一心，上下同德，团结一致建设一个经济繁荣、科学进步、文明发达的中国社会。

人类的历史是人类不断文明的历史。孙中山强调任何社会都"有精神之建设，有物质之建设"。所谓"精神之建设"，孙中山在《建国方略》中又称之为"心理建设"，亦即我们今天常说的"精神文明建设"。在《孙文学说——行易知难（心理建设）》一书中，孙中山说："夫国者人之积也，人者心之器也，而国事者，一人群心理之现象也。是故政治之隆污，系乎人心之振靡。吾心信其可行，则移山填海之难，终有成功之日；吾心信其不可行，则反掌折枝之易，亦无收效之期也。心之为用大矣哉！夫心也者，万事之本源也。"① 孙中山在此所说的"心"，是指社会心理，国民的心态，即人的思想、精神的意思。孙中山是在这里告诉人们：精神、思想是决定一切的；只要人们有决心、信心和勇气，有正确的思维方法和行为取向，什么事情都可以做到。所以"人民心力为革命成功的基础"，改造国家、变革政治，就在于改造人的思想，"只要改造人心，除去人民的旧思想，另外换成一种新思想，这便是国家的基础革新。"② 他要求人们从心灵深处进行革命，"从自己方寸之地做起"③，只有改革社会的旧思想和旧风俗，树立新思想、新观念，锻造国民的新"国民性格"，中国才有强盛的可能。他一再告诫革命党人不应有大小皇帝思想。他指斥帝王思想的荒谬，批判故步自封的"荒岛孤人"意识误国，以及道学的"伪善"和人们麻木不仁的坏习惯，必须进行"心理革命"。孙中山是中国历史上第一个实践了无君思想的人，提倡忠于国家和人民的新道德观，号召国人树立新的价值观，要立志"做大事"、不要立志做大官，恢复中国"成仁取义"的"固有道德"——忠孝、仁爱、信义、和平，④ 建设一个真正独立、民主和富强的文明社会。显然，孙中山是在新的历史条件下，提出发展精神生产力的著名知行学说——《孙文学说》的。孙中山所谓改造人的思想是对于中国传统的落后的思维方式和行为取向给予批评和否定，同时又要继承传统文化中能够立于世界民族文化之林的国粹、国魂和国宝，营造一种符合时代潮流和具有民族特色的文化氛围，形成一种积极向上的"有志竟成"的大

---

① 孙中山：《建国方略之一：孙文学说——行易知难（心理建设）》，《孙中山选集》，北京：人民出版社1981年版，第116～117页。
② 孙中山：《宣传造成群力》，《孙中山选集》，北京：人民出版社1981年版，第563页。
③ 孙中山：《在陆军军官学校开学典礼的演说》，《孙中山选集》，北京：人民出版社1981年版，第918页。
④ 吴雁南、何正清：《孙中山的"精神之建设"与"恢复一切国粹"》，《孙中山研究》第2辑，广州：广东人民出版社1999年版，第287～308页。

无畏精神和创新意识,从而形成"万众一心,急起直追",应世界潮流,去建设一个政治最修明、人民最安乐的国家,实现理想大同社会。这说明,孙中山是想通过对人学本质的阐释去开导人的心灵,形成团聚人的力量,去争取人类社会美好的未来。在早年革命时,孙中山重视物质的力量和武器的批判,但他也重视人的意志、决心和精神的力量。孙中山强调建国要靠人心的团结、理解和支持,他批评只重视物质文明建设不重视心性文明建设的错误倾向。他说:"人定胜天"和"有志者事竟成",人如果丧志就不求上进,贪图安逸,维持现状,就不可能建设美满的未来。孙中山致力于发展民族主义精神,将启迪民智作为他"毕生的职责"。他坚信,只要"这种精神一经唤起,中华民族必将使其四亿人民的力量奋起并永远推翻清政府,建立共和政体,合力建设国家"[①]。可见,"心性文明"说和知行统一说,构成了孙中山心性文明建设的基本内容。所以,只有加强对官员和人民的教育,提高人民的思想觉悟和综合素质,克服只重视物质文明建设、不重视心性文明建设的错误,树立"有志竟成"的决心,才能形成繁荣富强和社会文明日进、稳定发展的新局面。孙中山通过对国内外社会发展的经验和教训的总结,认识到如果轻视或忽视对人心性文明的建设,放弃或鄙视人文精神的建设,将会造成重视物质建设而轻视或忽视对人心性文明建设的严重后果,如果这样,将会导致人伦的毁灭,造成人情冷落和社会失衡。社会道德败坏,就会造成兽性横行,大欺小、强凌弱,尊卑观念尽失,且人伦也不在了,这样的社会存在便是人类的悲哀。孙中山强调心性文明建设是他对人类文明和人学的一大贡献,也是他的人本思想的宝贵价值之所在。

1905年,中国同盟会成立后,孙中山在同盟会机关报《民报》发刊词中又强调:革命就是要将"非常革新之学说,其理想灌输于人心而化为常识",用新的思想观念去教导国人,表明他对学说对思想在人们觉醒中所起的关键作用有深刻的认识。孙中山重视人的精神,就是要通过人的力量,起到"人事补天工,人事夺天工"的作用。他说:"天工者,自然也","夫时势者,人事之变迁也;自然者,天理之一定也","时势者非自然也,自然是自然,时势是时势,时势者纯乎人事之变迁也"。然"人心之所为,则时势之可为"。治理人要靠科学,治理自然也要靠科学,人可以改造自然,自然也可以制约人的思想和行为。孙中山将人文精神与科学态度结合起来,发挥人的主观能动性去改造人群、社会和自然,便解决了人与自然、人与社会相互协调发展的重大理论和现实课题。孙中山关心人类的发展大局,注意人心的向背,重视人们行动的转向对革命和建设,以及对社会发展和变革的影响,他的本旨是强调人与社

---

① 林家有著:《史学方法论》,广州:中山大学出版社2002年版,第190页。

会、人与自然界，人是第一位的，人心的凝聚、人们意志的确立和追求是实现人类理想社会建设的关键。从这个角度去看，有了人，又有崇高的理想和艰苦奋斗的精神，就有了一切，这是不错的课题。关键是在于人本身的素质，在人心的正误，一个民族、一个国家或一个社会，人的政治、文化素质低下，人的思想不正、精神萎靡，人多不仅对社会的进步发展无益，反而有害。孙中山"以人为本"，以人的心性文明建设为本，也就是以人的素质为本的政治理念，具有承前启后的理论价值。这个理念的本质是将国家与社会的进步，视为终归是人的思想、精神和素质以行的结果，所以，社会的文明进步，人是第一重要的因素。重视对孙中山心性文明建设思想的研究，重视人本思想的研究，对于我们今天建设富裕、文明、和谐的中国社会具有非常重要的现实意义和巨大的学术价值。

(二) 孙中山陶冶中国国族意识的目的

1924年，孙中山在三民主义讲演中，批评"中国人最崇拜的是家族主义和宗族主义，没有国族主义。外国旁观的人说中国人是一片散沙"①。正如美国社会学者杜赞奇所指出的，家族主义和宗族主义在清朝末年和民国初年，是一种权力的文化网络结构，也是地方操纵着传统的基层政治机构，所以它与国家有密切的关系。他说，中国南方的宗族与北方不同，多有较大的族产，家族成员散布数村而且宗族与上级政府之间瓜葛颇深。它不仅沟通向上浮动的渠道，而且保护同族弱者，并具有北方宗族所缺乏的共同意识。宗族意识得到国家的默认，具有"合法"的地位，在下层体现着正统的国家政权。②

对于宗族意识，孙中山说是"宗族观念"，对于这种观念他没有做过多过分的指责和批评，只是强调只有宗族观念，没有国族意识，"中国人的团结力，只能及于宗族而止，还没有扩张到国族"③。"中国的人只有家族和宗族的团体，没有民族的精神，所以虽有四万万人结合成一个中国，实在是一片散沙，弄到今日，是世界上最贫弱的国家，处国际中最低下的地位。"只有改变家族宗族的观念，结合成一个坚固的民族，提倡民族主义，发扬民族精神，才

---

① 孙中山：《民族主义第一讲》，黄彦编：《孙文选集》上册，广州：广东人民出版社2006年版，第404页。

② （美）杜赞奇著：《文化、权力与国家——1900—1942的华北农村》，王福明译，南京：江苏人民出版社1996年版，第81~82页，第233~234页。

③ 孙中山：《民族主义第一讲》，黄彦编：《孙文选集》上册，广州：广东人民出版社2006年版，第404页。

能救国。①

　　从救国和建设国家出发，孙中山便有意识地整合中国的国族意识，造成中华民族－国族团体。孙中山认为，"社会"两个字，有两个用法，"一个是指一般人群而言，一个是指一种有组织之团体"。② 从人群而言，你要教育它，提高觉悟；从团体而言，你要进行组织和训练，使它团结有力量。

　　诚如英国著名的社会理论家和社会学家安东尼·吉登斯所指出，在多数后殖民民族－国家中，"民族"的出现并不先于国家，所以这些国家常常不无道理地被称作国族。后殖民国家——或者"国族"——是根植于原来的殖民社会建立的国家机器，在这些国家中由社会精英们培植起来的民族主义在发动社会运动转变成独立国家的过程中常常是厥功至伟。民族主义情感与神秘的起源相联系，为政治共同体的统一提供了心理上的聚焦点。③

　　诚如安东尼·吉登斯所言，孙中山正是在19世纪末20世纪初，中国面对西方列强的瓜分逐渐变为殖民地半殖民地社会时，为摆脱民族危机，实现救国的任务而提倡中国结合成为一个牢固的国族——中华民族，通过民族主义的宣传，弘扬中华民族的精神来振兴中国的经济、政治、文化和社会建设，实现中华民族的复兴。

　　中国自古以来就是一个多民族的国家，现今中国除了汉、满、蒙、回、藏之外，还有维吾尔、哈萨克、壮、瑶、苗、黎、高山族等50多个民族，它们居住在祖国的不同地区，但都对祖国作出过贡献，共同缔造了伟大的祖国，成为中华大家庭中情同手足的兄弟民族，谁也离不开谁。"中华"一词原先指华夏式汉族，后发展为泛指中国各民族，④ 但中华民族作为全中国各民族的总称则出现于20世纪初期。据李新先生的解析，"中华"包含四个概念，即地理、地域或疆域概念，国家、祖国的概念，民族、民族大家庭的概念；文化概念。中华民族不是单一的民族，中华诸族融为一个单一民族是一个长远而复杂的过程，这只能是自愿的、渐进的，一点不能勉强。但中华民族早已成为历史事实，各民族相依为命，谁也不能离开它。如果这个家庭欣欣向荣又讲民主，谁想脱离它必为人所共弃；如果这个家庭实行家长制，而家长又暴虐无道，那么

---

① 孙中山：《民族主义第一讲》，黄彦编：《孙文选集》上册，广州：广东人民出版社2006年版，第409页。

② 孙中山：《民族主义第一讲》，黄彦编：《孙文选集》上册，广州：广东人民出版社2006年版，第405页。

③ 参见（英）安东尼·吉登斯著：《民族－国家与暴力》，胡宗泽、赵力涛译，北京：生活·读书·新知三联书店1998年版，第320~322页。

④ 参见《中国各民族文化百科全书总论》，中国社会科学院民族研究所：《民族研究动态》1993年第2期。

这个家庭就很难维持。但解决之道也不是脱离它，最好的办法是使它民主化。①

"中华"，对于孙中山来说，起初只是一个政治口号，诸如"振兴中华"、"恢复中华"便是。所谓"中华"，孙中山起初只指汉族，后指"中国"，1912年后"中华"既代表国家，又代表民族。在中华民国南京临时政府《对外宣言书》中，孙中山开始使用"中华民族"称谓，这是他在宣传实行"五族共和"政体以后指出的，说明中华民族不是专指汉族，而是包括汉、满、蒙、回、藏及其他民族共同认同的统一体，表明中华民国的主权属于中国各民族，属于中华民族的各族人民。中华民族作为中国古今各民族的总称，众多民族在长期历史发展中形成的自觉民族统一体，在孙中山的中华民国南京临时政府中得到体认，表明中国民族意识的觉醒，以及祖国统一和领土完整的观念已经牢固地在国民中树立起来了。

孙中山是一位忠诚的爱国者，认识到中国一百多年来由于受西方列强的侵略欺压、掠夺和榨取而面临"亡国灭种"的威胁，全国上下都产生了危机感。但在应该如何改变这种状况时，全国上下便产生自卑的心理，认为中国这一回真的要亡国了、灭种了，一时"今不如昔"、"中国不如外国"的感叹在国人中兴起，这是丧失民族精神的具体体现，如果不采取办法来纠正国人的思维方式，便不可能形成拯救民族的共同意志和力量。"今不如昔"，就是认为中国的近代不如古代，所以主张复古，提倡"恢复国粹"，从中国传统文化中寻找救国的方案；"中国不如外国"，就是中国不如西方，他们认为，中国不但科学技术不如人，而且政治制度、道德、文学、音乐、艺术，乃至身体都不如人，即所谓"百事不如人"，因此丧失复兴中华的信心，提倡"彻底和传统决裂"，实行"拿来主义"、"全盘西化"或称"彻底西化"。这是中华民族绝望的心态，这种心态不改变，中国不可能改变，为此，孙中山费尽心思去纠正舆论和社会的偏激思维，寻求一种调适古今中外的方法作为平衡，实现人心和社会的稳定。孙中山认为，如果不能对近代中国和中华民族作出一个正确的评估，就不可能形成拯救中国、振兴中华的共识，没有共识就不会有共同的坚定的意志和力量，也不可能有民族的凝聚力和强烈的民族精神，精神亡民族必亡。所以，振奋民族精神是造就强国氛围和扫除悲观论调，树立强国意识的唯一出路。孙中山指出："悲观之心理为民国最危险之事"，具有"悲观心理，遂酿成全国悲惨之气象"，因为"悲观"而产生害怕，"所以样样敷衍苟安，枝枝节节，不求彻底痛快地解决"，"悲观者，失败之因"。因此，孙中山强

---

① 参见李新：《关于编写中华史之我见——答史式教授》，中华民族史研究会编：《中华民族史研究》第2辑，海口：海南国际新闻出版中心1997年版，第1~6页。

调,改革中国、复兴中华,"吾人应以乐观之精神积极进行",只有持乐观之精神,"吾人之希望乃有成也"。也即是说,只有全国各族人民"精神贯注,猛力向前,应乎世界进步之潮流,合乎善长恶消之天理,则终有最后成功之一日"。

孙中山说:

> 中国数千年来,本一强大之国,惟守旧不变,故不及欧美各国之强盛。满人入关后,愈形衰弱,渐渐召列强之侮。近数年间,留学外洋者日多,初则见彼国种种景物,顿生乐观之念,继见彼种种较吾国为强,乃生悲观之念,甚至悔心废学,以求一死者有之。但处于今日,不当有悲观之念,务须坚忍冒险,发愤求进。即士、农、工、商,见吾侪能忍苦如此,亦必愤志图强。如是,则中国即前途大有希望。故"畏惧"两字,自今日起,消灭无有,从兹专心一致,合力以助新造之民国。①

孙中山在中国人民对改革中国、复兴中华缺乏信心的情况下,号召国民"坚忍毅力",树立救国的决心和勇气,对于国人是极大的鼓舞。他一再告诫国民,"方今世界文明日益增进,国皆自主,人尽独立,独我汉种每况愈下,滨于死亡"②。为什么会这样呢?孙中山说,那是因为汉族人不振作也,不团结也,"皆由众心不一,只图目前之私,不顾长久大局"的缘故。所以虽有四万万人结成一个中国,但"实在是一片散沙,弄到今日,是世界上最贫弱的国家,处国际中最低下的地位"。③ 可是国人并不明白此中的缘故,加上国人受传统的"知之非艰,行之惟艰"一说的影响,"以难为易,以易为难。遂使暮气畏难之中国,畏其所不当畏,而不畏其所当畏。由是易者则避而远之,而难者又趋而近之。始则欲求知而后行,及其知之不可得也,则惟有望洋兴叹,而放去一切而已。间有不屈不挠之士,费尽生平之力以求得一知音,而又以行之尤为难,则虽知之而仍不敢行之。如是不知固不欲行,而知之又不敢行,则天下事无可为者矣。此中国积弱衰败之原因也"④。为此,孙中山考虑要振兴

---

① 孙中山:《在上海寰球中国学生会武昌起义纪念会的演说》,《孙中山全集》第2卷,北京:中华书局1982年版,第494~495页。
② 孙中山:《与宫崎寅藏平山周的谈话》,《孙中山全集》第1卷,北京:中华书局1981年版,第172页。
③ 孙中山:《香港兴中会章程》,《孙中山全集》第1卷,北京:中华书局1981年版,第22页;《三民主义·民族主义》,《孙中山全集》第9卷,北京:中华书局1986年版,第188~189页。
④ 孙中山:《建国方略》,《孙中山全集》第6卷,北京:中华书局1985年版,第198~199页。

中华，实现国家的独立、民主、统一和富强，必须要改变中国人的思维方式和行为取向，只有端正国人不求知、不知又不敢行的思维定势，树立事在人为、有志者事竟成的思想，努力学习求知识，用学问和科学作为行为的指导，中国才能富强，民族才能振兴。这也是孙中山撰写《孙文学说》、《民权初步》、《实业计划》各书向国民宣传他的建国理念、建国方略，陶冶国民的精神和情操的思想缘由。

一个人需要一种精神，一个国家和民族也同样需要一种精神。拯救国家需要精神，建设国家同样需要精神。孙中山晚年在做三民主义演讲时讲过这样的话：

> 中国从前是很强盛很文明的国家，在世界中是头一个强国，所处的地位比现在的列强像英国、美国、法国、日本还要高得多。因为那个时候的中国，是世界中的独强。我们祖宗从前已经达到了那个地位，说到现在还不如殖民地，为什么从前的地位有那么高，到了现在便一落千丈呢？此中最大的原因，……就是由于我们失了民族的精神，所以国家便一天退步一天。我们今天要恢复民族的地位，便先要恢复民族的精神。①

民族的精神是由民族的成员长期以来形成的习俗、毅力、思想行为和道德积淀所形成的。我们中华民族在长期的发展中也造成自己不能适应形势发展的宗族家族意识、小团体的观念和分散不团结的行为，以及不知进取、过一天算一天的得过且过的作风，都是我们民族的坏作风。"从前失去了民族精神，好比是睡着觉"，晕晕沉沉，"无所适从"，不知所为，不知为何而为。所以，孙中山指出："我们现在要恢复民族的地位，除了大家联合起来做成一个国族团体以外，就要把固有的旧道德先恢复起来。有了固有的道德，然后固有的民族地位才可以图恢复。"② 孙中山又批评那些醉心新文化的人排斥旧道德的行为，指出："现在受外来民族的压迫，侵入了新文化，那些新文化的势力此刻横行中国。一般醉心新文化的人，便排斥旧道德，以为有了新文化，便可以不要旧道德。不知道我们固有的东西，如果是好的，当然是要保存，不好的才可以放

---

① 孙中山：《三民主义·民族主义》，《孙中山全集》第9卷，北京：中华书局1986年版，第242页。
② 孙中山：《三民主义·民族主义》，《孙中山全集》第9卷，北京：中华书局1986年版，第242~243页。

弃。"①"中国人几千年酷爱和平,都是出于天性。论到个人便重谦让,论到政治便说'不嗜杀人者能一之',和外国人便有大大的不同。所以中国从前的忠孝仁爱、信义种种旧道德,固然是驾乎外国人,说到和平的道德,更是驾乎外国人。这种特别的好道德,便是我们民族的精神。我们以后对于这种精神不但是要保存,并且要发扬光大,然后我们民族的地位才可以恢复。"②

由此可见,孙中山是将陶冶中国人的国族意识和弘扬民族精神视为对中国社会实行根本改造的基本条件,这就从根本上改变中国人自由散漫、不管谁人当皇帝只管交租纳税的无所谓心态。孙中山以国族团体的力量和民族的精神来拯救国家和振兴中华的思想,是他从国际和近代中国受人欺压的情况总结出来的。这是一个从根本上救治中国社会的办法,这个办法无疑是正确的,因为他抓住了中国人的特质和不朽的民族魂。

1914年6月,辜鸿铭曾在英文报纸《中国评论》上发表《中国人的精神》一文。在文中他说:中国人的精神,是中国人赖以生存之物,是本民族固有的心态、性情和情操。这种民族精神有别于其他任何民族,特别是有别于现代的欧美人。我们中华民族"是一个永不衰老的民族","中国人的精神是一种永葆青春的精神,是不朽的民族魂",中华"民族不朽的秘密就是中国人心灵与智慧的完美和谐"。"作为一个有悠久历史的民族,它既有着成年人的智慧,又能过着孩子的生活——一种心灵的生活。"③辜氏是在说,中华民族在发展过程中虽然也表现出自己的许多缺点,但中华民族的心态、性情和情操,即心灵的生活则相当丰富,它拥有真正的国家观念和不朽的民族魂——民族精神,使它"永不衰老"、"永葆青春"。所以,民族精神在,民族就在,民族精神亡,民族就必然灭亡。中华民族要振兴,必须重视对民族精神的凝聚和弘扬。

中国人近一百多年来一直梦想着振兴中华,国强民富。国强民富的基础便是经济实力与生产力量,但是经济要发展,民族要振兴,必须树立和弘扬爱国家爱民族的精神,没有精神,什么事情也干不成。这种精神就是重诚信、讲道义,有国家观念和民族意识,以及有团结奋进的决心和毅力。诚如孙中山所指出的,"吾中华积数千年专制国之恶习,一旦改革,千端万绪,不易整理",但有一点我们国民必须注意的就是"今后立国大计,即首在排去专制时代之

---

① 孙中山:《三民主义·民族主义》,《孙中山全集》第9卷,北京:中华书局1986年版,第243页。

② 孙中山:《三民主义·民族主义》,《孙中山全集》第9卷,北京:中华书局1986年版,第246~247页。

③ 辜鸿铭著:《中国人的精神》,海口:海南出版社1996年版,第37~39页。

种种恶习,乃能发现文明国家之新精神"。① 所以,改造国民性,消除各种陋习,树立一种新精神、新风尚、新道德和新面貌,便成为国人在现代社会建设中的重大议题。

1903年10月,梁启超在《新民丛报》发表《政治学大家伯伦知理之学说》,文中谈到国民与民族之差别及其关系时说道:"民族者,有同一之言语风俗,有同一之精神性质,其公同心渐因以发达,是固建国之阶梯也,但当其未联合以并一国之时,则终不能为人格、为法团,故只能谓之民族,不能谓之国民。"② 梁任公指出这点非常重要,因为民族与国家不同,民族只说明一个人的属性,但不能说明一个人的国籍,更不能说明作为一个国家的国民所应具有的人格、国格、责任和要求,即国民应具有的国民性。孙中山晚年在做三民主义演讲,讲到民族主义时指出:"用王道造成的团体,便是民族","用霸道造成的团体,便是国家",民族是天然进化而成的,不是用武力征服得来的,所以民族与国家是两个不同的概念,具有不同的内涵。中国是由中华民族各个民族在长期的共同开发、生衍繁殖,与天斗与人斗中形成的人们共同体,所以中国代表的不是某单一民族,它是中华民族各民族共同的祖国。中华民族各个民族对自己的国家既具有宪法赋予的权力,也有义不容辞的义务。中国国民不仅要具有民族性,更要具有国民性。中国的国民性来源于各族人民的共同生活,来源于他们的创业精神,也即是来源于中国的人文精神,是"专从人类历史文化进展以及人类社会之日常人生与大群共业为出发,而依然即此为归宿的"③。在中国这个多民族的大家庭里各民族应是平等的,但民族的各种环境和自然条件不同所造成的差异也是不同的,因此民族的经济、文化也不可能相同相等。一个民族内的成员在事实上也都存在不平等,但民族与民族、民族内成员之间应该共同帮助,"济弱扶倾",共同进步。作为一国之民从事的职业和贡献大小有不同,但作为国民应具有一国之民的人文精神,具有一国的传统文化及其所镕铸的人格、国格。

"中华民族"作为中国各民族的总称,④ 它的含义是包括历史上和现在生活在中国境内的各民族的总称。中国的国民性就是指汉族及其他少数民族经过长期融合、陶冶、凝聚起来的中华各民族的个性而形成的带有普遍性(或称

---

① 孙中山:《在上海国民党恳亲会的演说》,《孙中山全集》第3卷,北京:中华书局1983年版,第2页。
② 梁启超:《政治学大家伯伦知理之学说》,《新民丛报》第38~39号合刊(1903年10月4日出版),参见台湾大孚书局有限公司1999年印行《饮水室全集》卷2,第15页。
③ 钱穆:《中山思想之新综析》,参见《中山思想要义》,台北:台湾书店1994年版,第148页。
④ 参见陈连开:《关于中华民族起源学说的由来与发展》,费孝通主编:《中华民族研究新探索》,北京:中国社会科学出版社1991年版,第53页。

共性）、代表性的特征。孙中山说："国与民弱且贫矣，不思有以救之，不可也；救之而不得其道，仍不可也。"① "国家靠国民来维护，国民素质差，国家就贫穷，所以要救贫，首先要救民，只有采取正确的办法去救民才能救贫、才能拯救国家。想改良国家，提高国民的素质，关键在于发展教育，在于树立科学发展观，在于树立人的道德观，造就高尚的人格。"② 他说："我们要人类进步，是在造就高尚人格。要人类有高尚人格，就在减少兽性，增多人性。没有兽性，自然不至于作恶。完全是人性，自然道德高尚；道德既高尚，所做的事情，当然是向轨道而行，日日求进步。"孙中山说："人为万物之灵。"③ 天之生人，虽有聪明才力之不平等，但人心则欲使之平等，斯为道德之上最高目的，要达到这个最高目的，则人不能利己，要重于利人。"人人以服务为目的，而不以夺取为目的。聪明人力愈大者，当尽其才力，服千万人之务，造千万人之福。聪明才力略小者，当尽其能力以服十百人之务，造十百人之福。至于全无聪明才力者，亦当尽一己之能力，以服一人之务，造一人之福。"④ 人只有树立利人、利国的思想，立志为国家为民族为人民奉献，才能达到现代国家对国民的基本要求。然而，孙中山看到中国人缺乏的是团结的精神和冒险的行为，因为没有团结力以及国族意识⑤，因此也缺乏奉献和为国家牺牲的精神。孙中山指出，这种情况不改变，中国就没有振兴的可能。中国的国民之所以会这样，那是因为"我国自有历史以来，人民屈服于专制政府之下，我祖我宗，以至于我之一身，皆为专制之奴隶，受君主之压制，一切不能自由。所谓国家者，亦不过君主一人一姓之私产，非我国民所有也。故人民无国家思想，且无国民资格"⑥，也就没有立志为国家民族奉献的精神。国民无国民资格便很难建立国民的国家。国民对国家没有勇于奉献的精神，也不会有文明的社会。所以在中华民国成立后，孙中山为了树立国民的意识和爱国的思想，确立中华民族的国族意识和国民的情操，便反复强调：欲图根本救治中国，"非

---

① 孙中山：《在桂林对滇赣粤军的演说》，《孙中山全集》第6卷，北京：中华书局1985年版，第29页。
② 孙中山：《在东京中国留学生欢迎会的演说》，《孙中山全集》第3卷，北京：中华书局1983年版，第25页。
③ 孙中山：《在广州全国青年联合会的演说》，《孙中山全集》第8卷，北京：中华书局1986年版，第316页。
④ 钱穆：《中山思想之新综析》，参见《中山思想要义》，台北：台湾书店1994年版，第155~156页。
⑤ 参见孙中山：《三民主义·民族主义》，《孙中山全集》第9卷，北京：中华书局1986年版，第184~185页。
⑥ 孙中山：《在芜湖各界欢迎会的演说》，《孙中山全集》第2卷，北京：中华书局1982年版，第537页。

使国民群怀觉悟不可"。① "根本救国，端在唤醒国民。"② "须知中国者中国人之中国。"③ "今世界文明进化，尚在竞争时代，而非大同时代。处此竞争剧烈之时，人人须以爱国保种为前提。"④ 也即是说，中国由国民所造成，唯有第一等的国民才能造成世界第一等的民国，所以只要中国同胞发生强烈之民族意识，并树立民族能力之自信，则中国之前途，"可永久适存于世界"。⑤ 国民整体素质的提高体现了一个国家和社会的进步，以及文明的程度，没有高素质的国民，就不可能有高速度的经济发展，也不可能有高度文明的社会，因此孙中山便形成有什么样的国民便成就什么样的国家的观念，要建立一个民有、民治和民享的共和国，全赖国民的参与，以及国民参与的程度和水平，为此在全中华民族各民族中树立国民意识便成为孙中山的一项重要议题。1923年1月1日，孙中山在《中国国民党党纲》中规定三民主义的民族主义就是"以本国现有民族构成大中华民族，实现民族的国家"⑥。三民主义就是要"把全国的主权，都放在本族人民手内；一国的政令，都是由人民所出；所谓国家利益，由人民共享"⑦。由此可见，孙中山的"三民主义系促进中国之国际地位平等、政治地位平等、经济地位平等，使中国永久适存于世界"。而所谓的"大中华民族"，就是包含全中国境内所有民族在内的50多个民族。所谓的"民族的国家"，即中华民族的共和国家，而民族主义就是中华民族的国族主义，⑧ 也即是中国的国族主义。

孙中山在做民族主义演讲时指出："如果中国人知道自己是受压迫的国民，已经到了不得了的时代，首先把各姓的宗族团体联合起来，更由宗族结合成一个民族的大团体，这个大团体就是中国四万万人的大团体国族。有了这个大团体，无论什么外国用什么兵力、经济和人口来压迫，我们都不怕他。"可见，国族又是中国各民族团结的意思，就是各民族大联合的意思！它的真正目

---

① 孙中山：《复廖凤书函》，《孙中山全集》第5卷，北京：中华书局1985年版，第103页。
② 孙中山：《复黄玉田函》，《孙中山全集》第5卷，北京：中华书局1985年版，第116页。
③ 孙中山：《中国同盟会革命方略》，《孙中山全集》第1卷，北京：中华书局1981年版，第312页。
④ 孙中山：《在南昌军政学联合会的演说》，《孙中山全集》第2卷，北京：中华书局1982年版，第536页。
⑤ 孙中山：《中国之铁路计划与民生主义》，《孙中山全集》第2卷，北京：中华书局1982年版，第490页。
⑥ 孙中山：《中国国民党党纲》，《孙中山全集》第7卷，北京：中华书局1985年版，第4~5页。
⑦ 孙中山：《在广州对国民党员的演说》，《孙中山全集》第8卷，北京：中华书局1986年版，第572页。
⑧ 孙中山：《三民主义·民族主义》，《孙中山全集》第9卷，北京：中华书局1986年版，第184页。

的在于振奋民族精神，对付帝国主义的侵略，维护民族的地位。孙中山说，中华民族在世界民族中算是唯一的历经数千年而不衰，直至现在"和世界的民族比较，我们还是人口最多最大的民族"，这"是我们民族所受的天惠，比较别种民族独厚。故经过天时人事种种变更，自有历史四千多年以来，只见文明进步，不见民族衰微。代代相传，到了今天，还是世界最优秀的民族"。① 这是我们中华民族适应自然和具有创新、团结和奋斗精神的表现。然而，孙中山认为，中华民族处于今日世界激烈竞争的潮流中，受到列强政治力、经济力的压迫空前严重。此后，中华民族如果单受天然力的淘汰，还可以支持100年，如果兼受政治力和经济力的压迫，就很难渡过10年。所以，这10年是中华民族的生死关头。"如果在这10年以内有办法可以解脱政治力和经济力的压迫，我们民族还可以和列强的民族并存。如果政治力和经济力的压迫，我们没有方法去解脱，我们的民族便要被列强的民族所消灭，纵使不至于全数灭亡，也要被天然力慢慢去淘汰。故此后中国的民族，同时受天然力、政治力和经济力的三种压迫，便见得中国民族生存的地位非常危险。"② 可见，孙中山在此时强调提倡国族主义就是要救危，就是要结合四万万中国人组成一个坚固的民族团体，用大中华民族的意志和力量、"用民族精神来救国"和建设中国社会。③ 他希望今日中国的国民大众，"当勉为爱国之国民"④。由此可知，孙中山在此时期强调提升民族意识，它的政治目的很明确，就是通过确立中华民族的国族意识，用全民的力量去对抗侵略，去捍卫主权和民族的尊严。只要民族在，中国就有复兴之日，就有光明的未来。

（三）孙中山改造国民性格思想的影响

真正的爱国者，既要发扬民族优良传统和弘扬民族精神，又要勇于发现民族性格、国民性格中的不良习性并力求克服它，不断地改造它，使我们的国民既有高智慧和能力，又有崇高的人格。

中国是一个文明古国，历史悠久，民风纯朴，国民勤劳、勇敢，崇尚自由，为人谦和，爱好和平。正如孙中山所指出："中国，由于它的人民性格勤

---

① 孙中山：《三民主义·民族主义》，《孙中山全集》第9卷，北京：中华书局1986年版，第197页。

② 孙中山：《三民主义·民族主义》，《孙中山全集》第9卷，北京：中华书局1986年版，第198页。

③ 参见孙中山：《三民主义·民族主义》，《孙中山全集》第9卷，北京：中华书局1986年版，第189页。

④ 孙中山：《在广东中国同志竞业社欢迎会的演说》，《孙中山全集》第9卷，北京：中华书局1986年版，第359页。

劳和驯良,是全世界最适宜建立共和政体的国家。在短期间内,它将跻身于世界上文明和爱好自由国家的行列。"① 正由于中国人热爱和平,故孙中山指出:"中国决无帝国派之野心,决不扩张军备"②,更加不会称霸世界。根据中国的历史和人文环境所造成的中国人的品性,孙中山一再强调,一旦革新中国的目标得以完成,中国不仅是一个美丽的国家,而且也是一个文明的、对人类负责任的国家。中国的富强对整个人类都有好处。所以,孙中山指出,中国人要正确地认识自己,也要善待世界各国人民。中华民族有许多优良品质,但在一定的历史时期和历史条件下也存在着某些与时代不符的不良习性,所以,改造国民性是社会发展所必需,也是人类本身发展的需要。由于近代中国是帝国主义支持下的封建专制国家,在霸道主义的侵凌和落后封建主义思想的统治下,自然经济和封建意识给中国人的心理、思想和意识都带来极其沉重的污染,使国人具有愚昧、偏私、奴性、苟安、守旧和缺乏自信等弱点。所以,在20世纪的中国不是要不要改造国民性的问题,而是应该怎么样认识中国国民性的缺点,以及如何更快地改造国民性的问题。过去,我们对梁启超的"新民"和新时代中国国民应有的"德性",以及鲁迅的"立人"及其揭露中国人在封建专制和封建文化的遗毒下造成的愚昧落后、麻木不仁、自大好古的"民族劣根性"重视不够,还有人对梁启超、鲁迅的改造国民性主张提出批评;对孙中山等革命党人改造国民性的认识也产生误解,说他对中国国民的能量认识不足,致使我国改造国民性、提高中华民族的整体素质的教育一波三折,未能达到通过提高国民的素质实现人的近代化、达到工业和社会近代化的目的,这是中华民族在前进中的一大失误。承认中国人的落后,不等于就是妄自菲薄、就是自卑、就是民族虚无主义;相反,只有承认落后,才能有决心去消灭落后。孙中山在《建国方略》"心理建设"中就严肃地批评中国人"素自尊大",不能虚心向先进民族学习,所以社会不能进步。在《伦敦被难记》中,孙中山又指出:"中国之政,习尚专制,士人当束发受书之后,所诵习者不外于四书五经及其笺注之文字;然其中有不合于奉令承教、一味服从之义者,则且任意删节,或曲为解说,以养成其盲从之性。"学者文人如此,平民百姓更可想而知。"此所以中国之政治无论仁暴美恶,而国民对于现行之法律典章,惟有兢兢遵守而已。"③ 中国人这种盲从习性,造成中国人对于"世界之大事若何,人民若何,均非其所知。国家之法律,非平民所能与闻。谈兵之书,不特为禁品之一,有研究者甚或不免于一死。至于新器之创造、新学之发明,人民以惕

---

① 孙中山:《我的回忆》,《孙中山全集》第1卷,北京:中华书局1981年版,第558页。
② 孙中山:《在欧洲的演说》,《孙中山全集》第1卷,北京:中华书局1981年版,第561页。
③ 孙中山:《伦敦被难记》,《孙中山全集》第1卷,北京:中华书局1981年版,第51~52页。

于死刑,罕敢从事。是故中国之人民,无一非被困于黑暗之中"①。1920年11月,孙中山在上海中国国民党本部会议上发表演说,指出:"试看民国已经成立了九年,一般人民还是不懂共和的真趣。""现在人民有一种专制积威造下来的奴隶性,实在不容易改变,虽勉强拉他来做主人翁,他到底觉得不舒服。""中国奴制已经行了数千年之久,所以民国虽然有了九年,一般人民还不晓得自己去站那主人的地位。我们现在没有别法,只好用些强迫的手段,迫着他来做主人,教他练习练习。这就是我用'训政'的意思。"② 对此,过去不少学人都批评孙中山对国民的认识估计过低,对孙中山通过"训政"来教训国民的做法都不以为然。现在想起来,要推行民主政治、建设现代文明的社会,人民的素质过低,的确困难重重。现代民主的社会是竞争的社会,如果国民奴性十足,对什么事情都畏首畏尾,没有新的思维,没有创新精神和敢为人先的意识,对中国社会的振兴的确影响甚大。所以,采取各种办法,包括用"训政"之类方法教育国民,提高国民的认识水平也不是可有可无之举,问题在于教育的目的和内容。1920年11月5日,孙中山与伍廷芳复函时任北京政府国务总理靳云鹏时又强调:"中国通病,在一个伪字",这种积习不改,就无法"导人以诚",否则"求统一而去统一愈远,言和平而破坏和平愈甚"。③ 孙中山晚年做三民主义演讲时,在谈到修身、齐家、治国时又指出:我们中国人不仅正心、诚意这些内治的功夫做不到,就连修身、齐家、治国的外修功夫也还没有做到,所以本国便不利自治,外国人看到中国人不能治国,便要来共管。孙中山说,别的暂不去管它,仅是从修身一方面来看,我们中国人的功夫就很缺乏。除非来中国住上二三十年的外国人,或像英国罗素那样有学问的哲学家才可以看出中国的文化超过了欧美,才赞美中国。普通外国人总说中国人没有教化,是很野蛮的。孙中山指出,这是因为中国人对于一些平常的举动都不讲究,难怪人家瞧不起。对于中国人的鄙陋丑劣行为,孙中山总是不客气地指出来,这是为了引起咱们中国人注意改正,提高个人素质。在民族主义第六讲中,孙中山举出不少例子说明中国人修身功夫的欠缺对中国国格的影响,并提出批评。孙中山说:中国人初到美国时,美国人本来是平等看待,没有什么中美人的分别。后来美国大旅馆都不准中国人住,大的酒店都不许中国人去吃饭,这就是由于中国人没有自修的功夫。孙中山指出,有一次在船上他和一位美国船主谈话,船主说:"有一次中国公使前一次也坐这个船,在船上到处喷

---

① 孙中山:《伦敦被难记》,《孙中山全集》第1卷,北京:中华书局1981年版,第51页。
② 孙中山:《在上海中国国民党本部会议的演说》,《孙中山全集》第1卷,北京:中华书局1981年版,第400~401页。
③ 孙中山:《复靳云鹏电》,《孙中山全集》第5卷,北京:中华书局1985年版,第395页。

涕吐痰，就在这个贵重的地毯上吐痰，真是可厌。"孙中山问他："你当时有什么办法呢？"他说："我想到无法，只好当他的面，用我自己的丝巾把地毯上的痰擦干净便了。当我擦痰的时候，他还是不经意的样子。"连那位晚清公使在那样贵重的地毯上都吐痰，普通中国人大都如此。由此一端，孙中山说："便见中国人举动缺乏自修的功夫。"孙中山又以外国的大酒店都不许中国人去吃饭为例说："有一次，一个外国大酒店当会食的时候，男男女女非常热闹、非常文雅，济济一堂，各乐共乐。忽然有一个中国人放起屁来，于是同堂的外国人哗然哄散，由此店主便把那位中国人逐出店外。从此以后，外国大酒店不许中国人去吃饭了。"孙中山指出：还有一次，上海有一位大商家请外国人来宴会，他也忽然在席上放起屁来，弄到外国人的脸都变红了。他不但不检点，反站起来大拍衫裤，且对外国人说："嗌士巧士米（Excuse me，意思是'对不起'）。"孙中山指出："这种举动，真是野蛮陋劣之极！"也许有人会说"有气必放，放而要响，是有益卫生"，孙中山指出："此更为恶劣之谬见。"①孙中山将吐痰、放屁、留长指甲、不洗牙齿这些例子举出来教训中国人，他不是有意跟咱们中国人过不去，而是要大家正视这些丑劣举止的不良，若不重视、不改正，势必影响对外交往，也有损中国的形象。中华民族不从整体上提高国民的素质、学会文明礼貌，改变中国人粗野的弊端，就人的文明性这一点而言就很难追赶世界文明国家的进步潮流。孙中山举上面一些例子在一些人看来只是小事一桩，好像不足挂齿，但若从只有人的进步才有社会的进步、只有实现人的近代化才有社会的近代化来看，这正说明孙中山的人本思想是在于教人从小事做起、从提高普通百姓的素质做起的苦衷。中华民族人口众多，但教育落后，人的综合素质不高，如果不从根本上下功夫，从教育上入手，对国民进行普遍的普及的教育，不解决好人与国家建设的关系、人与社会发展的关系，我们中华民族就不可能跟上世界的发展潮流，就不可能有国家的进步和社会的文明。

概括起来，孙中山改造国民性格的思想是以民族自救为出发点的，他着眼于提高国民的综合素质，追赶世界潮流，实现中国人的近代化和社会的文明进步。中华民族有许多优美品质，但也存在着某些不良习性，改造那些不良习性，正是中华民族重振雄风、恢复民族精神以改造我们的社会、建设我们国家所必需的。不改造本民族落后的习性、提高民族文化的水平，则不会有本民族精神的复兴，而不学习和吸收西方先进国家的国民精神，则不会有中国人的近代化。所以，孙中山指出：20世纪之世界是科学互竞之世界，因此他对于菲

---

① 孙中山：《三民主义·民族主义》，《孙中山全集》第9卷，北京：中华书局1986年版，第248~249页。

律宾碧瑶华侨成立"爱国学校"表示祝贺,对他们"作育吾国侨菲之青年子弟,由非途轨进,而为他日研钻高深之学科,以与世竞,抑以供献祖国"的行为给予肯定。① 可见,通过教育、发展科学提高国民的综合素质,树立竞争意识,追求中华民族的近代化和社会的文明进步便是孙中山改造国民性的基本主旨。

英国著名历史学家埃里克·霍布斯鲍姆教授说:"'民族'即是国民的总称,国家乃是由全体国民集合而成,是一主权独立的政治实体,因此,国家乃民族政治精神的展现。由此观之,无论民族的组成是什么,公民权、大众的普遍参与或选择,都是民族不可或缺的要素。"② 这个现代民族的新义基本符合中华民族 — 国族的含义。目前,中国有 56 个民族,每个民族都有自己的族名。同时,56 个民族又有一个共同的族名,即中华民族。而中华民族的每个民族都存在她的特性和特点,但作为中华民族又具有许多共同的特征,如文字语言,除个别民族有自己的文字和语言外,多数民族都共同使用汉语、汉字,由于长期共同生活在东亚大陆这个具有完整结构的地理单元,经济生活和生活习俗也大同小异。正由于我国各民族长期以来杂居在中国各处,共同的生产活动和反对外族侵略的斗争,造成它们相互依存、共同进步的环境。正如我国社会学、民族学著名学者费孝通教授所指出的:中华民族实体是"一个休戚与共的自觉的民族实体"。"虽则中华民族和它所包含的 50 多个民族都称为'民族',但在层次上是不同的。"③ 孙中山作为中国的政治家和思想家,他高瞻远瞩,通过了解世界诸多国家的民族为了追求民族独立可能带来的混乱和思想困扰,以及建立"民族国家"所造成的民族意识的大爆发,形成不同民族社群之间的对立和冲突,他及时地指出发扬民族主义,造就中华民族各民族团结统一的国族意识。通过重构中华民族实体、弘扬传统文化中的道德传统,营造宽松、融洽、相互帮助、共同进步的环境。

为了处理好中华民族多元一体可能产生的问题,孙中山在晚年做民族主义讲演时,将亚洲人与欧洲人作比较,又将中国人与日本人作比较,从而得出结论:白人能做的事,黄种日本人也可以做,而日本人可以做的事,中国人也可以做。所以,"世界上的人种虽然有颜色不同,但是讲到聪明才智,便不能说

---

① 孙中山:《菲律宾碧瑶爱国学校祝词》,《孙中山全集》第 5 卷,北京:中华书局 1985 年版,第 458 页。

② (英)埃里克·霍布斯鲍姆著:《民族与民族主义》,李金梅译,上海:上海人民出版社 2000 年版,第 21 页。

③ 费孝通等著:《中华民族多元一体格局》,北京:中央民族学院出版社 1989 年版,第 33 页。

有什么分别"①。"我们中华民族和世界的民族比较,我们还是有许多优点。"② 可是近二百多年来,欧洲的科学发达,物质文明进步,中国则不及欧洲。退步的原因不是中国人愚蠢和不努力,而是因为我们"失了民族的精神",不思进取。因此,孙中山提倡除了发展经济、增强政治能力抵御西方列强的侵凌外,又提倡在国内除了发展汉族人口外,对"中国的土人苗、傜、獠、獞等族"也要增加人口。③其次必须改变中国人一盘散沙、没有国家观念的状态,形成"敬宗收族"的国族观念,改变过去"国亡他可以不管,以为人人做皇帝,他总是一样纳粮"的意识,④形成一个极大的国族团体,实现《尚书》所载尧的时候,"克明俊德,以亲九族;九族既睦,平章百姓;百姓昭明,协和万邦。黎民于变时雍"⑤协和兴邦御敌保国的局面。最后,孙中山强调要正确地处理中外文化的关系,继承中国传统文化中优良的东西,使之作为造就中国民族大团体——国族的文化基础,树立忠于国家、忠于人民,"为四万万人去效忠"的精神,实现在"恢复我一切国粹之后,还要去学欧美之所长",然后和"欧美并驾齐驱"的目标。⑥

由此可见,孙中山改造国民性格,就是要通过重铸中华民族的精神,扬我国威;通过强化国人的危机感,唤醒国人的强国意识;营造健康向上的社会氛围,树立爱国、自信、诚信、友好、进取、奋斗、成功成仁意识,具有崇高国格和人格的国民,担负改造社会、改造人类的伟大使命。

总之,孙中山看到了中国人的素质、国民性格对国家兴亡的重大关系,因此提出发扬中华民族精神之华,补以他国民族精神之粹,以涤除民族的劣根性,铸造中华民族的新精神,奋发图强,大步前进。

改造国民性格是时代的主题。社会变迁,以及社会的文明进步,最突出的表现便是人的素质的提高,以及物质建设的骄人成就,历史没有原貌,社会处在由低级到高级的无穷发展进程中,人类也同历史一样在不断地进步和提高,

---

① 孙中山:《三民主义·民族主义》,《孙中山全集》第9卷,北京:中华书局1986年版,第190页。
② 孙中山:《三民主义·民族主义》,《孙中山全集》第9卷,北京:中华书局1986年版,第197页。
③ 孙中山:《三民主义·民族主义》,《孙中山全集》第9卷,北京:中华书局1986年版,第237页。
④ 孙中山:《三民主义·民族主义》,《孙中山全集》第9卷,北京:中华书局1986年版,第239页。
⑤ 孙中山:《三民主义·民族主义》,《孙中山全集》第9卷,北京:中华书局1986年版,第239~240页。
⑥ 孙中山:《三民主义·民族主义》,《孙中山全集》第9卷,北京:中华书局1986年版,第251页。

由蒙昧、无知到聪明、觉醒。它不断地扬弃劣根性，使自己同时代的发展日趋同步，这是人类进步的必然，也是时代的要求。人在改造客观世界的同时，也在改造自己，所以，改造国民性是人类和社会进步的必然。孙中山改造国民性的思想和主张，是他阔步走向世界，追赶时代潮流，祈盼中国社会进步，并与"欧美并驾齐驱"的生动体现。

20世纪是中国社会由沉睡到觉醒的时代，是中华民族开始昂扬阔步走向世界，寻求自己未来的时代，也是中国社会发生前所未有的大变动的时代。社会的转型意味着我们的社会既不同于传统社会，也尚未进入现代社会。在这种环境下生长起来的国民，兼具两种文化类型的因素，具有两种对立的价值观，形成一种不稳定的结构和不稳定的功能。所以，孙中山、梁启超、鲁迅等知识精英通过呼唤改造国民性来树立新国民的性格，他们呼唤改变旧的价值观、树立新的价值观，就是要导引我们走出精神的迷失，走向现代社会，作出我们的选择，为实现美好的理想、建立大同和谐社会而努力奋斗。孙中山改造国民性的思想既有前瞻性，又具有现实性、时代性，这对于正确认识我们的民族和国民，树立新的国民性格并认识其在当今社会建设中的作用具有重大的影响。

三、孙中山治理中国社会的构想

（一）孙中山的富民思想

社会上存在各种各样的人，但不管什么人，首先要解决的还是生计问题，只有解决人们的生计问题，社会才谈得上稳定与和谐。所谓生计，首先是生存，要维护人民的生存权，除了防止罪恶的战争之外，就是要使人民吃得好，穿得暖，解决温饱问题；其次是发展，办好教育和医疗事业，让人民读得起书，看得起病；再次是要解决人民的就业问题，尤其是让工人、农民及城镇的居民各有其工，各有其所。而要做到这些，就必须确立富民政策，让人民大众手中有钱，能解决生计问题。正因为如此，孙中山在1912年4月辞退中华民国临时政府大总统后说："今所急者，生计是也。"[①] 要解决国民的生计就要发展经济，就要实行民生主义，进行社会革命"为增进国利民福之预备"。[②] 孙中山从国家和人民两方面去考虑解决社会问题，即他的"国利"（国家有利）

[①]《孙中山与西报记者之回答语》，原载于上海《申报》，1912年4月6日；又见王耿雄著：《孙中山史事详录》（1911—1913），天津：天津人民出版社1986年版，第263页。
[②] 孙中山于1912年4月6日在上海出席统一党欢迎会演说民生主义时谓：此后同盟会与统一共和党"两政党当共同趋重民生主义，为增进国利民福之预备"。（上海《民立报》1912年4月7日）

和"民福"(人民幸福)政策,便成为他推行民生主义解决社会问题的基本主旨。所以,孙中山说:现今革命"乃国民的革命,乃为国民多数谋幸福。凡事以人民为重,军人与官吏,不过为国家一种机关,为全国人民办事"。①1912年8月25日,孙中山在北京湖广会馆出席同盟会联合统一共和党、国民共进会、国民公党、共和实进会而改称为国民党大会,发表演说,论述民生主义问题,指出:"今日当首重民生主义,今本党政纲亦有采用民生政策一条,……民生主义多有不解者,以民生主义系用强硬手段,使富者分给贫人,然并非如此,实以和平之手段,使资本家不得妨害贫者,并非以富者之财产分给于贫者。"② 金冲及先生在解读孙中山思想发展时说:"孙中山的思想学说有它的一贯性,又有它的阶段性。这种阶段性,不仅表现了他个人思想由浅入深、从不成熟逐步走向成熟的发展过程;也是他所生活的大时代不断嬗变的反映。孙中山不是那种关在书斋中的学者,他的思想学说是用来解决中国所面对的实际问题的。既然现实的中国和世界正在剧烈地变动着,那么,力求'适乎世界之潮流,合乎人群之需要'的孙中山的思想学说也不断地随着演进是十分自然的事情。孙中山的民生主义思想便是这样。"③ 尽管孙中山的三民主义强调在不同阶段要解决的社会问题的重点不一,但他的目标是一致的,那就是要通过民生主义政策的实施,发展中国的经济,使中国人民富裕起来,让人民能够安居乐业,解决中国社会的矛盾,避免社会革命的爆发。

要致富先修路。用孙中山的话就是:"富强之道,莫如扩张实行交通政策。"④ "振兴实业,当先以交通为重要。计划交通,当先以铁路为重要。建筑铁路,应先以干路为重要。谋以干路,尤当先以沟通极不交通之干路为重要"⑤。要国民富,必须要国家先富,因此发展农、工、商、矿为"富国之要图"⑥,但"无交通无灵活运动之机械,则建设之事,千端万绪,皆不克

---

① 《孙中山先生莅临武汉五日记》,上海《民立报》1912年4月15日。
② 原载于上海《民立报》1912年8月27日,又见王耿雄著:《孙中山史事详录》(1911—1913),天津:天津人民出版社1986年版,第354页。
③ 原载张磊、王杰主编:《孙中山与中国近代化》上,北京:人民出版社1990年版,第139页;又见金冲及著:《五十年变迁》,北京:中央文献出版社2004年版,第203页。
④ 孙中山:《在北京全国铁路协会欢迎会的演说》,《孙中山全集》第2卷,北京:中华书局1982年版,第420页。
⑤ 孙中山:《在上海与〈民立报〉记者的谈话》,《孙中山全集》第2卷,北京:中华书局1982年版,第384页。
⑥ 孙中山:《在北京全国铁路协会欢迎会的演说》,《孙中山全集》第2卷,北京:中华书局1982年版,第420页。

举"①。"夫国之贫富，不在钱之多少，而在货之多少，并货之流通耳。"② 基于这个认识，孙中山在中华民国成立之后，集中精力思考和计划中国的实业建设，首先将铁路、道路之建筑，运河水道之修治，商港市街之建设作为发展实业之利器。孙中山的计划是将振兴实业作为当务之急。他说："能开发其生产力则富，不能开发其生产力则贫。从前为清政府所制，欲开发而不能。今日共和告成，措施自由，产业勃兴，盖可预卜。"但在振兴实业时，必须要防止资本家垄断之流弊。"此防弊之政策，无外社会主义。本会政纲中，所以采用国家社会主义政策，亦即此事。"他断言："国家一切大实业，如铁路、电气、水道等事务皆归国有，不使一切人独享其利。"③ 所以，孙中山提倡振兴实业，"俾全国之人，无一贫者，同享安乐之幸福，则仆之素志也"④。解决民生问题，首先要发展经济，发展大实业使国家富强起来，然后通过国家实行再分配解决人民的衣食住行的民生问题，所以民生问题始终是社会发展、文明进步的根本动力。中国人民追求民生，说明社会经济的发展应当是以人为本位的发展，畅通利益诉求渠道，让人通过自己的努力过上比较好的生活，减少人与人之间的矛盾和社会冲突，这是全民的诉求，也是社会发展的中心问题和关键所在。孙中山的民生思想是他社会建设思想的核心，也是社会长期稳定和可持续发展的根本源泉。然而，面对中国在经历鸦片战争后，中国人民蒙受耻辱和落后之后，中国社会处在普遍的矛盾、紧张和焦虑、彷徨之中，中国的出路何在？中国应该选择什么样的发展道路，中国社会的未来应该走向何方？不同的阶级都有自己的设想。而孙中山则确立了共和民主和富裕民生的发展道路，以促进经济繁荣、文化发达和社会大同为基本任务。可见，通过社会的全面发展，为人民谋福祉、为人民创造幸福的生活条件便是孙中山民生史观的归宿。这就凸现了孙中山的民生问题重在预防贫富不均现象导致的社会动荡带来的危害，也表明他治理社会重视治本，从根本上解决国泰民安和长期稳定发展的重大意义。孙中山不是梦想家，他的民生社会建设都是实实在在的，他的实业建设计划、民生主义演讲，以及建国方略、建国大纲都是一些具体的政策、计划和设想，没有讲很多让人民听不懂看不明的玄妙大道理。因此，只要有一个稳定的社会条件和政治环境，实现孙中山民生主义富民政策是完全可能的，它不

---

① 孙中山：《在上海报界公会欢迎会的演说》，《孙中山全集》第2卷，北京：中华书局1982年版，第496页。
② 孙中山：《建国方略》，《孙中山全集》第6卷，北京：中华书局1985年版，第176页。
③ 孙中山：《在南京同盟会会员饯别会的演说》，《孙中山全集》第2卷，北京：中华书局1982年版，第322～323页。
④ 孙中山：《在上海中华实业联合会欢迎会的演说》，《孙中山全集》第2卷，北京：中华书局1982年版，第339～340页。

是一个可想而不可实现的议题。所以,民生问题是一个现实问题,它所涉及的范围甚广,"诸如生产、分配、消费、食、衣、住、行、土地、资本、自卫等,都包括在内。这些东西,有的属于经济,有的属于政治,而皆为民生问题中的一部分"①。"民生就是政治的中心,就是经济的中心,和种种历史活动的中心,好像天空以内的重心一样"②,并没有其他事物能再作它的中心,说明了社会进化的规定和人类为求生存可能爆发出的力量。这种民生历史重心说,虽然也遭到人们的非议,但也表明孙中山的社会历史观是以人为本、以人民的民生为本的,所以他的民生史观的本质就是重视人的创造性努力,通过人去创造社会财富解决人的生计。

既然民生是一切活动的原动力,因此"民生不遂,所以社会的文明不能发达,经济组织不能改良,和道德退步,以及种种不平的事情。像阶级战争和工人痛苦,那些种种压迫,都是由于民生不遂的问题没有解决。所以社会中的各种变态都是果,民生问题才是因"③。孙中山指出,民生主义和资本主义的根本不同,就在于资本主义是以赚钱为目的,民生主义是以养民为目的,"单是节约资本,仍恐不足以解决民生问题,必要加以制造国家资本,才可以解决之。何谓制造国家资本呢?就是发展国家实业是也"④。通过发展国家实业积聚财富,从根本上解决人民的衣、食、住、行问题,便是孙中山民生主义思想解决民生问题的精神所在。

关注民生、发展民生和改善民生是一个复杂的需要长期奋斗的系统工程,从脱贫致富到全民富裕奔小康关系到社会发展的方方面面,这里有经济问题,有政治问题,也有人民的参与程度和人的素质的问题。所以要实现富民政策,达到人民的均富,不是一个短期可以完成的任务。因此,孙中山为了让人民共同富裕、幸福美满地生活,有一个通盘的考虑和设想。

首先要解决人民的生活问题。

在晚年孙中山做民生主义讲演时,他就西方实业革命机器的广泛运用造成工人失业的问题,谈到西方解决社会问题即民生问题的各种主张和纷争,也谈到社会主义与民生主义的关系,他认为"社会问题便是民生问题,所以民生问题便可说是社会主义的本题"。"但是从前讲社会主义的人都是乌托邦派,只希望造一个理想上的安乐世界,来消灭人类的痛苦;至于怎么样去消灭的具

---

① 张益弘著:《孙学体系新论》上册,台北:恬然书会1997年版,第126~127页。
② 黄昌谷笔记:《三民主义·五权宪法》,台北:东方书店1953年版。
③ 孙中山:《三民主义·民生主义》,《孙中山全集》第9卷,北京:中华书局1986年版,第355页。
④ 孙中山:《三民主义·民生主义》,《孙中山全集》第9卷,北京:中华书局1986年版,第395页。

体方法，他们毫没有想到。"① 孙中山指出，天下事情，如果真是知道了，便容易行得到，这就是他所说的"知难行易"。所以，为了解决人民的生活问题，孙中山花很多时间去研究马克思主义，以及欧洲社会主义的各种流派，考察他们的思想、政策、主张，指出它们之间的异同和弊端。他说："近几十年来社会是很进化的，各种社会进化的事实更是很复杂的。就是讲到经济一方面的事实，也是一言难尽。但是用概括的方法来讲，欧美近年来的进化可分作四种：第一是社会与工业之改良；第二是运输与交通事业收归公有；第三是直接征税；第四是分配之社会化。这四种社会经济事业，都是用改良的方法进化出来的。从今以往，更是日日改良，日日进步的。"② 孙中山所举例说明的四种方法与马克思主义者的做法是不同的。孙中山认同这四种方法，说明他主张通过温和的改良办法推行经济进化，打破种种旧制度，发生种种新制度，保障社会的不断进化。孙中山认为解决民生问题只能从实际出发，不能从学理出发，那么中国的实际是什么呢？他说：

> 就是大家所受贫穷的痛苦。中国人大家都是贫，并没有大富的特殊阶级，只有一般普通的贫。中国人所谓"贫富不均"，不过在贫的阶级之中，分出大贫和小贫。其实中国的顶大资本家，和外国资本家比较，不过是一个小贫，其他的穷人都可说是大贫。中国的大资本家在世界上既然是不过一个贫人，可见中国人通通是贫，并没有大富，只有大贫小贫的分别。我们要把这个分别弄到大家平均，都没有大贫，要用什么方法呢？大概社会变化和资本发达的程序，最初是由地主，然后由地主到商人，再由商人才到资本家。地主之发生，是由于封建制度。欧洲现在还没有脱离封建制度。中国自秦以后，封建制度便已经打破了。当封建制度的时候，有地的贵族便是富人，没有地的人便是贫民。中国到今日脱离封建制度虽然有了二千多年，但是因为工商业没有发达，今日的社会情形还是和二千多年以前的社会情况一样。中国到今日，虽然没有大地主，还有小地主。在这种小地主时代，大多数地方还是相安无事，没有人和地主为难。③

---

① 孙中山：《三民主义·民生主义》，《孙中山全集》第9卷，北京：中华书局1986年版，第360~361页。

② 孙中山：《三民主义·民生主义》，《孙中山全集》第9卷，北京：中华书局1986年版，第366页。

③ 孙中山：《三民主义·民生主义》，《孙中山全集》第9卷，北京：中华书局1986年版，第381~382页。

为此，孙中山认为没有必要去发动社会革命夺取小富人的财产分配给大贫的人，只要通过"平均地权"和"节制资本"两项民生政策，便可以实现中国社会的均富，不至于加剧贫富差距和阶级矛盾，造成社会革命。通过"平均地权"使城市不劳而获的地主利用涨价增加的部分收入通过税收的制衡达到涨价归公，不要被地主抢去进入私人腰包。"我们国民党的民生主义，目的就是把社会上的财源弄到平均。""我们的头一个办法，就是解决土地问题。"①

解决民生问题的第二个办法就是"节制资本"，但"想一劳永逸，单靠节制资本的办法是不足的"。孙中山说，"现在外国所行的所得税，就是节制资本之一法。但是他们的民生问题究竟解决了没有呢？没有。所以，中国不能和外国一样，单行节制资本的办法。因为外国富，中国贫，外国生产过剩，中国生产不足。所以中国不单是节制私人资本，还是要发达国家资本"。中国只有赶快振兴工业使生产富足起来，财政收入增加起来，才有能力有办法去逐个解决社会问题和民生问题。社会民生问题的解决不能搞穷过渡、搞低水平的低收入的平均主义，因为那样做只能是穷者越多，富者变穷。孙中山认为，中国不是患不均而是患贫，"是要用一种思患预防的办法来阻止私人的大资本，防备将来社会贫富不均的大毛病"②。不是要搞穷平均，而是要均富。如果中国的交通、矿产和工业这三种大实业都很发达，三种收入每年都是很大，而且都是国家经营所得的利益，归大家所享，那么全国人民便会享资本之利，不致受资本家的害，阶级斗争就可避免。

其次，是要实实在在地解决人民生存的基本条件。

人是要吃饭的，没有饭吃就不能生存，所以"吃饭问题都是项重要的民生问题。如果吃饭问题不能够解决，民生主义便没有方法解决"。"国以民为本，民以食为天"，可见吃饭问题是很重要的问题。③ 孙中山在民生主义讲演中，总结德国、英国、美国、俄国、澳洲、加拿大和阿根廷，以及日本等国家解决吃饭问题的经验和教训，说明"吃饭问题，是关系国家之生死存亡的"重大问题，第一次世界大战持续了四年，由于吃饭问题便造成德国战败。"如果是一个人没有饭吃，便容易解决；一家没有饭吃，也很容易解决。至于要全国人民都有饭吃，要中国四万万人都足食，……便不容易解决。"中国之所以没有饭吃，原因很多，孙中山说，"其中最大的原因就是农业不进步，其次就

---

① 孙中山：《三民主义·民生主义》，《孙中山全集》第9卷，北京：中华书局1986年版，第388页。
② 孙中山：《三民主义·民生主义》，《孙中山全集》第9卷，北京：中华书局1986年版，第391~392页。
③ 孙中山：《三民主义·民生主义》，《孙中山全集》第9卷，北京：中华书局1986年版，第394页。

是由于受外国经济的压迫"。"中国的穷人有一句俗话说：'天天开门七件事，柴米油盐酱醋茶。'可见吃饭是有问题的。"① 所以，我们要解决民生问题，首先要解决吃饭问题。孙中山为了解决中国人的吃饭问题，做了认真细致的考察和研究。他说："我们对于农业生产，除了上说之农民解放问题以外，还有七个加增生产的方法要研究：第一是机器问题，第二是肥料问题，第三是换种问题，第四是除害问题，第五是制造问题，第六是运送问题，第七是防灾问题。"② 孙中山认为，解决吃饭问题，首先是要解决生产条件的问题；其次是要解决粮食的分配问题；再次是粮食每年要有储蓄，全国人民要有三年储备粮，有三年之粮以后，才能够把盈余的粮食运到外国去卖。他说这是中国古时的义仓制度。孙中山说，从进化的眼光看，人只有吃饭才能生存，"我们国民党主张三民主义来立国，现在降到民生主义，不但是要注重研究学理，还要注重实行事实。在事实上头一个最重要的问题，就是吃饭"。"吃饭问题能够先解决，其余的别种问题也就可以随之而决。"③ 将解决人民群众的吃饭问题作为治理国家的重要问题，说明孙中山将民生问题视为治国安邦、社会稳定的头等大事，这正是孙中山以人为本、立国从政为民思想的表现。

孙中山指出，我们常说解决全国人民的温饱问题是关系到社会安定的大问题。当吃饭问题解决以后，重要的就是温暖的问题，即穿衣问题。穿衣是人类文明的表现，是人类的一种生活需要，除了需要，还要安乐、舒适，以及奢侈。但"我们现在要解决民生问题，并不是要解决安适问题，也不是要解决奢侈问题，而是要解决需要问题。这个需要问题，就是要全国四万万人都可以得衣食的需要，要四万万人都是丰衣足食"④。为了解决人民的穿衣问题，孙中山从国内到国外考察世界各国解决穿衣问题的办法，根据中国的实际情况，他提倡发展丝、麻、棉、毛业的生产，解决衣服材料的来源，运用科学的方法和机器纺织发展纺织工业，然后从政治入手，"打破一切不平等条约，收回外人管理的海关，自由加税，实行保护政策，防止外货的侵入，发达本国的纺织业"，"开设大规模之裁缝厂于各地。就民数之多少，寒暑之节候，来制造需要之衣服，以供给人民之用。务使人人都得到需要衣服，不致一人有所缺

---

① 孙中山：《三民主义·民生主义》，《孙中山全集》第9卷，北京：中华书局1986年版，第395~397页。
② 孙中山：《三民主义·民生主义》，《孙中山全集》第9卷，北京：中华书局1986年版，第400页。
③ 孙中山：《三民主义·民生主义》，《孙中山全集》第9卷，北京：中华书局1986年版，第411~412页。
④ 孙中山：《三民主义·民生主义》，《孙中山全集》第9卷，北京：中华书局1986年版，第413~414页。

乏。——此就是三民主义国家之政府对于人民穿衣需要之义务"。①

1924 年 8 月以后，发生了孙中山韶关北伐、广州商团事变，以及准备北伐打倒曹锟、吴佩孚等北洋军阀，孙中山的民生主义演讲还有第五、六讲（关于住和行的问题）没有讲，所以民生主义没有演讲完。2006 年 11 月，在广东中山市举行的《纪念孙中山先生诞辰 140 周年学术讨论会》上，日本神户学院大学中村哲夫教授在他提供给大会的《孙中山的地方自治论》一文中说：1924 年初，孙中山在三民主义讲演开始时，他构想的具体部分尚未完成，这从他 1924 年 11 月在神户购进四册英文书籍，其中三册是关于住宅问题、粮食供应问题，这就是民生主义最后两讲的资料。可以说，孙中山是打算把民生主义的最后两讲"预定在北京大学讲演"。孙中山把"三民主义讲演安排在北京大学举行，在中央政界的舞台北京，面对先知先觉的人才，亲自开拓培养人才的第一步的志向包含在这里面……如果老天还给他一点余命的话，在北京大学的民生主义讲演第 5、6 讲就会留在人间了"②。但是，中村教授又说：这部分因为是未完成，所以不能了解孙中山预先准备讲的民生主义第五、六讲的具体内容。中村教授所指的孙中山在神户购置的英文书是什么书，他没有注释，就算孙中山购进的英文书籍讲的是住房和交通的问题，也不能推测孙中山民生主义的第五、六讲要到北京大学去讲。所以，中村教授所说证据不足。尽管如此，我们从 1912 年孙中山在国内各地的演讲中，也明白孙中山解决行路交通和住房问题的基本设想，他的《实业计划》一书对解决中国的交通和人民的住房问题已有基本的设想，即民必有住所、居室、陆路、水路、空中交通全面发展。诚如孙中山在《国民政府建国大纲》中所强调的："建设之首要在民生。故对于全国人民之衣食住行四大需要，政府当与人民协力，共谋农业之发展以足民食，共谋织造之发展以裕民衣，建筑大计划之各式屋舍以乐民居，修治道路、运河以利民行。"③

由上述可见，孙中山的富民思想是他以人为本、"建设之首要在民生"史观的具体反映。其主要精神是通过发展实业，由国家掌握主要的财富进行再分配，促使社会公平正义，使人人有工做，人人有饭吃，劳有所得，学有所教，病有所医，老有所养，住有所居，出行方便，人人生活有保障，衣食住行无

---

① 孙中山：《三民主义·民生主义》，《孙中山全集》第 9 卷，北京：中华书局 1986 年版，第 426 页。

② （日）中村哲夫：《孙中山的地方自治论》，参见《纪念孙中山先生诞辰 140 周年学术讨论会论文集》上，第 344~345 页，中国广东中山市 2006 年 11 月编印。社会科学文献出版社 2009 年 10 月正式出版时，该文文字略有改动。

③ 孙中山：《国民政府建国大纲》，黄彦编：《孙文选集》上册，广州：广东人民出版社 2006 年版，第 397 页。

忧，逐步实现富裕生活，日子过得美满幸福、安康吉祥。孙中山社会建设以改善民生、解决民生和社会问题的思想，就是要全国各级官员承担社会责任，树立为人民服务的人本思想。这种思想的意义在于他将人民视为国家的主人，视民生为治国的头等重要的大事，真实地反映了社会的本质问题和实际情况，也充分体现了孙中山治国为民的理念。

（二）孙中山的社会救助思想

任何国家、任何时期都存在弱势社会群体，都会有预测不到的各种天灾和人祸。对于这些弱势社会群体，对于突如其来的各种灾害如水灾、旱灾、虫灾、风灾、地震和其他自然灾害，以及意想不到的人祸带来的人民困难进行救助，关系到社会的稳定和社会建设的经济服务目标的完成程度。社会救助属于社会保险制度之基础，当社会救助制度不完善、社会生活保障制度尚未确立时，人民遇到突发的自然灾害和各种人为造成的灾难时，往往是束手无策、求助无门，救助无法，人民流离失所，失业问题严重，造成严重的治安问题、社会问题。为了应付这种局面的发生，许多国家都制定了相关的社会保障法、保险法，使社会救助成为社会保障建设的重要内容。

社会问题的范围，学术界说法不一。据蔡勤禹博士在他的专著《国家社会与弱势群体——民国时期的社会救济（1927—1949）》中指出，有人把社会发生的问题分为以下几类：①个人病态问题，如盲、聋、残疾、自杀、心理缺陷、精神病等；②社会病态问题，如鳏、寡、遗弃、非婚生子女、恶习、娼妓等；③经济关系问题，如贫穷、失业、分配不均等；④社会制度问题；⑤政治腐败、贫富不均等。也有人将社会问题分为：①源于经济的，如贫穷、失业等；②源于生理的，如疾病、残病、年老等；③源于心理的，如精神病、酗酒、人格失调、自杀等；④源于文化的，如鳏寡、离婚、非婚生子女、犯罪、种族冲突、宗教冲突等。① 尽管社会问题的划分标准不统一，但是，贫穷、失业、残疾、年老等问题，是学者所公认的社会问题。② 总之，社会问题就是因为社会结构或环境失调，或因人为政治失误致使社会全体或一部分共同生活或进步发生障碍的问题。所以，社会救济是现代国家社会保障制度的重要组成部分，也是现实社会中的一个重大问题，社会救济问题不是解决社会问题的根本办法，但它的解决对缓解社会矛盾、维护社会稳定具有重要的作用。社会救济

---

① （美）费普斯（Harold Phelps）：《当代社会问题》，参见蒋月著：《社会保障法概论》，北京：法律出版社1999年版，第3页；参见蔡勤禹著：《国家社会与弱势群体——民国时期的社会救济（1927—1949）》，天津：天津人民出版社2003年版，第1~2页。

② 参见蔡勤禹著：《国家社会与弱势群体——民国时期的社会救济（1927~1949）》，天津：天津人民出版社2003年版，第2页。

是近代以来出现的概念，但在中国古代社会也存在类似的社会活动，它一直是中国历史上的重大问题。中国在过去一个长时期都是一个多灾的国家。我国地域辽阔，地理条件和气候条件复杂，而旧中国是以农业为主要生产部门的封建社会，加上政治、经济和社会的各种原因，灾情更为严重。而对人们威胁最大的是难以抗衡的各种自然灾害，比如水灾、旱灾、蝗灾、地震等等，仅是自鸦片战争以后、新中国成立以前，据李文海先生等人的研究，发生在中国的大灾荒就有10次之多。① 这些灾荒给中国政治、经济和社会造成极大的损失，震撼了统治阶级的中枢神经，极大地影响了中国的经济和社会建设。

早在1894年6月，孙中山在《上李鸿章书》中，就指出了农政废弛给中国农业造成的灾害：

> 农业只知恒守古法，不思变通，垦荒不力，水利不修，遂致劳多而获少，民食日艰。水道河渠，昔之所以利农田者，今转而为农田之害矣。如北之黄河固无论矣，即如广东之东、西、北三江，于古未尝有患，今则为患年甚一年；推之他省，亦比比如是。……年中失时伤稼，通国计之，其数不知几千亿兆，此其耗于水者固如此其多矣。其他荒地之不辟，山泽之不治，每年遗利又不知凡几。所谓地有遗利，民有余力，生谷之土未尽垦，山泽之利未尽出也，如此而欲致富不亦难乎！②

如果我国不设农官治理山河水地，不讲究科学种田以增加耕种面积、提高产量，国贫民瘠的状况就无法改变，民食出问题，社会便动荡，如果救济不及时或救济渠道不顺，便造成人祸，导致社会矛盾激化。孙中山强调：

> 盖今日之中国已大有人满之患矣，其势已岌岌不可终日。上则仕途壅塞，下则游手而嬉，嗷嗷之众，何以安此？明之闯贼，近之发匪，皆乘饥馑之余，因人满之势，遂至溃裂四出，为毒天下。方今伏莽时闻，灾荒频见，完善之地已形觅食之艰，凶侵之区难免流离之祸，是丰年不免于冻馁，而荒岁必至于死亡。由斯而往，其势必至日甚一日，不急挽救，岂能无忧？夫国以民为本，民以食为天，不足食胡以养民？不养民胡以立国？是在先养而后教，此农政之兴尤为今日

---

① 参见李文海等著：《中国近代十大灾荒》，上海：上海人民出版社1999年版。
② 孙中山：《上李鸿章书》，《孙中山全集》第1卷，北京：人民出版社1981年版，第10页。

之急务也。①

1897年3月,孙中山"伦敦蒙难"获释后暂居伦敦,他原计划与英人柯林斯(E. Collins)合著专书一部,孙中山曾口述中国当时的事实并发表见解,由柯林斯加以取舍整理成《中国的现在和未来——革新党呼吁英国保持善意的中立》一文,署名孙逸仙,发表于伦敦《双周论坛》(Fortnightly Review)。在这篇文章中,孙中山说到,"中国人民遭到四种巨大的长久的苦难:饥荒、水灾、疫病、生命和财产的毫无保障",正由于饥荒、水灾、疫病的发生和官吏的贪污,造成武装盗匪常年猖獗。他以黄河河堤缺口使稻田被冲毁,造成粮食缺乏导致的大面积荒灾为例说明,救济费就从政府和慈善人士两方面不断交来,但这些救命钱绝不是以十足的数目送到渴望被救济的老百姓手中,这都是由于政府官员从中贪污,交通不便,以及没有完善的救济制度所造成的。孙中山在这里第一次提到"救济"概念。此后孙中山又以广西荒年为例说明,广西过去是中国产米粮最多的省份,有些省份还从它那里得到支援。可是现在,这里产大米的田地都变得不能耕种了。为什么呢?因为租税过高,致使农民除了生产出他们自己需要的消费量和应付地方上的直接需要外,就不愿再多产粮食了。现在外米免税进口,而广西米必须付出一笔巨额的厘金,在市场上广西米就站不住了,造成了肥沃的土地荒芜到没有了耕种的价值。所以,孙中山说:"使得广西农民破产流离死亡的就是厘金。饥饿的原因应当也是厘金,不是别的。"② 孙中山在这篇文章中分析了中国发生灾荒的原因,并提出通过社会救济来解决灾荒的主张。他的目的是说明灾荒既有自然条件造成的,也有政府的政策和官吏贪污造成的。中国土地辽阔、交通不便、铁路缺乏、水路不通,这些都是造成灾荒的原因,但最重要的原因则是清政府政策的失误,以及救荒制度的不健全。所以,孙中山虽没有提出救济灾荒的具体措施,但从他对清廷的批评中可以预见,当他领导人民推翻清政府建立一个贤良政府之后,他将会设法从根本上治理中国,避免灾荒,并尽量完善救济(慈善)事业的制度和政策,使社会各种救济灾荒的钱物能按时送到所需人们的手中。

辛亥革命后,孙中山鉴于"战争侄偬凡百生业咸受影响",提出"凡我国民仰体时艰,咸知大义,和衷共济,庶几商业之日兴;戮力同心,相跻共和之郅治"。③ 除了颁行保护人民财产的政策之外,还提倡各省根据实际情况进行

---

① 孙中山:《上李鸿章书》,《孙中山全集》第1卷,北京:中华书局1981年版,第17页。
② 孙中山:《中国的现在和未来——革新党呼吁英国保持善意的中立》,《孙中山全集》第1卷,北京:中华书局1981年版,第89~91页。
③ 孙中山:《令实业部通告汉口商民建筑市场文》,《孙中山全集》第2卷,北京:中华书局1982年版,第58页。

各种社会救助,发展公益事业解决各类人的困难,维护社会的稳定。1912年3月3日,当孙中山得悉安徽灾情万急,即刻去函咨参议院"窃以该省兵燹偏灾,纷乘沓至,物力凋敝,罗掘俱穷。今日复接孙都督电,请中央拨助,愿在钱粮项下分年提偿,其窘急情形亦可想见。然恐磋商此项分摊条件,缓不济急,可否俯念民生流离,倒悬待解,借款救济,实为瞬不容缓之举。迅将全案理由咨交参议院查照,克日议复,以苏民命"①。3月6日,孙中山又批卢安泽等呈,指出:"皖省灾情之重,为数十年所仅见,居民田园淹没,妻子仳离,老弱转于沟壑,丁壮莫保残喘,本总统忝为公仆,实用疚心。"他催促财政部尽快向四国银行借款救济,派员与借主商订一切条件。②3月12日,孙中山又令江北都督蒋雁行核办"淮北被灾,恳饬赈济等情",指出:"查该地素称贫瘠,重以灾祲,饥馑洊臻,在所不免。但灾情之轻重如何,能否就地散赈,合行令仰该部督体察情形,酌量办理可也。"③ 3月16日,孙中山又致电袁世凯云:"江皖灾民待赈,死亡相属,各县函电呼吁不绝于道。前电商袁总统,复称允为借款,先拨三十万济急,迄今未到。而自三十万之说发表,灾区呼吁益迫,除再电商袁总统先行电令上海中华银行借垫银十五万以救眉急外,特更电公,请再转商袁总统迅照拨。"④

上述可见,孙中山对中国民间存在的各种灾情及其他弱势群体的赈济非常注意,但由于当时救济制度尚未形成,一旦遇到灾情只能是通过行政办法采取措施加以救济,但因中国地方辽阔,灾情不断,往往是此灾刚伏,彼灾又生,加上一些人为造成的危机,如处理民军的安置等,弄到粤省各级官员捉襟见肘,穷于应付,所以,临时性的行政施治,毕竟不是办法。

1912年3月12日,孙中山据广东报界公会函,知广东惠军统领王和顺猜疑将被解散,自己的部队与督部新军发生冲突,孙中山即致电王和顺,指出:"倘以猜嫌之故,致启纷争,惊扰居民",必追究责任。⑤南京临时政府大量裁撤民军造成士兵生活无着,扰乱社会之事频频发生,此类人为造成的社会问题,其危害之大并不轻于自然灾害。然而,由于国家收入不及人民日需,政府又没有其他顺畅的渠道集资赈济,这便成为社会治安恶化、人心浮动造成社会不稳定的根源,对此孙中山非常明白,可是他没有别的出路,一方面频频给广

---

① 孙中山:《咨参议院核议借款救济皖灾案文》,《孙中山全集》第2卷,北京:中华书局1982年版,第169~170页。
② 孙中山:《批卢安泽等呈》,《孙中山全集》第2卷,北京:中华书局1982年版,第187页。
③ 孙中山:《令江北都督蒋雁行核办张惠人请赈文》,《孙中山全集》第2卷,北京:中华书局1982年版,第229页。
④ 孙中山:《致袁世凯电》,《孙中山全集》第2卷,北京:中华书局1982年版,第241页。
⑤ 孙中山:《致王和顺电》,《孙中山全集》第2卷,北京:中华书局1982年版,第232页。

东都督陈炯明发布命令，该解散的民军还要一律解散，但严禁民军"抗拒命令"、"肆扰居民"，破坏广东；另一方面"当从公安为重。慎终如始，方为善保勋名"。① 民军的生计无着，治安不可能好，但解决生计的关键在于安置民军，可是安置并不容易，所以孙中山只好发布命令通饬各地重视农事，生产自救。孙中山说：

> 军兴以来，四民失业，而尤以农民为最。田野荒芜，人畜流离，器具谷种之类，存者盖鲜。自近海内粗平，流亡渐集，农民凤无盖藏，将何所赖以为耕植之具？夫一夫不耕，或受之饥。若全国耕者释耒，则虽四时不害，而饥馑之数，已不可免。国本所关，非细故也。……为此令仰〈该〉部（按：内务部）迅即咨行各省都督，饬下所司，劳来农民，严加保护。其有耕种之具不给者，公田由地方公款、私田由各田主设法资助，俟秋成后计数取偿。各有司当知此事为国计民生所系，务当实力体行，不得以虚文塞责，勉尽厥职，称此意焉。②

孙中山在南京中华民国临时政府任临时大总统期间，日理万机，要处理的内外事务很多，尤其是对社会各界如农、工、商各界，特别是对于社会弱势群体如对广东的疍户、惰民、旗民生计，烈士后裔、民军的安置尤其用心，发布关于民生的指令也不少。然而，由于政体正在转型，各种法规和制度尚未健全，而且社会各界对于政治的混乱带来的生计问题也感到无奈。所以，孙中山对于社会的救济政策也处在酝酿和筹划之中，心有余而力不足。但由于政治的纷扰和社会的不稳定给孙中山的施政带来的烦恼则对孙中山后来的社会救济思想的发展产生巨大而深远的影响。

在一个经济不发达的社会里，穷人毕竟占多数，如果遇到各种天灾人祸，又没有一套救助的制度，人们生计无着，社会不安直接威胁到政治的稳定，甚至会出现社会动荡。对于这个道理孙中山不是不了解，但因为中央或他自己掌握的资源有限，遇到需要救助之事也只能发号命令，请求别人，所以多是说说而已，无法实行。所以，孙中山的救助只是有思想无实际。1924年1月，孙中山在《中国国民党第一次全国代表大会宣言》中强调："环顾国内，自革命

---

① 孙中山：《致陈炯明电》，《孙中山全集》第2卷，北京：中华书局1982年版，第235~236页。

② 孙中山：《令内务部通饬各省慎重农事文》，《孙中山全集》第2卷，北京：中华书局1982年版，第233~234页。

失败以来,中等阶级濒经激变,尤为困苦。小企业家渐趋破产,小手工业者渐致失业,沦为游泯,流为兵匪。农民无力以营本业,至以其土地廉价售人,生活日以昂,租税日以重。如此惨状,触目皆是,犹得不谓濒绝境乎?由是言之,自辛亥革命以后,以迄于今,中国之情况不但无进步可言,且有江河日下之势。……此全国人民所为疾首蹙额,而有识者所以彷徨日夜,急欲为全国人民求一生路者也。"① 生路者何?孙中山说:因"中国之现状危迫已甚,不能不立谋救济。故吾人所以刻刻不忘者,尤在准备实行政纲,为第一步之救济方法"②。因为当时中国的经济并不发达,所以孙中山不提倡求富、过小康式生活,而是强调平等平均,让人们在一种公平公正的条件下,求得心理的平衡,过着艰难的生活,而对于广大的工农大众则采取扶助的政策。孙中山指出:

> 中国以农立国,而全国各阶级所受痛苦以农民为尤甚。国民党之主张,则以为农民之缺乏田地沦为佃户者,国家当给以土地,资其耕作,并为之整顿水利,移植荒徼,以均地利;农民之缺乏资本至于高利借贷以负债终身者,国家为之筹设调剂机关如农业银行等,供其匮乏。然后农民得享人生应有之乐。又有当为工人告者:中国工人之生活绝无保障,国民党之主张,则以为工人之失业者,国家当为之谋救济之道;尤当为之制定劳工法,以改良工人之生活。此外如养老之制、育儿之制、周恤废疾者之制、普及教育之制,有相辅而行之性质者,皆当努力以求其实现。③

通过"土地之税收,地价之增益,公地之生产,山林川泽之息,矿产水力之利,皆为地方政府之所有,而用以经营地方人民之事业,及育幼、养老、济贫、救灾、医病与夫种种公共之需"④。以上这些政纲,就是孙中山立谋救济中国广大农工大众的第一步方法,这包含地方经营人民之各种事业,及应育幼、养老、济贫、救灾、卫生等各种公共之需要。

综上所述,诚如周秋光教授所言,孙中山的民生论是其慈善福利观的基石

---

① 孙中山:《中国国民党第一次全国代表大会宣言》,黄彦编:《孙文选集》上册,广州:广东人民出版社2006年版,第673页。
② 孙中山:《中国国民党第一次全国代表大会宣言》,黄彦编:《孙文选集》上册,广州:广东人民出版社2006年版,第680页。
③ 孙中山:《中国国民党第一次全国代表大会宣言》,黄彦编:《孙文选集》上册,广州:广东人民出版社2006年版,第678页。
④ 孙中山:《国民政府建国大纲》,《孙中山全集》第9卷,北京:中华书局1986年版,第128页。

和出发点，其最初的思想来源就是中国古代的大同思想和均平思想，以及西方各种流派的非科学社会主义思想。孙中山的慈善福利救济思想的最早萌芽，大约在甲午战争前后，他于斯时所写的《致郑藻如书》、《上李鸿章书》中，已初步提出了济穷养民的一些思想。1895 年，他手订的兴中会章程便明确提出要"兴大利以厚民生，必使吾国四万万兆生民各得其所"。后来，他又从"养民济民"的民生论出发，提出具有慈善福利的主张。这些主张有：一是采取社会救济措施，改善工农大众的苦难生活，如 1924 年 1 月通过的《中国国民党第一次全国代表大会宣言》就强调："工人之失业者，国家当为之谋救济之道"。二是"安老怀少的慈善"，孩子上学由国家供给资助费用，老人由国家供给养老金，如生子多，凡无力养之者，亦可由国家资养。在孙中山的思想里，救济贫民的事业不是不平等的施舍，而是现代政治应担负的责任。① 可见孙中山的救助和慈善思想带有现代政治和社会意识，具有重要的社会建设思想的积极地位。

（三）孙中山的女性观与男女平权思想

中国人爱说妇女是"半边天"。可见，女性群体在人类社会中无论是就人类本身的发展或社会的文明进步都是不可或缺的一半。女性在不同的国家或不同的民族、不同的时期有其不同的地位，比如母系社会的女人或西方 18 世纪法国大革命时期曾出现过罗兰夫人、米歇尔等著名的女政治家。在西方有谚语曰："女子者，生产文明者也。"又曰："女子者，社会之母也。"故女子为社会中最要之人，亦责任至重之人也。② 但在长期的中国封建社会里，中国的女人是最没有社会地位的群体。

诚如辛亥革命烈士、妇女解放运动的先驱秋瑾所揭露的：

> 唉！世界最不平的事，就是我们二万万女同胞了。从小生下来，遇着好老子，还说得过；遇着脾气杂冒、不讲情理的，满嘴边说："晦气，又是一个没用的。"恨不得拿起来摔死。总抱着"将来是别人家的人"这句话，冷一眼、白一眼的看待；没到几岁，也不问好歹，就把一双雪白粉嫩的天足脚，用白布缠着，连睡觉的时候，也不许放松一点，到了后来肉也烂尽了，骨也折断了，不过讨亲戚、朋友、邻居们一声"某人家姑娘脚小"罢了。这还不说，到了择亲的

---

① 参见周秋光、曾桂林著：《中国慈善简史》，北京：人民出版社 2006 年版，第 227～228 页。
② 参见何香凝：《敬告我同胞姐妹》，原载《江苏》1903 年第 4 期（日本东京 1903 年 6 月 25 日出版）；又见尚明轩、余炎光编：《双清文集》下卷，北京：人民出版社 1985 年版，第 2 页。

时光,只凭着两个不要脸媒人的话,只要男家有钱有势,不问身家清白、男人的性情好坏、学问高低,就不知不觉应了。到了过门的时候,用一顶红红绿绿的花轿,坐在里面,连气也不能出。到了那边,要是遇着男人虽不怎么样,却还安分,这就算前生有福今生受了。遇着不好的,总不是说"前生做了孽",就是说"运气不好"。要是说一二句抱怨的话,或是劝了男人几句,反了腔,就打骂俱下;别人听见了还要说:不贤惠,不晓得妇道呢!……①

秋瑾说:"上天生人,男女原没有分别。试问天下没有女人,就生出这些人来么?为什么这样不公道呢?那些男子,天天说'心是公的,待人是要平和的',不公不平,直到这步田地呢?"②

秋瑾就中国封建社会对妇女的摧残迫害,深切地告诉人们妇女要取得自立,要靠自己,只有勇敢地起来砸烂封建礼教束缚妇女的种种锁链,只有起来彻底批判那些腐儒们鼓吹的"男尊女卑"、"女子无才便是德"、"夫为妻纲"的教条,中国的女性才有解放的盼头,也只有这样才会有自己的地位。这是很有代表性的妇女解放宣言。许多民主革命家和教育家都同何香凝、秋瑾等人一样呼吁男女平等,呼吁妇女解放,所以辛亥革命开辟的女性教育、妇女平等、参政议政的中国女性解放运动,为此后的中国妇女解放事业奠定了重要的思想基础。

20世纪初,随着女权运动的兴起,女性杂志纷纷面世。据乔素玲统计,自1899年陈撷芬创办《女报》起,到1911年辛亥革命爆发,全国各地出版的妇女刊物约45种。1912—1913年不到两年,全国新办妇女报有13种;1914—1920年创办女报有35种。③ 它们发出同一声音,即男女应该平等,女权应该张扬。1901年,革命党人在香港办的《中国日报》发表《男女平等之原理》,主张男女平等。1902年,陈撷芬在《女学报》发表《中国女子之前途》一文,提出希望未来妇女"成就学业,得参与政治外务"④,首次提出妇女参政问题。1903年,留日女学生组织共爱会,有会员二十多人。这个团体以"拯救二万

---

① 秋瑾:《敬告中国二万万女同胞》,原载《白话》1904年10月第2期。《白话》杂志是秋瑾在日本创办的刊物,月出一册。又见郭延礼选注:《秋瑾选集》,北京:人民文学出版社2004年版,第3~4页。

② 秋瑾:《敬告中国二万万女同胞》,原载《白话》1904年10月第2期。又见郭延礼选注:《秋瑾选集》,北京:人民文学出版社2004年版,第3~4页。

③ 参见乔素玲著:《教育与女性——近代中国女子教育与知识女性觉醒(1840—1921)》,天津:天津古籍出版社2005年版,第208~212页。

④ 陈撷芬:《中国女子之前途》,《女学报》1902年第4期。

万之女子，复其国有之特权"为宗旨，其主要成员之一林宗素，在民初成为妇女参政运动的一名领袖。

1904年《女子世界》发表的《论铸造国民母》指出："国无国民母，则国民安生；国无国民母所生之国民，则国将不国。故欲铸造国民，必先铸造国民母始。""我国女界腐败之原因，盖导源于千百年以前，延蔓传染之久，而造成今日无穷之孽报来。苟非从根本之地，摧陷而廓清之，则种必不能变，种不变则不能战优而胜劣，而国亦无以自保。"所以，中国的女性必须"排除其依赖心，而养成其独立心"，"夫天生男女，各有义务，即各有应享之权利"。中国的女性必须放弃依赖心，树立独立精神，投身社会参与政治，从事有利于国家和社会的各种事业。① 柳亚子则指出"男女不平等"是由世俗观念造成的，认为中国女子学问不足，不能与男子平等，所以，"今日欲复女权"，必须兴女学，"女学不兴不能有权，则女界则终无自由独立之一日矣"。② 但因"中国女界，数千年来，墨守古训，积重难返。处今日世界交通、竞争剧烈之时，而男女不平等之习惯，痼塞智慧、残贼肢体之恶魔，依然盘踞于社会上，根深蒂固，未易尽除。……岂知中国人口虽众，此二万万中最多数之女子，既已如此，则是中国虽有多数女国民之形质，而无多数女国民之精神，则有民等于无民"③。"教育者，文明之母。一切学术思潮，又皆依皈教育而养成发达。若我中国半数女子，得熏陶于文明教育，学术自高，思潮亦远，海内一呼，闺阁皆应，虽数千年恶习不难一扫而空之。"④ 为使中国女子觉醒、树立独立性质，在开明政治家、教育家和社会贤达的提倡和筹办下，中国掀起兴女学争女权的热潮，使中国女性觉醒，为中国女性走向社会、投身社会建设起了很大的作用。总之，1905年中国同盟会成立，秋瑾、何香凝、唐群英、张汉英、王昌国等相继加入同盟会，逐步成长为民初妇女参政运动的主要提倡者和参与者。

由此可见，在以孙中山为代表的民主革命派掀起反封建反对清政府统治的过程中带动起来的女性争平等、争自由、争民主解放运动是中国社会进步和女性解放运动所取得的伟大成果，是孙中山领导的辛亥革命的又一辉煌战果。

---

① 亚特：《论铸造国民母》，《女子世界》1904年7月第7期，又见张枬、王忍之编：《辛亥革命前十年间时论选集》第1卷下册，北京：生活·读书·新知三联书店1960年版，第929～932页。

② 亚卢（柳亚子）：《哀女界》，《女子世界》1904年9月第9期，又见张枬、王忍之编：《辛亥革命前十年间时论选集》第1卷下册，北京：生活·读书·新知三联书店1960年版，第933～937页。

③ 炼石（燕斌）：《中国新女界发刊词》，《中国新女界》1902年2月第1期，又见张枬、王忍之编：《辛亥革命前十年间时论选集》第2卷下册，北京：生活·读书·新知三联书店1963年版，第895～896页。

④ 林士英：《论女子当具独立性质》，《留日女学会杂志》1911年5月第1期。

男女平等，妇女与男人一起参政是一种合理的进步思潮，但在清末根本不可能做到，只有推翻清政府，建立共和政体，妇女与男人平等、一起参政才有可能。所以，孙中山对妇女的参政运动，要求男女平等的行为在理论上是支持的，但由于受当时社会和革命派的阻力，孙中山在行动上也不可能有太多的实际行动，只能是在思想上给予同情而已。后来孙中山从女子参与社会建设、投身社会争取独立的人格和身份着眼，对女子教育、实业活动给予许多热情的鼓励，并不遗余力地支持。据金炳亮的研究，孙中山对于民初妇女参政问题抱着一种无可奈何的矛盾心境。①

1911年10月10日武昌起义后，孙中山由美国赴欧洲游说，劝诫欧洲各国不要支持清政府、干涉中国内政，并对中国社会未来的发展和民主宪政建设提出自己的主张。他说："中国宣告民主之后，中国妇女将得到完全选举和被选举权，不特寻常议会可举妇女为议员，即上议院议员及总统等职，妇女均得有被选举权。"② 孙中山这个讲话对于妇女投身政治、争取政治上与男人平等无疑起了鼓舞作用。然而，孙中山回国后，在筹组政府时遇到的则是非常复杂的局势，不同的区域、不同社团之间的人员对于妇女参政问题的分歧较多，对于妇女参政的阻力很大。1912年1月1日，孙中山就任南京中华民国临时政府大总统后，日理万机，政治问题、财政问题、社会问题成堆，不可能集中精力去处理妇女参政问题，因而引起妇女的不满。1月5日，中国社会党女党员林宗素由沪至宁，代表女子参政同志会向孙中山要求承认有完全参政权。林君先陈述党组织情形及参政同志会成立情形，随将章程呈阅，孙总统异常欣慰。孙中山面允"将来必予女子以完全参政权，惟女子须急求法政学知识，了解平等自由之真理"。林谓："本党女党员若联系上书要求参政，能否有效力？"孙言："我甚承认贵党可以为全国女同胞之代表而尊重之。"③ 可是在1月下旬《复女界共和协济会函》中，孙中山则要求女界"普及教育，研究法政，提倡实业，以协助国家进步"，不要急于参政。孙中山说：

> 天赋人权，男女本非悬殊，平等大公，心同此理。自共和民国成立，将合全国以一致进行，女界多才，其入同盟会奔走国事百折不回者，已与各省志士媲美。至若勇往从戎，同仇北伐，或投身赤十字

---

① 参见金炳亮：《孙中山与民初妇女参政问题》，中山大学论丛（哲学社会科学25），《孙中山研究》第8辑，广州《中山大学学报》1991年6月版，第23~32页。
② 《孙逸仙之行踪》，上海《申报》1911年12月9日。
③ 孙中山：《为女子参政事，与中国社会党女党员林宗素谈话》，原载上海《申报》1912年1月8日；参见王耿雄著：《孙中山史事详录（1911—1913）》，天津：天津人民出版社1986年版，第100页。

会，不辞艰险；或慷慨助饷，鼓吹舆论，振起国民精神，更彰彰在人耳目。女子将来之有参政权，盖事所必至。贵会员等才学优美，并不遽求参政，而谋联合全国女界，普及教育，研究法政，提倡实业，以协助国家进步，愿力宏大，考虑高远，深堪嘉尚。①

可是 2 月以后，孙中山已经立志引退，辞临时大总统职，对于女子参政，他已力不从心。在辞退临时大总统之前，2 月 22 日，孙中山命教育部核办女子蚕桑学校令"民国新造，凡有教育，应予提倡，乃足以启文明而速进化。该女代表（按：指林宗素）既能募资设校，热诚可嘉，自当照准"，除此之外，再也没有看到孙中山谈女子参政之事，这虽属于不得已，但也说明女子参政、男女平等的诉求，本属于民主政治的大事，然而由于受到传统的重男轻女社会习俗影响，实现男女平等、共同参政仍需要一个过程。

1911 年 3 月 3 日，《中国同盟会总章》在第 3 条本会政纲中明确指出"主张男女平权"。② 3 月 11 日，公布参议院通过的《中华民国临时约法》，其中虽没有男女平权的条款，但它规定"中华民国之主权属于国民全体"，"中华民国人民一律平等，无种族、阶级、宗教之区别"。③ 这也可以理解为男女具有平等的政治权利和义务。但参政运动领袖唐群英等人则对"中华民国人民一律平等，无种族、阶级、宗教之区别"不满，上书要求或取消后半句，或在后半句"种族、阶级、宗教"之间加进"男女"二字，方体现男女平权的精神。3 月 19 日，在孙中山的提议下，中华民国临时政府参议院讨论女子参政请愿议案，唐群英等人率 20 余名妇女闯入参议院议事厅，"与诸议员杂坐，至提议女子参政议案时，咆哮抗激，几至不能开议。议长无法，只得传语守卫司令谕各守卫军兵，严加把守，不准女子进入议事厅，女子始退入旁听席"④。20 日，女子又推举代表唐群英、蔡惠二人谒见孙中山，并上第三次请愿书，词甚激昂。孙中山婉言劝诫谓："此事未有一经提议，即行通过者，倘能坚忍耐劳至再三，将来或能达此目的，幸毋为无意识之暴举，受人指摘；否则，殊非本总统赞成女子参政之始意。"后总统以事出府，两代表始逡巡退出。21 日早，该女子等忽增 60 余人，并带武器直入参议院，守卫军士强不令入。当时议员闻之，竟有惧而逃去者，议长无法，只得电请总统派兵保护，总统当即派

---

① 孙中山：《复女界共和协济会函》，《孙中山全集》第 2 卷，北京：中华书局 1982 年版，第 52～53 页。
② 孙中山：《中国同盟会总章》，《孙中山全集》第 2 卷，北京：中华书局 1982 年版，第 160 页。
③ 孙中山：《中华民国临时约法》，《孙中山全集》第 2 卷，北京：中华书局 1982 年版，第 220 页。
④ 《女子以武力要求参政权》，上海《申报》1912 年 3 月 24 日。

近卫军 200 人前往救援，而各女士因不得入院，愈形愤激，又至总统府谒见孙总统，备诉该院派兵阻止之事谓："该院用兵驻守，女同志亦必请派兵保护女士等入院，并力邀总统出席议院提议此事，孙总统允代向该议院斡旋，并令女公子陪同前往。"孙中山允女子同盟会再具一呈，代为递交参议院。① 作为总统的孙中山对于女子要求参政应给予支持，但由于女子大闹参议院的过激行为，他作为总统又不可过分干预参议院。由此可见，孙中山对于当时女子参政表现出一种无可奈何的心境，这不是孙中山的处事原则，但他当时也只能如此，任何一方都必须处理好，都不好开罪。

其实，对于同盟会的政纲"主张男女平权"，据台湾张玉法教授的调查，在民初 36 个主要的党团会社中，只有统一国民党、中国同盟会和中华民国竞进会公开表示要实行男女平权。② 在同盟会内部也出现分歧，有的同盟会员不愿意因为支持妇女参政而开罪其他多数党人。因此，同盟会对于妇女参政运动，也只是在理论上赞成，在行动上支持不多。4 月 1 日，孙中山辞去临时大总统职，孙中山从当时的实际情况出发，不正面提倡女子参政，而积极鼓吹女子从事教育、培养人才，以及从事实业活动，为将来参政做准备。在孙中山离南京返粤前，他专程到女子同盟会本部辞别，他殷切"嘱该会极力振兴女学，以期与男子并驾争雄，共维中国前途"。③ 8 月 13 日，中国同盟会与统一共和党、国民公党、国民共进会、共和实进会等合并组成国民党，连同盟会"男女平权"政纲都取消了，改为巩固共和，实行平民政治，保持政治统一，发展地方自治，厉行种族同化，采用民生政策，保持国际平等，孙中山亦"深为赞成"。这当然引起女同盟会会员的不满。8 月 25 日，孙中山在国民党成立大会上发言，指出："男女平权，本同盟会之党纲。此次欲组织坚强之大政党，既据五大党之政见，以此条可置为缓图，则吾人以国家为前提，自不得不暂从多数取决。然苟能将共和巩固完全，男女自有平权之一日。否则，国基不固，男子且将为人奴隶，况女子乎？"④ 9 月 2 日，孙中山在复南京参政同盟会女同志函中，对于"男女平权"条文未列入党纲作了解析。他指出：

> 男女平权一事，文极力鼓吹，而且率先实行。试观文到京以来，总统府公宴，参议公宴，皆女客列上位可证也。至党纲删去男女平权

---

① 《女子以武力要求参政权》，上海《申报》1912 年 3 月 24 日。又见王耿雄著：《孙中山史事详录 (1911—1913)》，天津：天津人民出版社 1986 年版，第 236～237 页。

② 参见张玉法：《民初政党的调查与分析》，台北《"中央研究院"近代史所集刊》第 5 期 (1976 年 6 月版)。

③ 《女同盟会饯总统》，上海《民立报》1912 年 4 月 5 日。

④ 《二十五日之两大会纪盛》，北京《民生报》1912 年 8 月 26 日。

之条，乃多数男人之公意，非少数人可以挽回，君等专以一、二理事人为难无益也。文之意，今日女界宜专由女子发起女子之团体，提倡教育，使女界知识普及，力量乃宏，然后始可与男子争权，则必能得胜也。未知诸君以为然否？更有一言奉献：均勿依赖男子代为出力，方不为男子所利用也。①

从此以后，孙中山再也不谈男女平权。1914年7月8日《中华革命党总章》也只说"宪法颁布以后，国民一律平等"②。直到1924年1月《中国国民党第一次全国代表大会宣言》在"对内政策"条文中才明确指出："于法律上、经济上、教育上、社会上确认男女平等之原则，助进女权之发展。"③ 4月4日，孙中山《在广东第一女子师范学校校庆纪念会的演说》中指出："我们主张民权革命，便铲平那些阶级，要政治上人人都是平等，就是男女也是平等。所以我们革命之后，便实行男女平权。广东的省议会便有女议员。女人能够和男人一样的做议员，与闻国家大事，地位该是何等荣耀呢！……但是一般女子都不热心这参政权；就是做议员的女子，没有做很久，便心灰意懒，不继续奋斗。广东都是这样，别省更可想而知。"④ 所以，孙中山希望占全国四万万人一半的女子明白男女平等的道理，才能建设民国的国基。

综上述可见，对于女性在社会建设中的作用，孙中山有非常明确的认识和定位，在一个文明的社会里女性与男性一样，作用是不能取代的。女性争取与男性同等的权利也是民主政治和社会进步的表现，孙中山也给予同情和支持，这是孙中山基于对女性在社会建设中不可忽视的力量的估计而作出的决策，是孙中山女性观的具体表现。但由于当时政局的不稳和政党之间对于妇女参政、男女平权等问题出现的分歧，孙中山表现出一种无奈和矛盾的心态，但并未改变他支持女性争取与男性平等权利的斗争。而且孙中山从当时女性的实际出发，强调妇女参政是一个长期的政治任务，必须让女性得到男性一样的教育，通过发展教育普及知识、提高素质、强化自身，加促政治与社会的觉醒，才能应对社会的进步和发展，也只有这样才能使女性争获女权。所以，孙中山劝诫女性不要急于追求参政，先争女子的教育权，为从政、参政做准备，也是一种

---

① 孙中山：《复南京参政同盟会女同志函》，《孙中山全集》第2卷，北京：中华书局1982年版，第438页。
② 孙中山：《中华革命党总章》，《孙中山全集》第3卷，北京：中华书局1983年版，第98页。
③ 孙中山：《中国国民党第一次全国代表大会宣言》，《孙中山全集》第9卷，北京：中华书局1986年版，第124页。
④ 孙中山：《在广东第一女子师范学校校庆纪念会的演说》，《孙中山选集》，北京：人民出版社1981年版，第903页。

务实的、从长计议的表现。孙中山不断提醒女性要从自己的本领考虑,从女性的实际情况出发,提倡女性走出家门、走向社会,从事各种社会活动和文化教育、医务和实业活动,从而提高自己的社会地位和服务能力,这对于反对封建"男尊女卑"陋习,移风易俗,对女子走向社会,对中国妇女的解放运动都将产生深远的影响。

(四) 孙中山的民族观念与民族平等思想

中国自古以来就是一个多民族国家,在这样一个多民族国家里,任何一个时期的任何一位国家领导人、统治者都面临着民族问题。我国的少数民族,虽然文化、社会发展的程度不同,但是都有悠久的历史。在我们这个多民族国家内,各民族相互关系的发展史是我们几千年来的历史的一个重要组成部分。民族之间的战争、分离和分裂都是阻碍中国社会发展的障碍,都是中国人民的灾难。各民族的团结和统一是中国历史的总趋势,也是全中国人民的共同愿望,任何人都不可能阻挡这个历史发展的趋势。

各民族一律平等,是我们对待民族问题的原则。过分地强调汉族的作用,不承认其他民族在中国历史上的作用和地位,是不符合中国历史发展的事实的,但不承认汉族在中国历史上的主导作用也是不对的。中国的各民族都是中国历史的创造者,他们当然都是中国人、都是中国的主人。所以,在中国,汉族离不开少数民族,少数民族也离不开汉族。只有各民族一律平等,团结互助,友爱合作,共同努力,才能保证中国社会的稳定和繁荣兴旺,才会有人民的富裕安康、幸福吉祥,以及美满和谐、高度文明的社会。

孙中山的民族观是民族主义。民族主义是 19 世纪末 20 世纪初世界的一种大潮流。世界上的民族大小强弱不一,但每一个民族都有生存发展的权利、愿望和意志,也都有其本民族的意识、精神和传统,有其以本民族为本位的民族主义。民族主义的种类复杂,如美国知名学者海斯(Carlton H. Hayes)在其名著《民族主义论丛》(*Essays on Nationalism*)中,曾将世界各民族的民族主义分为六类:①人道民族主义;②雅各宾(Jacobin)民族主义;③传统民族主义;④自由民族主义;⑤整合民族主义;⑥经济民族主义。① 其实,民族主义是一个含义不清的概念,不同的人根据不同地区民族主义表现形式和内容的不同,便有不同的概括和总结。据台湾姜新立教授的研究,认为民族主义的类型非常多。他列举了下列种种,指出:怀庭(W. Whitnem)类型有"开放的民族主义"(Open Nationalism)和"封闭的民族主义"(Closed Nationalism)。哈

---

① 参见李云汉:《中山先生民族主义思想的形成与发展》,《中山先生民族主义正解》,台北:台湾书店 1999 年版,第 1~2 页。

斯（Ernst B. Hass）从现代史着手，指出七种民族主义类型，其中四种属革命性的民族主义、集合的民族主义。此外，普拉米那兹（J. Plamwnatz）认为，民族主义基本上是一种文化现象，故他把民族主义分成西方型文化民族主义和东方型文化民族主义。而卡明卡（Eugene Kamenka）则把民族主义当作一种政治意识形态，所以，他认为只有政治民族主义，没有其他原类型。相反，约翰逊（Harry G. Johnson）则从经济学出发，认为只有经济民族主义，而无其他原类型。① 英国学者埃里克·霍布斯鲍姆在其《民族与民族主义》(*Nations and Nationalism*) 一书中认为，民族主义的原型有两种：第一，是超地域的普遍认同，人类超越自己的世居地而形成一种普通的认同感。第二，是少数特定团体的政治关系和词汇，这些团体都跟国家体制紧密结合，而且都具有普遍化、延展化和群众的能力。这些不同的"民族原型"跟近代的"民族"有诸多相同之处，不过，却没有一个能等同于近代的民族主义。② 所以，民族主义的类型不明，概念不清。世界不同地区不同民族的民族主义具有不同的内涵和不同的表现形式。彭树智教授在他的论著《东方民族主义思潮》一书中，从政治文化的概念去界定，认为民族主义可分为西方民族主义和东方民族主义两种类型。③ 在种类繁多的民族主义中，并不都是排外的、封闭的，有的是开放的、进步的。尤其是东方民族主义，它基本上属于殖民地民族主义范畴，具有反抗帝国主义侵略、要求民族独立、建立民族国家的特征，强调民族的自尊、自信和自强，具有强烈的凝聚力，团结互助，维持本民族的生存权、发展权的追求，具有明显的正当性和合理性，属于维护正义和合法权利的进步民族主义。民族主义是近代以来世界上强大的政治和社会力量之一，但由于它所涵盖范围的广泛和多侧面，很难说得清。有人说，民族主义是只大象，每个研究者摸到的都是它的一个部分而不是全部。④

孙中山的民族主义属于东方殖民地半殖民地国家的政治民族主义，所以他的民族主义是从世界和中国的实际情况出发，从救亡和振兴中华的立场出发，带有弘扬中华民族精神，凝聚和团结中国各民族，形成中华民族－国族意识，抵御侵略，拯救中国的深刻内涵。它的最终目标是通过弘扬民族主义，实现中

---

① 参见姜新立：《民族主义的几种类型》，香港中文大学中国文化研究所《二十一世纪》杂志，1993年4月号，总第16期。
② （英）埃里克·霍布斯鲍姆著：《民族与民族主义》，李金梅译，上海：上海人民出版社2000年版，第54~55页。
③ 参见彭树智著：《东方民族主义思潮》，西安：西北大学出版社1992年版，第3页。
④ 参见（英）埃里·凯杜里著：《民族主义》，张明明译，徐波、陈林：《〈全球化、现代化与民族主义：现实与悖论〉民族主义研究学术译丛代序言》，北京：中央编译出版社2002年版，第2~3页。

华民族的独立、统一、民主和富强,并与世界各民族和平友好,力争共同发展。它是指导中国民族运动和民族国家体系建立的理论基础,是一种具有爱国主义和国际主义倾向的进步思潮。这种思潮对内反对大汉族主义和地方民族主义、分裂主义,也反对种族歧视,坚持中国境内各民族一律平等;对外坚持"济弱扶倾",支持弱小民族的振兴和反对外族侵略,维护"睦邻友好"以及"联合世界上以平等待我之民族,共同奋斗"①。由此可见,孙中山的民族主义的目标是结束封建统治者的民族压迫政策,废除与列强签订的不平等条约,结束帝国主义侵略之历史,免除帝国主义加诸中国的半殖民状况,建立民族团结的国家,实现中华民族的独立和统一、民主和富强。

对于孙中山的民族观,我们可以从两个层面去分析,一个层面是对外的,一个层面是对内的。

从对外层面看,孙中山是以反对帝国主义侵略、废除不平等条约、实行民族自救的立场出发,以实现世界民族平等互惠、和平共存为主旨。他的建国施政方针是以民族平等去对抗帝国主义的民族侵略,通过实施门户开放政策吸引外资,国际共同开发中国的资源,发展中国,达到合作互惠、文明共享。这是一个伟大政治家的高尚理想与文明设计。② 孙中山说:"抵抗外国的方法有两种:一是积极的,这种方法就是振起民族精神,求民权、民生之解决,以与外国奋斗。二是消极的,这种方法就是不合作。不合作是消极的抵制,使外国的帝国主义减少作用,以维持民族的地位,免致灭亡。"③ 这是在中国处于"次殖民地"地位屈辱艰危年代,一代伟人孙中山通过对帝国主义者的扩张野心的认识,以及当时中国仁人志士的担忧,领导国人对抗帝国主义,全力自救,必须知所因应所提出的对策。但正如我以前说过的,孙中山是一位和平主义者,他要和平不要战争,但当帝国主义将战争强加给中国人民时,他也不怕战争,所以维护世界和平,发展科学技术,建设一个科学昌盛、经济发达、人民安乐、政治修明、社会文明,实现"天下为公"、"世界大同"的美好社会,这是孙中山的最高理想,也是全世界全人类的共同愿望。④

为此,孙中山强调,民族主义"就是要中国和外国平等的主义。要中国和英国、法国、美国那些强盛的国家都一律平等的主义"。"我们革命党主张

---

① 孙中山:《国事遗嘱》,《孙中山全集》第11卷,北京:中华书局1986年版,第639页。
② 参见王尔敏:《开放政策与国际合作》,《中山先生民族主义正解》,台北:台湾书店1999年版,第153页。
③ 孙中山:《三民主义·民族主义》,《孙中山全集》第9卷,北京:中华书局1986年版,第241页。
④ 参见林家有:《孙中山的民族主义与世界和平》,山东大学《文史哲》1998年第6期,台北《国父纪念馆馆刊》1998年第2期;又见中国人民大学书报资料《中国近代史》1999年第3期。

民族主义，本想中国和各国平等；但是中国从前衰弱，不能和各国平等。创建民国，把国家变强盛，国家强盛了，才可以和各国平等。"①

基于反帝民族主义的情怀，孙中山一方面力主争回主权与收复失土，主张废除与帝国主义国家签订的一切不平等条约，完成祖国统一；另一方面又提倡"济弱扶倾"，援助菲律宾独立，支持韩国和犹太民族的复国，支持越南和印度的民族独立运动，以及忠告日本恢复王道文化，与亚洲人民一起复兴亚洲，勿当西方霸道文化的鹰犬。这一切都说明孙中山是亚洲民族复兴运动倡导者和国际主义者。孙中山以中国传统文化及儒家道德为根本，发扬它的王道思想，以期达到世界和平和"天下为公"，这是一个贫弱国家政治领袖发出联合世界，尤其是亚洲弱小民族对抗东西方侵略国家强权政治的政治宣言。孙中山的民族观对世人的启迪是深远和巨大的，它具有永恒的、普遍的进步意义。

从国内层面看，孙中山起初提出"反满"口号，具有复兴汉族的大民族主义思想。尽管他一再解析"反满"不是反抗全体满人，而是反对清政府的腐败官吏，推翻清朝这座民族压迫的牢狱，然而，因为反满"是一种情绪化的语言，是一种含糊其辞的概念"，孙中山用"驱逐鞑虏"的口号，号召汉族及其他民族一起推翻满族人为皇帝的清政府，并建立了共和政权，开创了历史的新纪元，但正如我在20多年前发表的《孙中山民族主义思想与辛亥革命的结局》一文中所谈到的，"反满"具有消极的意义，因为"满族，原先是居住在中国东北的一个少数民族。清朝取代明朝，满人取代汉人当了中国封建皇帝，这本来是中国多民族国家内部历史发展的正常现象，但是，在封建时代里，民族问题不可能在平等、民主的基础上加以解决。满族统治阶级为了维护自己的特殊利益，对其他民族总是要采取民族歧视政策，这就在一定程度上损害了各族人民的利益，造成民族矛盾。但清朝的民族压迫同阶级压迫相比较，民族压迫是次要的、从属的。民族矛盾不是清代中国的主要矛盾，反满从来也不是一个独立政治运动"。尽管孙中山以反满作为反清的斗争口号，但他的主要目的是为了摆脱清政府的民族压迫和阶级压迫，然而由于这种反满观念在社会中广泛流行，消极的影响长期存在，好像清代中国的一切问题的焦点都是由一个满族皇帝造成的，所以清朝皇帝一退位，全社会都认为民族民权革命已经成功，权一到手，便放松革命警惕，不愿和不能彻底推翻封建势力，没有在揭露满洲贵族罪孽的同时，声讨汉族官僚、豪绅地主压迫人民的血腥罪行，民族

---

① 孙中山：《在广东第一女子师范学校校庆纪念会演说》，《孙中山选集》，北京：人民出版社1981年版，第891~892页。

主义掩盖了封建主义，导致辛亥革命的不幸结局。①

孙中山毕竟是一位充满政治智慧、了解世界的政治家和思想家，对于激化民族矛盾会给一个多民族国家带来什么样的后果，他是心中有数的。所以当他意识到清政府即将倒台、民族革命的目的即将达到时，他便接受汉、满、蒙、回、藏五族共和共建新国家的主张，并立即引起各界各民族的积极反响。这是孙中山民族观的很大发展。"五族共和"口号，虽然最早不是孙中山提出来的，但是把"五族共和"作为建国纲领则是孙中山的功劳，这种体现民族平等思想的建国纲领是孙中山在武昌起义前长期孕育出来的，它是一个关系到祖国统一、民族团结、社会稳定、复兴中华的根本方针。

孙中山认为，"我们要民族平等，所以便要排满。"② 清朝推翻后，脱离满清之宰制政策是实现了，但民族平等还没有付诸实施。为此，民国成立，就在于"合汉、满、蒙、回、藏诸族为一人"，实现民族团结，达到国内各民族政治上一律平等，即"皆能取得国家参政权"，③ 清帝退位，即实行"满、蒙、回、藏之待遇，与汉人平等"④。孙中山还一再解析，全国同胞"群起解除专制，并非仇满，实欲合全国人民，无分汉、满、蒙、回、藏，相与共享人类之自由"⑤。

由此可见，"五族共和"建国纲领是孙中山为代表的革命派根据中国多民族的实际和清政府民族压迫造成国家贫弱和民族不团结，以及民主革命在新形势下的需要而确立的。它进一步充实和发展了孙中山民族主义的内容，也显示了孙中山民族观是从维护国家主权和中华民族的利益为出发点和归宿点的。可见，孙中山通过不断纠正民族主义的缺陷来反映历史的要求，反映时代的特点，使他的民族观与传统的狭隘民族主义不同，带有进步的意义。

在"五族共和"的思想基础上，孙中山从中国与外国民族交往的大视角去审视，又进一步将民初出现的中华民族概念加以整合，形成他的大中华思想。这样，孙中山便确立要"择地球上最文明的政治法律来救我们中国"，也

---

① 林家有：《孙中山民族主义思想与辛亥革命的结局》，原载《中山大学学报》（社会科学版）1979年第4期；又见林家有著：《孙中山振兴中华思想研究》，广州：广东人民出版社1996年版，第140~167页。
② 孙中山：《在广东第一女子师范学校校庆纪念会演说》，《孙中山选集》，北京：人民出版社1981年版，第903页。
③ 参见王耿雄著：《孙中山史事详录（1911—1913）》，天津：天津人民出版社1986年版，第90页。
④ 孙中山：《致黎元洪电》，《孙中山全集》第2卷，北京：中华书局1982年版，第29页。
⑤ 孙中山：《致贡桑诺尔布等蒙古各王公电》，《孙中山全集》第2卷，北京：中华书局1982年版，第48页。

希望世界列强能以"最优等的人格来待我们四万万同胞"①,形成平等的中外关系和正常稳定的社会秩序,建设繁荣、富强、文明、进步的中国社会。这是孙中山民族主义思想的巨大飞跃,从此他便从国内国外两个方面阐述他的民族主义内涵。对内,他强调中国人的自觉、团结、统一、创业、奋进;对外,他希望全球的异民族能够正确地、平等地对待中国,使中华民族独立、强盛,能享受到地球上最优的富裕安康的幸福生活和在世界上得到应该得到的地位。民国成立后,孙中山强调民族的统一,实现五族共和是为了建设一个民族的、富强的、统一的新中国和文明、进步、民主的社会,为建立一个民主和共和、平等和富强的社会奠定了理论基础,也为中华民族自觉实体的形成和中华民族国族意识的觉醒创造了条件。

20世纪初,中华民族多元统一体的形成,是中国人民觉醒的表现,也是近代中国各民族在反帝反封建斗争中逐渐形成的各兄弟民族相互依存、共同发展、谁也离不开谁的兄弟关系的结果。孙中山在1912年1月中华民国南京临时政府成立,宣布实行汉、满、蒙、回、藏五族共和政体后,在《对外宣言书》中首次使用"中华民族"称谓,表明孙中山的民族意识有了新的提升,也标志长期以来中华民族由自在实体向自觉民族统一体过渡的完成。这是由时局变迁带来的新的思想文化和新的社会环境造成的。可见,孙中山在中华民族多元一体形成的过程中起了重要作用,对于我们树立大中华的思想意识具有重大的意义。② 孙中山大中华意识——中华民族意识凝聚了民族的认同和团结,维护了国家的统一和社会的稳定,强化了国家主权的行动能力和正当性,所以,孙中山的大中华思想的形成极大地促进了中国各民族的团结和国家的统一,加速了中国社会的进步和发展。③ 1924年1月23日,孙中山在中国国民党第一次全国代表大会通过的宣言中强调:"革命之目的,非仅仅在于颠覆满洲而已,乃在于满洲颠覆以后,得从事于改造中国。依当时之趋向,民族方面,由民族之专横、宰制过渡于诸民族之平等结合;政治方面,由专制制度过渡于民权制度;经济方面,由手工业的生产过渡于资本主义的生产,循是以进,必能使半殖民地的中国,变而为独立的中国,以屹然于世界。"④ 为了实

---

① 孙中山:《在东京中国留学生欢迎大会的演说》,《孙中山全集》第1卷,北京:中华书局1981年版,第281页。
② 参见林家有:《再论孙中山的大中华思想》,原载于《广东社会科学》2003年第3期;又见江中孝、王杰主编:《跨世纪的解读与审视——孙中山研究论文选辑(1996—2006)》,天津:天津古籍出版社2006年版,第123~132页。
③ 参见林家有:《论孙中山的大中华思想》,王功安、林家有主编:《孙中山与祖国的和平统一——纪念辛亥革命90周年学术研讨会论文集》,广州:中山大学出版社2001年版,第11~20页。
④ 孙中山:《中国国民党第一次全国代表大会宣言》,《孙中山全集》第9卷,北京:中华书局1986年版,第114页。

现民族平等,"以求中国民族之解放","于反对帝国主义和封建军阀之革命获得胜利以后,当组织自由统一的中华民国"①。同年1月,孙中山在三民主义讲演中又强调,中国的民族主义不是某一民族的主义,而是国族主义。所谓"国族主义",就是一个民族造成一个国家,不要像外国那样一个民族分裂为几个国家。所谓"一个民族",就中国而言就是代表中国的所有民族形成的中华民族。所以,孙中山一再强调要改变中国只有家族主义、宗族主义,没有国族主义的弊端。用中国的王道精神将中国人"团结成一个民族",然后"用民族精神来救国",来复兴中华。② 在民族主义第六讲中,孙中山又强调欲恢复中华民族的地位,首先要恢复民族的精神。也就是要恢复中华民族固有的道德、固有的智能、固有的能力,也就是"恢复我一切国粹之后,然后才可以和欧美并驾齐驱"。③ 何谓我们民族的精神?孙中山说:这种精神就是"我们要将来能够治国平天下,便先要恢复民族主义和民族地位。用固有的道德和平做基础,去统一世界,成一个大同之治,这便是我们四万万人的大责任"。也即是全中国各民族人民"都应该担负这个责任,便是我们民族的真精神"④!

综上述可见,孙中山从政治层面去整合中华民族的意识,他的本旨是从一个民族(中华民族)造成一个国家(统一的中国),为祖国统一和民族平等,以及中华民族的复兴创造团结一致、稳定的大环境;从经济层面去整合中华民族的意识,形成经济上的相互依存、相互支援、共同发展;从文化层面去整合中华民族意识,帮助国人去认同中国的文化,应世界的潮流去建设一个政治最修明、人民最安乐的国家,实现国家的政权为民所有、为民所治、为民所享,逐步建设一个社会最文明、最和谐、最进步的"天下为公"、"世界大同"的理想社会。

孙中山壮志未酬身先死,但他留下了遗嘱,留下了他的思想和精神:

> 余致力国民革命凡四十年,其目的在求中国之自由平等。积四十年之经验,深知欲达到此目的,必须唤起民众及联合世界上以平等待我之民族,共同奋斗。⑤

孙中山创共和、废帝制、主平等、争自由,为人民谋福祉,为国家造幸

---

① 孙中山:《中国国民党第一次全国代表大会宣言》,《孙中山全集》第9卷,北京:中华书局1986年版,第119页。
② 孙中山:《民族主义第一讲》,《孙中山选集》,北京:人民出版社1981年版,第615~620页。
③ 孙中山:《民族主义第六讲》,《孙中山选集》,北京:人民出版社1981年版,第688页。
④ 孙中山:《民族主义第六讲》,《孙中山选集》,北京:人民出版社1981年版,第691页。
⑤ 孙中山:《遗嘱》,《孙中山选集》,北京:人民出版社1981年版,第994页。

福，为民族争荣耀，为社会求进步，对中国社会作出重大贡献。他的民族意识、观念和政策都是为了建设一个美好、自由、平等、民主、富裕、和谐与幸福的中国社会而形成和确立的，所以，孙中山各民族平等的民族观和政策对于中国的社会建设具有重大的意义。

第三章 孙中山的社会政治意识与社会变革

一、孙中山的社会政治概念与新社会政治制度的建设

(一) 孙中山的社会政治概念

我国老一辈杰出的历史学家侯外庐先生说过:"中山先生的革命民主主义政治思想不但不能和他的哲学思想分离,而且正是和他的接近于唯物主义的世界观、世界可知性的认识论紧密地联系在一起的。""他的思想体系,通过他的政治主张的折射,的确反映了一个伟大时代的历史方法以及在这个矛盾中的中国民族资产阶级的阶级性格,但他毕竟在矛盾的辩证法中紧紧地靠近真理而发展了积极前进的因素,表现了伟大的革命民主主义者的典范。中山先生的思想是'历史的正号'!"[①]

侯先生指出这一点非常重要。因为孙中山首先是民主革命家,他的政治思想、政治概念都离不开他的革命;其次,孙中山的政治思想也离不开他的哲学思想和他的世界观。如果我们离开他的主流思想去检索他的某些概念很可能会产生偏离,得出相反的结论,不能给人一个明晰的答案。

任何思想都来源于客观的社会实际,来源于中国与世界不同的社会环境。孙中山也不例外,他的思想不是从他的脑子中凭空想出来的无源之物。中国有文字记录的历史有几千年,尽管随着朝代的更替、社会的变迁,关于政治的理念也有变动,但它作为一种治人的思想、手段则大致是相同的。诚如梁启超所言:"凡立宪君主国之宪法,皆特著一条曰:君主无责任,君主神圣不可侵犯。""君主者,一国之元首,而当行政机关之冲者也。凡行政者不可不负责任。行政者而不负责任,则虽有立法机关,亦为虚设,所公立之法度,终必有

[①] 侯外庐:《孙中山的哲学思想及其同政治思想的联系》,原载《历史研究》1957年第2期;又见《侯外庐史学论文选集》(下),北京:人民出版社1988年版,第379页。

被蹂躏之一日，而治者与被治者之间，终不得协和，是立宪国所大忌也。然则行政首长之君主，反著明其无责任，以使之得自恣，毋乃与立宪精神相矛盾耶？而岂知立宪政体之所以为美妙者，皆在于此。"梁氏又说："夫人至于不能为善，不能为恶，则其万事毫无责任，岂待向哉！故英国国民，无贵无贱，无贫无富，无老无幼，无男无女，无不皆有责任，惟君主则真无责任。英国宪政，各国宪政之母也，故凡立宪国有君主者，莫不以'无责任'之一语，泐为宪文。虽其行用特权之范围，不无广狭之殊，要其精神，则皆自英国来也。"但中国则不同，"儒教之言君主政体，则有责任之君主也"，故曰："残贼之人，谓之一夫，闻诛一夫，夫闻弑君。"故曰："君之视臣如土芥，则臣视君如寇仇。"故曰："汤武革命，顺乎天而应乎人。""重视君主，则不可不牺牲责任，重视责任，又不可不牺牲君主，而孔孟乃欲两利而俱存之，此所以中国数千年君主，有责任之名，无责任之实，而革命之祸，亦不绝于历史也。"① 梁启超虽主张君主立宪政治体制，但他也明白英国、日本与中国的君主立宪的不同。谈政治不能不分清政治与特定国家的政治传统，以及政治在社会治理中的成与败、得与失。孙中山是民主革命家，他的政治理念与中国传统的君主专制或君主立宪都不同，所以他的政治概念与上述两种政治制度也有别。

孙中山说："政治问题大抵以权利为基础，言政治而不言权利，不可通之说也，故薄权利而不言者，亦当兼废言政治。"② 孙中山又说："若夫最大权利者，无如政治。政治之势力，可为大善，亦能为大恶，吾国人民之艰苦，皆不良之政治为之。"③ 可见，一个国家和社会建设的效果如何，关键在于政治的好与坏。中国人民的耻辱、苦难都是由于不良政治为之，而不良政治的一个明显标志就是治人者与被治于人者的关系倒置。人民是社会的主体，它应该有权利，可是在中国的封建社会里，人民只有义务，没有权利，它不能决定各级官吏的任免，不能决定国家和社会建设的各种权利。正由于如此，"几世纪以前，中国为现代世界上各文明国之冠。到了现在中国文化停滞，西方各国驾乎我上，我反瞠乎其后，完全由于中国政治背道而驰"④。所以，孙中山强调："政治的力量，足以改造人心，改造社会，为用至弘，成效至著。"⑤ 所以，重

---

① 梁启超：《政治学学理摭言》，李华兴、吴嘉勋编：《梁启超选集》，上海：上海人民出版社1984年版，第325~328页。
② 孙中山：《致吴敬恒书》，《孙中山全集》第3卷，北京：中华书局1983年版，第150页。
③ 孙中山：《在广州岭南学堂的演说》，《孙中山全集》第9卷，北京：中华书局1986年版，第359页。
④ 孙中山：《与克拉克的谈话》，《孙中山全集》第9卷，北京：中华书局1986年版，第151页。
⑤ 孙中山：《在广东省第五次教育大会闭幕式的演说》，《孙中山全集》第5卷，北京：中华书局1985年版，第563页。

视政治在改造社会中的作用是孙中山历久不变的立场和主张。

中国古代在儒家的经典中有"君子有其事,必有其治"(《礼记·仲尼燕居》),"政者事也","治者理也","儒家总是以天道、人性、道德来论证君主制度、等级制度的绝对性,然后以此为前提,进而讨论天道仁政及礼乐刑政等具体的治国之道"。[①] 在孔子看来,"政"是指"政事",是指一种统治方式。诚如孔子所言:"导之以政,齐之以刑,民免而无耻;导之以德,齐之以礼,有耻且格。"(《论语·为政》)"政者正也。君为正则百姓从政。君之所为,百姓之所从也。君所不为,百姓何从?"(《礼记·哀公问》)"政者,正也。子帅以正,孰敢不正!"(《论语·颜渊》)所以,正如唐文治所说:中国"政治者,以心术为权舆者也","心术正,则政治清明纯粹而天下蒙其福;心术偏,则政治颠倒错乱而天下被其毒。无古今无中外,其道一也"。[②] 总之,中国古代的"政治"概念,主要是围绕如何治民的问题而展开的,它不同于西方的政治概念注重政权的组织形式即政体问题和政党政治。

孙中山在晚年做民权主义讲演时,就他的政治概念作说明。他说:"政治两字的意思,浅而言之,政就是众人的事,治就是管理,管理众人的事便是政治。有管理众人之事的力量,便是政权。今以人民管理政事,便叫做民权。"[③] 在这之前,孙中山又说:"'政治'二字的意思,译成英文是 Politics。英文 Politics 的意思很广,用途很多⋯⋯故就 Politics 这个字讲,有三个意思:一个是国政,就是政府中所行的国家大事;一个是党争,就是政党中彼此所用的诡谋;一个是说是非,就是像以前所举的家庭是非之例。"[④] 就管理层面看,孙中山"管理众人之事"的"政治"概念与古代孔子和儒家的"治民"没有差异,但就其内容看则根本不同。正如孙中山所言:"专制国,皇帝是一国的主人,所以他一个人可以役使官吏。共和国,人民是主人,国家为人民的所有物;个个人民,都是皇帝,哪一个人想独裁全国,都是不成的。国内的事情,要人民去管理;国内的幸福,也是人民来享受。"[⑤] "专制国为一人之国,共和国为人民之国。"[⑥] "民国是和帝国不同的:帝国是由皇帝一个人专制,民国是

[①] 张分田、萧延中著:《政治学志》,上海:上海人民出版社 1998 年版,第 3 页。
[②] 唐文治:《政治学大义序》,《茹经堂文集》卷 4,民国十五年(1926)刻本。
[③] 孙中山:《民权主义第一讲》,黄彦编:《孙文选集》上册,广州:广东人民出版社 2006 年版,第 483 页。
[④] 孙中山:《在广州全国青年联合会的演说》,《孙中山全集》第 8 卷,北京:中华书局 1986 年版,第 317 页。
[⑤] 孙中山:《在上海民治学会的演说》,《孙中山全集》第 5 卷,北京:中华书局 1985 年版,第 174 页。
[⑥] 孙中山:《在绍兴商会的演说》,《孙中山全集》第 3 卷,北京:中华书局 1983 年版,第 348 页。

由全国的人民作主；帝国是家天下，民国是公天下。"① 由此可见，孙中山在兴中会时期提倡创立的"合众政府"、同盟会时期创立的民国政府都是来源于西方，不是来源于中国古代。"管理众人的事"就是管理社会、经济、政治和文化，由谁来管理这是本质和关键。由皇帝来管理就是独裁，就是专制；由人民来管理就是民主，就是共和。所以，孙中山的共和政治、民权政治、民主政治均是他的"政治"概念或称为政治观的本质所在。管理也包含建设，比如物质建设、精神建设，以及政治建设、文化建设和社会建设等方面的内涵，这是孙中山关注政治社会化，是他的革命价值与重新定义政治概念的目的。然而，没有精神上的锻造，作为管理技术的统治，诚如美国哈佛大学杜维明教授所说："可能会很容易地堕落为没有伦理和理想的政治操作。从原则上来说，伦理和政治是相辅相成的，在绝大多数场合是不可分离的。"②

任何政治家的政治概念都不可能超越具体国家的国情和社会，它必须牵涉到政权的性质、政府的组建和运作、政治团体以及政治力量的调运、改造社会、改造人心多个方面的内容。所以，孙中山说："国家最大的问题就是政治，如果政治不良，在国家里头无论什么问题都不能解决。"③ 孙中山的政治观就是通过法制的建设和道德的力量将社会建设成为人人平等、共同富裕和幸福和谐的社会。他的政治概念是指导他进行社会建设的思想原则和方法。但也存在局限，既然只将政治视为管理众人的事，"管理"也是一个中性词，"管理"可解说为包括"服务"，但也不一定包含服务。孙中山虽强调民国政府的各级官员均是人民的"公仆"，"公仆"当然是为人民服务的勤务员，但政府和官员应如何的服务社会、服务人民，则没有明晰地解说。任何政治都是解决人在政治之下如何生活的问题，因为人不可能离开政治而生活，一个社会总要划分治人者与被治者。它涉及治人者即管理者与被管理者即被治者的关系，治人者的权力从何而来、如何行使，个人在社会生活的各个方面处于什么地位、如何行动，人与人之间的关系如何处理等一系列问题，孙中山都没有很好地说明和解决。所以，政治与法律，政治与人民，政治与党派、社团都是重要的问题，这些问题没有一个解决的办法，所谓管理型的政府和官员没有服务社会和人民的标准和要求，政府的官员也有可能强调管理的职能滥施权力去压迫和统治人民。这是理解和解读孙中山的政治概念必须要注意和提及的问题，否则就

---

① 孙中山：《在广州商团及警察联欢会的演说》，《孙中山全集》第9卷，北京：中华书局1986年版，第58页。

② （美）杜维明：《对话的文明》，《池田大作与杜维明对谈集》，香港：香港商务印书馆2008年版，第110页。

③ 孙中山：《民权主义第三讲》，黄彦编：《孙文选集》上册，广州：广东人民出版2006年版，第529页。

不可能真正地理解孙中山的政治观在指导中国政治建设中所表现的积极与消极两种作用中的意义所在。

(二) 孙中山的政治与社会建设的依附性观念

政治不稳定，经济不会好，社会也不会和谐；反之，社会不稳定，政治也不会好。可见，政治与社会是相辅相成的关系。

爱国主义、民族主义、集体主义是孙中山指导中国社会发展的政治体制模式。孙中山领导的革命正是在这种思想指导下，按照这种模式进行的，所以政治的权威和意识形态合而为一，使中国的政治带有国家主义的实质。

国家、政府和人民的关系是国家政治的核心内容，政治家的首要任务就是利用政治这个机构去调控国家、政府和人民的关系。孙中山指出："说到政治，便要讲国家。国家的责任，是设立政府，为人民谋幸福。政府这个东西，近来各国学者有的说是可以保护人民，代谋幸福，主张是应该有的。有的说是干涉人民的幸福，威权太大，应该把他减少，减少至于零，便主张不应该有，而成无政府。"① 孙中山强调，无政府即无人管理，势必天下大乱。"无论哪一个国家，不管他是不是强有力，只要号称国家，都是政治团体。有了国家，没有政治，国家便不能运用；有了政治，没有国家，政治便无从实行。政治是运用国家的；国家是实行政治的。可以说国家是体，政治是用。"② 所以，国家通过设立政府，管理社会，实现国民的权利，"为人民谋幸福"便是孙中山的基本观点。

政治作为上层建筑，是为经济基础服务的。人们运用政治无非是为了达到自己所追求的社会建设的目的。社会——不管其形态如何，它都必然是靠一定的政治制度来维护来发展的。所以，政治与社会都不过是一定的阶级、政治团体和个人为了达到一定的利益或理想而进行的活动而已。孙中山在民国成立的前后有"政治革命与社会革命毕其功于一役"的计划，可是政治与社会比他想象的要复杂得多。辛亥革命虽然推倒了清政府的权力机构，并成立了象征共和的民主政权——中华民国，可是新的政权是在旧的封建主义思想基础几乎不变的大环境下诞生的，是在国民尚未树立起担当国家主人的理念的情况下建立和推行民权的，因此，守旧与进步、反动与创新等各种势力交织在一起，造成政治上的困扰，阻碍了社会的建设和文明进步。孙中山说："君权国者，为君

---

① 孙中山：《在广州全国青年联合会的演说》，《孙中山全集》第 8 卷，北京：中华书局 1986 年版，第 318 页。

② 孙中山：《在黄埔军官学校的告别演说》，《孙中山全集》第 11 卷，北京：中华书局 1986 年版，第 268 页。

主独治之国家,故亦曰独头政治。民权国者,为人民共治之国家,故亦曰众民政治(但如代议制之民权国,非由人民直接参与政权者,尚不得谓纯粹之众民政治)。"① 实现众民共治的民权政治,关键在于民,"政治之得失,前途之安危,结果之良否,皆惟我国民是赖"②。共和民权政治,"人人皆是主人",③"中华民国的国家与前清的国家不同,共和国体与专制国体不同。中华民国的国家是吾四万万同胞的国家,前清的国家是满洲一人的国家;共和国体荣辱是吾同胞荣辱,专制政体荣辱是君主一人的荣辱。"④ 所以 "共和国民均有维持国政之义务"⑤。中国不再允许皇帝的存在,民权国家必不容有帝制的存在。可见,民国政府成立,孙中山做了很多教育人民参与政治、承担作为国家主人的义务和责任的工作,并强调共和时代与专制不同,从前皆依政府,今日所赖者国民。故今日维护政治稳定和人民安危的责任,不在政府而在国民,只有我国四万万同胞一齐努力,方可以造成共和自由的幸福。孙中山讲了那么多共和民主政治与国民的关系,无非是想说明,只要中国的国民觉醒到自己的权利,勇于起来担当国家的主人翁,中国是可以实行共和民主政治的。孙中山说:"许多人以为中国不适用民主政治,因为人民知识程度太低。我不信有这话,我认为说这话的人还没有明白'权能'两字的意义……人民是民国的主人,他只要能指定出一个目标来,像坐汽车的一般。至于如何做去,自有有技能的各种专门人才在。所以,人民知识程度虽低,只要识得出'要到那里'一句话来,就无害于民主政治。"⑥ 他又指出:"维持共和,首在维持此心。心不忘共和,国亦不变其为共和,虽有千百袁世凯,不难推倒也。"⑦ 话虽然这么说,但后来政治形势的发展则与孙中山的乐观估计相反。事实教育了孙中山,使他明白了中国国民的政治意识及其表现实在令人心寒,国民的政治觉醒及捍卫共和民主的努力都不敢恭维。这说明国民的改造、国民的觉醒对于实现政治的共

---

① 孙中山:《在桂林对滇赣粤军的演说》,《孙中山全集》第 6 卷,北京:中华书局 1985 年版,第 26 页。

② 孙中山:《在广州耶稣教联合会欢迎会的演说》,《孙中山全集》第 2 卷,北京:中华书局 1982 年版,第 361 页。

③ 孙中山:《在石家庄国民党交通部欢迎会的演说》,《孙中山全集》第 2 卷,北京:中华书局 1982 年版,第 479 页。

④ 孙中山:《在山西实业界学界及各党派欢迎会的演说》,《孙中山全集》第 2 卷,北京:中华书局 1982 年版,第 476 页。

⑤ 孙中山:《在石家庄国民党交通部欢迎会的演说》,《孙中山全集》第 2 卷,北京:中华书局 1982 年版,第 478 页。

⑥ 孙中山:《关于民主政治与人民知识程度关系的谈话》,《孙中山全集》第 11 卷,北京:中华书局 1986 年版,第 431~432 页。

⑦ 孙中山:《在沪欢迎从军华侨大会上的演说》,《孙中山全集》第 3 卷,北京:中华书局 1983 年版,第 373 页。

和民主关系重大。对此,孙中山也深有感触,他说:"吾中华积数千年专制国之恶习,一旦改革,千端万绪,不易整理。而今后立国大计,即首在排去专制时代之种种恶习,乃能发现文明国家之新精神,此亦国民不可不注意之事。"① "年来国中多故,共和政治屡受暴力所摧残,虽由武人专横,亦因国中大多数之劳动界国民不知政治之关系,放弃主人之天职,以致甘受非法之压制、凌侮而吞声忍气,莫可如何也。"② 正由于君主专制的复辟活动和军阀势力的崛起扰乱了中国国民的神经,震荡了祖国大地。这一切都打乱了孙中山的计划,致使他的政治革命与社会革命"毕其功于一役"的破产,这对于孙中山和国人都是一大教训,政治环境不好,社会的秩序也不会好,政治的混乱带来的社会危机,对于中国的经济建设和民生的解决影响最大。所以,孙中山吸取教训转变思维,认识到要经济好,必须要政治好,离弃政治,不仅经济无法进行,政治也会越来越混乱。因此,孙中山又企图从经济战线回归政治战线,再次鼓动通过革命来营造建设环境,实现早年设计的民族、民权和民生三民主义,挽救中国的政治危机和社会危机。1919 年后,孙中山承认他的三民主义没有实现,他决心再重新革命,为实现三民主义目标而努力奋斗。经过挫折,孙中山又重新打起政治牌,通过政治革命达到政治重建、社会重组。孙中山说:欲图根本救治中国,"非使国民群怀觉悟不可"③。只有通过宣传,使全国人民都赞成三民主义,都拥护三民主义,用这个主义统一全国人民的心理,到全国人民的心理都被统一了,"实行三民主义,建设一个驾乎欧美之上的真民国"④ 才有希望和可能。从此孙中山便确立唯有一等的国民才有一等民国的思想,下定决心进行宣传和教育国民的工作,"革命成功极快的方法,宣传要用九成,武力只可用一成"⑤。"革命的方法,有军事的奋斗,有宣传的奋斗。军事的奋斗,是推翻不良的政府,赶走一般军阀官僚;宣传的奋斗,是改良不良的社会,感化人群。"⑥ 所以,通过宣传来感化人民,唤醒社会,拥护三民主义,重行革命达到改造政治和社会的目的,便成为孙中山晚年的政治主轴。

由此可见,孙中山对于政治与社会的依附关系的认识前后有所不同。前

---

① 孙中山:《在上海国民党恳亲会的演说》,《孙中山全集》第 3 卷,北京:中华书局 1983 年版,第 2 页。
② 孙中山:《复许道生函》,《孙中山全集》第 5 卷,北京:中华书局 1985 年版,第 44 页。
③ 孙中山:《复廖凤书函》,《孙中山全集》第 5 卷,北京:中华书局 1985 年版,第 116 页。
④ 孙中山:《在广州中国国民党恳亲大会的演说》,《孙中山全集》第 8 卷,北京:中华书局 1986 年版,第 248 页。
⑤ 孙中山:《在广州对国民党员的演说》,《孙中山全集》第 8 卷,北京:中华书局 1986 年版,第 568 页。
⑥ 孙中山:《在广州中国国民党恳亲大会的演说》,《孙中山全集》第 8 卷,北京:中华书局 1986 年版,第 286 页。

期，孙中山过于强调政治对社会的掌控作用，对于政治和社会建设的复杂性、艰难性认识不足，满以为通过一次革命，使政权交替就可完成民族、民权政治革命和民生社会革命，让权袁世凯之后，他又产生一次性完成民权和民生两个革命的想法不仅让孙中山丢掉了政权，社会革命也一筹莫展。所以，无论政治革命或社会革命都是一场艰难而痛苦的过程。可是对于这一点，孙中山起初好像不太懂。为了实现社会革命，民国后，孙中山致力于民生主义，将经济建设摆在第一位，可是由于政权的旁落，社会的混乱，经济建设无成，政治也遇到许多麻烦，孙中山只好放弃经济，回归政治。这期间的孙中山想得很多，也企图从政治、思想与社会建设的实践中总结经验，重新回到关心政治、参与社会的本位。他重视政治在社会改革中的作用，企图通过重新革命来扫除社会建设的障碍。但是由于政治的复杂，以及国民党内对他的重行革命的认识不一，就连他的三民主义、五权宪法思想都被一部分国民党人和国民漠视。所以五四运动后，孙中山只好走回头路，重新强调宣传三民主义来统一人心，这一轮回对于孙中山是极大的损失，但也是他进步的开始，起码让他明白：政治问题不解决，经济问题也不能解决，经济问题解决不了，社会问题、民生问题也不可能解决。从此，孙中山又开始从政治建设、实业建设、社会建设、国民的教育，及其对社会建设的影响进行思考，对自己原来的主张进行修改，决定著书立说，对国民进行民权和社会建设的关系的教育，对中国的政治和社会由"毕其功于一役"转变为有步骤地建设，逐步前进。这是孙中山政治斗争屡经挫折后，对自己政治思想和认识进行总结和再思考，他企图通过对政治斗争和思想的总结重新寻求一个更符合中国实际的办法来建设中国，使中国社会的发展更顺畅，这是孙中山在改革中国过程中屡经挫折后的新思考，也是迟来的一个进步。

（三）《民权初步》与政治启蒙

孙中山的《民权初步（社会建设）》只是讲一些集会结社的规则、秩序、动议、讨论、表决、复议之类的具体事项。这本讲会议规则的书，孙中山则将其改名为《民权初步》，并将其列为《建国方略》的"社会建设"，此中的意蕴何在？孙中山编撰《民权初步》的意义何在？这是必须要弄清楚的问题，否则将无法体会孙中山撰写《民权初步》与社会建设的关系。

孙中山为什么要撰写《民权初步》

1916年，孙中山即着手写《会议通则》，1917年2月21日写成。同年4月由上海中华书局出版单行本。后改名《民权初步》，并编为《建国方略》之三"社会建设"。该书有序言，分5卷。第1卷共4章31节，详细介绍了什么叫集会，集会的方式。第 2 卷共 6 章 58 节，主要介绍了作为集会的主要内容。第 3 卷共 3 章 26 节，主要介绍了如何对别人所提出的动议进行补充或修正，从而提出修正案的方法、分类及建立规则。第 4 卷共 5 章 32 节，主要介绍如何处置动议的顺序规则。第 5 卷共 2 章 11 节，主要介绍会议进行过程中，发生意外突然情况时的处理规则。通观全书，都是一些具体、繁琐、刻板的规则和程序设计，没有多少高深的理论和学术思维。但在孙中山为本书所写的序言中，则说本书教人集会则是教人行民权。民权不等于集会，但行民权必须要集会。集会是人民自由、民主的一种表现。所以民主国家的宪法都必须规定人民有自由结社的自由，有集会、言论、出版的自由。孙中山称："民权何由而发达？则从团结人心、纠合群力始。而欲团结人心，纠合群力，又非从集会不为功。是集会者，实为民权发达之第一步。""此书即教吾国人行民权第一步之方法也。""苟人人熟习此书，则人心自结，民心自固。如是，以我四万万众优秀文明之民族，而握有世界最良美之土地、最博大之富源，若一心一德，以图富强，吾决十年之后，必能驾欧美而上之也。"① 章太炎为《会议通则》作序，称："世人之议公者，皆云好持高议，而不剀切近事。今公之为是书，盖仪注之流耳。不烦采究，而期于操习，其道至常，乃为造次酬对所不能离，御于家邦，则议官循轨，而政事得以不扰，斯岂所谓不切近事者哉！……公之为此，所谓有忧患而作者欤？"② 此"公"即孙中山，章氏说孙中山是"忧患而作"，《会议通则》则讲到要害处。忧患什么？诚如上海《民国日报》于是年 3 月 5 日为此书出版发表的《孙先生牖民之作》说："民国成立以来，共和虚有其表，国人多责备政府之溺职，然多数人未能运用共和政治，亦无可为讳，孙中山先生有慨于是，乃以革命之先觉为共和之导师，近日锐意著述，思举共和政治必不可缺之要则，以为国民准绳。"③ 民国成立五年了，但共和政治则日见衰败，这固然是袁世凯的罪过，但人民不知共和为何物，不知道如何行民权也有不可推脱的责任。正如孙中山常说的，由于封建专制主义统治两千多年，现在要人民来做国家的主人，他也不懂得怎么做。这倒是千真万确的现实。怎么办？孙中山面对当时的内外形势，焦虑万分，自可想见。1917 年是一个非常的年头。就世界范围看，第一次世界大战打得你死我活；俄国二月革命爆发，沙皇专制政体垮台，11 月俄国十月社会主义革命爆发，以列宁为首的布尔什维克进步势力建立苏维埃政府；在中国，北洋政府日益独裁，孙中山

---

① 孙中山：《民权初步（社会建设）》，黄彦编：《孙文选集》上册，广州：广东人民出版社 2006 年版，第 305～308 页。

② 汤志钧编：《章太炎年谱长编》上册，北京：中华书局 1979 年版，第 553 页。

③ 《孙先生牖民之作》，上海《民国日报》1917 年 3 月 5 日。

发动的"二次革命"、护国运动皆无功而败,张勋等人在北京拥戴废帝溥仪复辟,袁世凯称帝,纷纷攘攘,你刚唱罢,我又登场,表明革命党人努力建造的共和国开创的共和政治,面临严峻的危机和考验。

鉴于上述情况,孙中山一方面反对中国参加第一次世界大战,一方面密切关注苏俄政局的发展,目的是利用当时的世界局势,设计运动海军南下护法,利用桂、粤、滇、黔、川各省都督及政界人士火速协商,南下广州建设护法政府,以图恢复中国的共和国体和民主政体,为中国寻求出路。

然而,当时政界、学界为了国体政体问题纷纷攘攘、争论不休。诚如梁启超所言:"中国今日既为共和国体,立宪政体,则将来政府之组织,无论采总统制、采内阁制,而要不能不以政党为政治原动力之一要素,此稍有识者所同知也。故政党之前途与国家之前途,实相依为命。"政党者,以政治为职志也。政治现象日有变化,政治问题日有发生,故政党不能不有所准备。"政党之地位,不外在朝在野二途。当其在野也,固不可不为在朝之准备,即长此在野,而监督政府之责任亦綦重。监督之业似易而实非易,非有相当之学识、经验,一发言辄与情实矛盾,徒为当局者所玩弄而已。窃谓我国政党,苟欲与腐败官僚宣战,一新政象,则从实际上分科研究政务,最为要义。"① 梁启超认为,民主政体是政党政治,是宪政,即法治与民主是一而二,二而一,缺一不可。现在中国有政党等于没有政党,乱政、乱党,国体问题都没有解决,谈政体问题毫无意义。

孙中山是近代中国的民主革命先行者,他革命的目的就是要推翻清朝政府所代表的中国封建君主专制政体,实行共和政治制度。但由于中国两千多年来实行君主专制制度,人民没有民主的权利;由于缺乏教育,人民没有参与政治活动的自由,也没有参与民主政治的能力和实践。但孙中山坚持中国只能共和,不能专制,只能民主,不能独裁。共和和民主是中国未来的政治走向,这个走向是不能违背的。然而,何为共和和民主?共和就是各民族统一、团结,共同建立一个平等的国民政府,即孙中山所说的汉、满、蒙、回、藏五族共和政体。可是民主政体就不是大家都明晓是怎么回事。的确,民主是一个含义模糊的概念。在西方,民主的含义一般被解析为"人民的权力"或"人民的统治"。通常的说法,是指以多数人的意志为政权的基础,承认公民享有自由、平等和其他政治权利的统治形式。我们认真琢磨孙中山的论著,发现在孙中山的思想里,民主与民权不是同一个东西。孙中山认为,民主是一种制度,是一个将皇帝治人的模式打破,人民得到自由的政治过程,所以"无论世界之民

---

① 梁启超:《敬告政党及政党员》,李华兴、吴嘉勋编:《梁启超选集》,上海:上海人民出版社1984年版,第626~628页。

主立宪国、君主立宪国,固无不赖政党以成立者。"① 由政党代表民意,行使政权,无政党则很难进行民主。可见孙中山与梁启超的看法一致,即民主政治是政党政治。政党政治"为政治之极则,而在国民主权之国,则未有不赖之为惟一常轨者。其所以成为政治之中心势力,实国家进化之理,势非如他之普通结社,可以若有若无焉者也"②。孙中山认为,没有政党参与的政治不是民主政治,没有党争也不是民主政治。民主政治的实行必须视人与法,只有法治完善,人民有较高的执行和厉行管理政治的能力和水平,才能称为民主政治。所以,孙中山在民国成立前后所强调的是推翻清政府后建立五族共和政体,并未说是民主政体。孙中山认为,在清末民初,中国不适合于实行民主政治,只能实行共和政治。为什么呢?这是跟中国当时的政治形势密切相关的。1906年秋冬间,孙中山及革命党人制订《中国同盟会革命方略》,拟定中国的政治发展次序分为三期:第一期为军法之治,第二期为约法之治,第三期为宪法之治。第一期暂定为三年,第二期暂定为六年。全国行约法六年之后,制定宪法,军政府解兵权、行政权,国民公举大总统及公举议员组建国会。一国之政事,依于宪法以行之。俾我国民循序以进,养成自由平等之资格,才可以行民主宪政制度。③

民主宪政制度必须逐步进行。首先,实现民权,再实现民主宪政。何谓民权?孙中山说:"即近来瑞士国所行之制;民有选举官吏之权,民有罢免官吏之权,民有创制法案之权,方得谓为纯粹之民国也。"所以,孙中山指出:"恢复中华,创立民国",这个民国,即"为民所有,为民所治,为民所享者也"。④ "民国者,民之国也。为民而设,由民而设,由民而治者也。"⑤ 可见,民国建立时是一个以民为主体的共和政治,不是民主政治。⑥ 中华民国是一个以人民为主体的国家,"今以人民管理政事,便叫民权"⑦。正由于孙中山认定民主政治是一个社会进步的必然结果,但不是一下子就可以建立和完善起来

---

① 孙中山:《在上海国民党茶话会的演说》,《孙中山全集》第3卷,北京:中华书局1983年版,第5页。
② 孙中山:《致同盟会各支部电 附:国民党宣言》,《孙中山全集》第2卷,北京:中华书局1982年版,第397页。
③ 参见孙中山:《中国同盟会革命方略》,《孙中山全集》第1卷,北京:中华书局1981年版,第296~298页。
④ 孙中山:《建国方略之三:民权初步(社会建设)序》,黄彦编:《孙文选集》上册,广州:广东人民出版社2006年版,第306页。
⑤ 孙中山:《为居正题词》,《孙中山全集》第5卷,北京:中华书局1985年版,第200页。
⑥ 参见孙中山:《建设方针宣言》,《孙中山全集》第5卷,北京:中华书局1985年版,第441页。
⑦ 孙中山:《民权主义第一讲》,黄彦编:《孙文选集》上册,广州:广东人民出版社2006年版,第483页。

的，它有一个发展的过程，不能急于求成，所以在民初他反对政党政治，反对议会制度。这是孙中山实事求是地总结中国政治发展和国民政治素质而提出来的。也正因为如此，他在1916年撰写的《会议通则》（《民权初步》）还是教国民如何实行和训练民权的初步。

孙中山说：自由、民主、博爱是人类的共同追求和普世价值。但谈到民主，不能抛开国情。民初"国体初建，民权未张，是以野心家竟欲覆民政而复帝制，民国五年已变为洪宪元年矣！所幸革命之元气未灭，新旧两派皆争相反对帝制自为者，而民国乃得中兴。今后民国前途之安危若何，则全视民权之发达如何耳"。又说："要造成以纯粹民国者，则国民职责也。盖国民为一国之主，为统治权之所出，而实行其权者，则发端于选举代议士。倘能按部就班，以渐而进，由幼稚而强壮，民权发达，则纯粹之民国可指日而待也。"所以，孙中山认为，民权要发达，则从团结人心、纠合群力始。而欲团结人心、纠合群力，又非从集会不为功。可见，孙中山是将集会视为民权发达之第一步。"然中国人受集会之厉禁，数百年于兹，合群之天性殆失，是以集会之原则、集会之条理、集会之习惯、集会之经验皆阙然无有。以一盘散沙之民众，忽而登彼于民国主人之位，宜乎其手足无措，不知所从，所谓集会则乌合而已。是中国之国民，今日实未能行民权之第一步也。"孙中山指出，国好似人一样，"人之初不能一日而举步，而国之初造岂能一时而突飞？孩提之举步也，必有保母教之，今国民之学步亦当如是。此《民权初步》一书之所由作，而以教国民行民权之第一步也"。①

由此可见，孙中山撰写《民权初步》就是教人如何实行民权的一些初步知识和规则、程序，并没有讲多少高深的理论，也没有说多少空洞的道理，就是教你如何开会。这一方面说明，民初中国国民的民权意识、民主政治的水平低下；另一方面说明中国也没有民权的实践经验，应该如何实行民权，不仅一般民众不懂，就是一些投身政治的社会人士也不一定明白。所以，孙中山考虑再三，特撰写《民权初步》这部带有启蒙性质的书，作为反对封建复辟、宣传民权的新举措。孙中山当时正处在组织中华革命党重新革命的繁忙时刻，抽空写这样一部通俗的书，可能孙中山起初不太愿意做，但又是不能不做的工作。通过这本书，我们也可以看到，民初中国的国民在袁世凯的治理下，连集会的规则都不懂，所谓民权何在？民权已经不复存在，要恢复民权就必须重行革命。

---

① 孙中山：《建国方略之三：民权初步（社会建设）序》，黄彦编：《孙文选集》上册，广州：广东人民出版社2006年版，第305~307页。

孙中山在《民权初步》中所说的"社会建设"指的是什么

孙中山的"建国方略"由三种著作汇编而成,即《民权初步》,原名《会议通则》,上海中华书局1917年4月初版发行,后编为《建国方略》之三"社会建设";《孙文学说——行易知难》,1919年5月发行初刊本,后编为《建国方略》之一"心理建设";《实业计划》,系用英文写成,原名 The International Development of China,1919年8月将全文译成中文以《建国方略之一——发展实业计划》为题于上海《建设》杂志创刊号开始连载(至第四计划第四部分停载),1920年夏由上海商务印书馆初版发行英文本,1921年10月由上海民智书局出版中文全译本,后编为《建国方略》之二"物质建设"。《建国方略》再版后,孙中山在校订全书总目时亲笔增添"(四)国家建设(续出)"一项,据其著作计划,拟包括《民族主义》、《民权主义》、《民生主义》、《五权宪法》、《地方政府》、《中央政府》、《外交政策》、《国防计划》八册,后来仅完成一部分,但均未再以《建国方略》的名义发行。[①]

《民权初步》是孙中山《建国方略》中最早撰成和出版的一部分,称为"社会建设",与其设想的"心理建设"、"物质建设"、"国家建设",构成《建国方略》。所谓"建国方略",即是孙中山建设国家的大致理论框架和实施的部署计划。《建国方略》较为全面和系统地反映了孙中山建设国家的思想和步骤,所以也可以说是孙中山最具理论价值和学术意义的著作,研究的学者和发表的相关论著也很多。

孙中山最早写《民权初步》,但又列为《建国方略》之三"社会建设"。这个社会指的是什么?孙中山说:"社会者,即分工之最大场所也。今农、工、商等之各种组织,而始成一大社会。"[②] 孙中山在《民权初步》中表明了民国成立后,国人要实行民权,要以人民或称国民为主体组建政权的决心。然而人民连集会议事都不懂,如何实施民权?所以,孙中山通过写《会议通则》(即后来的《民权初步》)一书,就是要人民学会开会、议事、决议之类的知识和程序,为推行民权做准备。会议通则,西方称为议学,即集会议事之学。孙中山说:"自西学之东来也,玄妙如宗教、哲学,奥衍如天、算、理、化,资治如政治、经济,寿世如医药、卫生,实用如农、工、商、兵,博雅如历史、文艺,无不各有专书,而独于浅近需要之议学则尚阙如,诚为吾国人群社会之一大缺憾也。夫议事之学,西人童而习之,至中学程度则已成为第二之天

[①] 参见黄彦编:《孙文选集》上册,广州:广东人民出版社1986年版,第1页注释①。
[②] 孙中山:《在桂林对滇赣粤军的演说》,《孙中山全集》第6卷,北京:中华书局1985年版,第18页。

性矣，所以西人合群团体之力常超吾人之上也。"① 孙中山是说，西学东渐以来，西方的宗教、哲学、政治、历史、天文地理、医疗卫生各种知识都有在中国传播，唯有议学的书阙如。所以，西方人从儿童就开始学习的议学，中国却无人知晓，连集会的基本规则都不懂，要行民权、要人民通过集会议事来行使权力，是不可能的事。为此，孙中山觉得有必要编一部关于行民权的启蒙著作来启迪和教育人民。编这样一部书原本可以由某些从事政治、法律的学者来做，但当时的中国从事政治、法律研究的人虽然不少，可从事议学研究的人却不多，所以孙中山只好亲自操刀，做着普及议学的工作。这一方面表明孙中山对西方议学在中国传播的重要性、迫切性有认识；另一方面也说明当时中国连开会议事这么简单的事都不懂，政治知识贫乏得实在可怜，必须补救，否则民权难以实行。孙中山说："西国议学之书不知其几千百家也。而其流行常见者亦不下百数十种。"他说他撰写《民权初步》"所取材者不过数种，而尤以沙德氏之书为最多，以其显浅易明，便于初学，而适于吾国人也。此书条分缕析，应有尽有，已全括议学之妙用也。自合议制度（按：即议会制度）始于英国，而流布于美欧各国，以至于今，数百年来之经验习惯可于此书一朝而得之矣。"② 可见，孙中山的《民权初步》是取材于西方沙德氏等人的"议学之书"编撰而成。据台湾魏萼先生考证，孙中山《民权初步》的主要思想除来自沙德夫人的《妇女议事法手册》外，其余参阅的书至今不明。我检查《上海孙中山故居藏书目录》（上海孙中山故居管理处，1989 年 10 月编印），上海孙中山宋庆龄故居纪念馆除藏有 1876 年芝加哥出版的《会议规程袖珍手册》（H. M. Robert, *Pocket Manual of Rules of Order*. Chicago Scoft Foresmen and Co. 1876.）以及伦敦出版的《1908 年和 1910 年 10 月的典型选举》（*The Model Election of* 1908 *October* 1910. *London*. ）外，其余有关议学的藏书不见。

《民权初步》的内容，现在看来似乎无足轻重，然而当时孙中山对此书看得很重，徐梁伯先生认为，《民权初步》是孙中山关于民主参政基本规范的构建，他将此书作为《建国方略》的一部分——"社会建设"，与"心理建设"、"物质建设"并重，并在上层社会、民主人士中得到广泛认同和接纳，在各种集会团体组织中被删繁就简、不同程度地使用。从而浸淫成习、蔚然成风，以至直到今天我们集会结社的程序规范仍难脱《民权初步》的框架。③

---

① 孙中山：《建国方略之三：民权初步（社会建设）序》，黄彦编：《孙文选集》上册，广州：广东人民出版社 2006 年版，第 307 页。
② 孙中山：《建国方略之三：民权初步（社会建设）序》，黄彦编：《孙文选集》上册，广州：广东人民出版社 2006 年版，第 307 页。
③ 参见徐伯梁：《被忽视的研究课题：〈民权初步〉——孙中山关于民主参政基本规范的构建》，《孙中山与中国现代化》，南京：江苏省文史资料编辑部 1998 年版，第 141~148 页。

然而，孙中山虽将《民权初步》列为《建国方略》"社会建设"的内容，但这里所指的"社会"，并不是我们所指的以共同的物质生产活动为基础而相互联系的人们的总体，或称人类生活的共同体。我们现在所指的社会是广义的社会，这个社会是指由一群享有共同地域和共同文化、彼此之间发生相互联系和相互作用组成的人们共同体——人类社会。但孙中山的《民权初步》（社会建设）是指社会各种各样的组织团体，如"家族也、社会也、学堂也、农团也、工党也、商会也、公司也、国会也、省会也、宪会也、国务会议也、军事会议也，皆当以此为法则"①。所以，孙中山所说的"社会建设"其实是"会"、"社"的建设，说的是各种会议、结社、团体、群体的建设通过一定的规则、程序、纪律、制度的支撑，靠个人对这些规则、程序、纪律、制度的严格遵守和执行，使"会"、"社"的活动能够有序地进行。当然，没有集会的规则，就没有人群正常的各种会议，也不会有结社、群体的存在，社会也就不成其为社会。就这方面去理解，孙中山的会议通则也可视为"社会建设"的内容，但它毕竟不是当时社会建设的重要内容。在《民权初步》中，孙中山多次提到"社会"，如在会议之种类中，提到"永久社会"，这个"社会"是指"有定目的而设"的社团组织，即"永久之团体矣"。② 在说到"团体之成立"时，孙中山又说"临时会与永久会皆各有常规，以定其程序"，"而无论何家所定之法适于各社会，皆适于各商团、公司也"。③ 有时孙中山又讲"长久社会"、"各种社会"、"寻常社会"、"通常社会"，其实指的都是社团、会社、政党团体、国会等各种不同的组织，孙中山在《民权初步》中所阐析的就是各种不同社团在开会时应注意的不同程序，以及社团的动议、讨论、表决、结议的形成、复议、修正案的提出等会议规则。孙中山强调《民权初步》所详论的原理方式，"定为领率议场者作指南之用矣"，"此书可备为个人研究及会场参考之用，且可备为同好者常时集会玩索而习练之"。孙中山认为，各种社团中，只要"其会员人人有言论表决权于大小各事，则知识能力必日加结合日固，其发达进步实不可限量也"。但孙中山也强调："凡团体欲以此书为津梁者，可于其规则加定一条如下：'本会集议规则以《民权初步》为准'。如是则有疑点，皆以此书为折衷也。若有团体不欲全照本书所定之规则，便可

---

① 孙中山：《建国方略之三：民权初步（社会建设）序》，黄彦编：《孙文选集》上册，广州：广东人民出版社2006年版，第308页。

② 孙中山：《建国方略之三：民权初步（社会建设）序》，黄彦编：《孙文选集》上册，广州：广东人民出版社2006年版，第309~313页。

③ 孙中山：《建国方略之三：民权初步（社会建设）序》，黄彦编：《孙文选集》上册，广州：广东人民出版社2006年版，第317页。

另立专条，规定其会所欲行者，如是则关于此种事件可不必照此书所定也。"①

由此可知，孙中山在《建国方略》中将《民权初步》列为"社会建设"的内容，即是社团建设，而这个建设的范围也就是一些开会的规则和程序问题。民初中国的上层是否不懂得如何开会、议事、作结论，我不能通晓，但到了1917年孙中山出版《民权初步》时，尽管中国的国会由于法律不健全，议事受到人为的局限，但形式上的国会也存在两届了，政党也早已成立，农、工、商、学各种团体已经建立，对于上层人士来说，开会的程序恐已不是什么大问题，为何孙中山要在那个多事的年头又花去那么多时间去写这么一本被人忽视、认为在学术上和理论上没有多少贡献的书呢？可见孙中山写这本书的意蕴是说，在袁世凯掌控的中华民国，老百姓乃至中上层人士连开会都不懂，哪有什么民权，有的是专制、是独裁。孙中山写这本书是告诉国人要维护民权就要起来反对专制独裁，是以小见大，是他反对封建专制复辟的新举措。孙中山在临终遗嘱中还强调："凡我同志，务须依照余所著《建国方略》、《建国大纲》、《三民主义》及《第一次全国代表大会宣言》，继续努力，以求贯彻。"②号召国人学习和继承他的《建国方略》，这说明了孙中山对中国社会未来建设的极大关注，并希望国人为实现他所提倡的建设一个美好的"天下为公"的"大同社会"而努力奋斗。大同社会至今未见，但不能说孙中山的追求不对。所以，《民权初步》的价值不在学术层面，也不在思想层面，而是在政治层面。

孙中山撰写《民权初步》的意蕴何在

1917年2月，孙中山的《会议通则》（又名《民权初步》）已在上海写成，说明他1916年就从事该书的写作。孙中山在该书自序中指出，他撰写本书的目的是"教吾国人行民权第一步之方法"，说明当时中国不仅没有实行民主，就连民权也是初步的。民国成立后，中国的国体虽称为民国，即为民所有、为民所治、为民所享的共和政体，这个国体当然与中国传统的君主专制形态不同，表面上看它是西方的民主政体，但也说不上是民主形态。民主国家虽有美国、法国等不同体制，有内阁制与总统制之别，这两种政制在运作上有所不同，可是都必须满足某些基本要件，否则就不叫民主。民主必须以法治统治为前提，国民在行使自己的权利时，宪法及各种法律必须赋予各种自由，没有法治和自由就不是民主国家。然而有些国家的国民有了民主和自由，甚至有高

---

① 孙中山：《建国方略之三：民权初步（社会建设）序》，黄彦编：《孙文选集》上册，广州：广东人民出版社2006年版，第390~391页。
② 陈锡祺主编：《孙中山年谱长编》下册，北京：中华书局1991年版，第2131页。

度的法治，但由于政体属于专制政权，也算不上是民主国家。民初的中国，国号虽称为民国，但由于袁世凯独裁，国民并没有真正享有民主和自由权利。由于清朝的垮台，封建专制统治受到严重的打击，民主、自由、博爱的思想得以传播，共和、民主政治开始试行，但在袁世凯的权威专制统治下，人们不会感受到民主带来的好处。因此，民主究竟有没有需要，当然有需要，但只是少数人认为有需要，多数人对民主的要求并不急迫。然而对于袁世凯复辟帝制、扼杀民权则为民所不容，革命党人和进步人士纷起揭露帝制复辟，决心捍卫民权，这应视为民初中国政治的最大成就，也是国民觉醒的表现。所以有二次革命，有护国、护法运动。这些革命和运动尽管都是失败的，但它在人们心中烙下的思想，那就是中国不能没有民权、民主，也不允许继续有皇帝，不能再有君主专制。在全国人民的反袁复辟的鼓荡下，1916 年 3 月 22 日，袁世凯下令撤销帝制案。孙中山针对袁世凯暂退的形势，指示各方奋力反袁，在 26 日《致上海革命党人电》中指出："莫里逊（即莫理循，袁之英国政府顾问）策袁暂退，使黎（即黎元洪）代，俟欧战终，乃借英力复出。故沪事当发于袁退之前乃可。"[①] 所谓沪事，就是要中华革命军在上海起兵讨袁。在全国人民的反对下，袁世凯复辟帝制失败，并于 6 月 6 日在北京毙命。次日，黎元洪继任大总统。29 日，黎元洪在全国人民的逼迫下宣布遵行《中华民国临时约法》，恢复国会，段祺瑞任国务总理。与此同时，孙中山一方面发动中华革命党在全国发动党人起义，抵制袁党玩弄假独立，反对帝制，拥护共和；一方面准备南下广州建立政权进行护法斗争。他表示："约法与国会，共和国之命脉也，命脉不存，体将安托！"[②] 强调"袁氏破坏民国，自破坏约法始；义军维护民国，固当自维持约法始"[③]。孙中山开始重新全面规划未来中国的前途，巩固中华民国政权。孙中山说："袁世凯既死，革命之事业仍屡遭失败，其结果使国内军阀暴戾恣睢，自为刀俎，而以人民为鱼肉，一切政治上民权主义之建设皆无可言。"[④] 就是在这种情况下，孙中山编撰《民权初步》一书，他的目的很明显，就是要将被袁世凯和军阀破坏和废弃的民权重新恢复，通过《民权初步》的出版，重新唤醒国民的民权意识，为恢复临时约法和国会，为实现"民有、民治、民享"的政权重新奋斗。他之所以将《会议通则》改为《民权初步》，也就是要告诉国民，当时中国国民的民权已经消失，要恢复民权，首先就要教导国民如何恢复民权，所以"初步"也即是"开步"、"开

---

① 陈锡祺主编：《孙中山年谱长编》上册，北京：中华书局 1981 年版，第 983 页。
② 陈锡祺主编：《孙中山年谱长编》上册，北京：中华书局 1981 年版，第 991 页。
③ 孙中山：《讨袁宣言》，《孙中山全集》第 2 卷，北京：中华书局 1982 年版，第 284 页。
④ 孙中山：《中国国民党第一次全国代表大会宣言》，黄彦编：《孙文选集》上册，广州：广东人民出版社 2006 年版，第 672 页。

始"。他在书中所说的会议通则即是属于实行民权的初级阶段必须要遵行的一些集会原则、秩序。

孙中山后来在编撰《建国方略》一书时,又将《民权初步》作为"社会建设"的内容收入其中。可见,"社会建设"是孙中山学说和建国的重要内容,但由于当时他还来不及全面系统地考虑和撰写"社会建设"这部分内容,只好将《民权初步》这部讲社团建设的技术性、程序性的启蒙著作收入《建国方略》,这虽属于不得已之举,但也说明了孙中山的苦心和用意,那就是要告诉国民在了解他的"孙文学说"和"物质建设"的同时,千万不可不重视他的"社会建设"这个重大的研究课题。

1912年1月1日,孙中山赴南京宣誓就任中华民国临时大总统职,孙中山表示:"颠覆满清专制政府,巩固中华民国,图谋民生幸福,此国民之公意,文实遵之,以忠于国,为众服务。"[①] 此后,孙中山一再宣布:民族、民权目的已达,唯有民生主义尚未着手。4月1日孙中山辞退临时大总统职后,表示自己"并非功成身退,实欲以中华民国国民之地位,与四万万国民协力造成中华民国之巩固基础"[②]。表明他从此将精力放在民生建设上,解决当时中国人民的生计问题、社会问题。随后又接受袁世凯"筹划全国铁路全权"之职,专心致力于铁路建设。此后,孙中山又撰写了《中国之铁路计划与民生主义》(原标题为 Dr. Sun Yat-Sen or Railways and Socialism)一文,认为"国人现已确知中国之将来全赖天然之富源。……深信吾国之巩固,所恃于自然宝藏之开发"。并指出:"中国亦将自行投入实业旋涡之中,……实业主义之行于吾国也必矣。"同时,须采用民生主义,以避免其"恶劣之结果",争取"以最少限度之穷困与奴役现象,以达到最高限度之生产"。[③] 孙中山还应社会各界的邀请到各地发表民生主义以及社会主义的学说及其派别的讲演,并深入各地考察发展实业、制订民生主义的计划。说明从1912年4月孙中山辞退南方临时大总统后,已经全身投入民生主义,即他所说的社会主义建设和规划中国的未来。可见,这个时期,孙中山开始广泛搜集有关社会主义社会党和民生建设的资料,思考中国的社会建设,从政治、经济、文化教育各个方面着手建设中国,开创中国社会建设的未来。社会建设是这个时期孙中山重中之重的议题。可是袁世凯复辟帝制,孙中山发动二次革命失败,袁世凯下令解散国会,停止参、众两院议员职务,废除约法,便全面打乱了孙中山的计划和思维。孙

[①] 孙中山:《临时大总统宣言》,《孙中山全集》第2卷,北京:中华书局1982年版,第1页。

[②] 孙中山:《在南京参议院解职辞》,《孙中山全集》第2卷,北京:中华书局1982年版,第318页。

[③] 原文英文,译见《总理关于国庆纪念的遗教》,中国国民党中央宣传部1929年编印,第1~11页。

中山从政治战线转向经济战线，现在又回归政治，社会建设的思考只好暂时搁置起来，将"实业计划"发展经济的制定推后，将当时要恢复的民权提前，这就是孙中山编撰《民权初步》时的情形。可见，《民权初步》的的确确是"初步"。"初步"与其说是写给一般民众看，毋宁说是写给社会上层人士，尤其是社会各界名流看更确切。他通过本书告诉国民，民初以来的共和、民主政治，带来了许多的社会问题，出现了"破坏"（即革命）与"建设"的脱序。所以，所谓的民主的意蕴在于社会的发展，社会的经济不发展，人的政治意识不提高，便失去了民主政治的最大基础。所以，民权政治的最大目的是通过政治的掌控，发展社会经济，解决民生问题和社会问题，使社会能够安定，人民生活幸福。而民主政治就是通过完善法治，通过法律来管理社会，指导国民正确地行使自己的权利和义务，使社会能够有序地进行各种建设。为了建设一个民主的、富裕的、和谐的"天下为公"的大同社会，孙中山决定编撰《建国方略》一书给中国社会建设一个导向。现成的《建国方略》只有"心理建设"、"物质建设"和"社会建设"三个部分。"心理建设"、"物质建设"、"社会建设"、"国家建设"，都是《建国方略》中不可少的内容，它完整地体现了孙中山的建国理念、方法和实施的原则，是一部具有重大意义的思想遗产。"国家建设"按其著作计划，包括三民主义、五权宪法、地方政府、中央政府、外交政策、国防计划等，是《建国方略》中最重要的组成部分，但最终未能按计划完成，故《建国方略》是一部尚未完成的著作。从内容看，"国家建设"的内容最丰富，从实用看，"实业计划"贡献最大，"孙文学说"解决的是认识论和思维方法问题，对于国民的思想解放很有帮助，《民权初步》虽列为"社会建设"的内容，但对于社会建设的方针、方向和建设的内容、方法则没有涉及，只是就一般社会团体的集会做一些原则、程序的具体罗列。不能说《民权初步》对于民权的发展没有帮助，但从民权作为社会建设方面的论述看则没有多少思想和学理上的发挥，对于民权政治建设的贡献也不算太多，但它的真正作用在于告诉人民，在袁世凯的统治下，民初中华民国徒有其名，民权已经丧失，为了建设中国社会，必须从恢复民权开始，于是孙中山在1917年南下护法，发动护法运动，在1919年五四运动后，重新革命做舆论的宣传，为他回归民族、民权、民生三民主义的原创精神做理论的说明。

二、孙中山社会建设的政治基础——地方自治理论

孙中山政治设计中的地方自治主张，充分反映了他对社会建设的考量，体现了孙中山政治思想中注重基础性建设的特点。1929年，邵元冲在演讲《训政时期的社会基本建设》时，就把主权在民、地方自治以及地方自治中的调

查与统计、民权的训练、普及教育、发展社会合作事业等具体方面，作为其所论述的"社会建设"的基本内容。①可以说，地方自治理论充分体现了孙中山将政治建设与社会建设通盘考虑，既为民权主义的实现提供社会保证，又为中国社会的发展奠定基础的宏伟设想，是孙中山社会建设的政治基础。

（一）孙中山地方自治理论的形成

对近代中国地方自治思潮有深入研究的马小泉先生指出，近代意义的"地方自治"是欧美资产阶级革命初期，为反对封建专制、争取参政权利而提出的一种地方政治制度，是西方资本主义政治文化和历史条件下的产物。以民主政治为主体精神的地方自治思想和制度，是中国民族资产阶级在发动反对清朝封建专制统治的斗争中提出来的。真正能够贯彻民主主义精神、提出系统而完善的地方自治思想体系并对近代中国政治产生重大影响的，是孙中山先生。②

地方自治是孙中山政治思想中的重要方面，早在1897年，他就向宫崎寅藏提出，"余以人群自治为政治之极则"③。辛亥革命时期，孙中山的地方自治思想已经基本形成。在《中国同盟会革命方略》中指出："军政府以地方自治权归之其地之人民，地方议会议员及地方行政官皆由人民选举。"④1904年，孙中山宣传其基本主张时说：要在军法、地方自治法之间，绾以约法。"地方既下，且远战地，则以军政府约地方自治。地方有人任之，则受军政府节制，无则由军政府简人任之，约以五年，还完全地方自治，废军政府干涉。"⑤

民国建立后，孙中山多次强调地方自治。1912年，他在讲演中强调："国家之治，原因于地方，深望以后对于地方自治之组织，力为提倡赞助。"⑥ 1914年，孙中山制定《中华革命党总章》，规定训政时期"以文明治理，督率国民，建设地方自治"，并设政治部"规划地方自治"。⑦护国之役后，孙中山发

---

① 参见邵元冲：《训政时期的社会基本建设》，《中央周报》1929年9月23日第68期。
② 参见马小泉：《孙中山地方自治思想之学理意义》，《史学月刊》2005年第5期。
③ 孙中山：《与宫崎寅藏平山周的谈话》，《孙中山全集》第1卷，北京：中华书局1981年版，第172页。
④ 孙中山：《中国同盟会革命方略》，《孙中山全集》第1卷，北京：中华书局1981年版，第297页。
⑤ 《孙文之言》，《大陆报》1904年第2卷第9号，转引自桑兵：《孙中山革命程序论的演变》，《孙中山的思想与活动》，广州：中山大学出版社2001年版，第288页。
⑥ 孙中山：《在潮州旅省同乡会欢迎会的演说》，《孙中山全集》第2卷，北京：中华书局1982年版，第362页。
⑦ 孙中山：《中华革命党总章》，《孙中山全集》第3卷，北京：中华书局1983年版，第97、100页。

表了一系列的演说,强调:"地方自治者,国之础石也。础不坚,则国不固","今后当注全力于地方自治"。①在《建国方略》中,孙中山比较法国与美国的近代历史,指出不同的政治传统对于现代政治的深刻影响。美国立国之后,政治蒸蒸日上,"以其政治之基础全恃地方自治之发达也。……(法国)以彼之国体向为君主专制,而其政治向为中央集权,无新天地为之地盘,无自治为之基础也"②。

1920年,孙中山发表《地方自治实行法》,这一文件规定了试办地方自治的区域范围、具体程度和办理方法,相关论述更为明确,号召"民国人民当为自计,速从地方自治,以立民国万年有道之基"③。

地方自治应以哪一级单位来进行,是这一理论至关重要的一个问题。孙中山认为中国传统乡村社会已经具有地方自治的基础,虽然他在这里是将中国固有的乡村社会制度附会于近代意义上的地方自治,但确也看到了近代地方自治的具体措施本来可以在较低的社会层面上开展。孙中山早期设想过省自治,但护国运动之后,孙中山更多的是强调县自治,在其《中国革命史》中总结过:"据现在以策将来……非行以县为自治单位之策,不能奠民国于苞桑,愿我国人一念斯言。"④后来在《国民政府建国大纲》中,明确规定以县为地方自治单位,"县为自治之单位,省立于中央与县之间,以收联络之效"⑤。

1924年,孙中山改组国民党,同时他的政治思想进入了一个新境界,地方自治理论也得到完善。国民党"一大"宣言、《北上宣言》等重要文件,对地方自治都有纲领性规定,《国民政府建国大纲》中共用了十一个条文来规定地方自治建设的内容,足见其在国家建设理论中的基础作用。

(二)孙中山地方自治理论的社会理想与目标

地方自治是一种政治理论,但它是有着强烈的社会关怀的政治理论。只有实行地方自治,才能有效管控地方社会,如果社会分裂,政治动乱就难解,民心向背左右局势。1916年,孙中山在向民众宣传地方自治时,于政治与社会的关系有精辟论述。孙中山说:"盖政治与社会,互有关系,而政治之良必导

---

① 孙中山:《在沪举办茶话会上的演说》,《孙中山全集》第3卷,北京:中华书局1983年版,第327页。
② 孙中山:《建国方略》,《孙中山全集》第6卷,北京:中华书局1985年版,第207~208页。
③ 孙中山:《地方自治实行法》,《孙中山全集》第5卷,北京:中华书局1985年版,第225页。
④ 孙中山:《中国革命史》,《孙中山全集》第7卷,北京:中华书局1985年版,第71页。
⑤ 孙中山:《国民政府建国大纲》,《孙中山全集》第9卷,北京:中华书局1986年版,第128页。

源于社会。"①因而，建设中国的民主政治，必须建立在中国社会实情的基础之上。中国的政治革新，不仅仅是制度设计的问题，而是认识中国政治的社会基础问题。孙中山在青年时期之所以走上政治革命的道路，本身就是社会改良理想破灭所造成的。孙中山在香港求学时，看到香港街道那样整洁，认为香山的街道就不应当那样污秽。因而他回到香山，亲自做清道夫，把门前的街道打扫干净。孙中山以为，"一切社会上的污浊，都应该、都可以如此清理"②。但事实却并非如此。孙中山后来在被问及"何时及如何而得革命思想及新思想"时回答说："（青年时在家乡）我曾一度劝其乡中父老，为小规模之改良工作，如修桥、造路等，父老赃之，但谓无钱办事。我乃于放假时自告奋勇，并得他人之助，冀以自己之劳力贯彻主张。顾修路之事涉及邻村土地，顿起纠葛，遂将此计划作罢。未几我又呈请于县令，县令深表同情，允于下次假期中助之进行。迨假期既届，县令适又更迭，新县官乃行贿五万元买得此缺者，我无复希望。"③

孙中山从事革命，就是为了建立一个清明的社会。孙中山政治主张中关于地方自治的设计，充分包纳了社会建设的重要内容。孙中山很早就将地方的社会事业方面的建设，纳入其地方自治的范畴。1904年，孙中山所说要在军法、地方自治法之间，绾以约法，所约的主要内容就是"地方应设学校、警察、道路诸政如何，每县出兵前敌若干，饷项若干"④。这里所说的"约法"，大体相当于后来所说的"训政"，其间的主要事务，已经包含了学校、警察、道路等社会事业。

在《建国方略》中，孙中山进一步强调，训政时期的主要任务，就是施行约法，建设地方自治，促进民权发达。其中许多方面的内容，实际上是社会建设的内容。孙中山强调："以一县为自治单位，县以下再分为乡村区域，而统于县。……或于三年之内，该县自治局已能将其县之积弊扫除如上所述者，及能得过半数人民能了解三民主义而归顺民国者，能将人口清查、户籍厘定、警察、卫生、教育、道路各事照约法损定之低限度而充分办就者，亦可立行自选其县官，而成完全之自治团体。"⑤

---

① 孙中山：《在宁波各界欢迎会的演说》，《孙中山全集》第3卷，北京：中华书局1983年版，第350页。
② 朱孟实：《谈中学生与社会运动》，《一般》1927年3月第2卷第3号。朱孟实（朱光潜）在香港聆听了孙中山的演讲，在与中学生的信中提到了孙中山的感受。
③ 孙中山：《在香港大学的演说》，《孙中山全集》第7卷，北京：中华书局1985年版，第115页。
④ 《孙文之言》，《大陆报》1904年第2卷第9号，转引自桑兵：《孙中山革命程序论的演变》，《孙中山的思想与活动》，广州：中山大学出版社2001年版，第288页。
⑤ 孙中山：《建国方略》，《孙中山全集》第6卷，北京：中华书局1985年版，第204~205页。

以中国国土之广、人口之众,地方自治是实现主权在民、扩大政治参与的必由之路。孙中山推行地方自治,是达到国家与社会整合的重要途径。孙中山的目的,是通过地方自治的实现,以达到对县以下基层社会的控制和实现全民政治的理想。地方自治是社会建设的政治基础。至于地方自治最重要的内容,孙中山于1920年颁布的《地方自治实行法》中规定六项主要事业,与《建国方略》一脉相承,而较前述更为重要、系统。其要点是:

> 若自治之鼓吹已成熟,自治之思想已普遍,则就下列之六事试办之,俟收成效,然后陆续推及其它。其事之次序如下:……一、清户口。不论土著或寄居,悉以现居是地者为准,一律造册,列入自治之团体,悉尽义务,同享权利。……二、立机关。户口既清之后,便可从事于组织自治机关。凡成年之男女,悉有选举权、创制权、复决权、罢官权。而地方自治草创之始,当先施行选举权,由人民选举职员,以组织立法机关,并执行机关。执行机关之下,当设立多少专局,随地方所宜定之,初以简便为主。……三、定地价。……其法以地价之百分抽一,为地方自治之经费。……则社会发达,地价愈增,则公家愈富。……四、修道路。……道路者,实地方之文野、贫富所由关也。地价既定之后,则于自治范围之内,公家可以自由规划,以定地方之交通,而人民可以戮力从事于修筑道路。……五、垦荒地。荒地有两种:其一为无人纳税之地。此等荒地,当由公家收管开垦。其二为有人纳税而不耕之地。此种荒地,当课以值百抽十之税,至开垦完竣之后为止。如三年后仍不开垦,则当充公,由公家开垦。……六、设学校。凡在自治区域之少年男女,皆有受教育之权利。学费、书籍,与及学童之衣食,常由公家供给。学校之等级,由幼儿园而小学而中学,当陆续按级而登,以至于大学而后已。①

此外,孙中山还规定了地方自治团体所应办理的社会事务,地方自治机关"不止为一政治组织,亦并为一经济组织"。"此后之要事,为地方自治团体所应办者,则农业合作、工业合作、交易合作、银行合作、保险合作等事。"②在1924年1月国民党第一次全国代表大会审议通过、同年4月12日又经孙中山亲笔誊写并修改的《国民政府建国大纲》中,又宣布:"在训政时期,政府当

---

① 孙中山:《地方自治实行法》,《孙中山全集》第5卷,北京:中华书局1985年版,第220~223页。

② 孙中山:《地方自治实行法》,《孙中山全集》第5卷,北京:中华书局1985年版,第224页。

派曾经训练考试合格之员,到各县协助人民筹备自治。其程度以全县人口调查清楚,全县土地测量完竣,全县警卫办理妥善,四境纵横之道路修筑成功,而其人民曾受四权使用之训练,而完毕其国民之义务,誓行革命之主义者,得选举县官以执行一县之政事,得选举议员以议立一县之法律,始成为一完全自治之县。"①

从孙中山的各种论述中可以看到,他的地方自治主张中最重要的内容,就是诸如警卫、治安、生产、经营、贸易、金融、教育、卫生、公益、福利、救济等广泛的地方社会事业。地方自治和地方的社会建设,对于政治上的意义重大而深远。如果说晚清的地方自治,其功能主要还只体现在人民争取参政的政治运动的话,孙中山所设想的地方自治,已经包含了强烈的社会改造运动的内涵。

(三)孙中山对地方自治实践的重视

孙中山以社会建设为考量目标设计了政治模式,同时又积极地致力于社会改造,促进人民觉醒,推动民主政治发展。在其生前,孙中山尽可能地将这一设想付诸实践,虽因受制于形势,实践得并不充分,但其思想遗产对后来者产生了深远的影响。

孙中山指出,建设的基础在于人民。具有社会基础的政治建设,才能成功保障民主政治的发展。虽然在他的革命生涯中,困境重重,抱负难以施展,但他仍对理想的政治的实现充满信心。他看到从点点滴滴做起、由微渐著,最终必有实现目标的希望。从家族而言,孙中山指出:"中国国民和国家结构的关系,先有家族,再推到宗族,再然后才是国族。这种组织一级一级地放大,有条不紊,大小结构的关系当中是很实在的,如果用宗族为单位,改良当中的组织,再联合成国族,比较外国用个人为单位当然容易联络得多。"②因而主张"用宗族的小基础,来做扩充国族的工夫","把各姓的宗族团体先联合起来,更由宗族团体结合成一个民族的大团体"。③从地方而言,孙中山的基本主张是以县为单位实行地方自治,但在广阔区域实施自治的条件尚不具备的情况下,"则联合数乡村,而附有纵横二三十里之田野者,亦可为一试办区域"④,

---

① 孙中山:《国民政府建国大纲》,《孙中山全集》第9卷,北京:中华书局1986年版,第127页。
② 孙中山:《三民主义·民族主义》,《孙中山全集》第9卷,北京:中华书局1986年版,第238页。
③ 孙中山:《三民主义·民族主义》,《孙中山全集》第9卷,北京:中华书局1986年版,第239~240页。
④ 孙中山:《地方自治实行法》,《孙中山全集》第5卷,北京:中华书局1985年版,第220页。

一乡村在地方自治上仍可有作为。而直接民权由人民直接行于县自治:"吾夙定革命方略,以为建设之事,当始于一县,县与县联,以成一国,如此,则建设之基础,在于人民,非官僚所得而窃,非军阀所得而夺。"①

孙中山积极从中国传统社会遗产中发掘推动政治现代化的因素,目的是使古今交融起来,让现代社会的建设不至于造成社会的脱序,引起人民的疑虑。地方自治虽然是一种源自西方的政治制度,但孙中山看到了中国传统社会也有自治的因素,可以作为国人实施自治的基础。孙中山说:"自古以来,中国就有乡村自治的存在。"②"吾国旧有地方自治,……本旧础石而加以新法,自能发挥数千年之美性。"③1920 年,孙中山在为合肥阚氏撰写谱序时,曾评价该氏:"近又自办学校、议立族规、纂续谱牒、储集公产,自治精神卓然为一乡楷模。"④这里所列举阚氏家族所为,均为社会事业之基础。而修家谱本身,对于自治又有莫大关系。如清户口,这种调查在历代政府方面本来欠缺,但族谱恰能起到弥补作用。"我们中国不是没有统计方法的,试看各族各姓里,都有一个很详细的家谱,那就是个证据了。"⑤从家谱入手,将向先辈的调查转向对现有人口的调查,清户口便可以进行,对自治便有所贡献。1923 年,孙中山在评价《五修詹氏宗谱》时说:"吾国家天下数千年,群之事不备于有司,家教而族约以为一家,有人事业文章可传者,官史或不具,惟家乘所详,视官史且信。若里居、生殁、婚异,凡为群之状,非家乘一无所稽焉。是为政之敝,而固无谬于自治之意也。"⑥

由此可见孙中山对实行地方自治的重视,他在有限的范围内,主动推动地方自治的实践。在孙中山晚年,由于他对地方自治理论及认识的完善,便在实践上做了以下努力:

(1)支持试办县级自治。孙中山十分希望能够进行县级的自治试验,在选择可以作为自治实验的县时,他特别关心家乡,1921 年 1 月,孙中山特别

---

① 孙中山:《中华民国建设之基础》,陈旭麓、郝盛潮主编:《孙中山集外集》,上海:上海人民出版社 1990 年版,第 36 页。

② 孙中山:《孙逸仙宣言》,《孙中山全集》第 6 卷,北京:中华书局 1985 年版,第 528 页。

③ 孙中山:《在沪举办茶话会上的演说》,《孙中山全集》第 3 卷,北京:中华书局 1983 年版,第 329 页。

④ 孙中山:《合肥阚氏重修谱牒序》,陈旭麓、郝盛潮主编:《孙中山集外集》,上海:上海人民出版社 1990 年版,第 635 页。

⑤ 孙中山:《在上海民治学会的演说》,《孙中山全集》第 5 卷,北京:中华书局 1985 年版,第 175 页。

⑥ 孙中山:《五修詹氏宗谱序》,《孙中山全集》第 7 卷,北京:中华书局 1985 年版,第 75~76 页。

邀请旅居港澳的香山人"会议自治办法，作县自治模范"。① 1923 年 10 月，他向广州全国青年联合会表示：如果条件成熟，"我一定给一县或者两三县，让你们去试验试验。有了成绩，再推广到全省，以至于全国"。② 1924 年 3 月，广东台山县试办自治，他支持进行这种县级地方自治的实验，对台山县长刘栽甫呈递的台山试办完全自治折和所拟办法五条，批示"特许试办台山县自治事宜。着省长照此折所拟各条，咨行各军司令长官、各财政主管机关查照，协助施行"③。并切实保障试办地方自治所需要的经费，同意台山收入国家税"准予酌留半数，拨充自治经费"④。

（2）关心地方上与自治有关的事务。1924 年 6 月，香山县绅民呈请沙田护沙自筹自卫，孙中山重视其中对于人民自治的重要意义，特别训令"此事有关人民自治起点，自应准其试办，以观后效。至东海十六沙地属香山，亦应准其统筹办理"⑤。后来该事项因与广东政府的意愿及政策不符，政府决定撤销沙田自卫组织，孙中山仍郑重其事地要求政府"统筹兼顾，方不至违背农民自治之精神"⑥。

（3）对于革命政府已经控制的地区，明令开展地方自治。1923 年 3 月，孙中山根据广东的革命形势，主张"既有此好时机，当先将广东之政治社会，并力改良，使成一好模范省，然后推行全国，必非难事"⑦。1924 年 9 月，宣布"以广东付之广东人民，实行自治，广州市政厅尅日改组，市长付之民选，以为全省自治之先导"⑧。当他领导的北伐在江西取得部分胜利后，又于 1924 年 10 月 10 日和 12 月 4 日，颁布了赣南、赣中善后条例，其中都包含实施地方自治的内容。

（4）1924 年，孙中山北上，力图促进召开国民会议，就希望"把本党第一次代表大会的宣言、政纲提到国民大会予以通过，来重奠国民革命的基础"。他要求"法制委员会最好根据《建国大纲》，制定一套地方自治实行的

---

① 《本社专电》，上海《民国日报》1921 年 1 月 13 日。
② 孙中山：《在广州全国青年联合会的演说》，《孙中山全集》第 8 卷，北京：中华书局 1986 年版，第 326 页。
③ 陈锡祺主编：《孙中山年谱长编》下册，北京：中华书局 1991 年版，第 1855~1856 页。
④ 孙中山：《给刘栽甫的训令》，《孙中山全集》第 11 卷，第 472 页；《给古应芬的指令》，《孙中山全集》第 11 卷，北京：中华书局 1986 年版，第 475 页。
⑤ 孙中山：《给廖仲恺的训令》，《孙中山全集》第 10 卷，北京：中华书局 1986 年版，第 302 页。
⑥ 孙中山：《给古应芬的指令》，《孙中山全集》第 11 卷，北京：中华书局 1986 年版，第 31 页。
⑦ 孙中山：《在欢宴广州军政各界时的演说》，郝盛潮主编：《孙中山集外集补编》，上海：上海人民出版社 1994 年版，第 317 页。
⑧ 孙中山：《告广东民众书》，《孙中山全集》第 11 卷，北京：中华书局 1986 年版，第 36 页。

计划和法规,以备将来之用"。①

三、孙中山建立权力秩序的思想与中国社会变革

孙中山政治思想中的革命程序和均权主义等主张,也是其政治设计中最有特色的部分,是孙中山在革命实践中经过深思熟虑的政治智慧结晶。这一方面的主张,关乎整个社会的权力秩序的建立,对于近代中国社会的有序变革具有重要的意义,也同样反映了孙中山在政治设计中对社会建设问题的重视。

(一) 孙中山的均权思想及其历史影响

从政治与社会的关系来看,政治上的设计既然是以社会组织作为对象,因而就不得不顾及构成组织的人和人所形成的社会力量。一种政治学理论认为:"人群或物质的适当组合与配备,才能产生伟大而奇异的力量。政治学所研究的就是在平衡均适的配合各种政治力量,使国家和政府的效能都得到美满的最高的发挥。"②均权主义取集权与分权各自的优点,是孙中山政治设计中的一个重要方面。孙中山的均权思想包含两个层次,既有人民有权的意义,又有中央与地方划定权力关系的安排。

在前一方面,孙中山早就看到,无论是中央集权还是地方分权,都必须首先实现"主权在民",否则集中也好,分权也好,无非都是"官治","政治之权,付之官僚,于人民无与"。因而要保障"民治","政治主权,在于人民,或直接以行使之,或间接以行使之……以人民为主体,人民为自动者"。③因而,孙中山设定的均权主义的地方制度,是以"民治均权"为旨归,"以'均权'为主旨,而以'民治'为基本原则"。④也就是说,这一方面是根本性的,无论采取什么具体的制度,都应以主权在民为原则。

关于后一方面,即中央与地方关系问题上的均权思想,胡春惠先生结合历史过程有详细的讨论,对孙中山均权思想及其演变有系统的说明。⑤孙中山早年就有用美国式的地方分权的联邦模式来建造新国的想法,1900年向当时的香港总督上书提出所谓《平治章程》六则主张:"于都内立一中央政府,以总

---

① 黄季陆:《国父逝世前后》,台北《传记文学》第6卷第3期。
② 张金鉴著:《均权主义与地方制度》,上海:正中书局1948年版,第1页。
③ 孙中山:《中华民国建设之基础》,陈旭麓、郝盛潮主编:《孙中山集外集》,上海:上海人民出版社1990年,第34~35页。
④ 杨幼炯著:《权能划分及均权政制》,上海:正中书局1946年版,第78页。
⑤ 参见胡春惠:《对孙中山"中央与省之权限采均权制度"的探讨》,《孙中山研究》第1辑,广州:中山大学出版社2007年版。

其成；于各省立一自治政府，以资分理。所谓中央政府者，举民望所归之人为之首统辖水陆各军，宰理交涉事务。惟其主权仍在宪法权限之内，当设立议会，由各省贡士若干名，以充议员。以驻京公使为暂时顾问局员。所谓自治政府者，由中央政府诿选派驻省总督一人，以为一省之首。设立省议会，由各县贡士若干名，以为议员。所有该省之一切政治征收正供，皆有全权自理，不受中央政府遥制。"①

1912年南京临时政府成立时，对地方的政权所做的基本决议是：地方之政权委任于都督，都督为国务院下之地方行政长官。都督下设各司，府县设知事及佐治官；地方行政分自治官治，省以都督掌官治行政，省议会及省参事会掌自治行政。②民国建立后，对于议论纷纷的集权和分权的问题，孙中山表示："实无所谓分集，例如中央有中央当然之权，军政、外交、交通、币制、关税是也；地方有地方当然之权，自治范围内是也。属于中央之权，地方固不得取之，属于地方之权，中央亦不得代之也。"③从开展反清革命到护法运动前后，孙中山都不反对联邦制度和地方分权，这是与革命党人发动斗争的需要、自身实力及实际控制范围等因素密切相关的。

考虑到民国建立后全国实际处于地方分权状态，1916年孙中山又表示，对于地方分权和中央集权的主张，两者都可以赞同，不过分权的单位到哪一层合适，需要讨论，提出以省为单位仍显集权，应以县为单位。到1920年前后，兴起"联省自治"运动。孙中山1921年就任非常大总统时，仍支持"联省自治"的立场，主张分权的做法。他提出："集权专制为自满清以来之秕政。今欲解决中央与地方永久之纠纷，惟有使各省人民完成自治，自定省宪法，自选省长。中央分权与各省，各省分权与各县，庶几既分离之民国，复以自治主义相结合，以归于统一，不必穷兵黩武，徒苦人民。"④

后因"联省自治"演变成军阀割据和斗争的工具，孙中山转而修正了对"联省自治"的支持，重新重视"县自治"。二次护法失败后，孙中山对当时甚嚣尘上的"联省自治"思想进行了批评，转而重视中央权力。孙中山抨击联省自治派"不过分裂中国，使小军阀各占一省，自谋利益，以与挟持中央

---

① 孙中山：《致港督卜力书》，《孙中山全集》第1卷，北京：中华书局1981年版，第193页。
② 伧父：《民国行政机关之改革》，《东方杂志》第9卷第7号（1913年）。
③ 孙中山：《在济南记者招待会的谈话》，《孙中山全集》第2卷，北京：中华书局1982年版，第482页。
④ 孙中山：《就任大总统职宣言》，《孙中山全集》第5卷，北京：中华书局1985年版，第531页。

政府之大军阀相安于无事而已,何自治之足云?"①孙中山否定"联省自治"的根本理由,是因为这种分权性质上不是"民治",仍是"官治","这种割据式的联省,是军阀的联省,不是人民自治的联省;这种联省不是有利于中国的,是有利于个人的,我们应该要分别清楚"。②在 1924 年《中国国民党第一次全国代表大会宣言》和《国民政府建国大纲》中,孙中山最终主张"均权主义",提出:"在此时期,中央与省之权采均权制度。凡事物有全国一致之性质者,划归中央;有因地制宜之性质者,划归地方。不偏于中央集权或地方分权。"③

均权是中央与地方政治上的"调和"。在历史上,中央与地方的权力分配一直是困扰中国社会的问题,不是集权过甚而流于专制,就是分权过度而形成分裂。近代以来,政治的实际情形是逐渐内轻外重,而当局者孜孜以求的是弱枝强干,中央与地方的权力无法达到平衡均适的分配。孙中山提倡在人民有权基础上的均权,对于中央与地方权力秩序的安排做了一个可以尽量减少利益冲突的方案。在《民权主义》第四讲中,孙中山以美国的中央、地方权限为例,对此作了说明。其中说道:

> 把全国的大政权,如果属于中央政府的,便在宪法之内明白规定;若是在宪法所规定以外的,便属于地方政府。比方币制,应该中央政府办理,地方政府不能过问。像外交,是规定由中央政府办理,各邦不能私自和外国订约。其余像国防上海陆军的训练,与地方上民团的调遣等那些大权,都是归中央政府办理。至于极复杂的事业,在宪法未有划归中央政府,便归各邦政府,分别办理。这种划分,便是中央和地方的调和办法。④

均权既是一种对政治秩序的安排,也是因应地方社会建设的需求。孙中山所主张的地方所分之权,适宜于地方实际情形,与社会建设关系更为密切。因而采取均权的政体形式,地方社会的建设更能够因地制宜,具有优势。例如,

---

① 孙中山:《中国国民党第一次全国代表大会宣言》,《孙中山全集》第 9 卷,北京:中华书局 1986 年版,第 116 页。
② 孙中山:《三民主义·民权主义》,《孙中山全集》第 9 卷,北京:中华书局 1986 年版,第 304~305 页。
③ 孙中山:《国民政府建国大纲》,《孙中山全集》第 9 卷,北京:中华书局 1986 年版,第 128 页。
④ 孙中山:《三民主义·民权主义》,《孙中山全集》第 9 卷,北京:中华书局 1986 年版,第 305 页。

"教育、卫生,随地方情况而异,此权之宜属于地方者也。……警卫队之设施,岂中央所能代劳,是又宜属之地方矣。同一教育也,滨海之区,宜侧重水产;山谷之地,宜侧重矿业、或林业,是固宜予地方以措置之自由。"①

现代中国史上的各个政治派别,都不同程度地从孙中山的这一政治设想中汲取合理的成分,其中不少主张体现了孙中山关注社会建设、重视权力基础的取向。联省自治时期,尽管各省实际上不能做到自治,但在各自的宣示中,都标榜"民治"、"分权",注重地方社会建设,如1921年湖南省自治筹备处告示:"湖南的自治法,简直就是三千万同胞自由的保障……我们尽管推广我们的教育,发达我们的实业,整顿我们的内政,造成一个东方的瑞士,自治的乐园。"②四川自治联合会提倡的十二项原则中,也包含"实现职业的全民政治"、"力谋教育普及"、"组织各种协社"、"力图发展实业"等内容。③甚至中国共产党在某些特定的历史背景下,也提出过与孙中山政治设想相一致的主张,如1946年中国共产党在政治协商会议上提出《和平建国纲领草案》,内中即包含地方自治和均权的要素。提案中有:"(甲)积极推行地方自治,废除现行保甲制度,实行由下而上的普选,成立自省以下各级地方民选政府。(乙)中央与地方之权限,采均权主义,省得自订省宪,各地得采取因地制宜的措施。"④由此可见,孙中山政治设计中的这一重要设想,对于中国现代历史产生了广泛而深远的影响。

(二) 孙中山的训政思想与政治权力秩序的确立

孙中山提出的"军政"、"训政"、"宪政"的革命程序论,是其民权思想最有特色的部分,其中的"训政"思想尤为独创,对于革命后政治权力秩序的建立具有关键性意义。在《建国方略》中,孙中山指出:"中国人民知识程度之不足,固无可隐讳者也。且加以数千年来专制之毒,深中乎人心。"因而习惯于做奴隶,而不知道做主人。⑤从这一国情出发,人民的觉醒是现代民主政治的前提,政治的设计必须立足于人民,对人民进行宣传、教育,改变民众的信仰和意识。中国缺乏民治的传统,民众对政治疏远、淡漠,缺乏政治判断

---

① 孙中山:《中华民国建设之基础》,陈旭麓、郝盛潮主编:《孙中山集外集》,上海:上海人民出版社1990年版,第32页。
② 《湖南筹备自治周刊》,1921年2月27日。转引自胡春惠著:《民初的地方主义与联省自治》,北京:中国社会科学出版社2001年版,第197页。
③ 参见《川人自救之决心》,香港《华字日报》1921年4月15日"中外要闻"。转引自胡春惠著:《民初的地方主义与联省自治》,北京:中国社会科学出版社2001年版,第233页。
④ 《和平建国纲领草案》,《解放日报》1946年1月24日。
⑤ 孙中山:《建国方略》,《孙中山全集》第6卷,北京:中华书局1985年版,第209页。

力,因而在中国建立民主政治缺乏社会基础,并非一种制度或一场革命即能完成。只注重政治革命,而忽视政治的社会基础,是孙中山为辛亥革命总结的重要教训之一。孙中山指出:"(辛亥革命)由军政时期一蹴而至宪政时期,绝不予革命政府以训练人民之时间,又绝不予人民以养成自治能力之时间。于是第一流弊,在旧污未由荡涤,新治未由进行。第二流弊,在粉饰旧污,以为新治。第三流弊,在发扬旧污,压抑新治。更端言之,即第一为民治不能实现,第二为假民治之名行专制之实,第三则并民治之名而去之也。"①

假如不能奠定主权在民的社会基础,不能做好适应国情的合理的制度安排,必然"政治无清明之望,国家无巩固之时,且大乱易作,不可收拾"。②因而,在革命程序中就需要加入"训政"这重要一环,"盖不经军政时代,则反革命之势力无繇扫荡。而革命之主义亦无由宣传于群众,以得其同情与信仰。不经训政时代,则大多数之人民久经束缚,虽骤被解放,初不暸知其活动之方式,非墨守其放弃责任之故习,即为人利用陷于反革命而不自知。"③

训政是启发民智、奠定民主政治的社会基础的必经阶段,是孙中山政治设计中独具匠心的程序安排。孙中山在《中国同盟会革命方略》里明确提出,革命之进行为三个时期,第一期为军法之治,第二期为约法之治,第三期为宪法之治,即军政时期、训政时期、宪政时期。④1914 年之《中华革命党党章》将其改称为军政、训政、宪政三时期。1920 年修整国民党党章时,虽然只提到军政与宪政,但训政是包含在宪政之中的。孙中山晚年最为重视的《国民政府建国大纲》(1924 年)是强调革命程序论的纲领性文件,再次明定军政、训政、宪政三时期的名称和各阶段的做法,其根本考量,在于政治的和社会的建设,以及如何实现这种建设目标。孙中山郑重宣布:"今后之革命,不但当用力于破坏,尤当用力于建设,且当规定其不可逾越之程序。"⑤

训政的主要目的是教育民众,从扩大革命的社会基础出发,孙中山主张革命需要发动一般民众。这是孙中山后来领导的革命事业超越辛亥革命的重要方面。辛亥革命时期,陈天华已经看到"惟有使中等社会皆知革命主义,渐普及下等社会",革命才有成功的希望。⑥虽然下等社会的民众在辛亥革命时期并

---

① 孙中山:《中国革命史》,《孙中山全集》第 7 卷,北京:中华书局 1985 年版,第 66~67 页。
② 孙中山:《中国革命史》,《孙中山全集》第 7 卷,北京:中华书局 1985 年版,第 67~68 页。
③ 孙中山:《制定〈建国大纲〉宣言》,《孙中山全集》第 11 卷,北京:中华书局 1986 年版,第 102 页。
④ 参见孙中山:《中国同盟会革命方略》,《孙中山全集》第 1 卷,北京:中华书局 1981 年版,第 297 页。
⑤ 孙中山:《制定〈建国大纲〉宣言》,《孙中山全集》第 11 卷,北京:中华书局 1986 年版,第 103 页。
⑥ 陈天华:《绝命辞》,《陈天华集》,长沙:湖南人民出版社 1982 年版,第 236 页。

没有被发动起来，但孙中山仍看到了对民众进行启蒙教育的重要性，认为人民需要教育，以明白革命的道理。孙中山认为，政治上的权力是属于人民的，而对于人民，必须由革命党人进行政治上的教育和训练。他用"伊尹训太甲"的古典和"幼童入塾"的道理对此作了说明。他在上海中国国民党本部会议的演说中说：

> 本来政治主权是在人民，我们怎么好包揽去作呢？其实，我们革命就是要将政治揽在我们手里来作。这种办法，事实上不得不然。试看民国已经成立了九年，一般人民还是不懂共和的真趣，所以迫得我们再要革命。现在我不单是用革命去扫除那恶劣政治，还要用革命的手段去建设，所以叫做"训政"。这"训政"，好像就是帝制时代用的名词，但是与帝制实在绝不相同。须知共和国，皇帝就是人民，以五千年来被压作奴隶的人民，一旦抬他作起皇帝，定然是不会作的。所以我们革命党人应该来教训他，如伊尹训太甲样。我这个"训"字，就是从"伊训"上"训"字用得来的。①

在《建国方略》中，孙中山指出，共和制度的建设，就像幼童需要教师一样，需要实行训政。"中国今日之当共和，犹幼童之当入塾读书也。然入塾必要有良师益友以教之，而中国人民今日初进共和之治，亦当有先知先觉之革命政府以教之。此训政之时期，所以为专制入共和之过渡所必要也，非此则必流于乱也。"②

有人疑虑，这种训政，会与开明专制相若，孙中山明确指出："开明专制者，即以专制为目的；而训政者，乃以共和为目的。"③两者绝然不同。虽然还没有宪政之名，然而人民在训政时期，"所得权利与幸福，已非（借）口宪法而行专政者所可同日而语"。④孙中山将人民比喻为"初生之婴儿"，将革命党比喻为"产此婴儿之母"，是为了训政后达到还政的目的。"既产之矣，则当保养之，教育之，方尽革命之责也。此革命方略之所以有训政时期者，为保养、教育此主人成年而后还之政也。"⑤揆诸孙中山所处时代和所面临的实际问题，

---

① 孙中山：《在上海中国国民党本部会议的演说》，《孙中山全集》第 5 卷，北京：中华书局 1985 年版，第 400～401 页。
② 孙中山：《建国方略》，《孙中山全集》第 6 卷，北京：中华书局 1985 年版，第 210 页。
③ 孙中山：《建国方略》，《孙中山全集》第 6 卷，北京：中华书局 1985 年版，第 210 页。
④ 孙中山：《制定〈建国大纲〉宣言》，《孙中山全集》第 11 卷，北京：中华书局 1986 年版，第 103～104 页。
⑤ 孙中山：《建国方略》，《孙中山全集》第 6 卷，北京：中华书局 1985 年版，第 211 页。

则孙中山主张"训政"的苦心孤诣,不仅需要顾及政治设计,同时需要顾及社会制约。如此理解,孙中山的思想与他的一贯主张相比,并无退步,具有显而易见的积极意义。①

孙中山并不认为,社会条件的不足和人民知识程度的低下就会在政治上无所作为。在革命的过程中总有一种言论,认为中国民智太低,人民知识程度不足以行使民权,甚至以此作为反对革命和政治改革、开历史倒车的理由。政治人物如此,学者亦如此。"袁世凯之流,必以为中国人民程度如此,必不能共和。曲学之士亦曰,非专制不可也。"②这种言论影响如此深远,直至孙中山身后还不时沉渣泛起,在一定程度上影响人们的历史判断。孙中山虽然也看到了民智不足的社会实情,但他并不认为,人民的知识低下就无所作为,就会消极对待政治。他在其政治设计中,为主动改变这一社会基础,他批评说:"乃有以国民程度太低,不能行直接民权为言,而又不欲训练之以行其权,是真可怪之甚也。"③孙中山认为,通过教育和训练,现代民主政治不仅可期建成,而且应当致力。他在向圣约翰大学毕业生致辞时就呼吁:"共和政体,以教育为根基。如今有千万人民,需要你们去教育他们。"④1924 年颁布的赣南、赣中善后条例,主要也包含了实施革命程序论的内容。

社会学家指出:"政治的本身与社会生活状态,有其密切的关系,而且可以说政治制度在某一点完全是决定于社会生活之一般趋势的,所以国家行政必当置其重心于社会观点之上,必须能够适应'生存与进步'的社会法则。"⑤不同的社会状况需要不同的政治设计,孙中山关于民权初步的主张——集会议事的法则、社会建设的政治基础——地方自治理论、建立权力秩序的思想——均权与训政的主张,与欧美经典的政治制度不同而具有特殊性,正是因为"中国的社会既然是和欧美的不同,所以管理社会的政治自然也是和欧美不同"。⑥民权初步、地方自治、革命程序、均权主义,是孙中山社会建设中关于政治方面的主要考量,其相互关系是密不可分、有机统一的。地方自治是均权的前提和基础,同时也是训政的主要内容和主要任务;训政以实现地方自治为目标,

---

① 参阅桑兵:《孙中山革命程序论的演变》,《孙中山的思想与活动》,广州:中山大学出版社 2001 年版。
② 孙中山:《建国方略》,《孙中山全集》第 6 卷,北京:中华书局 1985 年版,第 209 页。
③ 孙中山:《三民主义》,《孙中山全集》第 5 卷,北京:中华书局 1985 年版,第 190 页。
④ 孙中山:《在上海圣约翰大学毕业典礼上的致词》,陈旭麓、郝盛潮主编:《孙中山集外集》,上海:上海人民出版社 1990 年版,第 76 页。
⑤ 谢徵孚:《社会行政与社会建设》,复旦大学社会学系:《社会事业与社会建设》,重庆:正中书局 1941 年版,第 40 页。
⑥ 孙中山:《三民主义·民权主义》,《孙中山全集》第 9 卷,北京:中华书局 1986 年版,第 320 页。

否则不能造成宪政的基础;均权以地方自治为凭借,否则不能实现全民政治。它们共同包含了社会建设的因素,共同构成了社会建设的政治基础。从这一方面说,它们不仅仅是一种政治制度、政治设计,同时也是一种社会建设的制度与设计。在孙中山晚年,他精心地将这些政治主张贯穿于他最重视的几个文件,即《建国方略》、《建国大纲》、《三民主义》及《中国国民党第一次全国代表大会宣言》,并不断加以强调。1924年9月,孙中山曾指令广东省将《制定〈建国宣言〉大纲》五万份分发各县。① 1925年,孙中山赍志以殁,在遗嘱中,他特别强调:"务须依照余所著《建国方略》、《建国大纲》、《三民主义》及《中国国民党第一次全国代表大会宣言》,继续努力,以求贯彻。"②孙中山关于中国政治现代化的基本精神和许多具体设计,作为遗教留给了后来者实行。

总之,孙中山的地方自治理论及其政治权力的秩序构想对于中国社会的建设有重大的意义,是他遗留给后人的一笔重要思想财富。

四、孙中山对中国社会管理的政治考量

前面已述,在孙中山的理念里,政治就是一种管理。政治意识导源于社会,政治是为了管理社会,从上节所述中我们看到了孙中山所要建设的社会政治制度的独特构想,和他对政治在社会变革中的重要作用的认知和追求。孙中山进行政治上的设计和从事政治活动,是为了能够为中国社会提供一种良好的、合理的社会管理。民国初年,孙中山对进行这种社会管理的目标、体制和主体等问题进行了深入的思考,并在后期逐步探索出一条"以党建国"、"以党治国"的途径。

(一) 传统政治、现代政治与社会管理的目标

社会管理有广义、狭义之分。广义的社会管理指对整个社会系统的管理,即对整个社会活动、社会生活、社会关系的调控;狭义的社会管理指对社会某一特定子系统的管理,即对社会生活、社会服务等方面(所谓狭义的社会领域)的管理。依据管理主体的不同,社会管理划分为国家管理和社会组织管理。国家管理又称社会行政管理,指国家政权机关依据法律的相关政策,运用各种手段,对社会组织、个人、社会活动进行指导、调控,使社会系统协调、稳定、有序地发展;社会组织管理又称社会自治管理,指社会组织、群众团体

---

① 《大元帅宣言分发各县》,《广州民国日报》1924年9月30日。
② 孙中山:《国事遗嘱》,《孙中山全集》第11卷,北京:中华书局1986年版,第640页。

根据社区公约、组织章程、活动计划，对一定范围或方面的社会生活、社会活动和社会关系进行指导、约束和协调。这两方面的管理，以前者为主，二者相互配合。①孙中山的"管理众人的事"的管理，当然指的是广义的社会管理，是以政治手段为主的对整个社会的管理，在全部社会管理的各方面居于主导性地位。

孙中山认为，国家最大的问题就是政治。孙中山极力谋求用政治的力量来改变中国社会"一片散沙"的局面，促进中国社会的现代化。传统中国，政府对社会的控制相对松散，近代以来矛盾积压，旧的政治模式对社会变迁应对无措，反而造成政治与社会的高度紧张，因而从政治入手，是实现合理有效的社会管理的关键。孙中山对中国传统政治和西方现代政治有明确的认识，他的政治观从一开始就具有明确的现代性。

首先，孙中山认为，传统政治变革不能改变中国，必须进行现代意义上的政治革命。全民政治是实现现代社会管理的根本政治目标，共和制度是实现这一目标的最理想的制度。虽然1894年时，孙中山也曾上书李鸿章，提出改革中国社会的主张，希望依靠朝廷大员的力量推动中国的社会改良，尽管他希望清政府能实行某些改良，使社会与政府之间的矛盾得以调适，但孙中山对此并不寄予希望，因为他对清廷的腐败和专制早有认识，政府不行，只有革命，1896年提出要"除房兴治，罚罪救民，步法泰西，揖睦邻国"。②1897年在向外人的呼吁中明确提到"不完全打倒目前极其腐败的统治而建立一个贤良政府"，要在中国实现任何改进都是不可能的，局部的和逐步的改革都是无望的。③如果传统的政治制度继续存在，就不能改变传统社会的所有弊端，"中体西用"模式下的任何措施都不会带来任何成效。只有通过政治制度和社会制度的变革，"以共和政体来代替帝政统治"，④换句话说，即通过革命的手段，才能改变中国的政治制度和建设共和民主的未来。

在反清斗争的过程中，孙中山也不排斥社会上传统的要求变革的力量，尽管这些力量的诉求还遗留有旧式意识形态的影响，属于旧式传统的政治变迁模式。孙中山将传统政治变迁的模式与现代政治的要求相联系，如反满的种族革命与共和革命，他有力地将一般的反满的种族革命纳入现代意义上的共和革命的范畴之中。他对清王朝的指责和控诉，是基于现代民主、文明社会的要求来

---

① 参见风笑天等著：《社会管理学概论》，武汉：华中理工大学出版社1999年版，第9页。
② 孙中山：《复翟理斯函》，《孙中山全集》第1卷，北京：中华书局1981年版，第47页。
③ 孙中山：《中国的现在和未来——革新党呼吁英国保持善意的中立》，《孙中山全集》第1卷，北京：中华书局1981年版，第88页。
④ 孙中山：《与林奇谈话的报道》，《孙中山全集》第1卷，北京：中华书局1981年版，第211页。

进行的。孙中山认为："在满清二百六十年的统治之下，我们遭受到无数的虐待，我们连起码的言论、集会、结社的自由都没有，更不可能有其他政治、经济、法律的权利。"①

因此，反对清政府，不仅仅是反对传统意义上的"苛政"，而且是反对"专制"。"非惟除二百六十年之苛政，且取中国数千年来君主专制之治，一扫空之"，建立一个"四万万人一切平等，国民之权利义务，无有贵贱之差、贫富之别"，②中华民族才能得到振兴。"排满"是一个传统政治概念，但在孙中山这里，"排满"并不是一个狭隘的民族主义口号，所"排"的只是清政府，而不是在传统意义上将满族视为异族。相反，孙中山所主张的是民族团结和国家统一，因此虽然利用了"排满"这一传统政治变迁的模式，但实际上赋予了它现代的内涵。孙中山的民族主义既包涵中国传统的"春秋大义"，但更重要的是利用它来进行资产阶级的反封建斗争，建立民族国家，实现民族平等。所以，它同纯粹的种族主义意识有本质上的不同。

在管理社会的制度和程序设计上，孙中山都坚持了现代追求，其中最关键的是坚持共和民主政制。共和思想是孙中山民权主义的中心。1901年以后，清廷迫于形势，开始进行新政改革；1902年，梁启超在日本创办《新民丛报》，鼓吹君主立宪。孙中山认为，清廷的新政是权宜之计，它不可能带来政治上的近代化变革，中国只有进行推翻清廷、创立民国的革命才有未来。孙中山以其亲身经历，揭露清政府的改革诏旨是迷惑人民的，寄希望于清廷自身的改革是绝无可能的，因为统治者不可能有真正改革的意愿。他说："自义和团战争以来，许多人为满清政府偶尔发布的改革诏旨所迷诱，便相信那个政府已开始看到时代的征兆，其本身已开始改革以便使国家进步；他们不知道，那些诏旨只不过是专门用以缓和民众骚动情绪的具文而已。由满洲人来将国家加以改革，那是绝对不可能的，因为改革意味着给他们以损害。实行改革，那他们就会被中国人民所吞没，就会丧失他们现在所享受的各种特权。"③

对于康有为、梁启超一派宣扬的立宪和保皇，孙中山指出："有人说我们需要君主立宪政体，这是不可能的。没有理由说我们不能建立共和制度。中国已经具备了共和政体的雏形。"对于改良主义者认为的政治变革应当遵循程序一步一步变化，应先实现君主立宪，再向共和立宪过渡。孙中山反驳道："又

---

① 孙中山：《中国问题的真解决——向美国人民的呼吁》，《孙中山全集》第1卷，北京：中华书局1981年版，第252页。

② 邹鲁：《中国同盟会》，中国史学会主编：中国近代史资料丛刊《辛亥革命》（2），上海：上海人民出版社1957年版，第40、41页。

③ 孙中山：《中国问题的真解决——向美国人民的呼吁》，《孙中山全集》第1卷，北京：中华书局1981年版，第251页。

有谓各国皆由野蛮而专制,由专制而君主立宪,由君主立宪而始共和,次序井然,断难躐等;中国今日亦只可为君主立宪,不能躐等而为共和。此说亦谬,于修筑铁路可以知之矣。铁路之汽车,始极粗恶,继渐改良,中国而修铁路也,将用其最初粗恶之汽车乎,抑用其最近改良之汽车乎?于此取譬,是非较然矣。"①

除共和思想外,在孙中山政治设计的主要方面,如五权宪法、权能区分、革命程序等,都体现了孙中山用政治的力量、国家的力量来支配和领导社会管理的思想特征,孙中山所设想的社会管理,是以国家政治权力为主导的,以国家力量的扩大来解决政治与社会的对立紧张关系。沈渭滨先生指出,孙中山的国家学说和民主共和国方案,受到国家主义思想的影响,"孙中山本是个极富世界眼光的革命家,他对世界各国的革命和政权建设,既有广泛的认知,又有融会贯通的心得。处在革命阵地前沿的他,受到当时属于进步思想的国家主义影响,是合情合理的"②。

其次,孙中山的政治设计,是在总结和学习西方各国的现代政治制度的基础上,对其社会管理的实际效果进行考察,对其经验教训有所汲取,并加以创新。

孙中山晚年在民权主义第四讲中,对于学习外国管理社会的政治,有一个辩证的主张:一方面要学习西方政治管理的经验,如果不参考欧美以往的经验、学理,便要费冤枉工夫,或者要再蹈欧美的覆辙;另一方面又不能照搬,"象学外国机器一样,把外国管理社会的政治硬搬进来,那便是大错"。因而总的原则是:"照自己的社会情形,迎合世界潮流做去,社会才可以改良,国家才可以进步。"③从根本上说,孙中山的政治思想来自西方,孙中山所要学习的,则是西方最进步的制度,是"取法于上"。"吾侪不可谓中国不能共和,如谓不能,是反夫进化之公理也,是不知文明之真价也。且世界立宪,亦必以流血得之,方能称为真立宪。同一流血,何不为直截了当之共和,而为此不完不备之立宪乎?语曰:'取法于上,仅得其中。'择其中而取法之,是岂智者所为耶?鄙人愿诸君于是等谬想淘汰洁净,从最上之改革着手,则同胞幸甚!中国幸甚!"④

---

① 孙中山:《在东京中国留学生欢迎大会的演说》,《孙中山全集》第1卷,北京:中华书局1981年版,第283页。
② 沈渭滨:《论"三民主义"理论中国家与社会的关系》,《复旦学报》2005年第5期。
③ 孙中山:《三民主义·民权主义》,《孙中山全集》第9卷,北京:中华书局1986年版,第320页。
④ 孙中山:《在东京中国留学生欢迎大会的演说》,《孙中山全集》第1卷,北京:中华书局1981年版,第283页。

孙中山对西方主要国家的政治制度有汲取，也有批判。如对于法国，孙中山对法国的国家治理和社会建设给予高度评价，从中汲取了法国人民争取自由、平等的精神，他的民权主义受法国革命中"自由、平等、博爱"的口号影响很大，民权主义的目标与法国革命的目标基本一致。但孙中山又从社会管理的效果上看，认为法国政治在后来并不理想，因而他对民权基本内容的理解有新的发展。他认为法国革命后民权发达，但产生流弊，人民虽然有了选举权，却没有真正管理国家，"变成暴民政治，弄到无政府"，①因而应让人民有权管理政治，决定大事，而让专家管理政府。孙中山政治设计中的革命程序论和权能区分学说，正是针对这样一种社会情形而产生的。

孙中山对美国的文明和政治体制十分推崇，甚至提出"利用美国的学问，把中国化成美国"②。对于美国的政治体制，孙中山最为坚持的是共和制、总统制。孙中山宣布革命成功之日，效法美国选举总统，废除专制实行共和。"中国革命之目的。系欲建立共和政府，效法美国，除此之外，无论何项政体皆不宜于中国。"③但他对于美国的政党政治、议会选举制度也有批评，认为一切单凭选举，也有弊病，"美国国会内有不少蠢货，就足以证明选举的弊病"④。由于政党频繁轮替，"美国政治腐败散漫，是各国所没有的"⑤。尤其严重的是贿选现象存在的可能，必然导致假的民主，而这一点对中国影响极坏，"欧美代议政体的好处，中国一点都没有学到；所学的坏处却是百十倍，弄到国会议员变成猪仔议员，污秽腐败，是世界各国自古以来所没有的"⑥。对于美国的联邦制，孙中山到后期也认为不适用于中国。

孙中山十分注重瑞士的政治。孙中山提倡全民政治，其目标蓝本并不是通常所说的美国式的代议制民主，而是瑞士的直接民权，是以实行普选制度为基础、以人民集会或投票的方式，直接行使选举、复决、创制、罢免四大民权。孙中山说："何谓民国？美国总统林肯氏有言曰：'民之所有，民之所治，民之所享。'此之谓民国也。何谓民权？即近来瑞士国所行之制：民有选举官吏

---

① 孙中山：《三民主义·民权主义》，《孙中山全集》第9卷，北京：中华书局1986年版，第306页。
② 孙中山：《在广州岭南学生欢迎会的演说》，《孙中山全集》第8卷，北京：中华书局1986年版，第535、542页。
③ 孙中山：《在巴黎的谈话》，《孙中山全集》第1卷，北京：中华书局1981年版，第563页。
④ 孙中山：《与该鲁学尼等的谈话》，《孙中山全集》第1卷，北京：中华书局1981年版，第320页。
⑤ 孙中山：《在东京〈民报〉创刊周年庆祝大会的演说》，《孙中山全集》第1卷，北京：中华书局1981年版，第330页。
⑥ 孙中山：《三民主义·民权主义》，《孙中山全集》第9卷，北京：中华书局1986年版，第319页。

之权，民有罢免官吏之权，民有创制法案之权，民有复决法案之权，此之谓四大民权也。必具有此四大民权，方得谓为纯粹之民国也。"①孙中山认为，瑞士之宪法比美国之宪法更优，"人民有此四大民权，乃能任用官吏，役使官吏，驾驭官吏，防范官吏，然后始称得为一国之主而无愧色也"②。孙中山此时受一位"瑞士学者"（指当时在瑞士的德意志思想家鲁道夫·休泰纳③）影响，要解决因人民有权而导致的政府能力退化的现象，改变人民对政府的反抗态度。④孙中山希望效法瑞士，在中国行使直接民权，造就一个全民政治的民国。当然，这就要求人民必须具有更高的素质。民国建立，虽然在理论上确定了人民的民主权利，但能否实现这种权利，绝不是起草几份法律文本所能解决的。因而要训练人民，提高民主素质，提高民主能力，做到人民有权，政府有能，以训政为过渡时期，解决人民知识程度问题。

从孙中山对世界各国政治制度的认识中可以看到，孙中山不是亦步亦趋地模仿西方国家现成的制度，而是根据中国的实际情形，有所创新和发展。正如他所说的："我们国民党提倡三民主义来改造中国，所主张的民权，是和欧美的民权不同。我们拿欧美已往的历史来做材料，不是要学欧美，步他们的后尘；是用我们的民权主义，把中国改造成一个'全民政治'的民国，要驾乎欧美之上。"⑤这是孙中山的宏伟理想，但也说明孙中山对于西方的所谓民主制度也不是亦步亦趋，更不是盲目地拿来损害国家。

（二）孙中山对民初社会政治管理的批判和对社会主体的认识

在孙中山看来，在中国传统的制度下根本谈不上政治和社会的管理，"中国除权贵世家可以在各级官府纵容下，假借名义，遣兵逞暴之外，概无政府、无组织、无法制、无行政管理机构"⑥。民国建立后，孙中山极力争取为新国家、新政治奠定一个制度基础，以便社会管理走上正轨。例如在新政权的政体问题上，是要总统制，还是要内阁制？在革命党人能够掌握南京临时政府时，孙中山坚持总统制而坚决反对内阁制。1911年12月选举临时大总统时，孙中

---

① 孙中山：《建国方略》，《孙中山全集》第6卷，北京：中华书局1985年版，第412~413页。
② 孙中山：《三民主义》，《孙中山全集》第5卷，北京：中华书局1985年版，第189页。
③ （日）中村义：《孙文与一位瑞士学者——以民权论为中心》，《"孙中山与亚洲"国际学术讨论会论文集》，广州：中山大学出版社1994年版。
④ 参见孙中山：《三民主义·民权主义》，《孙中山全集》第9卷，北京：中华书局1986年版，第321~322页。
⑤ 孙中山：《三民主义·民权主义》，《孙中山全集》第9卷，北京：中华书局1986年版，第314页。
⑥ （美）埃德温·J.丁格里著：《中国革命记：1911—1912》，莫世祥译，《辛亥革命史丛刊》第7辑，北京：中华书局1987年版，第256~258页。

山就认为,"内阁制乃平时不使元首当政治之冲,故以总理对国会负责,断非此非常时代所宜。吾人不能对于惟一置信推举之人,而复设防制之法度。余亦不肯徇诸人之意见,自居于神圣赘疣,以误革命之大计。"①但因形势的急速变化,临时大总统的职位必须让给袁世凯担任,孙中山立刻在《中华民国临时约法》中增加了限制大总统权力的内容,新的中华民国的政体形式,从总统制迅速转变到带有内阁制色彩的总统制。孙中山希望能够以此体制,即使政权为以袁世凯为首的北洋军阀取得,也能使革命党的政治和社会管理的理想有所保障。遗憾的是,军阀政治完全打破了孙中山的良好愿望。旧的社会矛盾并没有解决,新的纷乱和争斗层出不穷,社会乱相迭起,民不聊生。海外学者对此也评论道:"说军阀给成千上万的中国人带来了直接与间接的恐惧和盘剥,无论如何是正确的。"②李大钊在1913年6月看到的时局是:"党争则日激日厉,省界亦愈划愈严。近宋案发生,借款事起,南北几兴兵戎,生民险遭涂炭。人心诡诈,暗杀流行,国士元勋,人各恐怖,而九龙、龙华诸会匪,又复蠢蠢欲动,匪氛日益猖炽,环顾神州,危机万状。"③其后袁世凯和各派军阀的统治更加专制,中央一再推行武力统一,地方军阀各为私利,实行抗拒和割据,国内战事不断,社会日趋混乱。

孙中山痛感社会之不靖、人民之困苦,对民初的社会乱局和军阀政治进行了严厉的批判。1913年12月,孙中山致函咸马里夫人说:"独夫政治现又得逞,其压迫较之当初的满清,更加令人无法忍受。"④辛亥革命虽然建立了民国,但专制并没有消除,社会没有走上正轨,孙中山看到"去一满洲之专制,转生出无数强盗之专制,其为毒之烈,较前尤甚。于是而民愈不聊生矣"⑤。自从民元孙中山让位于袁世凯之后,"民国遂从此多事。帝制议起,舆论哗然。虽洪宪旋覆,而余孽尚存。军阀专擅,道德坠地,政治日窳,四分五裂,不可收拾"⑥。在中国国民党改组时,孙中山又批判"满清鼎革,继有袁氏;洪宪堕废,乃生无数专制一方之小朝廷。军阀横行,政客流毒,党人附逆,议员卖身,有如深山蔓草,烧而益生,黄河浊波,激而益溷,使国人遂疑革命不

---

① 《胡汉民自传》,《近代史资料》1981年第2期。
② (美)费正清主编:《剑桥中华民国史》第1部,章建刚等译,上海:上海人民出版社1991年版,第385页。
③ 李大钊:《隐忧篇》,《言治》月刊第1年第3期。
④ 孙中山:《致咸马里夫人函》,《孙中山全集》第3卷,北京:中华书局1983年版,第73页。
⑤ 孙中山:《〈建国方略·孙文学说〉自序》,《孙中山全集》第6卷,北京:中华书局1985年版,第158页。
⑥ 《孙文宣言就任大总统通电》,中国第二历史档案馆编:《中华民国档案资料汇编》第4辑(上),南京:江苏古籍出版社1986年版,第22页。

足以致治，吾民族不足以有为"①。

从 1913 年二次革命开始，孙中山再起革命，与军阀展开了不懈的斗争，捍卫民主共和国的成果。在斗争的过程中，孙中山逐步抛弃旧的政治势力（军阀、国会），转向重视建设政治的社会基础，转向以民众为革命主体，寻找新的依靠力量。

在政治的依靠力量上，孙中山不同时期产生过不同的认识。从事革命事业之初，他一度认为清王朝内的汉族官僚、军阀也是可以争取的同盟者，而对广泛深入地发动民众认识不足。在武昌起义前，孙中山先后把会党和新军看作开展革命的主要力量，直至 1911 年筹备黄花岗起义时，还有过争取袁世凯北洋军的打算，设想"此等军人若尽入吾党，则兵不血刃，而大功可成"②。南京临时政府建立后，孙中山和革命党人过多地依靠掌握一定实权的旧官僚和在社会上影响较大的立宪派。对于军阀，有时是出于幻想，有时是出于无奈，孙中山与他们的关系总是十分矛盾。他对袁世凯有过期待，在推翻袁世凯之后，也对段祺瑞、冯国璋等人寄予过希望。在护法运动中更是依赖西南军阀。但最终得出的是南北军阀如一丘之貉的结论。

孙中山经过民国初年的反复努力和困顿，在屡败屡起的过程中，不仅没有消磨革命意志或丧失建设目标，反而在思想和认识上产生了新的飞跃。1916年 7 月，护国运动落幕不久，孙中山在上海张园举办茶话会，向在沪国会议员、名流、商学军政各界人士和新闻记者发表关于建设的演说，以"建屋"喻"共和"，指出："国人筑屋先上梁，西人筑屋先立础。上梁者注目于最高之处，立础者注目于最低之地。注目处不同，其效用自异。吾人作事，当向最上处立志，但必以最低处为基础。最低之处，即所谓根本也。国之本何在乎？古语曰：民为邦本，故建设必自人民始。"③从"维护框架"（二次革命、护国运动、护法运动莫不如此），转向"建设基础"，把目标定在争取有社会基础的真正的民主共和上，为革命之再起勾画蓝图和创造条件。因此当《建国方略》完成后，孙中山公开表示，原有政治架构中的政治元素，已经完全不值得维护；其中的政治势力，已经完全不值得期待。1919 年 10 月，他在向寰球中国学生会的演说中提出："根本解决的办法，怎样去做呢？南北新旧国会，一概不要他，同时把那些腐败官僚、跋扈武人、作恶政府，完完全全扫干净，免至他再出来捣乱，出来作恶，从新创造一个国民所有的新国家，比现在的共

---

① 孙中山：《中国国民党改组宣言》，《孙中山全集》第 8 卷，北京：中华书局 1986 年版，第 429 页。

② 孙中山：《在云高华华侨欢迎会的演说》，《孙中山全集》第 1 卷，北京：中华书局 1981 年版，第 511 页。

③ 《记孙中山先生之政见演说会》，上海《民国日报》1916 年 7 月 18 日。

和国家还好得多。"①

1923年,针对曹锟贿选,孙中山致函没有参加贿选的议员:"方今国会奋斗,业经失败,法律效力,悉被蹂躏于暴力之下,继此而谋救国之策,舍革命之外,必无真能成功之望。"②1924年初孙中山重新在广州建立革命政权时,仍有人建议继续护法事业,请孙中山复任大总统,孙中山表示:"现在护法可算终了,护法名义已不宜援用,因数年来吾人护法之结果,曹、吴辈毁法之徒,反假护法之名恢复国会。北京国会恢复后,议员丑态贻笑中外,实违反全国民意。今日不当拥护猪仔国会。……今日应以革命精神创造国家,为中华民国开一新纪元。"③

这一新纪元需要新的依靠力量。在抛弃旧的政治框架的同时,孙中山把目光注视到民众身上。1922年,孙中山与李大钊接触后,提到国民党将要改组,"使本党能有更多的工人参加进来"。④他在1923年元旦发表的《中国国民党宣言》表现出他和国民党开始转向民众,提出了"实行普选制度"、"制订工人保护法"、"增进农人生活"等政策。"今日革命则立于民众之地位而为之向导,所关切者民众之利害,所发抒者民众之情感。"⑤他由过去轻视民众到相信人民的力量异常伟大,大于枪炮十倍百倍。从孙中山对政治依靠力量选择的曲折过程和最终认识中,我们可以看到,孙中山正是因为有对理想社会和理想政治的不懈追求,因而在对民主政治的实现途径和政治依靠力量上不断取得新的认识,才找到解决问题的根本,开始了他的奋斗历程。

(三) 孙中山对社会政治精英——革命党的要求和期望

20世纪初期的中国,社会所面临的深刻的政治危机和社会危机使得有志于救国的人们普遍认为只有进行政治革命和社会革命才能改变中国的命运,而革命则首先要建立一个强有力的社会组织和政治权威——"党",用"党"的政治力量和组织方法,开展政治革命和社会革命,才能刷新社会管理。面对民国初年的政治和社会危机,需要依靠什么样的"党"来进行中国社会的管理,是孙中山政治考量中十分重视的一个方面。但"党"在不同的政治理念、政治目标和政治体制下,其性质并不相同。孙中山开展反清革命时期的中国同盟会,属于"革命党"的性质,而民国建立后,在议会政治的框架下成立的国

---

① 《孙中山先生在寰球学生会的演说词(续)》,上海《民国日报》1919年10月22日。
② 孙中山:《复旅沪国会议院函》,《孙中山全集》第8卷,北京:中华书局1986年版,第488页。
③ 《广州民国日报》1924年1月7日。
④ 《李大钊的三篇佚文》,《近代史研究》1985年第1期。
⑤ 《中国国民党宣言》,上海《民国日报》1923年1月1日增刊。

民党,属于"政党"的性质。章士钊则认为,以反清或建立民国相号召的党都不能算是政党:"凡政党者,皆求于现行国家组织之下,相迭代用,以施行其政策者也。故凡政党,不得含有革命性质。"因此,"革命党者,非政党也"。①

孙中山在反清武装起义时期领导了"革命党",民国刚建立时,他也一度希望能够建立起真正意义上的"政党",但很快希望破灭,最终又致力于建设一个高度集中的"革命党"。他始终重视"党"这一特殊的高度政治性社会组织的作用,认为作为社会管理的中坚,持有主义和先知先觉的"革命党"应当担负起领导全社会实现现代目标的重任。因此,他对于"党"在社会政治生活中应扮演什么样的角色,特别是党的作用问题,有自己独特的思考。这可以从民初反对"革命党消"到晚年主张"以党治国"的过程中细心辨别。

孙中山晚年严厉批评过辛亥年章太炎首倡的"革命军起、革命党消"。根据张勇的研究,章太炎提出"革命军起、革命党消",直接的用意旨在以"革命军"打破、消除原革命党、立宪派等之间的界限,消弭党见,反对的只是革命党人的一党专政。当时同盟会内的刘揆一、宋教仁、章太炎都主张取消同盟会名义,这是当时的普遍舆论,而并非完全字面意义上的"取消"和"解散",真正的含义不过是取消同盟会之名号,扩大范围,组建有新名号的政党。②孙中山曾一度反对,其反对的缘由,是认为这算不上真正的政党。孙中山说:"当南京临时政府成立之时,中国无所谓政党。同盟会值革命成功之势,若及时扩充规模,改组政党,则风靡全国,亦意中事。同人等屡以是劝,而鄙人不为稍动者,知政府之进步,在两党之切磋,一党之专制与君主之专制,其弊正复相等。"③民初国民党建立时,孙中山指出:"要知文明各国不能仅有一政党。若仅有一政党,仍是专制政体,政治不能有进步。"④无论孙中山对同盟会改组为国民党的态度受到何种实际利益考虑的影响,但在理论上,他此时是希望能有真正的两党制意义上的政党存在。但由改变政纲、更换名目拼凑起来的国民党,地方系统不明,组织庞杂涣散,官僚政客投机,形式上是议会政治体制下的参政党,实际不过是仅具竞选价值的政治工具。袁世凯对国民党的镇压和专制复辟统治,使孙中山认识到,原来在中国实行英美式的政党政

---

① 章士钊:《帝国统党党名质疑》,《章士钊全集》第1卷,上海:文汇出版社2000年版,第477~481页。
② 参见张勇:《再议"革命军起,革命党消"》,《清华大学学报》2002年第1期。
③ 《共和民主两党宴孙中山先生记》,《宝山共和杂志》1912年12月第5期,转引自张勇:《再议"革命军起,革命党消"》,《清华大学学报》2002年第1期。
④ 孙中山:《在国民党成立大会上的演说》,《孙中山全集》第2卷,北京:中华书局1982年版,第408页。

治还完全没有条件，进而从两党制转向一党制的"以党建国"、"以党治国"，思想已经不同于欧美的政党政治，而主张只有一个政党单独治理国家，这是苏俄的治国模式。1924 年，孙中山以苏俄党为榜样再度改组中国国民党，使之成为名副其实的"革命党"，是他根据中国社会的历史与现实，为使中国真正走向现代社会作出的必然选择。① 由政党而革命党，这是思想的进步还是退步，学界看法不一。

实现宪政，是孙中山远大的政治目标，革命是实现这一目标的手段。在这一目标不能充分、完全实现之前，孙中山则将革命本身置于至高无上的地位。杨天宏先生论述道，孙中山有挥之不去的革命情结，"革命"则是以孙中山为代表的革命党人变动不居的政治思想中不变的主题。在经历一系列失败之后，孙中山总结出来的最大教训就是自己所领导的党的"革命性"还不够。②孙中山对革命党的要求，是需要一个能够承担"以党治国"重任的革命党。"吾人立党，即为未来国家之雏形。"中国国民党成立以后，孙中山将党和国的关系阐述为"我们中华民国算是一棵大树，我们革命党就是这树的根本……党事为革命源起事业，革命未成功时要以党为生命，成功后仍绝对用党来维持，所以办党比无论何事都要重要"。③他总结历史教训，认为最需要防止的，就是党的无信仰、无革命精神、不服从、不团结和组织成分混杂，所以要建成一个有社会权威和社会基础的革命党。在 1924 年改组中国国民党时，孙中山向全党说："夫所贵乎有党者，盖在集合国民力能活动之分子结为团体，在一主义之下为一致之奋斗。故其要义，一在有主义，二在有团结，三在有训练。"④其榜样，正是苏俄。中国国民党不仅重新强调三民主义革命宗旨，而且对党员的权利和义务、职责和纪律都有明确的规定。孙中山特别强调中国国民党的"革命党"性质，革命需要这个革命党，将来建设也需要这个革命党。

孙中山批评"革命军起、革命党消"，实际上批评的已不是这一口号在当年的真实指向，而是落脚于作为一个"革命党"的精神和纪律方面，批评没有一个有统一意志的、有纪律的革命组织。民初同盟会改组为国民党，使得"本党完全要变为政党，革命精神遂以消失"⑤。而孙中山的政治设计在民初党

---

① 参见姜义华：《孙中山的政党作业和现代化进程中的权威转换与政治造型》，《探索与争鸣》1991 年第 9 期。
② 参见杨天宏：《政党建置与民初政制走向》，《近代史研究》2007 年第 2 期。
③ 孙中山：《上海中国国民党本部的演说》，《孙中山全集》第 5 卷，北京：中华书局 1985 年版，第 262~263 页。
④ 孙中山：《致全党同志书》，《孙中山全集》第 9 卷，北京：中华书局 1986 年版，第 540 页。
⑤ 孙中山：《在广州国民党党务会议的讲话》，《孙中山全集》第 8 卷，北京：中华书局 1986 年版，第 268 页。

内也没有成为统一的信仰,南京临时政府建立时,没有实行孙中山一贯主张的革命程序,就是因为孙中山无法在短时期内统一党人的思想认识,只能根据多数人的意见,先行组织政府。同盟会中真正领会到孙中山革命方略、认识到革命程序论的重要性的人不多,孙中山"极力主张施行革命方略,以达革命建设之目的,实行三民主义,而吾党之士多期期以为不可。经予晓谕再三,辩论再四,卒无成效"。这一现状曾经使孙中山"不禁为之心灰意冷"。①所以孙中山后来十分重视"革命党"的革命"主义",撰写《孙文学说》,以树立革命党人信仰。他说:"又以吾党同志向多见道不真,故虽锐于进取,而无笃守主张之勇气继之,每至中途而旁皇,因之失其所守,故文近作《学说》一卷,除袪其谬误,以立其信仰之基。"②

在党的团结和纪律方面,二次革命失败后,孙中山汲取过去建党经验,针对民初的国民党组织涣散、号令不一的缺点,强调对领袖的服从。1914 年 7 月,孙中山在日本举行中华革命党成立大会。中华革命党与民初的国民党相比,在革命精神、党的信仰、对革命领袖的服从等方面有较高的要求,"凡进本党者,必须以牺牲一己之生命、自由、权力,而图革命之成功为条件,立约宣誓,永远遵守"③。孙中山规定加入中华革命党者,首先要以服从命令为唯一要件,凡入党各员,必须甘愿服从孙中山一人。④由此孙中山的建党思想发生了一个大转变,强调革命宗旨的贯彻和对纪律的服从,针对民初国民党的缺陷有所弥补。

在党的组织方面,"到了革命之后,各党员知道没有抄家灭族的危险,只有升官发财的好处,所以分子越变越杂"⑤。1919 年,中华革命党改组为中国国民党,孙中山更加强调要防止官僚、政客混入党内,淘汰大批不良分子,团结优秀党员,"振作精神,一致为主义去奋斗"⑥。在道德上,对革命党员提出了较高的要求,"第一是要本党现在的党员,人格高尚,行为正大。不可居心发财,想做大官;要立志牺牲,想做大事,使全国佩服,全国人都信仰"⑦。

---

① 孙中山:《建国方略》,《孙中山全集》第 6 卷,北京:中华书局 1985 年版,第 205 页。
② 孙中山:《复于右任函》,《孙中山全集》第 5 卷,北京:中华书局 1985 年版,第 106 页。
③ 孙中山:《中华革命党总章》,《孙中山全集》第 3 卷,北京:中华书局 1983 年版,第 97 页。
④ 参见孙中山:《中华革命党总章》,《孙中山全集》第 3 卷,北京:中华书局 1983 年版,第 97 页。
⑤ 孙中山:《在广州全国青年联合会的演说》,《孙中山全集》第 8 卷,北京:中华书局 1986 年版,第 321 页。
⑥ 孙中山:《在广州中国国民党恳亲大会的演说》,《孙中山全集》第 8 卷,北京:中华书局 1986 年版,第 281 页。
⑦ 孙中山:《在广州中国国民党恳亲大会的演说》,《孙中山全集》第 8 卷,北京:中华书局 1986 年版,第 283 页。

希望以此建立一个由纯净分子组成的纯粹革命党。在改组中,中国国民党沿用列宁模式重建党的组织,形成金字塔形的结构,从区分部、区党部、县党部、省党部直至中央党部,现代政党形态稳定成熟。

孙中山认为,只有按列宁模式建立的中国国民党才能管理好社会,才能担负起建国和治国的重任,才能实现三民主义、建设美好的社会。三民主义的社会理想,只有通过革命党人的艰苦努力,在民众中开展宣传、组织、发动和教育,才能按照方略渐次实现。党在社会管理中的作用是什么?孙中山说:"以严格之规律的精神,树立本党组织之基础,对于本党党员,用各种适当方法施以教育与训练,使成为宣传主义、运动群众、组织政治之革命的人才。"[1]党是发起民众的组织核心,它的任务就是建立起民众与主义之间的关系:"教本党以外的人都明白党的主义,欢迎党的主义,然后本党实施主义便无阻力,便无反抗。……并且把本党的主义宣传到全国人民,令全国人心都赞成革命。"[2]

但是,孙中山对革命党的建设的思想,也有明显的历史局限性。受客观环境的影响,孙中山的建党思想过多地从革命大业的手段出发,许多做法违背了他建设民主主义、建立理想的全民政治的社会管理的最终目标。他虽然否定了用"以党员治国"来代替"以党治国"的说法,但确实主张党员在建国的过程中享有超越的政治特权,而且在党内也划分等级,"凡于革命军未起义之前进党者,名为首义党员;凡于革命军起义之后、革命政府成立以前进党者,名为协助党员;凡于革命政府成立之后进党者,名为普通党员"。而这三类党员享有不同的公民权利:"革命成功之日,首义党员悉隶为元勋公民,得一切参政、执政之优先权利;协助党员得隶为有功公民,能得选举及被选举权利;普通党员得隶为先进公民,享有选举权利。""凡非党员在革命时期之内不得有公民资格。"[3] 这使得革命先锋与革命主体的关系被严重扭曲。中华革命党时期,他以战时设想组党,要求党员必须效忠领袖个人,这也有一定道理,但也是带有传统会党观念的意识的体现,正由于原国民党员对于效忠党魁的做法有分歧便造成分裂,严重制约了党自身及其领导的革命运动的发展。

孙中山对于革命党人政治觉悟的期待,也超过了当时的实际。他以革命党人作为革命和建设的"专门家"、"诸葛亮"、"有能力的人",这其中确实有一种"先知先觉"的居高临下,胡适后来批评"中山先生对于一般民众参政

---

[1] 孙中山:《中国国民党第一次全国代表大会宣言》,《孙中山全集》第9卷,北京:中华书局1986年版,第122页。

[2] 孙中山:《在广州中国国民党恳亲大会的演说》,《孙中山全集》第8卷,北京:中华书局1986年版,第284页。

[3] 孙中山:《中华革命党总章》,《孙中山全集》第3卷,北京:中华书局1983年版,第98页。

的能力，很有点怀疑"①，大体也是实情。孙中山所针对的社会现实，是军阀依靠军事机器的专制统治。以党建国、以党治国比起以枪治国，仍具有进步意义。不过问题亦有两面。后来的历史证明，在党的初创时期和特殊状态下采取的措施，也留有明显的后遗症，主要表现为：党的专制、利用党作为统治工具、党的特权，同样在社会管理上造成弊端。国民党取得全国政权后，继承者不但未能在理论上有所超越，反而在特定时期里，受巩固政权的利益驱使，把社会管理与强化统治的措施联系起来，其实际目标已与孙中山的本意大异其趣，走到了孙中山所极力反对的"军人治党"、"独裁者利用党"的地步。近代中国政治发展的史实也证明，不通过发动和教育民众在实践中发展民主事业，而寄希望于居高临下的政党专政达成引领民主道路的目标，实不足恃。孙中山本来强调的是"以党义治国"而不是"以党员治国"，但在后来确实出现了"各机关用人，尽党员先用；各机关裁人，尽非党员先裁"的"党员治国"的特权政策，将孙中山的理想政治和对革命党人的道德期望丧失殆尽，堕落成一种政客的"分赃制度"。这种状况，"与当日孙中山先生党治的解释，与中山先生'党人不可存心做官发财'的告诫是背道而驰了"②。

孙中山曾指出，三民主义是为了建设"民族的国家、国民的国家、社会的国家"，③从表面上看，似乎民族主义、民权主义、民生主义分别指向"民族的"、"国民的"、"社会的"三个特定目标。一般论述孙中山的三民主义时，也多将三者分别划定在这三个不同的范围中进行讨论。而从上述中也可以看到，政治与社会事实上是密不可分的，孙中山早就萌生政治革命与社会革命"毕其功于一役"的设想，他的政治意识与社会变革的目标有机统一，相互影响。这种特殊性是对中国社会加以考量的结果，充分容纳了社会建设的重要内容。但是"毕其功于一役"，也有简单化的倾向，事实上政治革命与社会革命毕竟各有其职责和程序，企图一步到位，结果适得其反。然而，就孙中山的社会建设思想去审视，他的确有其特别的贡献。孙中山在《民权初步》的序言里，引用中国古语"行远自迩，登高自卑"④。社会建设是政治的基层建设。国民党后来曾解释说："社会建设就是具体而微的政治建设。"⑤孙中山的民权主义立意宏远，同时又能立足现实，看到政治构想实际操作的重要性，从实际出发，从社情、民情出发，为现代民主政治寻找社会基础。孙中山之所以被公

---

① 胡适：《我们什么时候才可有宪法？》，《新月》1929 年 6 月 10 日第 2 卷第 4 号。
② 罗隆基：《我对党务上的"尽情批评"》，《新月》1929 年 10 月 10 日第 2 卷第 8 号。
③ 孙中山：《在东京〈民报〉创刊周年庆祝大会的演说》，《孙中山全集》第 1 卷，北京：中华书局 1981 年版，第 331 页。
④ 孙中山：《建国方略》，《孙中山全集》第 6 卷，北京：中华书局 1985 年版，第 414 页。
⑤ 中国国民党中央执行委员会训练委员会编：《五大建设述要》，1941 年版，第 140 页。

认为近代中国的世纪伟人,就在于他不仅提出了中国现代政治制度的总体设计,而且努力探索实现这一政治理想的现实路径,并对后人产生了有益的启示。孙中山的社会政治意识和独特的政治主张,显示了他对政治变革中"迩"和"卑"的极度重视,正如时论所评:"即孙氏非一军阀派,乃一民治家也。故其一切措施,乃真正共和民主之要素,为中国当今急需之美意良法。若舍而不用,则中国前途断难得若何之成效。"①正如同他的知行观所遭遇的困境一样,孙中山这些社会建设的设想,也并非尽善尽美。因为缺乏广泛的实践,孙中山本人难以根据遭遇到的具体问题,进行理论上的改善和修正。因而,如何"自迩自卑"地"行远登高",确是值得政治家们进一步思索并努力在思想和利益上实现超越的课题。无论如何,考察孙中山政治设计中的社会建设考量,可以为这种超越提供一个起点和支点。

---

① 莫安仁:《〈建国方略〉序》,《总理全集》2集,上海:三民公司1927年版,第2页。

第四章　孙中山的经济建设思想
与福利社会的追求

一、孙中山经济建设的大方针与社会的全面发展

（一）孙中山《实业计划》的制订

政治依赖于经济，这是马列主义唯物史观的根本观点。经济不发达，政治也难巩固；民生问题依赖于经济问题，国民的生计解决不了，社会就不可能稳定。但是一个社会的好与坏也不是以经济发达与否作为指标，关键是看人民的生活是不是幸福、社会是不是和谐。所以，民生问题关系到社会的生存、国民的生计、群众的生命，以及人民的幸福。孙中山所说的民生问题就是社会问题，包含多种内涵，既有政治因素，也有经济因素，以及治理和管理社会的理念、方法和手段。总之，解决社会问题是一项综合工程。孙中山称之为社会革命。社会问题不解决，社会不可能稳定，人民不可能有幸福，国家也不可能长治久安。

孙中山说："社会问题，就是今天所讲的民生主义。"[①] "社会之所以有进化，是由于社会上大多数的经济（利益）相调和，不是由于社会上大多数的经济利益有冲突。"[②] 所以，通过经济与社会的互动，使社会上各种经济利益得到合理的分配，从而解决民生问题和社会问题，便是孙中山政治经济学的基本观点。

为了解决当时的民生问题，孙中山曾设想采用平均地权和节制资本两个办

[①] 孙中山：《民生主义第一讲》，黄彦编：《孙文选集》上册，广州：广东人民出版社2006年版，第596页。

[②] 孙中山：《民生主义第一讲》，黄彦编：《孙文选集》上册，广州：广东人民出版社2006年版，第607页。

法。但孙中山又指出:"中国今日单是节制资本,仍恐不足以解决民生问题,必要加以制造国家资本,方可解决之。何谓制造国家资本呢?就是发展国家实业是也。其计划已详于《建国方略》第二卷之《物质建设》、又名曰《实业计划》,此书已言制造国家资本之大要。"① 可见,由国家管理资本、发达资本,所得的利益归人民所有,是孙中山解决社会问题的基本设想,《实业计划》就是为了实现发达国家资本这个目标而制定的。

民国政权建立后,孙中山认为,当时中国最重要的问题已不是民族主义的问题,也不是民权主义问题,而是经济问题,是民生主义问题,也即是社会问题。然而,当时孙中山的看法过于乐观,脱离实际。其实,政治不好,经济也不可能好;政治问题不解决,民族问题也不可能解决。正是由于孙中山当时只注意民生问题,忽视了政治问题,结果吃了大亏。经济问题、民生问题解决不了,连孙中山自己也被政治边缘化了,虽然后来他又回归政治,但毕竟元气大伤。后来孙中山虽明白,革命"是求进步的事。这种求进步的力量,无论在哪一个民族或哪一个国家,都是很大的,所以革命的力量,无论在古今中外的哪一国,一经发动之后,不走到底,不做成功,就是没有止境的。不只是十三年,或者二十三年,三十三年,就是四十三年、五十年,革命一日不成功,革命的力量便一日不能阻止。"② "一个国家由贫弱变到富强,由痛苦变成安乐,没有不是由革命而成的。因为不革命,人民的痛苦便不能解除",人类革命"是要进步","要人类进步",便不能不除去反对进步的障碍物,除去障碍物,便是革命。所以我们要人类和国家进步,便不能不革命。③ 孙中山为了除去进步的障碍——以袁世凯为代表的北洋军阀复辟势力,发动了二次革命、护国运动、护法运动,但都付出了沉重的代价,并一次又一次地失败了。革命的失败不仅造成革命队伍的离散和人心的涣散,更重要的是孙中山从此成为自己建立的民国的边缘人物,他虽以坚持正统自居,呼喊着维护民国的临时约法和国会,维护民国正统,可是能团聚的力量毕竟是少数。在经历一次又一次的失败后,孙中山一时难以扭转大局,只好无奈地等待时机。在时机没有真正到来之前,孙中山利用此期间,研究和思考国家建设的重大课题,完成了具有重大意义的《实业计划》一书的写作,为中国的近代化建设留下了宝贵的精神财富。

《实业计划》写作的酝酿起源于孙中山辞退中华民国南京临时大总统以

---

① 孙中山:《民生主义第二讲》,黄彦编:《孙文选集》上册,广州:广东人民出版社2006年版,第633页。

② 孙中山:《在神户欢迎会的演说》,《孙中山全集》第11卷,北京:中华书局1986年版,第377页。

③ 孙中山:《在广州商团及警察联欢会的演说》,《孙中山全集》第9卷,北京:中华书局1986年版,第62页。

后，但由于受到后来的二次革命、护国运动和护法运动影响，孙中山真正从事《实业计划》写作是他第一次护法运动受挫，离开广州到上海以后，开始写于1918 年，完稿于 1919 年，原为英文稿。1919 年 8 月 1 日，孙中山指派胡汉民等人于上海创办《建设》杂志。《建设》杂志由胡汉民、汪精卫、戴季陶、朱执信、廖仲恺五人组成建设社编辑出版，胡汉民为总编辑，该杂志从第 1 卷起，连载孙中山《实业计划》中文译稿。译者为廖仲恺、朱执信、林云陔和马君武。该书涉及的范围极广，规模宏大，为中国实业建设的重要蓝图。《实业计划》要目有十：①交通之开发；②商港之开辟；③铁路及新式市街之建设；④水力之发展；⑤冶铁、制钢及大工厂之建设；⑥矿业之发展；⑦农业之发展；⑧蒙古、新疆之灌溉；⑨中国北部及中部之森林建设；⑩东三省、蒙古、新疆、青海、西藏之移民。①《实业计划》的正文有 11.3 万余字，除"序言"、"篇首"和"结论"之外，主体内容包括六大计划。除因人才问题不属于"实业"而未列入计划外，孙中山把地、物、货三者分解为包罗 33 个部门、141 个方面又 24 个点的六大计划来加以科学的论证和规划，所论的内容涉及经济建设的方方面面，是孙中山关于中国工业近代化建设理论与实践相结合的最富于创造性的光辉著作。②

《实业计划》原名《国际共同发展中国实业计划》。孙中山在 1921 年 10 月 10 日《实业计划》中文版序中强调，在"欧战甫完之夕"，始从事该书的研究和写作，是为了"利用战时宏大规模之机器及完全组织之人工，以助长中国实业之发达，而成为我国民一突飞之进步，且助各国战后工人问题之解决"。"将来各国欲恢复其战前经济之原状，尤非发展中国之富源，以补救各国之穷困不可也。然则中国富源之发展，已成为今日世界人类之至大问题，不独为中国之利害而已也。惟发展之权操之在我则存，操之在人则亡，此后中国存亡之关键则在此实业发展之一事也。吾欲操此发展之权，则非有此智识不可。"可见，孙中山是从世界的视角去审视中国实业发展的重要性，并明言"此书为实业计划之大方针，为国家经济之大政策而已。至其实施细密计划，必当再经一度专门名家之调查，科学实验之审定，乃可从事，故所举之计划，当有种种之变更改良，读者幸毋以此书为一成不易之论，庶乎可"。③

《实业计划》虽宏大精细，但有的计划比较粗糙，有些设想也缺乏科学性，但无疑它是近代中国唯一就中国经济、社会发展所做的具有前瞻性、导向

---

① 参见陈锡祺主编：《孙中山年谱长编》下册，北京：中华书局 1991 年版，第 1192~1193 页。
② 林家有著：《孙中山与中国近代化道路研究》，广州：广东教育出版社 1999 年版，第 513 页。
③ 孙中山：《建国方略之二：实业计划（物质建设）中文版自序》，黄彦编：《孙文选集》上册，广州：广东人民出版社 2006 年版，第 106~107 页。

性、指导性的原则规划，它内容丰富，所提到的发展中国实业的原则、方针、政策和方案对今日中国的现代化建设仍有借鉴和指导性的意义。

（二）孙中山发展经济与社会建设的主张

孙中山在《实业计划》及其中英文版序言和结论中对中国经济与社会的发展提出了许多具有重大意义的原则性意见，他的主张无疑带有指导性和超前性。

第一，《实业计划》是指导国家资本主义建设的大方针。

孙中山民生主义的本意是打破经济、社会地位的不平等，实现人民的均富和社会和谐，其方法包括平均地权、节制资本和发达国家资本主义。孙中山的《实业计划》就是发展国家资本主义的蓝图，而发展国家资本主义的主要办法，第一是发展交通，第二是发展农业和矿业，第三是发展工业。孙中山认为："以农为经，以商为纬，本末备具，巨细毕赅，是即强兵富国之先声，治国平天下之枢纽也。"① 一国之中，无论其土地大小，人口多寡，"其生产力强者国常富"。② 所以，孙中山强调："国人苟能多一实业，则国家多一份之富力"③，中国"实业之发展，不仅为政治进步之所必需，实亦为人道之根本"④。把发展实业作为中国长治久安和文明进步之道，便是孙中山制订《实业计划》、发展中国实业的基本思想。

孙中山说："夫吾人之所持民生主义者，非反对资本，反对资本家耳，反对少数人占经济之势力，垄断社会之富源耳。试以铁道论之，苟全国之铁道皆在一二资本家之手，则其力可以垄断交通，而制旅客、货商、铁道工人等之死命矣。土地若归少数富者之所有，则可以地价及所有权之故，而妨害公共之建设。平民将永无立锥地矣！苟土地及大经营皆归国有，则其所得，仍可为人民之公有。"⑤ 所以，孙中山强调："国家一切大实业，如铁道、电气、水道等皆归国有，不使一私人独享其利。"⑥ "凡天然之富源，如煤铁、水力、矿油等，

---

① 孙中山：《农功》，《孙中山全集》第 1 卷，北京：中华书局 1981 年版，第 6 页。
② 孙中山：《在杭州督军署宴会上的演说》，《孙中山全集》第 3 卷，北京：中华书局 1983 年版，第 342 页。
③ 孙中山：《在沪金星公司等欢送两院议员会上的演说》，《孙中山全集》第 3 卷，北京：中华书局 1983 年版，第 332 页。
④ 孙中山：《在东京实业家联合会的演说》，《孙中山全集》第 3 卷，北京：中华书局 1983 年版，第 19 页。
⑤ 孙中山：《在上海南京路同盟会机关的演说》，《孙中山全集》第 2 卷，北京：中华书局 1982 年版，第 338 页。
⑥ 孙中山：《在南京同盟会会员饯别会的演说》，《孙中山全集》第 2 卷，北京：中华书局 1982 年版，第 323 页。

及社会之恩惠，如城市之土地，交通之要点等，与夫一切垄断性质之事业，悉当归国家经营，以所获利益，归之国家公用。"① 总之，"铁路、矿山、森林、水利及其他大规模之商业，应属于全民者，由国家设立机关经营管理之，并得由工人参与一部分之管理权"②。孙中山的意思很明白很清楚，就是凡国内大规模之实业，如土地、铁路、矿山、森林、水利、电气，以及各种大型的工商企业属于全民，必须由政府管理，通过国家管理资本，发展国家资本，制造国家资本，解决国家的发展和社会不公、贫富差异的弊端，使国家实业所获之利为国民所享，避免西方社会贫富不均的矛盾，解决中国社会稳定和国家长治久安的根本问题。

建设之首要在民生。只有实业陆续发达，收益才多，国家富有了，则教育、养老、救灾、治疗，及夫改良社会、励进文明，才可能举办。"民生充裕、国势不摇、而政治乃能活动。"③ 所以，孙中山一再强调，他的实业计划"以获利为第一原则"，首先是发展关键及根本工业，"注重于铁路、道路之建筑，运河、水道之修治，商港、市街之建设。盖此皆为实业之利器，非先有此种交通、运输、屯集之利器，则虽全具发展实业之要素，而亦无由发展也。其次则注重于移民垦荒、冶铁炼钢。盖农矿二业，实为其他种种事业之母也。农、矿一兴，则凡百事业由之而兴矣。"④ 为此，孙中山坚持四个原则："一、必选最有利之途以吸外资。二、必应国民之所最需要。三、必期抵抗之至少。四、必择地位之适宜。"根据上述原则，孙中山在《实业计划》中，开列发展国家资本主义的计划如下：（一）筑北方大港于直隶湾；（二）建铁路系统，起北方大港，迄中国西北极端；（三）移民蒙古、新疆；（四）开浚河，以联络中国北部、中部通渠及北方大港；（五）开发山西煤铁矿源，设立制铁、炼钢工厂。⑤

由此可见，孙中山的《实业计划》是根据中国的经济和自然条件，对中国实业发展做一个具体的规划，这是他长期从事探索发达国家发展经济、研究经济理论的成果，也是他在探讨政府与经济活动关系时，认识到公益即国营经济在中国经济发展中的重要地位的结果。《实业计划》首先是孙中山发展国营

---

① 孙中山：《中国实业如何能发展》，《孙中山全集》第5卷，北京：中华书局1985年版，第135页。
② 孙中山：《中国国民党宣言》，《孙中山全集》第7卷，北京：中华书局1985年版，第4页。
③ 孙中山：《致宋教仁函》，《孙中山全集》第2卷，北京：中华书局1982年版，第404页。
④ 孙中山：《中国实业如何能发展》，《孙中山全集》第5卷，北京：中华书局1985年版，第134页。
⑤ 参见孙中山：《建国方略之二：实业计划（物质建设）》，黄彦编：《孙文选集》上册，广州：广东人民出版社2006年版，第116~117页。

企业，改变中国经济和民生的落后和困厄，使国家富裕，由政府掌控国家财富以发展社会事业，使人民的生计得到解决，从根本上解决中国社会问题，实现他的民生主义中一个带有指导性意义的建设大方针。

第二，《实业计划》是发展特色经济，建设中国社会的大政策。

孙中山在《实业计划》英文版成书后一再声明："吾之所为计划，材料单薄，不足为具体之根据，不过就鄙见所及贡其粗疏之大略而已；增损而变更之，非待专门家加以科学之考查及实测，不可遽臻实用也。""弥缝补苴道，使成尽美尽善之伟大计划，是所望于未来之专门家矣。"① 孙中山的《实业计划》英文版成书后，由蒋梦麟、余日章、朱友渔、顾子仁、李耀邦等人校阅稿本，经朱执信、廖仲恺、林云陔、马君武等人译为中文出版后便在国内广为流行。

《实业计划》共有六个计划，重点是规划中国的铁路、港口建设，发展衣食住行、工业及开发各种矿产，通过发展特色经济，实现手工业向机器工业转型，即"既废手工采机器，又统一而国有之"，用机器经营农业、矿业，增加农产品产量，以及"以出其丰富之矿产，以建其无数之工厂，以扩张其运输，以发展其公用事业"。② 很明显，孙中山的《实业计划》就是通过对全国经济发展的远景和近期的经济做一个发展的大计划，通过发展个体经济和国营经济，初步实现中国的工业化与城市化，从而促使中国社会改变贫困落后的面貌，解决民生和社会的种种问题。

孙中山制定的《实业计划》，第一、二、三、四计划都是规划发展中国的交通，建设北方大港、东方大港、南方大港，建设中央铁路系统、东南铁路系统、东北铁路系统，扩张西北铁路系统、高原铁路系统，整治扬子江（即长江），改良广州水路系统，以及相应发展机车制造业，开办客货车制造厂，开发直隶、山西煤铁矿源，设立制铁炼钢、创建大士敏土厂（即水泥厂），建设内河商埠、沿海商埠及渔业港，使中国的东西南北中都建立起基础工业（即根本或关键工业），为中国的工业化打下强固基础。第五计划是根据中国的自然与地理条件在不同地区发展粮食、服装、居室、行动、印刷工业，以及煤矿、铁矿、油矿、铜矿的开采和冶炼，这些都是地方的特色经济，通过发展特色经济来带动地方农业、工商业和城镇的发展。比如在《实业计划》第二计划中，孙中山就规划了在扬子江两岸建设商埠，"以整治长江工程完成之后，

---

① 孙中山：《建国方略之二：实业计划（物质建设）纽约英文版序》，黄彦编：《孙文选集》上册，广州：广东人民出版社2006年版，第110页。

② 孙中山：《建国方略之二：实业计划（物质建设）绪论》，黄彦编：《孙文选集》上册，广州：广东人民出版社2006年版，第112页。

水路运送所费极廉,则此水路通衢两旁成为实业荟萃之点,而又有此两岸之廉价劳工附翼之,则即谓将来沿江两岸转瞬之间变为两行相连之市镇,东起海边、西达汉口者,非甚奇异之事也。此际应先选最适宜者数点,以为获利的都市发展"。依此设想,孙中山将发展镇江及其北岸、南京及浦口、芜湖、安庆及其南岸、鄱阳港和武汉作为重点。①

在《实业计划》的第三计划中,为配合改良广州为一个世界港——南方大港,改良广州水路系统,以及建设西南铁路系统的同时,孙中山又规划和提议在中国沿海地区建设沿海商埠及渔业港、造船厂等。孙中山的意见是必须建四个二等海港、九个三等海港及十五个渔业港。四个二等海港分别是营口、海州、福州和钦州。九个三等海港,自北至南依次为葫芦岛、黄河港、芝罘(烟台别称)、宁波、温州、厦门、汕头、电白、海口。除为渔业便利设立上述渔业港外,孙中山还主张在北方奉天、直隶、山东三省海岸设五个渔业港,即安东(即今丹东市)、海洋岛、秦皇岛、龙口、石岛港;在东部的江苏、浙江、福建三省海岸设新洋港、吕四港、长塗港、石浦、福宁、湄州港;在南部广东及海南岛海岸设汕尾、西江口、海安、榆林港。这些渔港北起于丹东,南止于广西之钦州,将全中国的海岸线连接起来,发展中国的海洋渔业。②

《实业计划》第五计划,重点是规划发展本部工业,包括与民生关系密切的粮食工业、服装工业、居室工业(即房地产业)、行动工业和印刷工业,所有这些工业都要因地制宜,选择材料与市场相近者为之,比如茶叶、丝、棉、毛、兽皮业,最好在产区设立科学局(所)指导农民生产,采用新技术开采种种相关的原材料,采用新机器生产物价低廉的优质产品,解决国民的需求和出口。又比如居室工业,孙中山说:"就中国之居室工业论,雇主乃有四万万人,未来五十年中至少需新居室者有五千万,每年造屋一百万间,乃普通所需要也。……故居室工业为国际计划中之最大企业,且为其最有利益之一部分。吾所定发展居室计划,乃为群众预备廉价居室。"基于这个原因,孙中山建议各地应根据具体情况,发展以建筑材料、家具及家用物之供给工业。③

《实业计划》第六计划是就农业与矿业的发展关系作了规划。"矿业与农业,为工业上供给原料之主要源泉也。矿业产原料以供机器,犹农业产实物以供人类。故机器者实为近代工业之树,而矿业者又为工业之根。如无矿业,则

---

① 孙中山:《建国方略之二:实业计划(物质建设)》,黄彦编:《孙文选集》上册,广州:广东人民出版社2006年版,第156~157页。
② 孙中山:《建国方略之二:实业计划(物质建设)》,黄彦编:《孙文选集》上册,广州:广东人民出版社2006年版,第199~209页。
③ 孙中山:《建国方略之二:实业计划(物质建设)》,黄彦编:《孙文选集》上册,广州:广东人民出版社2006年版,第275~276页。

机器无从成立；如无机器，则近代工业之足以转移人类经济之状况者，亦无从发达。总而言之，矿业者为物质文明与经济进步之极大主因也。"① 所以，孙中山在这个计划中，重点是将发展铁、煤、油、铜等矿业与建立相应的工厂结合起来，在广州设立铁厂，在四川、云南等地开采铁矿、设立钢铁工厂。此外，新疆、蒙古、青海、西藏各地铁矿丰富，但尚未开采，计划开发相应矿产；四川、甘肃、新疆、陕西已发现油矿，云南、四川与扬子江一带是盛产铜矿之区，但都由于中国当时条件的局限尚未开采。黑龙江的漠河金矿、云南个旧锡矿、新疆和阗玉矿，有的为人民开采，有的为政府开采。所以，孙中山在计划中拟通过引进外资外才依国际发展计划再行开采，由中央机关管理，开发这些地区的矿产，促进这些地区的经济发展。

总之，孙中山认为，"发展中国工业，不论如何，必须进行"。"夫物质之标的，非私人之利益，乃公共之利益。而其最直接之途径不在竞争，而在互助。"孙中山说："前之六大计划，为吾欲建设新中国之总计划之一部分耳。简括言之，此乃吾之意见，盖欲使外国之资本主义以造成中国之社会主义，而调和此两种人类进化之经济能力，使之互相为用，以促进将来世界之文明也。"②

第三，《实业计划》是实现民族团结、国家统一的大愿景。

我国地大物博，人口众多，但发展不平衡。地大是我国少数民族居住和生息的地方大，人口众多是汉族人口众多。汉族居住在中原经济条件和发展比较好的地区，然而少数民族地区由于交通不便，科技不发达，阻碍了经济的发展。为了使少数民族地区同汉族地区的发展能够同步进行，或以先进地区带动后进地区的发展，孙中山在《实业计划》中对我国少数民族地区经济发展的重要性给予特别的关注，这说明孙中山对民族团结和国家统一的重视。孙中山在《实业计划》拟订铁路系统建设时就充分考虑到铁道、港口建设与移民东三省、蒙古、新疆、青海、西藏结合起来，通过发展交通改善中国少数民族地区的经济条件，将内地稠密的人口向蒙古、新疆地区迁移。这一方面可以加强内地与少数民族地区的联系，形成你中有我、我中有你的民族关系，通过发展少数民族地区的经济、文化和教育，缩小地区差别，加强民族团结；另一方面，通过移民开辟新的经济生活区，在中国与俄国相邻之地和与英国殖民地毗邻地区造铁路，守以重兵，仿古人屯田之法，保卫边疆，抗御列强的侵略。

---

① 孙中山：《建国方略之二：实业计划（物质建设）》，黄彦编：《孙文选集》上册，广州：广东人民出版社2006年版，第280页。

② 孙中山：《建国方略之二：实业计划（物质建设）》，黄彦编：《孙文选集》上册，广州：广东人民出版社2006年版，第289～290页。

孙中山强调：我国西北及蒙古游牧之区，土旷人稀，急待开发。所以，沿海、沿江各地稠聚人民，必须移民蒙古、天山一带从事垦殖。移民蒙古、新疆，实为铁路计划之补助。"一区之移民为数已足时，应授以自治特权，每一移民应施以训练，俾能以民主政治的精神，经营其个人局部之事业。假定十年之内，移民之数为一千万，由人满之省徙于西北，垦发自然之富源，其普遍于商业世界之利益当极浩大。"孙中山还主张中国当时应裁兵数百万，如将百余万之兵，移民到北方大港与多伦诺尔（今内蒙古自治区锡林郭勒盟，其县城为多伦淖尔镇）垦荒，建设新的经济生活区，这不仅解决了散兵无以安置的困难，对于开垦蒙古地区和发展当地经济的作用也很大。①

在规划建设西南铁路系统时，孙中山的主张是以广州和南方大港为中心，将四川、贵州、广西、西藏及广东、湖南一部作为一个经济区，把铁路由广州向广西、贵州、云南、四川、西藏辐射，将开发这些地区丰富的矿产和其他物产向广州及西南的邻国越南、缅甸运送，获取丰厚的利益作为繁荣这些地区的经济和城镇建设之所需。孙中山说："西部与西藏交界之处，平均高至一万英尺以上。"在这个地区修建铁路工程困难较大，比之西北平原铁路系统艰难乃至数倍，多数隧道与凿山路须行开凿，建筑之费，当为中国各路之冠。②但因为高原境域，包括西藏、青海、新疆，与甘肃、四川、云南等地方，皆有最富之农产及最美之牧场，矿藏资源又极丰富，尤其是金、铜矿产，世界罕有，必须修建拉萨至兰州、拉萨至成都、拉萨至大理、拉萨至提郎宗（今德让宗）、拉萨至亚东、拉萨至吉雅令（今西藏札达县）、拉萨至诺和（今西藏日土县）、拉萨至于阗、成都至宗札萨克（位于柴达木河畔，今青海海西蒙古族藏族自治州）、成都至门公（今西藏芒康县）等铁路线。③

由上述可见，孙中山的实业计划非常重视少数民族地区、边疆地区的建设和发展，通过发展交通将内地和边疆地区联结起来，形成立体的交通网络，解决中国经济发展的不平衡所带来的地区差异和民族之间的贫富差距。所以，孙中山的《实业计划》不仅是经济、社会发展的规划，也是关系到中国的民族团结和国家统一、国防建设的重大计划。

第四，《实业计划》是国际共同开发中国富源，造福人类，达到"大同之治"的伟大理想。

---

① 孙中山：《建国方略之二：实业计划（物质建设）》，黄彦编：《孙文选集》上册，广州：广东人民出版社2006年版，第129页。

② 孙中山：《建国方略之二：实业计划（实业建设）》，黄彦编：《孙文选集》上册，广州：广东人民出版社2006年版，第191页。

③ 参见孙中山：《建国方略之二：实业计划（实业建设）》，黄彦编：《孙文选集》上册，广州：广东人民出版社2006年版，第257~264页。

1920年7月20日,孙中山在《实业计划》上海英文版序文中说:"欧战甫毕,吾即从事于研究中国实业之国际开发,而成此六种计划。吾之所以如是亟亟者,盖欲尽绵薄之力,以谋世界和平之实现也。夫以中国幅员之广,达四百二十八万九千平方英里,人口之众今有四万万,益以埋藏地下之富饶矿产及资源雄厚之农产,遭受军事资本之列强觊觎,已成俎上肥肉,其争夺之激烈,远甚于彼端之巴尔干。中国问题苟一日不加和平解决,则另一世界战争不可免除,且其战区之广袤与战斗之惨烈,实非甫寝之前役所可比拟。故欲解决此问题,窃以为当拟定方案,实行国际共同开发中国之丰富资源,发展中国之实业,方为上策也。若此策果能实现,则大而世界,小而中国,莫不受其利,吾理想中之结果,可以打破列强分割之势力范围,消灭现今之国际商战及资本竞争之内讧,最后消除劳资之阶级斗争,如此则关乎中国问题之战端得以永久根除矣。"[①] 在《实业计划》的结论中,孙中山又指出:"世界有三大问题,即国际战争、商业战争与阶级战争是也。在此国际发展实业计划中,吾敢为此世界三大问题而贡一实行之解决。""为和平而利用吾笔作此计划,其效力当比吾利用兵器以推翻满清为更大也。"[②] 孙中山的目的是利用第一次世界大战结束后的国际形势,与外国签订平等互利的合作条约,协助中国发展实业,开发天然物产,解决世界为土地而争、为食物而争、为原料而争将再出现的世界性问题。孙中山指出,如果这个计划得以实现,"世界祸根可以永远消灭,而世界人类生活之需要亦可得一绝大之供给源流,销兵气为日月之光,化凶厉于祯祥之域"。[③]

由此可见,孙中山在第一次世界大战结束之前写作《实业计划》,是欲利用战时宏大规模之机器及完全组织之人工,以助长中国实业之发达,促使中国进步,而且可以帮助各国解决战后恢复经济和生活的问题。可见,孙中山是站在国际主义立场上来考虑中国的开发的,通过发展中国的经济不仅是为了解决中国的问题,也是为了解决世界人类的社会问题。他撰写《实业计划》一书就是教导国人掌握时机,掌控发展权,"庶几操纵在我,不致因噎废食,方能泛应曲当,驰骤于今日世界经济之场,以化彼族竞争之性,而达我大同之治

---

① 孙中山:《建国方略之二:实业计划(物质建设)上海英文版序》,黄彦编:《孙文选集》上册,广州:广东人民出版社2006年版,第107~108页。
② 孙中山:《建国方略之二:实业计划(物质建设)》,黄彦编:《孙文选集》上册,广州:广东人民出版社2006年版,第286~287页。
③ 孙中山:《建国方略之二:实业计划(物质建设)纽约英文版序》,黄彦编:《孙文选集》上册,广州:广东人民出版社2006年版,第109~110页。

也"①。经济是国家的实力,国家的发展、社会的进步和繁荣靠的是经济,所以通过发展经济来推进政治的改良,以发展文化、教育和社会事业解决社会的稳定和人民的民生问题,是孙中山的伟大理想,也是他所面对的现实问题。

综观孙中山的《实业计划》,不仅表现出孙中山的世界眼光和雄伟的气魄,也是他理想与智慧相结合的结晶。在第一次世界大战即将结束的时候,孙中山抓住时机,转变革命救国的思维和观念,从革命救国转变为实业救国,通过制订宏大的发展计划,号召国人团结起来发展经济,实现中国的富强,以解决世界为争夺资源产生的矛盾、纷争,以及缓解中国工人的就业问题给中国带来的困扰。所以孙中山的《实业计划》不仅是他为中国的工业发展描绘了一幅令人神往的建设蓝图,更重要的是他提出了在平等互利的原则下与世界各国签订共同发展中国的计划,实行开放政策,利用外资外才发展中国经济,从而开辟了近代中国改革和开放政策的先例。而通过引进外国的资本、技术和人才发展中国经济,不仅解决了中国这样一个贫穷落后的国家发展经济的困难,为中国找到了一条在坚持主权独立的前提下开放经济、平等竞争的符合中国实际的发展道路,而且也为世界各国在尊重国家主权的原则下开展对话、合作,共同发展、共同获利的经济合作模式创造条件。可见,孙中山的《实业计划》是建设中国和谐社会,解决人民生活,实现社会稳定、民族团结、祖国统一的带有指导性的大方针、大政策、大愿景和大理想,是他为"谋世界和平之实现"和中国社会发展所作出的一个重大贡献。

二、孙中山民生社会史观的正确诠释

(一) 孙中山民生史观的内涵

孙中山的民生史观来源于他的民生主义,民生主义来源于孙中山为中国同盟会制定的"驱除鞑虏,恢复中华,创立民国,平均地权"十六字纲领。

1905 年 8 月 20 日,中国同盟会成立于日本东京。同盟会的成立,以及正式通过的同盟会章程,确立本会"以驱除鞑虏、恢复中华、创立民国、平均地权为宗旨",自觉地承担了作为领导全国反清革命中心的历史使命,标志着中国正规的由革命政党领导的民主革命的开始,也为辛亥革命的胜利奠定了基础。

中国同盟会非常重视舆论工作,而其机关报《民报》在宣传和发动民众

---

① 孙中山:《建国方略之二:实业计划(物质建设)中文版自序》,黄彦编:《孙文选集》上册,广州:广东人民出版社 2006 年版,第 106~107 页。

参加反清革命中所发挥的作用也是巨大的，其他国内外同时创办的各种报刊都不能与其相比。

《民报》的前身是由两湖地区留日学生创办的《二十世纪之支那》杂志，同盟会接办后，改名为《民报》。《民报》的意思就是"人民"报，暗寓孙中山倡导的民族、民权、民生"三民主义"为同盟会的革命宗旨，《民报》的职责就是向"人民"宣传"三民主义"。

民族、民权、民生"三民主义"的提出是孙中山能够成为辛亥革命领袖的重要原因。"三民主义"是他根据当时中国的国情提出来解决中国社会问题的基本纲领，即实现中国的民有、民治与民享。《中国同盟会总章》规定"驱除鞑虏"、"恢复中华"、"建立民国"和"平均地权"四纲的具体内容，前三纲同盟会员几无异议，唯有"平均地权"一语置疑者不少。据邹鲁在《中国同盟会》一文中所说，在讨论同盟会政纲时，"颇有置疑于'平均地权'一语者，经总理详加解释，遂无异议通过"。孙中山如何解释？据冯自由回忆：中国同盟会会员假座于日本东京赤阪区桧町内田良平宅开会讨论孙中山提议用"驱除鞑虏，恢复中华，创立民国，平均地权"之十六字为誓约时，在座会员有数人对于"平均地权"有疑义，并要求取消。孙总理乃起而演讲世界各国社会革命之历史及其趋势，谓"现代文明国家最难解决者，即为社会问题，实较种族政治二大问题同一重要。我国虽因工商业尚未发达，而社会纠纷不多，但为未雨绸缪计，不可不杜渐防微，以谋人民全体福利。欲解决社会问题，则平均地权之方法，乃实行之第一步。本会系世界最新之革命党，应立志远大，必须将种族政治社会三大革命，毕其功于一役"等语。孙中山"剀切解释，至一小时之久，众始无言"①，众无言不等于统一认识，只是暂时不争论罢了，而且这一问题一直延续到民国之后。

"平均地权"只是民生主义的一部分，不得谓"平均地权"即民生主义。1905年11月26日《民报》创刊，孙中山为《民报》撰写《发刊词》，公开提出："余维欧美之进化，凡以三大主义：曰民族，曰民权，曰民生。罗马之亡，民族主义兴，而欧洲各国以独立。洎自帝其国，威行专制，在下者不堪其苦，则民权主义起。十八世纪之末，十九世纪之初，专制仆而立宪政体殖焉。世界开化，人智益蒸，物质发舒，百年锐于千载，经济问题继政治问题之后，则民生主义跃跃然动。二十世纪不得不为民生主义之擅场时代也。"并说："三大主义皆基本于民"，"吾国治民生主义者，发达最先，睹其祸害于未

---

① 孙中山：《建国方略之二：实业计划（物质建设）中文版自序》，黄彦编：《孙文选集》上册，广州：广东人民出版社2006年版，第106~107页。

萌，诚可举政治革命、社会革命毕其功于一役"。① 从此时起，三民主义成为革命党人指导革命的纲领，学人则谓其为"学说"。据胡汉民说，这篇《发刊词》是由孙中山口授，由他执笔撰写。邓慕韩记："一日，请国父撰一发刊词，以冠篇首。国父慨然允诺，受命汉民纪录其意，曰：吾国定名民国，党曰民党，权曰民权；现欲将吾平日所提倡之种族革命，政治革命，社会（亦名经济）革命，以一民字贯之。种族则拟为民族，政治则拟为民权，社会则尚未能定。当时座中各有献议，均未能当。余无意中提出吾国常用国计民生，可否定民生，众均曰善。遂以社会革命定名民生。由是民族、民权、民生三大主义之名词，于《民报》发刊词确定之。"②

从孙中山的民生主义确立为中国同盟会的三大纲领之一至现在已一百多年了。一百多年来，学术界发表了多少有关孙中山民生主义研究的成果，无法统计，总的印象是，研究得相当深入了，学术水平也很高，要想在民生主义研究上有所超越已经相当不容易了。但是否到了无文可做、无话可说了呢？那也不尽然。1925 年 3 月孙中山逝世后，他的全部著述，都是他留下的思想遗产，成为人们研究的依据。但是研究者见仁见智，互有分歧，尤其是对孙中山三民主义中的民生主义分歧尤甚。由民生主义引起的民生史观的争议，主要是想说明孙中山的民生史观同马克思主义的唯物史观相异或者相同。1924 年 1 月，在中国国民党第一次全国代表大会期间就有人向民生主义发难，但经孙中山解释后暂时将异议搁置，然而问题并未解决，会后又有人将问题提起，并将其与共产党人信奉的唯物史观扯在一起。将孙中山的民生史观视为仁爱的唯心史观的戴季陶，在 1925 年孙中山逝世后撰写《孙文主义之哲学的基础》，将孙中山的基本思想概括为"仁爱"，即唯心，并非唯物。他说："民生为宇宙大德之表现，仁爱即民生哲学之基础，其他一切道德，皆不外由此派生完成仁爱之用而已。"随后周佛海、萨孟武也指出，既然"民生，是社会进化的重心，生存技术，又为民生的重心了"。周佛海的技术史观明显倾向于唯物史观。与戴季陶相反，胡汉民不同意戴氏的唯心说，但他比戴季陶更反对唯物主义，他提出了所谓以"生"为体、以"心"为用的心物说。戴季陶的《孙文主义之哲学的基础》、胡汉民的《三民主义之连环性》、周佛海的《三民主义之理论的体系》，以及陈立夫的《唯生论》，刘炳藜、叶青、张铁君等人的《心物综合论》等文章就孙中山的民生史观作解读。周佛海随后又创办《新生命》周刊，

---

① 《民报》第 1 号，又见张枬、王忍之编：《辛亥革命前十年间时论选集》第 2 卷，上册，北京：生活·读书·新知三联书店 1963 年版，第 81~82 页。

② 邓慕韩：《追随国父之回忆》，《三民主义半月刊》第 10 卷第 3 期；陈锡祺主编：《孙中山年谱长编》上册，北京：中华书局 1991 年版，第 363 页。

该刊自第 1 卷第 11 期刊登《三民主义的本体》一文后，引起对孙中山民生主义有无本体及民生史观是唯心还是唯物的争论。就国民党方面看，尽管各人谈论问题的角度不同，但都是说孙中山的民生史观与马克思主义的唯物史观不同，不能认为孙中山的民生史观是唯物主义的，因而他的民生主义与社会主义（或共产主义）不同。很明显，他们都是打着解读孙中山思想的招牌，贩卖反马克思主义、反共的思想。但是，三民主义的核心内容是什么？民生主义的根本精神是什么？国民党理论界莫衷一是，各说各的，因此他们虽然提出要对孙中山的思想作出正确的解释，在党内建立"共信"，但这个"共信"长期以来都无法建立，这是国民党的悲哀。他们借解读孙中山的民生史观来反共，[①] 自然遭到共产党人的批驳。1925 年 8 月 30 日，陈独秀致函戴季陶，将他与谢持、冯自由、马素、邓家彦列为"排除共产派运动"的代表人物，并指出戴季陶排除共产派的根本理论及批评共产派的态度都是错误的。对于戴季陶指责共产党人"争得一个唯物史观，打破了一个国民革命"的说法，陈独秀指责戴氏的"仁爱之心"是欺骗群众的谬论。因为"凡是一个社团之形成，必有他的理想共同点，就是他的利害共同点，为之维系，你所认共信，也不外此物。国民党的共信，只对外谋民族解放，对内谋政治自由，换句话说，就是打倒帝国主义打倒军阀。三民主义仅仅是一抽象名词，也可以做国民党的共信，倘加以具体的解释，便不能成为公信，因为具体地解释三民主义，不能免阶级的共同见地；无产阶级的阶级争斗说不能做国民党的共信，资产阶级的劳资调协说也不能做国民党的共信，因为国民党不是一阶级的党"。又说：戴先生"一面斥共产党是寄生政策，是不能完全信仰三民主义的异端，提议学从前奥匈国的组织，质之即是党外的合作，使中国国民党自己有自己的组织理论和策略，都完全自成统系。所谓自成统系，不用说是一面向右排斥革命，一面向左排斥共产党。在右派（代表官僚及地方买办阶级）与共产派（代表工农阶级）之间，左右开刀，中峰特起，自然是立在民族的资产阶级地位"。[②] 1927 年 2 月，陈独秀又发表《三民主义信徒的双包案》，揭露戴季陶所谓"三民主义信徒"，其实是左右不是人的"双包案"[③]。陈独秀对于国民党的戴季陶

[①] 参见杨玉清：《解放前孙中山三民主义思想研究浅略述评》，《回顾与展望——国内外孙中山研究述评》，北京：中华书局 1986 年版，第 208 页；张军民：《从〈新生命〉月刊看国民党理论界对三民主义本体的讨论》，胡春惠、周惠民主编：《两岸三地研究生视野下的近代中国研讨会论文集》，台北政治大学历史学系、香港珠海书院亚洲研究中心 2000 年刊印，第 93～109 页；张军民：《孙中山民生史观的精神内核与性质归属》，林家有、（日）高桥强主编：《理想·道德·大同——孙中山与世界和平国际学术研讨会论文集》，广州：中山大学出版社 2001 年版，第 313～332 页。

[②] 《陈独秀致戴季陶》，《向导》周报第 129、130 期；又见水如编：《陈独秀书信集》，北京：新华出版社 1987 年版，第 391～402 页。

[③] 参见王光远编：《陈独秀年谱》，重庆：重庆出版社 1987 年版，第 248 页。

等人借诠释、解读孙中山的三民主义，歪曲孙中山民生主义作为反对马克思主义的唯物史观，反对阶级斗争的实质作了明确的揭露。同时，瞿秋白、蔡和森等人也发表相关的批驳国民党人排斥共产党人的文章。随后，董必武、张闻天、王稼祥、吴黎平等共产党人纷纷发表文章给予驳斥。共产党人从《中国国民党第一次全国代表大会宣言》对三民主义的解释论证孙中山三民主义思想的真义。董必武说："孙中山的三民主义是博大而欠精深的一部著作。"但孙中山在《中国国民党第一次全国代表大会宣言》中所解释的三民主义却是"伟大的"，是孙中山遗留给我们的"革命的三民主义"，他认为，如果孙中山"所说的民生主义如真能实现在经济落后的中国，也可以推动中国经济前进一大步"。"三民主义是共产主义的好朋友"，"我们是相信革命的三民主义的，自然，我们同时也相信共产主义"。① 张闻天也在《拥护真三民主义反对假三民主义》一文中指出：自从汪精卫、周佛海、陈公博公开成为汉奸之后，他们仍然恬不知耻地利用着孙中山先生的三民主义招牌，进行他们公开卖国的活动。他们把孙中山先生一切革命的主张与言论，都有意曲解为他们公开卖国的理论根据。我们共产党人拥护孙中山的真三民主义，反对假三民主义。所谓真三民主义，就是我们共产党人"历来认为三民主义乃是半殖民地半封建的中国，经过反帝反封建的统一战线政策（孙中山先生当时具体规定为联俄、联共、唤起农工的三大政策）以争取民族独立、民权自由、民生幸福的民主共和国的胜利的政治纲领"。② 值得注意的是，张闻天将孙中山的民生主义界定为实现"民生幸福"。吴黎平在《叶青的假三民主义就是取消三民主义》一文中指出，叶青是假冒"三民主义"招牌的托洛茨基分子，他口头上是讲什么"三民主义"，实际上正是三民主义的凶恶的敌人，叶青对三民主义的诠释，实质上是要取消三民主义。吴黎平指出，真三民主义的民生主义的主要内容是：（一）平均地权，"耕者有其田"；（二）节制资本，限制资本剥削，改善工人生活。"解决农民土地问题（耕者有其田）使农民脱出封建剥削的设施以及节制资本，限制资本主义剥削（如劳工法等），改善工人生活的设施，当然是资产阶级性民主革命的经济内容，而不是什么社会主义，因为社会主义是要推翻资本主义统治，剥夺剥削者，消灭资本家的生产手段的私有，消灭资本主义的以及一切的剥削制度，建立根据于社会公有生产手段之上的没有剥削制度的社会主义生产；而上述改善民生的设施，则并没有根本消灭资产阶级私有制度，而且在客观上反是造成有利于资本主义发展的条件的。"文章批判叶青的

---

① 董必武：《共产主义与三民主义》，《解放周刊》1937年6月14日第1卷第6期。
② 洛甫（张闻天）：《拥护真三民主义反对假三民主义》，《三民主义与共产主义》，自修出版社1939年版。

中国没有土地问题、没有封建剥削的观点，反对改善民生、反对工农劳动民众为了适应改善自己状况所进行的合理斗争的观点，以及叶青"民生主义是国家资本主义"、"国家资本主义不只是资本主义而且是社会主义"的观点。吴黎平也全面批判叶青取消民生主义的做法，指出其目的是取消民生主义作为解决我国工农及其他劳动大众的生计的政策，反对我国的民主革命。[①]

抗日战争时期，关于孙中山三民主义尤其是民生主义的争论，牵动到国共两党的高层，根本原因是孙中山的民生主义同社会主义究竟有无关系、有什么关系的问题。1939 年，蒋介石在《三民主义之体系及其实行程序》一文中说：孙中山三民主义的原理或哲学基础是"民生哲学"。"民生为历史的中心"，"社会问题是历史的重心，而社会问题又以人类生存问题为重心，民生问题就是生存问题"。所谓"民生"，依孙中山的话，就是"人民的生活，社会的生存，国民的生计，群众的生命"。蒋介石说：孙中山是要"根本除去足以妨碍人类生存的一切不良势力和现象，要铲除社会上的不平，要建设民有民治民享的国家，进而建立和平共存的大同世界"。蒋介石强调，持唯物主义观点的人，以为一部历史演变演进，完全依经济的生产方式而转移，某一时代的经济制度变更，或生产方式变更，历史亦随之而变，人类的活动完全受经济的支配是一种偏见，因为人类全部历史即是人类为生存而活动的记载，不仅仅是物质也不仅仅是精神。所以唯有以民生哲学为基础的民生史观，既不偏于精神，亦不偏于物质。唯有精神与物质并存，才能说明人生的全部与历史的真实意义。[②] 蒋介石上面的解释没有错，但他的本旨是要说明民生主义与社会主义（或称共产主义）不同，两个主义没有必然的联系，这是大错。

毛泽东在 1939 年 12 月发表《中国革命和中国共产党》一文，1940 年 1 月又发表《新民主主义论》，在这两篇重要文章中，毛泽东就中国社会、中国革命（新旧民主主义革命的关系，革命的任务和前途），以及新民主主义的政治、经济、军事、文化等各种问题发表意见。在谈到旧三民主义和新三民主义的关系时，毛泽东指出："我们共产党人承认'三民主义为抗日民族统一战线的政治基础'，承认'三民主义为中国今日之必需，本党愿为其彻底实现而奋斗'，承认'共产主义的最低纲领和三民主义的政治原则基本上相同'。"但毛泽东强调这种三民主义"乃是孙中山先生在《中国国民党第一次全国代表大会宣言》中所重新解释的三民主义"，只有孙中山在国民党"一大"宣言中解释的三民主义"才是真三民主义，其他都是伪三民主义"，只有《中国国民党

[①] 参见吴黎平：《叶青的假三民主义就是取消三民主义》，《三民主义与共产主义》，自修出版社 1939 年版。

[②] 参见蒋介石：《三民主义之体系及其实行程序》，《中国青年季刊》1939 年 9 月 30 日创刊号。

第一次全国代表大会宣言》里对于三民主义的解释才是"真释",其他一切都是"伪释"。① 毛泽东指出:"三民主义和共产主义两个主义比较起来,有相同的部分,也有不同的部分。"相同部分,就是两个主义在中国民主革命阶段的政纲基本上相同;不同部分除了政纲不完全相同外,在有无社会主义革命阶段和革命的彻底性方面也不同,但其最主要的不同是宇宙观不同。"共产主义的宇宙观是辩证唯物论和历史唯物论,三民主义的宇宙观则是所谓民生史观,实质上是二元论或唯心论,二者是相反的。"②

由此开端,国共两党和依附于两党或与两党有大致相同观点的知识分子,对于孙中山的三民主义有无新旧之分,新旧三民主义的内涵是什么,孙中山的三民主义有无"真假",何为真何为假,尤其是对孙中山的民生史观是二元论还是唯心论的争议延续至今,几达百年。

从政治层面看,国共两党对孙中山三民主义的争论,尤其是对民生史观的争论,具有明显的政治目的,国民党及托派分子是要说明民生主义与社会主义没有直接关系,企图从孙中山的遗教中找寻反共、反对国共合作的理由。共产党方面,是从革命的实际需要出发,指出孙中山的三民主义是当时所必需,社会主义与三民主义有相同,也有不同,所以民主革命与社会主义革命有相同,也有不同,因为共产党人在民主革命时期与国民党有合作的政治、经济基础,所不同的是目标不同、建设未来社会的方法不同,并以《中国国民党第一次全国代表大会宣言》重新解释了的三民主义作为检验真假三民主义的标准,符合中国国民党"一大"宣言重新解释的为真三民主义,否则即属假三民主义。共产党人这样做的目的是为了将戴季陶、汪精卫、胡汉民、叶青等人所解释的三民主义与国民党"一大"解释的三民主义加以区分,让国人认清三民主义的本质,执行和贯彻孙中山的真三民主义,继续实行国共合作民族统一战线,打倒日本帝国主义,实现民族解放。然而这个解释也有偏颇,因为国民党"一大"宣言通过后,孙中山即进行三民主义讲演,宣言与讲演的内容有明显的不同,我们不能说国民党"一大"宣言解释的三民主义内容是真的、孙中山三民主义讲演的内容是假的,其实对于孙中山来说,两者都是真的,问题的关键在于孙中山为什么会有这个变化。关于这方面的情况,林家有在 1996 年写的《中国国民党"一大"宣言和孙中山的三民主义讲演》一文中已有详细

---

① 毛泽东:《新民主主义论》,《毛泽东选集》第 2 卷,北京:人民出版社 1991 年版,第 689 页。
② 毛泽东:《新民主主义论》,《毛泽东选集》第 2 卷,北京:人民出版社 1991 年版,第 587 ~ 688 页。

的陈述可作参考，这里不再重复。①

随后，共产党人强调《中国国民党第一次全国代表大会宣言》解释的三民主义，国民党人强调孙中山在三民主义讲演和"建国大纲"中强调的三民主义，公说公有理，婆说婆有理，莫衷一是。这种现象，一直延续到20世纪下半叶。

民生主义与民生史观是一个既有联系又有区别的不同概念。孙中山说："什么是主义呢？主义就是一种思想，一种信仰和一种力量。"三民主义"系促进中国之国际地位平等、政治地位平等、经济地位平等，使中国永久适存于世界，所以说三民主义就是救国主义"。② 可见，三民主义是孙中山建设中国和治理社会的民族、政治、经济的政纲。民生史观则是孙中山社会历史观的核心，它较为详细地、系统地、完整地阐述了孙中山关于人类历史进化发展的基本观点。这是以"民生"作为历史观的最基本的范畴，它是说明和解释社会历史进化发展及其动力的一种历史理论。

民生史观作为一种完整的思想体系，是孙中山在1924年做三民主义讲演时正式提出来的。孙中山认为，社会历史就是"人类求生存"的进化发展史，"民生"既是社会历史的"中心"，又是人类社会发展的动力，民生主义是人类进化的"最高理想"。这种历史观，人们将其称为民生史观。③

（二）学术界对民生史观的误读

孙中山的民生史观反对马克思"物质是历史的中心"的观点，因而长期以来在中国内地遭到多数学者的批评，也引起中国内地与海峡对岸中国台湾学者对民生史观的关注。许多学者都指出，民生史观既是孙中山的社会观，又是他的历史观。对民生史观不要简单地加以否定，而是要对它进行具体分析和做令人信服的说明。孙中山的民生史观有正确的、合理的方面，反映出伟大的先驱者探索复杂的社会问题时所表现的理论勇气以及对人民生活的关心；同时也有弱点和不足。对所有这些都要作具体的分析。④ 20世纪50年代，著名学者侯外庐先生指出：孙中山在社会历史观方面，"有信任群众的优良传统"，"更

---

① 林家有：《中国国民党"一大"宣言和孙中山的三民主义讲演》，中山市孙中山研究会编：《孙中山研究文集》，广州：广东人民出版社1996年版；又见林家有著：《孙中山与近代中国的觉醒》，广州：中山大学出版社2000年版，第234~249页。
② 孙中山：《民族主义第一讲》，黄彦编：《孙文选集》上册，广州：广东人民出版社2006年版，第403页。
③ 参见肖万源著：《孙中山哲学思想》，北京：中国社会科学出版社1981年版，第159页。
④ 张岂之：《孙中山哲学思想研究述评》，《回顾与展望——国内外孙中山研究述评》，北京：中华书局1986年版，第100页。

有信仰将来的政治思想或同情社会主义的伟大精神"。① 张磊先生则强调孙中山的社会历史观"摒弃了企图到'杰出人物'或'绝对观念'那里去探求历史重心和原动力的唯心主义见解,而按照自己的独特方式把社会历史归结为人们的'生活'问题。显然,这种观点带有某种程度的素朴唯物主义精神。孙中山正是从这种精神出发,对某些社会现象作出接近实际的论断,并且在某些方面驳斥了资产阶级的反动社会学的谬论"②。对于这个问题,长期以来,学术界多数人一直认为孙中山的社会历史观——民生史观是唯心主义的,"本质上是英雄史观",或称之为"唯心主义的民生史观"、"唯心主义的历史进化论"、"唯心主义的国家学说"。有人还认为,孙中山的民生史观"反对阶级斗争学说","抹煞"人民群众在历史上的决定作用,给予全盘否定的评述。③

我国台湾地区的学者,在 20 世纪 50 年代以后以专题论文形式就孙中山的社会历史观、民生史观作专题论述的不多见,但有几部著作则对孙中山的社会历史观、民生史观进行了重点论述,反映了台湾学术界对孙中山社会历史观、民生史观的基本看法。

1965 年 10 月,由张益弘著、孙科校订的《孙学体系新论》一书就孙中山的民生史观和民生主义分别进行长篇论述,其中关于民生史观就有 12 章 193 页的篇幅,可谓系统详细,但说来说去还是说一个问题,即孙中山的民生史观"从根本上"纠正了马克思的唯物史观的"错误",说"马克思认为政治是由经济产生,而经济则受物质生产力的推动,故政治变化系于经济变化",因而形成历史的物质一元论,但"人类最初都有'保'和'养'的行动,这'保'与'养'二者,便是政治和经济的根源;归根到底人们是'人类求生存'(民生)的一体二面,与马克思的学说便显然不同"。张氏说:"政治和经济是同时发生没有先后上下之列","政治和经济同以'民生'为本体,仍是一元的"。因此,他指出民生史观把政治和经济看成相对的因素,有如车子的双轮,自可互相配合,同时前进,不致像马克思所说,发生"桎梏的作用"。这是两种不同的方法论所达到的结论,理论上显然有别。他批评那些将民生史观视同经济史观,而不承认"保"与"养"为政治和经济之起点(核心)的人,绝不了解这种分别的意义。所以他认为:"民生史观与唯物史观最主要的不同之点:它以政治为主动,经济为被动;而唯物史观则以经济为主动,政治为被动。为什么会有这种区别?原因就在唯物史观是由物质出发,看重社会的

---

① 侯外庐:《孙中山的哲学思想及其同政治思想的联系》,《历史研究》1957 年第 2 期。
② 张磊:《略论孙中山的社会历史观点》,广州《学术研究》1963 年第 1 期。
③ 在 20 世纪 80 年代以前,即中国内地实行改革开放、进行社会主义现代化建设以前,中国内地学术界关于孙中山社会历史观研究的情况和观点,韦杰廷在《孙中山社会历史观述评》一文中有全面的评述,参见:《回顾与展望——国内外孙中山研究述评》,北京:中华书局1984 年版,第 75~88 页。

生产；民生史观则由人的生存出发，要保护人类的生命。"他的结论是"要探求社会变化的动因，必须向政治中去找"。①

张益弘的所谓"孙学体系新论"就民生史观而言没有超出所谓"本体论"讨论的范畴，他只不过利用本体哲学和社会进化的理论就孙中山的民生史观进行较为系统和全面的整理和解读，说明所谓"唯物史观的错误"，证明孙中山的民生史观不是经济问题而是政治问题，为当时台湾的政治改革寻求理论支撑。

20世纪80年代初，吴相湘先生出版《孙逸仙先生传》，该书较为客观地诠释了孙中山所言"民生主义就是共产主义"，指出孙中山有三次提过"民生主义就是共产主义"，并引述崔书琴研究三民主义与共产主义发现两者的目的、方法的不同。这与共产党人的研究结果大致相同。吴相湘先生认为，"孙先生是不赞同唯物史观的"，他认为"物质与精神是并重的"，而且他早在民国元年（1912）就有民生史观的概念，孙中山指出人类之在社会"有疾苦幸福之不同，生计实为其主动力，人类之生活，亦莫不为生计所限制。是故生计完备，始可以生存"。吴氏将此认定为孙中山民生史观的概念，与前人所述不同。他还指出孙中山的民生史观来源于美国学者威廉（Maurice William, 1881—1973）著的《社会史观》（*The Social Interpretation of History*）。威廉是俄裔美国人，他要对马克思的理论做一番检查，从1918年1月至12月，阅读过400本书，有关马克思、恩格斯的书都阅读过。1920年，他将其撰写的《社会史观》印刷后分送各派社会主义名家请教，不料只有两人批评。1921年8月，《社会史观》正式出版。孙先生在民生主义第一讲时予以引述并赞扬以后，威廉此书才为世人注意。后威廉又著《孙逸仙与共产主义》一书，用100页的篇幅将孙中山民生主义第一、二讲与社会史观相似的部分列举出来，以表明他对孙先生的影响，认定孙先生虽"采用他的观点"，但自己想出了实施应用的方法。当时崔书琴在哈佛大学求学，即往图书馆查阅孙先生的著作，果然发现威廉的错误，次日崔氏函告威廉："孙先生在1924年1月27日在演讲民族主义前六天，就已将《社会史观》介绍给国民党第一次全国代表大会代表。另一美国女作家 L Yon Sharman 撰述 *Sun Yat-Sen*：*His Life and Its Meanine*. 1934. 第227~283页记述，也不以威廉说法为然。"吴相湘先生是说，孙先生是先有民生概念，后有民生史观，而民生史观的提出与美国威廉氏出版的《社会史观》有关。因为孙先生民生主义第一讲有一段话确实与社会史观相同。孙先生的民生史观同意威廉对马克思的批评，即"社会进步的原因不是

---

① 张益弘著：《孙学体系新论》上册，台北：台湾中华大典编印会、恬然书舍出版社1965年版，第156~161页。

阶级斗争而是经济利益的调和"①。但吴相湘先生也认为，孙中山的民生史观不是来源于威廉氏的《社会史观》一书。吴先生在书中只是陈述孙中山民生史观产生的背景，及介绍孙先生对"民生主义与共产主义"关系的观点，比较客观，也没有过多地就过去党派意识影响所发表的有关观点进行评述，是此前台湾学术界少有的。吴先生依凭学者的良心在探寻孙先生民生史观的生成及其内核，没有就唯心、唯物争论的是与非继续纠缠，这是智者的做法，也是一大进步。

与此同时，当时台北"中研院"三民主义研究所的青年学者覃怡辉出版《三民主义的理论架构——"知识的三民主义"途径的探讨》一书，对于当时"一般研究三民主义者昧于'体常应变'，仍墨守成规，从事'编纂式'及'训诂式'工作"提出质疑，独辟蹊径，致力于超越"编纂的三民主义"和"训诂的三民主义"旧路，进行"知识的三民主义"研究，力图重新解读"三民主义"，重构"三民主义理论"基础。作者认为，翻阅孙中山的著作即可发现，其中的内容大部分都是依据三民主义的理论而制定出来的一些政纲、政策、宣言、文告等办法，而只有极少部分为述及三民主义的理论本身。为什么孙中山只讲办法而不讲理论或学识呢？覃氏认为，那是因为三民主义的理论十分复杂深奥，不易了解，所以孙中山恐怕越说越不明白，因此他只说三民主义的内容，不讲三民主义理论本身。孙中山在做民生主义讲演时，就曾直截了当地说："民生主义这个问题，如果要从学理上详细来讲，就是讲十天或二十天也讲不完全。况且这个学理，现在还是没有定论的，所以单就学理来讲，不仅是虚耗很多时间，恐怕讲理论，越讲越难明白。所以我今天先把学理暂且放下不说，专拿办法来讲。"由此崔书琴认为，孙中山的遗教，无论是三民主义或五权宪法，必然大都是一些具体办法，而不是抽象的学理或理论。由于三民主义的办法必须基于三民主义的理论才能制订出来，所以解决前述问题的唯一途径，便是建立三民主义的理论。因此，为了后人能很好地理解孙中山的三民主义，覃怡辉强调，应该从"编纂的三民主义"和"训诂的三民主义"迈向"知识的三民主义"。所谓"知识的三民主义"，其主要特征是以孙中山的语言、文字为"媒介"，直接去研究、了解三民主义此一知识的本体对象，而后重新去体认三民主义的真理性；是真理者则予以发扬光大，未尽周全者则予以"匡补阙遗"，以期建立一个三民主义的知识体系。作者的想法很好，但他所构建的"知识的三民主义"体系，在当时并未被台湾当局和学术界认可，所以该书未能正式公开出版。我拜读《三民主义的理论架构》后觉得，该书作者撇开过去国共两党思想家和学术界所争论的旧套，超越意识形态，就事论

---

① 吴相湘著：《孙逸仙先生传》，台北：台湾远东图书公司1982年版，第1675~1686页。

事,只从孙中山三民主义形成的理论探索三民主义产生的理论根源和基本内核,给人一种新颖的感觉。比如,对民生主义,覃氏就从经济学的角度去论述"富"的意义和条件,以及制度公道的基本前程——"均",从而解读孙中山经济平等的新定义和"养民"问题的真解决。① 他不重操故人的"本体论"、民生史观去纠缠什么唯物还是唯心、一元论还是二元论,并认定孙中山的民生主义就是经济问题,其基本的核心就是"均"、"富"。如果我们能按照这样的思路去探研孙中山的民生主义和民生史观,也许我们的研究会有所进步,研究成果会接近于理性,会形成某种共识。可惜,当时学界缺乏一个追求真理的大环境,中国内地学者、中国台湾学者不说则已,一说到民生史观还是遵循各说各的习性,造成欲新不能、欲去旧又不能的状态。

我们都说要继承孙中山的思想遗产,发扬他的精神,但对孙中山的三民主义、五权宪法等重要的思想都没有一个正确的认识,当然也就谈不上正确地继承,更加无从去讲发扬什么精神。而且对孙中山的民生主义和民生史观这样具体的问题都没有基本一致的认识,当然不可能建立"共信",没有"共信",何来"他信"?如果能从学术层面给孙中山的民生史观一个合情合理的解读,对于人们认识孙中山的民生主义的历史和现实的意义和作用,将大有帮助。可是由于过去我们误解了孙中山,误读了他的民生史观,使孙中山这一关注民生的宝贵精神财富未能很好地总结、开发、运用,实在是我们学界的失误。

(三) 孙中山民生史观的当代价值

1924 年 8 月 3 日,孙中山做民生主义讲演时,强调指出:民生就是"国计民生",就是"社会的生存、国民的生计、群众的生命便是。我现在就是用民生二字,来讲外国近百十年来所发生的一个最大问题"。② 又说:"社会主义中的最大问题就是社会经济问题,这种问题就是一班人的生活问题。"③ 然后,孙中山赞扬马克思"用他的聪明才智和学问经验对于社会的进化"作一种极透彻的研究,把古人所不知道和不能解决的都通通发明出来。他的发明是全凭着经济原理。他照经济原理作透彻的研究之后,便批评从前主张社会主义的人,不过是有个人的道德心和群众的感情作用;其实经济问题,不是道德心和感情作用可以解决得了的,必须把社会的情状和社会的进化研究清楚之后,才

---

① 覃怡辉著:《三民主义的理论架构——"知识的三民主义"途径的探讨》,台湾弘昇彩艺印刷事业有限公司 1984 年 3 月印刷。全书 194 页,约 15 万字。
② 孙中山:《民生主义第一讲》,黄彦编:《孙文选集》上册,广州:广东人民出版社 2006 版,第 593 页。
③ 孙中山:《民生主义第一讲》,黄彦编:《孙文选集》上册,广州:广东人民出版社 2006 版,第 598 页。

可以解决。这种解决社会问题的原理，可以说是全凭事实，不尚理想。孙中山赞扬"马克思所著的书所发明的学说，可说是集几千年来人类思想的大成"。还说：英国"有一间图书馆，其中所藏的书籍总有好几百万种，无论关于什么问题的书籍都是很丰富的。马克思便每天在那间图书馆内去研究，用了二三十年的功，费了一生的精力，把关于社会主义的书籍——不管他是古人著作的，或者是时人发表的——都集中在一起，过细参考比较，想求出一个结果。这种研究社会问题的办法，就是科学方法。故马克思所求出解决社会问题的方法，就是科学的社会主义。"并称赞马克思是社会党的"圣人"。① 孙中山一面称赞马克思，一面又对他"以物质为历史的重心"的观点不以为然。他说："马克思发明物质是历史的重心，到底这种道理对不对呢？经过欧战后几年的试验以来，便有许多人说是不对。"到底什么东西才是历史的重心呢？孙中山指出："我们国民党提倡民生主义已经有了二十多年，不讲社会主义，只讲民生主义。社会主义和民生主义的范围是什么关系呢？近来美国有一位马克思的信徒威廉氏，深究马克思的主义，见得自己同门互相纷争，一定是马克思学说还有不充分的地方，所以他便发表意见，说马克思以物质为历史的重心是不对的，社会问题才是历史的重心，而社会问题中又以生存为重心，那才是合理。民生问题就是生存问题，这位美国学者最近发明适与吾党主义若合符节。这种发明就是民生为社会进化的重心，社会进化又为历史的重心，归结到底历史的重心是民生，不是物质。"② 这就是人们所说的孙中山的民生史观。

过去同意孙中山民生史观的人，说孙中山反对马克思主义，反对唯物主义；不同意孙中山民生史观的人也说孙中山反对唯物主义，反对阶级斗争，故将其称为历史唯心主义。其实同意者和反对者虽然说法不一，但有一点相同，即是说孙中山的民生史观是唯心主义的一元论。其实，这都是误解。这个误解分两个层面，一是孙中山误解了马克思，二是学界和政界误解了孙中山。

马克思的唯物史观，只是说物质是基础，但他并不反对上层建筑如思想、意识、观念的反作用。诚如恩格斯所说，它只是为了证明"人们的一切法律、政治、哲学、宗教等等观念归根结蒂都是从他们的经济生活条件，从他们的生活方式和产品交换方式中引导出来的"③。它是用历史主义的原理"推广去研究社会生活，把辩证唯物主义的原理应用于社会生活现象，应用于研究社会，

---

① 孙中山：《民生主义第一讲》，黄彦编：《孙文选集》上册，广州：广东人民出版社2006版，第601~602页。
② 孙中山：《民生主义第一讲》，黄彦编：《孙文选集》上册，广州：广东人民出版社2006版，第603~604页。
③ （德）恩格斯：《法学家的社会主义》，《马克思恩格斯全集》第21卷，北京：人民出版社1971年版，第548页。

应用于研究社会历史"①。也即是说,马克思的唯物主义是通过生产力与生产关系、经济基础和上层建筑的矛盾指明生产方式决定社会面貌,阶级斗争是阶级社会历史发展的动力。然而,它并不反对社会意识对社会存在有巨大的反作用,他认为历史的发展是辩证的,既肯定历史发展的统一性,又指出其多样性;既肯定人民群众在历史发展中的作用,又肯定个人在历史上的作用。马克思虽强调阶级斗争是"阶级"社会历史发展的"动力",但他不说是"惟一"的动力。孙中山说:"马克思认定要有阶级战争,社会才有进化;阶级战争是社会进化的原动力。这是以阶级战争为因,社会进化为果。"然后,孙中山考察社会进化的事实,认为都是由于经济的进化,是由于"社会与工业的改良"、"运输与交通事业收归公有"、"直接征税"以及"分配之社会化",而不是由于阶级之间的战争,只有"社会上大多数的经济利益相调和,就是为大多数谋利益。大多数有利益,社会才有进步"。"社会上大多数的经济利益之所以要调和的原因,就是因为要解决人类的生存问题。古今一切人类之所以要努力,就是因为要求生存;人类因为要有不间断的生存,所以社会才有不停止的进步。所以社会进化的定律,是人类求生存。人类求生存才是社会进化的原因。阶级战争不是社会进化的原因,阶级战争是社会当进化的时候所发生的一种病症。"② 孙中山误解了马克思的唯物论,马克思既然以经济为基础,提倡在发展经济的基础上,实现各尽所能、各取所需的高度物质文明和精神文明的社会,怎能说他不是为"求人类的生存"呢?马克思明确指出:"人们在自己生活的社会生产中发生一定的、必然的、不以他们的意志为转移的关系,即同他们的物质生产力的一定发展阶段相适合的生产关系。这些生产关系的总和构成社会的经济结构,即有法律的政治的上层建筑竖立其上并有一定的社会意识形式与之相适应的现实基础。"③ 明确强调经济是基础,意识只是社会存在的反映,不是意识决定社会存在。马克思要建立高度物质文明和精神文明的社会,让人类过着没有剥削和压迫的各取所需、各尽所能的理想社会——共产主义,怎能说他不重视民生。批评马克思不重视民生是误解了马克思。孙中山不同意阶级斗争是社会发展的动力,如果是就一般常态的稳定的和谐社会来说,那是完全正确的,在阶级未产生的原始社会,和阶级消灭以后的大同社会,不能以阶级斗争来推动社会的进步;但如果在一个腐朽没落的反动阶级统治下,

---

① (俄)斯大林:《论辩证唯物主义和历史唯物主义》,《列宁主义问题》,北京:人民出版社1979年版,第629页。
② 孙中山:《民生主义第一讲》,黄彦编:《孙文选集》,广州:广东人民出版社2006版,第607~608页。
③ (德)马克思:《〈政治经济学批判〉序言》,《马克思恩格斯选集》第2卷,北京:人民出版社1972年版,第82~83页。

要求社会进步，通过阶级斗争来推倒旧政权，建立一个进步的、文明的、民主的政权，阶级斗争不仅是必要手段，而且也是世界历史发展中常见的手段。就此而言，也不能否认马克思的"阶级战争"是阶级社会发展的动力的说法具有合理的基础。但在常态的和平社会里，过分强调阶级斗争不仅会造成社会的不稳定，阻碍经济发展并造成人心的动荡，而且与建设和谐社会不一致。因此阶级斗争作为社会发展的动力是有条件的，是受一定的时间和空间限制的，它不是普遍的规律，孙中山指出它的局限无疑是正确的。孙中山反对阶级斗争历史重心说，但他不反对革命，并领导了辛亥革命和国民革命，进行过北伐，强调推翻清政府和打倒北洋军阀和帝国主义的斗争。过去一些人借孙中山不同意马克思的阶级斗争是阶级社会历史进化的动力，指责孙中山反对马克思的唯物论，并说孙中山的民生主义同社会主义（共产主义）是根本对立的两种主义。孙中山不同意马克思的阶级斗争理论是社会进步的主要动力，但他并不反对唯物主义，更不反对社会主义（共产主义）。因为人们误解了孙中山的民生史观，因而也就歪曲了孙中山的思想与社会主义的关系。这一切都引起国内许多学者的关注，仅从20世纪80年代以来，发表的文章就有胡绳先生的《论孙中山的社会主义思想》①、陈锡祺先生的《孙中山对民生主义与共产主义关系的论述》②、韦杰廷先生的《孙中山与科学社会主义》③、宋士堂先生的《孙中山宋庆龄社会主义思想论》④、黄彦先生的《社会主义现实与孙中山的社会主义思想》⑤，等等。关于孙中山社会主义思想研究的情况，张海鹏先生写过一篇名为《孙中山社会主义思想研究评说》的文章⑥，对于各家的观点有详细的评说，可以参阅，这里不再赘述。通过学人的研究，大致上取得共识，孙中山虽不是马克思主义者，但他勇敢地揭露西方资本主义社会贫富不均的弊端，认为必须避免资本主义祸害，在中国推行民生主义，发展大工业实现国家工业化，提出在中国建设一个高度物质文明和"心性"文明的社会，实现均富为目标的大同社会，用他的话说，民生主义，就是共产主义，就是社会主义。这是孙中山对中国社会发展所提出的具有重大意义的观点。这种观点虽与马克思主义

---

① 中国孙中山研究学会编：《孙中山和他的时代》上册，北京：中华书局1989年版，第58页。
② 中国孙中山研究学会编：《孙中山和他的时代》中册，北京：中华书局1989年版，第1125页。
③ 韦杰廷：《孙中山与科学社会主义》，《益阳师专学报》1989年第4期。
④ 宋士堂著：《孙中山宋庆龄社会主义思想论》，北京：红旗出版社1994年版。
⑤ 黄彦：《社会主义现实与孙中山的社会主义思想》，见《广东社会科学》1993年第3期；又见《孙中山研究和史料编纂》，广州：广东人民出版社1996年版，第208页。
⑥ 张海鹏：《孙中山社会主义思想研究评说》，《历史研究》1991年第5期；又见《辛亥革命与近代中国——纪念辛亥革命80周年国际学术讨论会论文集》，北京：中华书局1994年版；《追求集——近代中国历史进程的探索》，北京：社会科学文献出版社1998年版，第279~301页。

有别，但他同样是提倡社会主义的，他是真正的中国共产党人的先生和朋友。可见马克思主义的唯物史观与孙中山的民生史观不是相互背离，而是相辅相成。在孙中山民生史观指导下，采取"平均地权"、"节制资本"的政策，在中国实现经济平等，消除阶级压迫剥削，并通过发展文化教育事业提高人的素质，利用先进科学发展大工业，建设国家资本主义或者说是国家社会主义，协调发展交通运输业、农业和商业解决国民的生活，促进社会良性发展，解决人民的生计问题，逐步实现人民的幸福生活，以及"天下为公"、"世界大同"的理想。孙中山通过发展经济解决人们生计的民生史观同马克思通过发展经济、实现没有剥削的经济平等的唯物史观，同社会主义初级阶段的建设目标和政策不仅不相悖离，而且有许多相似之处。

长期以来，由于孙中山误解了马克思，而人们又误解了孙中山，中国学界为此争论不休，耗费了很多精力。中国内地学者对孙中山的民生史观持否定态度者居多，他们就孙中山民生是"社会进化的原动力"的理论，关于阶级和阶级斗争的观点，关于国家与革命的思想，关于"先知先觉"个人和人民群众的历史作用的观点给予批评，认为孙中山用生存或求生存斗争来解释人类发展的观点，是不科学、不符合客观实际的，因而"陷入历史唯心主义"，认为孙中山在人们的头脑中寻找社会历史变化的原因，是一种不正确的唯心史观。当然也有人认为，孙中山的民生史观既讲物质，又讲精神，是唯物的，也是唯心的，是二元的，不是一元的，应该肯定。现在学界在唯心、唯物上纠缠的现象不多见了，但看法未必就一致。我们应该坚持历史唯物主义的方法去探索历史的缘由，因为只有这种辩证的方法才能解开历史的奥秘，才能客观地分析历史的现象和事件，评价人物的正误得失。但也不要否定唯心主义，因为它的存在也是一种社会现象的反映。民生与民生主义、民生主义与民生史观是一个既有联系又有区别的不同的概念，但无论如何也不能将民生史观与民生主义视为两种不同的物件，将民生主义当作唯物，将民生史观视为唯心；将孙中山民生问题才是社会重心和原动力的观点，说成是一种精神的东西，是一种唯心史观，这明显是对孙中山思想的误解。社会发展是人类的永恒主题，社会进步和人生的幸福是人类的共同追求，也是社会协调发展的结果。孙中山在思考规划中国经济发展时，既注意到了经济发展与政治发展、文化发展的关系，也注意到了社会进步、文明与经济发展的关系，他既重视精神建设，又重视物质建设，认为只有物质文明与心性文明相互发展，社会才能进步。在晚年做民生主义演讲时，孙中山就人类的衣、食、住、行问题作了详细陈述。这哪里是唯心呢？只从他不同意阶级斗争是社会前进的动力就解释为是唯心主义，就是反对马克思的唯物主义，实在有点勉强。另外有一些所谓国民党的理论家，对孙中山的民生史观，长期以来也有许多曲解和误解。比如，有人说：总理的基本思想，渊源于中国正统的政治思想和伦理思想。总理既认定了"民生为历史的中心"，便根据这个思想指出中国固有的"天下为公"思想为改造社会的基本法则和实行革命的最高理想，可见"总理承继了中国固有的正统思想，认定他是革命的本务，仁爱是救世的基本"。将孙中山的三民主义界定为继承了中国"仁爱"伦理古训，这也是明显的误解，进而又误解共产主义，说共产主义重视经济，近于民生主义，却不重视民族和民权主义，而且共产党人倡导民生，亦只重视一个阶级的利益，而不兼顾全民的利益。① 孙中山的民生史观，重点是要通过解决人的生计，首先解决人的生存权，并在此基础上通过发展经济提高人们的福利，利用国家的力量来发展文化教育，提高人们的素质，加速社会的发展进步，提高人们的生活幸福指数。根据孙中山"民生主义就是政治的中心，就是经济的中心，和种种历史活动的中心，好像天空以内的重心一样"，"从前的社会主义错认物质是历史的中心，所以有了种种纷乱"②，为此又有人误解孙中山的民生史观是以主张精神为中心，反对马克思主义以经济为中心的主观唯心主义，因此孙中山的民生主义是同共产主义不相同的。正由于一个又一个的误解和曲解，使孙中山的民生主义和民生史观失去了它的真实性。

孙中山晚年做民生主义讲演时讲过："我们现在要解除社会问题中的纷乱，便要改正这种错误，再不可说物质问题是历史中的中心，要把历史上的政治和社会经济种种中心都归之于民生问题，以民生为社会历史的中心。先把中心的民生问题研究清楚了，然后对于社会问题才有解决的办法。"③ 社会问题是复杂的，既有政治问题，也有经济问题，既有制度问题，也有管理问题，各种问题都有一个中心，但中心的中心问题是民生，因为人是社会的主体，只有设法解决民生问题才能解决社会问题。他认为，弱肉强食的竞争理论造成了社会和人际关系的恶化、贫富差距的扩大，必然造成社会不安定，进而影响经济的发展。所以，解决社会政治问题可以用革命的手段，但解决经济问题不能用革命的手段。"俄国当初革命的时候，本来想要解决社会问题，政治问题还在其次。但是革命的结果，政治问题得到了解决，社会问题不能解决，和所希望的恰恰是相反。"④ 所以，孙中山指出，要解决社会问题，首先是要发展经济，

---

① 参见蒋介石：《三民主义之体系及其实行程序》，《青年中国季刊》1939 年 9 月 30 日创刊号。
② 孙中山：《民生主义第一讲》，黄彦编：《孙文选集》上册，广州：广东人民出版社 2006 年版，第 616 页。
③ 孙中山：《民生主义第一讲》，黄彦编：《孙文选集》上册，广州：广东人民出版社 2006 年版，第 616 页。
④ 孙中山：《民生主义第二讲》，黄彦编：《孙文选集》上册，广州：广东人民出版社 2006 年版，第 618 页。

经济不发达，民生问题便不可能解决。只要经济发达了，"到了共产时代，大家都有面包和饭吃，便不至于争，便可以免去同人争。所以共产主义就是用最高的理想来解决社会问题的。我们国民党所提倡的民生主义，不但是最高理想，并且是社会的原动力，是一切历史活动的重心。民生主义能够实行，社会问题才可以解决；社会问题能够解决，人类才可以享很大的幸福。我今天来分别共产主义和民生主义，可以说共产主义是民生的理想，民生主义是共产的实行。所以两种主义没有什么分别，要分别的还是在办法"①。孙中山这个解释是非常理性的，也是十分清晰的。所说办法的分别，就是中国同欧美的国情不同，中国到今日，"因为工商业没有发达，今日的社会情形还是和二千多年以前的社会情况一样。中国到今日，虽然没有大地主，还有小地主。在这种小地主时代，大多数地方还是相安无事，没有人和地主为难"②。由于土地问题所形成的毛病，欧美没有办法解决，我们要设法解决，而要解决这个问题"便要趁现在的时候，如果等到工商业发达以后，更是没有办法可以解决。……我们国民党的民生主义，目的就是要把社会上的财源弄到平均。所以民生主义就是社会主义，也就是共产主义"③。由此可见，孙中山讲的办法不同，就是他提倡用和平的手段去实行"平均地权"和"节制资本"，作为当时实现民生主义的手段。因为中国的国情与欧美不同，所以欧美可以用激进的办法剥夺资本家的财产分配给工人，中国则不行，"因为外国富，中国贫，外国生产过剩，中国生产不足。所以中国不单是节制私人资本，还是要发达国家资本"。④ 可见，孙中山的民生主义是根据中国的实际，汲取欧美的经验来解决中国的社会问题。他强调指出：待国家"统一之后，要解决民生问题，一定要发达资本，振兴实业。振兴实业的方法很多：第一是交通事业，像铁路、运河都要兴大规模的建筑；第二是矿产，中国矿产极其丰富，货藏于地，实在可惜，一定要开辟的；第三是工业，中国的工业非要赶快振兴不可"。"所以我们讲到民生主义，虽然是很崇拜马克思的学问，但是不能用马克思的办法到中国来实行。"⑤然后，孙中山强调："中国今是患贫，不是患不均。在不均的社会，当然可用

---

① 孙中山：《民生主义第二讲》，黄彦编：《孙文选集》上册，广州：广东人民出版社2006年版，第620~621页。
② 孙中山：《民生主义第二讲》，黄彦编：《孙文选集》上册，广州：广东人民出版社2006年版，第622页。
③ 孙中山：《民生主义第二讲》，黄彦编：《孙文选集》上册，广州：广东人民出版社2006年版，第628页。
④ 孙中山：《民生主义第二讲》，黄彦编：《孙文选集》上册，广州：广东人民出版社2006年版，第631页
⑤ 孙中山：《民生主义第二讲》，黄彦编：《孙文选集》上册，广州：广东人民出版社2006年版，第631~632页。

马克思的办法，提倡阶级战争去打平他；但在中国实业尚未发达时候，马克思的阶级战争，无产专制便用不着。"所以我们今日师马克思之意则可，用马克思之方法则不可。他强调："我们主张解决民生问题的方法，不是先提出一种毫不合时用的剧烈办法，再等到实业发达以求适用；是要用一种思患预防的办法来阻止私人大资本的发达，防备将来社会贫富不均的大毛病。这种办法是正当解决今日中国社会问题的方法，不是先穿起大毛皮衣，再来希望翻北风的方法。"① 很明显，孙中山的民生主义，就是通过发展国家资本主义，发展国营企业，预防财产分配不均给中国人民带来的痛苦。三民主义就是民有、民治、民享，"这个民有、民治、民享的意见，就是国家是人民所共有，政治是人民所共管，利益是人民所共享。照这样的说法，人民对于国家不只是共产，一切事权都是要共的。这才是真正的民生主义，就是孔子所希望之大同世界"。②

综上所述，孙中山对民生主义、民生史观的解读是十分清楚的，没有半点模糊。既然如此，为什么学界、政界对此又有那么多、那么大的分歧？除了我上面提到的误解和曲解外，还有一个重大的原因就是党派意识，就是意识形态的争拗。这种争拗属于理论层面的并不太多，主要还是想通过曲解孙中山的思想来为本党本人的立场找支撑。然而，这样做的结果，不仅害人也害己，最重要的结果是坏了孙中山的名声，影响我们正确地理解孙中山的民生主义在解决社会问题方面所作出的重要贡献。

从孙中山提出民生史观到现在已经过了九十多年，从同盟会提出民生主义到现在已超过一百年。经过一百余年的社会实践，经过国共两党理论界的争论，我们再来认识孙中山的民生史观，看不出它有什么理论原则上的缺陷，也看不出它对共产党和马克思主义有什么敌意。相反，我们认为他根据当时中国社会的实际，提出以民生作为历史的重心，用人们求生存、求发展来不断提高人们的素质，通过树立人的新思想、新观念和新思维动员人民团结起来发展中国的经济，解决民生问题，启迪人们去建设美好的社会。这是实事求是的思想，是以人为本的思想，是对中国传统民本思想的继承和发展，也是反对教条主义的将外来思想盲目拿来应用。人是第一重要的，人有生存权和发展权。孙中山企图通过人的努力发展科学，促进经济的繁荣，为社会问题的解决创造条件。这就将人视为社会发展的前提，人为了自己的生计而努力学习、勤奋工作，通过自己的能力创造财富、富强国家去解决人的生计问题、社会发展问

---

① 孙中山：《民生主义第二讲》，黄彦编：《孙文选集》上册，广州：广东人民出版社 2006 年版，第 633 页。

② 孙中山：《民生主义第二讲》，黄彦编：《孙文选集》上册，广州：广东人民出版社 2006 年版，第 635 页。

题，努力创造美好的明天。这个看法带有理论和思维的创新。孙中山的民生主义既是现实问题，又是一种理论。由对民生问题形成的民生史观，就是通过发展经济、解决民生问题，实现人们的均富和平等，从根本上解决社会问题。可见，孙中山的社会历史观是以人为本的人学理论的基础，人活在社会上首先要解决生计，其次才设法提高自己的本领为国家、民族作贡献，为社会创造财富，实现人类的幸福追求。这个理论既符合当时中国的社会实际和人民的期待，也是对世界社会主义、资本主义各种社会理论的发展。任何国家和社会的主体都是人，而人的本质和关键问题都是民生，人的生计问题解决不了，什么政治问题都没法解决，所以民生问题是经济问题，不能将其泛政治化。解决民生问题要靠科学进步，靠发展经济，不能靠政治，因为政治不能当饭吃，所以人生问题不是所谓的民主，把主要精力放在追求所谓的社会民主、建设泛政治化的社会上，不但人民得不到真正的民生，也会失去民主。既然社会问题的中心是"人的生计"，所谓生计就是人要有生存权、发展权，人为生存而斗争，为建立和谐社会、为享受人间的美好和幸福生活而努力奋斗，通过人的努力，用科学和人的聪明才智促进社会的文明进步，这是人的共同追求。可见，孙中山的民生史观是指导人民从经济和民生的视角去审视社会发展问题，寻找促进社会发展的根本原因。19世纪末20世纪初的中国很贫穷也很落后，四万万中国人的生计问题是中国最大最本质的问题，这个问题不解决，其他社会问题、政治问题也很难解决。所以孙中山强调通过解决民生问题，动员人民起来反对帝国主义侵略、结束中国的封建统治和军阀割据，完成祖国的统一和民族团结，这不仅是孙中山对发展经济，解决社会问题，促进社会的文明进步所提出的新思想、新见解，也是他对解决中国社会问题所采取的带有根本性的理论导引。所以，孙中山的民生史观是为了救国救民。民生是社会的生命，是进步的动力，是启导我们认识历史和社会的一种新思维，是对历史的进化理论的一大贡献，具有学术价值，也具有重大的现实意义；否定孙中山的民生史观，过分强调阶级斗争的理论对现代化建设毫无益处，也没有意义。

三、孙中山的城市建设主张

每座城市的发展都有其独特的地理及历史缘由，反映着社会变迁和人世沧桑。

孙中山早年游历欧美诸国，目睹了西方城市化的进程，感受到了西方城市的繁华与弊病，对于中国近代城市化的现状也有切身的体察与了解。在此基础上，孙中山思考了中国城市化的诸多问题，对于现代城市的功能有明确的认识，对于中国城市建设的内容有清晰的设计，并提出了推进中国城市化的具体路径。

(一) 孙中山对现代城市功能的认识

城市功能也称城市职能,是由城市的各种结构性因素决定的,是城市在一定区域范围内的政治、经济、文化、社会活动中所具有的能力和所起的作用。孙中山虽未能完整阐述城市的功能,但透过其相关言论,仍可见其关于城市功能的认识与定位。

首先,城市是经济的中心。现代城市是大工业发展的产物,也是贸易发展的结果,孙中山正确揭示了现代城市兴起与现代经济发展的依存关系。他说:"盖机器之生产事业利于集中,故城市首先发达,以易致工人也。其次则煤铁之场,制造事业亦以繁兴,盖便于取材也。其三则交通之地,工厂亦随而林立,以便于运输也。凡有此三要素之地,工业必从而发达,人口则为增加",得以形成"繁盛之城市"。① 在这里,孙中山揭示了机器大生产的采用、制造业的发展、交通运输的便利与现代城市形成的关系,论及了现代城市在经济发展过程中的聚集效益和聚集功能。

现代城市一经形成,不仅成为工业、商业的中心,也是物流的中心,反过来又将带动城市及其周边经济社会的发展。孙中山认为,现代城市建设要求大规模地应用各种机械器具,从而"启各种物品之新需要,而同时不得不就附近原料,谋相当之供给"②,由此将进一步推动城市工业的发展及城市周边矿业的兴盛。同时,随着城市的生长、人口的集中,又将带来商业的繁荣,"市政既良,人民乐趋,商务自然繁盛"③。此外,商业的发展程度与交通状况密切相关,他举例说:"交通之利便与商务之发达成正比例,将来各省货物咸集于广州,而后输出香港放洋,则广州定必顿成最大之贸易场。"④ 随着工业、商业、交通的发展,城市也将成为物流的中心。他说:广州在鸦片战争之前,"是中国独一的通商口岸,中国各省的货物都是先运来广州,然后再由广州运去外洋;外国的货物也是先运到广州,然后再由广州运进各省"⑤。孙中山对广州物流中心地位的推崇,实际上反映了他对城市经济功能的看法。应当说,

---

① 孙中山:《三民主义》,《孙中山全集》第5卷,北京:中华书局1985年版,第192页。
② 孙中山:《建国方略》,《孙中山全集》第6卷,北京:中华书局1985年版,第267页。
③ 孙中山:《在宁波各界欢迎会的演说》,《孙中山全集》第3卷,北京:中华书局1983年版,第351页。
④ 孙中山:《在欢宴广州军政各界时的演说》,《孙中山全集》第7卷,北京:中华书局1985年版,第207页。
⑤ 孙中山:《三民主义·民生主义》,《孙中山全集》第9卷,北京:中华书局1986年版,第357页。

孙中山已意识到城市化是推动经济社会发展的重要力量，认识到了城市的经济功能。只有发展经济，将工业、商业、交通各业协调发展，城市才能担负起其经济中心的功能，没有经济的发展，文化、教育和社会的发展都不可能实现，这样的所谓城市只能称为集市或一般的圩镇。孙中山从经济发展带动城市走向近代化考虑，在城市的建设与发展上，多强调经济的功能，但也没有否定城市作为政治中心的作用。现代城市往往既是经济的中心，也是政治的中心。孙中山在选择革命基地时，首先关注的是城市。早在1895年，他便制定了"袭取广州以为根据"的计划。同盟会成立后，他委派冯自由、李自重往香港、广州、澳门联络同志，扩大组织①，选择的也是城市。1905年8月，孙中山在东京与程潜谈话时指出："选择革命基地，则北京、武汉、南京、广州四地，或为政治中心，或为经济中心，或为交通枢纽，各有特点，而皆为战略所必争。北京为中国首都，如能攻占，那么登高一呼，万方响应，是为上策。武汉绾毂南北，控制长江上下游，如能攻占，也可据以号召全国，不难次第扫荡逆氛。南京虎踞东南，形势所在，但必须上下游同时起义，才有成功希望。至于广州，则远在岭外，僻处边徼，只因其地得风气之先，人心倾向革命，攻占较易；并且港澳密迩，于我更为有利。以上四处，各有千秋，只看哪里条件成熟，即可在哪里下手；不过从现时情况看来，仍以攻取广州，较易为力。"②孙中山对北京、武汉、南京、广州四地所进行的这番比较，凸显了城市在革命过程中的中心地位。事实上，现代城市所拥有的便利的交通条件、所积累的革命力量、所建构的公共空间，使其在革命过程中具有重要作用。民国初年，孙中山在论及定都问题时指出：如能定都武昌，"庶可以固立国之本，而致富强之域"。③这也充分肯定了现代城市，特别是作为首都的中心城市在国家政治生活、经济生活中的重要地位。

城市得风气之先，在社会变革的过程中往往具有示范作用与辐射作用，成为社会变革的发源地、示范区。1924年2月，孙中山在论及广州市施行《权度法》及其附属法令时强调："首善之区积习先革，次第推行，渐及各省。"④从这一社会变革的思路可以看出，在孙中山的心目中，城市是社会变革的中心，通过城市的社会变革才能带动农村的社会变革，通过中心城市的社会变革才能带动周边城市的社会变革。孙中山在《实业计划》中对通过开采中国煤

---

① 参见陈锡祺主编：《孙中山年谱长编》上册，北京：中华书局1991年版，第59页。
② 孙中山：《在东京与程潜的谈话》，陈旭麓、郝盛潮主编：《孙中山集外集》，上海：上海人民出版社1990年版，第137页。
③ 孙中山：《在武昌同盟会支部欢迎会上的演说》，陈旭麓、郝盛潮主编：《孙中山集外集》，上海：上海人民出版社1990年版，第53页。
④ 孙中山：《给林森的指令》，《孙中山全集》第9卷，北京：中华书局1986年版，第465页。

铁油金各矿发展相应的城镇，以及发展沿海港口城市的渔业、轮船制造业，以及发展其他皮、毛、棉制造业，衣、食、住、行有关制造业来带动城镇发展的设想都具有启导意义。这一切都表明孙中山对于现代城市的经济、政治、社会功能已有一定认识和体察，并且对于通过发展特色经济来促进中国的城镇发展、带动农村和农业变革都有他的独到看法，但对现代城市的文化功能则认识不够，未能揭示现代城市在文化发展过程中的作用，孙中山对文化、教育与城市发展的相互作用的陈述不多，这是一个缺陷。

（二）孙中山对现代城市建设内涵的界定

城市建设是一个系统工程，形神兼备是现代城市的重要特征。所谓形，就是城市的建筑、街道、景观，表现为城市外在的风貌气度；所谓神，就是蕴含在城市历史和现实中的文化内涵，反映了一个城市独有的内在品格和气质。一个城市只有形神兼备、浑然一体，才能保持永恒的魅力。孙中山对于现代城市建设的内涵进行了界定，其关于城市建设、城市设计的理念亦清晰可见。

市街建设是反映城市形象的中心部位，包括街道、沿街建筑和配套设施。对于市街建设，孙中山强调选址要得当，布置要合理，高起点、高标准设计。例如，在谈到江苏镇江的市街建设时，孙中山提出："街道须令宽阔，以适合现代之要求。其临江街道及其附近，应预定为工商业所用。此区之后面，即为住宅，各种新式公共营造均应具备。"[①] 其关于市街建设的设计理念，由此可见一斑。至于市街建设的方式，孙中山一贯主张在新地（"未开辟地"）建设新市街，然后再对老城进行改造。他说："以'抵抗最少'之原则言，吾之计划，乃在未开辟地规划城市、发展实业皆有绝对自由，一切公共营造及交通计划均可以最新利之方法建设之。"[②] 这一设计理念，反映了随着现代城市规模扩大，中心市街向新城区迁移拓展的发展态势。具体就上海市街建设来说，孙中山主张从浦东新开一河道，填塞市区段的黄浦江，由此带动杨树浦和浦东的开发，创造市宅中心于浦东，在新开河左岸形成一个商业繁华的新外滩。[③] 此举很有远见，现今上海浦东新区的开发，使孙中山的这一设想正在逐渐成为现实。

随着城市规模的扩大，必然伴随着聚居人口的增加，因而住宅建设是城市建设的重要组成部分。孙中山将"居室工业"纳入了他的《实业计划》，并提

---

① 孙中山：《建国方略》，《孙中山全集》第6卷，北京：中华书局1985年版，第291页。
② 孙中山：《建国方略》，《孙中山全集》第6卷，北京：中华书局1985年版，第268页。
③ 参见蒋伟新：《孙中山关于中国城市现代化的构想》，《南京经济学院学报》2000年第5期，第72页。

出了住宅建设的若干原则。他认为，住宅建设要"合于近世安适方便之式"，居室设计应注意"书室、客厅、卧室、厨房、浴室、便所"合理布局，所用家具配套，"务使居人得其安适"。一家之居室，可分为八房、十房、十二房诸种。同时，孙中山要求尽力减省材料、运输、人力等建筑成本，"以低廉居室供给人民"。他说："吾所定发展居室计划，乃为群众预备廉价居室。"① 城市住宅群的建设，可选择十家、百家、千家同居等类型。具体就广州的住宅建设而言，孙中山指出，作为商业中枢和制造中心，必然要求"新式住宅地甚大"，如能建设成片新式居民住宅区，"加以新式设备，专供住居之用"，则不仅可以获利，还能吸引一部分海外华侨华人回乡居住。② 总的原则是居室要住得舒适、布局合理，既要考虑居民的居住传统，又要有新式设备满足人民的需要。此外，孙中山还强调城市必须重视公共设施建设。孙中山注意到，广州、上海"沟内污水直接流入河里，而人民就从这些污水的河里提取他们的饮用水"③，极不卫生。为改善城市居民饮用水状况，孙中山提出要广泛建立自来水设施。他说："除通商口岸之外，中国诸城市中无自来水，即通商口岸亦多不具此者。许多大城市所食水为河水，而污水皆流至河中，故中国大城市中所食水皆不合卫生。今须于一切大城市中设供给自来水之工场，以应急需。"④ 在大中城市广泛建立自来水设施，有利于改善城镇居民的饮用水条件，保障人民的身体健康。电是现代城市生活不可缺少的元素，孙中山提出要"设立制造机器发光工场"，以为中国一切大城市供给灯光；北方城市天气寒冷，需要集中供暖，孙中山认为要"设立电工场、煤气工场、蒸气工场，以供给暖热"；城市需用煤气或电力作为厨用燃烧，孙中山主张应"由国际发展机关设制造煤气、电力火炉诸工场"；城市各家，都应有电话，"故当于中国设立制造电话器具工场，以使其价甚廉"。⑤ 总之，为建立现代城市，提高城市居民的生活质量，孙中山倡议各项公用设施和公用事业应逐步配套和完善。

城市的卫生状况是文明程度的象征，必须加强卫生设施的建设。早在1897 年，孙中山就开始关注城市的卫生状况问题。他说："在乡村里人民一般地都是很健康的。疫病的发生只是在城镇里，由于这些城镇中完全缺乏卫生组织和官办的防疫组织所引起的。清帝国乡区的每一部分几乎都完全免于疫病流行，有的这些乡村的疫病，是从那些人烟过于稠密、污秽到极点、难以言语形

---

① 孙中山：《建国方略》，《孙中山全集》第 6 卷，北京：中华书局 1985 年版，第 384~387 页。
② 孙中山：《建国方略》，《孙中山全集》第 6 卷，北京：中华书局 1985 年版，第 308 页。
③ 孙中山：《中国的现在和未来——革新党呼吁英国保持善意的中立》，《孙中山全集》第 1 卷，北京：中华书局 1981 年版，第 94 页。
④ 孙中山：《建国方略》，《孙中山全集》第 6 卷，北京：中华书局 1985 年版，第 387 页。
⑤ 孙中山：《建国方略》，《孙中山全集》第 6 卷，北京：中华书局 1985 年版，第 387 页。

容的污水供应的城市中传入的。"① 尽管这种看法失之偏颇，言辞过于激烈，但反映了其对城市卫生状况的忧虑。孙中山认为，整顿市政是地方自治最应注意的事项，"凡市政之最要者，铁路之改良，街衢之清洁是也"。② 他把改善卫生状况作为城市治理的重要内容，力图通过城市自治促进城市卫生条件的改善，以增强人民的体质。1916 年 8 月，孙中山在绍兴发表演说时，针对绍兴的卫生治理问题指出："路边厕所急宜迁移，勿使臭气四溢；河道之水，宜使清洁；卫生之事，宜加讲求。"③ 应当说，孙中山对于城市卫生状况的改善给予了足够的关注，这不仅是他对中国卫生状况恶劣有感而发的议论，也是他从国外以及中国香港等城市注重卫生、将保护市民的身体健康作为治理城市的重要手段的启迪有关。

在孙中山心目中，理想的城市是花园城市，要具备林囿、花园和绿地。他在论及广州城市建设时，表达了这一设计理念。在他看来，广州"附近景物，特为美丽动人"，若"建一花园都市，加以悦目之林囿，真可谓理想之位置也"。如此，既有利于广州成为工商业中心，又能"供给美景以娱居人"。④ 尽管"花园城市"的设计理念与中国土地资源紧张的现实存在冲突与矛盾，但花园和绿地对于一个城市来说，仍是不可缺少的。这是适合于人居住的要求，也是世界城市发展的一种趋势，中国城市的发展也必须如此。

由上述可见，孙中山在规划现代城市建设时，对于城市的硬件建设较为关注，而对城市的文化内涵与历史魅力等软件建设相对来说注意不够。其实，在现代城市建设过程中，缺少文化内涵与历史魅力的渗入，也就难有特色可言。文化内涵毕竟是一座城市的优势所在。

（三）孙中山对现代城市化道路的选择

孙中山从世界城市建设的经验和中国城市建设的现状出发，谋划了中国城市化的道路，回答了中国城市化进程中所面临的诸多问题。

首先，建立现代交通是城市化的先决条件。孙中山在思考中国城市建设问题时，把建立现代交通作为实现城市化的先决条件，力图通过建立铁路和公路网络、疏通河道，来加强城市和乡村、大城市和中小城市的联系，改变中国近

---

① 孙中山：《中国的现在和未来——革新党呼吁英国保持善意的中立》，《孙中山全集》第 1 卷，北京：中华书局 1981 年版，第 93~94 页。

② 孙中山：《在宁波各界欢迎会的演说》，《孙中山全集》第 3 卷，北京：中华书局 1983 年版，第 351 页。

③ 孙中山：《在绍兴各界欢迎会上的演说》，陈旭麓、郝盛潮主编：《孙中山集外集》，上海：上海人民出版社 1990 年版，第 86 页。

④ 孙中山：《建国方略》，《孙中山全集》第 6 卷，北京：中华书局 1985 年版，第 308 页。

代城市发展不平衡的状况，形成区域城市体系和全国统一的城市体系。

孙中山指出，由于对外交流的需要，以前的城市往往是沿河而建；随着现代交通的发展，尤其是铁路的修建，使不少原来闭塞落后的小村镇，发展成为大中城市。他说："通商之埠所以贸易繁兴、财货山积者，有轮船为之运载也。"① 在孙中山看来，英、法、美等国城市那么多、那样大，是因为它们"铁路纵横，四通八达"。中国如果在广州与香港、南京与上海、天津与通州等"繁富之区"兴修铁路，那么，"路一成而效立见，可以利转输，可以励富户，则继之以推广者，商股必多，而国家亦易为力"。② 没有交通运输的便利，就难以实现生产要素的有效流转，也就没有工商业的兴起；没有工商业的兴起，也就没有文化的繁荣和城市的发展。孙中山还举例说，江西的南昌、九江、吉安、饶州、赣州等地，如能改善交通，"皆可成为今日之上海"，而"交通之法，铁路为急务，然马路尤不可少，盖马路费较省便。且马路行自动车，自动车费亦较少"。③ 因此，孙中山规划中国城市化道路时，非常强调港口、铁路、公路在城市发展中的重要意义。④ 在《实业计划》中，孙中山所构想的北方大港、东方大港、南方大港，以及与三大港口相联系的西北铁路系统、西南铁路系统、中央铁路系统、东南铁路系统、东北铁路系统、高原铁路系统，都说明孙中山是以发展交通运输作为推进中国城市化的基础。

其次，通过工业化推动中国的城市化是普遍的发展规律。欧美各国的城市化是随着大工业的兴起而发展起来的，是工业化带动了城市化；中国近代的城市是随着中外通商而兴起的，是商业贸易促进了城市化。近代以来，中国城市发生了一些新的变化，最引人注目的是出现了一批根据中外不平等条约规定开放的"条约口岸城市"。条约口岸城市开埠较早，吸收西方文化趋先，对外商业贸易频繁，因而很快走上了城市近代化的道路。这种城市化进程，使中国主要沿海城市在较短的时间里进入了国际贸易圈，与西方资本主义世界建立了经济上的联系。⑤ 但随着城市化的推进，中国社会，尤其是中国城市的半殖民地半封建化的程度逐步加深。在这一过程中，一方面，中国广大内地的原材料廉价运进沿海城市，进而转运纽约、伦敦、巴黎等世界经济中心；另一方面，纽约、伦敦、巴黎的工业品源源不断地涌入中国的沿海城市，再由沿海城市扩散

---

① 孙中山：《上李鸿章书》，《孙中山全集》第 1 卷，北京：中华书局 1981 年版，第 14 页。
② 孙中山：《上李鸿章书》，《孙中山全集》第 1 卷，北京：中华书局 1981 年版，第 15 页。
③ 孙中山：《在南昌百花洲行辕的谈话》，《孙中山全集》第 2 卷，北京：中华书局 1982 年版，第 535 页。
④ 参见林家有著：《孙中山与中国近代化道路研究》，广州：广东教育出版社 1999 年版，第 646~647 页。
⑤ 参见张仲礼主编：《东南沿海城市与中国近代化》，上海：上海人民出版社 1996 年版。

到广大内地直至穷乡僻壤。这样,中国城市的经济结构极不合理,城市经济发展呈畸形状态。孙中山认为,中国城市发育不健全,商业时而兴盛,时而衰落,其原因就是中国城市没有发达的工业。他说:"中国商业失败,不止烟台一埠,凡属通商口岸,利权外溢,到处皆然。"① 如上海,"商权几全握于外人之手,皆缘各国机器发达,货物千奇百变,能力不敌,则势力不敌"。② 要改变中国商业受人控制的局面,必须从改变城市经济结构入手。孙中山说:"为今之计,欲商业兴旺,必从制造业下手。"③ 因为,现代工业的发展,要求劳动力和各种生产要素的聚集,从而推动城市化的进程。孙中山以烟台张裕葡萄酒公司和玻璃公司为例,说明工业的发展不仅能形成"繁盛商埠",而且能奠定城市"富强之基础"。④ 事实上,工业化和城市化应该同步推进,特别是在城市建设的早期,难以绕过工业化而实现城市化。

正因为如此,孙中山主张地处矿区和加工工业原料产区的城市,要加快资源的开发,建成具有一定专业特色的工业中心。他说:"南方俗语有云'无煤不立城'",选择铁、煤、石油、天然气产地,建设煤铁工业中心,可以带动资源的开发。而作为交通枢纽的城市,则应"以各种制造业集中于一便利之中心",发展综合加工型城市。即使是广州这样的交通枢纽和商埠城市,也应留出地段,兴建工厂,发展实业。因为"广州占商业中枢之首要地位,又握有利之条件","为西南矿区之口岸,获取原料、延请技师亦较他处为便宜",因而自应发展"为中国南方制造中心"。其他如武汉、南宁、宁波等城市,同样应"于实业上得发展",而"为一制造之城市也"。⑤ 在孙中山的心目中,农矿工商各业是互相关联、融为一体的,实现中国城市的发展,"农工商各种实业,宜互相提携,力求进步"⑥,但从根本上来说,推动中国城市化的动力在于工业化而不是商业化。

孙中山在《实业计划》的第一、第二、第三计划中,提出了在中国近代城市发展最快的环渤海湾、长江三角洲和珠江三角洲地区,建设北方、东方和

---

① 孙中山:《在烟台商会的演说》,《孙中山全集》第2卷,北京:中华书局1982年版,第403页。
② 孙中山:《在上海机器公会成立大会的演说》,《孙中山全集》第2卷,北京:中华书局1982年版,第560页。
③ 孙中山:《在烟台商会的演说》,《孙中山全集》第2卷,北京:中华书局1982年版,第403页。
④ 孙中山:《在烟台商会的演说》,《孙中山全集》第2卷,北京:中华书局1982年版,第404页。
⑤ 参见蒋伟新:《孙中山关于中国城市现代化的构想》,《南京经济学院学报》2000年第5期。
⑥ 孙中山:《在烟台商会的演说》,《孙中山全集》第2卷,北京:中华书局1982年版,第404页。

南方三大世界性海港城市的战略构想，力图通过三大海港城市的建设，带动区域城市的发展。

就北方大港建设而言，孙中山主张在大沽口、秦皇岛两地之中途，青河、滦河两口之间，建立一深水不冻大港，形成一海港都市，经40年的发展即可达到美国纽约、费城的规模和功能。就东方大港建设来说，孙中山提出了两个方案：一是在杭州湾北岸乍浦建立新的世界性港口，二是通过改良上海使之具备世界性港口城市的功能。前者的建设需要一个较长的过程，故孙中山称之为计划港；而后者经采取整治长江、黄浦江改道、扩大浦西地域、建设浦东新区等重大举措，便可在短期内取得成效，故作为具体实施的方案。对于南方大港建设，孙中山提出，广州是中国南部也是亚洲地区的商业中心，是中国南方内河水运之中轴，也是海洋交通之枢纽，"以世界海港论，广州实居于最利便之地位"①。

孙中山规划在沿海建立三大港口城市，其最终目标是以此为龙头带动区域城市的发展，形成城市群、城市带。如对沿海城市带，孙中山在规划建设三个世界大港之后，进而提出在沿海地区建立四个二等港（营口、海州、福州、钦州）、九个三等港（葫芦岛、黄河港、芝罘、宁波、温州、厦门、汕头、电白、海口）及十五个渔业港（辽宁的安东、海洋岛，河北的秦皇岛，山东的龙口、石岛湾，江苏的新洋港、吕四港，浙江的长塗港、石浦，福建的福宁、湄州港，广东的汕尾、西江口、海安以及海南岛的榆林港）。这三十一个海港，北起安东，南至钦州，分布在中国的海岸线上，平均每百英里有一港。特别是四个二等港，在沿海地区起着上承三大海港、下连广大腹地的作用。②

近代中国城市的建设面临着土地和资金两大问题，如何解决好这两大问题成为城市建设和城市化发展的关键所在。为此，孙中山拟通过"平均地权"的办法解决城市化所需的土地和资金问题。城市建设除了需要土地之外，还需要巨额的资金。孙中山认为，按照"平均地权"的办法将土地（特别是城市规划用地）收归国有，就能为城市的不断发展提供所需土地。城市土地因工商业发展所增加的价值为国家所有，则足以偿还城市大规模建设的巨额资金。他在规划北方大港时曾指出，该港的规划用地因属未开发之地，故"现时毫无价值可言"，若规划此廉价土地二三百平方英里，"以为建筑将来都市之用"，那么40年后，都市的"发达程度即令不如纽约，仅等于美国费府，吾敢信地值所涨，已足偿所投建筑资金矣"。③他在规划东方大港用地时又作了

---

① 孙中山：《建国方略》，《孙中山全集》第6卷，北京：中华书局1985年版，第303页。
② 参见谢放：《孙中山与中国城市近代化》，《河北学刊》1997年第6期。
③ 孙中山：《建国方略》，《孙中山全集》第6卷，北京：中华书局1985年版，第256页。

具体预算：大港建于杭州湾，现每亩地价仅 100 元，若划定 200 平方英里土地（约合 768000 亩）作为开发用地，需资金 7600 多万元，确为一笔巨款。但"政府可以先将地价照现时之额限定"，仅先购第一期工程所用之地。"其余之地，则作为国有地未给价者留于原主手中，任其使用，但不许转卖。"国家可以根据城市建设发展的需要，随时按核定的地价征用土地，并用其"所增之利益，还付地价"。当第一期工程完成，大港逐渐发达后，地价必然"急速腾贵"，市区地价估计将上涨至每亩 1000 元到 10 万元。土地增值所获的经济效益，再加上大港及市街所获之经济效益，使城市经济实力大增，"所挟卓越之地位，此港实有种种与纽约媲美之可能"。① 孙中山的上述设想，不失为解决城市化所需土地、资金的办法，但问题在于，国家将土地收归国有的巨额资金从何而来？孙中山未能作出明确的回答。

孙中山在规划中国城市化道路时，还提出了城市建设应遵循的基本原则：

其一，以民为本的原则。孙中山认为，城市的一切设计，应当从城市居民的生产和生活需要出发来考虑。如前所述，孙中山主张一切居室设计"皆务使居人得其安适"，因而需要设置"特别建筑部以考察人民习惯、营业需要，随处加以改良"。② 孙中山认为，中国古代居室以神为中心，神事较人事更为重要，"无一为人类之安适及方便计"；现代的住房建筑应以人为中心，应当摒弃"最近三千年愚蒙之古说及无用之习惯"，"改建一切居室以合于近世安适方便之式"。③

其二，科学规划的原则。城市布局应有科学的功能划分及合理的空间结构，商业区、工业区、住宅区应合理布局。在谈及广州的城市规划时，孙中山指出，广州的城市地域应包括黄埔、佛山在内，其城市布局大致为：以车卖炮台及沙面水路为界，以东至黄埔为商业区，建设现代设施的码头和仓库；以西至佛山为工业区，修筑运河与花地及佛山的水道相连，使工厂拥有廉价运输的便利；在市区兴建新市街及住宅区，吸引本地及华侨商人前来定居，使城市房地产大大增值。④ 如此，就使现代城市既有明确的功能划分，又有合理的空间布局。一个资源优化配置的现代城市，就是由多个特点清晰、界限明确的功能区组成的，城市的职能就是通过这些功能区充分发挥作用来实现的。

其三，因地制宜的原则。孙中山提出，城市发展要根据当地的自然条件、物产资源情况和交通状况，形成自己的特色。如长江沿岸的镇江、南京、芜

---

① 孙中山：《建国方略》，《孙中山全集》第 6 卷，北京：中华书局 1985 年版，第 270～271 页。参见谢放：《孙中山与中国城市近代化》，《河北学刊》1997 年第 6 期。
② 孙中山：《建国方略》，《孙中山全集》第 6 卷，北京：中华书局 1985 年版，第 386 页。
③ 孙中山：《建国方略》，《孙中山全集》第 6 卷，北京：中华书局 1985 年版，第 385 页。
④ 参见谢放：《孙中山与中国城市近代化》，《河北学刊》1997 年第 6 期。

湖、安庆、九江、武汉等城市,拥有的资源、物产各不相同,城市建设的定位不必强求一致,可根据具体情况各自形成具有一定规模、一定特色的专业市场和加工制造中心。对于宁波的发展,孙中山指出:"宁波所管腹地极小,然而极富;其人善企业,其以工作手工知名,肩随于广州。中国之于实业上得发展者,宁波固当为一制造之城市也。"① 孙中山主张,将汕头开辟为地方良港,将电白开辟为商港;海口、安东、秦皇岛、龙口、石浦、福宁、汕尾、海安、榆林港等地,则宜开辟为渔业港。因此,孙中山在规划各地城市建设时,充分考虑到了各地的资源、优势产业、地理位置等方面的差异,做到了因地制宜。

应当说,孙中山关于中国城市化道路的设计,既反映了世界城市化的规律与经验,又考虑到中国城市化的需要与特点;既具有一定的合理性与前瞻性,又在某种程度上带有理想主义的色彩。

四、孙中山对农业、农村、农民的认识与改造

中国自古以农立国,农村人口占全国人口的80%,农业、农村、农民问题是中国革命和建设面临的重大课题。农业不发展,农民就不能致富,农民贫穷,农村社会就落后,所以农业、农村、农民的问题不解决,中国社会问题就无从解决。孙中山出身农家,对农业、农村、农民问题有切身感受和体会。同时,孙中山在香港西医书院学习期间,除致力于医学专业外,对农学也进行了一定的研究,用他自己的话来说:"文游学之余,兼涉树艺,泰西农学之书间尝观览,于考地质、察物理之法略有所知。每与乡间老农谈论耕植,尝教之选种之理、粪溉之法,多有成效。"② 正因为如此,农业、农村、农民问题也是孙中山致力于思考和解决的问题之一。

(一)孙中山对农业发展道路的设计

如何实现传统农业向现代农业的转变?如何通过农业的发展实现农村社会的转型?孙中山进行了探讨和设计。孙中山认为,农业不仅关系生活资料的生产,而且关系生产资料的生产,是国家富强与社会稳定的基础,没有农业的兴旺,就不可能带来其他各业的繁荣,社会稳定也就缺乏根基。孙中山在《致郑藻如书》中,就对"农桑之不振"表示了深沉的忧虑。③ 在《农功》一文中,他又说:"以农为经,以商为纬,本末备具,巨细毕赅,是即强兵富国之

---

① 孙中山:《建国方略》,《孙中山全集》第6卷,北京:中华书局1985年版,第330页。
② 陈锡祺主编:《孙中山年谱长编》上册,北京:中华书局1991年版,第59页。
③ 孙中山:《致郑藻如书》,《孙中山全集》第1卷,北京:中华书局1981年版,第1页。

先声，治国平天下之枢纽也。"① 这即是说，农业是国家富强的基础，在农业发展的基础上，以商业调剂来交流货物，便可使国家富强起来。因此，孙中山辞去临时大总统职务后，将"讲求农业"作为最要紧的"兴利之事"。② 他还指出："农矿二业，实为其他种种事业之母也。农、矿一兴，则凡百事业由之而兴矣。"③ 可见，孙中山对于农业在整个国民经济中的地位，以及农业对其他各业的影响有深刻的认识。孙中山还认为，农业是国计民生的关键，"中国自古以来都是以农立国，所以农业就是生产粮食的一件大工业"④，如果农业发展不起来，中国农民就将陷于饥饿悲惨的境地。在他看来，中国农民很痛苦，生活很悲惨，除了受封建制度与帝国主义的政治压迫与经济掠夺外，农业不发达、农业劳动生产力低下，也是重要原因之一。他说："中国之所以没有饭吃，原因是很多的，其中最大的原因就是农业不进步，其次就是由于受外国经济的压迫。"⑤ 孙中山认为，农业不仅关系到农民的生计，而且关系到整个国民的生计。正因为如此，"政府当与人民协力，共谋农业之发展，以足民食"。⑥ 只有农业发展了，民生问题才能得到真正解决。因此，对于农业的重要性，孙中山有着较为充分的认识。

为了促进农业的发展，孙中山极力主张在农业活动中采用机器进行生产，把农业机械化看作农业增产的根本途径。他指出：在农业生产中，"非有巧机无以节其劳，非有灵器无以速其事"，西方国家全面实行机械化作业，已经取得了显著的经济效益："如犁田，则一器能作数百牛马之工；起水，则一器能溉千顷之稻；收获，则一器能当数百人之刈。他如凿井浚河，非机无以济其事；垦荒伐木，有器易以收其功。"鉴于西方国家实行农业机械化对提高农业劳动生产率所起的巨大作用，孙中山主张"我中国宜购其器而仿制之"，以改变我国"自古深耕易耨，皆藉牛马之劳"的落后局面。⑦ 在《实业计划》中，孙中山又进一步提出要设立"农器制造厂"，以对农业进行技术改造。他说：

---

① 孙中山：《农功》，《孙中山全集》第1卷，北京：中华书局1981年版，第6页。
② 孙中山：《在安徽都督府欢迎会的演说》，《孙中山全集》第2卷，北京：中华书局1982年版，第532页。
③ 孙中山：《中国实业如何能发展》，《孙中山全集》第5卷，北京：中华书局1985年版，第134页。
④ 孙中山：《三民主义·民生主义》，《孙中山全集》第9卷，北京：中华书局1986年版，第399页。
⑤ 孙中山：《三民主义·民生主义》，《孙中山全集》第9卷，北京：中华书局1986年版，第396页。
⑥ 孙中山：《国民政府建国大纲》，《孙中山全集》第9卷，北京：中华书局1986年版，第126页。
⑦ 孙中山：《上李鸿章书》，《孙中山全集》第1卷，北京：中华书局1981年版，第11页。

"欲开放废地，改良农地，以闲力归于农事，则农器之需要必甚多。中国工价甚廉，煤铁亦富，故须自制造一切农器，不必由外国输入。"① 他把设立"农器制造厂"看作推动和实现中国农业机械化的一项迫切任务。孙中山还认为，农业的生机在于科学，必须把农业生产置于科学的指导之下，才能充分挖掘农业潜力、提高土地单位面积产量，才能从根本上改造我国旧式农业。在他看来，掌握了地质、化学等科学知识，就能"反硗土为沃壤，化瘠土为良田"；利用植物学、动物学等科学知识，就能"别种类之生机，分结实之厚薄，察草木之性质，明六畜之生理，则繁衍可期而人事得操其权"；通晓物理学，就会懂得"日光能助物之生长，电力能速物之成熟"。孙中山断言："农学既明，则能使同等之田产数倍之物，是无异将一亩之田变为数亩之用，即无异将一国之地广为数国之大也。如此，则民虽增数倍，可无饥馑之忧矣。"② 因此，孙中山要求"急兴农学"，以改良我国农业，从而解决我国人多地少的矛盾。

为倡导科学种田，孙中山主张测量农地，提高土地利用率。他认为，"中国土地向未经科学测量制图，土地管理、征税皆混乱不清，贫家之乡人及农夫皆受其害。故无论如何，农地测量为政府应尽之第一种义务。""测量工事既毕，各省荒废未耕之地，或宜种植，或宜放牧，或宜造林，或宜开矿，由是可估得其价值，以备使用者租佃，为最合宜之生产。"③ 测量农地是国家整顿、规划土地，提高土地利用率的重要措施。

为倡导科学种田，孙中山主张使用化学肥料和农药。在他看来，农业生产率的提高有赖于土壤肥力的提高，要提高土壤肥力必须使用化学肥料，如此"栽培甚么植物都很容易生长，生产也可以大大的增加"。孙中山提出："比方耕一亩田，不用肥料的可以收五箩谷，如果用了肥料便可以多收二三倍。"由此，他得出结论："要增加农业的生产，便要用肥料；要用肥料，我们便要研究科学，用化学的方法来制造肥料。"④ 为预防和消除农业生产中的病虫灾害，孙中山主张使用农药。他说："害植物的动物很多，最普通的是蝗虫和其他各种害虫。当植物成熟的时候，如果遇着了害虫，便被虫食坏了，没有收成。"为此，"国家要用专门家对于那些害虫来详细研究，想方法来消除。像美国现在把这种事当作是一个大问题，国家每年耗费许多金钱来研究消除害虫的方法"，"我们要用国家的大力量，仿美国的办法来消除害虫，然后全国农业的

---

① 孙中山：《建国方略》，《孙中山全集》第 6 卷，北京：中华书局 1985 年版，第 379~380 页。
② 孙中山：《上李鸿章书》，《孙中山全集》第 1 卷，北京：中华书局 1981 年版，第 11 页。
③ 孙中山：《建国方略》，《孙中山全集》第 6 卷，北京：中华书局 1985 年版，第 379 页。
④ 孙中山：《三民主义·民生主义》，《孙中山全集》第 9 卷，北京：中华书局 1986 年版，第 401 页。

灾害才可以减少,全国的生产才可以增加"。① 尽管使用化学肥料和农药对于生态环境保护将带来不利影响,但又是现代农业发展的必由之路。

土地是农业的根本,土地为谁所有关系到农业和农民的命脉。农者,种田者也,如果农民没有土地可耕,农业就失去了发展的路向,所以耕者必有其田才能调动农民务农的积极性。为此,孙中山将实行耕者有其田的政策作为推动农业发展的手段。土地是农业生产的基本要素,我国乃至世界的每一次农业发展,无不与土地制度的改革相关。孙中山说:中国现在的农民,一般有九成是没有田的,他们"所耕种的田,大多数都是租来的,租钱又贵",农民"辛辛苦苦得来的钱,都是为商人和田主空劳动的"。② 又说:"照道理来讲,农民应该是为自己耕田,耕出来的农品要归自己所有。现在的农民都不是耕自己的田,都是替地主来耕田,所生产的农品大半是被地主夺去了","自己得到手的几乎不能够自养,这是很不公平的","如果不能够解决这个问题,民生问题便无从解决"。在孙中山看来,解决这一问题的关键就是要"耕者有其田"。如果能做到"耕者有其田","耕田所得的粮食完全归到农民,农民一定是更高兴去耕田的。大家都高兴去耕田,便可以多得生产"。③ 因此,"耕者有其田"是发展农业生产、解决民生问题的前提。

其实,孙中山"耕者有其田"的思想早已萌芽。1902 年,他与章太炎谈话时就提到:"不躬耕者,无得有露田","夫不稼者,不得有尺寸耕土"。④ 不耕者不得有田,实质上也就意味着耕者应有其田。辛亥革命后,孙中山会见袁世凯时又提出:"中国以农立国,倘不能于农民自身求彻底解决,则革新非易。欲求解决农民自身问题,非耕者有其田不可。"⑤ 至中国国民党第一次全国代表大会召开,孙中山在其亲自审定的大会宣言中郑重申明:"中国以农立国,而全国各阶级所受痛苦,以农民为尤甚。国民党之主张,则以为农民之缺乏田地沦为佃户者,国家当给以土地,资其耕作,并为之整顿水利,移殖荒徼,以均地力。农民之缺乏资本至于高利借贷以负债终身者,国家为之筹设调剂机关,如农民银行等,供其匮乏,然后农民得享人生应有之乐。"⑥ 随后,

---

① 孙中山:《三民主义·民生主义》,《孙中山全集》第 9 卷,北京:中华书局 1986 年版,第 403~404 页。
② 孙中山:《在广州农民联欢会的演说》,《孙中山全集》第 10 卷,北京:中华书局 1986 年版,第 463 页。
③ 孙中山:《三民主义·民生主义》,《孙中山全集》第 9 卷,北京:中华书局 1986 年版,第 399~400 页。
④ 孙中山:《与章太炎的谈话》,《孙中山全集》第 1 卷,北京:中华书局 1981 年版,第 213 页。
⑤ 凤冈及门弟子编印:《三水梁燕孙先生年谱》上,1936 年版,第 123 页。
⑥ 孙中山:《中国国民党第一次全国代表大会宣言》,《孙中山全集》第 9 卷,北京:中华书局 1986 年版,第 120~121 页。

孙中山在演讲民生主义时又强调：要完全解决农民问题，就要实行"耕者有其田"。① 1924 年 8 月，孙中山在广州农民运动讲习所第一届毕业礼发表演说时，进一步阐发了这一观点。他说："俄国改良农业政治之后，便推翻一般大地主，把全国的田土都分到一般农民，让耕者有其田。""我们现在革命，要仿效俄国这种公平办法，也要耕者有其田，才算是彻底的革命。"② 因此，孙中山晚年"耕者有其田"的主张既立足于中国土地问题的实际，又借鉴了俄国解决土地问题的经验，这是他所提出的发展农业生产的前提。要使农民"耕者有其田"，田从何而来？孙中山反对夺地主的土地分给农民，但如何才能取得土地他没有说，因此也留下了问题。如果土地不收为国有，所谓"耕者有其田"也只是说说而已。

农业的发展，需要相应的制度安排与法律保障。孙中山主张通过制度创新以发展农业。通过法律，鼓励和保护农民进行粮食生产。他说："中国的粮食生产既然是靠农工，中国的农民又是很辛苦勤劳，所以中国要增加粮食的生产，便要在政治、法律上制出种种规定来保护农民。中国的人口，农民是占大多数，至少有八九成，但是他们由很辛苦勤劳得来的粮食，被地主夺去大半，自己得到手的几乎不能够自养，这是很不公平的。我们要增加粮食生产，便要规定法律，对于农民的权利有一种鼓励、有一种保障，让农民自己可以多得收成。"③ 制定相关法律以保护农业生产与农民权益，正是现代农业的重要特点。

总之，孙中山十分关注中国农业的发展，认识到了机器生产、农业科学、土地制度变革、法律制度创新对于农业发展的重要性，这些措施如能付诸实践，对于中国农业发展无疑具有助益。

（二）孙中山对农村社会建设的思考

中国传统乡村社会是以自给自足的小农经济为基础的农业宗法社会，为构建新的乡村社会秩序、改造传统乡村社会结构，孙中山提出了自己的主张。

第一，通过实行地方自治改造乡村社会。中国传统乡村社会实际上是一种"宗族自治"的社会，地方自治是孙中山基于中国当时的政况，为解决中央集权与地方分权这一政制矛盾而采取的一种措施，其目的是通过地方自治的实现

---

① 孙中山：《三民主义·民生主义》，《孙中山全集》第 9 卷，北京：中华书局 1986 年版，第 399 页。
② 孙中山：《在广州农民运动讲习所第一届毕业礼的演说》，《孙中山全集》第 10 卷，北京：中华书局 1986 年版，第 556 页。
③ 孙中山：《三民主义·民生主义》，《孙中山全集》第 9 卷，北京：中华书局 1986 年版，第 399 页。

以达到对县以下基层社会的控制和实现全民政治的理想。① 1920 年 3 月颁布的《地方自治实行法》规定："地方自治之范围，当以一县为充分之区域。如不得一县，则联合数乡村，而附有纵横二三十里之田野者，亦可为一试办区域。"② 地方自治的事项主要包括清户口、立机关、定地价、修道路、垦荒地、设学校。县为地方自治的基本单位，在孙中山看来，"将一个县的全部农村组成为一个地方自治的基本单位"，有利于"提高政治效率和管理效率"③，地方自治是对乡村社会进行有效治理的途径。孙中山认为，地方自治团体，"不止为一政治组织，亦并为一经济组织"，是"一政治及经济性质之合作团体"。既然如此，就应当举办各行各业的合作经济，如"农业合作、工业合作、交易合作、银行合作、保险合作等事"。④ 其实，地方自治机构举办合作经济，也是改造乡村社会的重要手段，通过举办合作经济，培养农民的合作意识与合作观念，有利于乡村社会秩序的重建。

第二，通过利用宗族团体改造乡村社会。家族由若干具有亲近的血缘关系的家庭组成，宗族由若干出自同一男性祖先的家族组成。在传统社会结构中，由家庭聚合为家族，再由家族组合为宗族，并与邻里乡党组成村社和社会，进而构成国家。总的来说，宗族团体的存在不利于实现全社会的整合，不利于社会行政体制的正常运作，不利于社会法律制度的贯彻实施，也不利于公民文化的形成。但孙中山也看到了宗族团体对于实现乡村社会初步整合的积极作用，因而提出利用宗族团体改造乡村社会结构的设想。

孙中山认为："我们要结成大团体，便先要有小基础，彼此联合起来，才容易做成功。我们中国可以利用的小基础，就是宗族团体。"在孙中山看来，"中国国民和国家结构的关系，先有家族，再推到宗族，再然后才是国族，这种组织一级一级地放大，有条不紊，大小结构的关系当中是很实在的；如果用宗族为单位，改良当中的组织，再联合成国族，比较外国用个人为单位当然容易联络得多。若是用个人做单位，在一国之中，至少有几千万个单位，像中国便有四万万个单位；要想把这样多数的单位都联络起来，自然是很难的。"⑤ 孙中山曾经设想，把各姓的宗族团体先联合起来，再由宗族团体结合成一个民

---

① 参见林家有著：《孙中山与中国近代化道路研究》，广州：广东教育出版社 1999 年版，第 411~412 页。
② 孙中山：《地方自治实行法》，《孙中山全集》第 5 卷，北京：中华书局 1985 年版，第 220 页。
③ 孙中山：《孙逸仙宣言》，《孙中山全集》第 6 卷，北京：中华书局 1985 年版，第 528 页。
④ 孙中山：《地方自治实行法》，《孙中山全集》第 5 卷，北京：中华书局 1985 年版，第 224、221 页。
⑤ 孙中山：《三民主义·民族主义》，《孙中山全集》第 9 卷，北京：中华书局 1986 年版，第 238 页。

族的大团体。四万万人有了民族的大团体，便能抵抗外国的侵略。应当说，宗族团体对于实现宗族内部的整合具有积极意义，但强化宗族团体的作用，会加剧乡村社会宗族之间的矛盾和冲突，不利于公共意识的培育，难以达到改造乡村社会的目的，因此孙中山利用宗族社会的维系作用，将其改造成为国家的基层细胞，由小而大，由无数宗族形成大的国族，这就化消极为积极，有利于社会的整合。孙中山认为，保守性、盲从性、迷信、见利必趋等劣根性之所以普遍存在于中国农民之中，教育不普及是一个重要原因。他说："吾国虽自号文物之邦，男子教育，不及十分之六，女子教育，不及十分之三，其中有志无力者，颇不乏人。其故在何？国家教育不能普及也。"① 众所周知，在中国传统社会中，教育存在严重的不平等性。在政治上、经济上占统治地位的地主阶级掌握了教育的领导权，他们的子女则垄断了受教育权，广大劳动人民及其子女基本上被剥夺了受教育的权利和机会。对于传统教育的这种不平等性，孙中山进行了尖锐的批判。他说："圆颅方趾，同为社会之人，生于富贵之家即能受教育，生于贫贱之家即不能受教育，此不平之甚也。"② 在孙中山的心目中，合理的教育制度，应该是"无论富贵"都可以接受教育。只有全体国民都受教育，大家都有受教育的平等权利和机会，才能提高全体国民的素质，整个民族才能兴旺，整个国家才能富强。

正因为如此，当孙中山作为香港西医书院的一名学生时，就提出了"必也多设学校，使天下无不学之人"③的建议。在《上李鸿章书》中，他又提出，中国应该像西方国家那样，做到"庠序学校遍布国中，人无贵贱皆奋于学"④。后来，他曾以大总统的身份提出："建设一个新地方，首在办教育。要办普及的教育，令普通人民都可以得到教育。"⑤ 在谋划建国方略时，孙中山又强调：只有"先从事于普及教育，使全国人民皆有科学知识"，才能最终完成"中国富强事业"。⑥ 1923年1月，《中国国民党宣言》明确规定：要"励行教育普及，增进全国民族之文化"⑦。随后，国民党"一大"宣言再次重申：要努力实现"普及教育之制"，并确定"励行教育普及"为国民党政纲之一。

---

① 孙中山：《在杭州五十一团体欢迎会的演说》，《孙中山全集》第2卷，北京：中华书局1982年版，第552页。
② 孙中山：《在上海中国社会党的演说》，《孙中山全集》第2卷，北京：中华书局1982年版，第523页。
③ 孙中山：《致郑藻如书》，《孙中山全集》第1卷，北京：中华书局1981年版，第2页。
④ 孙中山：《上李鸿章书》，《孙中山全集》第1卷，北京：中华书局1981年版，第9页。
⑤ 孙中山：《在桂林学界欢迎会的演说》，《孙中山全集》第6卷，北京：中华书局1985年版，第74页。
⑥ 孙中山：《建国方略》，《孙中山全集》第6卷，北京：中华书局1985年版，第222页。
⑦ 孙中山：《中国国民党宣言》，《孙中山全集》第7卷，北京：中华书局1985年版，第3页。

孙中山毕生以实现三民主义为奋斗目标，而普及教育正是民生主义的一项重要内容。孙中山所说的普及教育，尽管不是专门针对农民而言的，但普及教育的对象无疑包括农民在内。孙中山指出，他们"没有知识"，"不能写读"，而且还非常守旧，振兴中国农业"所缺者"，就是"农民之新知识"。因此，必须"对数量上占优势的农民灌输新观念"，使农民学习"科学的道理"，掌握"科学的道理"。

从改造乡村社会着手，孙中山提出，对农民不仅要进行知识教育，还要进行"本党主义"教育，使农民认识国民革命的重要性。他说："稍为明白事体的人，对于国家大事都很有觉悟，而一般农民全无觉悟，如果地主和农民发生冲突，农民便不抵抗。我们要免去现在的冲突，要农民将来能够抵抗，大家此时便要对农民去宣传，把农民的痛苦讲得很清楚，让一般农民都知道。农民只要知道了痛苦，便一定有觉悟。"① 为教育农民、发动农民，孙中山多次去广州农讲所作报告，用通俗易懂的语言启发农民、开导农民。

改造乡村社会，还要重视对那些流为土匪的破产农民及各种游民的安置，否则社会不可能安定。土匪是超越法律许可范围进行活动而又无明确政治目的，并以抢劫、勒赎为主要生活来源的人。土匪问题是中国近代历史上一个普遍而复杂的社会现象，究其原因，根本原因是由乡村社会控制的失效造成的。中国近代的土匪种类繁多、数量庞大，就其性质而言，有劫富济贫的义匪，有从事抢劫烧杀、绑架勒索的惯匪，有由裁撤、溃败的军队或哗变逃跑的士兵演变而来的兵匪，有从事帮会教门活动的会匪或教匪，有从事毒品走私的烟匪。中国近代的土匪主要来自乡村社会，解决好土匪问题，是乡村社会改造的一个重要内容。游民是脱离了当时社会秩序，失去稳定职业、产业及其他生活根基的人，其主要的特点就在于"游"，他们缺少谋生的手段，大多在城乡之间流动，是中国近代社会中具有破坏性和爆发力的社会力量。

辛亥革命前，孙中山着眼于联系和利用会党，准备通过会党会众发动反清起义、推翻清朝的统治。1897年至1898年，孙中山在与日本宫崎寅藏等人讨论革命策略时提出：要策动海外会党人员"相率潜入内地，收揽所在之英雄，先据有一二省为根本，以为割据之势，而后张势威于四方，奠定大局也"②。在孙中山看来，"土匪溃兵并没有什么可怕"③。游民也是孙中山革命之初依靠

---

① 孙中山：《在广州农民运动讲习所第一届毕业礼的演说》，《孙中山全集》第10卷，北京：中华书局1986年版，第557页。

② 孙中山：《与宫崎寅藏等笔谈》，《孙中山全集》第1卷，北京：中华书局1981年版，第182页。

③ 孙中山：《与桂林〈学生联合会三日刊〉记者的谈话》，陈旭麓、郝盛潮主编：《孙中山集外集》，上海：上海人民出版社1990年版，第263页。

的力量,1922年4月,孙中山在总结革命经验时曾说:"我们最初提倡革命的时候,没有一个人肯听的。但我先把一般无业的游民联络起来,替他们谋饭吃、找事做,他们便信我起来了。"①

另一方面,孙中山又非常关注土匪游民的安置与改造。国民党"一大"宣言提出:"中国经济落后,农民穷苦,不得已而受佣于军阀,以图几微之生存。其结果,乃至更增贫困,加人民以压迫,使流为土匪而不顾。"② 这里说明了近代土匪形成的原因。事实上,民国以来,军阀混战,国无宁日,一旦干戈扰攘,必有胜负,溃败的士兵找不到别的生活出路,往往流而为匪。有鉴于此,孙中山向国民党"一大"提交了"感化并收容游民土匪提案",建议"国家对于游民、土匪,于惩服的方法之外,须设法加以感化及收容,使即能获得从事于社会有益之工作之机会"。③ 国民党"一大"采纳了孙中山的提案,其宣言明确提出:"政府当设法安置土匪游民,使为社会有益之工作。"④ 因此,孙中山关注土匪游民的安置,其着眼点在于维护乡村社会的稳定。

总之,在中国社会的二元结构里,乡村社会是相对于城市而存在的。城市先进,农村落后,这种状况不改变,中国不可能有序地正常地向着文明、和谐的社会发展。所以孙中山重视基层社会的建设,但他也只能是根据中国农村社会的实际,从政治到经济、再到社会建设提出一些原则性的意见,因为缺乏实践,他的意见也没有经过检验,但他的原则意见和主张对于现代农村社会的建设也有其积极意义。这主要是因为,发展是基本的,正确处理好发展与稳定的关系是治理乡村社会政治目标的根本所在。政治动荡的直接后果是社会无序,经济停滞。没有稳定,一切改革都无从谈起。

(三) 孙中山对农民社会意识的批判

经过多次挫折之后,孙中山于晚年认识到:中国民主革命的动力是包括工人、农民、知识分子、其他小资产阶级和民族资产阶级在内的广大民众,革命必须"唤起民众"。他说:中国革命要取得胜利,"其所恃为后盾者,实为多

---

① 孙中山:《与桂林〈学生联合会三日刊〉记者的谈话》,陈旭麓、郝盛潮主编:《孙中山集外集》,上海:上海人民出版社1990年版,第262页。
② 孙中山:《中国国民党第一次全国代表大会宣言》,《孙中山全集》第9卷,北京:中华书局1986年版,第121页。
③ 孙中山:《感化并收容游民土匪提案》,《孙中山全集》第9卷,北京:中华书局1986年版,第168页。
④ 孙中山:《中国国民党第一次全国代表大会宣言》,《孙中山全集》第9卷,北京:中华书局1986年版,第124页。

数之民众,若知识阶级、若农夫、若工人、若商人是已"①,"革命行动而欠缺人民心力,无异无源之水,无根之木"②,这就从总体上肯定了人民大众在革命中的作用。与此同时,孙中山又认为,构成民众或人民的各阶级、阶层,其在革命中所起的作用并不完全相同,他特别推崇工人和农民的力量,指出:"贫乏之农夫,劳苦之工人,……因其所处之地位与所感之痛苦,类皆相同,其要求解放之情至为迫切,则其反抗帝国主义之意亦必至为强烈。故国民革命之运动,必恃全国农夫、工人之参加,然后可以决胜,盖无可疑者。"③ 在晚年孙中山的心目中,工人、农民是"极有力量的人",若要组织革命团体,也要先从"做工的、种田的起首"。④ 不仅如此,孙中山还根据中国的实际情况进一步剖析了中国农民的特点,指出,中国是一个农业大国,"农民的总数在人民里头占有百分之八九十,是占极大多数"⑤,"如果农民不参加革命,就是我们革命没有基础"。如果国民党能"联络一般农民","我们的基础可以巩固,我们的革命便可以成功。如果这种基础不能巩固,我们的革命便要失败"。⑥ 在这里,孙中山把农民是否参加革命提到了直接关系革命成败的高度。

孙中山对于农民作用的肯定,与他对于农民基本素养的判断是紧密相连的。1924年1月,孙中山在与克拉克谈话时指出:"中国农民虽然没有知识,究竟与那些没有受过教化的人不同。换言之,就是与未受教育者不同。中国普通的农民不能与澳洲丛林中的土人、印度的山人,或非列宾人一例看待","中国谦逊的农民却有一种成熟的智慧"。⑦ 孙中山一方面对农民有肯定和同情,另一方面,对于农民之中存在的封建观念、落后意识也进行了毫不留情的批判。

首先是对宗族意识的批判。宗族意识是一种以血缘关系为核心的社会意识,它是在宗法制度的基础上产生的,对于宗法制度的维系又起到重要作用。

---

① 孙中山:《中国国民党第一次全国代表大会宣言》,《孙中山全集》第9卷,北京:中华书局1986年版,第119页。

② 孙中山:《在广州大本营对国民党员的演说》,《孙中山全集》第8卷,北京:中华书局1986年版,第431页。

③ 孙中山:《中国国民党第一次全国代表大会宣言》,《孙中山全集》第9卷,北京:中华书局1986年版,第121页。

④ 孙中山:《与桂林〈学生联合会三日刊〉记者的谈话》,陈旭麓、郝盛潮主编:《孙中山集外集》,上海:上海人民出版社1990年版,第262页。

⑤ 孙中山:《在广州农民联欢会的演说》,《孙中山全集》第10卷,北京:中华书局1986年版,第463页。

⑥ 孙中山:《在广州农民运动讲习所第一届毕业礼的演说》,《孙中山全集》第10卷,北京:中华书局1986年版,第555页。

⑦ 孙中山:《与克拉克的谈话》,《孙中山全集》第9卷,北京:中华书局1986年版,第149、150页。

宗族意识是普遍存在于农民之中的落后意识，这种意识强调宗族利益至上，为了宗族的利益可以不惜牺牲，却不愿为国家利益而献身。孙中山认为，儒家所宣扬的宗法思想，只有家庭和宗族观念，缺乏民族和国家的思想。受儒家思想的影响，"中国人最崇拜的是家族主义和宗族主义，所以中国只有家族主义和宗族主义，没有国族主义。外国旁观的人说中国人是一片散沙，这个原因是在什么地方呢？就是因为一般人民只有家族主义和宗族主义，没有国族主义。中国人对于家族和宗族的团结力非常强大，往往因为保护宗族起见，宁肯牺牲身家性命。……至于说到对于国家，从没有一次具极大精神去牺牲的。所以中国人的团结力，只能及于宗族而止，还没有扩张到国族"[1]。这就较为客观地指出了中国农民在观念上、意识上的缺陷。

为什么中国人只有宗族意识而无国家观念呢？孙中山做了进一步的分析，那是因为"我国自有历史以来，人民屈服于专制政府之下，我祖我宗，以至于我之一身，皆为专制之奴隶，受君主之压制，一切不能自由。所谓国家者，亦不过君主一人一姓之私产，非我国民所有也。故人民无国家思想，且无国民资格"[2]。宗族意识与近代民族国家的建立对国民的要求是背道而驰的，不消除宗族意识的影响，近代民族国家就难以建立起来。为了改造国民的宗族意识、确立国民的国家意识和国族意识，中华民国成立后，孙中山便反复强调："欲图根本救治，非使国民群怀觉悟不可"[3]，"根本救国，端在唤醒国民"[4]。也就是说，中国由国民所造成，唯有第一等的国民才能造成世界第一等的民国，在全体国民中树立国家意识、摒弃宗族意识，是国家建立和发展的重要基础。

其次是对奴性意识的批判。鲁迅曾以其思想家的深邃，将中国漫长的封建社会精辟地概括为两个时代，即"想做奴隶而不得的时代"与"暂时做稳了奴隶的时代"，国人从未争得人的尊严与价值，充其量只不过是个奴隶罢了，这就导致了国人"主人意识"的严重匮乏和"奴性意识"的坚不可破。"奴性意识"泯灭了中国人的创造力，消退了中国人的进取心，滋生了中国人的惰性与自卑。

对于中国农民的奴性意识，孙中山进行了分析和批判。1924年7月，他在广州农民联欢会的演说中指出："中国现在是民国，要成真民国，是要多数

---

[1] 孙中山：《三民主义·民族主义》，《孙中山全集》第9卷，北京：中华书局1986年版，第185页。
[2] 孙中山：《在芜湖各界欢迎会的演说》，《孙中山全集》第2卷，北京：中华书局1982年版，第537页。
[3] 孙中山：《复廖凤书函》，《孙中山全集》第5卷，北京：中华书局1985年版，第103页。
[4] 孙中山：《复黄玉田函》，《孙中山全集》第5卷，北京：中华书局1985年版，第116页。

人能够讲话的","不过在这十三年以来,多数农民都是自己放弃这种权利,不知道争回自己的地位,不知道自己是主人翁,还以为像从前满清一样,自己还是奴隶"。"农民既然是大多数,自己又是主人,便不应该受人压制。因为多数农民都不明白这个道理,所以要做人的奴隶,正所谓是自寻烦恼。"① 随后,孙中山在广州农民运动讲习所第一届毕业典礼的演说中又指出:中国社会"最辛苦的是农民,享受利益最少的是农民,担负国家义务最重的也是农民。在农民自己想起来,以为受这种辛苦、尽这种义务,这是份内应该有的事;这种应该有的事,是天经地义、子子孙孙不能改变的;祖宗农业受了这种辛苦,子孙也应该承继来受这种辛苦,要世世代代都是一样。"② 孙中山认为:"这种思想,是从前的旧思想。我们现在用政治力量来提倡农民,就是要用国家的力量来打破这种思想,就是要一般农民不要从前的旧思想,要有国家的新思想;有了国家的新思想,才可以脱离旧痛苦。"③ 因此,孙中山不仅指出了奴性意识之害,而且说明了消除奴性意识的方法与路径,即借助"政治力量"、"国家的力量"来破除奴性意识对农民的束缚。

再次是对守旧意识的批判。守旧意识是一种与小农经济相伴随的落后意识。小农经济的特点是以家庭为单位,与社会联系少,简单重复,竞争意识淡薄。这种生产方式导致中国农民习惯于沿用旧的思维方式、生产方式和生活方式,不愿求变,不愿求新,不愿冒险。1924年,孙中山在谈到中国丝业发展时说:"中国的农家一向是守旧,不想考究新法,所以我们的丝业便一天一天的退步。"④ 这实际上批评了中国农民的守旧意识,期望中国农民多一点创新意识和改革意识,以促进农业生产的发展与农村社会的变革。

可见,孙中山既肯定农民的历史作用,又对农民自身存在的封建意识和落后意识进行了批判。这种批判,就其出发点而言仍在改造农民、充分发挥农民在中国革命和建设中的作用,为实现中国农业的进步和农村社会的发展和转型贡献其智慧和力量。

---

① 孙中山:《在广州农民联欢会的演说》,《孙中山全集》第10卷,北京:中华书局1986年版,第464~465页。
② 孙中山:《在广州农民运动讲习所第一届毕业礼的演说》,《孙中山全集》第10卷,北京:中华书局1986年版,第555页。
③ 孙中山:《在广州农民运动讲习所第一届毕业礼的演说》,《孙中山全集》第10卷,北京:中华书局1986年版,第555~556页。
④ 孙中山:《三民主义·民生主义》,《孙中山全集》第9卷,北京:中华书局1986年版,第417页。

五、孙中山关于人与自然和谐发展的理想

自然是人类生存和发展的基本条件。人总是生活在一定的自然环境之中，需要自然环境提供空气、阳光、水源，自然界不仅有满足人类需要的外在"工具性价值"，而且有满足人类需要的内在"生态价值"。良好的自然环境能愉悦身心，有利于人的生存发展；忽视生态环境建设，造成环境污染和环境破坏，就会对当代和后代人的生存发展构成威胁，危及人类的整体利益，人与自然是共存、共生、共荣的关系。中华民族对于和谐的追求，起源于对自然和谐的认同及人与自然和谐的向往。早期人类的图腾崇拜、祖先崇拜及相应的祭祀活动，都是以原始宗教的形式，表达他们希望自然界风调雨顺、保持人与自然和谐的要求。孙中山在思考中国社会建设问题时，不仅倡导人与人、人与社会关系和谐，也表达了对人与自然关系和谐的向往与追求。

（一）孙中山与治水

治国必先治水，治水才能安邦。孙中山目睹水患之害，通过反思中国水患之源，总结根治水患之法，提出了治理水患的系列主张。

其一，治水首先要治贪。有清以来，黄河泛滥，水灾频繁，河工靡费是当时社会面临的重大问题之一。从清兵入关到鸦片战争前的近两百年间，黄河决口达361次，平均每六个半月发生一次。道光中期以后，水患更加频繁，1841—1843年，黄河连续三年决口，1855年黄河发生大改道，此后黄河更是连年泛滥，洪水成灾。

1894年6月，孙中山在《上李鸿章书》中就指出："水道河渠，昔之所以利农田者，今转而为农田之害矣。如北之黄河固无论矣，即如广东之东、西、北三江，于古未尝有患，今则为患年甚一年；推之他省，亦比比如是。"在孙中山看来，造成水患的原因在于"无专责之农官以理之，农民虽患之而无如何，欲修之而力不逮，不得不付之于茫茫之定数而已"。① 因此，孙中山主张设"农官"以平水患、兴水利。1897年3月，孙中山在《中国的现在和未来》一文中，将"水患"视为中国人民巨大而长久的苦难之一，并且认为贪污是导致水灾的主要原因。对此，孙中山以黄河泛滥引起的洪水灾害为例进行了说明。他说："有个官叫做河道总督（黄河的管理人），他下面有一大群属员，他们的特定职务就是查看堤防是否适当和坚固，保护和修整两边堤岸，抓紧时间来防止灾难事故。"然而，由于这些官吏"没有薪金，并且曾经花了很

---

① 孙中山：《上李鸿章书》，《孙中山全集》第1卷，北京：中华书局1981年版，第10页。

大一笔钱买来他们的职位",因此,他们必然要贪污。河堤决口时,就有了搞钱的办法,"洪汛水灾的到来,就是他们经常的心愿","甚至不惜用人为的方法来造成洪水的灾害",派人去损坏河堤。河道总督"为了修整河堤,他们会收到一笔费用,再从克扣工人的工资,使用比起定额的人数较少的人,骗取金钱。另外,还在材料的价值上作贪污的打算"。其结果是"稻田被破坏了,造成粮食缺乏,就导致了大面积的灾荒"。孙中山还引用当时的一首民谚"治河有上计,防洪有绝策,那就是斩了治河官吏的头颅,让黄河自生自灭",来揭示水患与贪污、水患与政治腐败的关系。① 因此,孙中山主张治水首先要治贪,只有严惩贪污腐败的官吏,才能根治水患,有效整治河渠水道。这一看法,可谓击中了水患的要害。

其二,治水要标本兼治。治水必须得法,才能有效根治水患。孙中山根据广东防治水灾的经验指出:"筑堤来防水灾的方法,是一种治标的方法;只可以说是防水灾的方法之一半,还不是完全治标的方法。完全治标的方法,除了筑高堤之外,还要把河道和海口一带来浚深,把沿途的淤积沙泥都要除去。海口没有淤积来阻碍河水,河道又很深,河水便容易流通,有了大水的时候,便不至泛滥到各地,水灾便可以减少。所以浚深河道和筑高堤岸两种工程要同时办理,才是完全治标方法。"② 在孙中山看来,种植森林是防水灾的治本方法。他说:"有了森林,遇到大雨时候,林木的枝叶可以吸收空中的水,林木的根株可以吸收地下的水;如果有极浓密的森林,便可以吸收很大量的水;这些大水都是由森林蓄积起来,然后慢慢流到河中,不是马上直接流到河中,便不至于成灾。所以防水灾的治本方法,还是森林。"③ 标本兼治,是古今中外的有效治水之道。

具体在谈及治理黄河时,孙中山指出:"浚渫河口,整理堤防,建筑石坝,仅防灾工事之半而已;他半工事,则植林于全河流域倾斜之地,以防河流之漂卸土壤是也。"④ 从这里亦不难看出,孙中山倡导的治水之法是标本兼治、综合治理。

其三,治水要全面规划、统筹兼顾。孙中山在制定《实业计划》时,将江河治理与航运业、农业、水力工业的发展结合起来考虑和规划,力图通过江

---

① 孙中山:《中国的现在和未来——革新党呼吁英国保持善意的中立》,《孙中山全集》第1卷,北京:中华书局1981年版,第89~90页。
② 孙中山:《三民主义·民生主义》,《孙中山全集》第9卷,北京:中华书局1986年版,第407页。
③ 孙中山:《三民主义·民生主义》,《孙中山全集》第9卷,北京:中华书局1986年版,第407~408页。
④ 孙中山:《建国方略》,《孙中山全集》第6卷,北京:中华书局1985年版,第266页。

河、水道的修治促进航运业、农业、水力工业的发展。

比如，在《实业计划》第一计划第四部"开浚运河以联络中国北部、中部通渠及北方大港"中，孙中山声明："防止水灾，斯为全国至重大之一事"，"此计划包含整理黄河及其支流、陕西之渭河、山西之汾河暨相连诸运河。黄河出口，应事浚渫，以畅其流，俾能驱淤积以出洋海。以此目的故，当筑长堤，远出深海，如美国密西悉比河口然。堤之两岸，须成平行线，以保河辐之划一，而均河流之速度，且防积淤于河底。加以堰闸之功用，此河可供航运，以达甘肃之兰州。同时，水力工业亦可发展。"① 因此，孙中山在规划黄河的治理时，综合考虑了航运业、水力工业的发展。孙中山非常重视黄河的治理，在他看来，"黄河之水，实中国数千年愁苦之所寄。水决堤溃，数百万生灵、数十万万财货为之破弃净尽。旷古以来，中国政治家靡不引为深患者。以故一劳永逸之策，不可不立，用费虽巨，亦何所惜，此全国人民应有之担负也。"②

在《实业计划》第二计划中，孙中山详细谋划了整治扬子江水路及河岸、改良扬子江现存水路及运河的计划。"整治扬子江"计划具体分六节：甲、由海上深水线起，至黄浦江合流点。乙、由黄浦江合流点起，至江阴。丙、由江阴至芜湖。丁、由芜湖至东流。戊、由东流至武穴。己、由武穴至汉口。改良扬子江现存水路及运河的计划包括：北运河、淮河、江南水路系统，鄱阳水路系统，汉水、洞庭湖系统，扬子江上游。孙中山整治扬子江、改良扬子江现存水路及运河的基本原则是将航运、筑地归农和根治水患结合起来，同时考虑到了未来商埠和城市建设。③

在《实业计划》第三计划中，配合南方大港建设，孙中山提出要改良广州水路系统，具体包括广州河汊、西江、北江、东江四项。他说："吾人论广州河汊之改良，须从三观察点以立议：第一，防止水灾问题；第二，航行问题；第三，填筑新地问题。"④ 因此，孙中山在规划广州河汊改良时，也注意到了综合治理。

应当说，孙中山对治理水患倾注了相当的热情，他所提出的治理水患的路径与原则，也有其科学性与可行性，如能付诸实践，无疑能收治理水患之效。

---

① 孙中山：《建国方略》，《孙中山全集》第6卷，北京：中华书局1985年版，第265页。
② 孙中山：《建国方略》，《孙中山全集》第6卷，北京：中华书局1985年版，第265~266页。
③ 参见林家有著：《孙中山与中国近代化道路研究》，广州：广东教育出版社1999年版，第506页。
④ 孙中山：《建国方略之二：实业计划（物质建设）》，《孙中山全集》第6卷，北京：中华书局1985年版，第310页。

（二）孙中山与植树

为实现人与自然关系的和谐，孙中山不仅重视治水，而且倡导植树，对植树的功效及如何有效地组织植树，提出了自己的主张。

为倡导植树，孙中山从不同的角度阐述了植树的功效。

其一，植树有利于垦荒。中国地大，但不少是荒地，未能充分发挥地利。1890年，孙中山在《致郑藻如书》中就感叹："东南一带之山，秃然不毛，本可植果以收利，蓄木以为薪，而无人兴之。农民只知斩伐，而不知种植。"① 1895年10月，孙中山就提出"纠集资本，以开垦荒地"。② 1912年4月，孙中山在上海答《文汇报》记者问时指出："中国现有无数荒野地段，未经开垦，故社会革命事业比诸欧美各国较易达到目的。"③ 1916年8月，孙中山在游览绍兴时又说："绍兴地大物阜，确系富饶之所，惜乎实业未曾讲求，使有用之地，而竟成为废弃。譬彼高山，胡不栽森林，譬彼旷地，胡不种桑茶棉果。"④ 正因为如此，孙中山在制定《实业计划》时，非常重视移民垦荒，并将"垦荒地"纳入了《地方自治实行法》。该法规定，荒地有两种："其一为无人纳税之地。此等荒地，当由公家收管开垦。其二为有人纳税而不耕之地。此种荒地，当科以价百抽十之税，至开耕完竣之后为止；如三年后仍不开垦，则当充公，由公家开垦。"开垦后的支配办法，亦分为两种："其为一年收成者，如植五谷、菜蔬之地，宜租与私人自种。其数年或数十年乃能收成者，如森林、果、药等地，宜由公家管理。""开荒之工事，则由义务劳力为之。"孙中山认为，"如是，数年之后，自治区域当可变成桃源乐土，锦绣山河"。⑤ 1921年11月，孙中山在广西阳朔演讲时再次倡导植树。他说：阳朔"土山肥厚，可种树木及一切果木，皆为人生必需之品。倘能广为种植，加以制造，则致富之术，不待外求也"⑥。1923年10月，广州陆海军大元帅府大本营建设部长林森拟定《国有荒地承垦条例》，认为"吾国地大物博，人口繁多，惜民众集中都市，地利废而不治，童山荒野所在皆是，亟宜提倡开垦，以辟生地，而

---

① 孙中山：《致郑藻如书》，《孙中山全集》第1卷，北京：中华书局1981年版，第1~2页。
② 孙中山：《拟创立农学会书》，《孙中山全集》第1卷，北京：中华书局1981年版，第25页。
③ 孙中山：《在上海答〈文汇报〉记者问》，《孙中山全集》第2卷，北京：中华书局1982年版，第332页。
④ 孙中山：《在绍兴游览时的谈话》，《孙中山全集》第3卷，北京：中华书局1983年版，第348页。
⑤ 孙中山：《地方自治实行法》，《孙中山全集》第5卷，北京：中华书局1985年版，第223页。
⑥ 孙中山：《在广西阳朔人民欢迎会的演说》，《孙中山全集》第5卷，北京：中华书局1985年版，第637页。

厚民生"。① 这一条例，得到孙中山的批准。

其二，植树有利于防灾。孙中山认为，我国水灾、旱灾不断固然与水利灌溉不发达、防洪排涝抗旱能力低下有关，但从根本上来看，还是生态环境得不到应有的保护所致。他说：近来的水灾为什么是一年多过一年呢？古时的水灾为什么很少呢？究其原因，是"由于古代有很多森林，现在人民采伐木料过多，采伐之后又不行补种，所以森林便很少。许多山岭都是童山，一遇了大雨，山上没有森林来吸收雨水和阻止雨水，山上的水便马上流到河里去，河水便马上泛涨起来，即成水灾"。② 孙中山分析水灾的成因是森林植被被过度砍伐引起的水土流失，并且指出种植森林是防水灾的治本方法。孙中山认为，旱灾的治本方法也是种植森林，"有了森林，天气中的水量便可以调和，便可以常常下雨，旱灾便可以减少"③。有鉴于此，孙中山在《实业计划》中，将"于中国北部及中部建造森林"作为中国经济建设十大计划之一。

为唤起民众重视植树造林，孙中山于 1915 年提议设立植树节，并从气候角度考虑，认定清明节较为适宜。同年 7 月，北洋政府正式批准以清明节为中国的植树节。1925 年 3 月 12 日，孙中山在京逝世。1928 年 3 月 1 日，国民党中央执行委员会议决定，总理逝世纪念日各地举行植树活动，以提倡植树造林。次日，国民党中央通电各省政府："本党秉承遗志，努力为革命的建设，当此海宇将清，国基大定，益切追念国父之诚……每岁三月十二日，全国各地一致举行植树典礼，以为全国造中山林之提倡，务期蔚成大观，昭布无极。"④ 1929 年，国民政府正式颁布《总理逝世纪念植树式各省植树暂行条例》，规定"各省应于每年三月十二日总理逝世纪念日举行植树式及造林运动，以资唤起民众注意林业"。条例规定"举行植树式时，各机关长官职员各学校师生及地方各团体民众均应一律参加，躬亲栽植"，所需经费由各级政府承担。⑤ 此后，国民政府即以孙中山先生逝世纪念日的 3 月 12 日为植树节，全称为"总理逝世纪念植树式"。⑥ 新中国成立后，中共中央和国务院仍保留了这一节日。

孙中山强调，林业关系国计民生，不能任由私人资本垄断，而必须由国家来经营。1912 年 10 月，孙中山给《大陆报》撰文，主张"凡铁路、电车、电

---

① 孙中山：《林森致大元帅呈》，《孙中山全集》第 8 卷，北京：中华书局 1986 年版，第 446 页。
② 孙中山：《三民主义·民生主义》，《孙中山全集》第 9 卷，北京：中华书局 1986 年版，第 407 页。
③ 孙中山：《三民主义·民生主义》，《孙中山全集》第 9 卷，北京：中华书局 1986 年版，第 408 页。
④ 《中央提倡造中山林》，《申报》1928 年 3 月 3 日。
⑤ 徐百齐编：《中华民国法规大全》第 6 册，上海：商务印书馆 1937 年版，第 3353 页。
⑥ 参见陈蕴茜：《植树节与孙中山崇拜》，《南京大学学报》2006 年第 5 期。

灯、瓦斯、自来水、运河、森林各业，均应收归国有"。① 随后，孙中山在上海中国社会党的演讲中进一步指出："今日中国地主、资本家眼光尚浅，知保守而不知进取，野山荒地尚多无主之物，一般平民间亦有自由使用之权。即如樵采游牧，并无禁止之例。若在欧洲，则山野荒地皆为资本家所领有，他人不能樵采游牧于其间。"② 而一旦中国地主、资本家效仿欧洲，就会垄断山林，到那时再采取补救措施为时已晚，应当事前加以预防。孙中山提出，预防地主、资本家垄断山林的具体方法，即由国家经营林业生产。1923年1月发表的《中国国民党宣言》指出：森林"应属于全民者，由国家设立机关经营管理之，并得由工人参与一部分之管理权"。③ 1924年1月，国民党"一大"宣言提出："山林川泽之息"，"皆为地方政府之所有，用以经营地方人民之事业，及应育幼、养老、济贫、救灾、卫生等各种公共之需要"。④ 随后，孙中山在演讲民生主义时再次申明："种植全国森林的问题，归到结果，还是要靠国家来经营；要国家来经营，这个问题才容易成功。"⑤ 因此，孙中山关于国家经营林业的主张是明确的、坚定的，也是符合中国实际的。

为了管理好国营林业，孙中山提倡政府设立管理林业的专门机构。孙中山认为，林业管理涉及面广，政策性强，工序复杂，国家经营林业，当设立专门的管理机构。他指出："我国荒地、矿山甚多，乃竟地利不辟，其原因则由无良好政府，不能有所为。"⑥ 因此，1912年1月南京临时政府成立后，孙中山在筹设政府机构时设立了实业部，管理农工、商矿、渔林、牧猎及度量衡事务。实业部下分设四司，即农政、工政、商政、矿政，其中农政司的职责之一便是执掌全国林业行政，规划植树造林及森林的保护与开发事宜。后来的北洋政府在所辖的行政部门中仍保留了农政部，不过名称改为"农林部"，管理农务、水利、畜牧、蚕业、水产、垦殖，监督所辖官署，部下又设总务厅、农务厅、垦牧厅、山林厅、水产厅。1920年11月，孙中山在广州重组军政府，自

---

① 孙中山：《中国之铁路计划与民生主义》，《孙中山全集》第2卷，北京：中华书局1982年版，第493页。
② 孙中山：《在上海中国社会党的演说》，《孙中山全集》第2卷，北京：中华书局1982年版，第518页。
③ 《中国国民党宣言》，《孙中山全集》第7卷，北京：中华书局1985年版，第4页。
④ 《中国国民党第一次全国代表大会宣言》，《孙中山全集》第9卷，北京：中华书局1986年版，第123页。
⑤ 孙中山：《三民主义·民生主义》，《孙中山全集》第9卷，北京：中华书局1986年版，第407~408页。
⑥ 孙中山：《在广州大本营对国民党员的演说》，《孙中山全集》第8卷，北京：中华书局1986年版，第504页。

兼内政部长，明令农务局"培植及保护森林"①。后内务部进行改组，农务局并入第二司，由第二司主管"农业、林业之保护、监督、奖励及改良事项"②。这就从行政上确保了植树造林工作的开展。

在实际运作中，林业管理机构曾出现个别人员素质较差、影响工作效率的现象。1924年8月，广东革命政府为吸引高素质专业人才，颁布《考试条例》，规定应聘"林科"荐任文官者，必须参加森林化学、森林工学、森林测量、森林动物学、森林植物学、土壤学、气象学、林政学、树病学、造林学、昆虫学、森林保护及管理法、植物生理学等科目的书面初试，合格后再参加相同科目口头复试，最终合格者方可为荐任文官。③

孙中山关于人与自然关系和谐的理想，反映了人类社会的发展规律，对于当代中国社会的科学发展、和谐社会的建构，不无借鉴意义。改革开放以来，中国共产党领导集体将人与自然关系的和谐上升到了国家意识和国家政策层面，赢得了普遍的社会认同。科学发展观的核心是以人为本，是促进人与自然和谐的价值基石；科学发展观的基本要求是全面协调可持续发展，是促进人与自然和谐的基本路径；科学发展观的根本方法是统筹兼顾，其中包括统筹人与自然和谐发展。可以说，科学发展之路，也是实现人与自然关系和谐之道。

---

① 孙中山：《内政方针》，《孙中山全集》第5卷，北京：中华书局1985年版，第434页。
② 孙中山：《内务部官制》，《孙中山全集》第5卷，北京：中华书局1985年版，第577页。
③ 孙中山：《考试条例》，《孙中山全集》第10卷，北京：中华书局1986年版，第589页。

第五章　孙中山的科学发展观与社会转型

一、孙中山"建设，必须学问"创新思想的提出

（一）孙中山对知识分子与教育作用的认识

知识分子是近代中国社会中最早觉醒、最具能动作用的群体。孙中山出于对历史经验的总结，很早就已认识到知识阶层在革命与建设中的重要作用。在现实的政治斗争中，受各种客观条件的制约，孙中山对知识阶层的倚重虽时重时轻，但据总体观察，知识阶层在孙中山的国家近代化发展构想中实占据了枢纽性的地位。

中国传统上是一个以"士"为中心的四民社会，知识阶层在国家与社会的运转中扮演着不可替代的角色。近代以降，在民族危机日益深重的大背景下，无论是洋务派还是维新派，在他们提出的解决方案中，均非常重视人才振衰起弊、改弦更张的基础性作用。洋务思想重要的构建者张之洞"生平精神所寄，尤在振兴教育，储养人才"[1]；康有为、梁启超同样认为，人才培育至关重要，直接影响到变法的成败："人才不足，而国无以立"，"变法之本，在育人才；人才之兴，在开学校"，"今欲振中国，在广人才；欲广人才，在兴学会"。[2]

西学的冲击和促动，兼之洋务派和维新派的鼓荡和推展，使得越来越多的年轻人告别传统的"学而优则仕"的"科举正途"，阅读西书，到新式学堂接受教育，新知识群体开始出现；而很多学有所成、有先觉意识的旧式知识分子，也是在这一阶段开始了向新式知识分子的转型。

---

[1] 苑书义、孙华峰、李秉新主编：《张之洞全集》序言，石家庄：河北人民出版社1998年版，第3页。

[2] 李华兴、吴嘉勋编：《梁启超选集》，上海：上海人民出版社1984年版，第8、13、19页。

在时代风潮的裹挟下，加之特定的家庭背景，孙中山在接受了最基本的传统教育后，求学于域外与新式学堂，一直接受的是正规的、较为系统的西学训练。其中，仅少年时在檀香山、香港两地的学习时间就超过了 10 年。在学习的过程中，孙中山兴趣极其广泛，往往能够超越专业所囿，兴之所至，几乎无书不窥："于泰西之语言文字，政治礼俗，与夫天算地舆之学，格物化学之理，皆略有所窥；而尤留心于其富国强兵之道，化民成俗之规；至于时局变迁之故，睦邻交际之宜，辄能洞其阃奥。"①

从孙中山早年的自述材料，可以发现孙中山为学鲜明地继承了中国经世致用的传统，非常重视学问的实用性，换言之，其学习的目的是希望能够切用于时，对改变中国的积贫积弱状况有所裨益。1890 年，在对家乡的自然条件和社会状况进行了一番了解后，他致书退职官僚郑藻如，希望能够在家乡施展所学，"兴蚕桑之利，除鸦片之害"②。四年后，在给李鸿章的上书中，其用世之心同样直露无隐："欲以管见所知，指陈时事，上诸当道，以备刍荛之采。"③

通过对西学的广泛涉猎，孙中山的新知与识见远远超出了同时代人的一般水准。在洋务运动的不足尚未充分暴露之前，他已能见人之所未见、言人之所未言，由表及里，指出洋务运动专注于"船坚炮利、垒固兵强"，不过是舍本逐末、缘木求鱼；认为"富强之大经，治国之大本"实在于"人能尽其才，地能尽其力，物能尽其用，货能畅其流"。在西方与日本明治经验的观照下，孙中山觉察到"中国之极大病源"在"于能行之人少，而尤患于不知之人多"。解决的方法就是"教养有道"、"鼓励以方"、"任使得法"。所以在孙中山针对中国病源开列的四大药方中，"人能尽其才"无疑是重中之重："人既尽其才，则百事俱举；百事举矣，则富强不足谋也。"由此可见，孙中山很早就已经认识到人才在国家变革与建设中的关键作用，并初步形成了一套较为完整的人才培养与任用的思想。

甲午战争是近代中国民族意识和政治变革思潮演变的转捩点。战场上的惨败，相当直观地揭示了洋务运动的失败。以此为契机，一大批仁人志士开始反思甲午战败的原因，矛头直指洋务派和洋务运动。他们的有些批评非常类似于孙中山在《上李鸿章书》中的诊断，这从另一个角度佐证了孙中山思想的超前性。而在国人纷纷批评洋务运动、主张维新变法的同时，孙中山已经断绝了改良的冲动，认识到封建专制的存在实为国家建设民族富强的最大障碍："知和平之法无可复施。然望治之心愈坚，要求之念愈切，积渐而知和平之手段不

---

① 孙中山：《上李鸿章书》，《孙中山全集》第 1 卷，北京：中华书局 1981 年版，第 8 页。
② 孙中山：《致郑藻如书》，《孙中山全集》第 1 卷，北京：中华书局 1981 年版，第 1 页。
③ 孙中山：《上李鸿章书》，《孙中山全集》第 1 卷，北京：中华书局 1981 年版，第 8 页。

得不稍易以强迫。"① 从此走上了革命的道路。

孙中山在转入革命道路之后的重要步骤，就是建立组织、汇聚人才。《香港兴中会章程》明确提出的"本会拟办之事"中就有"设报馆以开风气，立学校以育人才"等内容；会员的基本义务包括"随时随地，物色贤材"。与此同时，孙中山对洋务运动的批评愈加直言无隐，不稍假借。他认为，洋务运动不过是"徒袭人之皮毛，而未顾己之命脉"，并非切实的富国强兵之学；当务之急就是打破中国传统的士农工商四民之畛域，模仿西方"以士类而贯四民"，遍兴学会于国内："故欲我国转弱为强，反衰为盛，必俟学校振兴，家弦户诵，无民非士，无士非民，而后可与泰西诸国并驾齐驱，驰骋于地球之上。"② 倡立农学会虽然有掩护革命活动策略上的考虑，但从其设计中可以清楚地看出孙中山早期的建设思想，这一思想的突出特征就是强调知识与教育在国家建设中的重要性，且将培育人才、普及教育当作国家富强的根本之途。

走上革命道路的孙中山自始至终对知识分子寄予厚望，他早年交游的主要对象也是志趣相投的知识阶层，即使与国内上层知识分子在一段时间内的思想与追求相距甚远，孙中山仍然尽可能地与他们保持联系与沟通。③ 此举对国内学界风气的转移及革命派影响的扩大均有重要意义。

当然，孙中山后来由于专注于发动推翻清廷的武装起义，出于现实的考虑，对会党确实有所偏重。但惠州起义的失败对孙中山等革命党人的刺激甚大，他们开始反思先前的革命策略，逐渐将对学界特别是对留日学界的争取作为下一阶段的重要工作。留学生与华侨成为革命党人努力争取的两大基本力量。与此同时，留日学界也大体实现了政治化的转向。甲午战后，日本开始成为中国留学生的重要目的地，初期的赴日学生目标单纯，不过是求取新知，后受国内政局的影响，留学生群体的政治意识逐渐强化，他们日形活跃，成为一支不容忽视的政治力量。④ 随着对留日学界的争取工作的逐渐加强，拒俄运动前，革命党人与留日学界的激进分子建立起了比较稳固的联系，孙中山的革命思想为越来越多的知识分子所接纳和认同。兴中会在留日学界中的活动初见成效，为进一步扩大在知识阶层中的影响打下了基础。

孙中山重视留学生，思想方面的原因，除了其对知识阶层重要性的一贯肯定外，很可能还源自于他对历史经验的总结。孙中山注意到读书人在传统的改

---

① 孙中山：《伦敦被难记》，《孙中山全集》第 1 卷，北京：中华书局 1981 年版，第 52 页。

② 孙中山：《拟创立农学会书》，《孙中山全集》第 1 卷，北京：中华书局 1981 年版，第 12 页。

③ 相关研究可参阅李吉奎：《孙中山与国内上层知识分子》，《孙中山的生平及其事业》，广州：中山大学出版社 2001 年版，第 430～459 页。

④ 参见黄福庆著：《清末留日学生》，台北："中央研究院"近代史研究所 1975 年出版，第 211～235 页。

朝换代中实为运筹帷幄的"谋士",其重要性实非"战士"所可比肩;而声势浩大、据有半壁江山的太平天国之所以难逃失败的命运,与曾国藩等儒生站在朝廷一边密切相关。孙中山认为中国革命要想成功,必须得到学界的认可与支持,舍此并无他途:"士大夫以为然,中国革命成矣。"①

有研究指出,对宣传鼓动人才的急迫需要是促动孙中山重视留学生群体的现实原因。② 兴中会创立之初,革命派对舆论宣传有所忽视,中国新知识界的舆论阵地几乎被改良派人士全盘掌控,"革命党对之,实属相形见绌"。由此造成的一个直接后果是,革命党在与保皇党人的争夺中全面处于下风。在此状况下,孙中山等人认识到舆论宣传的重要性,1899 年秋,孙中山指派陈少白从日本回香港创办《中国日报》、《中国旬报》等新式报刊,与保皇党人争夺舆论阵地。转向留日学界也是为了解决宣传人才匮乏的问题。

可能由于联络留日学界的活动确有起色,1901 年,孙中山在接受美国记者林奇的访谈时已经可以自信地表示,他的追随者中包括一批在日本等地接受教育的新青年,他们均认为革命是拯救祖国的唯一方法。③

但由于受客观条件的制约,孙中山领导的争取留日学界的最初努力并未能扭转保皇党人影响的主导地位。1902—1903 年是留日学生分化组合的关键时期,1903 年拒俄运动发生,留日学生群趋激进。留日学生创办各种科学杂志,宣传革命,冲击保皇派舆论阵地。孙中山嘱托革命同志马君武、胡毅生等人"在东物色有志学生,结为团体,以任国事"④,希望通过在留学生中建立组织,将其有效地团结在自己周围。

而此后一年多的时间内,孙中山本人远赴欧美,展开广泛的宣传与联络活动。1905 年春,孙中山应留欧学生朱和中、史青等人之邀,由美赴欧,开始联络留欧学界,并在较短的时间内取得了不错的成绩。以"驱逐鞑虏,恢复中华,创立民国,平均地权"为党纲,若干以留学生为主体的革命团体在西欧各国相继建立,革命党人声势大振,革命形势为之一变。留欧学界革命团体的建立,标志着孙中山依靠知识分子和会党双管齐下的建党原则取得突破性的进展。以此为契机,孙中山对在学界中发展联络、积蓄力量的信念更加坚定:

---

① 刘成禺:《先总理旧德录》,《国史馆馆刊》1947 年 12 月创刊号,转引自桑兵著:《孙中山的活动与思想》,广州:中山大学出版社 2001 年版,第 110 页。

② 参见桑兵:《孙中山与留日学界》,《孙中山的活动与思想》,广州:中山大学出版社 2001 年版,第 138~139 页。

③ 参见孙中山:《与林奇谈话的报道》,《孙中山全集》第 1 卷,北京:中华书局 1981 年版,第 210 页。

④ 《革命原起》,中国史学会编:中国近代史资料丛刊《辛亥革命》(1),上海:上海人民出版社 1956 年版,第 10 页。

"今后将发展革命势力于留学界,留学生之献身革命者,分途作领导人。"①

1905 年 7 月中旬,孙中山从欧洲返回日本。返国途中,孙中山道经新加坡,对陈楚楠等人表示,由于欧美和日本等地留学生的大规模加入,"革命声势已日益膨胀,不久便可大举推倒满清,建立民国"②。随着革命形势的日趋成熟,革命人的联合组党工作提上了议事日程。留日学生在日本创办了《浙江潮》、《江苏》、《四川》、《新广东》、《二十世纪之支那》、《新湖南》、《湖北学生界》、《河南》等许多刊物,革命风潮大盛。同年 8 月,中国同盟会在东京举行正式成立大会,孙中山领导的革命事业从小团体时代迈入全国性大革命团体的时代。

综观中国同盟会的主要发起人与领导骨干,可以发现他们均为较高层次的知识分子,初期同盟会的成员也几乎全是学界中人。孙中山对这种谋士日众、学界认可的状况无疑极为满意。1905 年 9 月 30 日,他在回复陈楚楠的信函中对同盟会作了这样的介绍:"近日吾党在学界中已联络成就一极有精彩之团体,以实力行革命之事。现舍身任事者已有三四百人矣,皆学问充实、志气坚锐、魄力雄厚之辈,文武才技俱有之。"知识阶层的大规模加入,使孙中山对革命前途非常乐观:"此团体为秘密之团,所知者尚少,然如来投者陆续加多,将来总可得学界之大半;有此等饱学人才,中国前途诚为可望矣","革命之举不日可再起矣"。③ 孙中山后来也提到同盟会的成立意义非凡,预示着革命的成功指日可待:"自革命同盟会成立之后,予之希望则为之开一新纪元。盖前此虽身当百难之冲,为举世所非笑唾骂,一败再败,而犹冒险猛进者,仍未敢望革命排满事业能及吾身而成者也;其所以百折不回者,不过欲有以振起既死之人心,昭苏将尽之国魂,期有继我而起者成之耳。及己巳之秋,集合全国之英俊而成立革命同盟会于东京之日,吾始信革命大业可及身而成矣。"④

同盟会的成立,以及《民报》及其他革命刊物的纷纷问世,加速了留日学界的革命化,改变了革命党与保皇党在其中的实力对比。1906 年,清廷预备立宪诏下,在张謇等立宪派于国内设立预备立宪公会之同时,流亡海外的康有为、梁启超也积极筹组立宪团体以为响应。当时,在日本具体负责筹组事宜的梁启超就注意到,同盟会成立后"革党现在东京占极大之势力,万余学生

---

① 朱和中:《欧洲同盟会纪实》,见中国人民政治协商会议全国委员会文史资料研究委员会编:《辛亥革命回忆录》第 6 集,北京:文史资料出版社 1981 年版,第 6 页。
② 陈锡祺主编:《孙中山年谱长编》上册,北京:中华书局 1991 年版,第 337~338 页。
③ 孙中山:《复陈楚楠函》,《孙中山全集》第 1 卷,北京:中华书局 1981 年版,第 286~287 页。
④ 孙中山:《建国方略》,《孙中山全集》第 6 卷,北京:中华书局 1985 年版,第 237 页。

从之者过半。前此预备立宪诏下,其机稍息。及改革官制有名无实,其势益张,近且举国若狂矣。东京各省人皆有,彼播种于其间,而蔓延于内地,真腹心之大患,万不能轻视者也"。于是,他向康有为建议,必须"拼全力"应对与革命党对留日学界的争夺:"今者我党与政府死战,犹是第二义;与革党死战,乃是第一义。有彼则无我,有我则无彼。"①

同盟会成立后,在加强思想宣传与扩充组织机构的同时,坚定地走上了反清武装起义的革命道路,并最终通过辛亥革命推翻了在中国延续了两千多年的封建专制制度。1912年,以孙中山为首的资产阶级革命政权——中华民国南京临时政府建立,这是中国历史上第一个资产阶级民主共和国,以此为标志,中国历史揭开了新的一页。

在孙中山看来,民主政体的建立意味着建设时代的来临。如果说,他早年给李鸿章建言时还希望能够在清廷的统治下革新政治、建设国家的话,那么上书的失败使得他幡然醒悟,深知在专制统治下不足以言建设,建设必须以民主政体的建立为前提。这一思想在他与檀香山保皇报刊的主笔、《敬告保皇会同志书》一文的作者陈仪侃的论辩中阐述得非常清楚。针对陈文对革命及民主政体的种种误解,孙中山逐一加以批驳,并直截了当地宣告:"夫革命〈者〉,破坏也;民主政体者,建设也。"② 在他看来,革命推翻清朝,既可使中国免于被列强瓜分的命运,亦可藉此推翻专制统治,建立民主政治,为把中国建设成理想的新中国创造基本条件。所以,他坚信,建设才是革命的目的,"如不存心建设,即不必有破坏,更不必言革命"③。

中华民国南京临时政府初建,千头万绪,百废待兴,孙中山在极其困难的条件下立即着手进行革命政权的基本建设,颁布了一系列整饬内政的法令法规。这些举措虽然成效并不显著,有的甚至并未落实,但却能见出孙中山对建设的渴望与将中国建成国富民强的新中国的期盼;同时也能够体现孙中山对社会建设多方面的理论思考。如在教育方面,对于旧教育制度和教育内容的改革,就体现了孙中山的教育平等、普及教育、为国育才的思想。④

中华民国建立后,形势的发展很快造成了"非袁不可"的局面。1912年3月10日,袁世凯在北京宣誓就任临时大总统,中华民国的政权完全落到了

---

① 梁启超:《与夫子大人书》,见丁文江、赵丰田编:《梁启超年谱长编》,上海:上海人民出版社1983年版,第373页。
② 孙中山:《驳保皇报书》,《孙中山全集》第1卷,北京:中华书局1981年版,第235页。
③ 蒋永敬编著:《胡汉民先生年谱》,台北:商务印书馆1981年版,第240页;转引自林家有:《孙中山与辛亥革命史研究的新审视》,广州:广东教育出版社2007年版,第50~51页。
④ 参见张军民:《教育思想与实践》,见黄彦主编:《孙中山的思想与实践》,广州:广东人民出版社1999年版,第374页。

以袁世凯为首的北洋军阀势力手中。民国政权的倏然易手，孙中山虽然有着不得已的苦衷，但建设时代需要经验更为丰富的领导者应该亦为一重要考量。卸任前，孙中山曾致函谭人凤，对自己将让位于袁世凯进行了解释："文等所求者，倾覆满清专制政府，创立中华民国也。清帝退位，民国统一，继此建设之事，自宜让熟有政治经验之人。"① 3 月 12 日，孙中山复函康德黎夫人，认为中国的完全得救端赖大规模的建设工作："满清的逊位，并非即是中国的完全得救。在我们的前面，尚有大量工作必须完成，俾使中国能以伟大强国的身份与列国并驾齐驱。"②

社会建设的全面铺展，自然需要社会各界的同心协力。1912 年 4 月 4 日，刚刚卸职的孙中山在上海接受记者的访问，在回答《文汇报》记者关于退职后有何打算的提问时，明确向外界透露了自己的下一步筹划："政治上革命今已如愿而偿矣，后当竭力从事于社会上革命。社会革命比诸政治上革命愈属重大，且非兵力所能援助，必须以和平手段从事。"③ 次日，他还对外国记者就集资修筑铁路及外国投资问题发表意见。接下来几个月的时间内，孙中山在建设理念的带动下充满热情、风尘仆仆地奔走于全国各地，宣扬其建国思想，投身于实业计划。此时的孙中山认定民主政体建立后，时代主题已经发生了转变，先前的革命一变而为当下的建设，在此大建设时代，包括他自己在内的革命党人应当顺应时代潮流完成转变，积极投身于新时期的社会建设。

1912 年 4 月下旬，孙中山返抵广州，在穗期间，席不暇暖，与社会各界有着广泛的沟通，其间他屡屡告诫听众应该担负起相应的责任，为新时代的建设贡献心力。4 月 27 日，孙中山对广东报界记者发表演说，认为报纸在专制时代与共和时代应承担不同的角色，发挥不同的效用："报纸在专制时代，则利用攻击，以政府非人民之政府；报纸在共和时代，则不利攻击，以政府乃人民之政府也。"有见及此，以及"报馆记者，攻击之结（积）习，今仍如前"的现状，孙中山强烈呼吁"今日报纸，必须改易其方针，人心乃能一致"，他相信只要社会各界戮力同心，10 年之后，人民就可以分享"共和之结果"。④ 5 月 4 日，他在广州报界举行的欢迎会上再致前意，除了希望报界诸君"认定

---

① 孙中山：《复谭人凤及民立报馆电》，《孙中山全集》第 2 卷，北京：中华书局 1982 年版，第 110 页。

② 孙中山：《复康德黎夫人函》，《孙中山全集》第 2 卷，北京：中华书局 1982 年版，第 230 ~ 231 页。

③ 孙中山：《在上海答〈文汇报〉记者问》，《孙中山全集》第 2 卷，北京：中华书局 1982 年版，第 332 页。

④ 孙中山：《对粤报记者的演说》，《孙中山全集》第 2 卷，北京：中华书局 1982 年版，第 348 ~ 349 页。

宗旨，造成健全一致之言论"外，特别提到当务之急，报纸应该集中宣传"实行税契及平均地权"，以造就一个有利于民国政府解决财政短绌问题的舆论环境。① 两日后，孙中山又应广东女子师范第二校之邀莅临讲演，他指出中国国民受几千年专制统治，"丧失人格久矣"，而要恢复其人格，将他们锻造成共和时代的新国民，"第一件须从教育始"，"中国人数四万万人，此四万万之人皆应受教育"。职是之故，师范学校责任重大，作为在校学生应该潜心求学，"谨慎小心，养成国民之模范，即教育乃可振兴"。② 5月9日上午，孙中山出席了广州耶稣教联合会举行的欢迎会，演说中号召基督教徒关心世俗事务，"同负国家之责任，使政治、宗教同达完美之目的"；下午在医学共进会的演说中，针对建设时代医界的角色，谈了自己的看法和期望："以中国现在卫生程度而论，则医学适为建设入手办法之一端。国之要素，德育、智育、体育三者并重，惟体育方面，舍医界莫属。""深望同业诸君，肩此重任，以期使我民族为球上强种。"③

通过对建设事业的不断深入思索，孙中山愈加认识到了知识阶层的重要性，认识到了学问在建设事业中的重要性，提出了"非学问无以建设"的思想。他曾多次说过，一支笔能抵三千毛瑟枪。

1912年5月7日，孙中山面对济济一堂的广州岭南学堂莘莘学子，感慨万千，忆述少年往事及革命心路历程，指出辛亥革命虽"大功告成"，但其从前"改良祖国，拯救同群"之心愿并没有实现，"千未得一也，今日所成，只推倒一恶劣政府之障碍物而已"，"以后建设，万端待理。（负责）何人，则学生是也"。孙中山认为，"凡国强弱，以学生程度为差"，学生程度的好坏决定了国家竞争力的强弱，学生实代表了国家的未来，因为知识阶层对于国家建设有着根本的重要性："非学问无以建设也。"演讲中，孙中山还指明革命与建设的关系："譬诸除道，仆则披荆斩棘也，诸君则架梁砌石者也。是诸君责任，尤重于仆也。"对于学生来说，"肩责之道若何，无他，勉术学问，琢磨道德，以引进人群，愚者明之，弱者强之，苦者乐之而已"。倘若学生群体果能勤学磨砺，推己及人，"则仆之初志赖诸君而达，共和新国亦赖诸君而成"。④

---

① 参见孙中山：《在广州报界欢迎会的演说》，《孙中山全集》第2卷，北京：中华书局1982年版，第354~356页。
② 孙中山：《在广东女子师范第二校的演说》，《孙中山全集》第2卷，北京：中华书局1982年版，第358页。
③ 陈锡祺主编：《孙中山年谱长编》上册，北京：中华书局1991年版，第697页。
④ 孙中山：《在广州岭南学堂的演说》，《孙中山全集》第2卷，北京：中华书局1982年版，第360页。

1912年8月，孙中山应袁世凯邀请北上"疏通南北感情，融和党见"①。在京期间，孙中山抱着对中华民国前途"无穷之希望"，多方斡旋沟通。抵达北京次日，在对北京同盟会发表的演说中，他期望同盟会诸君子"勿以满清时代对待会外诸同胞之手段，对待现时会外诸同胞，须同心以谋建设，不可存昔日之心理"②。28日，孙中山参加了袁世凯为其举办的欢迎宴会，席间明确表达了对袁世凯的支持态度，相信在他的领导下，社会建设可稳步展开，中国"十年后当可为世界第一强国"。③

孙中山为袁世凯所蒙蔽，很大程度上正是由于其对新时期建设的渴盼，对中国得臻世界强国之列的期盼。孙中山在京期间的多次谈话，萦绕于心的皆为建设。8月30日，在出席学界欢迎会上，孙中山再次谈到学问与建设的关系问题。他指出，学界关系国家前途綦重，不但"此次革命成功，多赖学界之力，此后诸多建设，尤赖学界〈合〉力进行，方能成功"。"现值政体改革，过渡时代，胥赖国民群策群力，力图振作，而振兴全国，尤赖国民知识。"在孙中山看来，"学界为国民造成知识发达之源"，学界掌握了增进国民知识的钥匙。④9月2日，孙中山致函南京参政同盟会中的女同志，对增进女界的力量与地位提出了看法，认为女界力量的扩充，必须通过"提倡教育，使女界知识普及，力量乃宏，然后始可与男子争权，则必能得胜也"⑤。

由此可见，在孙中山关于国家建设的思考中，认为社会各界都应以"社会公仆"的精神与责任感，服务于国家建设的大目标，分途协进。而这其中，尤以学界的地位最为重要。学界除了可以增加与扩充各行各业的知识外，更可以借助教育的途径把专制时代的臣民改造成知识与人格发达的共和时代的新国民，只有这样，整个国家与社会才可能走上加速发展的正途。正是因为有这样的认识，孙中山在二次革命发生前各类演讲的重要主题之一，不脱"学问"、"教育"、"建设"这几个关键词。

1912年下半年至1913年初，孙中山由北而南，舟车劳顿，一路巡回演讲。9月中下旬，在山西省的多次演讲中，有见于民国成立后"离心离德"的

---

① 孙中山：《与招待员施愚等的谈话》，《孙中山全集》第2卷，北京：中华书局1982年版，第406页。
② 孙中山：《在北京同盟会欢迎会的演说》，《孙中山全集》第2卷，北京：中华书局1982年版，第407页。
③ 孙中山：《在北京袁世凯欢宴席上的答词》，《孙中山全集》第2卷，北京：中华书局1982年版，第419页。
④ 孙中山：《在北京湖广会馆学界欢迎会上的演说》，陈旭麓、郝盛潮主编：《孙中山集外集》，上海：上海人民出版社1990年版，第63页。
⑤ 孙中山：《复南京参政同盟会女同志函》，《孙中山全集》第2卷，北京：中华书局1982年版，第438页。

事情一再上演，孙中山忧心如焚，屡屡提到"革命并非即能使中国富强也，不过藉此过渡，以达彼岸"①，建设时代，国民尚需秉承革命时代的牺牲精神，"还要牺牲个人，为大家谋幸福"②。1913年2月上旬，在上海著名教会大学圣约翰大学的毕业典礼上，孙中山应邀致辞，他运用基督教的语汇对学界的责任作了浅白、生动的阐释："我如今还有一句话对你们说，就是论到我们的责任，你们也许读过圣经，圣经告诉我们，你们的光要照亮给别人，使大家能知道应走的路。学问亦然，自己得了教育，也要设法去传授别人。共和政体，以教育为根基。如今有千万人民，需要你们去教育他们，这是你们的责任。你们要把你们所受的传授别人，这样你们的光就能普照人间。"③

2月11日，孙中山以筹办全国铁路全权名义，乘船自上海启程前往日本考察。这是革命胜利后孙中山首度访问日本。在日期间，他受到了日本与中国旅日各界的热烈欢迎。22日，赴日华学生团欢迎会，面对800余中日学生，孙中山发表演说，希望中日学生"各勤所学，以尽其天职"④。翌日，在中国留学生举行的欢迎大会上，孙中山更是将自己有关建设事宜的系列思考较为系统地和盘托出。他从留日学界较为熟悉的革命说起，指出革命成功并非大功告成，"学生诸君必要为中华民国妥筹健全之方法，担负建设的责任，以措国家于磐石之安，方不负从前革命的一种伟大志愿"。际此建设时代，不仅需要延续革命时代的牺牲精神，更需要"一绝大学问"，"建设事业，必须学问"。所以孙中山呼吁深有革命传统的日本中国留学界能够一扫革命时代"宁可弃学问而不顾，专图革命"的旧习，"立定一绝大志愿，研究学问"。孙中山认为，民国成立一年有余，内政外交尚难称愿，根本原因在于"从前未培养人才"致使建设事业"尚无头绪"，要改变这种状况，使建设事业走上正轨，"实所赖于学生诸君"，"安心在日本留学，用数年功夫，求数年学问，以为建设之用"。⑤

然而遗憾的是，形势的发展很快就断绝了孙中山的建设筹划展开的可能。民国元年，各派间暂时相安无事的格局极其脆弱，随着革命派和北洋派权力斗

---

① 孙中山：《在太原商学界宴会上的演说》，《孙中山全集》第2卷，北京：中华书局1982年版，第472页。

② 孙中山：《在太原各界欢迎的演说》，《孙中山全集》第2卷，北京：中华书局1982年版，第471~472页。

③ 孙中山：《在上海圣约翰大学毕业典礼上的致词》，陈旭麓、郝盛潮主编：《孙中山集外集》，上海：上海人民出版社1990年版，第76页。

④ 孙中山：《在日本日华学生团欢迎会的演说》，《孙中山全集》第3卷，北京：中华书局1983年版，第20~21页。

⑤ 孙中山：《在东京中国留学生欢迎会的演说》，《孙中山全集》第3卷，北京：中华书局1983年版，第22~24页。

争的日益激化，袁世凯决定铤而走险，宋案发生，革命党人不得不再次走上武力抗争的道路，建设事业只能待诸来日。

二次革命失败后，孙中山流亡日本，在积极组织反袁斗争的同时，一直不废读书，注意从各类东西洋书籍中汲取思想养分。韦慕庭教授观察到，孙中山在此期间建立起了一个有日文和英文书籍的范围广泛的图书馆。① 晚近被发掘的孙中山在日购书账单，则清楚提示了其阅读的大体范围及思想变迁的基本理路。② 数年后的1919年5月，在新文化运动中"暴得大名"、已成学界领袖的胡适初次拜访孙中山，也对中山先生的读书印象深刻："他的寓室内书架上装的都是那几年新出版的西洋书籍，他的朋友，可以证明他的书籍不是摆架子的，是真读的，中山先生所以能至死保留他的领袖资格，正因为他终身不忘读书，到老不废修养。"③。

孙中山的广泛阅读并非泛滥无归，而是有着明确的中心，均为围绕革命和建设中自己所关切的问题展开。在关于革命与建设问题的新思考中，孙中山一仍其旧，坚信人才的枢纽性作用。

1918年1月26日，孙中山在广州宴请中国欧美留学生，重申学界的重要性："共和国家之建设，端赖人才。留学诸君，关系于民国前途甚大。"④ 此时适值欧战结束，孙中山见及"经济竞争将群趋于远东，吾国若不于此时亟自为谋，则他人将有起而代我谋者，思之至可悚惧"，遂致力于完成自己精索有年的《实业计划》一书的撰述，期望"创导国人，庶几群策群力，见诸行事"。⑤ 为促进关乎"中国存亡之关键"的实业发展，资本和人才两大要素急需解决。孙中山认为，资本问题可通过利用外资迎刃而解；人才匮缺则可经由"多开学堂，多派留学（生）"及广为延揽国外人才等途径加以解决。⑥

由于人才问题关系到实业计划的落实及成败，孙中山晚年一直非常关注人才的培育，力图通过自己的影响力造就出更多符合新时期国家与社会需要的可用之材。

---

① 参见（美）韦慕庭著：《孙中山——壮志未酬的革命者》，杨慎之译，广州：中山大学出版社1986年版，第83页。
② 参见姜义华：《孙中山思想发展学理上的重要准备》，《大道之行——孙中山思想发微》，广州：广东人民出版社1996年版，第329页。
③ 胡颂平编著：《胡适之先生年谱长编初稿》第2册，台北：联经出版事业公司1984年版，第355页。
④ 孙中山：《在广州欢宴欧美留学生会上的演说》，陈旭麓、郝盛潮主编：《孙中山集外集》，上海：上海人民出版社1990年版，第90页。
⑤ 孙中山：《复唐继尧函》，《孙中山全集》第5卷，北京：中华书局1985年版，第43页。
⑥ 孙中山：《中国实业如何能发展》，《孙中山全集》第5卷，北京：中华书局1985年版，第134页。

1919年11月中旬，张道藩等一行十余名青年赴法留学，临行前，孙中山谆谆以告，他非常罕见地批评了留学生中广泛存在的"读死书、求知识"、"不知道过问政治"等不良现象，期望张等不要重蹈覆辙，能够切实融入当地社会，真正地将自己锻造成器。孙中山为他们指明的方向是："除了专门科目而外，随时随地留心考察研究各国的人情、风俗习惯、社会状况，以及政治实情等等。这些活的知识于你们学成归国之后，对国家、社会会有很大贡献的。"① 是月下旬，邵元冲拟赴美留学，向孙中山征询意见。孙中山建议应去华人较少的美国中部，如此可以避免外部世界的纷扰，潜心向学，力求其通。对于邵元冲专注民生的留学设想，孙中山极表"甚是"。②

在大力提倡实业建设的同时，孙中山的地方自治思想逐渐成熟，成为其宪政思想的主要内容之一。早在民国建立之初，孙中山通过对美国地方自治经验的密切观察，就开始倡言地方自治。③ 1916年，袁世凯病亡，元凶伏诛，国人竞言建设。孙中山认为，"地方自治者，国之础石也。础不坚，则国不固"，"建设必自人民始"。④ 1920年，在孙中山厘定的地方自治试行办法中，先行倡办六事，其中至关重要的就是遍设学校，普及教育。并且他对学校的设置、经费、课程方向等问题有了明确、系统的解决方案。在孙中山看来，地方自治是"顺应世界之潮流，采择最新之理想，以成一高尚进化之自治团体，以谋全数人民之幸福"的基本方式，中国人民只有取法乎上，才能立"民国万年有道之基"。而在地方自治开展的过程中，通过以学校为主体的方式推展教育，实则直接关系到整个自治设想的前途命运："学校者，文明进化之泉源也。必学校立，而后地方自治乃能进步。故于衣、食、住、行四种人生需要之外，首当注重于学校也。"⑤

晚年孙中山有关知识阶层和建设等思想的一个重要发展是，他越来越重视知识阶层在政治改良中的角色，强调知识阶层应该立志积极参与政治、引领国人改造政治。这在他于1921年6月在广东省第五次教育大会上所做的两次演说中有比较集中、明确的阐发。

---

① 孙中山：《与留法学生的谈话》，《孙中山全集》第5卷，北京：中华书局1985年版，第165～166页。

② 孙中山：《与邵元冲的谈话》，《孙中山全集》第5卷，北京：中华书局1985年版，第166～167页。

③ 参见孙中山：《在广州之潮州同乡会欢迎会的演说》，见黄彦编注：《论民治与地方自治》，广州：广东人民出版社2008年版，第14～15页。

④ 孙中山：《在沪举办茶话会上的演说》，《孙中山全集》第3卷，北京：中华书局1983年版，第325～327页。

⑤ 孙中山：《地方自治实行法》，《孙中山全集》第5卷，北京：中华书局1985年版，第223～225页。

在以教员、学生为对象的第一次演说中,孙中山认为,求学贵在立志,"立志则有希望,不立志则无希望",学生应该彻底摒弃在学界广泛流行的"以不谈政治为高"的不良倾向,做个有充分政治自觉意识的人,立志救国,树立三民主义救国的思想。演讲结束前,他还特别指出,中国民族、民权、民生三大问题均未解决,学生阶层任重而道远:"顾一次彻底解决三问题,其责任固在政府,亦在人民,更在众'伙计'肩上!因国之主权在民,而士又为庶民之首,是以众'伙计'宜急起研究,设法推行。"①

在 6 月 30 日的大会闭幕演说中,孙中山再次直言不讳地批评教育界,认为"民国成立十年于兹,考厥成绩,仅能推翻满洲政府而已"这一状况的造成,教育界实难辞其咎:民国成立十年来,因"国民程度低浅,稍有变革,手足无措。国民程度不足之咎,谁实尸之?教育家对此,乃不能辞其责。盖十年来,政治教育家曾无出一言、立一说以瀹斯民,而于不谈政治之谬说,乃独倡之,民国有今日之现象,无足怪也"。当今之计,教育界急需改弦更张,以教育解救政治之困,"教育家须记提倡政治,实行改良政治。使四万万国民同心协力改良政治,诸君当负责任!"他直截了当地指出,当前中国需要的不是无用之知识,而是改良政治的意识与氛围:"中国今日不必人民去求知,但望其有一种十年可强中国之信仰足矣,有新中国之志足矣。教育家宜提倡民志,则政治自易改良,政治良好,则教育不成问题矣。"②

同年 10 月 15 日,孙中山从广州出发,乘军舰出巡广西,准备取道湖南北伐。在桂期间,目睹广西教育的状况明显恶于广东,各种教育矛盾更为突出,孙中山在积极出谋解纷的同时,比较侧重强调教育的普及及其对三民主义实施的重要意义。

1921 年 11 月 29 日,孙中山在广西阳朔民众举行的欢迎会上发表演说,在痛陈与自己的期望"大相背谬"的民国现状后,他指出实行三民主义救中国的方法有二:普及教育与振兴实业。通过教育的普及,可"使国民有世界之知识","宣传三民主义,使人人皆知国为民有,非一家一姓所得而私,亦非腐败官僚、专横武人、阴谋政客所得而治。民国权利,非少数人所得而享,更非少数强权家可得而断送"。"将民国造成一极乐之世界,非国民有充足之知识不为功。"③ 只有通过普及教育,才能使民众拥有履行民国国民权利与义

---

① 孙中山:《在广东省第五次教育大会上的演说》,《孙中山全集》第 5 卷,北京:中华书局 1985 年版,第 556~562 页。
② 孙中山:《在广东省第五次教育大会闭幕式的演说》,《孙中山全集》第 5 卷,北京:中华书局 1985 年版,第 562~568 页。
③ 孙中山:《在广西阳朔人民欢迎会的演说》,《孙中山全集》第 5 卷,北京:中华书局 1985 年版,第 637 页。

务的知识与意识。

1922年1月22日,在桂林学界欢迎会上的演说中,孙中山提出国人的知行观念亟须改造,"知之非艰,行之维艰"的传统成见应当转变为"知之维艰,行之非艰"的现代观念。演讲中,他还运用"知难行易"这一新学说分析解决桂林地区学生由于军队驻扎学校致使不能按时开学的问题。在指出桂林学界应为北伐有所分担之后,孙中山又一次提到了教育及其普及的重要性:"因为民国的人民,人人都是主人翁,人人都要替国家做事的,所以建设一个新地方,首在办教育。要办普及的教育,令普通人民都可以得到教育,然后人人(才)知道替国家去做事。就桂林的现状说,恐怕没有(受)教育的人很多,而民国的教育,又要普及,所以本大总统希望诸君令桂林周围的人民,无论贫富,凡在十岁以下底儿童,都要给教育到底。"①

在教育普及的过程中,对于学生的求学,孙中山早些时期比较宏观地强调立救国救民之志,其后在此基础上有进一步廓清,提出了"要立大志做大事,不可要做大官"的思想。

1923年12月21日,正值国民党效法苏联积极改组之际,孙中山莅临岭南大学发表演说。目睹南中国这所著名教会大学"规模宏大,条理整齐",孙中山感慨万千,认为知识精英学成后回报社会必须自学校阶段就有所预备,而这其中"第一件是要立志","应该以国家为己任,把建设将来社会事业的责任担负起来"。而对于志愿的"立法"问题,不应以从事政治事业为限,因为"古今人物之名望的高大,不是在他所做的官大,是在他所做的事业成功"。所以"我劝诸君立志,是要做大事,不可要做大官"。此外,立志还必须合乎中国国情。对于"大"事,孙中山也有自己的看法:"大概地说,无论哪一件事,只要从头至尾,彻底做成功,便是大事。"

孙中山希望学生立志切不可以个人地位为取舍,而应悬成就事业为标的,"因为地位是关系于个人的。达到了什么地位,只能为个人谋幸福。事业是关系于群众的,做成了什么事,便能为大家谋幸福"。②

综观孙中山的一生,可以发现无论是思想上还是实践中,均对知识阶层非常重视。革命破坏阶段,知识阶层是他领导的资产阶级革命事业的基本依靠力量,知识阶层与革命的关系直接决定了革命的跌宕起伏;革命后的建设阶段,"非学问无以建设",知识阶层则是各项社会建设切实推进的根本保证。

---

① 孙中山:《在桂林学界欢迎会的演说》,《孙中山全集》第6卷,北京:中华书局1985年版,第74页。

② 孙中山:《在广州岭南学生欢迎会的演说》,《孙中山全集》第8卷,北京:中华书局1986年版,第534~538页。

学问在于教育。对于教育，民国成立前的孙中山因专注于组织推翻清廷的武装起义，所谈无多。民国肇建，统治中国数千年的专制政治被民国共和政体所取代，封建时代的臣民一变而为共和时代的国民，孙中山多次谈到普及教育，使四万万中国人民无论男女老幼同受教育，通过教育培养具有高素质和丰富知识的新国民，从而为整个国家的发展建设和社会的文明进步打下良好基础。在民国建立后十数年的时间内，伴随着政局的变化与思想的发展，孙中山虽然是在不同的框架下讨论、思考教育的问题，但普及教育的思想一直彰明较著，反复论及。而对于学生的受教育取向，孙中山针对学界的不良状况，在其晚年有比较集中的论述。这一切都充分地反映了孙中山对于教育和人才培养在社会建设中的中枢作用有其独到的见解，集中反映他教育决定中国的未来的思想。

（二）孙中山的科学救国思想解读

科学是社会发展的源泉、人类进步的动力，科学救国是永恒的主题。孙中山是杰出的社会建设思想家，与前人及同时代人相比，孙中山建设思想的鲜明特点之一就是比较早的大力提倡科学救国，充分注意到了科学在近现代社会发展中的重要性，突出强调科学知识与科学精神是中国建设与振兴的基本凭藉。与此同时，孙中山又反对在西方颇为流行的科学万能论调，注意到了西方物质文明极端化发展所导致的种种弊端，主张中国在汲取西学时应有取有舍，立定脚跟，择取西方文明的优长以济中国文明之不足，在西方路径外开出中国发展的新路。特别值得称道的是，孙中山坐言起行，知行合一，是一个有理想有计划的"实行家"，[①] 他的《实业计划》实为其科学救国思想的集大成之作，在中国社会近代化的历史征程上写下了浓墨重彩的一笔。

孙中山的科学思想奠基于其早年求学阶段的博览群书。孙中山在檀香山、中国香港求学的 19 世纪在西方被誉为科学的世纪，这"不仅因为各门科学均相继成熟，宏伟的古典科学大厦已经耸立起来，而且因为，科学在这个世纪开始成为社会生活的一个重要组成部分，科学知识被大大普及，理论科学的伟大创新正转变成为技术科学的无比威力"[②]。"这种东西只要有一个有理智的社会，就能从一个国家传播到另一个国家，从一个民族流传到另一个民族。"当东方世界被西方列强通过殖民主义的方式强行拉入近代社会后，有识之士越来

---

① 胡适：《〈孙文学说〉之内容及评论》，欧阳哲生编：《胡适文集》（11），北京：北京大学出版社 1998 年版，第 28 页。

② 吴国盛著：《科学的历程》，北京：北京大学出版社 2002 年版，第 390 页。

越认识到"西方给予东方影响最大的是它的科学和科学观点"。① 科学的发达根本地改变了西方社会的面貌,也给孙中山探索救国救民之路以深刻启迪。1890年,在《致郑藻如书》中,孙中山坦承自己"留心经济之学十有余年矣"②,其经世济民之学部分来自"综览古今",部分来自"旷观世宙"③。孙中山在向外求取新知的过程中,广为涉猎,兴趣极其广博,尤其是特别留心于探究西方富国强兵之道,从中获得了超越时代认知水准的真知灼见。在《上李鸿章书》中,孙中山指出,与中国相比,泰西各国地能尽其利、物能尽其用的一个根本原因是深谙格致之学并广为应用:"泰西之儒以格致为生民根本之务,舍此则无以兴物利民,由是孜孜然日以穷理致用为事。如化学精,则凡动植矿质之物,昔人已知其用者,固能广而用之,昔人未知其用者,今亦考出以为用。""机器巧,则百艺兴,制作盛,上而军国要需,下而民生日用,皆能日就精良而省财力,故作人力所不作之功,成人事所不成之物。……谋国富者,可不讲求机器之用欤。"④ 正是由于对泰西全面而深入的观察,孙中山所提出的"步武泰西"的内容远远超出了洋务运动的思想与实践。

转向武装反清斗争后,孙中山长期在日本、欧美等地从事革命的宣传与组织工作,对科学及其型塑社会的能力有了更为直观的体认,其有关科学的认识与思考进一步深入。综观孙中山的言行,他的科学救国思想主要包括以下两个层次:

其一,是对科学本质和功能的认识。

科学是个内涵十分丰富的概念,广义的科学指的是正确反映自然、社会和思维的本质与规律的系统知识。⑤ 对于科学的本质属性,孙中山有非常清晰的把握,他指出:"夫科学者,统系之学也,条理之学也。凡真知特识,必从科学而来。舍科学而外之所谓知识者,多非真知识也。"⑥ 可见,孙中山是以系统性、条理性及真理性等基本属性来划定科学的边界的。

众所周知,科学发达之前,占据统治地位的世界认知框架是由宗教提供的。"科学有许多功能,其中最主要的功能是帮助人们正确地认识世界和解释人们想要理解的自然现象。科学的这种解释功能在性质和特点上与宗教的解释功能完全不同。科学要求这种解释建立在确实可靠的经验或实证知识的基础上并且强调理性,而宗教则将其解释建立在各种已经形成的教义基础上,并且强

---

① (英)A.N.怀特海著:《科学与近代世界》,何钦译,北京:商务印书馆1959年版,第3页。
② 孙中山:《致郑藻如书》,《孙中山全集》第1卷,北京:中华书局1981年版,第1页。
③ 孙中山:《拟创立农学会书》,《孙中山全集》第1卷,北京:中华书局1981年版,第24页。
④ 孙中山:《上李鸿章书》,《孙中山全集》第1卷,北京:中华书局1981年版,第12~13页。
⑤ 参见林德宏著:《科学哲学十五讲》,北京:北京大学出版社2004年版,第142页。
⑥ 孙中山:《建国方略》,《孙中山全集》第6卷,北京:中华书局1985年版,第200页

调信仰。"① 正是由于存在本质性的差异,科学自产生以来就与宗教呈现出冲突的状态并愈演愈烈,科学的理论和实验体系也在这一冲突中逐渐成熟与完善。孙中山有关科学与宗教的论述较为少见,比较集中地见于1923年10月20日发表的题为《国民以人格救国》的演讲中。是月17日至21日,基督教团体全国青年联合会在广州举行会议,孙中山在欢迎会上发表长篇演说,论及宗教与科学、宗教与政治的关系。他认为,科学与宗教的冲突,导因于"所见人类来源之不同","由这一点所见之不同,便生出科学与宗教之争,至今还没有止境"。对于科学之知与宗教之知的区别与优劣,孙中山所见甚明:"今日人类的知识,多是科学的知识。古时人类的知识,多是宗教的感觉。科学的知识,不服从迷信,对于一件事,须用观察和实验的方法,过细去研究,研究屡次不错,始认定为知识。宗教的感觉,专是服从古人的经传。古人所说的话,不管他是对不对,总是服从,所以说是迷信。就宗教和科学比较起来,科学自然较优。"② 孙中山认识到,与宗教以教义作为判断是非的最高标准截然相反,科学知识必须通过观察和实验的方法反复检验甄别真伪,在这个过程中,科研工作初期提出的许多"学理"最终能够屡试不爽地成为"真知特识"的往往百不及一:"科学上发明的一种学理,究竟是对与不对,一定要做成事实,能够实行,才可以说是真学理。科学上最初发明的许多学理,一百种之中有九十九种是不能实行的,能够实行的学理不过是百分之一。"③

科学认识活动是科学认识主体(科学家等)与科学认识客体(科研对象)相互作用的过程。科学知识既是人们对客观世界正确认识的结果,也是人类进一步探究未知世界的凭藉。对于科学所具有的认识价值,孙中山间或论及。譬如为了凸显科学之知的特点,孙中山专门列举"天圆而地方,天动而地静"、"螺蠃变螟蛉"等数则中国传统之知的典型谬误加以分剖解析,指出科学昌明之前,人类认知的基本特点是"固全属不知而行,及行之而犹有不知者。故凡事无不委之于天数气运,而不敢以人力为之转移也"。近代以来,科学的昌明极大地改变了人类认知上的蒙昧状态:"始知人事可以胜天,凡所谓天数气运者,皆心理之作用也。"④ "比方今天讲堂里很热,我们不用人力,只用电风扇便可以解热。这件事如果是古人或者是乡下毫没有知识的人看见了,一定以为是神鬼从中摇动,所谓巧夺天工,对于这种奇怪的电扇一定要祈祷下拜。现

---

① 王晓朝著:《宗教学基础十五讲》,北京:北京大学出版社2003年版,第302页。
② 孙中山:《在广州全国青年联合会的演说》,《孙中山全集》第8卷,北京:中华书局1986年版,第317页。
③ 孙中山:《三民主义·民生主义》,《孙中山全集》第9卷,北京:中华书局1986年版,第381页。
④ 孙中山:《建国方略》,《孙中山全集》第6卷,北京:中华书局1985年版,第222页。

在大家虽然不明白电风扇的详细构造,但是已经明白电磁吸引的道理,因为有电能够吸引风扇,所以风扇能够转动,绝不以为是很奇怪的事。"① 在孙中山的有关论述中,除了指出科学能解人之惑外,还提及"自科学发明之后,人类乃始能有具以求其知"②,在他看来,科学提供了正确认识论的基础,使人类前所未有地拥有了正确探知世界的工具。

由于认识主体的局限性,以及科学研究对象所具有的不可穷尽性,人类能够获得的科学知识不过是沧海中的一粟。对于科学认知这样的特点,孙中山在讨论知行关系时也有所旁及。他指出,科学的发明并没有改变"不知而行"此一人类进化的必要门径:"然而科学虽明,惟人类之事仍不能悉先知之而后行之也,其不知而行之事,仍较于知而后行者为尤多也。且人类之进步,皆发轫于不知而行者也,此自然之理则,而不以科学之发明为之变易者也。"③

如果说科学是对世界的正确认知,那么技术就是这种真知灼见的物化,是人们改造自然、建设国家的基本手段。正如一部科学技术史所展现的,科技本身就是生产力,是推动社会进步的巨大力量。孙中山认为,近世以来西方与日本的迅速崛起,与中国强弱之势互易,驱动力量就是科学:

> 是知欧洲六百年前之文物,尚不及中国当时远甚。而彼近一二百年来之进步,其突飞速率,有非我梦想所能及也。日本自维新以后五十年来,其社会之文明,学术之发达,工商之进步,不独超过于彼数千年前之进化,且较欧洲为尤速,此皆科学为之也。④

孙中山在论述中对于科学的具体社会功能条分缕析,有比较详细的阐发。例如,他在《上李鸿章书》中讨论"物能尽其用"时,即已观察到科学在利用和开发自然资源上的巨大价值:"火油也,昔日弃置如遗,今为日用之要需,每年入口为洋货之一大宗。煤液也,昔日视为无用,今可炼为药品,炼为颜料。又煮沙以作玻器,化工以取矾精,煅石以为田料,诸如此类,不胜缕书","格致之学明,则电风水火皆为我用","故穷理日精则物用呈",等等。⑤

与此同时,对于构建西方工业社会基础的机器生产,孙中山更是再三致意

---

① 孙中山:《三民主义·民生主义》,《孙中山全集》第9卷,北京:中华书局1986年版,第362页。
② 孙中山:《建国方略》,《孙中山全集》第6卷,北京:中华书局1985年版,第200页。
③ 孙中山:《建国方略》,《孙中山全集》第6卷,北京:中华书局1985年版,第222页。
④ 孙中山:《建国方略》,《孙中山全集》第6卷,北京:中华书局1985年版,第200页。
⑤ 孙中山:《上李鸿章书》,《孙中山全集》第1卷,北京:中华书局1981年版,第12~13页。

反复叙及。众所周知,机器的广泛使用造成了一系列连锁反应,引发了工业革命、生产力革命和生产关系革命,彻底地改变了西方社会的面貌。毫不夸张地说,工业革命与历史上的任何革命相比,其重要性均毫不逊色。"纵观世界历史,似乎可以认为,过去一万年,人类经历的两次最大变革,就是农业革命(或新石器革命)与工业革命。后者迎来了19世纪和20世纪的文明。"① 孙中山认为,近代以来,"各国的物质文明极进步,工商业很发达,人类的生产力忽然增加。着实言之,就是由于发明了机器"② 马克思指出,机器的功能大大超出了人的劳动器官的功能,"机械装置所代替的不是某种特殊工具,而是人的手本身"③。孙中山将机器的功能非常精炼地概括为"作人力所不作之工,成人事所不成之物",并通过举例的方式进行了分析:

> 如五金之矿,有机器以开,则碎坚石如斋粉,透深井以吸泉,得以辟天地之宝藏矣。织造有机,则千万人所作之工,半日可就;至缫废丝,织绒呢,则化无用为有用矣。机器之大用不能遍举。④

> 机器发明之后,用一个人管理一副机器,便可以做一百人或一千人的工夫,所以机器的生产力和人工的生产力便有大大的分别。……用人来做工,就是极有能干而兼勤劳的人,只可以驾乎平常人的十倍,但是用机器来做工,就是用一个很懒惰和很寻常的人去管理,他的生产力也可以驾乎一个人力的几百倍,或者是千倍。所以这几十年来机器发明了之后,生产力比较从前就有很大的差别。⑤

正是观察到了机器在西方工业革命中的关键性作用:"如无机器,则近代工业之足以转移人类经济之状况者,亦无从发达",孙中山得出了"机器者实为近代工业之母"的结论,⑥ 进而主张中国应该学习西方采用机器、振兴工业。

1912年12月22日,上海机器公会成立,对于这一"中国自古未有之

---

① (美)R.R.帕尔默、乔尔·科尔顿著:《近现代世界史》中册,孙福生等译,北京:商务印书馆1988年版,第566页。
② 孙中山:《三民主义·民生主义》,《孙中山全集》第9卷,北京:中华书局1986年版,第356页。
③ 《马克思恩格斯全集》第23卷,北京:人民出版社1972年版,第422页。
④ 孙中山:《上李鸿章书》,《孙中山全集》第1卷,北京:中华书局1981年版,第12页。
⑤ 孙中山:《三民主义·民生主义》,《孙中山全集》第9卷,北京:中华书局1986年版,第356页。
⑥ 孙中山:《建国方略》,《孙中山全集》第6卷,北京:中华书局1985年版,第389页。

事"，孙中山寄予厚望。他在演讲中指出，近代以来"中国事事不及各国"，"皆缘各国机器发达"，因为"机器可以灌输文明，可以强国"，在此世界大势下，"中国如不速起研究机器，我四万万同胞俱不能生存"。当然，孙中山非常清楚地意识到，现代机器不过是西方科技结出的奇葩，"机器系从思想发生，系一种深湛学理，如无学识，既不能发明新机器，亦不能管理新机器"，中国欲效仿西方以机器生产取代手工劳动，关键还得从科学知识的研究和普及做起。所以，对于以"研究学理"、"发明机器"为职志的上海机器公会的成立，孙中山给予了很高的评价，认为是"强国之预兆"。①

其二，科学救国思想，即学习与采行科学，以造就一个国富民强新中国的思想。

孙中山大谈科学，其根本的着眼点还是希望科学能为我所用，中国能旋其效踵，改变积贫积弱的状况，建成世界"第一大国"。

为了使科学能够真正在中国落地生根，成为改进中国社会进程的力量，孙中山从中国国情出发，提出了一系列颇具针对性的发展和普及科学的措施。就19世纪末20世纪初中国的实际情况而言，科学虽然已经传入，但作用尚微。孙中山认为："今日文明已进于科学时代，……中国富强事业，非先从事于普及教育，使全国人民皆有科学知识不可。"② 有见及此，他主张"必多设学校，使天下无不学之人，无不学之地"③，在学校中传播世界最新的科学知识。除了正规的学校系统外，孙中山对作为继续教育与补充教育的社会教育也非常重视，提出在"教育少年之外，当设公共讲堂、书库、夜学，为年长者养育智识之所"④。为了解决普及教育过程中的资源短缺问题，孙中山还有不少考虑和建议。

教育的精神除了普及之外，更在提高。通过教育，培养出符合社会发展需要的各类专才。孙中山认为，现代社会与古代社会一个显而易见的分别是权能分开，"把国家的大事付托到有本领的人"，"现在欧美人无论做什么事，都要用专门家。譬如练兵打仗便要用军事家，开办工厂便要用工程师"。⑤ 职是之故，他对掌握现代科学知识的人才的培养极为重视，反复高倡人才之于中国社

---

① 孙中山：《在上海机器公会成立大会的演说》，《孙中山全集》第2卷，北京：中华书局1982年版，第559~560页。
② 孙中山：《建国方略》，《孙中山全集》第6卷，北京：中华书局1985年版，第222页。
③ 孙中山：《致郑藻如书》，《孙中山全集》第1卷，北京：中华书局1981年版，第2页。
④ 孙中山：《地方自治实行法》，《孙中山全集》第5卷，北京：中华书局1985年版，第223页。
⑤ 孙中山：《三民主义·民权主义》，《孙中山全集》第9卷，北京：中华书局1986年版，第330~331页。

会建设的重要性:"培养人才,实为当务之急"①;"学者,国之本也";"育人才而培国脉";②"非学问无以建设"③。为了加快人才培养的速度,缓解建设时代求才若渴的状况,孙中山还力倡通过多派留学生、引进国外人才等方法来解决中国因教育资源不足而导致的人才供需失衡的矛盾。孙中山认为,社会发展的机会稍纵即逝,"若必俟我教育之普及,知识之完备而后始行,则河清无日,坐失良机"。鉴于此,他提出的应对之策包括:一是多派留学生,利用国外教育资源培养中国人才;二是采取积极措施"欢迎列国之雄厚资本,博大规模,宿学人才,精练技术,为我筹划,为我组织,为我经营,为我训练",通过吸引国外人才为我所用,既可以解决短期内的人才匮乏问题,又可以为本国人才的培养提供助力,最终达到"人才可以陆续成就,则我可以独立经营"的目的。④

孙中山不仅提出了颇具特色的科学思想,而且还身体力行地积极探索,拟就了科学救国的具体规划——《实业计划》。《实业计划》包含了孙中山实现中国近代化的伟大构想,因本书有专章对其进行讨论,此不复赘。

需要指出的是,孙中山虽然力主学习西方的科学技术,但他并不是一个唯科学主义者,更不是西化论者,而是对中西文明的优劣有着自己的认识。他主张包括中国在内的世界各民族在向外学习的过程中,应该立足本民族文化,汲取其他文明的优长以济本民族之不足,俾共臻世界大同。

美国学者郭颖颐在研究中指出,科学在近代中国传播的过程中出现了一股强有力的唯科学主义的倾向。⑤ 第一次世界大战所导致的"西方的没落",引动中国知识界产生了有关东西方文化的论战,出现了反思西方文化的潮流。与此次引发中国知识界"转向"的契机不同,孙中山对西方文明表现出的质疑,可能主要出于对西方殖民主义的感受。1924年11月28日,在对神户商业会议所等团体的演说中,孙中山指出:

> 欧洲近百年是什么文化呢?是科学的文化。是注重功利的文化。这种文化应用到人类社会,只见物质文明,只有飞机炸弹,只有洋枪

---

① 孙中山:《命教育部核办甘霖呈请官费留学令》,《孙中山全集》第2卷,北京:中华书局1982年版,第126页。
② 孙中山:《令教育部通告各省优初级师范开学文》,《孙中山全集》第2卷,北京:中华书局1982年版,第253页。
③ 孙中山:《在广州岭南学堂的演说》,《孙中山全集》第2卷,北京:中华书局1982年版,第360页。
④ 孙中山:《建国方略》,《孙中山全集》第6卷,北京:中华书局1985年版,第228页。
⑤ 主要观点参见(美)郭颖颐著,雷颐译:《中国现代思想中的唯科学主义(1900—1950)》,南京:江苏人民出版社1998年版。

大炮，专是一种武力的文化。欧洲人近有专用这种武力的文化来压迫我们亚洲，所以我们亚洲便不能进步。这种专用武力压迫人的文化，用我们中国的古话说就是"行霸道"，所以欧洲的文化是霸道的文化。

孙中山认为，欧洲的科学文化虽然在物质上极大地改变了西方的面貌，但对于以大同为目标的人类社会来说，这种"行霸道"的文化并没有多少推广的价值，毋宁说还是人类走向大同之世的障碍，近代以来欧洲在亚洲的殖民史就是最好的注脚。与欧洲文明形成鲜明对比的是，东亚文化讲究仁义道德，是"行王道"的文化，对人类的共同目标而言更具有普世性。① 对于中国传统的心性文化，孙中山虽然认为亟须改良者所在多有，但实际上颇为自信：

中国近代物质文明不进步，因之心性文明之进步亦为之稽迟。顾古来之研究，非可埋没。持中国近代之文明以比欧美，在物质方面不逮固甚远，其在心性方面，虽不如彼者亦多，而能与彼颉颃者正不少，即胜彼者亦间有之。彼于中国文明一概抹杀者，殆未之思耳。且中国人之心性理想无非古人所模铸，欲图进步改良，亦须以远祖之心性思想，究其源流，考其利病，始知补偏救弊之方。②

在孙中山看来，中国的心性文明自有西方文明不可取代的优长，就中国社会的建设而言，最合理的态度就是以中国文化为本位，撷取西方科学文明的长处，开出中国近代化建设的新路。这种态度，用孙中山的话说，就是"对于世界诸民族，务保持吾民族之独立地位，发扬吾固有之文化，且吸收世界之文化而光大之，以期与诸民族并驱于世界，以驯致于大同"③。

二、孙中山将科学与人文精神合一，构建中国社会理论的贡献

（一）孙中山的"人学"理论——三种人的定位

所谓"人学"，"就是人把自身作为对象来进行自觉思考的学问"。"这门

---

① 参见孙中山：《对神户商业会议所等团体的演说》，《孙中山全集》第 11 卷，北京：中华书局1986 年版，第 405 页。
② 孙中山：《建国方略》，《孙中山全集》第 6 卷，北京：中华书局 1985 年版，第 180 页。
③ 孙中山：《中国革命史》，《孙中山全集》第 7 卷，北京：中华书局 1985 年版，第 60 页。

学问是文化理论的中心部分,也是人类思想史、认识史上的重要部分。这门学问的出现和不断完善,标志着人类精神的日益觉醒。"① 孙中山是一个不屈不挠、愈挫愈奋的革命家与思想家,一生中,他非常注意从古今中外的各类人物身上汲取精神滋养,并形成了一套面相丰富、特色鲜明的关于人群分析与构建的思想体系。尤其是在晚年时,孙中山从自身革命经历的感受出发,结合中国国情,在长期思考的基础上提出了三种人划分的思想,这一思想成为其构建宪政思想中权能分离理论的基础依据,对国民党领导的革命斗争和国家建设产生了重要影响。

孙中山很早就已经观察到因先天禀赋与后天努力的差异,各人在社会中有不同的使命与角色担当,② 这一认识有如一条伏线,贯穿和影响了其有关人与社会、特别是国人与革命及建设关系的持续思索,并不时在言论中有所指陈和表露。1905 年 10 月,在为《民报》撰写的发刊词中,孙中山希望这一即将诞生的同盟会机关刊物能够"孤怀宏识、远瞩将来"、"与群俱进",承担起国人中先知先觉者的天职,"能策其群而进之,使最宜之治法适应于吾群,吾群之进步适应于世界"。③ 1912 年 8 月,孙中山就学界在建设时代所应作出的因应和变化发表演讲,指出:"大凡天之生人,其聪明才力各不相同。聪明才力之有余者,当辅助聪明才力之不足者,在政治上为工人,在社会上为社会公仆。"④ 在《孙文学说——行易知难(心理建设)》中,他从人类进化的角度对三种人的行为角色做了比较完整的归纳:"夫人群之进化,以时考之,则分为三时期,……而以人言之,则有三系焉:其一先知先觉者,为创造发明;其二后知后觉者,为仿效推行;其三不知不觉者,为竭力乐成。有此三系人相需为用,则大禹之九河可疏,秦皇之长城能筑也。"⑤ 1923 年 8 月 15 日,在广州全国学生评议会的演说中,孙中山希望学生能够"以先知觉后知,以先觉觉后觉",承担起指导社会的责任;他鼓励学生"做先知先觉,要发明真理,以引导人群、引导社会,绝不可随波逐流,毫无振作"⑥。

孙中山三种人区分的思想在 1924 年所做的民生主义第五讲中有极其详尽

---

① 林家有著:《孙中山与辛亥革命史研究的新审视》,广州:广东教育出版社 2007 年版,第 176 页。
② 孙中山:《上李鸿章书》,《孙中山全集》第 1 卷,北京:中华书局 1981 年版,第 9 页。
③ 孙中山:《〈民报〉发刊词》,《孙中山全集》第 1 卷,北京:中华书局 1981 年版,第 288~289 页。
④ 孙中山:《在北京湖广会馆学界欢迎会的演说(同题异文)》,《孙中山全集》第 2 卷,北京:中华书局 1982 年版,第 424 页。
⑤ 孙中山:《建国方略》,《孙中山全集》第 6 卷,北京:中华书局 1985 年版,第 201 页。
⑥ 孙中山:《在广州全国学生评议会的演说》,《孙中山全集》第 8 卷,北京:中华书局 1986 年版,第 114~115 页。

的发挥：

> 我对于人类的分别，是何所根据呢？就是根据于各人天赋的聪明才力。照我的分别，应该有三种人：第一种人叫做先知先觉。这种人有绝顶的聪明，凡见一件事，便能够想出许多道理；听一句话，便能够做出许多事业。有了这种才力的人，才是先知先觉。由于这种先知先觉的人预先想出了许多办法，做了许多事业，世界才有进步，人类才有文明。所以先知先觉的人是世界上的创造者，是人类中的发明家。第二种人叫做后知后觉。这种人的聪明才力比较第一种人是次一等的，自己不能够创造发明，只能够跟随摹仿，第一种人已经做出来了的事，他便可以学到。第三种人叫做不知不觉。这种人的聪明才力是更次的，凡事虽有人指教他，他也不能知，只能去行。照现在政治运动的言词说，第一种人是发明家，第二种人是宣传家，第三种人是实行家。天下事业的进步都是靠实行，所以世界上进步的责任，都在第三种人的身上。……
>
> 就是世界上的大事，也都是全靠那三种人做成的。但是其中大部分的人都是实行家，都是不知不觉，次少数的人便是后知后觉，最少数的人才是先知先觉。世界上如果没有先知先觉，便没有发起人；如果没有后知后觉，便没有赞助人；如果没有不知不觉，便没有实行的人。世界上的事业，都是先要发起人，然后又要许多赞成人，再然后又要许多实行者，才能够做成功。所以世界上的进步，都是靠这三种人，无论是缺少了哪一种人都是不可能的。①

孙中山主要从"各人天赋的聪明才力"着眼，用富有佛教色彩的概念将人群析分为先知先觉、后知后觉与不知不觉三种不同的群体，并赋予三种人在人类进化、社会进步过程中不同的行为特征和角色意义。在演讲的过程中，孙中山还能以近取譬，用普通人日常生活中所习见的情境来加以形象说明，譬如他以建筑过程为例，将这一工作中所牵涉的工程师、工头及工人与三种人一一对应，使听众对三种人思想的理解更为直观亲切。

孙中山之所以在民权主义的演讲中大谈人的分别，目的是为其构建权能分离的"新发明"提供依据。他认识到，由于"天地间所生的东西总没有相同

---

① 孙中山：《三民主义·民权主义》，《孙中山全集》第9卷，北京：中华书局1986年版，第323～324页。

的","天生人类本来也是不平等的",① 专制时代更是变本加厉，在此基础上叠加了众多人为的不平等。革命的目的，就是为了打破这种人为的不平等，却没有办法改变人天生不平等的客观事实。有见及此，孙中山为了解决各人天生差异的客观事实与建立民权发达的"全民政治"理想之间的矛盾，在西方的代议政体外，提出了一个既保障民众权利又兼顾政府效率的权与能分离的政治设计。对这一创新，孙中山非常自信，认为"是世界上学理中第一次的发明"，"是解决这个问题的一个根本办法"。② 这个办法简单说来，就是人民通过行使选举权、罢免权、创制权、复决权四权来掌握"政权"，而把"治权"托付给有能力的人。对于国民与政府官员的关系，孙中山的比喻非常生动：

> 国家就是一辆大汽车，政府中的官吏就是一些大车夫。……就这个比喻，更可分别驾驶汽车的车夫是有能而无权的，汽车的主人是无能而有权的，这个有权的主人便应该靠有能的专门家去代他驾驶汽车。民国的大事，也是一样的道理。国民是主人，就是有权的人，政府是专门家，就是有能的人。③

孙中山相信，权能分离在有阿斗和诸葛亮先例可援的中国极易实现，且由于人民掌握了四权，就等于掌握了"四个放水制，或者是四个接电钮。我们有了放水制，便可以直接管理自来水；有了接电钮，便可以直接管理电灯；有了四个民权，便可以直接管理国家的政治"④，便不会重蹈西方代议政体中民权难以保障的覆辙。"如果政府是好的，我们四万万人便可把他当做诸葛亮，把国家的全权都交到他们；如果政府是不好的，我们四万万人可以实行皇帝的职权，罢免他们，收回国家的大权。"⑤

孙中山三种人划分的思想虽然长期以来在中国内地学界遭受了以否定为主的各类评说，⑥ 但我们应该看到，这一思想凝聚了孙中山从事革命活动的痛切感受和深入思考，比较符合清末民初国民素质的基本状况。孙中山作为资产阶

---

① 孙中山：《三民主义·民权主义》，《孙中山全集》第9卷，北京：中华书局1986年版，第285页。
② 孙中山：《三民主义·民权主义》，《孙中山全集》第9卷，北京：中华书局1986年版，第322页。
③ 孙中山：《三民主义·民权主义》，《孙中山全集》第9卷，北京：中华书局1986年版，第331页。
④ 孙中山：《三民主义·民权主义》，《孙中山全集》第9卷，北京：中华书局1986年版，第350页。
⑤ 孙中山：《三民主义·民权主义》，《孙中山全集》第9卷，北京：中华书局1986年版，第329页。
⑥ 比较典型的批评是说三种人思想反映了孙中山对人民群众力量的轻视："第一，低估了人民群众的智慧和力量"；"第二，孙中山从低估人民的错误观念中引申出群众不可以直接管理国家事务的实际结论"。（见张磊著：《孙中山论》，广州：广东人民出版社1986年版，265页。）

级革命运动的先行者,他所从事的事业在很长一段时间内影响有限,应者寥寥,孙中山后来就谈到,庚子惠州起义之前"举国舆论莫不目予辈为乱臣贼子、大逆不道,咒诅谩骂之声,不绝于耳;吾人足迹所到,凡认识者,几视为毒蛇猛兽,而莫敢与吾人交游也"。舆论界的状况虽然在此后因革命党人加大对舆论阵地争夺的力度而有所改观,但"起救国之思"的有志之士仍然多限于学界。① 绝大多数民众在几千年专制统治和小农经济的桎梏下,不但素质低下,而且与新思想、新知识完全绝缘,对革命、共和实处于不知不觉的状态。由于绝大多数民众完全置身于国事之外,致使政局往往为少数别有用心的当权者所操纵,帝制复辟的闹剧遂在民国建立后一再上演。孙中山对此深有所感,指出:"夫中国人民知识程度之不足,固无可隐晦也。且加以数千年专制之毒,深中乎人心,诚有比于美国之黑奴及外来人民知识尤为低下也。然则何为而可?袁世凯之流,必以为中国人民知识程度如此,必不能共和。曲学之士亦曰,非专制不可也。"② 不仅国人素质普遍低下的事实毋庸讳言,连革命党人也鱼龙混杂,对革命与建设缺乏必要的认知:"乃于民国建元之初,予则极力主张施行革命方略,以达革命建设之目的,实行三民主义,而吾党之士多期期以为不可。经予晓喻再三,辩论再四,卒无成效,莫不以为予之理想太高。"③ 职是之故,孙中山自1918年卜居上海,对革命与建设经验进行系统总结与深刻反思,三种人思想在这一时期较为系统地提出,重要考量之一是想藉此统一国人,尤其是革命党人的心理,使众人各安其分,"三种人互相为用,协力进行"④,改变此前革命与建设中的混乱局面,使中国的各项事业走上正轨。

孙中山有关先知先觉者的界定虽稍显模糊,但结合相关论述,可以认为凡是在各自领域确有创获,能够通过自己的真知灼见启迪他人,引领社会走向进步的都属于人群中居于金字塔顶端的先知先觉者。他们既可以是自然科学家,也可以是社会科学家,如孙中山曾经提及的牛顿、马克思、恩格斯、黑格尔、康德、伯伦知理等人,都是他心目中在人类历史上可以载入史籍的先知先觉者。先知先觉者尽管重要,但毕竟只是人群中的极少数,他们要和广大民众发生联系、对社会发展造成影响,还必须依靠一个必不可少的中介,这就是后知后觉者的角色责任。后知后觉者在先知先觉领袖的启迪和组织下,转移舆论,鼓动风潮,这一群体在孙中山的时代大体上是"除极个别能够以其思想理论及著作影响世人,并可列入'先知'的杰出人物以外的有正义感、爱国心和

---

① 孙中山:《建国方略》,《孙中山全集》第6卷,北京:中华书局1985年版,第235页。
② 孙中山:《建国方略》,《孙中山全集》第6卷,北京:中华书局1985年版,第209页。
③ 孙中山:《建国方略》,《孙中山全集》第6卷,北京:中华书局1985年版,第205页。
④ 孙中山:《三民主义·民权主义》,《孙中山全集》第9卷,北京:中华书局1986年版,第298页。

革命激情的知识分子，用孙中山的话说就是'宣传家'"①。处于金字塔底端的绝大多数人，也就是不知不觉者，虽然在"知"上因为聪明才力的差异不得不"听命于人"，但由于"行"才是人类进步的理则，所以他们扮演的"实行家"的角色至关紧要："天下事业的进步都是靠实行，所以世界上进步的责任，都在第三种人的身上。"② 在孙中山看来，先知先觉者与后知后觉者只有通过不知不觉者的力行方能造成影响，彰显价值。由此可见，孙中山三种人划分的思想即便没有如唯物史观那样突出强调人民群众在历史中的作用，但与将个别人物夸大为历史主宰的唯心主义英雄史观还是存在本质上的差异。

如果将三种人划分的思想放置到孙中山的整个思想体系中加以考察，其意义还可互为发明。如将其与教育思想相结合，一方面恰好可以"说明孙中山从人本身的天资和受教育的程度去衡量人的作用和价值，说明人受教育的重要性"③；另一方面也可凸显三种人的划分并非僵化封闭的，而是变动不居的，尤其是不知不觉者完全可以通过后天的教育改变不知不觉的状况，实现向后知后觉的流动。

姜义华先生通过检阅上海孙中山故居有关政治方面的西文藏书书目，认识到"孙中山的民权主义，特别是他的民主观、自由观，他的宪法与宪政的理论，他关于政党政治和地方自治的意见，他关于建立和健全法制的构想，同他对美、英等国政治学说、政治实践广泛而深入的了解是分不开的"④。从孙中山的言论中我们也可以发现，他确实非常善于追踪欧美最新的政治与政治学说发展动态，并且能够从中国实际出发进行批判性思考。他的以三种人思想划分为基础的权能分离理论，就是针对西方代议政治的弊端而提出的结合中国国情的政治设计。然而，孙中山的政治理论和思想在其有生之年也没有可能在实践中试验和完善，所以他的很多理论与政治设计在后世已经具备更多知识和经验的研究者看来，其不足或者缺陷是非常明显的。

关于权能分离理论，大陆学界长期以来以批判为基调，这方面的讨论俯拾皆是，这里不再展开。值得指出的是，有很多论者指出了权能分离理论与中国传统贤人政治的关系，如钱穆即作如是观，他认为这个理论主张"权在民众，

---

① 王晓军：《孙中山"三种人划分"思想辨析》，《浙江大学学报（人文社会科学版）》2006年9月第36卷第5期。

② 孙中山：《三民主义·民权主义》，《孙中山全集》第9卷，北京：中华书局1986年版，第323页。

③ 林家有著：《孙中山与辛亥革命史研究的新审视》，广州：广东教育出版社2007年版，第177页。

④ 姜义华著：《大道之行——孙中山思想发微》，广州：广东人民出版社1996年版，第122～123页。

能在政府,把民众比作刘阿斗,把政府比作诸葛亮,叫人民把一切的权都交到政府,这是中国历史传下选贤与能的政治理想之新修正"①。此外,孙中山规定三种人正常关系的唯一凭藉是利他思想,"要调和三种之人使之平等,则人人当以服务为目的,而不以夺取为目的"②。这在呈现孙中山思想"人本"色彩一面的同时,也彰显出其与传统思想资源的关联。

(二) 孙中山"人心就是立国的大根本"评说

在艰苦的革命斗争中,孙中山意识到人心之于革命与建设的重要性,着眼于中国的实际情况,有针对性地提出了一系列改造国民性、培育新国民的心理建设思想,其内涵在斗争实践中不断得以发展和丰富。据曾经担任孙中山秘书的蒋梦麟观察:知行关系之类的心理建设虽然在局外人看来并不切要,"但是中山先生却把它看得很严重,认为心理建设是其他建设的基础,不论是政治建设、实业建设或社会建设"。③

孙中山之所以如此重视心理建设,将心理建设视为其他建设的先导,主要源自他对革命经验教训的总结与反思,以及制约建设事业无法顺利展开之各类原因的深层解析。

在转向革命之前,孙中山就已经意识到在向西方学习的过程中应当改变洋务派舍本逐末的倾向,而注意配合对人的教化:

远观历代,横览九州,人才之盛衰,风俗之淳靡,实关教他(化)。教之有道,则人才济济,风俗丕丕,而国以强;否则返(反)此。呜呼!今天下之失教亦已久矣,古之庠序无闻焉,综人数而核之,不识丁者十有七八,妇女识字者百中无一。此人才(安得)不乏,风俗安得不颓,国家安得不弱?此所谓弃天生之材而自安于弱,虽多置铁甲、广购军装,亦莫能强也!必也多设学校,使天下无不学之人,无不学之地。……如是,则人才安得不罢(盛),风俗安得不良,国家安得而不强哉!④

由此可见,孙中山很早就注意到了人的现代化的重要性。从其留下的各类文字材料看,在此后漫长的革命生涯中,虽然孙中山关注的人的现代化的具体

---

① 钱穆著:《中国历史精神》,台北:国民出版社1954年版,第9页。
② 孙中山:《三民主义·民权主义》,《孙中山全集》第9卷,北京:中华书局1986年版,第298~299页。
③ 蒋梦麟著:《西潮·新潮》,长沙:岳麓书社2000年版,第117页。
④ 孙中山:《致郑藻如书》,《孙中山全集》第1卷,北京:中华书局1981年版,第2页。

内容有所移易，但对其重要性一直未敢轻忽，将其视作革命成功的根本要件。

孙中山认识到革命绝非革命者的个体行动，必须唤醒民众、得到民众的认可与响应而后可。由此，他从事革命活动的一个非常重要的着力点就是通过舆论宣传扩大革命派和革命活动的影响，"鼓动风潮，造成时势"①，破除传统心理的桎梏，将国人从两千多年专制统治所造成的心理积淀中解放出来。孙中山认为该项工作极其重要，直接关系到革命事业的成败，而中国革命之所以长期困顿颠踬，最根本的原因就是尚未得到民众的广泛认同。1910 年 2 月底，在对美洲华侨的演讲中，孙中山指出与俄国革命相比，中国革命"直一反掌之事耳"，然中国革命至今无所成就，是因为"中国人民尚未有此思想，尚未发此志愿。是中国革命之难，不在清政府之强，而在吾人之志未决"②。辛亥革命之所以能够成功，易专制为共和，揭开中国历史的新篇章，在孙中山看来，关键还是在于顺应时势，"卒赖全国人心之倾向"③，"亦即吾民国公意所由正式发表者也"④。

中华民国的成立使孙中山认为革命的破坏阶段已经结束，新的建设时代全面展开。然而历史的发展远非革命党人所设想的那样简单。在错综复杂的时局面前，孙中山判断局势发展的基本依据仍是"国民心理"。1912 年 8 月，在回答北京《亚细亚日报》记者的提问时，孙中山指出民国的前途端视"国民心理如何，国民既欲共和，非当局之人所能强以所不欲"，并举拿破仑称帝的例子为证："彼拿破仑之为皇帝，非拿自为之，乃国民皆欲其为皇帝。否则，虽有强力武功，不能为所欲为。"此时的孙中山还颇为乐观，相信"我国民心理既造成共和，即将来绝无足虑"。⑤

形势的发展很快就打破了革命党人的迷梦，不但孙中山的建设筹划因曲高和寡在党内外得不到充分的响应而无从展开，更有甚者，洪宪帝制、张勋复辟相继发生，各地军阀蜂起，割据自雄，整个国家距孙中山所期望的"登中国于富强之域，跻斯民于安乐之天"⑥ 的目标愈行愈远。1918 年 5 月，受西南军阀排挤的孙中山痛感"吾国之大患，莫大于武人之争雄，南与北如一丘之貉"，离穗赴沪，蛰居上海法租界。在沪期间，孙中山痛定思痛，对革命屡起

---

① 孙中山：《建国方略》，《孙中山全集》第 6 卷，北京：中华书局 1985 年版，第 157 页。
② 孙中山：《在旧金山丽蝉戏院的演说》，《孙中山全集》第 1 卷，北京：中华书局 1981 年版，第 443 页。
③ 孙中山：《建国方略》，《孙中山全集》第 6 卷，北京：中华书局 1985 年版，第 157 页。
④ 孙中山：《对外宣言书》，《孙中山全集》第 2 卷，北京：中华书局 1982 年版，第 8 页。
⑤ 孙中山：《与〈亚细亚日报〉记者的谈话》，《孙中山全集》第 2 卷，北京：中华书局 1982 年版，第 417 页。
⑥ 孙中山：《建国方略》，《孙中山全集》第 6 卷，北京：中华书局 1985 年版，第 157 ~ 158 页。

屡挫、建设无从开展的原因进行了深刻反思和系统总结,著成《心理建设(孙文学说)》一书。该书后以《孙文学说——行易知难》为题被编入《建国方略》并置于卷首位置,可见孙中山对心理建设的重视。

在该著作中,孙中山在此前思考与感悟的基础上充分肯定了社会心理的重要性,指出:"夫国者人之积也,人者心之器也,而国事者一人群心理之现象也。是故政治之隆污,系乎人心之振靡。吾心信其可行,则移山填海之难,终有成功之日;吾心信其不可行,则反掌折枝之易,亦无收效之期也。心之为用大矣哉!夫心也者,万事之本源也。"以此为观照,孙中山认为自己数十年革命生涯的成败均系于国人心理:"满清之颠覆者,此心成之也;民国之建设者,此心败之也。"① 对于造成建设事业一无所成的社会心理,孙中山进行了比较详细的解析,认为自己的建设计划未能引起国人共鸣,甚至连国民党人也为传统心理所误而不为所动实乃主因:"此固予之德薄无以化格同侪,予之能鲜不足驾驭群众,有以致之也。然而吾党之士,于革命宗旨、革命方略亦难免有信仰不笃、奉行不力之咎也,而其所以然者,非尽关乎功成利达而移心,实多以思想错误而懈志也。"② 这种"思想错误"在孙中山看来,就是于中国流传数千年之久的知易行难说,国人在此思想的牢笼下轻知怯行。孙中山说:

> 此思想之错误为何?即"知之非艰,行之惟艰"之说也。此说始于傅说对武丁之言,由是数千年来,深中于中国之人心,已成牢不可破矣。故予之建设计划,一一皆为此说所打消也。呜呼!此说者予生平之最大敌也,其威力当万倍于满清。夫满清之威力,不过只能杀吾人之身耳,而不能夺吾人之志也。乃此敌之威力,则不惟能夺吾人之志,且足以迷亿兆人之心也。是故当满清之世,予之主张革命也,犹能日起有功,进行不已;惟自民国成立之日,则予之主张建设,反致半筹莫展,一败涂地。可畏哉此敌!可恨哉此敌!兵法有云:"攻心为上。"是吾党之建国计划,即受此心中之打击者也。③

孙中山认为,"知之非艰,行之惟艰"在中国流传数千年,中间又经王阳明所提"知行合一"论的倡扬,可谓积重难返,尤其是近世以来更是流毒不浅,"施之暮气既深之中国,则适足以害之矣"④。针对此种社会心理痼疾,他

---

① 孙中山:《建国方略》,《孙中山全集》第6卷,北京:中华书局1985年版,第158~159页。
② 孙中山:《建国方略》,《孙中山全集》第6卷,北京:中华书局1985年版,第158页。
③ 孙中山:《建国方略》,《孙中山全集》第6卷,北京:中华书局1985年版,第158页。
④ 孙中山:《建国方略》,《孙中山全集》第6卷,北京:中华书局1985年版,第198页。

开出的药方是有破有立、去腐生新，打破国人传统的心理认知定式，取而代之以知难行易新学说："国民！国民！究成何心？不能乎？不行乎？不知乎？吾知其非不能也，不行也；亦非不行也，不知也。倘能知之，则建设事业亦不过如反掌折枝耳。……故先作学说，以破此心理之大敌，而出国人之思想于迷津，庶几吾之建国方略，或不致再被国人视为理想空谈也。"孙中山相信，此敌一破，中国即可顺利走上全面建设的康庄大道。①

孙中山从事心理建设的核心命题就是重新探讨认识与实践的关系问题，破除"知之非艰，行之惟艰"之古说，确立知行关系的新格局。因此，在《心理建设（孙文学说）》中，他反复以饮食等"至寻常、至易行之事"为证，在破除知易行难说的同时，阐发了知难行易说的新道理。但正如许多论者所指出的，知行的难易问题并不是一个科学命题，1929年在国民党与自由知识分子之间发生的"人权与约法"论战中，胡适发表《知难，行亦不易》一文，矛头直指孙中山的知难行易说。胡适认为，知行关系极其复杂，绝非此类截然分明的简单界定所可涵括，孙中山知难行易说立论的"真意义只是要我们知道行是人人能做的，而知却是极少数先知先觉者的责任"，"行易知难的学说是一种很有力的革命哲学"，其精髓就是"力行"。②

胡适所见颇为切中肯綮，细按相关论述可以发现，在孙中山看来，行是第一性，知是第二性的，在人类历史发展的长程中，行才是人类进化的不二法门。孙中山将人类进化史划分为三个阶段，"第一由草昧进文明，为不知而行之时期；第二由文明再进文明，为行而后知之时期；第三自科学发明而后，为知而后行之时期。"③ 而认为第一、二阶段人类"求进步的方法，专靠实行。古人知道宇宙以内的事情，应该去做，便实行去做；所谓见义勇为，到了成功，复再去做，所以更进步"。"古人进步最大的理由是在能实行。能实行便能知，到了能知，便能进步。"④ 近世以来因科学昌明，知的重要性虽日益凸现，但并不足以改变行的第一性的地位："然而科学虽明，惟人类之事仍不能悉先知之而后行之也，其不知而行之事，仍较于知而后行者为尤多也。且人类之进步，皆发轫于不知而行者也，此自然之理则，而不以科学之发明为之变易者也。故人类之进化，以不知而行者为必要之门径也。"⑤ 就知与行两者间的关系而言，孙中山的观点至为表露。他认为，人类正是由不知而知，从行动中

---

① 孙中山：《建国方略》，《孙中山全集》第6卷，北京：中华书局1985年版，第158~159页。
② 欧阳哲生编：《胡适文集》第5册，北京：北京大学出版社1998年版，第595~596页。
③ 孙中山：《建国方略》，《孙中山全集》第6卷，北京：中华书局1985年版，第199~200页。
④ 孙中山：《在桂林学界欢迎会的演说》，《孙中山全集》第6卷，北京：中华书局1985年版，第69页。
⑤ 孙中山：《建国方略》，《孙中山全集》第6卷，北京：中华书局1985年版，第222页。

获知，而知则为人们的实践活动提供了正确的指南："其始则不知而行之，其继则行之而后知之，其终则因已知而更进于行"，"以行而求知，因知以进行"，"知之则必能行之，知之则更易行之"。① 知不仅来源于行，更须在实践中接受检验，这一点在孙中山讨论科学之知时阐述得非常清楚："学理有真的有假的，要经过试验才晓得对与不对。好像科学上发明一种学理，究竟是对与不对，一定要做成事实，能够实行，才可以说是真学理。"②

所以，孙中山的知难行易说表面上看似乎关注的是知与行孰难孰易的问题，而实际上其重心是在阐述知与行孰先孰后的问题。③ 孙中山致力于解决这一问题的根本目的是想藉此打破国人对行的"畏难之心"，"使中国人无所畏而乐于行，则中国之事大有可为矣"，如此则可"以达吾建设之目的"。④

对于与行易相对的知难问题，孙中山将之委诸人群中的先知先觉者。孙中山认为，人群中的先知先觉者是发明家，后知后觉者是鼓吹家，不知不觉者是实行家。近代以来，"由科学之理则以求得其真知"的角色只能由先知先觉者承担。⑤ 而针对民国的现状与前途，孙中山自认已经解决了革命建设方面的知的疑难："予之于革命建设也，本世界进化之潮流，循各国已行之先例，鉴其利弊得失，思之稔熟，筹之有素，而后订为革命方略。"国人只需在此指导下，各安其分，力行乐行，"则建设前途大有希望矣"。⑥ 所以恰如很多论者所见，知难行易说并非立论科学、论证谨严的哲学命题，而是孙中山自居先知先觉，向后知后觉与不知不觉者发出的行动号角。在与国民党当局发生冲突的背景下，胡适即对此直言不讳，指出"中山先生志在领导革命，故倡知难行易之说，自任知难，而勉人以行易"，"所以'行易知难'的学说的真意义只是要使人信仰先觉，服从领袖，奉行不悖。中山先生著书的本意只是要说：'服从我，奉行我的建国方略。'"⑦

除力促国人知行观的改变外，广而论之，孙中山所倡导的心理建设内容包含宏富，实际包括国民性的革新、将专制统治下的臣民改造成共和体制下新国民的全部思想与实践，简括而论，主要体现在以下两个方面：

第一，国民性的改造："人人有好人格"。

---

① 孙中山：《建国方略》，《孙中山全集》第 6 卷，北京：中华书局 1985 年版，第 199、201 页。
② 孙中山：《三民主义·民生主义》，《孙中山全集》第 9 卷，北京：中华书局 1986 年版，第 381 页。
③ 参见戚其章：《论孙中山的"心性文明"说》，《河北学刊》1998 年第 1 期。
④ 孙中山：《建国方略》，《孙中山全集》第 6 卷，北京：中华书局 1985 年版，第 160 页。
⑤ 孙中山：《建国方略》，《孙中山全集》第 6 卷，北京：中华书局 1985 年版，第 201~203 页。
⑥ 孙中山：《建国方略》，《孙中山全集》第 6 卷，北京：中华书局 1985 年版，第 204 页。
⑦ 欧阳哲生编：《胡适文集》第 5 册，北京：北京大学出版社 1998 年版，第 596、598 页。

孙中山认识到欲救中国，首先"要正本清源，自根本上做工夫，便是在改良人格来救国"，"我们要造成一个好国家，便先要人人有好人格"。① 对于国民性的改造，孙中山的思路非常清楚，因"中国人之心性理想无非古人所模铸，欲图进步改良，亦须从远祖之心性理想，究其源流，考其利病，始知补偏救弊之方"②。孙中山认为："中华民国者，人民之国也。君政时代则大权独揽于一人，今则主权属于国民之全体，是四万万人民即今之皇帝也。……中国四万万之人民，……向来多有不识为主人、不敢为主人、不能为主人者，而今皆当为主人矣。"③ 然则因国人"久处于专制之下，奴性已深，牢不可破"④，这种根深蒂固的"专制积威造下来的奴隶性"严重妨碍了国民履行自己的权利和义务，"虽勉强拉他来做主人翁，他到底觉得不舒服"⑤。有见及此，孙中山在革命建国程序中有针对性地设计了训政阶段，"此革命方略之所以有训政时期者，为保养、教育此主人成年而后还之政也"⑥。换言之，就是需要通过训政这一阶段，才可以完成训育民众，将其改造成共和时代新国民的重任。至于改造国民性的具体方式，综合孙中山的论述，兴办与普及教育应该是最为行之有效、影响广远的方法："因为民国的人民，人人都是主人翁，人人都要替国家做事的，所以建设一个新地方，首在办教育。要办普及的教育，令普通人民都可以得到教育，然后人人（才）知道替国家做事。"⑦

孙中山参酌近代以来的世界道德潮流，认识到"好"的人格必须具备"利群"、"利他"性，所以在重塑国民性的过程中力图积极培育国人的公德心、爱国心。孙中山认为："现在文明进化的人类，觉悟起来，发生一种新道德。这种新道德就是有聪明能力的人，应该要替众人来服务。这种替众人来服务的新道德，就是世界上道德的新潮流。"因此在很多场合的演讲中，孙中山均大声疾呼，希望国人能够群起效仿。1924 年 5 月 2 日，在岭南大学举行的黄花岗纪念会上，孙中山在肯定"七十二烈士以死唤醒国民、为国服务的志气"的同时，号召"诸君现在求学的时候，便应该从今晚学起，爱惜光阴，发奋读书，研究为人类服务的各种学问。有了学问之后，便要立志为国家服

---

① 孙中山：《在广州全国青年联合会的演说》，《孙中山全集》第 8 卷，北京：中华书局 1986 年版，第 319 页。
② 孙中山：《建国方略》，《孙中山全集》第 6 卷，北京：中华书局 1985 年版，第 180 页。
③ 孙中山：《建国方略》，《孙中山全集》第 6 卷，北京：中华书局 1985 年版，第 211 页。
④ 孙中山：《建国方略》，《孙中山全集》第 6 卷，北京：中华书局 1985 年版，第 211 页。
⑤ 孙中山：《在上海中国国民党本部会议的演说》，《孙中山全集》第 5 卷，北京：中华书局 1985 年版，第 401 页。
⑥ 孙中山：《建国方略》，《孙中山全集》第 6 卷，北京：中华书局 1985 年版，第 211 页。
⑦ 孙中山：《在桂林学界欢迎会的演说》，《孙中山全集》第 6 卷，北京：中华书局 1985 年版，第 74 页。

务，为社会服务。"① 孙中山指出，像中国这种正在世界上"争自由"的国家，尤其需要国人充分发扬爱国精神，牺牲小我成就大我："中国是各国的殖民地，……现在是做十多个主人的奴隶，所以现在的国家是很不自由的。要把我们国家的自由恢复起来，就要集合自由成一个很坚固的团体"，"要这样做去，便要大家牺牲自由。当学生能够牺牲自由，就可以天天用功，在学问上做工夫，学问成了，知识发达，能力丰富，便可以替国家做事。当军人能够牺牲自由，就能够服从命令，忠心报国，使国家有自由"。②

在重塑国民性的过程中，孙中山一方面以世界潮流为参照，一方面坚守本民族立场，主张将二者相济为用。众所周知，孙中山倡行民族主义的重要目的之一就是通过恢复本民族精神来回复中华民族在古代世界的崇高地位，但是近代以来中国日益沉沦，民族自信力丧失殆尽，尤其是义和团运动后，"中国一般有思想的人，便知道要中国强盛，……事事便非仿效外国不可。不但是物质科学要学外国，就是一切政治社会上的事都要学外国。所以经过义和团之后，中国人的自信力便完全失去，崇拜外国的心理便一天高过一天。"③ 对这种比较流行的民族虚无主义论调，孙中山极力反对。1910年2、3月间，他在与刘成禺讨论宪法问题时就两种文化互相学习的一般原则表明了自己的看法："诸君先当知为中国人，中国人不能为欧美人，犹欧美人不能为中国人，宪法亦犹是也。适于民情国史，适于数千年之国与民，即一国千古不变之宪法。吾不过增益中国数千年来所能、欧美所不能者，为吾国独有之宪法。"④ 孙中山认为，在向外国学习的过程中，不能单纯地"取法乎上"，而应针对中国数千年文明所形成的"民情国史"，取法他国之优长，补济本民族之不足。对于西方的物质文明与制度及心性文明，孙中山的态度截然两分：

> 欧美的物质文明，我们可以完全仿效，可以盲从，搬进中国来也可以行得通。至于欧美的政治道理……如果一味的盲从附和，对于国计民生是很有大害的。因为欧美有欧美的社会，我们有我们的社会，彼此的人情风土各不相同。我们能够照自己的社会情形，迎合世界潮流做去，社会才可以改良，国家才可以进步；如果不照自己社会的情

---

① 孙中山：《在岭南大学黄花岗纪念会的演说》，《孙中山全集》第10卷，北京：中华书局1986年版，第156~157页。

② 孙中山：《三民主义·民权主义》，《孙中山全集》第9卷，北京：中华书局1986年版，第282~283页。

③ 孙中山：《三民主义·民权主义》，《孙中山全集》第9卷，北京：中华书局1986年版，第316页。

④ 孙中山：《与刘成禺的谈话》，《孙中山全集》第1卷，北京：中华书局1981年版，第444页。

形,迎合世界潮流去做,国家便要退化,民族便受危险。①

孙中山相信,中国要进于"世界第一等国",恢复在古代世界中的独有地位,必须继承与发扬传统文化中好的东西,如忠孝、仁爱、信义、热爱和平等。"这种特别的好道德,便是我们民族的精神。我们以后对于这种精神不但是要保存,并且要发扬光大,然后我们民族的地位才可以恢复。"② 在若许国粹中,孙中山对《大学》中将个体与国家联结起来的"修齐治平"思想尤表称许,认为是"很精密的知识和一贯的道理":

> 现在各国的政治都进步了,何以中国要退步呢?就是因为受外国政治经济的压迫,推究根本原因,还是由于中国人不修身。不知道中国从前讲修身,推到正心、诚意、格物、致知,这是很精密的知识,是一贯的道理。像这样很精密的知识和一贯的道理,都是中国所固有的。我们现在要能够齐家、治国,不受外国的压迫,根本上便要从修身起,把中国固有知识一贯的道理先恢复起来,然后我们民族的精神和民族的地位才都可以回复。③

第二,用三民主义去统一全国人民的心理。

从孙中山的言论看,晚年时的他非常强调"以主义征服"人心,用三民主义来感化与改造国人心理。三民主义是孙中山用以指导革命与改造国家的系统理论和总体主张,他认为,他的三民主义"是适合中国国情,顺应世界潮流,建设新国家一个最完全的主义"④。自提出之日起,孙中山就希望通过对后知后觉者的大力鼓吹,引导不知不觉者服膺与力行,然而始终成效不彰。据鲍罗廷观察,很长一段时间内,国民党对国家的影响只是表现在"偶尔发布由孙签署的诸如民族主义、民权主义、民生主义等一般性题目的宣言,……这些宣言作为趣闻被刊登在几家报纸上,然后国民党又沉睡一年又一年"⑤。民

---

① 孙中山:《三民主义·民权主义》,《孙中山全集》第9卷,北京:中华书局1986年版,第320页。
② 孙中山:《三民主义·民族主义》,《孙中山全集》第9卷,北京:中华书局1986年版,第247页。
③ 孙中山:《三民主义·民族主义》,《孙中山全集》第9卷,北京:中华书局1986年版,第249~250页。
④ 孙中山:《在广州中国国民党恳亲大会的演说》,《孙中山全集》第8卷,北京:中华书局1986年版,第284页。
⑤ 《鲍罗廷关于华南形势的札记》,见中共中央党史研究室第一研究部译:《联共(布)、共产国际与中国国民革命运动(1920—1925)》,北京:北京图书馆出版社1997年版,第370页。

众动员的严重滞后，使革命党人的数次军事胜利短暂而无法持久。1923年11月25日，孙中山在广州陆海军政府大本营对国民党员发表的演说中对造成这一状况的原因进行了分析：

> 吾党在中国内地以兵力奋斗而胜利者，已经三次矣。……但三次之成功，皆不能达革命之目的。是兵力虽成功，而革命仍未成功，因为吾党尚欠缺力量之故。所欠缺者是何种力量？就是人民心力。当时中国人民不赞成革命，多数人民不为革命而奋斗。革命行动而欠缺人民心力，无异无源之水，无根之木。
> ……
> 所以吾党想立于不败之地，今后奋斗之途径，必先要得民心，要国内人民与吾党同一个志愿，要使国内人民皆与吾党合作，同为革命而奋斗。必如此方可以成功；且必有此力量，革命方可以决其成功。①

动员民众与国民党立于同一阵线，在主张以党治国的孙中山看来，实际就是"用（本党的）主义去统一全国人民的心理"。对于实现此目标的具体方式，孙中山在数次演讲中均有提及："要达这个目的，便要诸君实行普通的宣传。宣传就是劝人。"换言之，即是通过广大国民党员的鼓吹与宣传，去转移民众心理，使"四万万人的心理都归化本党"。当然，孙中山也意识到，"要劝世人都明白本党主义，都来倾向本党，便要诸君（国民党员）自己先明白三民主义、五权宪法，知道怎么样去宣传"，而当时组织涣散的国民党很难担此大任，孙中山不得不以俄为师，对国民党进行彻底的改组和改造。孙中山深信"人心就是立国的大根本"，"改造国家，还要根本上自人民的心理改造起"，"到了全国人民的心理都被本党统一了，本党自然可以统一全国，实行三民主义，建设一个驾乎欧美之上的真民国"。②

在孙中山看来，国人心理建设所关綦重，直接关系到革命与建设计划的实现。鉴于此，他深思熟虑，著为学说，发为言论，希望对转移世道人心有所裨益。由上可及，孙中山的心理建设思想特点鲜明，大体可用现代化与意识形态化加以涵括。

---

① 孙中山：《在广州大本营对国民党员的演说》，《孙中山全集》第8卷，北京：中华书局1986年版，第431页。

② 孙中山：《在广州中国国民党恳亲大会的演说》，《孙中山全集》第8卷，北京：中华书局1986年版，第283~286页。

现代化是一个系统工程，其核心是人的现代化与生产力的解放，尤其是前者地位独特，"因为在整个国家向现代化发展的进程中，人是一个基本的因素。一个国家，只有当它的人民是现代人，它的国民从心理和行为上都转变为现代的人格，它的现代政治、经济和文化管理机构中的工作人员都获得了某种与现代化发展相适应的现代性，这样的国家才可真正称之为现代化的国家"①。孙中山的改造国民性的系列思想提出于清末民初，在国人向西方学习主要局限在物质与制度层面的状况下，因为特殊的机缘与敏锐的观察和分析能力，孙中山较早地注意到了人的现代化问题，虽然他的系列主张不一定能尽为国人所认同，但人的现代化命题的提出对中国由传统向现代的转型影响深远。

除此之外，孙中山心理建设的另一维度就是意识形态化。"一般认为，意识形态是具有符号意义的信仰和观点的表达形式，它以表现、解释和评价现实世界的方法来形成、动员、指导、组织和证明一定的行为模式和方式，并否定其他一些行为模式或方式。"② 意识形态具有排他性。孙中山运用三民主义来感化和统一国民心理，虽然具有现代化的特征，但它并不等于现代化，意识形态的突出特征就是为特殊利益服务，三民主义归根到底反映的是特定历史条件下近代中国资产阶级革命派在政治经济上的要求，这就决定了孙中山的心理建设思想具有鲜明的时代性和局限性。

---

① 殷陆君编译：《人的现代化》，成都：四川人民出版社1985年版，第8页。
② 毛寿龙著：《政治社会学》，北京：中国社会科学出版社2001年版，第133页。

第六章 孙中山的宗教人性观与对儒学的改造

一、孙中山政治与宗教相互提挈人性观念的实质

（一）孙中山的宗教精神

关于孙中山与宗教的关系，尤其是与基督教的关系，学者关注得较多，成果也很丰硕。根据现有的材料，基本上可以认定孙中山的基督教徒身份，且基督教对他一生的思想和活动产生了重要影响。但其信仰的具体内容、方式、程度却难以清晰界定，或者说确定孙中山到底是不是一位"真正的"基督教徒是很难的。原因主要有：（一）对于宗教和宗教信仰，没有清晰而确切的定义；（二）材料不充分。孙中山本人专门论述宗教的言论极少，他的宗教信仰被各派政治势力利用，很多他人回忆和转述的资料不可全信；（三）孙中山一生的宗教精神有其变化发展的过程，而且孙中山的思想来源非常广博庞杂。本章拟从比较容易确证的材料入手，初步探讨孙中山的宗教精神，重点考察孙中山处理政治与宗教关系的思想。

孙中山早年的确举行过基督教洗礼仪式，早期政治活动中与基督教关系密切；后来与教会疏远，对宗教仪式非常冷淡，但民国初期多次以教中人士的身份对基督教团体发表演说；在他后期的政治生涯中，曾多次批判宗教神学内容，反映了他的无神论思想，但他并没有否定宗教本身，而且申明自己的基督徒身份；离世前夕，他有很多言论表明了他对基督教的虔诚信仰。

所以，到目前为止，对于孙中山的基督徒身份，有大量的事实可以确切证明，但孙中山的宗教精神则需更进一步探讨。关于孙中山与基督教发生关系，田海林将其归纳为信仰（1878—1894）、利用（1894—1912）、批判和探索（1912—1925）三个阶段①，是较为合理的结论，得到了研究者的广泛认可。

---

① 参见田海林：《论孙中山宗教思想的特点》，《河南大学学报》（社会科学版）1992年第4期。

孙中山幼年接受的是中国传统文化教育，他自己说："幼读儒书，十二岁毕经业。"① 虽然受传统文化的影响，但据孙中山本人回忆，他从小就"脑藏中素无神异思想"②，对中国传统宗教鬼神观念颇不以为然。孙中山12岁师从美传教士克尔学习英文而开始接触基督教。1878年5月，他随母远赴美国檀香山，先后在两所教会学校接受系统的西方教育。"因久受宗教教义熏陶，信道渐笃，至翌年春夏间遂有克日受洗之议"③，引起了哥哥孙眉的警觉和反对，遂被遣回家乡。在家乡，他在基督教教义的影响下，反对中国传统宗教鬼神观念。1883年秋，他与陆皓东"入北帝庙，戏折北帝偶像一手，并毁其他偶像三具"④，引起乡人的强烈不满。1883年冬，孙中山冲破孙眉的阻挠，在香港受洗加入基督教（新教），从此基督教成了他一生虔诚的信仰，为他洗礼的是基督教新教会公理会牧师喜嘉里。公理会是基督教新教的宗派之一。其内部组织比较民主，各个堂会独立，会众实行自治。公理会的信仰比较自由化，强调个人信仰自由，尊重个人理解上的差异。这些特点对孙中山的宗教精神有很大的影响。

在早年的革命生涯中，基督教信仰是孙中山进行革命的重要精神力量。1896年他在伦敦蒙难，被清廷使馆人员拘禁，在艰难的脱险过程中，他就把基督教信仰作为精神支柱："藐兹一身真堕落于穷谷中而不克自拔矣，惟有一意祈祷者已上达天听，因决计再尽人力"。"弟此时惟有痛心忏悔，恳切祈祷而已！一连六七日，日夜不绝祈祷，愈祈愈切，至第七日，心中忽然安慰，全无忧色，不期然而然，自云此祈祷有应，蒙神施恩矣！""弟遭此大故，如荡子还家，亡羊复获，此皆天父大恩。"⑤ 可见他把虔诚的宗教感情和坚定的革命激情结合在一起。

孙中山还曾利用和依仗基督教组织从事革命斗争，也因为革命活动繁忙而与教会疏远。孙中山"革命之初，往往借教堂为革命机关"，从1894年兴中会成立到同盟会组建，在有姓名可考的近300名兴中会会员中，基督教徒几占三分之一，甚至革命组织的仪式也用上宗教仪式，带有一些宗教色彩。冯自由记载："总理自倡导革命以来，所设兴中会、中国同盟会、中华革命党等团体，其誓约均冠以当天发誓字样，是亦一种宗教宣誓的仪式，盖从基督教受洗

---

① 孙中山：《复翟理斯函》，《孙中山全集》第1卷，北京：中华书局1981年版，第47页。
② 孙中山：《游普陀志奇》，《孙中山全集》第3卷，北京：中华书局1984年版，第353页。据冯自由推断，此文为陈佩忍手笔，经孙中山鉴定后付石刻。
③ 冯自由：《革命逸史》第2集，北京：中华书局1981年版，第10页。
④ 冯自由：《革命逸史》第2集，北京：中华书局1981年版，第5页。
⑤ 孙中山：《致区凤墀函》，《孙中山全集》第1卷，北京：中华书局1981年版，第45页。

之礼脱胎而来者也。"① 据陆皓东之侄陆灿回忆，在一次兴中会入会宣誓仪式上，"孙博士第一个宣誓，把他的手放在《圣经》上，请上帝为他的誓言作证，其他人旋即照办"②。他还曾因为教徒身份在1896年10月的伦敦蒙难、1904年4月的旧金山蒙难中两次脱险，1895年第一次广州起义事败之后，部分起义成员以教徒身份得到西方国家一些传教士及教友的营救。但总的来说，正式投身政治以后，孙中山与教会的关系是渐渐疏远的。冯自由在《孙总理信奉耶稣教之经过》一文中谈道："余在日本及美洲与总理相处多年，见其除假座基督教堂讲演革命外，足迹从未履礼拜堂一步。"③ 据早年与孙中山交往密切的张永福回忆，在新加坡时"先生劳于国事，平居非与外界接触，几忘年节日。对耶稣教最重要之圣诞亦然。先生为教徒，但永不见其至教堂一步"④。孙中山自己也回忆："徒以我从事革命之秋，教会惧其波及，宣言去予，非予弃教会也。"⑤

在民国建立的1912年，孙中山多次对宗教组织发表演讲。其中他的措辞可从一个侧面反映他的基督徒身份：他在对基督教团体的演讲中称"兄弟"、"牧师兄弟姊妹"、"教友"⑥，在对天主教团体的演讲中则称"仆"、"贵主教及各教士"、"诸君"⑦，在对回教俱进会的演讲中则称"诸君"、"贵教"⑧。这表明，他是以基督徒自居的。

经二次革命、护国运动、护法运动的屡仆屡起后，孙中山痛定思痛，决定退居上海，研究学问、著书立说。其间潜心研读了大量宗教书籍，在《上海孙中山故居藏书目录》中，有关宗教方面的著述达15种。这段时间他的宗教思想进化很大。1918年，他在给儿子孙科的一封信中表示，他对《宗教破产》（即尼采所著《上帝之死》）一书推崇备至，认为"此书算为超绝矣"，阅毕"交孙夫人看，彼看完，再传之他人矣"⑨。该书写于19世纪末，当时无神论

---

① 冯自由：《革命逸史》第2集，北京：中华书局1981年版，第12页。
② 陆灿著，傅伍仪译：《我所了解的孙逸仙》，北京：中国和平出版社1986年版，第21页。
③ 冯自由：《革命逸史》第2集，北京：中华书局1981年版，第10页。
④ 张金超、李红伟：《孙中山与宗教关系管窥》，甄炳昌主编：《广州中国民主革命策源地》，香港：中国评论学术出版社2007年版，第303页。
⑤ 孙中山：《就反基督教运动事发表谈话》，陈旭麓、郝盛潮主编：《孙中山集外集》，上海：上海人民出版社1990年版，第266页。
⑥ 孙中山：《在北京基督教等六教会欢迎会的演说》，《孙中山全集》第2卷，北京：中华书局1982年版，第446、447页。
⑦ 孙中山：《在法教堂欢迎会的演说》，陈旭麓、郝盛潮主编：《孙中山全集》第2卷，北京：中华书局1982年版，第569页。
⑧ 孙中山：《在北京回教俱进会欢迎会上的演说》，陈旭麓、郝盛潮主编：《孙中山集外集》，上海：上海人民出版社1990年版，第65页。
⑨ 孙中山：《致孙科函》，《孙中山全集》第4卷，北京：中华书局1985年版，第489页。

者尼采宣称上帝死亡,把上帝从理性的知识世界里驱逐出去。但是,有的西方哲学家(如康德)发现,理性之外还需要上帝作为一种"至善"的价值追求,所以上帝在道德领域依然存在着。德国学者海涅对德国思想家进行的宗教评论道:"他们为了想赋予宗教一个新的青春","先给宗教放血,慢慢地把迷信的血液放出来,说得明白一些,就是试图从基督教中去掉它所有的历史内容,只保留它的伦理部分"。① 近代以来,宗教神学在与进化论和科学的较量中败北,基督教被迫调和与科学的关系,一方面利用科学成果解释神学,另一方面让宗教退出自然科学领域,主张与科学分工、合作。1885 年,罗马教皇庇护十二世发表了一个关于人种起源(即孙中山所说"科学和宗教冲突之点,就在所见人类来源之不同")的"通谕",认为进化论可以用来解释人的起源,说这同《圣经》是一致的,即就人的身体而言,人是由动物进化而来,但人的灵魂是属于上帝的。西方思想界的这些变化不会不对密切关注世界的孙中山有所影响,他晚年的一些言论充分显示了他对宗教的认识。

1923 年,孙中山在广州对国民党员的演说中这样论述宗教与政治:

> 宗教的主义,是讲将来的事和在世界以外的事;我们的政治主义,是讲现在的事和人类有切肤之痛的事。……说到将来的灵魂,自然近于空虚;讲到眼前的肉体,自然有凭有据。②

同年 10 月 21 日,孙中山在广州对基督教青年会做了以"人类进步在造就高尚人格"为主题的演说,谈道:

> 科学和宗教冲突之点,就在所见人类来源之不同。由这一点所见之不同,便生出科学和宗教之争,至今还没有止境。……科学的知识,不服从迷信,对于一件事,须用观察和实验的方法,过细去研究,研究屡次不错,始认定为知识。宗教的感觉,专是服从古人的经传。古人所说的话,不管他是对不对,总是服从,所以说是迷信。就宗教和科学比较起来,科学自然较优。③
>
> 至于宗教的优点,是讲到人同神的关系,或同天的关系,古人所

---

① (德)亨利希·海涅著:《论德国宗教和哲学的历史》,海安译,北京:商务印书馆1972年版,第82页。

② 孙中山:《在广州对国民党员的演说》,《孙中山全集》第 8 卷,北京:中华书局1986年版,第567页。

③ 孙中山:《在广州全国青年联合会上的演说》,《孙中山全集》第 8 卷,北京:中华书局1986年版,第316页。

谓天人一体。依进化的道理推测起来，人是由动物进化而成，既成人形，当从人形更进化而入于神圣。是故欲造成人格，必当消灭兽性，发生神性，那么，才算是人类进步到了极点。①

这三段话表明，孙中山也曾用进化论论证人性可以发生神性。他认为，人类进步在造就高尚人格，"现在社会的道德范围，还没有进步到极点"，而这里，孙中山认为人可以发生神性，但他没有提到"上帝"，或者进一步说他是否相信上帝的存在，这里无法确定。但是他认为宗教存在推动人造就高尚人格、发生神性的道德功能，也可以推动政治，即"政治、宗教，同达完美之目的"。孙中山关心的是"现在的事和人类有切肤之痛的事"，"为目前的肉体谋幸福"，也就是实现个人的幸福与社会的繁荣；孙中山否定了宗教非科学的部分，但并没有完全否定宗教。科学和宗教之争"至今还没有止境"，虽然随着科学的发展，宗教的阵地越来越小，但是在人类未知领域依然占有一席之地，所以宗教是长期存在的，而且宗教与科学并非完全势不两立，宗教在道德领域的作用是不可忽视的。孙中山在宗教的本体论问题上采取了不置可否的实用主义态度，换句话说，他对于"神"、"天"等超自然因素本身并没有多少兴趣，他关注的是人的本身，即完善人格以"发生神性"，强调的是内心的修养和对理想的追求。

在1922年的非基督教运动中，孙中山发表了谈话，表达了他对非基督教运动的态度，同时，也公开表达了他本人对基督教的信仰。他承认教会有麻醉青年和被帝国主义利用的一面，希望教会能进行改良，事实上认可了非基督教运动。但他不赞成把宗教和政治混为一谈，他肯定了基督教的教义和精神，反对全盘否定基督教，"反对现在反基督教之理论"。全文如下：

> 予孰非基督徒者？予之家庭且为基督徒之家庭。予妻予子予女予婿孰非基督徒乎？予深信予之革命精神，得力予基督徒者实多。徒以我从事革命之秋，教会惧其波及，宣言去予，非予弃教会也。故不当在教会，但非教义不足贵也。教会在现制度下，诚有不免麻醉青年及被帝国主义者利用之可能。然如何起而改良教会，谋（求）独立自主，脱去各帝国主义之羁绊，此教友人人应负之天责，亦为一般从事宗教运动者应急起为之者也。予奔走政治，不能为直接此项运动之参

---

① 孙中山：《在广州全国青年联合会上的演说》，《孙中山全集》第8卷，北京：中华书局1986年版，第317页。

加,然予亦反对现在反基督之理论。①

事实上,仅仅依靠进化论和科学的武器无法走进唯物主义阵营,成为一个彻底的无神论者。近代以来,宗教,尤其是基督教,越来越放弃自己对自然与社会现象的解释权利,而更多地把视线转向道德伦理领域。在这个领域,宗教可以发挥科学无法施展的功能,科学无法取代宗教。只要有社会和个人的不幸,以及存在着人们对人类生存意义的不同追求,人们往往需要通过超自然力量来寻求解脱。就孙中山而言,他信仰耶稣的这种宗教情感在危难和病重时尤其强烈。统计现存孙中山关于信仰基督的言论,他只有在1886年10月伦敦蒙难和1925年逝世前一段时间反复提到"上帝"、"上主"、"天父"、"祈祷"、"祈求"等基督教神学方面的字眼。据说,孙中山去世前对孔祥熙说:"上主遣我到中国为救中国不受囚禁与欺压,我并没有违反上主的使命。"在病榻上执着徐谦的手说道:"我是基督教徒,上主遣我为我国人民和罪恶奋斗。耶稣是革命家,我也是一样。"②弥留时对围绕病榻的家人挚友说道:"我是一个基督徒,受上帝之命,来与罪恶之魔宣战,我死了,也要人知道,我是一个基督徒。"③

1925年3月12日,孙中山逝世后,亲属采用基督教的仪式为他举行葬礼,并在路透社发表电文云:

> 上海某某数报,对于孙中山之殡礼,有重大之误会,孙之家属,不能不加以声明。孙于弥留之际,曾言彼当以基督教徒而死,且一再言其一生主张政教分离,孙之家属亦奉基督教,因孙有遗言,决议虽其党中同志多非基督教徒,而仍举行宗教式家祭礼。在举殡时,曾有人声明孙之信奉基督教,乃重精神而轻形式,凡束缚之教义与教士之仪制,彼均不表同情,孙于一年前尝贻书某友,谓彼信基督乃革命家及为划除一切不平等者。④

这段话对孙中山的宗教信仰以及信仰方式作了总结。的确,孙中山信仰基

---

① 孙中山:《就反基督教运动事发表谈话》,陈旭麓、郝盛潮主编:《孙中山集外集》,上海:上海人民出版社1990年版,第266页。
② 张金超、李红伟:《孙中山与宗教关系管窥》,甄炳昌主编:《广州中国民主革命策源地》,香港:中国评论学术出版社2007年版,第302页。
③ 《孙中山的"第四遗嘱"》,《广州日报》1997年3月21日。
④ 张金超、李红伟:《孙中山与宗教关系管窥》,甄炳昌主编:《广州中国民主革命策源地》,香港:中国评论学术出版社2007年版,第293页。

督教有着自己独特的方式。耐人寻味的是，孙中山最亲密的革命伴侣宋庆龄在1966年4月13日写给爱泼斯坦的信中则说："孙中山明确地告诉我，他从来不信什么上帝，他也不相信传教士。"① 一般都认为这证明了孙中山不信仰基督教，实际上这并不能否认孙中山对基督教的信仰，而是进一步证明孙中山信仰的独特。王治心认为："虽不必人人都有宗教的信仰，却不能说人人都没有宗教思想；即极端的唯物主义者，也有他对于某主义的信仰，这种信仰，也就是宗教思想的另一表现。本来 Religion 这个名词，它的意义，不是单指着有制度的组织而言，乃是包含一切人类心能中的崇敬。"② 用这段话来形容孙中山的宗教精神是恰当的。孙中山心中所崇仰的，更多的是耶稣的人身属性，而不是圣父、圣子、圣灵三位一体的基督神学。他说："我深信基督和他的教导，我曾努力使其成为自己的信念。"③

孙中山对基督教的信奉重精神而轻形式，他对专以神学为务的教会以及繁琐的教规教仪抱着冷淡的态度，采取了长期不参加教堂礼仪而内心信仰的方式。他说："弟初信教于本港，……别后二十余年，为国事奔走，其少聚于教会，故于会中仪文，多所忘记。"④ 他还说，他不信仰神化的上帝，而是崇信作为革命家的耶稣："我不属于教堂的基督徒，但属于耶稣的基督徒，耶稣是个革命者。"⑤ 他不墨守基督教教义的神学信条而崇信耶稣的救世精神和人格修养的积极内容。冯自由曾说："考总理之信教，完全出于基督教救世之宗旨，然其所奉之教义，为进步的及革新的，与世俗的墨守旧章，思想陈腐者，迥然不同"⑥。

孙中山的宗教精神直接影响了他的思想体系和政治活动。和他同时代的政治家、思想家相比，孙中山因为其独特的宗教精神而显得尤其瞩目。从信仰宗教的门派看，孙中山信仰基督教使他积极地汲取西方先进文明成果，摆脱了传统文化中落后思想的束缚。他曾说："基督教的经典，是文化的法规。我们把本国的文化，与信奉基督教国的文化两相比较，就看出，本国的宗教，不能使本国的文化进步；如孔教、佛教、道教，只能保守本国数千余年以来的状态。至于基督教呢，它是与近代文化一同往前进展的，我看基督教的精义，确是活

---

① 宋庆龄：《致新西兰友人詹姆斯·贝特兰函》，《宋庆龄书信集》，北京：人民出版社1999年版，第652页。
② 王治心著：《中国宗教思想史大纲》，北京：东方出版社1996年版，第1页。
③ （美）韦慕庭著：《孙中山——壮志未酬的爱国者》，杨慎之译，广州：中山大学出版社1986年版，第296页。
④ 张金超、李红伟：《孙中山与宗教关系管窥》，甄炳昌主编：《广州中国民主革命策源地》，香港：中国评论学术出版社2007年版，第303页。
⑤ （美）夏曼著：《孙逸仙传》，纽约：John Day Company 1934年版，第310页。
⑥ 冯自由：《革命逸史》第2集，北京：中华书局1981年版，第10页。

的真理,可以实行的。欲期各种原理之实现,都要有个基础,本国人定要用基督教作个基础,建筑一个新的文化,使世界各国都尊敬这个民族。"① 相反,龚自珍、魏源、谭嗣同、章太炎等溺信佛教,则最终无法追赶历史潮流而走向近代化的反面。基督教是西方文明的媒介之一,孙中山通过基督教这个窗口,进入了西方文化的殿堂,汲取了西方文化的自由、平等、博爱思想以及民主、共和理想,作为三民主义的重要素材,为中国近代思想界注入了活力。

综上所述,孙中山一生笃信基督教,但对基督教的信仰是信而不迷,是一个不彻底的无神论者;他个人的宗教信仰在他的政治生活中并不扮演重要角色,但他的宗教精神对他的思想和活动产生了重大影响。他是一个伟大的民主革命家、政治家,在处理政治与宗教的关系时非常注意把握分寸。孙中山宗教思想的形成与发展是一个动态的过程,体现了与时俱进的精神。在演变过程中,孙中山逐渐摆脱了个人宗教信仰的影响,形成了理性和成熟的宗教观。在治理社会方面主要是"政治与宗教互相提挈"的观点,这个主张为政治与宗教的关系找到了合理的定位,促进宗教与政治协调发展。其核心内容包括政教分离、以教补政、宗教平等、信教自由等原则。

(二) 孙中山关于"政治与宗教互相提挈"的主张

如何处理政治与宗教的关系,达到政治与宗教和谐相处,共同促进社会进步,这是中国近代化进程中的一个重大问题,也是中国社会建设中的一个重要问题。民国成立之后,孙中山作为首任国家元首和民主革命的旗帜,其宗教思想具有重要作用。孙中山于1912年5月11日在广州圣心书院欢迎会上发表的演说中提出"政治与宗教互相提携"的重要主张。他说:

> 民国成立,政纲宣布,信仰自由,则固可以消除昔日满清时代民教之冲突;然凡国家政治所不能及者,均幸得宗教有以扶持之,则民德自臻上理。世上宗教甚夥,有野蛮之宗教,有文明之宗教。我国偶像遍地,异端尚盛,未能一律崇奉一尊之宗教。今幸有西方教士为先觉,以开导吾国。惟愿将来全国皆钦崇至尊全能之宗教,以补民国政令之不逮。愿国政改良,宗教亦渐改良,务使政治与宗教互相提挈。中外人民,愈相亲睦。②

---

① 田海林:《论孙中山宗教思想的特点》,《河南大学学报》(社会科学版)1992年第4期。
② 孙中山:《在法教堂欢迎会的演说》,《孙中山全集》第2卷,北京:中华书局1982年版,第568~569页。

孙中山所主张的"政治与宗教互相提挈",有着丰富的内涵。其出发点是社会的安定和人民的幸福,着眼点是和谐处理政治与宗教的关系,目标是"政治、宗教同达完美之目的"。孙中山对政治的解释是:"'政治'二字的意识,译成英文是 Politics……有三个意思:一个是国政,就是政府中所行的国家大事;一个是党争,就是政党中彼此所用的诡谋;一个是说是非,就是像从前所举的家庭是非之例。"① 在《民权主义》的演说中,孙中山讲到:"'政治'二字的意思,浅而言之,政就是众人的事,治就是管理,管理众人的事便是政治。"②

那么,政治的目的是什么呢?孙中山说:"说到政治,便要讲国家。国家的责任,是设立政府,为人民谋幸福。……人民的文明进步,在人民的自身本来可以做得到。不过有了政府,加以提倡和辅助的工夫,进步得更快……如果有了良政府,社会的文明便有进步,便进步得很快。"③ 而且,政治还是"为眼前肉体谋幸福的"。

对于宗教,孙中山没有明确定义,但从他在有关宗教问题的论述中可以发现他对宗教的认识有三个方面:首先,宗教是"讲将来的事和在世界以外的事",即"宗教是为将来的灵魂谋幸福的"。其次,从社会属性的角度,孙中山认为,宗教是人类社会发展到一定历史阶段的产物。"要和天争,不比是和兽争可以用气力的,于是发生神权。极聪明的人便提倡神道设教,用祈祷的方法去避祸求福……国家的大事,第一是祈祷,第二是打仗。"但是随着历史的发展,神权逐步被淘汰,历史进入君权时代,"有力的武人和大政治家把教皇的权力夺了,或者自立为教主,或者自称为皇帝。于是由人同天争的时代,变成人同人争。到了人同人相争,便觉得单靠宗教的信仰力不能维持人类社会,不能够和人竞争,必要政治修明,武力强盛才可以和别人竞争"。④ 最后,孙中山把宗教看作一种造成"顶好的人格"的宗旨,亦即宗教的道德因素。他说:"我们人类的天职,是应该做些什么事呢?最重要的,就是要令人群社会,天天进步。要人类天天进步的方法,当然是在合大家力量,用一种宗旨,互相劝勉,彼此身体力行,造成顶好的人格。人类的人格既好,社会当然进

---

① 孙中山:《在广州全国青年联合会上的演说》,《孙中山全集》第 8 卷,北京:中华书局 1986 年版,第 317 页。

② 孙中山:《三民主义·民权主义》,《孙中山全集》第 9 卷,北京:中华书局 1986 年版,第 254 页。

③ 孙中山:《在广州全国青年联合会上的演说》,《孙中山全集》第 8 卷,北京:中华书局 1986 年版,第 318 页。

④ 孙中山:《三民主义·民权主义》,《孙中山全集》第 9 卷,北京:中华书局 1986 年版,第 259、260 页。

步。……至于宗教的优点，是讲到人同神的关系，或同天的关系，古人谓天人一体。依进化的道理推测起来，人是由动物进化而成，既成人形，当从人形更进化而入于神圣。是故欲造成人格，必当消灭兽性，发生神性，那么，才算是人类进步到了极点。"① 即宗教能推动人格的进化，进而促使社会的进步。

由此可见，孙中山认为政治偏向于"众人的事"，而宗教则偏向于个人的幸福。但政治与宗教有共同的目标，即社会的繁荣和个人的幸福。既然政治和宗教既有差异，也有同一，所以政治和宗教就有互相提挈的可能性和必要性。中国革命和近代化，既要促使政治的进步，也要促使宗教的进步。政治对宗教的提挈表现在为宗教创造良好的政治环境，确保政教分离、宗教自由、宗教平等；宗教对政治的辅助表现在以教补政、宗教适应政治。只有这样，才能使得政教和谐、互相促进，才能实现国家和社会的繁荣稳定以及人民的幸福。

孙中山在阐述政治与宗教的问题时，内容虽因形势不同而有所差别，但其"政治与宗教互相提挈"的精神却贯彻始终。1912年9月，他在北京回教俱进会欢迎会上发表演说，说：

> 今日中国得为民国，非文一人之力，乃五大族同胞之力。政体既经改良，不惟五族人民平等，即五族宗教亦平等。宗教为国家不可少之物，贵教在当初地球上最有力量之宗教，崇拜贵教、信仰贵教之国家，亦颇不少。如欧洲，南亚洲，非洲摩洛哥、德（黑）兰……等国，及后亚非等国之亡，贵教之势力始少减小。然而该国之亡，非信宗教之咎，乃政治不良之故也。故虽有极好之宗教，以无所附丽。今我国既改为民国，采共和立宪政体，此为世界最良最上之政体，贵教宜以宗教之感情，联络全国教徒，格外发出一种爱国思想，辅助国家，促政治之进行，并扩充贵教势力，整顿贵教精神，恢复从前贵教势力之状态。②

孙中山"政治与宗教互相提挈"的思想包含两个方面。其一，政教分离、宗教平等、信教自由。在中国历史上，有以德育代替宗教的优良传统，宗教只能在政治文化层面发挥辅助王权的作用，这使得中国没有欧洲、中东那样严重、残酷的宗教战争，有利于民族的团结和国家的统一。但是宗教势力的弱

---

① 孙中山：《在广州全国青年联合会上的演说》，《孙中山全集》第8卷，北京：中华书局1986年版，第316页。
② 孙中山：《在北京回教俱进会欢迎会上的演说》，陈旭麓、郝盛潮主编：《孙中山集外集》，上海：上海人民出版社1990年版，第65页。

小，使中国君主的专制权力过于强大、中国完成现代民主革命的路程格外艰难。世界绝大多数国家中世纪时都处于教权统治之下。西方国家进入资本主义时代后，启蒙运动以来，经过几代人的奋斗，确立了政教分离的原则，是合理处理政教关系的有益探索。所以中国革命需要把宗教从封建专制下解放出来，同时又要防止宗教势力越界，重蹈欧洲历史之覆辙。孙中山对此有清醒的认识。1912年2月6日，他在复函上海基督教美以美会高翼圣、韦亚杰论中国自立耶教会时谈到，"政教分立，几为近世文明国之公例。盖分立则信教传教皆得自由，不特政治上少纷扰之原因，且使教会得发挥其真美之宗旨。外国教士传教中国者，或有时溢出范围，涉及内政，此自满清法令不修，人民程度不高有以致之。即有一二野心之国，藉宗教为前驱之谍者，然不能举以拟政教分立之例也。今但听人民自由奉教，一切平等，即倾轧之见无自而生，而热心向道者亦能登峰造极，放大光明于尘世"①。

对于国内的宗教，孙中山力倡兼容并包、各教平等。他表示，"今日之中华民国，乃吾族同胞合力造成。国家政体既经改良，不惟五族平等，即宗教亦均平等"②。除了他自己信仰的基督教外，他与其他教派如伊斯兰教、佛教、道教也有密切的关系。民国初年，孙中山支持建立各种佛教团体。1912年1月，太虚在南京毗卢寺发起组织"佛教协进会"，孙中山颇为赞许。他倡导各教平等，劝谕各教派爱国、支持革命事业。如号召回族群众"联络全国回教中人，发其爱国思想"，为振兴中华而努力奋斗。1912年3月24日，在《令教育部准佛教会立案文》一文中再次阐述了政教分离的原则："查近世各国政教之分甚严，在教徒苦心修持，绝不干与政治，而在国家尽力保护，不稍岐异。此种美风，最可效法。"他引用了《中华民国临时约法》所载明的"中华民国人民一律平等、无种族、阶级、宗教之区别"、"人民有信教之自由"，"是该会要求者，尽为约法所容许，有行政之责者，自当力体斯旨，一律奉行"。③

政教分离和宗教自由有密切联系。宗教自由是孙中山长期坚持的一项原则。1912年1月5日，孙中山在《对外宣言书》中指出："许国人以信教之自由"④；1912年3月11日公布的《中华民国临时约法》明文规定"人民有信

---

① 孙中山：《复高翼圣韦亚杰函》，《孙中山全集》第2卷，北京：中华书局1982年版，第66页。

② 孙中山：《在广州耶稣教联合会欢迎会的演说》，《孙中山全集》第2卷，北京：中华书局1982年版，第361页。

③ 孙中山：《令教育部准佛教会立案文》，《孙中山全集》第2卷，北京：中华书局1982年版，第277页。

④ 孙中山：《对外宣言书》，《孙中山全集》第2卷，北京：中华书局1982年版，第10页。

教之自由";一直到 1924 年 1 月 23 日,孙中山提交并获讨论通过的《中国国民党第一次全国代表大会宣言》中,再次强调:"确定人民有集会、结社、言论、出版、居住、信仰之完全自由权"①。

政教分离和宗教自由思想在当时具有鲜明的时代特色,具有学习西方政治制度、反对封建专制、彰显民主民权的重要意义。

孙中山"政治与宗教互相提挈"思想的第二个方面是政治重于宗教,宗教要不断适应政治,以宗教之道德补政治之不足。

孙中山曾说:"单靠宗教的信仰力不能维持人类社会,不能够和人竞争,必要政治修明,武力强盛才可以和别人竞争。"② 孙中山认定政治重于宗教,且强调"以教补政"。他非常看重宗教的政治价值及社会功效,认为宗教富含道德、能够团结民众,还批评了教徒"不问政治"的现象。也就是说,虽然是政教分离,反对宗教干预政治,但并不代表不参与政治,而要以教补政,真正做到宗教与政治互相提挈。孙中山谈到他在美国遇到总统选举的时候,社会各界"其热心选举胜败之状态,真是举国若狂",但是中国基督教青年会却对政治冷淡,"而介绍到中国来的青年会,便说不问政治,我也莫名其妙"。他强调,"是宗教为重呢?还是政治为重呢?宗教徒是不是问政治呢?宗教徒是问政治的","有了政府,加以提倡和辅助的工夫,进步得更快"。③ 另外,孙中山还主张宗教要适应政治,即"愿国政改良,宗教亦改良,宗教亦渐改良,务使政治与宗教互相提挈"。1922 年非基督教运动爆发后,孙中山发表了谈话,对运动的发展产生了重大影响。他首先表明自己的基督徒身份,然后承认目前基督教有麻醉青年和被帝国主义利用的一面,希望教会能进行改良,但他同时又肯定了基督教的教义和精神,反对全盘否定基督教。"予奔走政治,不能为直接此项运动之参加,然予亦反对现在反基督教之理论。"④

从国际上来看,宗教总是要服从一定的国家利益,必然教为国用。历史上的宗教战争证明了这点,即使到了近代也没有根本的改变。孙中山说,欧美列强"所奉的宗教,都是大概相同。到了开战之后,各国教徒还是各卫其国,

---

① 孙中山:《中国国民党第一次全国代表大会宣言》,《孙中山全集》第 9 卷,北京:中华书局 1986 年版,第 114 页。
② 孙中山:《三民主义·民权主义》,《孙中山全集》第 9 卷,北京:中华书局 1986 年版,第 260 页。
③ 孙中山:《在广州全国青年联合会的演说》,《孙中山全集》第 8 卷,北京:中华书局 1986 年版,第 318 页。
④ 孙中山:《就反基督教运动事发表谈话》,陈旭麓、郝盛潮主编:《孙中山集外集》,上海:上海人民出版社 1990 年版,第 266 页。

彼此残杀。就这个情形说，是宗教为重，还是政治为重呢？"① 答案是以政治为重。孙中山坚定地站在中华民族和国家利益的立场上处理宗教与政治的关系，对帝国主义把宗教当作侵略中国的工具的行为进行了严厉批判。鉴于孙中山与基督教的特殊关系，基督教一直希望通过孙中山来达到在中国扩张势力的目的，这无疑会引起孙中山以及全国人民的警惕和抵制。他在一封信中提到，"外国教士传教中国者，或有时溢出范围，涉及内政"，有"野心之国，藉宗教为前驱之谍者"。② 在1922年非基督教运动中，孙中山虽然不赞成全面否定基督教的观点，但他明确主张中国教会应进行改良，独立自主，脱离帝国主义的控制。

以教补政的前提是政教分离。1912年9月5日，孙中山于北京基督教等六教会欢迎会上强调："宗教与政治，有连带之关系。国家政治之进行，全赖宗教以补助其所不及，盖宗教富于道德故也，希望大众以宗教上之道德，补政治之所不及。"③ 近代以来，政教分离成为西方国家的公例，大多数国家实行了政教分离，宗教的许多功能衰退了，但是宗教的道德作用却日益突出。宗教道德的规范作用有积极的一面，也有消极的一面。由于宗教自身的特性，宗教道德具有相对稳定性，所以在社会大变革时期，与旧社会相适应的宗教道德即孙中山所说"野蛮之宗教"则会显示出滞后性，与变革的社会发生冲突，对社会产生消极影响。相反，"文明之宗教"即西方的宗教因为和先进的西方文明紧密联系，则能促进社会新生事物的发展，"以开导吾国"，有益于革命和社会建设。孙中山对此论述颇多。1912年4月21日，在福州出席耶稣教会欢迎会时讲到："此次革命，虽与宗教无甚关系，然外人来华传教，殊能增进道德观念，使吾人尽具纯净之爱国心。此后同胞尽力造成良善政府，则民教相安，中外感情愈厚，世界或即基此永保和平。且今日民国建设伊始，尤赖诸同胞注意道德，而后邦基永固。"④ 1912年9月5日，在北京基督教等六教会欢迎会上说："但兄弟数年前，提倡革命，奔走呼号，始终如一，而知革命之真理者，大半由教会所得来。"⑤

---

① 孙中山：《在广州全国青年联合会的演说》，《孙中山全集》第8卷，北京：中华书局1986年版，第318页。

② 孙中山：《复高翼圣韦亚杰函》，《孙中山全集》第2卷，北京：中华书局1982年版，第66页。

③ 孙中山：《在北京基督教等六教会欢迎会的演说》，《孙中山全集》第2卷，北京：中华书局1982年版，第447页。

④ 孙中山：《在福州耶稣教会欢迎会上的演说》，陈旭麓、郝盛潮主编：《孙中山集外集》，上海：上海人民出版社1990年版，第55页。

⑤ 孙中山：《在北京基督教等六教会欢迎会的演说》，《孙中山全集》第2卷，北京：中华书局1982年版，第446页。

早在 1891 年，孙中山就对宗教在道德建设方面的作用有所表述，他起草的《教友少年会纪事》一文提到："此会之设，所以防微杜渐，消邪伪于无形，培道德于有基。"① 孙中山认为，道德建设是非常迫切的任务，他曾于 1912 年提醒道："今日革命虽已成功，然人民多未明革命真理，故我辈仍不得谓功成身退。"②

孙中山之所以如此强调道德的重要性，与当时的历史背景有很大关系。民国以来，随着清朝政府的灭亡，以儒家为代表的一系列道德规范都因封建王权的倾覆而陷入风雨飘摇的境地，整个社会出现了十分严重的道德危机，也就是孙中山所指的"此刻中国正是新旧潮流相冲突的时候，一般国民都无所适从"③，"现在人人都说，到了民国什么道德都破坏了"④。当时很多人都认识到了道德失范的危害，认为改造社会"要首先提倡道德"，因为"人人有了道德心，则社会不改自良"⑤。孙中山对道德的重要性是有深刻认识的，他在论述三民主义的时候提到："中国从前能够达到很强盛的地位，不是一个原因做成的。大凡一个国家所以能够强盛的原故，起初的时候都是由于武力发展，继之以种种文化的发扬，便能成功。但是要维持民族和国家的长久地位，还有道德问题，有了很好的道德，国家才能长治久安。"他以蒙元为例，认为元朝时国力最强，但是地位没有维持多久，就在于"元朝道德不及中国其余各代的道德那样高尚"，而且"后来蒙古人还是被中国人所同化"⑥，可见，孙中山认为道德有极其强大的政治功用，而宗教又富含道德，所以宗教之于国家和社会的功用是很明显的。1923 年，他在广州全国青年联合会上的演说中提到："人类进步在造就高尚的人格"，"至于宗教的优点，是讲到人同神的关系，或同天的关系，古人谓天人一体。依进化的道理推测起来，人是由动物进化而成，既成人形，当从人形更进化而入于神圣。是故欲造成人格，必当消灭兽性，发

---

① 孙中山：《教友少年会纪事》，陈旭麓、郝盛潮主编：《孙中山集外集》，上海：上海人民出版社 1990 年版，第 598 页。
② 孙中山：《在广州都督府欢宴席上致答词》，陈旭麓、郝盛潮主编：《孙中山集外集》，上海：上海人民出版社 1990 年版，第 55 页。
③ 孙中山：《三民主义·民族主义》，《孙中山全集》第 9 卷，北京：中华书局 1986 年版，第 243 页。
④ 孙中山：《三民主义·民族主义》，《孙中山全集》第 9 卷，北京：中华书局 1986 年版，第 244 页。
⑤ 黄岭峻、王勇：《道德规范的寻求与传统文化的回潮——中华民族精神的现代转型研究之二》，《江汉论坛》2005 年第 11 期。
⑥ 孙中山：《三民主义·民族主义》，《孙中山全集》第 9 卷，北京：中华书局 1986 年版，第 242~243 页。

生神性，那么，才算是人类进步到了极点"。① 这段话表明，他重视的是宗教对于人的精神层面的作用，认为宗教能够推动人完成人格的进步。当然，孙中山强调的道德不仅仅局限于个人，宗教不仅能培养个人道德，还可以维护国际的和平与正义。1913 年，孙中山在日本演讲时谈道："在往昔野蛮时代，个人间道德不甚发达，而在文明的今日，个人间渐讲道德，但文明程度尚有优劣，因此在国际上并不像个人间讲求道德。此时，重视正义、人道者唯独基督教；是即基督教具有增进全世界和平与鼓吹正义观念的很大力量。"②

孙中山之所以看重宗教，认为宗教可以弥补政治。还因为宗教对革命、政治、社会治理等具有重要意义。

首先，宗教能加强民众的团结和凝聚力。宗教的教义、教规、组织都有着不可忽视的社会功用，能补政治之不及。孙中山认为宗教是促成民族形成的重要力量，"大凡人类奉拜相同的神，或信仰相同的祖宗，也可结合成一个民族。宗教在造成民族的力量中，也很雄大"③。这与孙中山一贯主张的"团体救国"观点是相契合的。宗教也有利于宣传革命，孙中山从一开始进行革命工作时就非常注重依靠和组织团体，其中也包括利用宗教。他说："宗教之所以能够感化人的道理，便是在他们有一种主义，令人信仰。普通人如果信仰了主义，便深入刻骨，便能够为主义去死。因为这个原因，传教的人往往为本教奋斗，牺牲生命亦在所不辞。所以宗教的势力，比政治的势力还要更大。"④他经常对宗教团体发表演说，宣传革命。他在广州耶稣教联合会欢迎会的演说中提到："为基督徒者，正宜发扬基督之教理，同负国家之责任，使政治、宗教，同达完善之目的。"⑤ 对其他教派也不例外。比如 1912 年 9 月，他在回教俱乐部的欢迎会上说道："当初地球上最有力量者为回教，崇信回教之国亦不少。现宜以宗教感情，联络全国回教众人，发其爱国思想，扩充回教势力，恢复回教状态。"⑥

宗教道德的内容可以适应社会的变迁而不断修正和发展。孙中山鼓励宗教

---

① 孙中山：《在广州全国青年联合会上的演说》，《孙中山全集》第 8 卷，北京：中华书局 1986 年版，第 316~317 页。

② 陈鹏仁著：《孙中山先生思想初探》，台北：近代中国出版社 2000 年版，第 134 页。

③ 孙中山：《三民主义·民族主义》，《孙中山全集》第 9 卷，北京：中华书局 1986 年版，第 187~188 页。

④ 孙中山：《在广州对国民党员的演说》，《孙中山全集》第 8 卷，北京：中华书局 1986 年版，第 567 页。

⑤ 孙中山：《在广州耶稣教联合会欢迎会的演说》，《孙中山全集》第 2 卷，北京：中华书局 1986 年版，第 361 页。

⑥ 孙中山：《在北京回教俱乐部欢迎会的演说》，《孙中山全集》第 2 卷，北京：中华书局 1986 年版，第 477 页。

适应政治而改良有重要的社会价值。民国建立伊始，佛教界有位自称"摩"者向孙中山递呈改良佛教办法文——《大乘教改良规则纲要》和《拟设大乘部办法简章》，提出了一系列革新佛教以顺应民国社会发展的主张，孙中山表示支持。1912年5月，孙中山在广州六榕寺受到以广东佛教总会会长铁禅为首的佛教徒的欢迎，并题赠"平等 自由 博爱"六个大字。佛教界也表示了对三民主义的认同。1928年8月1日，佛教界在呈国民党中央党部第五次执监委员大会和国民政府的"请愿文"中提出："现今中国之佛教，亦应以三民主义为准绳，革除帝制时代之弊习，发扬大乘佛法之正义，以明三民主义自由平等亲爱互助之精神，而谋佛教之新建设。"①

需要补充的是，孙中山晚年一再褒扬儒学，一再强调"恢复我国固有的道德"，致力于宣传"新道德"和三民主义。他承认宗教的社会功能，但同时也认为三民主义"比宗教的主义还要切实"②。说明孙中山已经充分认识到了宗教的局限性，且宗教所具有的某些社会功能并非宗教独有，宗教的作用并非不可取代。宗教在孙中山的政治生活中，毕竟只占很小的一部分。

（三）孙中山的宗教精神对中国社会秩序建构的影响

在中国，政治权力一直非常强大，宗教一方势力弱小。所以处理政教关系的主导权向来在政治力量手里。政治人物掌握着政府权力，制定国家的宗教政策、措施，其导向作用非常重大。孙中山作为民主革命先行者和近代化先驱，在处理宗教问题时体现出来的人格魅力感召着宗教界人士，也为和谐处理宗教与政治的关系树立了光辉的典范。孙中山的宗教思想对中国社会秩序的建构产生了重大影响，主要体现在两个方面：

第一，力倡政教分离、宗教平等，确立了宗教信仰自由等原则。孙中山主持制定法律法规，开创了通过法制管理宗教的思路，影响深远。

孙中山在践行宗教平等方面是为后人称道的。作为基督教徒，他对异教非常宽容、理智，主张宗教界兼容并包、平等发展。1912年1月5日，孙中山在《对外宣言书》中指出："许国人以信教之自由。"③ 1912年3月10日公布的《南京府官制》中，特设"民治科"，其重要一项职责就是制定管理"关于宗教寺庙行政事项"④。1912年3月11日，孙中山主导制定的《中华民国临时约法》保障了宗教自由。其中第5条规定："中华民国人民一律平等，无种

---

① 陈金龙：《孙中山与佛教》，《安徽史学》2005年第2期。
② 孙中山：《在广州对国民党员的演说》，《孙中山全集》第8卷，北京：中华书局1986年版，第567页。
③ 孙中山：《对外宣言书》，《孙中山全集》第2卷，北京：中华书局1986年版，第10页。
④ 孙中山：《公布南京府官制》，《孙中山全集》第2卷，北京：中华书局1982年版，第202页。

族、阶级、宗教之区别。"第 6 条第 7 款规定："人民有信教之自由。"这是中国历史上第一次以宪法的形式宣布宗教平等、信教自由的原则，具有划时代的意义。同时临时政府也提出，国民信仰何种宗教，"政府不加干与"，但是"非谓宗教范围以内举非政令之所及也"，即政府不干预国民信教自由，但宗教活动要服从于政府政令。

孙中山鼓励佛、道教徒建立自己的宗教组织，和政府保持一种新型和谐的关系。1912 年 3 月，李证刚与欧阳渐、桂柏华、黎端甫等七人，发起组织全国性的佛教会，由欧阳渐执笔撰写发起的缘起及章程，呈报南京临时政府，请求给予批准立案。孙中山予以郑重接见，所有要求条件，概由孙总统面允，并于 24 日令教育部准佛教会立案，试图通过法律方式确定下来。事后，孙中山复函佛教会。在信中，他肯定了佛教的作用和佛教会的宗旨，高度赞扬了佛教人士为振兴佛教作出的积极努力，并力主近世欧美各国政教分离的做法。他说："贵会揭宏通佛教，提振戒乘、融摄世间一切善法甄择进行，以求世界永久之和平及众生完全之幸福为宗旨。道衰久矣，得诸君子阐微索隐，补弊救偏，既畅宗风，亦裨世道，曷胜瞻仰赞叹。近世各国政教之分甚严，在教徒苦心修持，绝不干与政治，而在国家尽力保护，不稍岐异。此种美风，最可效法。"他还引用了《中华民国临时约法》的相关条文，要求"该会要求者，尽为约法所容许，有行政之责者，自当力体斯旨，一律奉行"①。孙中山此举对佛教给予了很大的帮助，自此，凡遇到侵吞寺产、凌辱僧侣者，佛教徒众无不引用孙中山复函作为交涉和抗争的武器。孙中山对佛教事务的妥善处理赢得了佛教界的尊敬和爱戴，他们不仅支持孙中山的革命事业，也给予三民主义以高度评价。

对回教即伊斯兰教，孙中山也是一贯支持的，并对回教的发展持积极态度。1912 年 9 月 15 日，孙中山在北京回教俱进会欢迎会上演说："今我国既改为民国，采共和立宪政体，此为世界最良最上之政体，贵教宜以宗教之感情，联络全国教徒，格外发出一种爱国思想，辅助国家，促政治之进行，并扩充贵教势力，振顿贵教精神，恢复从前贵教势力之状态。"②

对于基督教，孙中山因为个人信仰的原因，则不仅支持，更寄予厚望。1912 年 3 月，他致函教友康德黎夫人时指出："我们正谋求中国实行宗教自由，而在此新制度下基督教必将昌隆繁盛。"③孙中山还多次在公开场合对基

---

① 孙中山：《令教育部准佛教会立案文》，《孙中山全集》第 2 卷，北京：中华书局 1982 年版，第 277 页。

② 孙中山：《在北京回教俱进会欢迎会上的演说》，陈旭麓、郝盛潮主编：《孙中山集外集》，上海：上海人民出版社 1990 年版，第 65 页。

③ 孙中山：《复康德黎夫人函》，《孙中山全集》第 2 卷，北京：中华书局 1982 年版，第 230 页。

督教赞誉有加，有助于提升基督教在民众心中的地位。有数据显示，1900年全国基督新教徒8万人，1906年增至17万人，1914年增至25万人，1918年为35万人，1920年达36万多人。从1900年到1920年20年间，教徒总数增长了3.5倍；传教士从1900年的1500人，增至1914年的5400人，1919年计6636人。① 这段时期被称为基督教在华势力发展的"黄金时代"。产生这个现象的原因是多方面的，但显然与政教关系的改善创造了良好的环境有很大的关系。民国以来，激烈的反教会事件比较少见，即使1922年至1927年间的非基督教运动，也只是知识分子对基督教从学理上进行理性的批判和口诛笔伐，没有演变成暴力冲击。在非基督教运动中，孙中山的态度是主张政教分离，强调信仰自由，提倡"反帝不等于反教"。他的态度平衡了国民党内支持和反对非基督教运动的两派，使得国民党成功引导非基督教运动从全面非基督教运动中逐渐走入了反帝国主义的轨道。

虽然后来《中华民国临时约法》几经废立，各届政府处理宗教问题的做法有所不同，但是承认宗教信仰自由的原则却是一脉相承的，至少在口头上仍然继承了孙中山确立的宗教政策。1914年5月1日公布的袁（世凯）记《中华民国约法》规定了"中华民国人民无种族、阶级、宗教之区别，法律上均为平等"，"人民于法律范围内，有信教之自由"，"人民于法律范围内，有保有财产及营业之自由"等条款。1924年1月23日，孙中山提交并获讨论通过的《中国国民党第一次全国代表大会宣言》中规定："确定人民有集会、结社、言论、出版、居住、信仰之完全自由权。"②

1927年4月，南京国民党政府建立后，也遵守了宗教自由的原则，制定了一系列法律、法规管理宗教，形成了一套系统的宗教管理政策。1930年10月制定的《中华民国约法草案》第27条规定："人民于法律上一律平等，无男、女、种族、宗教、阶级之分。"第39条又规定："人民有信教之自由，非违背良善风俗及扰害社会秩序，不得干涉。"1945年通过的《中华民国宪法》中，也重申了宗教平等和信教自由的原则。国民党政府对宗教基本上采取的是保护政策。为了实现对宗教团体的有效管理，国民党政府以训政的名义确定党管宗教团体的原则，制定了管理宗教的规章制度和法规，使宗教的管理有章可循，有法可依。

正如孙科在1925年所说：关于"'政教分离'那件事，我们老早已认为民国建立的大纲；二则'宗教自由'载在约法，无论何种宗教，在法律下，

---

① 参见姚明权、罗伟虹著：《中国基督教简史》，北京：宗教文化出版社2000年版，第147页。
② 孙中山：《中国国民党第一次全国代表大会宣言》，《孙中山全集》第9卷，北京：中华书局1986年版，第114页。

应受平等的保护。"① 政教分离以及宗教自由的原则自民国建立以来，已经牢固地确立了，这与孙中山的努力和表率作用是分不开的。

第二，积极引导宗教适应政治。宗教与政治相适应，既是新时期对宗教的客观要求，也是中国各宗教自身发展的客观要求，是我国宗教发展的正确方向。孙中山一直对宗教界实行争取、团结、引导的方针，以调动他们的积极因素，为革命和建设作贡献。

宗教不断适应变化了的政治是宗教的重要政治功能，积极引导宗教适应社会的经济、政治、文化的要求是处理宗教事务的重要方面。孙中山历来重视对宗教的引导，使之有利于国家、民族和社会进步。尤其是民国肇建后，孙中山以临时大总统的身份主持颁布法令，规定宗教平等、信教自由，他还支持宗教团体的建立和宗教革新，劝谕各教派教众热爱民国、热爱中华民族、支持革命、认同三民主义。

孙中山结合宗教反对封建专制，号召信众支持革命，更显示出孙中山的深谋远虑。自古以来，我国宗教就一直在和封建王权作斗争，并长期处于弱势地位，宗教不得不为王权服务。清朝统治者对宗教的基本态度是："宗教在中国要想得到传播、发展，必须不违背中国的以儒家思想为根基的文化理念，不得与政府的主导意识形态相对立，不得脱离王权的控制另搞一套，不得干涉中国的政治事务。总之，宗教必须反映统治阶级的意志，为统治阶级服务，这即是清朝历代帝王的宗教观。"② 在清朝末年，随着西方帝国主义的入侵，清王朝的腐朽衰落，这样的格局不断被挑战，各教派希望推翻清政府的统治，大力发展本教势力。在这一点上，它和革命党人反封建的目标有一致性。

民国建立伊始，佛教界有位自称"摩"者向孙中山递呈改良佛教办法文——《大乘教改良规则纲要》和《拟设大乘部办法简章》，提出了一系列革新佛教以顺应民国社会发展的主张，如革新旧的法师、方丈、主持、沙弥、戒牒、寺产等制度，规范对有关佛教事务的管理。为了推动佛教革新，孙中山支持建立各种佛教团体。1912 年 1 月，为了佛教的振兴，太虚等人在南京毗卢寺发起组织"佛教协进会"，孙中山颇为赞许。1912 年 3 月，李证刚、欧阳渐等人发起组织佛教会，请求临时政府给予承认和支持，在呈文中，他们猛烈抨击封建君主专制制度，认为"帝王者，大盗之积也"；"专制者，自由之蠹也"；盛赞民国共和，主张政教分离。孙中山积极引导，面允其条件，令教育部准立案，而且复函佛教会，支持了佛教的发展。

民国以后，孙中山多次在宗教场合对宗教团体发表演说。观其内容，孙中

---

① 杨天宏著：《基督教与近代中国》，成都：四川人民出版社 1994 年版，第 305 页。
② 张旭：《试论清朝统治者的宗教观》，《满族研究》2005 年第 1 期。

山的演说多着眼于引导宗教适应政治。孙中山的此类演说集中在 1912 年，此时他在主观上认定革命已经成功，民国建立，"中国共和政体之建立已告成矣"①，所以嘉勉各教派热爱民国，遵守政教分离原则。如 1912 年 5 月 9 日，在广州耶稣教联合会欢迎会的演说中提到："为基督徒者，正宜发扬基督之教理，同负国家之责任，使政治、宗教，同达完美之目的。……惟望此后勉力前进，同担责任，得享宗教之幸福。"② 又如 1912 年 9 月 5 日，在北京基督教等六教会欢迎会的演说，孙中山又说："兄弟希望大众以宗教上之道德，补政治之所不及，则中华民国万年巩固，不第兄弟之幸，亦众教友之福，四万万同胞受赐良多矣。"③ 1912 年 9 月 15 日，在北京回教俱进会欢迎会上的演说，他又强调：要"振顿贵教精神，恢复从前贵教势力之状态。"④ 1912 年，在法教堂欢迎会的演说又云："仆今在此与诸君相会，更愿诸君同发爱国心，对于民国各尽其应负之责任，有厚望焉云。"⑤

综合上述演说内容，孙中山首先肯定要在政治上支持宗教，保障宗教信仰自由，同时要求宗教适应政治。鉴于当时复杂的政治环境，不能说孙中山所为真的保障了宗教自由、各教平等，但孙中山的宗教思想以及调和政教关系的做法的确赢得了宗教界的认可和支持。以佛教界为例，辛亥革命前后，不少佛教徒投身孙中山领导的革命，孙中山解除临时大总统职务后，仍受到佛教界的尊重。1912 年 5 月，孙中山到广州时，广东的佛教徒即在广州六榕寺设会欢迎孙中山。孙中山欣然出席大会，并题赠"平等　自由　博爱"字幅送给佛教徒。1925 年 3 月，孙中山逝世，停灵社稷坛，高僧太虚往谒遗体致敬，挽云："但知爱国利民，革命历艰危，屡仆屡兴成大业；大忘悟人觉世，舍身示群众，即空即假入中观。"⑥ 1929 年 6 月 1 日，南京国民政府为孙中山举行奉安典礼，各地佛教团体和教徒积极响应，举行和参加奉安祈祷大会。中国佛教会还编纂了纪念总理奉安特刊，其中有九世班禅为孙中山奉安典礼撰写的祭文："叩祭我总理在天之灵，先生首创革命，得救众生，恩同父母。先生前生种道

---

① 孙中山：《在南京同盟会会员饯别会的演说》，《孙中山全集》第 2 卷，北京：中华书局 1982 年版，第 327 页。

② 孙中山：《在广州耶稣教联合会欢迎会的演说》，《孙中山全集》第 2 卷，北京：中华书局 1982 年版，第 361 页。

③ 孙中山：《在北京基督教等六教会欢迎会的演说》，《孙中山全集》第 2 卷，北京：中华书局 1982 年版，第 447 页。

④ 孙中山：《在北京回教俱进会欢迎会上的演说》，陈旭麓、郝盛潮主编：《孙中山集外集》，上海：上海人民出版社 1990 年版，第 65 页。

⑤ 孙中山：《在法教堂欢迎会的演说》，《孙中山全集》第 2 卷，北京：中华书局 1982 年版，第 569 页。

⑥ 释印顺著：《太虚大师年谱》，北京：宗教文化出版社 1995 年版，第 106 页。

德之宏因，今生得其济众之硕果，我西藏同胞遵仰先生领导之下，共循正轨；先生手造共和，奠国基于磐石之安，解放民众倒悬，俾登极乐世界，人民歌功颂德，有史以来，今古第一人也。"①

由此可见，孙中山"务使政治与宗教互相提挈"治理社会的精神是中国近代化进程中和谐处理政教关系的一个良好开端。虽然由于历史条件的限制，孙中山的宗教思想并没有得到很好的施行，但还是对中国社会秩序的建构有一定的积极影响。孙中山的探索在当前我国的社会主义改革和建设事业中，仍具有启迪和借鉴作用。当前中国共产党和中国人民正努力建设有中国特色的社会主义，建设和谐社会，以实现中华民族的伟大复兴，就必须做到政治与宗教的和谐发展，信教自由，但教徒必须相互尊重、团结一致，为建设和谐、幸福的社会主义共同努力，营造一个良好的建设环境。孙中山的宗教精神可以为当今人们进行社会建设提供诸多启发和有益借鉴。

二、孙中山与儒学的改造

（一）孙中山对西学与儒学的调适

在阐述自己的思想渊源时，孙中山提到了三个方面："余之谋中国革命，其所持主义，有因袭吾国固有之思想者，有规抚欧洲之学说事迹者，有吾所独见而创获者。"②"因袭"、"规抚"与"创获"一定程度上反映了在孙中山的思想形成过程中，调和儒学与西学而创新的思路。

孙中山并没有受过严格系统的国学训练，"没有儒教经典素养"③。孙中山"幼读儒书，十二岁毕经业"，但此时所学，仅仅是一般的启蒙，后来他"复治经史之学"，"于中学则独好三代两汉之文"④，于国学有了很大的提高，"所学亦已大进，人咸讶其进步之速"⑤。二次革命后，孙中山避居上海时大量阅读中外典籍，对儒学也下了一番功夫。桑兵教授在评价孙中山对传统文化的造诣时说："比照孙中山的言论著述，觉得要了解其与传统文化的关系，并非易事"⑥，不过"孙中山对中国固有文化的掌握，学理上不一定多，理解起来

---

① 李烨：《九世班禅在内蒙古宣化传法的历史功绩》，《中国藏学》2005 年第 2 期。
② 孙中山：《中国革命史》，《孙中山全集》第 7 卷，北京：中华书局 1985 年版，第 60 页。
③ （日）樋口胜：《论孙中山的宗教精神》，林家有、（日）高桥强主编：《理想·道德·大同——孙中山与世界和平国际学术研讨会论文集》，广州：中山大学出版社 2001 年版，第 341 页。
④ 孙中山：《复翟理斯函》，《孙中山全集》第 1 卷，北京：中华书局 1981 年版，第 47~48 页。
⑤ 冯自由：《革命逸史》初集，北京：中华书局 1981 年版，第 14 页。
⑥ 桑兵著：《孙中山的活动与思想》，广州：中山大学出版社 2001 年版，第 319 页。

却颇显悟性"①。张岂之先生通过研究孙中山论著的具体内容，论证"他在专门讲哲学和学术的《孙文学说》中，沿用了不少中国古典哲学概念、范畴。纵览他的整个论著，不难看出，中国传统文化的某些观念、理论和精神，已经深深地渗透进他的整个思想体系之中"②。虽然传统文化并非儒学所能涵盖，不过细察孙中山的言论，可以发现孙中山关注的，显然以儒学为主。

孙中山对西学的造诣很深，而且高于儒学。观其一生，他长期生活在海外，向来以欧美的先进文化为主要养料，无论是教育背景，还是读书买书，都以西学书籍为主，如上海孙中山故居藏书中，欧文书目在他生前出版的总数达1025 种，而汉文书目仅 197 种。姜义华先生通过研究上海孙中山故居的藏书目录、日本女子大学教授久保田文次提供的孙中山旅日期间部分购书目录以及孙中山在自己著作中提到的一批著作，得出这样的结论："纵观整个 20 世纪的中国，大概还找不出第二个人像孙中山那样以那么丰富的西文名著来构筑自己的知识基础，而又能融会贯通，形成自己的观点，并以浅显明白的语言表述出来。"③

作为一位民主革命的政治家和思想家，中国近代化建设的先驱，孙中山没有专门发表关于儒学的论著，在他所有的著作里直接论述儒学的文字也不过数十处，但从他的演讲和文章中，可以清晰地发现他的思想与儒学有密切联系。孙中山不是复古主义者，也不是"全盘西化"论者，他一贯主张"复三代之规，而步泰西之法"④。他既主张学习西方，又反对盲目崇洋；既主张放弃传统中不好的东西，又主张保存传统中好的东西。"融合中西，创造一种中西文化交融、互补的新型文化，是孙中山的基本文化取向。这种文化取向集中了中西两种文化之长，而摒弃了中西两种文化之短。"⑤ 他走的是调和中西文化以创新之路。蔡元培说："孙氏（按：孙中山）一方面主张恢复固有的道德与智能，一方面主张学外国之所长，是为国粹与欧化的折中。"⑥

孙中山之所以有这样的调和态度，是因为他看到了世界的潮流和中国特有的传统和国情，也看到了西方资本主义制度和社会的许多流弊和中国传统文化中的优秀成分。因此，他认为必须"集合中外底学说，应世界潮流所及"，既

---

① 桑兵著：《孙中山的活动与思想》，广州：中山大学出版社 2001 年版，第 195 页。
② 张岂之：《孙中山对中国传统文化的反思》，《西北大学学报》（哲学社会科学版）1987 年第 1 期。
③ 姜义华著：《大道之行——孙中山思想发微》，广州：广东人民出版社 1996 年版，第 2 页。
④ 孙中山：《复翟理斯函》，《孙中山全集》第 1 卷，北京：中华书局 1981 年版，第 46 页。
⑤ 林家有著：《孙中山与中国近代化道路研究》，广州：广东教育出版社 1999 年版，第 573 页。
⑥ 罗荣渠：《中国近百年现代化思潮演变的反思（代序）》，《从"西化"到现代化》，北京：北京大学出版社 1990 年版，第 11~12 页。

要追赶世界潮流，向西方学习，"驾于欧美之上"，又要避免"学欧美，步他们的后尘"。

孙中山曾多次提到要恢复"固有的道德"，即传统儒学一贯提倡的"忠孝、仁爱、信义、和平"，他说"这些旧道德，中国人至今还是常讲的"①。他之所以提倡恢复固有的道德，是因为"此刻中国正是新旧潮流相冲突的时候，一般国民都无所适从"，"到了民国什么道德都破坏了"②，希望通过树立新道德以改造人心，振奋民族精神，凝聚全国人的力量。这个"新道德"，就包括中国传统的"忠孝、仁爱、信义、和平"等道德观念，孙中山宣称他是"恢复"旧道德，而且在字面上完全承袭了传统儒家的主张，也保留了其根本内涵，但抽掉了封建"三纲五常"的糟粕，注入资产阶级民主主义思想，从而使旧道德焕发出新的时代精神，被改造、更新为新道德。

孙中山以"忠"为例，说明从前讲忠是对于君，现在是民国了，忠君自然不可取，但"忠"这种精神还是要保持、发扬的。"我们做一件事，总要始终不渝，做到成功，如果做不成功，就是把性命去牺牲亦所不惜，这便是忠。"他强调："要忠于国，要忠于民，要为四万万人去效忠。"③ "忠"本身是好道德，只是时代变了，内涵也应该变，对国家和民族的忠，比过去的忠君自然要高尚得多。可以看出，孙中山摒弃了专制守旧思想，为"忠"注入了民主观念。

"孝"是儒学中最重要的道德，也是中华民族的传统美德，孔子说："夫孝，德之本也，教之所由生也。复坐，吾语汝。身体发肤，受之父母，不敢毁伤，孝之始也。立身行道，扬名于后世，以显父母，孝之终也。夫孝，始于事亲，中于事君，终于立身。"④ 将孝作为立身之本。孙中山对此特别推崇，他说："讲到孝字，我们中国尤为特长，尤其比各国进步得多。""《孝经》所讲孝字，几乎无所不包，无所不至。现在世界中最文明的国家讲到孝字，还没有象中国讲到这么完全。所以孝字更是不能不要的。"在孙中山眼中，"孝"不仅是孝敬长辈的固有美德，还应该"放大眼光，合各宗族之力来成一个国族以抵抗外国"⑤，他认为虽然时代变了，"孝"的表现形式不同了，但人们追求

---

① 孙中山：《三民主义·民族主义》，《孙中山全集》第9卷，北京：中华书局1986年版，第243页。

② 孙中山：《三民主义·民族主义》，《孙中山全集》第9卷，北京：中华书局1986年版，第243～244页。

③ 孙中山：《三民主义·民族主义》，《孙中山全集》第9卷，北京：中华书局1986年版，第244页。

④ 《孝经·开宗明义章第一》。

⑤ 孙中山：《三民主义·民族主义》，《孙中山全集》第9卷，北京：中华书局1986年版，第244页。

孝道的精神不应有变。

孙中山认为"仁爱"是中国的好道德,和西方的博爱有相通之处。他认为,墨子所讲"兼爱"与耶稣所讲的"博爱"是相通的。他说:"我国古代若尧、舜之博施济众,孔丘尚仁,墨翟兼爱,有近似博爱也者,然皆狭义之博爱,其爱不能普及于人人。社会主义之博爱,广义之博爱也。社会主义为人类谋幸福,普遍普及,地尽五洲,时历万世,蒸蒸芸芸,莫不被其泽惠。"① 孙中山认为,仁与博爱有相通之处,能博爱即做到了仁。认为"仁之定义,诚如唐韩愈所云'博爱之谓仁',敢云适当。博爱云者,为公爱而非私爱,即如'天下有饥者,由己饥之;天下有溺者,由己溺之'之意,与夫爱父母妻子者有别。以其所爱在大,非妇人之仁可比,故谓之博爱。能博爱,即可谓之仁"②。但中国人对于仁爱"没有外国人那样实行",他举例说,"外国人在中国设立学校,开办医院,来教育中国人,救济中国人",都是仁爱的具体体现。所以,中国人应该向西方学习,把仁爱"恢复起来,再去发扬光大"。孙中山对仁爱具体内容的解释既有异于西方的"博爱"观,也不同于传统儒家的观点。西方的"博爱"是资产阶级反对封建神权的政治口号,其目的在于鼓动人们起来反对封建,反对压迫和剥削,争取人身自由和政治平等。孙中山认为,三民主义的"民族"、"民权"、"民生"与法国大革命中的"自由、平等、博爱"口号是一致的,但实际上二者在出发点上有所不同。孙中山多次指出,"为四万万人谋幸福就是博爱",行仁也是践行博爱的表现,孙中山号召仁人志士舍身救国,"实行三民主义,以成救国救民之仁"③。他在军人精神教育的演讲里把"仁"诠释为"救世、救人、救国","性质皆为博爱"。"救世"即为"宗教家之仁,如佛教、耶稣教,皆以牺牲为主义,救济众生"④,而军人之仁则是"以救国救民为目的,有救国救民之责任"。孙中山强调,民国的军人应该为人民而牺牲,而非专制时代的忠于一人一姓,为君主出死力。更进一步说,实行三民主义就是行仁:"观前此革命先烈,前仆后起,视死如归,即为主义而牺牲也。主义维何?三民主义是也。"⑤

---

① 孙中山:《在上海中国社会党的演说》,《孙中山全集》第2卷,北京:中华书局1982年版,第510页。

② 孙中山:《在桂林对滇赣粤军的演说》,《孙中山全集》第6卷,北京:中华书局1985年版,第22页。

③ 孙中山:《在桂林对滇赣粤军的演说》,《孙中山全集》第6卷,北京:中华书局1985年版,第29页。

④ 孙中山:《在桂林对滇赣粤军的演说》,《孙中山全集》第6卷,北京:中华书局1985年版,第22页。

⑤ 孙中山:《在桂林对滇赣粤军的演说》,《孙中山全集》第6卷,北京:中华书局1985年版,第24页。

此外，孙中山还提到了"信义"、"和平"，揭示西方国家只讲强权，不讲信义，不如中国人讲究信义。他谴责外国侵略者不讲信义，如《马关条约》载明高丽独立，可是日本强大后，不过20年便把高丽灭掉了。孙中山认为爱和平也是中国一种极好的道德和民族精神，他讲到："中国有个极好的道德，是爱好和平"，"中国人几千年酷爱和平，都是出于天性"，"爱和平是中国人的一个大道德，中国人才是世界中最爱和平的人"，"现在世界上的国家和民族，止有中国是讲和平"。① 孙中山斥责了西方"讲战争"、"灭人家国家"的行为，指出这种战争文化是对人类的危害。他说："欧战之前，欧洲民族都受了帝国主义的毒。什么是帝国主义呢？就是用政治力去侵略别国的主义，即中国所谓'勤远略'。这种侵略政策，现在名为帝国主义。欧洲各民族都染了这种主义，所以常常发生战争，几乎每十年中必有一小战，每百年中必有一大战"②，并列举了中国的爱和平文化作对比。他说，早在汉朝时候，"中国的政治思想便很高深，一般大言论家都极力反对帝国主义。反对帝国主义的文字很多，其中最著名的有《弃珠崖议》。此项文章就是反对中国去扩充领土，不可与南方蛮夷争地方。由此便可见在汉朝的时候，中国便不主张与外人战争，中国的和平思想到汉朝时已经很充分的了"③。

孙中山强调："这种特别的好道德，便是我们民族的精神。我们以后对于这种精神不但要保存，并且要发扬光大，然后我们民族的地位才可以恢复。"他还指出："我们今天要恢复民族精神，不但是要唤醒固有的道德，就是固有的知识也应该唤醒他。"④ 这里所指的"固有的知识"是儒家政治哲学。他说："把一个人从内发扬到外，由一个人的内部做起，推到平天下止。像这样精微开展的理论，无论外国什么政治哲学家都没有见到，都没有说出，这就是我们政治哲学的知识中独有的宝贝，是应该保存的。"他认为我们没有做到"格物、致知、诚意、修身、齐家、治国、平天下"⑤，才导致"本国便不能自治"，以至于造成中国落后挨打的局面。在这里，孙中山对于儒学政治哲学的诠释已经突破了儒学教条，注入了资产阶级民主革命的新内容，他所号召的

---

① 孙中山：《三民主义·民族主义》，《孙中山全集》第9卷，北京：中华书局1986年版，第230页。

② 孙中山：《三民主义·民族主义》，《孙中山全集》第9卷，北京：中华书局1986年版，第221页。

③ 孙中山：《三民主义·民族主义》，《孙中山全集》第9卷，北京：中华书局1986年版，第227页。

④ 孙中山：《三民主义·民族主义》，《孙中山全集》第9卷，北京：中华书局1986年版，第247页。

⑤ 孙中山：《三民主义·民族主义》，《孙中山全集》第9卷，北京：中华书局1986年版，第247～248页。

"正心、诚意、修身、齐家"已不是儒学原来的含义。孙中山认为:"这种正心、诚意、修身、齐家的道理,本属于道德的范围,今天要把他放在知识范围内来讲,才是适当。"① 如修身,主要是指讲究文明教化,"学外国人的新文化"②。他讲到中国人对于修身的功夫太缺乏,一举一动缺乏检点,如随地吐痰、在公共场所放屁、留长指甲、不洗牙齿等,使外国人觉得中国人很野蛮、没有教化。"平天下"也不是走西方列强掠夺他国的路子,而是要济弱扶倾,"用固有的道德和平做基础,去统一世界,成一个大同之治"。③

除了讲到对儒学的继承、发展和改造,孙中山也批判了儒学中腐朽、落后、阻碍中国发展进步的成分。如儒家宣扬的宗法思想,只有家族和宗族观念,缺乏民族和国家思想。因为一般人民只有家族主义和宗族主义,没有国族主义。④ 结果使中国人没有凝聚力,虽然"我们人数最多,民族最大,文明教化有四千多年",但因为中国人只有家族和宗族的团体,没有民族的精神,一盘散沙,"弄到今是世界上最弱的国家,处于国际中最低下的地位,人为刀俎,我为鱼肉"⑤。他大声疾呼,"如果再不留心提倡民族主义,结合四万万人成一个坚固的民族,中国便有亡国灭种之忧,我们要挽救这种危亡,便要提倡民族主义,用民族精神来救国"⑥。孙中山提倡民族主义救国,就是要学习英国、美国、法国、俄国、日本等国以民族立国,以发扬民族精神强国。

孙中山曾说自己的思想"虽然经纬万端,要其一贯之精神,则为自由、平等、博爱"⑦。这在他调和中西的时候表现得尤其明显。从他所选取的儒学思想的成分来看,他是本着有助于革命和近代化的进行而去选取"革命学"的原料,并且经过了批判地继承,作出了合乎革命需要的解释。汲取西学时,也是本着合乎中国的国情、革命的需要和世界的潮流而择其所需,吸纳为己所用,使西学成为他"革命学"的重要组成部分。

---

① 孙中山:《三民主义·民族主义》,《孙中山全集》第9卷,北京:中华书局1986年版,第247页。
② 孙中山:《三民主义·民族主义》,《孙中山全集》第9卷,北京:中华书局1986年版,第249页。
③ 孙中山:《三民主义·民族主义》,《孙中山全集》第9卷,北京:中华书局1986年版,第253页。
④ 孙中山:《三民主义·民族主义》,《孙中山全集》第9卷,北京:中华书局1986年版,第185页。
⑤ 孙中山:《三民主义·民族主义》,《孙中山全集》第9卷,北京:中华书局1986年版,第188页。
⑥ 孙中山:《三民主义·民族主义》,《孙中山全集》第9卷,北京:中华书局1986年版,第189页。
⑦ 孙中山:《三民主义是造成新世界的工具》,《中山全书》第2卷,大中书局1929年版,第37页。

孙中山调和中西的原则具有强烈的实用主义色彩,他说:"大凡一种思想,不能说是好不好,只看他是合我们用不合我们用。如果合我们用便是好,不合我们用便是不好;合乎世界的用途便是好,不合乎世界的用途便是不好。"① 孙中山改造儒学不是美化和尊崇传统儒学,也没有全盘接受西学,更不是简单地用西学来诠释儒学,而是试图融合二者以适应中国的国情、适应近代化的发展,为中国社会构建一种融合、互动、和谐的文化氛围,达到文化的互补,消除民族和国与国之间矛盾的冲突和对立。他希望通过对中西文化的调和和重构,从而化解了"西化"等于"近代化"的误解,以及西方文化与中国文化的对立带来的困扰,充分反映了孙中山的文化观超出与他同时代的许多人,他的智慧和恢弘的气魄是无与伦比的。

(二)孙中山对儒学公私观的诠释

孙中山没有对"公"、"私"及其相互关系进行过专门、系统的论述,他的有关看法都散见于他的著作和谈话中,尤其是他晚年的著作。孙中山的公私观受儒学的影响非常大,在价值观和逻辑思路上具有内在契合性,但在内涵和具体内容上则吸收了一些西学的观念。孙中山的公私观,概括起来就是要求中国人立志"为四万万人服务","为国家、为人民、为社会、为世界来服务",希望国民养育公德心,为国家、为人民服务,为实现"天下为公"的理想社会而奋斗。

第一,天下为公,大同理想。

孙中山的大同学说"天下为公,世界大同"来源于中国古代的儒家思想,又掺杂着对西方社会的憧憬。"天下为公"是孙中山毕生追求的政治理想和最基本的道德原则。据统计,在孙中山的题词中,有受主姓氏的"天下为公"就达32件。他多次阐发大同社会蓝图:"人类进化之目的为何?即孔子所谓'大道之行也,天下为公',耶稣所谓'尔旨得成,在地若天'。此人类所希望,化现在之痛苦世界而为极乐之天堂是也。""在吾国数千年前,孔子有言曰:'大道之行也,天下为公。'如此,则人人不独亲其亲,人人不独子其子,是为大同世界。大同世界即所谓'天下为公'。要使老者有所养,壮者有所营,幼者有所教。孔子之理想世界,真能实现,然后不见可欲,则民不争,甲兵亦可以不用矣。"② 对于"天下为公"的"公"字,按照东汉经学家郑玄的

---

① 孙中山:《三民主义·民族主义》,《孙中山全集》第9卷,北京:中华书局1986年版,第216页。

② 孙中山:《在桂林对滇赣粤军的演说》,《孙中山全集》第6卷,北京:中华书局1985年版,第36页。

解释，即是"共"的意思。"天下为公"，即天下是全天下人共有的天下。这个"共"的思想被孙中山吸收到他的思想体系中，特别是"三民主义"的思想中去。他说："我们三民主义的意思，就是民有、民治、民享。这个民有、民治、民享的意思，就是国家是人民所共有，政治是人民所共管，利益是人民所共享。"或许可以这样说，孙中山的理想，他的目标，他的思想体系的基本精神，都浓缩在"天下为公"这四字之中。他不仅相信大同理想可以在中国实现，甚至可以"使全世界合为一大国家"。当然，实现大同并非易事，"欲泯除国界而进于大同，其道非易，必须人人尚道德、明公理，庶可致之"①，孙中山的大同理想是一种远大理想，一种崇高追求，一个奋斗目标，不可能在短时期内立即付诸实现，但它作为一种理想和一种追求，则具有显著的号召力和鼓舞作用。

《礼记·礼运》篇中描述大同社会的文字，孙中山诠释为民权和平等。他说："两千多年前的孔子、孟子便主张民权。孔子说，'大道之行也，天下为公'，便是主张民权的大同世界。又'言必称尧舜'，就是因为尧舜不是家天下。尧舜的政治，名义上虽然是用君权，实际上是行民权，所以孔子总是宗仰他们。孟子说：'民为贵，社稷次之，君为轻。'又说：'天视自我民视，天听自我民听。'又说：'闻诛一夫纣矣，未闻弑君也。'他在那个时代，已经知道君主不必一定是要的，已经知道君主一定是不能长久的。"② 可见，孙中山所阐述的大同理想与儒学里的大同理想是不同的，前者结合了近代的民权理念。

孙中山对于"公"的解释是民有、民治、民享。而儒学里面的"公"，与"天下"、"君"密切相关，而且把君主与国家、公的概念等同起来，甚至混淆不分。在"公私"问题上，儒学一贯强调大公无私、先公后私，提倡公而忘私，反对假公济私。无私是天地万物的根本法则，所谓"天无私覆，地无私载，日月无私照。奉斯三者，以劳天下，此之谓三无私"。正是基于这样的认识，儒家否定人们的私利，孔子有言："君子喻于义，小人喻于利。"对于一般民众来说，个人隶属于整体，个人为了整体而存在，整体利益是个人行为的根本出发点和最终目的，因而，儒家设计的人生是无利的，如荀子曰："守其职，足衣食，厚薄有等明爵服。利往卬上，莫得擅与孰私得？"③ 然而，在君主专制的政治条件下，只有君主是政治权力的实际拥有者和天下的主宰，君主统治集团的特殊利益得到了制度、法律和思想文化的全方位的保障。所以，在

---

① 孙中山：《在北京五族共和合进会与西北协进会的演说》，《孙中山全集》第 2 卷，北京：中华书局1982年版，第439页。

② 孙中山：《三民主义·民生主义》，《孙中山全集》第 9 卷，北京：中华书局1986年版，第362页。

③ 《荀子·成相第二十五》。

一定的历史时期内,君主制是历史进步的体现,这种公私观也是进步的,但到了封建社会后期,君主已经不能是人民群众利益的代表,在这种情况下强调这样的公私观就是肯定君主独擅天下之利的大私。

儒学公私观的基本思想是"崇公抑私",但并不完全否认普通百姓对个人利益和家族利益的追求,而是要求君子、统治者要"大公无私"。儒学公私观虽然是"天下为公",但是因为没有区别君主和国家,所以这样的公私观往往成了封建专制统治的指导思想,成了"一是追求天下为公,二是维护君父之利",有着消极的历史影响。黄宗羲在《原君》一文中阐述了这个道理,认为君主的本来目的是为了"使天下受其利"、"使天下释其害",也就是说,君主本来是抑私利、兴公利的,君主是天下的公仆,"古者以天下为主,君为客,凡君之毕世而经营者,为天下也"。然而,封建专制下的君主却"以为天下利害之权益出于我,我以天下之利尽归于己,以天下之害尽归于人",并且更"使天下之人不敢自私,不敢自利,以我之大私,为天下之大公",以天下之大公成一己之私,"视天下为莫大之产业,传之子孙,受享无穷"。①

孙中山的公,显然是"人民最大"。在孙中山那里,"天下为公"蕴含的内容更深邃、更宽广。孙中山对"公"、"私"内涵的诠释不同于传统儒学,西方社会公私的主体分别是国家与国民,而在君主专制的中国,"公"的主体是以君主为代表的朝廷,而非"国家",而私的主体是"家族",而非个体。所以,中国只有"家国"而无"国家",有"族民"而无"国民"。所以,孙中山对公私观的诠释首先实现了公私主体的转化:"家国"转为"国家"、"臣民"转为"公民",体现了人民是国家的主人、"替众人服务"的道德思想,这是孙中山道德观的核心。正如孙中山所说:"近代人类立志的思想,是注重发达人群,为大家谋幸福。"②

第二,破除私心,以国家为重。

"尚公"是中国传统道德的基本精神之一。它既是基本道德原则,也是基本政治原则,受到历代思想家的大力提倡。"大公无私"、"公而忘私"、"以公灭私"是中国千古流传的道德原则。到了近代,这种公私观不断遭到质疑、非难。对于如何处理公私关系,在孙中山所处时代的思想界,大致有三种主张:

一是公私两利。基本原则是"不以己之私夺人之私,不为人之私屈己之私"。用在处理公私关系上便是承认公私具有统一性,认为公私可以彼此和

---

① 黄宗羲著:《明夷待访录》,北京:中华书局1981年版,第2页。
② 孙中山:《在广州岭南学生欢迎会的演说》,《孙中山全集》第8卷,北京:中华书局1986年版,第535页。

谐。"公私两利"语出《文献通考·征榷四》："惟有于要闹坊场之地，听民酤造，纳税之后，从便酷卖，实为公私两利。"描述的是工商业者为国家纳税，自己也获取利润。从出处就可以看出这样的公私观适合资本主义社会。在我国最早用"两利"概括公私观的是严复，他多次强调："两利为真利"，"独利必不利"。严复的看法在近代思想界影响颇大。这种公私观具有合理性，但是在社会变革的非常时期，公私对立超出公私统一时，在现实中就很难行得通了。

二是绌身伸群。主张者认为，公私往往会有冲突，很难兼顾，为了维护长远、根本的利益，必要时应牺牲某些私利以维护公利。这种主张的代表人物为梁启超。他认为，"团体之公益与个人之私利"往往冲突，很难兼顾，所以应"不惜牺牲其私益的一部分以拥护公益"。梁启超在《新民说》一书中一再强调"善能利己者"，"真能利己者"，"必先利其群"，"非利群不能利己"。1906年，陈天华在《东方杂志》第3卷第7期发表题为《论救中国必先培养国民之公德》的文章，论述了"绌身伸群"的必要性和合理性："夫天下人亦孰不爱己乎、孰不思利己乎？爱己利己，原非圣人之所禁。然人非能独立于地球，于是乎有群。又非能以一群占有全地球，于是乎有此群与彼群。当此群与彼群之角立而竞争也，群之力大而强者必胜。……群力何以能大、何以能强？必其群之人常肯绌身而就群。若使人人知有身不知有群，则其群必涣而终被吞于他群，理势之所必至也。"在当时，救亡图存是时代的主题，只有先求得民族独立和国家富强，人民的个人利益才有根本性的保障。这种公私观认为，私是合理的，承认公私具有统一性，有时也会有对立，甚至是不可调和的冲突，那么此时，应该牺牲私以成全公。

三是融公于私。这种观点夸大公私的统一性，否认、抹杀公私对立。认为"无私而非公，无公而非私，即私即公，即公即私"，"私之至焉，公之至也"，让公统一于私。这在逻辑上是站不住脚的，是对"废私成公"的矫枉过正，走向了另一个极端。

关于孙中山对公私关系的看法，学术界的认识并不一致。总的来说，孙中山提倡"公而忘私"，提倡树立造福百姓的公仆精神。有学者认为，其消极一面就是孙中山过分强调"大我"，牺牲个人一切包括个人的权益和生命和自由，强调一切服从。

自由、平等观是公私观的重要组成部分。孙中山将自由、平等、博爱的口号融入自己的三民主义纲领中，指出：三民主义和法国革命口号相较，法国的自由和我们的民族主义相同，因为民族主义是提倡国家自由的。平等和我们的民权主义相同，因为民权主义是提倡人民在政治地位都是的平等的。博爱和我们的民生主义相通，因为我们的民生主义是图四万万人幸福的，为四万万人谋幸福就是博爱。①

孙中山争取的自由，主要是民族的自由、国家的自由和人民的自由。他在亲自制定的《国民党之政纲》中规定："人民有集会、结社、言论、出版、居住、信仰之完全自由权。"他要求党员，为了革命的成功，先要牺牲个人的自由，贡献到革命党以凝聚力量。他还主张对个人的自由加以限定，认为"个人的自由，以不侵犯他人的自由为范围，才是真自由"，"自由不是一个神圣不可侵犯之物，所以也要定一个范围来限制他"。② 这体现了孙中山在革命的非常时期为了反对革命队伍中的极端自由主义和无政府主义，克服"一盘散沙"的现象，强调纪律以有利于革命斗争。

孙中山反对卢梭的天赋人权、天赋平等论，他认为天赋人权是没有根据的，是不科学的。他指出："天地间所生的东西总没有相同的。既然都是不相同，自然不能够说是平等。""就历史上进化的道理说，民权不是天生出来的，是时势和潮流所造就出来的。"③ 孙中山把平等分为两类，一类是天生的不平等，一类是人为的不平等，革命不是去消灭天生的不平等，而是要去打破人为的不平等。

林家有教授论述了孙中山的自由观演变的过程："如果我们认真地阅读孙中山的著作，我们会发现在他革命的前期，他比较强烈地宣传西方民权主义的自由、平等、博爱观点，晚年他则比较重视强调宣传国家自由和强调自由与纪律的关系，并认为他的民族、民权、民生三民主义与自由、平等、博爱相同，强调宣传三民主义，并对个人自由持批评的态度。这个转变与他在革命实践中遇到的不协调和一些革命者甚至是革命党人对他提倡三民主义在实践中不支持甚至背离有极大的关系。革命需要统一的意志和号令，更需要严格的组织纪律性。"④ 并指出，"孙中山的自由观虽有偏颇，但也不完全错误"⑤。姜义华则认为，"历史的变革与创造，不可能随心所欲，即使是伟大的革命者，他们的言论与行动，也不可能不受到各种客观存在的既存条件的制约"。"孙中山在理论上与实践中左右支绌、进退两难。"⑥ 孙中山晚年的很多言论都体现了他提倡舍弃小我、服从大我，牺牲个人利益，立志为国家、人民奉献的思想，而

---

① 孙中山：《三民主义·民权主义》，《孙中山全集》第9卷，北京：中华书局1986年版，第283页。
② 孙中山：《三民主义·民权主义》，《孙中山全集》第9卷，北京：中华书局1986年版，第278页。
③ 孙中山：《三民主义·民权主义》，《孙中山全集》第9卷，北京：中华书局1986年版，第264页。
④ 林家有著：《孙中山与中国近代化道路研究》，广州：广东教育出版社1999年版，第485页。
⑤ 林家有著：《孙中山与中国近代化道路研究》，广州：广东教育出版社1999年版，第488页。
⑥ 姜义华著：《大道之行——孙中山思想发微》，广州：广东人民出版社1996年版，第69页。

这些思想体现了中国传统尤其是儒学的伦理思想，在某种程度上，与西方的"自由、平等、博爱"思想是不协调的。

孙中山致力于把西方启蒙思想家倡导的自由、平等、博爱思想在中国社会变成现实。1906年，他在参与制订的《军政府宣言》中明确表示："我等今日与前代殊，于驱除鞑虏、恢复中华外，国体民生尚当与民变革，虽纬经万端，要其一贯之精神则为自由、平等、博爱。故前代为英雄革命，今日为国民革命。所谓国民革命者，一国之人皆有自由、平等、博爱之精神，即皆负革命之责任，军政府特为其枢机而已。"① 把"我国民循序以进，养成自由平等之资格"视为"中华民国之根本"，并在《中华民国临时约法》中具体规定了人民应该享有的自由权利。即："第五条 中华民国人民一律平等，无种族、阶级、宗教之区别。第六条 人民得享有左列各项之自由权：（一）人民之身体非依法律，不得逮捕、拘禁、审问、处罚。（二）人民之家宅非依法律不得侵入或搜索。（三）人民有保有财产及营业之自由。（四）人民有言论、著作、刊行及集会结社之自由。（五）人民有书信秘密之自由。（六）人民有居住迁徙之自由。（七）人民有信教之自由。"②

1913年二次革命失败后，孙中山和部分革命党人被迫再次流亡海外。整个国民党势力土崩瓦解，成为一盘散沙。革命的惨败使得孙中山沉痛反思。最后，孙中山认为，"第二次之失败，全在不听我之号令耳"③。从此，孙中山试图通过建立强有力的政党以捍卫民主共和、推进革命，而当时的国民党组织涣散、纪律松懈，屡遭挫败，难以完成革命任务。孙中山认识到，革命要取得成功，就必须建立一个思想统一、组织巩固、行动一致、纪律严明的强有力的政党，即"我们现在要做两件事情：一是要把国民党再来组织成一个有力量、有集体的政党；二是要用政党的力量去改造国家"④。所以，这种公私观的产生不是孙中山个人主观意志的产物，而是孙中山根据革命形势的发展对自己的理论进行调整、根据革命的成败总结经验教训的结果。

"私"分为两种，一种是极端利己主义，另一种是合理利己主义。孙中山深恶痛绝的是极端利己主义，他提倡"要立志做大事，不可立志做大官"，指出"重于利己者，每每出于害人亦有所不惜。此种思想发达，则聪明才力之

---

① 孙中山：《中国同盟会革命方略》，《孙中山全集》第1卷，北京：中华书局1981年版，第296页。
② 孙中山：《公布参议院决临时约法》，《孙中山全集》第2卷，北京：中华书局1982年版，第220页。
③ 孙中山：《复黄兴函》，《孙中山全集》第3卷，北京：中华书局1984年版，第89页。
④ 孙中山：《中国国民党第一次全国代表大会开幕词》，《孙中山全集》第9卷，北京：中华书局1986年版，第97页。

人专用彼之才能,去夺取人家的利益,渐而积成专制之阶级,生出政治上之不平等","重于利人者,每每至到牺牲自己亦乐而为之。此种思想发达,则聪明才力之人专用彼之才能,以谋他人的幸福,渐而积成博爱之宗教慈善之事业"。①

孙中山在南北统一纪念日庆典的演讲中提到,革命奋斗当牺牲权利,革去私心。这是针对当时特殊的政治环境提出的,而并非否定个体权利和自由。当时"乃南北已经统一,中间因互争权利者几年,互争党见者几年,互争地盘者又几年,至于今日时局四分五裂。谈起革命事业为世诟病,抑何前后大相径庭,至于此极。推原其故,在于当时人人只知革命应尽之义务,勇往直前奋斗,故小小七十二烈士可以亡广州。今日人人心理皆存发财升官思想,故极十余万之大兵不能收复惠州"②。可见,孙中山所说"权利"、"私心",是指为了一己私利、发财升官而不顾国家的自私自利,不是通常意义上的国民个体的权利和自由。孙中山并非主张为了国家和民族的自由而忽视个人的权利和自由,而是认为只有先争取民族、国家这些大共同体的自由,国民个体的权利和自由才有实现的可能。"实行民族主义,就是为国家争自由,但欧洲当时是为个人争自由的。到了今天,自由的用法便不同。在今天,自由这个名词,究竟要怎么应用呢?如果用到个人,就成一片散沙,万不再用到个人上去,要用到国家上去,个人不可太过自由,国家要得到完全自由。"③

综上所述,公私和谐是孙中山的价值取向,崇公抑私则是现实选择。孙中山并不限制民权,对西方的"自由、平等、博爱"高度认同,但非常强调国权。因为考虑到当时中国的国情,公私往往难以兼顾,所以孙中山更多地继承了儒学崇公抑私的传统,认为革命者必须先牺牲小我成就大我,只有求得了民族独立、国家富强,实现了民主共和,人民的"私"才可能落到实处。既然如此,我们既不能苛求前人,也应该注意到其消极的一面,不能把孙中山的公私观原封不动地应用到今天的中国,而应该从现在中国的国情出发,构建适合新时代的公私观。

第三,成就高尚人格,为人民服务。

儒学的主要特点之一就是注重道德伦理及自我修养,并推己及人,肩负起社会责任。在国家民族陷入空前的危机时,孙中山从儒学中找到精神支柱和思

---

① 孙中山:《三民主义·民权主义》,《孙中山全集》第9卷,北京:中华书局1986年版,第298页。

② 孙中山:《在南北统一纪念日庆典的演说》,《孙中山全集》第9卷,北京:中华书局1986年版,第462页。

③ 孙中山:《三民主义·民权主义》,《孙中山全集》第9卷,北京:中华书局1986年版,第282页。

想武器,那就是儒学的修齐治平思想。孙中山宣称三民主义是"演绎中华三千年来汉民族所保有之治国平天下之理想而成",强调自己的学说是对中国古代"所留之小理想"① 的继承。孙中山致力革命近四十年,建党、起义、反袁、护法,艰难顿挫、屡败屡战,坚持不懈、愈挫愈勇,其行动正是对《中庸》中"诚之者,择善而固执"的身体力行。他的这种顽强意志深受儒家"舍生取义"、"杀身成仁"观念的影响。孙中山把这种思想发扬成了"人格救国论"。

1924年5月2日,孙中山在岭南大学黄花岗纪念会的演讲中提到,就当时的事业来说,七十二烈士所做的事是失败的,不是成功的,但他们"唤醒国民、为国服务"的精神、志气足以永垂不朽。他们"以身殉国,来唤醒一般醉生梦死的人民。要四万万人由于他们的牺牲,便可以自己觉悟,大家醒起来,为自己谋幸福。所以七十二烈士为国牺牲,以死报国"。孙中山号召:"我们今天来纪念他们,便应该学他们的志气,更加扩充,为国家,为人民,为社会,为世界来服务。"②

孙中山强调,一个革命者应该将"格物、致知、诚意、正心、修身、齐家、治国、平天下"作为人生目标,从"修身"出发,锻炼革命意志,立志治国平天下、振兴中华。在《国民党员不可存心做官发财》的演讲中,孙中山指出:"本党现在的党员,人格高尚,行为正大,不可居心发财,想做大官,要立志牺牲,要做大事,使全国佩服,全国人都信仰。"也就是说,革命党人要一心为公,破除私心,做全国人民的表率和模范。孙中山对党员、军人、普通民众的要求有所不同,并计划由党员、军人、普通民众逐步深入推广。他认为,人人都有好人格,就可以造就一个好国家,以改良人格来救国,"想中国改良成一个好国家,便是想得有一个机会,令四万万人都变成好人格"③,使社会能健康、和谐和发展。

对于青年学生,孙中山这样要求:"诸君要学他们的道德观念,是从什么地方学起呢?简单地说,就是要从学问上去学起。诸君现在求学的时候,便应该从今晚学起,爱惜光阴,发奋读书,研究为人类服务的各种学问。有了学问之后,便要立志为国家服务,为社会服务。像七十二烈士一样,虽至牺牲生命

---

① 孙中山:《与日人某君的谈话》,《孙中山全集》第9卷,北京:中华书局1986年版,第532页。
② 孙中山:《在岭南大学黄花岗纪念会的演说》,《孙中山全集》第10卷,北京:中华书局1986年版,第156页。
③ 孙中山:《在广州全国青年联合会的演说》,《孙中山全集》第8卷,北京:中华书局1986年版,第319页。

亦所不惜。"① 最后，孙中山阐明了"新道德"："有聪明能力的人，应该要替众人来服务"。② "新道德"就是提倡从个体修身出发到治理天下，就是要求树立完美的人格，效忠国家和人民，立志救国、救民，为建设美好的未来社会献身。孙中山为传统的"人格"观念剔除了效忠皇权的封建意识，树立效忠国家和民族的公德意识。孙中山对美好人格的追求体现了这样一种公私观：个人修身的追求和归宿都是为了"治国平天下"，即"为国家服务，为社会服务"、"为众人服务"，而不是为了个人的私利，不是为了个人的升官发财和荣华富贵。通过这样的诠释，孙中山构建了近代道德规范的核心，便是要求国民"为国家、为人民、为社会、为世界来服务"。所以，"服务"是孙中山公私观的核心价值。

（三）孙中山对儒学中庸思想的继承

1924 年 11 月 11 日，孙中山在广东大学举行成立典礼时亲笔题写校训词"博学，审问，慎思，明辨，笃行"③，作为师生的行动准绳，表达了他对新生革命力量的殷切期望。1925 年孙中山逝世后，为纪念孙中山，广东大学更名为中山大学。直至现在，中山大学一直沿用此训词作为校训。十字训词原文出自儒家经书《礼记·中庸》。中庸思想最初由孔子提出，始见《论语·雍也》："中庸之为德，其至矣乎，民鲜久矣。"认为"中庸"是一种至高无上的美德。孔子将"中庸"视为最高的道德规范提了出来。其中既包括学习的方式，即博学之，审问之，慎思之，明辨之，笃行之，也包括儒家做人的规范，如"五达道"（君臣也、父子也、夫妇也、昆弟也、朋友之交也）和"三达德"（智、仁、勇）等。中庸所追求的修养的最高境界是至诚或称至德，后来逐渐超出道德的范围，上升为哲学世界观和方法论，即"执两用中"、"致中和"，讲究适度原则。

孙中山逝世后，戴季陶、蒋介石等人歪曲了孙中山的思想，说孙中山的基本思想"完全渊源于中国正统思想的中庸之道"，戴季陶说，"中山先生的思想，完全是中国的正统思想。就是继承尧舜以至孔孟而中绝的仁义道德的思

---

① 孙中山：《祭黄花岗七十二烈士文》，《孙中山全集》第 6 卷，北京：中华书局 1985 年版，第 105 页。
② 孙中山：《在岭南大学黄花岗纪念会的演说》，《孙中山全集》第 10 卷，北京：中华书局 1986 年版，第 156 页。
③ 孙中山：《题广东大学成立训词》，陈旭麓、郝盛潮主编：《孙中山集外集》，上海：上海人民出版社 1990 年版，第 656 页。

想"①,说《中庸》是他的原理论,《大学》是他的方法论,甚至将孙中山定位为孔子以后中国道德文化上继往开来的大圣。持此论者喜欢引用这段材料:1922年在广西桂林,第三国际代表马林询问孙中山"革命思想基础是什么",孙中山答道:"中国有一个道统,尧、舜、禹、汤、文、武、周公、孔子相继不绝,我的思想基础,就是这个道统。我的革命就是继承这个正统思想发扬光大的。"②戴季陶的表述则为:1924年,一个俄国革命家去广东问孙中山"革命思想基础是什么",孙中山回答说:"中国有一个正统的道德思想,自尧、舜、禹、汤、文、武、周公,至孔子而绝。我的思想,就是继承这一个正统思想来发扬光大的。"③孙中山与马林谈话的具体内容从已公布的共产国际材料已无记述。这段材料引述者各异,真实性颇受怀疑,比较可信的说法是,"孙中山在谈到他发展一个青年军官加入国民党时谓:一连八天,每天八小时,我向他解释我是从孔子到现在的中国伟大的改革家的直接继承者。"④很清楚,这里孙中山强调的是对孔子等"改革家"的继承。但戴季陶等人将"继承"夸大为"完全渊源",这显然是不合适的。因为孙中山也崇敬耶稣、华盛顿等人作为革命家的精神,他在1896年的自传中说:"至于教则崇耶稣,于人则仰中华之汤武暨美国华盛顿焉。"⑤戴氏的解说扭曲了孙中山思想与中庸思想的关系,歪曲了孙中山思想的渊源。孙中山虽然深深地受到儒学的影响,并借取了儒学的合理成分,他不是以儒学作为他建国的核心价值,他的三民主义建国理论是为实现中国的独立、民主和富强,明显来源于西方的资产阶级民主主义;按戴氏的解说,便完全颠倒了西学与儒学在孙中山思想中的主次地位。其实即使是继承和发扬儒学,孙中山也赋予了新的含义。孙中山对儒家中庸思想有某一方面的继承,但中庸思想是"贵和",和是要讲究条件的,而且矛盾双方也是会相互转化的,而不是一味维持现状,使矛盾凝固化、呆滞化。

孙中山对儒学中庸思想的继承主要体现在以下两个方面:

第一,中庸调和的理论品格。

蔡元培指出:"三民主义虽多有新义,为往昔儒者所未见到,但也是以中庸之道为标准。例如持国家主义的,往往反对大同;持世界主义的,又往往蔑

---

① 戴季陶:《孙文主义之哲学的基础》,参见蔡尚思主编:《中国现代思想史资料简编》第2卷,杭州:浙江人民出版社1982年版,第602页。
② 陈立夫:《中国文化何以能救世界人类?》,《天府新论》1994年第4期。
③ 戴季陶:《孙文主义之哲学的基础》,参见蔡尚思主编:《中国现代思想史资料简编》第2卷,杭州:浙江人民出版社1982年版,第602页。
④ 孙中山:《与马林的谈话》,陈旭麓、郝盛潮主编:《孙中山集外集》,上海:上海人民出版社199年版,第259页。
⑤ 孙中山:《复翟理斯函》,《孙中山全集》第1卷,北京:中华书局1981年版,第48页。

视国界,这是两端的见解;而孙氏的民族主义,既谋本民族的独立,又谋各民族的平等,是为国家主义与世界主义的折中。尊民权的或不愿有强有力的政府,强有力的政府又往往蹂躏民权,这又是两端的见解;而孙氏的民权主义,给人民以四权,专关于用人、制法的大计,谓之政权;给政府与五权,关于行政、立法、司法、监察、考试等庶政,谓之治权;人民有权而政府有能,是为人民与政府权能的折中。持资本主义的,不免压迫劳动阶级;主张劳动阶级专政的,又不免虐待资本家;这又是两端的见解;而孙氏的民生主义,一方面以平均地权、节制资本、防资本家的专横;又一方面行种种社会政策、以解除劳动者的困难。要使社会上大多数的经济利益相调和而不相冲突,这是劳资间的中庸之道。其他保守派反对欧化的输入,进取派又不注意国粹的保存;孙氏一方面主张恢复固有的道德与智能,一方面主张学外国之所长,是为国粹与欧化的折中。又如政制上,或专主中央集权,或专主地方分权,而孙氏则主张中央与地方之权限,采均权制度。凡事务有全国一致之性质的,划归中央;有因地制宜之性质的,划归地方;不偏于中央集权或地方分权,是为集权与分权的折中。"蔡氏认为,孙中山创设的三民主义,持中庸之道,"实在是适合于中华民族的,而与古代的儒学相当"。① 蔡元培的这段话道出了孙中山思想中中庸调和的理论品格。

张岂之先生认为,"中国传统文化的某些观念、理论和精神,已经深深地渗透进他的整个思想体系之中"②,认为孙中山对传统文化的继承,是深层次的思想方法上的吸收。孙中山对于中国固有文化,既不盲目否定,也不崇古、泥古;对于外来文化,他主张学习、吸收,但反对民族虚无主义的全盘照搬。

孙中山不是简单地因袭中国固有思想或者照搬西方思想,而是本着民族自信心,"平心静气博取兼收"③,对中外学说进行批判地继承,并进行新的创造,从而继承和发扬中国"固有思想",完成了新的开拓。三民主义、五权宪法就是融合中西而创新的成果。

有学者研究发现,孙中山的经济建设思想也体现调和的理论特色:经济自由与经济计划并重,私有财产与公有财产并存,民营企业与国有企业并行,市场职能与政府调节并用,生产与分配并重,个体经济与总体经济兼顾,国民经

---

① 高平叔编:《中华民族与中庸之道》,《蔡元培全集》第5卷,北京:中华书局1980年版,第488页。
② 张岂之:《孙中山对中国传统文化的反思》,《西北大学学报(哲学社会科学版)》1987年第1期。
③ 孙中山:《在沪金星公司等欢送两院议会上的演说》,《孙中山全集》第3卷,北京:中华书局1984年版,第332页。

济与国家经济配合，等等。①

其实孙中山的思想很多方面都体现了"兼收众长，益以新创"的中庸调和的理论特色。孙中山的这种中西融贯、中西合璧，注重调和的立场、态度、方法，对于我们建设具有中国特色的社会主义和谐社会有着重要的启迪，值得我们在新时期社会建设中提倡、效法。

第二，和平互助思想。

孙中山在《建国方略》中提出了一个重要的观点："人类进化之原则与物种进化之原则不同，物种以竞争为原则，人类则以互助为原则。社会国家者，互助之体也。人类顺此原则则昌，不顺此原则则亡。此原则行之于人类当已数十万年矣。"② 这就是孙中山的和平互助思想。

孙中山早年"雅癖达尔文之道"，随后又接受了克鲁泡特金的互助论，扬弃了社会达尔文主义的一味强调竞争、弱肉强食观。他否定了把"物竞天择"的自然科学规律机械地套用在人类社会发展上，认为："此种学理，却成为野蛮时代之陈谈，不能适用于今日。今日进于社会主义，注重人道，故不重相争，而重相助，有道德始有国家，有道德始有世界。"③ 提出"人类以互助为原则"，指出和平互助才是顺应时代的潮流："物竞争存之义，已成旧说；今人类进化，非相匡相助，无以自存。"④ 强调中国应和世界各国建立互助关系，认为"其最直接之途径，不在竞争，而在互助"⑤。

和平互助的思想不仅仅针对世界和平，也用在国内社会改造上。1912年8月30日，孙中山在北京湖广会馆学界欢迎会上的演讲中阐述了这一见解："盖共和之国，首重平权，弱肉强食、优胜劣汰之学说，是社会之蠹，非共和国之所宜用。我国四万万同胞，智愚不一，不能人人有参政之智能。才智者既研究各种学问，有政治之能力，有政治之权势，则当用其学问为平民谋幸福，为国家图富强。"⑥ 孙中山洞悉西方社会的弊病，认为西方资本主义社会阶级矛盾激化，人民群众处境艰难，并没有实现资产阶级革命时所鼓吹的自由、平等、博爱口号。他指出：

---

① 王杰、赵立彬：《"孙中山思想与和谐社会"学术研讨会综述》，林家有主编：《孙中山研究》第1辑，广州：中山大学出版社2008年版，第234页。
② 孙中山：《建国方略》，《孙中山全集》第6卷，北京：中华书局1985年版，第195～196页。
③ 孙中山：《在东京中国留学生欢迎会的演说》，《孙中山全集》第2卷，北京：中华书局1982年版，第25页。
④ 孙中山：《在广州岭南学堂的演说》，《孙中山全集》第2卷，北京：中华书局1982年版，第360页。
⑤ 孙中山：《建国方略》，《孙中山全集》第6卷，北京：中华书局1985年版，第398页。
⑥ 孙中山：《在北京湖广会馆学界欢迎会上的演说》，《孙中山全集》第2卷，北京：中华书局1982年版，第423页。

天演淘汰为野蛮物质之进化，公理良知实道德文明之进化也。社会组织之不善，虽限于天演，而改良社会之组织，或者人为之力尚可及乎？社会主义所以尽人所能，以挽救天演界之缺憾也。其所主张，原欲推翻弱肉强食、优胜劣败之学说，而以和平慈善，消灭贫富之阶级于无形。①

姜义华先生在《论孙中山晚年对西方社会哲学的批判与对儒学政治哲学的褒扬》一文中，从孙中山晚年对达尔文社会主义社会历史哲学的批判入手，论述了孙中山对生存斗争哲学由服膺到怀疑、褒扬儒家政治哲学的深层原因。认为中庸思想"正与批判生存斗争社会哲学而大力提倡互助的孙中山相契合，而这便是他晚年转向褒扬中国的固有道德、固有知识、固有能力内在的思想根源"②。

和平思想属于儒学的道德范畴，也和儒学主张"王道"反对"霸道"相联系。儒家文化是一种提倡和平的文化，提倡仁义道德，反对不义战争。孔子说，"远人不服，则修文德以来之"（《论语·季氏》）；孟子指斥，"春秋无义战"（《孟子·尽心下》），"争地以战，杀人盈野；争城以战，杀人盈城：此所谓率土地而食人肉，罪不容于死！故善战者服上刑，连诸侯者次之，辟草莱任土地者次之"（《孟子·离娄上》）。中庸思想则主张"致中和"以达到和谐。"中也者，天下之大本也；和也者，天下之达道也。致中和，天地位焉，万物育焉"（《礼记·中庸》）。中庸用在实践中，要求人们做到"执两用中"，即既防止过激，又防止不及，在两个极端之间保持适度原则。它又要求对立的或相异的各方相反相成或相辅相济，使它们互相结合而形成一个新的统一体；还要求相反或相异的各方各守其度，各安其位，各得其所，并因时因地因形势而推动事物向对立的方面转化。③ 重视协调合作，以互助互补取代互相争斗，因此中庸思想包含有和平的内容。

孙中山对这种和平文化进行了继承。他认为中国是"王道文化"，西方是"霸道文化"。王道以互助为原则，霸道以斗争为原则。在中国，自古影响最大的就是王道文化，讲的是仁义道德，在处理民族与国家的关系时，反对不讲

---

① 孙中山：《在上海中国社会党的演说》，《孙中山全集》第2卷，北京：中华书局1982年版，第507～508页。

② 姜义华：《论孙中山晚年对西方社会哲学的批判与对儒学政治哲学的褒扬》，《广东社会科学》1996年第5期。

③ 参见姜义华：《论孙中山晚年对西方社会哲学的批判与对儒学政治哲学的褒扬》，《广东社会科学》1996年第5期。

公理的强权政治，主张睦邻友好。他多次在不同场合不厌其烦地盛赞中国的爱好和平："中国人更有一种好的道德，是爱和平"，"中国人才是世界上最爱和平的人"，"现在世界上的国家和民族，只有中国是讲和平，外国都是讲战争"。① 反复指出"中国人几千年酷爱和平"，中国人"不但是很和平的民族，并且是很文明的民族"。②

互助的思想用在治理国家上，则是强调德治、博爱、和谐。孙中山认为："道德仁义者，互助之用也。"治国既要以法治国，也要以德治国："要维持民族和国家的长久地位，还有道德问题，有了很好的道德，国家才能长治久安。"③ 遵循互助原则，还要发扬"博爱"，孙中山认为博爱就是"为国家、为人民、为社会、为世界来服务"④。"建设一个国家，好像是做成一个蜂窝，在窝内的蜜蜂，不许有损人利己的事，必要井井有条，彼此毫无冲突。"⑤ "我们要求中国进步，造就一个三民主义、五权宪法的国家，非用群力不可。要用群力，便要合群策群力，大家去奋斗。"⑥

孙中山在将要离开他毕生奋斗的革命事业的最后时刻，对于祖国的前途和命运，他在政治遗嘱中呼吁革命同志和中国人民"必须唤起民众及联合世界上以平等待我之民族，共同奋斗"⑦，弥留之际仍频呼"和平……奋斗……救中国！"这是他践行和平互助思想的最后强音。

三、孙中山的道德观与中国社会新风的树立

（一）孙中山道德观的时代精神

孙中山在致力于缔造共和、振兴中华的过程中，十分注意两个文明的辩证关系，认为"物质文明与心性文明相持，而后能进步。中国近代物质文明不

---

① 孙中山：《三民主义·民族主义》，《孙中山全集》第9卷，北京：中华书局1986年版，第246页。
② 孙中山：《三民主义·民族主义》，《孙中山全集》第9卷，北京：中华书局1986年版，第230页。
③ 孙中山：《三民主义·民族主义》，《孙中山全集》第9卷，北京：中华书局1986年版，第242页。
④ 孙中山：《在岭南大学黄花岗纪念会的演说》，《孙中山全集》第10卷，北京：中华书局1986年版，第156页。
⑤ 孙中山：《在广州对国民党员的演说》，《孙中山全集》第8卷，北京：中华书局1986年版，第573页。
⑥ 孙中山：《在广州对国民党员的演说》，《孙中山全集》第8卷，北京：中华书局1986年版，第571页。
⑦ 孙中山：《国事遗嘱》，《孙中山全集》第11卷，北京：中华书局1986年版，第639页。

进步，因之心性文明之进步为之稽迟"①。把精神文明建设提到与物质文明建设同等的战略高度，与物质文明同步发展，并初步提出了自己的新道德观。孙中山的新道德观，是中国传统文化优秀遗产和西方文化相融合的成果，具有鲜明的时代特色，对新时期精神文明建设有重大的理论价值和实践意义。

孙中山的道德观以人为本，其目的在于造就高尚的人格，改造中国人的心理，"激扬新文化之波浪，灌输新思想之萌蘖"②，培养具有科学文化、道德修养的中国人，推动物质文明建设和社会政治的进步。"用一种宗旨，互相劝勉，彼此身体力行，造成顶好的人格。人类的人格既好，社会当然进步。"③ 孙中山从党德、军德、民德的角度出发，倡导新道德，以推进国家道德建设。

孙中山的新道德观有着丰富的内容，几乎包含了我国全部的传统道德。他具有强烈的爱国精神和刚健有为的斗志，在中国国力最衰落的时候振臂高呼"振兴中华"，毕生为建立一个独立、统一、民主、富强的新中国而奋斗；他提倡继承祖国的优秀文化，学习西方的进步思想；提倡忠于祖国、忠于人民、恭顺孝悌、和睦相处、团结互助；提倡诚信重诺，遵守法纪；提倡携才为善，乐于助人，为人民服务。这些都是至今仍应该继承发扬的中华民族的美德，体现了以爱国主义为核心的团结统一、爱好和平、勤劳勇敢、自强不息的伟大民族精神。

在21世纪的今天，世界和中国都发生了翻天覆地的变化，在全球一体化和文化多元化的今天，无论是中国，还是世界都遇到了新的情况，现代化在成为世界的潮流、为人类社会带来巨大进步的同时，也为现代人带来了前所未有的问题和挑战：生态环境的恶化、家庭亲情的疏离、道德精神的沉沦、群己关系的紧张、人文关怀的缺失……仅仅是科学和物质的发展无法带给人类幸福，自由须有限度，法治代替不了伦理，人权离不开责任，只有把西方的自由、平等、人权、法制和中国传统的忠孝、仁爱、信义、和平等道德融合互补，才是建设和谐社会新道德的出路，在这一点上孙中山已经为我们做出了典范。

关于孙中山的道德观所体现的时代精神，内容很丰富，这里主要谈以下几点：

第一，道德要适应时代的变化而变革。

变革道德是孙中山一贯的思想。早在1897年初，孙中山在与《伦敦被难记》俄译者等人的谈话中就指出："我们有自己的文明"，"时至今日，这种文

---

① 王业兴著：《孙中山与中国近代化研究》，北京：人民出版社2005年版，第214页。
② 孙中山：《致海外国民党同志函》，《孙中山全集》第5卷，北京：中华书局1985年版，第210页。
③ 孙中山：《在广州全国青年联合会的演说》，《孙中山全集》第8卷，北京：中华书局1986年版，第315~316页。

明已经和人民群众完全格格不入了"。① 孙中山所说的文明，毫无疑问，也包括道德观在内。他认为，人类总是在进步的，"现在社会的道德范围，还没有进步到极点"②，也就是说人类在道德上的追求和表现，总是在经历着不断进步和上升的过程。中国自进入封建社会以来，封建伦理道德始终居于统治地位，左右着人们的思想，规范着人们的行为。随着历史的发展，这些道德逐渐成为人们的思想桎梏，尤其是到了近代，中国遇到了"三千年来未有之大变局"，此时西学东渐，传统体制逐渐土崩瓦解，变革是当时中国社会的主要呼声。中国人民要跟上时代的步伐，就必须"脱离旧观念，发生新观念"，所以，变革道德观念是必然的。新文化运动时，孙中山高兴地看到新文化运动变革思想，提倡新道德，对变革人心有着巨大的作用。他说："新文化运动，在我国今日，诚思想界空前之大变动。推其原始，不过由于出版界之一二觉悟者从事提倡，遂至舆论放大异彩，学潮弥漫全国，人皆激发天良，誓死为爱国之运动。倘能继长增高，其将来收效之伟大且久远者，可无疑也。吾党欲收革命之成功，必有赖于思想之变化。"③ 孙中山认为，根据进化论，人类的道德会随着人类社会的发展而进步。"诚以强权虽合于天演之一进化，而公理实难泯于天赋良知。故天演淘汰为野蛮物质之进化，公理良知实道德文化之进化也。"④ 那么，现在道德文化进步到了何种地步呢？孙中山说："知道人类的道德观念，现在进步到了什么程度？古时极有聪明能干的人，多是用他的聪明能力，去欺负无聪明能力的人。所以由此便造成专制和各种不平等的阶级。现在文明进化的人类，觉悟起来，发生一种新道德。这种新道德就是有聪明能力的人，应该要替众人服务。这种替众人来服务的新道德，就是世界上道德的新潮流。"⑤ 他号召人们，应该学习广州黄花岗七十二烈士勇于牺牲，勇于奉献的道德观念。

第二，大胆吸收外来道德文化，但不能全盘照搬。

应该如何面对以及学习外来文化？这在中国引起了长期的、广泛的争论，大体上有四种主张：（一）固守传统，排斥外来；（二）中学为体，西学为用；

---

① 孙中山：《与〈伦敦被难记〉俄译者等的谈话》，《孙中山全集》第1卷，北京：中华书局1981年版，第86页。

② 孙中山：《在广州全国青年联合会的演说》，《孙中山全集》第8卷，北京：中华书局1986年版，第316页。

③ 孙中山：《致海外国民党同志函》，《孙中山全集》第5卷，北京：中华书局1985年版，210页。

④ 孙中山：《在上海中国社会党的演说》，《孙中山全集》第2卷，北京：中华书局1982年版，第507~508页。

⑤ 孙中山：《在岭南大学黄花岗纪念会的演说》，《孙中山全集》第10卷，北京：中华书局1986年版，第156页。

(三)西学为体,中学为用;(四)调和中西,会通融合。这是一个直到现在还在以各种形式争论不休的问题。对于这个问题,孙中山有明确的主张。他态度鲜明地反对两种极端:民族虚无主义和极端排外,认为学习外国必须从中国的国情出发,大胆学习欧美各国文化的长处。他在论述实行民权时指出:"中国几千年以来社会上的民情风土习惯,和欧洲的大不相同。中国的社会既然是和欧美不同,所以管理社会的政治自然也和欧美不同,不能完全仿效欧美,照样去做,像仿效欧美的机器一样……欧美的物质文明,我们可以完全仿效,可以盲从,搬进中国来也可以行得通……如果一味地盲从附和,对于国计民生是有很大害的……我们能够照自己的社会情形,迎合世界潮流做去,社会才可以改良,国家才可以进步。"① 不仅政治如此,道德文化也不能全盘照搬,因为政治和道德都不属于物质文明。对于西方文化,要从中国国情的实际出发,有选择地吸收。孙中山批评了不加辨别地吸收以及不加选择地反传统:"现在受外来民族的压迫,侵入了新文化,那些新文化的势力此刻横行中国。一般醉心新文化的人,便排斥旧道德,以为有了新文化,便可以不要旧道德。不知道我们固有的东西,如果是好的,当然要保存,不好的才可以放弃。"②

第三,继承优秀传统道德,赋予时代精神发扬光大。

孙中山是一位坚定的爱国主义者,对于中国曾经创造过数千年的辉煌文明有着强烈的民族自豪感。他很珍视自己民族的"固有的道德",反对"一般醉心新文化的人,便排斥旧道德,以为有了新文化,便可以不要旧道德。"③ 孙中山指出:"大凡一个国家所以能够强盛的原故,起初的时候都是由于武力发展,继之以种种文化的发扬,便能成功。但是要维持民族和国家的长久地位,还有道德问题,有了很好的道德,国家才能长治久安。"④ 他认为中国之所以会落后,"近来二千多年没有进步"⑤,一个重要原因就是我们"失了民族的精神,所以国家便一天退步一天"⑥。基于这一点,孙中山把继承我国固有道德

---

① 孙中山:《三民主义·民权主义》,《孙中山全集》第9卷,北京:中华书局1986年版,第320页。

② 孙中山:《三民主义·民族主义》,《孙中山全集》第9卷,北京:中华书局1986年版,第243页。

③ 孙中山:《三民主义·民族主义》,《孙中山全集》第9卷,北京:中华书局1986年版,第243页。

④ 孙中山:《三民主义·民族主义》,《孙中山全集》第9卷,北京:中华书局1986年版,第242页。

⑤ 孙中山:《在桂林学界欢迎会的演说》,《孙中山全集》第6卷,北京:中华书局1985年版,第68页。

⑥ 孙中山:《三民主义·民族主义》,《孙中山全集》第9卷,北京:中华书局1986年版,第243页。

在中华民族复兴过程中的作用给予了很高的地位:"要把固有的旧道德先恢复起来。有了固有的道德,然后固有的民族地位才可以图恢复。"① 但是,孙中山不是复古主义者,他主张要做到"能用古人而不为古人所惑,能役古人而不为古人所役"②,即古为今用。要做到这一点,一是要择善而从,根据现实需要作出取舍;二是要不拘泥,按需要进行新的解释,赋予新的含义。

第四,激扬新道德,主张文化创新。

正如孙中山形容三民主义是"有因袭吾国固有之思想者,有规抚欧洲之学说事迹者,有吾所独见而创获者"③一样,孙中山的新道德观也是随着时代的发展而创新的成果。我们应该从现实社会的要求出发,在传统文化和外来文化中寻找、吸收有益的元素来建构新道德,经过分析、筛选、整合和创造,做到孙中山所说的"独见而创获"。

这是孙中山关于道德思想的诠释,他的精神是创新不忘旧,他将旧的道德为适应新时代加以改造使其成为一种精神财富,为构建和谐社会,确立人与人的和谐、友善、关爱的新型关系,树立高尚人格,提高我们的心性文明。也正因为如此,我们应正确领会孙中山的道德观,学习其思想方法和爱国爱民、不断进步的精神,而不应拘泥于其继承旧有道德的忠、孝、仁、义之类内容的纠缠。孙中山所处的时代与我们现在的时代有很大的不同,我们应该理解孙中山道德观的时代价值及其创新精神的本质,为我们治理今天的社会作参考。

(二)孙中山"为人"思想的人格魅力

社会是以人为主导的社会,社会的文明、进步靠的是人的创造。所以无论什么时代,人才都是一个国家和民族赖以生存和发展的重要因素,而"为人",即培养什么样的人才,具备什么样人格的人才,无疑具有重要意义。所谓人格,是指个体本质的存在状态,在一定社会条件下个体行为意向和态度的总和,具有鲜明的民族性和时代性。孙中山一直致力于为中国人塑造理想人格,在中国的现代化进程中产生了重大而深远的影响。他认为人类进步在造就高尚人格,改造社会必须赖于人格进步,他说:"我们人类的天职,是应该做些什么事呢?最重要的,就是要令人类社会,天天进步。要人类天天进步的方法,当然是在合大家力量,用一种宗旨,互相劝勉,彼此身体力行,造成顶好

---

① 孙中山:《三民主义·民族主义》,《孙中山全集》第9卷,北京:中华书局1986年版,第243页。

② 孙中山:《建国方略》,《孙中山全集》第6卷,北京:中华书局1985年版,第180页。

③ 孙中山:《中国革命史》,《孙中山全集》第7卷,北京:中华书局1985年版,第60页。

的人格。人类的人格既好，社会当然进步。"① 这是"人格救国论"："国家是人类凑合而成，人人都有机会，可以造成一个好国家。我们要造成一个好国家，便先要人人有好人格"，"想中国改良成一个好国家，便是想得有一个机会，令四万万人都变成好人格，便是在改良人格来救国"。② 这是孙中山一贯的思想。

孙中山在推翻清政府、建立民国后，尤其重视改造人心，重塑中国人的人格，强调国民要树立爱国心，教育要以造就国民的人格为目标。1912年5月6日，孙中山在辞去中华民国南京临时政府临时大总统后，在广州视察广东女子师范第二校，同师生见面并发表演讲，他谈道："现在中华民国成立伊始，万种事业皆由此时发起，由此时举办。凡为中华民国之人民，均有平等自由之权。今民国既已完成，国民之希望甚大，然最要者为人格。我中国人民受专制者已数千年。近二百六十年，又受异族专制，丧失人格久矣。今日欲回复其人格，第一件须从教育始。中国人数四万万人，此四万万人皆应受教育。"③ 同日，在广东中国同志竞业社欢迎会的演讲中，孙中山又强调："惟现下汉族已复，则当改其立会之方针，将仇视鞑虏政府之心，化而为助我民国政府之力。我既爱国，国亦爱之，使上感下孚，永享幸福，此求自立之真谛也"，"故今日大众，当勉为爱国之理由也"。④

孙中山对建立民国后实现现代化的艰巨性有清醒的认识，认为"今日所成，只推倒一恶劣政府之障碍物而已。以后建设，万端待理。（负责）何人，则学生是也"⑤。孙中山认为"学问为立国根本"⑥，所以他把希望寄托在学生身上，强调学生要学会"为人"。在5月7日广州岭南学堂的演讲中，他要求学生要勇于担负建设国家的重任，要有为国家奉献的精神，"勉术学问，琢磨道德"。他强调学生要"立志"、"立诚"，努力学习，担负建设国家和为群众服务的责任。

---

① 孙中山：《在广州全国青年联合会的演说》，《孙中山全集》第8卷，北京：中华书局1986年版，第316页。
② 孙中山：《在广州全国青年联合会的演说》，《孙中山全集》第8卷，北京：中华书局1986年版，第319页。
③ 孙中山：《在广东女子师范第二校的演说》，《孙中山全集》第2卷，北京：中华书局1982年版，第257~358页。
④ 孙中山：《在广东中国同志竞业社欢迎会的演说》，《孙中山全集》第2卷，北京：中华书局1982年版，第358页。
⑤ 孙中山：《在广州岭南学堂的演说》，《孙中山全集》第2卷，北京：中华书局1982年版，第360页。
⑥ 孙中山：《在北京湖广会馆学界欢迎会的演说》，《孙中山全集》第2卷，北京：中华书局1982年版，第422页。

对于立志，孙中山有一段较为完整的论述：

> 士贵立志，有万世之志，有千年之志，有数千百年之志，如耶稣、孔子、释迦牟尼，寿命最长，万世之志也。科学发明家佛兰克林、牛顿诸人，有功德于人民，数千年之志也。中国如郑康成、伏生等，亦立数千年之志，绍开古来也。
>
> 又如神农、大禹利民，其志数千年后，可垂不朽。功业如华盛顿者，今虽数百年，其志则数千年也。其余如秦皇、汉武、元世祖、拿破仑，或数百年，数十年而斩，亦可谓有志之士矣。拿破仑兴法典，汉武帝纪赞，不言武功，又有千年之志者。余子言志，可谓自侩以下。盖为一人立志者，不过百数十年；为一国人民立志者，可数千年；为世界人民之立志者，可数千年，以到万年。①

孙中山所说的"立志"，是立志做大事，为群众谋幸福。他在广州岭南学生欢迎会的演讲中提到，"现在的青年，便应该以国家为己任，把建设将来社会事业的责任担负起来"。"诸君立志，是要做大事，不可要做大官"，"无论哪一件事，只要从头至尾，彻底做成功，便是大事"②。提倡学生从身边做起，从自己的特点出发，与中国的国情相结合，"专心做一件事，帮助国家变成富强"③。他举了柏斯多的例子，赞赏他研究微生物获得了成功，从而造福人类，而"我们中国从前的人，都不知道像柏斯多这样的立志，只知道立志要入学、中举、点状元、做宰相，并且还有要做皇帝的"④。这是不可取的。

孙中山说，立志还要合乎中国国情，与时代精神相结合。"我们要图国家富强，必须要振作精神，大家团结起来，共同向前去奋斗。万不可自私自利，只知道要自己到什么地位，不知道国家到什么地位。我们有了这项志气，便是国民志气"。⑤ 一个具有高尚人格的中国人，"应该以国家为己任，把建设将来

---

① 孟庆鹏编：《孙中山文集》，北京：团结出版社1997年版，第688页。
② 孙中山：《在岭南学生欢迎会的演说》，《孙中山全集》第8卷，北京：中华书局1986年版，第535页。
③ 孙中山：《在岭南学生欢迎会的演说》，《孙中山全集》第8卷，北京：中华书局1986年版，第542页。
④ 孙中山：《在岭南学生欢迎会的演说》，《孙中山全集》第8卷，北京：中华书局1986年版，第536页。
⑤ 孙中山：《在岭南学生欢迎会的演说》，《孙中山全集》第8卷，北京：中华书局1986年版，第540页。

社会事业的责任担负起来"①。

所谓"立诚",就是要完善个人品德,诚实待人、待事,不以欺伪成功,真心为国家和人们做事情。孙中山指出:

> 宁愿天下人负我,不愿我负天下人。天下人可以欺伪成功,我宁愿以不欺伪失败。予读中外史册,凡圣贤英雄,皆以诚率成功,及身有不成功者,而成功必在身后,吾人有千秋之业,不在一时获得之功名荣辱也。传曰:"修辞立其诚。"古人言语文字,尚以诚意为要,况事业呼?耶稣曰:"诚实者无后患";孔子曰:"正心诚意,不诚未有能动者也"。华盛顿昭大信于美洲,唐虞格有苗于干羽,诸葛亮七擒孟获而不诛,贞观放囚徒归而皆返,虽汉高祖之漫骂,朱元璋自述父行乞,而己为僧,亦不失真率之道。此予读中外史,知其所以成功,而底于灭亡者,诚则有物,不诚无物而已。历代以欺世伪术而得大业者,灭亡不及其身,及其子孙,此篡弑攘夺残民以逞者,可不惧哉!予以律己,对人无虚言,驭人无权术,一本诚率,人皆谅我,予一己成功矣。②

孙中山还强调国民要有坚强的毅力,乐观的精神。"天下之事,莫不成于艰难困苦之后",他希望国民做好艰苦奋斗的准备,不要灰心悲观,只要大家团结起来坚持下去,"前途必日顺利"。孙中山将坚强的毅力、乐观的精神视为万事成功的基本要素。他强调:"乐观者,成功之源;悲观者,失败之因。吾人对于国民所负之责任,非谋民生幸福乎?民生幸福者,吾国民前途之第一大快乐也。既然矣,则吾人应以乐观之精神,积极进行之,夫然后民生幸福之日可达,而吾人之希望乃有成也。"③ "悲观之心理为民国危险之事。"④ 呼吁"将悲观之心理打除,生出一极大之希望,造成一进取之乐观"⑤。

孙中山还要求国民具有"天下兴亡,匹夫有责"的精神。他在广州耶稣

---

① 孙中山:《在岭南学生欢迎会的演说》,《孙中山全集》第8卷,北京:中华书局1986年版,第535页。
② 孙中山:《与刘成愚的谈话》,陈旭麓、郝盛潮主编:《孙中山集外集》,上海:上海人民出版社1990年版,第310~311页。
③ 孙中山:《〈国民月刊〉出世辞》,《孙中山全集》第3卷,北京:中华书局1984年版,第63页。
④ 孙中山:《在上海报界公会欢迎会的演说》,《孙中山全集》第2卷,北京:中华书局1982年版,第495页。
⑤ 孙中山:《在上海报界公会欢迎会的演说》,《孙中山全集》第2卷,北京:中华书局1982年版,第496页。

教联合会欢迎会的演讲中强调:"将来国家政治之得失,前途之安危,结果之良否,皆惟我国民是赖。"①"今民国成立,国民须人人有爱国心,则知中华民国乃自己的民国,非政府的民国,各就其业,改良提倡,尽应尽之义务,政府更应扶助而掖励之,则将来之富强,可操券而得。"②他在这里强调的是,国民要有主人翁意识,同时也要树立爱国心。孙中山主张人民应该关心政治,"政治的力量,足以改造人心,改造社会,为用至弘,成效至著"③,认为"今民权发达时代,人人负国民责任,人人负政治责任,而曰不谈政治,尤为大谬。民国与帝国不同,帝国政治,君主一人负责任;民国政治,国民均负责任"④。他审察当时国内政治,认为"满洲政治之旧势力尚未能除,故所去者只一皇帝,而官僚武人之毒焰犹未息也。所以现今之最重要者,为建设新政治,以代满洲腐败的旧政治"⑤。所以,"甚望诸君提倡谈政治,引导人民理政治,同心协力改造中国"⑥。

提倡国民谈政治,参与政治,但又告诫不可立志做大官、追逐个人私利。这是孙中山很鲜明的"为人"思想。孙中山致力于树立新型人格,通过"改造人心,除去国民的旧思想,另外换成一种新思想",造成"国家的基础革新"⑦。他提倡新时代的青年人要立志、立诚,要有知识、有道德心,并且要学以致用,主动将知识、道德与理想结合起来,用学问去做利国利民的事情,下决心做人民的公仆,"帮助国家变成富强"⑧。

由此可见,孙中山反复强调要造就一大批具有独立人格和爱国心的人来担当建国的重任。没有近代化的人,就难以建成近代化的社会和国家,国家和社会的进步与发展,终归是人的发展。孙中山反对传统读书入仕的观念,强调树立自强、自立、自信的精神,提倡造就各种具有新学问,具有高尚人格,全心

---

① 孙中山:《在广州耶稣教联合会欢迎会的演说》,《孙中山全集》第2卷,北京:中华书局1982年版,第361页。
② 林家有著:《孙中山与中国近代化道路研究》,广州:广东教育出版社1999年版,第610页。
③ 孙中山:《在广东省第五次教育大会闭幕式的演说》,《孙中山全集》第5卷,北京:中华书局1985年版,第562页。
④ 孙中山:《在广东省第五次教育大会闭幕式的演说》,《孙中山全集》第5卷,北京:中华书局1985年版,第563页。
⑤ 孙中山:《在广东省第五次教育大会闭幕式的演说》,《孙中山全集》第5卷,北京:中华书局1985年版,第563页。
⑥ 孙中山:《在广东省第五次教育大会闭幕式的演说》,《孙中山全集》第5卷,北京:中华书局1985年版,第566页。
⑦ 孙中山:《在广州对国民党员的演说》,《孙中山全集》第8卷,北京:中华书局1986年版,第572页。
⑧ 孙中山:《在岭南学生欢迎会的演说》,《孙中山全集》第8卷,北京:中华书局1986年版,第542页。

全意为国家、民族和国民服务，为社会效力的新型人才，这是一种创新思维，是他只有新的人，才能建设一个新的社会思想的具体而真实的表露。

（三）孙中山树立"敢开风气之先"新风对社会改造的影响

人类社会在进步不止，人作为社会的主体，其思想观念也应随着社会的进步而不断变革，所以社会改造，在于人的思想和观念的进步，在于人用新的思想去带领人民树立社会新风。所以孙中山以改造人心、去除国民的旧思想、旧观念作为革新国家、改造社会的基础。他说："国家，是人人生死所在的地方。国家是基础，是建筑在人民思想之上。……只要改造人心，除去人民的旧思想，另外换成一种新思想，这便是国家的基础革新。"① 这就从根本上树立了人作为社会的主体地位。

孙中山在1921年于广西桂林设立北伐大本营后，开始准备北伐，对于实行三民主义、改造新国家做了演讲，他讲到："国家进化由野蛮而进于文明，人类亦然，由无知识而进于有知识，脱离旧观念，发生新观念，脱离旧思想，发生新思想。"② 可见，铲除旧思想，发展新思想是历史发展的必然。任何社会变迁都必然伴随着思想观念的改变，都必须有新思想作导向。所以，要改造社会，首先要转变思想观念，树立社会新风。这是为历史所证明了的真理。人只有敢开风气之先，有决心改变旧的思想意识、观念形态，才能为社会改造奠定基础，促使社会性质和形态的全面更新。

我国历代先贤均重视"开风气之先"，改造人心。《礼记·大学》曰："苟日新，日日新，又日新。"商汤将其当作座右铭以勉励自己。孙中山的名字"逸仙"（日新）即取自此意。梁启超在《新民说》一书中反复强调了树立社会新风的重要性。他认为，"新民""为今日中国第一急务"，指出："国民之文明程度低者，虽得明主贤相以代之，及其人亡则其政息焉，譬犹严冬之际，置表于沸水中，虽其度骤升，水一冷而坠如故矣。国民之文明程度高者，虽偶有暴君污吏，虐刘一时，而其民力自能补救之而整顿之。譬犹溽暑之时，置表于冰块上，虽其度忽落，不俄顷则冰消而涨如故矣。然则苟有新民，何患无新制度，无新政府，无新国家？非尔者，则虽今日变一法，明日易一人，东涂西抹，学步效颦，吾未见其能济也。夫吾国言新法数十年而效不睹者何也？则于新民之道，未有留意焉者也。"③ 新文化运动的主要倡导者陈独秀认为，只有

---

① 孙中山：《在广州对国民党员的演说》，《孙中山全集》第8卷，北京：中华书局1986年版，第572页。

② 孙中山：《在桂林广东同乡会欢迎会的演说》，《孙中山全集》第6卷，北京：中华书局1985年版，第54页。

③ 李华兴、吴嘉勋编：《梁启超选集》，上海人民出版社1984年版，第207页。

从注入新思想新文化、挽救中国人的人心入手，才有可能达到救国救民的目的。他宣告："我们相信世界各国政治上、道德上、经济上因袭的旧观念中，有许多阻碍进化而且不合情理的部分。我们想求社会进化，不得不打破'天经地义'、'自古如斯'的成见；决计一面抛弃此等旧观念，一面综合前代贤哲、当代贤哲和我们自己所想的，创造政治上、道德上、经济上的新观念，树立新时代的精神，适应新社会的环境。"①

孙中山在革命之初，偏重组织武装起义推翻清政府，但人民群众不理解革命、不支持革命，革命事业进展困难。孙中山回忆："至甲午中东战起，以为时机可乘，乃赴檀岛、美洲，创立兴中会，欲纠合海外华侨以收臂助。不图风气未开，人心锢塞，在檀鼓吹数月，应者寥寥，仅得邓荫南与胞兄德彰二人愿倾家相助，及其他亲友数十人之赞同而已。……予到檀岛后，复集合同志以推广兴中会，然已有旧同志以失败而灰心者，亦有新闻道而赴义者，惟卒以风气未开，进行迟滞。"②"日本有华侨万余人，然其风气之锢塞、闻革命而生畏者，则与他处华侨无异也。吾党同人有往返于横滨、神户之间鼓吹革命主义者，数年之中而慕义来归者，不过百数十人而已。以日本华侨之数较之，不及百分之一也。向海外华侨之传播革命主义也，其难固已如此，而欲向内地以传布，其难更可知矣。内地之人，其闻革命排满之言而不以为怪者，只有会党中人耳。然彼众皆知识薄弱，团体散漫，凭借全无，只能望之为响应，而不能用为原动力也。由乙未初败以至于庚子，此五年之间，实为革命进行最艰难困苦之时代也。盖予既遭失败，则国内之根据、个人之事业、活动之地位与夫十余年来所建立之革命基础，皆完全消灭，而海外之鼓吹，又毫无效果。"③孙中山还谈道，当时国内群众因为旧观念未除，以封建观念看待革命者："当初次之失败也，举国舆论莫不目予辈为乱臣贼子、大逆不道，咒诅漫骂之声，不绝于耳；吾人足迹所到，凡认识者几视为毒蛇猛兽，而莫敢与吾人交游也。"④说明了风气未开、革命观念没有深入人心，所以革命工作缺乏群众基础，革命事业也举步艰难："此五年之间，实为革命进行最艰难困苦之时代也。"

但孙中山愈挫愈奋，继续辗转各地宣传革命道理。后来，孙中山决定创设宣传机关，出版报刊、著书立说，加强对民众的宣传工作，致力于"开风气之先"。1899年，孙中山派陈少白至香港筹办兴中会的机关报，以"一方面用文字来鼓吹革命，同时还可能做我们革命总机关"。陈少白到香港后即与何

---

① 陈独秀：《〈新青年〉宣言》，《陈独秀著作选》第2卷，上海：上海人民出版社1993年版，第40页。
② 孙中山：《建国方略》，《孙中山全集》第6卷，北京：中华书局1985年版，第230页。
③ 孙中山：《建国方略》，《孙中山全集》第6卷，北京：中华书局1985年版，第233页。
④ 孙中山：《建国方略》，《孙中山全集》第6卷，北京：中华书局1985年版，第235页。

启、区凤墀创办《中国日报》，宣传爱国、宣传革命，传播和介绍世界发展潮流，"以开中国之风气，祛中国人之萎靡颓庸，增中国人之兴奋之热心，破中国人之拘泥于旧习"为使命，为创造新中国，树立"新精神"、"新心思"、"新知识"而努力。① 革命派所做的宣传工作极大地鼓舞了革命者的志气，促进了国人的觉醒，对于造成当时革命舆论的声势起了很大的作用。另外，革命派还通过著书立说、与保皇派论战来扩大革命的影响，如"邹容著有《革命军》一书，为排满最激烈之言论，华侨极为欢迎；其开导华侨风气，为力甚大。此则革命风潮初盛时代也"。② 1906年10月16日，孙中山致函同盟会新加坡分会副会长张永福，令他将邹容所著宣传革命的力作《革命军》印发分派各处，"必能大动人心，他日必收好果"。又强调："南洋各埠现下风气初开，必要先觉之同志多用工夫，竭力鼓吹，不避劳苦，从此日进，不久必风气可以大开，则助力者当有多人，而革命之事容易进行矣。"③ 这样的宣传活动取得了很好的效果，如《革命军》出版后，立即风行海内外，启迪了一代爱国志士走上反清革命的道路。

孙中山非常重视以新思想去启导国民、教育国民。他认为，只有国民具有新思想才有新的动力，只有用新思想去武装国民才会有新的未来。他在同盟会的机关刊物《民报》发刊词中说："（三民主义）抑非常革新之学说，其理想输灌于人心而化为常识，则其去实行也近。"④ 他告诉国人，不要"为古人所惑"，为似是而非之说所惑，要敢于鼓吹舆论、倡导文明、认识新知，敢作敢为。只要在国民心中树立了新观念、新思想、新风尚，中国的建设前途则大有希望。这就是把社会变革与人的思想的变革结合起来考虑建设中国的未来，并将人的思想变革视为社会变革的先导。

革命派的活动取得了巨大的成效。如武汉的文学社和共进会两个革命团体在湖北新军中开展革命宣传工作，在新军中发展革命力量，积极准备起义，后来抓住历史机遇发动了武昌起义。孙中山在总结辛亥革命的经验时说："譬如就武昌起义说，表面上虽然是军事奋斗的成功，但当时在武昌的军队是清朝训练的，不是本党训练的，因为没有起义之先，他们受过了我们的宣传，明白了我们的主义，才为主义去革命。所以这种成功，完全是由于宣传奋斗的成功。"⑤

---

① 林家有著：《孙中山与中国近代化道路研究》，广州：广东教育出版社1999年，第338页。
② 孙中山：《建国方略》，《孙中山全集》第6卷，北京：中华书局1985年版，第236页。
③ 孙中山：《致张永福函》，《孙中山全集》第1卷，北京：中华书局1981年版，第295页。
④ 孙中山：《〈民报〉发刊词》，《孙中山全集》第1卷，北京：中华书局1981年版，第289页。
⑤ 孙中山：《在广州对国民党员的演说》，《孙中山全集》第8卷，北京：中华书局1986年版，第565页。

辛亥革命胜利果实被袁世凯窃取以后，孙中山领导的革命事业一再失败，促使他一再反思以往的革命历程，得出必须特别重视宣传工作的结论。他说："我们国民党这几年用武力奋斗太多，宣传的奋斗太少。此次改组，注重宣传的奋斗，便是挽救从前的弊端。"① 对于新文化运动，孙中山持肯定态度，因为他看到了新思想被群众掌握能激发巨大的力量，他说："新文化运动，在我国今日，诚思想界空前之大变动。推其原故，不过由于出版界之一二觉悟者从事提倡，遂至舆论放大异彩，学潮弥漫全国，人皆激发天良，誓死为爱国之运动。倘能继长增高，其将来收效之伟大且久远者，可无疑也。吾党欲收革命之成功，必有赖于思想之变化，兵法'攻心'，语曰'革心'，皆此之故。故此新文化运动，实为最有价值之事。"② 此语典型地揭示了孙中山"开风气之先"以改造社会的思想。

孙中山晚年对民众的宣传和教育更加重视，认为"人民的心理"是改造国家和社会的关键。他指出："我们国民党就是革命党。革命的方法，有军事的奋斗，有宣传的奋斗。军事的奋斗，是推翻不良的政府，赶走一般军阀官僚；宣传的奋斗，是改变不良的社会，感化人群。要消灭那一般军阀，军事的奋斗固然是很重要；但是改造国家，还要根本上自人民的心理改造起，所以感化人群的奋斗更是重要。"③ 他一再强调以党治国，并说明以党治国"并不是用本党的党员治国，是用本党的主义治国"④，即用三民主义、五权宪法等思想治国。他说："要改造国家，还要根本上自人民的心理改造起，所以感化人群的奋斗更是重要。……到了全国的人心都归化于本党，就是本党的革命大告成功。"⑤

孙中山树立"敢开风气之先"新风对社会改造有着重要的影响。以孙中山为首的革命派宣扬的民主共和观念和三民主义得到广泛认同，影响着中国历史的进程。他们致力于"先觉觉后觉"，宣传革命的道理，实现中国政治制度和社会性质的改变。孙中山所开"风气"，是造就社会新风，造成人人有新思想、新道德、新思维，社会和谐，人与人之间团结、互助、友爱，这是时代发展的主题，也是社会进步的需要，更是历史的必然。

---

① 孙中山：《在广州对国民党员的演说》，《孙中山全集》第8卷，北京：中华书局1986年版，第568页。

② 孙中山：《致海外国民党同志函》，《孙中山全集》第5卷，北京：中华书局1985年版，第210页。

③ 孙中山：《在广州中国国民党恳亲大会的演说》，《孙中山全集》第8卷，北京：中华书局1986年版，第286页。

④ 孙中山：《在广州中国国民党恳亲大会的演说》，《孙中山全集》第8卷，北京：中华书局1986年版，第282页。

⑤ 孙中山：《在广州中国国民党恳亲大会的演说》，《孙中山全集》第8卷，北京：中华书局1986年版，第286页。

第七章 孙中山的大同理想与社会新秩序的构想

一、孙中山大同理想的提出与世界社会新秩序的构想

（一）孙中山"世界大同"构想的提出及其发展

近代以迄于今，世界新秩序构想的提出者大都是那些在国际政治上具有相当支配力或正发生剧烈变化的国家中的政治家和思想家。一般说来，他们对于世界新秩序的构想有近期目标与远期目标之分，就其构想的性质而言还可以区别为两种类型：一种是在原有秩序的基础上进行某些重大调整，强化、调节甚或改变国际政治社团政局中的支配力量，加强或变换藉以维护世界秩序的基本手段；另一种则是否定原有的世界秩序，企图创立某种新的国际社会模式。两者相较，后一种类型的构想往往带有从根本上改变人类历史发展方向的意义，但要转化为现实则显然会艰难得多。无论如何，研究这些不同的构想，对于了解提出者本人的政治主张和价值观念，了解提出者所在国家或其所属政治集团的对外政策，乃至了解提出者所处时代的国际关系，都是大有裨益的。

孙中山关于世界新秩序的构想属于后一种类型。孙中山是一位高瞻远瞩、具有世界眼光的政治家，诚如他在民国初建时提醒人们注意的：大家"以为中国复兴之目的，无非欲成为一强盛之大国，以与西方列强并驾齐驱而已；然此绝非吾人努力最后之目的"①。又说："吾人眼光不可不放远大一点，当看至数十年、数百年以后，及于全世界各国方可。"② 孙中山一生的思维活动正表现出了如下的重要特征：他立足当前而放眼未来，在为当时中国革命实践和建

---

① 孙中山：《中国的下一步》，《孙中山全集》第 2 卷，北京：中华书局 1982 年版，第 327 页。
② 孙中山：《在南京同盟会会员饯别会的演说》，《孙中山全集》第 2 卷，北京：中华书局 1982 年版，第 320 页。

设工作提供理论指导的同时,又准备为将来中国的理想社会设计出一个最佳方案;他立足于中国而放眼世界,在致力于改变祖国命运的同时,又力图为各国人民的美好前途着想。因此,他就把对于中国理想社会的设计和世界新秩序的构想密切结合起来。

孙中山早年至夏威夷、广州和香港接受西方教育历十余年,又曾到过亚、美、欧三大洲的十几个国家及地区奔走革命和实地考察,在中国境外一共渡过了长达31年零6个月的时光,占他整个在世时间(58年零4个月)的54%。据他自述,仅在求学阶段,即已"于泰西之语言文字,政治礼俗,与夫天算地舆之学,格物化学之理,皆略有所窥;而尤留心于其富国强兵之道,化民成俗之规;至于时局变迁之故,睦邻交际之宜,辄能洞其阃奥"①。初次流亡欧洲时,通过"考察其政治风俗,并结交其朝野贤豪",愈益感到"所见所闻殊多心得,始知徒致国家富强、民权发达如欧洲列强者,犹未能登斯民于极乐之乡也,是以欧洲志士犹有社会革命之运动也"。② 毫无疑问,在他后来居留国外的更长的日子里,势必会获得更为丰富的见识和经验。孙中山所特具的世界眼光以及他对于各国人民命运的关注,与他的个人阅历有着密切的关系。

然而,孙中山之所以汲汲于把中国革命的前途与世界人类的未来命运联系起来,在更大程度上是由于他所肩负的政治使命以及与当时的斗争环境相关。

孙中山开始发动革命时,把被他称作国际帝国主义"鹰犬"的清政府列为直接的打击对象;而在他与外国友人的私下交谈中,则又表示中国革命将达到三个层次的目的:"拯救中国四亿的苍生,雪除东亚黄种人的耻辱,恢复和维护世界的和平和人道。"③ 无论在哪个层次上,他都把矛头指向了西方帝国主义势力。在同盟会成立之前,孙中山便以非凡的洞察力正确地指出如下事实:欧洲列强在非洲的属地已经大体划定,而为了进一步"增大领土和扩展殖民地","中国终究要成为那些争夺亚洲霸权的国家之间的主要斗争场所"。④ 他在另一处又指出:"天下列强高倡帝国主义,莫不以开疆辟土为心;五洲土地已尽为白种所并吞,今所存者,仅亚东之日本与清国耳。"⑤ 当然,在清政府统治下的中国,也正遭受着帝国主义列强的疯狂侵略而面临亡国灭种的危

---

① 孙中山:《上李鸿章书》,《孙中山全集》第1卷,北京:中华书局1981年版,第8页。
② 孙中山:《建国方略》,《孙中山全集》第6卷,北京:中华书局1985年版,第232页。
③ (日)宫崎滔天著,林启彦改译:《三十三年之梦》,广州:花城出版社1981年版,第123~124页。
④ 孙中山:《中国问题的真解决——向美国人民的呼吁》,《孙中山全集》第1卷,北京:中华书局1981年版,第248页。
⑤ 孙中山:《致公堂重订新章要义》,《孙中山全集》第1卷,北京:中华书局1981年版,第260页。

机。孙中山领导的革命运动致力于使中国摆脱帝国主义的桎梏而获得独立、统一和富强，这种前景是与帝国主义的根本利益相对立的。孙中山曾经就此指出：欧美资本家之所以对中国革命抱敌视态度，正因为"他们的利益首先在于使中国永远成为工业落后的牺牲品"；而且，中国的变革还有可能"加速欧美的社会革命"，这种"趋势"也"最终使他们本身利益遭到损失"。① 孙中山的上述认识，随着革命运动的推进而不断加深，到了晚年则更尖锐地指出："支那之革命实为欧洲帝国主义宣布死刑之先声也，故列强政府之反对支那革命无所不至者此也。"② 因此，面对国际上强大的敌人，中国革命决不可孤立地进行，它的最后成功有赖于亚洲和世界其他各国被压迫民族的共同解决，有赖于帝国主义国家内部发生根本性的变化，有赖于彻底打破帝国主义主宰世界的格局。孙中山的世界新秩序构想就是这样提出来的。

如同孙中山提出的其他思想学说一样，他的关于世界新秩序的构想既来源于当时的社会现实，即所谓"内审中国之情势，外察世界之潮流，兼收众长，益以新创"③；又从古今中外知识库中汲取有益的思想资料，即所谓"有因袭吾国固有之思想者，有规抚欧洲之学说事迹者，有吾所独见而创获者"④。除了西方的思想文化外，在历史上具有持久生命力、精微博大的中国传统文化也曾给予近代进步思想家们以深刻的影响，这种影响在孙中山身上同样得到了明显的反映。具体地说，孙中山对于世界新秩序的基本构想，主要是糅合中国古代的大同思想、西方各种社会主义流派的若干观点以及三民主义的部分内容而成。孙中山特别强调"新创"这一点并非没有道理：虽然"今世界先觉之士，鼓吹大同主义者已不乏其人"⑤，他所阐述的某些论题又似是拾前人之牙慧，但只要细心体察，便可发现其有与众不同的视角和深意，带有鲜明的时代烙印和个人政治特色。孙中山一贯强调要从中外书籍中吸收人类知识成果的必要性，同时主张决不能受这些前人知识所束缚，正如他在谈到中国典籍时说："如能用古人而不为古人所惑，能役古人而不为古人所役，则载籍皆似为我调查，而使古人为我书记，多多益善矣"⑥；在谈到外国著作时说："非参考外

---

① 孙中山：《复鲁赛尔函》，《孙中山全集》第1卷，北京：中华书局1981年版，第322~323页。
② 孙中山：《致犬养毅书》，《孙中山全集》第8卷，北京：中华书局1986年版，第404页。
③ 孙中山：《中国国民党宣言》，《孙中山全集》第7卷，北京：中华书局1985年版，第1页。
④ 孙中山：《中国革命史》，《孙中山全集》第7卷，北京：中华书局1985年版，第60页。
⑤ 孙中山：《在北京五族共和合进会与西北协进会的演说》，《孙中山全集》第2卷，北京：中华书局1982年版，第439页。
⑥ 孙中山：《建国方略》，《孙中山全集》第6卷，北京：中华书局1985年版，第180页。

籍，资为庸钥，厥学术不能跻于高深"①。他本人就是这样尽力去做的。至于他在引用前人的某些思想资料时存在缺乏认真加工的情形，则主要是由于事务冗繁而无暇进一步探究，此外也可能是他在研究方法上不够缜密所致。

建立大同世界，或达到世界大同，这就是孙中山关于未来世界新秩序的构想，也是他所热烈向往的人类高级社会的一种理想模式。

从现存的零星记载得知，孙中山早在建立民国的好几年前就已开始有这种构想。据冯自由记述，孙中山"在同盟会成立之前，尝语人曰：'余之主张为大同主义，在英语应名之曰 cosmopolitan，亦即世界大同主义也。'"② 陈天华在报道同盟会成立前夕东京留学生集会欢迎孙中山时评论说，孙中山"实为世界之大人物，彼之理想，彼之抱负，非徒注眼于本族止也，欲于全球之政界上社会上开一新纪元，放一大异彩"③。虽然陈天华对孙中山将如何使世界政局和国际社会开辟一个新纪元，并未作出具体说明，但与冯自由听到的孙中山那段话相互印证，则可作出这样的推断：1905 年 7 月孙中山抵日本后，在与包括陈天华、冯自由在内的同志们就创建同盟会一事进行磋商时，势必谈到他对于中国革命的最终目标以及对世界未来前途的看法，即主张"世界大同"并有所抒发，这就使陈天华听后大为钦佩，而推重他是一位具有崇高理想和远大抱负的"世界之大人物"。上述表明，孙中山最迟在 1905 年便已开始有了世界大同的构想；至于当时他对这一构想的认识达到什么程度，则有待发掘新的材料来加以证明。

1912 年元旦，中华民国成立，孙中山以临时大总统的名义用布告的形式向全国人民发表宣言书。就在这个重大的历史时刻所颁布的第一个重要文件里，孙中山提出对外方针的目标在于"使中国见重于国际社会，且将使世界渐趋于大同"④。由此足见他对于"世界大同"是何等重视。但在担任国家元首期间，他始终忙于领导新政府从事革故鼎新、对北方用兵及谈判等多项紧迫任务，而未对实现世界大同的构想再做任何申述。辞去临时大总统的职务后，孙中山虽倾注全力于振兴民族工业的鼓吹，却又重新拾起了这个话题。除了书写"天下为公"的题词在报纸上发表⑤外，他曾多次在演讲和谈话中提及"冀世界各国共进大同，永不至再有战事"⑥，使人类历史进化到"大同之世"，强

---

① 孙中山：《张鹏云编〈英汉习语文学大辞典〉序》，《孙中山全集》第 8 卷，北京：中华书局 1986 年版，第 580 页。
② 冯自由：《革命逸史》第 3 集，上海：商务印书馆 1945 年版，第 209 页。
③ 过庭：《纪东京留学生欢迎孙君逸仙事》，东京《民报》第 1 号。
④ 孙中山：《临时大总统宣言书》，《孙中山全集》第 2 卷，北京：中华书局 1982 年版，第 2 页。
⑤ 上海《天铎报》1912 年 7 月 10 日。
⑥ 孙中山：《致徐世昌电》，《孙中山全集》第 2 卷，北京：中华书局 1982 年版，第 452 页。

调指出世界实现大同是"吾人无穷之希望,最伟大之思(理)想"等等,并对他的这个理想做了一些说明。但同时他又表示:"至五族大同之政,万国和平之规,……鄙人深愧学识之未充,不足以语此。"① 这也许表明,孙中山在民国初年确是对于"大同之世"和"万国和平"的框架及其实施途径还未做过具体深入的探讨。随后不久,他被迫投入二次革命、护国讨袁、第一次护法等一系列激烈的军事政治斗争,这个问题便又再次被搁置下来。

以第一次世界大战的结束为契机,孙中山表现出前所未有的热情和积极性,对于世界大同的探索和宣传又向前推进了一大步。

这场历时四年、有三十多个国家卷入、造成空前浩劫的世界大战是于1918年11月结束。战火的熄灭,使包括参战的中国在内的世界各国人民都对人类的未来产生了新的希望。因第一次护法运动失败而于不久前返沪的孙中山,战争刚结束就作出了非常乐观的反应,说:"近顷欧战终息,强权消灭。……目下世界各国已将尊崇正义,永久停止兵争。"② 随后又一再表示:"世界爱和平之民族之希望,莫不为之兴起,而中国人民为尤甚,一时几咸信大同之至矣!"③ "人类进化之目的为何?即孔子所谓'大道之行也,天下为公'。……此人类所希望,化现在之痛苦世界而为极乐之天堂者是也。"④ 他相信经历这次战争将给中国和世界的前途带来良好转机,并把人民的愿望、历史的进化与"大同之世"直接联系起来。

孙中山这种乐观态度是由于受到当时世界局势的一些积极变化所鼓舞。从他战后发表的一系列言论来看,他特别重视国际上发生的三件事:一是美国总统威尔逊在战争末期提出的关于缔造和平的14点计划,该计划掩盖了美国争夺世界霸权的潜在动机,而其中所包含的伸张公理和正义、主张民族自决以及维护各国独立和领土完整等内容,却赢得了世界进步舆论的赞扬;二是俄国十月革命取得成功,建立了与西方国家全然不同的社会主义制度;三是殖民地和附属国人民争取民族解放的斗争风起云涌,有些国家甚至已经获得了独立地位。这三件事都使孙中山在思想上受到很大的启迪。孙中山不仅看到当时"世界大势已为之一变",而且把这种变化归纳为"发生一种新世界势力"和"人心思想亦为之一变"两个方面,其主要表现为"受屈部分之人类咸得大觉悟,群起而抵抗强权"。他特别指出苏俄是"欧洲受屈人民"的"中坚",对其所取得的社会进步极为赞赏,并说:"夫苏维埃主义者,即孔子之所谓'大

---

① 陈霁云:《孙中山先生五日驻鄂记》,武昌1912年版,第29页。
② 孙中山:《致徐世昌电》,《孙中山全集》第4卷,北京:中华书局1985年版,第518页。
③ 孙中山:《建国方略》,《孙中山全集》第6卷,北京:中华书局1985年版,第394页。
④ 孙中山:《建国方略》,《孙中山全集》第6卷,北京:中华书局1985年版,第196页。

同'也。"① 根据战后种种变化所取得的新认识，孙中山在他的晚年大大加强了对于未来大同世界的探讨和鼓吹。从1921年起，他在书信、演说辞和题词中，曾多次全文援引或详细介绍《礼记》"礼运"篇所记录的据传为孔子关于"大同"社会的言论主张②；而在更多的场合，又结合当时现实就大同世界的内涵及其实施问题做了不少阐发。此外，他还建议别人对于符合"天下为公之义"的"社会形态"问题进行认真研究。③

综上所述，孙中山提出世界大同的构想经历了一个长时间的发展过程，这个过程几乎与他的革命生涯相始终。在同盟会成立前夕甚至更早，即中国民主革命发轫时期，他便已开始把改造中国的使命与实现世界大同的长远目标联系在一起考虑；中华民国建立后，他原希望在巩固国基的条件下通过共和政权来推进世界大同的目标，故曾把它纳入国策的范畴并进行一些鼓吹，但很快就因国家状况不断恶化而被搁置；及至第一次世界大战结束，国际政治格局发生重大变动而世界新秩序尚未完全建立，于是，他最后在世的数年间又十分起劲地阐扬世界大同的理想，所达到的认识水平也有明显提高。这就是孙中山的世界大同思想从萌发到渐趋定型所经历的三个发展阶段。

（二）孙中山"世界大同"思想的内涵

约于两千年前成书的《礼记·礼运》篇有一段关于"大同"理想的精彩表述，此乃整个人类思想宝藏中的重要精华之一。全文如下：

> 大道之行也，天下为公。选贤与能，讲信修睦。故人不独亲其亲，不独子其子；使老有所终，壮有所用，幼有所长，矜寡、孤独、废疾者皆有所养；男有分，女有归。货恶其弃于地也，不必藏于己，力恶其不出于身也，不必为己。是故谋闭而不兴，盗窃乱贼而不作。故外户而不闭，是谓大同。④

---

① 孙中山：《致犬养毅书》，《孙中山全集》第8卷，北京：中华书局1986年版，第402、403、405、406页。
② 参见《孙中山全集》第6卷，北京：中华书局1985年版，第36页；《孙中山全集》第8卷，北京：中华书局1986年版，第405页；《国父墨迹》，台北：台北各界纪念国父百年诞辰筹备委员会1965年版，第288~289页。
③ 参见孙中山：《〈社会观〉序》，《孙中山全集》第5卷，北京：中华书局1985年版，第225页。
④ 《礼记》为西汉戴圣所编，辑选自战国以后儒者有关礼仪的论述。据"礼运"记载，这段文字是孔子对其学生子游的答问，故孙中山常以之作为孔子的言论援引。但后世有不少学者提出质疑，认为它并非孔子述作。

孙中山对此给予极高的评价："'礼运'大同，实为人类宝筏，政治极则。"① 他经常征引这段文字的内容，作为他的"世界大同"观的主要依据。

在把握孙中山世界大同思想的内涵时，还必须注意到他在民生主义演讲中的下列论断："民生主义就是社会主义，又名共产主义，即是大同主义。"孙中山对概念的运用往往不够严谨，这里强调几种主义的一致性是在特定意义上立论的，即认为它们的共同目的都是"要把社会上的财源弄到平均"，解除人民"受财产分配不均的痛苦"；同时也指出它们实行的方法有所不同。② 他又在许多场合从各个不同的角度论及这些主义之间的联系和区别：第一，孙中山一向以"中国社会主义者"、"完全社会主义家"或"极端之社会党"自居，所谓民生主义、社会主义都不过是译自英语 socialism 的同义词③，"中国国民党的民生主义就是外国的社会主义"④。第二，民生主义有广义与狭义之分：前者"包括一切经济主义"，故"所谓社会主义、共产主义与集产主义均包括其中"；后者则属于社会经济政策的范畴，"以社会主义为归宿"，或为社会主义流派之一种，"即国家社会主义也"。再者，"共产主义是民生的理想，民生主义是共产的实行"。第三，社会主义也有广义与狭义之分：前者作为一种"派别"即思想流派，包括共产主义、集产社会主义、国家社会主义等；后者则专指集产社会主义或国家社会主义而言，与共产主义相比属于较低层次的社会形态（"共产主义本为社会主义之上乘"，社会主义实行于今日，共产主义实行于将来）⑤。再者，外国常以社会主义与共产主义并称，而通称两者为"社会主义"。第四，共产主义是"解决社会问题"的"最高的理想"，实现"大同"是"吾人……最伟大之思（理）想"⑥，两者同属于最高层次的社会形态；"社会主义之国家"建成后，始"演进"到"大同之世"⑦。第五，最后还必须提到三民主义，除民生主义外，民族、民权两主义也与大同主义存在

---

① 1922 年夏孙中山在广州对孔祥熙的谈话，转引自 1942 年 4 月 23 日重庆《扫荡报》。
② 孙中山：《三民主义·民生主义》，《孙中山全集》第 9 卷，北京：中华书局 1986 年版，第 388、394 页。
③ 《孙中山全集》第 5 卷，北京：中华书局 1985 年版，第 476 页；冯自由：《革命逸史》第 3 集，北京：中华书局 1981 年版，第 209 页。按："社会主义"是日语汉字的译法，"民生主义"则为孙中山所创译。
④ 陆达节编：《国父逸语新编》，广州市文化运动委员会 1947 年版，第 14 页。
⑤ 孙中山：《在上海中国社会党的演说》，《孙中山全集》第 2 卷，北京：中华书局 1982 年版，第 508~509 页。
⑥ 孙中山：《在东京中国留学生欢迎会的演说》，《孙中山全集》第 3 卷，北京：中华书局 1984 年版，第 25 页。
⑦ 孙中山：《在上海中国社会党的演说》，《孙中山全集》第 2 卷，北京：中华书局 1982 年版，第 524 页。

一定的联系，即实行三民主义的近期和远期目的分别是"以建民国，以进大同"①，换言之，"要用三民主义来做建设这个世界的工具"②。从上面孙中山谈到"大同"的概念及其以外的一些"主义"，可以看到孙中山在提出"世界大同"的构想时往往与阐发其他主义错杂在一起；除了中国传统的大同思想外，各种流派的社会主义思潮和三民主义学说中的若干内容也成为他的"世界大同"观的组成部分。

孙中山在阐释"礼运"中的大同理想时直截了当地说："大同世界即所谓'天下为公'。"这种理解可说是很有见地和一针见血的，因为"礼运"把"天下为公"列为大同的总纲，纲举目张，其他条文皆由此派生而来。孙中山继承"礼运"的观点，把"天下为公"视为这大同世界的指导思想和最高准则，说明他想在将来建立的世界新秩序，便是"天下为公"的大同世界。

孙中山反复说明："天下为公"，即为"公天下"而非"家天下"，所谓"天下者，是天下人之天下也"。或说："国家是人人的国家，世界是人人的世界。"与一家一姓垄断特权的"家天下"相反，"公天下"以人民为本位，保障全体人员的权利，也即"以民为主"和"实行民权"。孙中山说，"天下为公""便是主张民权的大同世界"③；而他所提出的民权主义正体现了"公天下的道理"④。这些言论表明，孙中山是通过对于"公天下"、"家天下"等一类传统概念的分析运用，来指出"天下为公"的人本思想和民主主义的性质。他所希望实现的是"人类得到极端的平等"，并指出这种平等观念不是过去就有的，而是"近来人类思想改革"的结果。⑤ 孙中山关于"天下为公"思想的核心，便是要在人类未来的大同世界中建立"极端"的即完全的平等关系。

孙中山对存在于中国和外国的社会不平等现象做了有力揭露，列举出在民族、政治、经济等方面的种种表现，而对于西方资本主义社会的不合理状况感触尤深，在揭露的同时表现出了极大的义愤。本来，"中国的革命思潮是发源

---

① 孙中山：《陆军军官学校训词》，《孙中山全集》第10卷，北京：中华书局1986年版，第300页。

② 孙中山：《在桂林军政学七十六团体欢迎会的演说》，《孙中山全集》第6卷，北京：中华书局1985年版，第8页。

③ 孙中山：《三民主义·民权主义》，《孙中山全集》第9卷，北京：中华书局1986年版，第262页。

④ 孙中山：《在广州欢宴各军将领会上的演说》，《孙中山全集》第8卷，北京：中华书局1986年版，第470页。

⑤ 孙中山：《在广州欢宴各军将领会上的演说》，《孙中山全集》第8卷，北京：中华书局1986年版，第471页。

于欧美，平等自由的学说也是由欧美传进来的"①，但欧美国家的现实情况却使他感到非常失望。从他在1906年一次公开集会上进行的猛烈抨击中，便可知他经常所说的"不平"指的是什么："欧美各国，善果被富人享尽，贫民反食恶果。总由少数人把持文明幸福，故成此不平等的世界。"试看英国，"财富多于前代不止数千倍，人民的贫穷甚于前代也不止数千倍，并且富者极少，贫者极多"。"只就伦敦一城算计，每年冬间工人失业的常有六七十万人，全国更可知。英国大地主威斯敏士打公爵……一家的地租占伦敦地租四分之一，富与国家相等。贫富不均竟到这地步，'平等'二字已成口头空话了！"又如美国，宪法号称各国中"最好"的，但"无论是选举、是委任，皆有很大的流弊"："代表院中，往往有愚蠢无知的人夹杂在内"，而"那些学问思想高尚的人"却选不上；"凡是委任官都是跟着大统领进退，……遇着换了大统领，由内阁至邮政局长不下六七万人同时俱换"。"所以美国政治腐败散漫，是各国所没有的。"②

此后近20年间，孙中山几乎从未停止过对西方资本主义社会的揭露和谴责。而随着时日的推移，他对资本主义制度的认识也不断加深。这主要表现在两个方面。一方面，他看到了垄断资本的形成及其在本国和世界经济生活中的支配作用，看到了资产阶级与工人阶级的对立："及机器之兴也，则以一人而用机器，可做百十人之工。则不独小工永绝为资本家之希望，而小资本家亦难于自立而见并于大资本家，而大资本家又见并于更大之资本家，由是大鱼食细鱼，遂生出欧美等国资主与工人之两阶段，贫富之悬殊乃以日而甚矣！"③ 大资本家"恃其财力，不惟足以压制本国，其魔力并可及于外国"④。美国"所有生产厚利，皆为大资本垄断。于是托拉斯一出，几几有左右全世界经济之势力。……牛马农工，奴隶负贩，专制既甚，反抗必力"⑤。另一方面，他看到了资本家专政的建立及其反人民性质，并在很多地方指出：欧美工业发达之国，有富者日富、贫者日贫，遂生出资本家专制。"资本家专制到了极点，一般人民都不能忍受。大资本家……用金钱势力操纵全国政权，遇事都是居于优胜地位，试看哪一国的法律政治不是为资本家而设的！英美各国皆受资本家专

---

① 孙中山：《三民主义·民权主义》，《孙中山全集》第9卷，北京：中华书局1986年版，第293页。

② 孙中山：《在东京〈民报〉创刊周年庆祝大会的演说》，《孙中山全集》第1卷，北京：中华书局1981年版，第327~330页。

③ 孙中山：《三民主义》，《孙中山全集》第5卷，北京：中华书局1985年版，第196页。

④ 孙中山：《在山西同盟会欢迎会的演说》，《孙中山全集》第2卷，北京：中华书局1982年版，第472页。

⑤ 孙中山：《在上海中国社会党的演说》，《孙中山全集》第2卷，北京：中华书局1982年版，第520页。

制之害，……议员又多为资本家所收买。近世各国所谓民权制度，往往为资产阶级所专有，适成为压迫平民之工具。"对于工人和资本家这两大阶级，孙中山鲜明地表达了自己的爱憎和褒贬：工人者，不特为发达资本之功臣，亦即人类世界之功臣也。资本家者，以压抑平民为本分者也，对于人民之痛苦全然不负责任者也。资本家者，无良心者也。他还明确表示过："惟凡关于改良劳工情形之运动，余皆赞同之。"① 姑且不论孙中山在思想上存在什么局限，有一点却是可以肯定的：他是无产者命运的真挚同情者，是资本主义制度的无情批判者。

解决贫富不均是孙中山的最终革命目的之一，也是他所要建立的大同世界中一个关键问题。由他主持制订的同盟会《革命方略》，早已提出了"一切平等，无有贵贱之差、贫富之别"的原则。后来他给民生主义下过这样一个定义："民生主义，即贫富均等，不能以富者压制贫者是也。"② 因为他认为贫富问题即分配不均问题，故又提出另一个更为具体和针对性更强的定义："民生主义，……谓社会上财产须平均分配，不为一般资本家所垄断也。"③ 这两个定义都比"平均地权"和"节制资本"的范围更为广泛，所提出的要求也更高，表明孙中山的民生主义本身有近期目标与远期目标之分。他的这种观点和主张，并非肇源于中国历次农民起义的平均思想，而是直接来自西方社会主义思潮的影响。他在辛亥革命前便已提到："欧美各国……社会党所以倡民生主义，就是因贫富不均，想要设法挽救。"④ 在晚年又说：欧美国家由于"生出贫富极大的不平等，……国内无论什么事都被资本家垄断，富人无所不为，穷人找饭吃的方法都没有，故发明民生主义，为贫富的不平等，要把它们打到平等。这种主义，近来在外国很盛行，渐渐传到中国"⑤。这就是说，孙中山承认他的民生主义即社会主义的思想是从西方传入的。

孙中山说，世界各国的社会主义派别起码有 57 种之多，研究学者有千百

---

① 孙中山：《与约翰·白莱斯福的谈话》，《孙中山全集》第 6 卷，北京：中华书局 1985 年版，第 635 页。
② 《孙中山全集》第 6 卷，北京：中华书局 1985 年版，第 56 页。按：时为 1922 年 1 月。而孙中山于 1912 年 4 月卸任临时大总统后，因赴各地大力宣传民生主义而招致一部分舆论界和实业界的猛烈抨击，为此他不得不在一次演讲中违心地作出"民生主义并非均贫富之主义"的表白（《孙中山全集》第 2 卷，第 442 页）。其实他始终没有改变原有的一贯观点，直到 1924 年 3 月仍表示："说到民生主义的事实，最要紧的是均贫富。"（《孙中山全集》第 9 卷，第 572 页）
③ 孙中山：《在桂林对滇赣粤军的演说》，《孙中山全集》第 6 卷，北京：中华书局 1985 年版，第 11 页。
④ 孙中山：《在东京〈民报〉创刊周年庆祝大会的演说》，《孙中山全集》第 1 卷，北京：中华书局 1981 年版，第 327 页。
⑤ 孙中山：《对驻广州湘军的演说》，《孙中山全集》第 9 卷，北京：中华书局 1986 年版，第 503 页。

家,出版的研究著作也有千百种。他对出现于社会主义运动初期的"均产派"提出的"合贫富各有之资财而均分之"的主张并不赞同,认为它虽激烈却很粗浅,"于事理上既未能行",而徒然"肇攘夺变乱之祸"①。他也不赞成"乌托邦派",说他们都是一些悲天悯人的道德家,只寄托于子虚乌有的安乐世界,讲些"理想上的空话",而丝毫没有提出"消灭人类的痛苦"的"具体方法"。② 孙中山最推崇的是马克思的"科学派",即"科学的社会主义",认为马克思是"社会主义中的圣人","专从科学方法去研究社会问题之解决","所著的书和所发明的学说可说是集几千年来人类思想的大成",各国社会主义学者"都是信仰他","岌岌提倡麦克司(按:即马克思)之学说,主张平均分配,求根本和平之解决"。③ 但他把很多实际上并不服膺或已背离马克思学说的社会主义流派,诸如主张"土地公有"(实为"单税法")的亨利·乔治、鼓吹"阶级调和"论的第二国际及各国支部等等,也都列入"科学派"。孙中山所最赞赏并加以接受的是马克思的"资本公有"和亨利·乔治的"土地公有",认为此二说"得社会主义之真髓",实施后可使"人工所得生产分配之利益,为其私人赡养之需;而土地、资本所得一份之利,足供公共之用费,人民皆得享其一分子之利益,而资本不得垄断,以夺平民之利。斯即社会主义本经济分配法之原理,而从根本上以解决也"。孙中山又说:"资本原非专指金钱而言,机器、土地莫不皆是"④,照此说法,则"土地公有"也应属于"资本公有"的一部分。他还把"公有"与"国有"、"民有"(以建立民国为前提)等同起来,主张现阶段实行的是国家社会主义或集产社会主义。与此同时,孙中山赞同马克思关于"劳动应得相当酬报之说",他所理解的"分配最平允之方法"是:"人工宜得多数生产之余利,地主、资本家则按其土地、资本生产之应得之利息可矣。其分配人工酬报之多寡,应视其劳心、劳力之多寡:其劳动大,则酬报多;其劳动小,则酬报亦小。余利公之于社会,以兴社会各种之事业;凡为社会之分子,莫不享其余利一分子之利益。"⑤ 可知孙中山把产品分配方式的改造视为变革社会经济关系的主要关键,虽然他也

---

① 《孙中山全集》第 2 卷,北京:中华书局 1982 年版,第 506、507、520 页。按:孙中山所指,似即为 18 世纪末法国以巴贝夫为首的"平等派"。
② 孙中山:《三民主义·民生主义》,《孙中山全集》第 9 卷,北京:中华书局 1986 年版,第 360~361 页。
③ 《孙中山全集》第 9 卷,北京:中华书局 1986 年版,第 360~363 页;《孙中山全集》第 2 卷,北京:中华书局 1982 年版,第 520 页。孙中山也对马克思主义存在一些保留意见,甚至提出过批评。
④ 孙中山:《在上海中国社会党的演说》,《孙中山全集》第 2 卷,北京:中华书局 1982 年版,第 515、518 页。
⑤ 孙中山:《在上海中国社会党的演说》,《孙中山全集》第 2 卷,北京:中华书局 1982 年版,第 517、520 页。

主张"资本公有",但却在理论上明显忽略了对作为社会经济关系的基础、产品分配方式的前提的生产资料所有制进行根本改造的重要性;而且,在他关于分配方式的大段阐述中,地主、资本家的生产资料私有制也仍然得到保留而不是被完全废除。我们可以从中看到孙中山社会主义思想与马克思主义的区别。

至于未来社会,孙中山接受了马克思的"科学派"所认为的共产主义是人类的最高理想和最终目标、"各尽所能,各取所需"是共产主义制度的基本特征的观点。他说:"'共产'云者,即人在社会之中,各尽所能,各取所需。如父子昆弟同处一家,各尽其生利之能,各取其衣食所需,不相妨害,不相竞争。郅治之极,政府遂处于无为之地位,而归于消灭之一途。"① 在这里,他肯定了国家的政权机关将在共产主义时期逐渐消亡的思想。孙中山强调,他所主张的"民生主义就是共产主义,……民生主义大目的就是要众人能够'共产'",实行"共产"能使中国和各国"人民都可以得安乐,都不致受财产分配不均的痛苦"。② 他还从另一角度进行论证,使三民主义等同于美国历史上杰出的政治家林肯的民主主义思想,再把后者加以引申而比附于共产主义和归结于大同主义:"我们三民主义的意思,就是民有、民治、民享。这个民有、民治、民享的意思,就是国家是人民所共有,政治是人民所共管,利益是人民所共享。照这样的说法,人民对于国家不只是'共产',一切事权都是要共的。这才是真正的民生主义,都是孔子所希望之大同世界。"③ 考英语"共产主义"一词,乃导源于拉丁语 communism,原意为公有;现在孙中山把共产主义解释为众人共同拥有一切,又与"天下为公"的大同思想直接相联系,这倒是符合共产主义的本义的。如此看来,"人民对于……一切事权都是要共的"的思想,正是孙中山考虑建立大同世界所要遵循的基本原则,为在新世界中形成完全平等关系所必需,它与"天下为公"的精神是完全一致的。

(三) 孙中山"世界大同"思想与苏俄样板

令人颇感遗憾的是,孙中山虽对有关大同世界的思想内涵进行过一些阐发,但说明世界大同实际内容的言论却较为少见。他认为"进于大同,其道

---

① 孙中山:《在上海中国社会党的演说》,《孙中山全集》第 2 卷,北京:中华书局 1982 年版,第 508 页。
② 孙中山:《三民主义·民生主义》,《孙中山全集》第 9 卷,北京:中华书局 1986 年版,第 389、394 页。
③ 孙中山:《三民主义·民生主义》,《孙中山全集》第 9 卷,北京:中华书局 1986 年版,第 394 页。

非易，必须人人尚道德、明公理，庶可致之"①，而要实行"各尽其能，各取所需"更是难乎其难，必待人类"道德智识完美之后"才能做到，而那时人类的道德水准和知识程度都远远高于今日，故用不着我们"穷思竭虑"代为"筹划"，而主要应负起"今日我人应负之责任"。②因此之故，孙中山是倾向于根据他所理解的大同精神，按照当时国内和国际的具体环境，来宣传推进他的社会和政治主张，以期为过渡到大同之世创造条件。他多次表示，"今吾国之革命……实社会主义（革命）"，③"此后中国将采取社会主义"④，使"中国成为世界上第一个社会主义国家"⑤；而在他心目中，社会主义或民生主义与大同主义有很多相通之处，社会主义或民生主义的真正实现也就接近了大同时代。当然，孙中山对于世界大同的实际内容也并非毫无考虑，在某些方面还是有所触及的。

关于社会经济方面。孙中山说，"天下是人民公有的天下，国家是人民公有的国家"，故人民一律平等，虽有职业之分和劳心、劳力之别，却无尊卑贵贱之差。在共和制度下应"无贵族、平民之阶级"，到社会主义时期"尊卑贵贱之阶级"将归于消灭。⑥不言而喻，在大同之世是没有阶级存在的。孙中山认为，社会主义以"国利民福"为原则，应对人民的社会福利事业格外重视。根据"礼运"中"天下为公"的精神，做到"人人不独亲其亲，人人不独子其子"，使"幼有所教，老有所养，分业操作，各得其所"，作一个通俗的说明："将来不但是要那一般平民能够读书，并且要那一般平民有养活。壮年没有工做的，国家便多办工厂，要人人都有事业。老年不能做工的，又没有子女亲戚养活的，所谓鳏、寡、孤、独四种无告的人民，国家便有养老费。……人民有了这样的好国家，一生自幼到老，才可以无忧无虑，才可以得安乐。"⑦下面一段话，是孙中山对于从社会主义时期进到大同之世的社会经济景象所做

---

① 孙中山：《在北京五族共和合进会与西北协进会的演说》，《孙中山全集》第2卷，北京：中华书局1982年版，第439页。
② 孙中山：《在上海中国社会党的演说》，《孙中山全集》第2卷，北京：中华书局1982年版，第509页。
③ 孙中山：《在武昌十三团体联合欢迎会的演说》，《孙中山全集》第2卷，北京：中华书局1982年版，第333页。
④ 上海《申报》1912年4月6日。
⑤ 孙中山在1914年5月致国际社会党执行局函，转引自（法）拉什丽娜著、王鹏译：《第二国际和中国革命》，《国际共运史研究资料》第13辑，北京：人民出版社1985年版，第292页（译自《第二国际和东方》，巴黎1967年法文版）。
⑥ 孙中山：《在上海中国社会党的演说》，《孙中山全集》第2卷，北京：中华书局1982年版，第524页。
⑦ 孙中山：《在广东第一女子师范学校校庆纪念会的演说》，《孙中山全集》第10卷，北京：中华书局1986年版，第24~25页。

的概括:

> 社会主义之国家,人民既不存尊卑贵贱之见,则尊卑贵贱之阶级自无形而归于消灭。农以生之,工以成之,商以通之,士以治之,各尽其事,各执其业。幸福不平而自平,权利不等而自等。自此演进,不难致大同之世。①

关于政治方面。孙中山说:公天下就是把政权公之天下,也即"以民治天下"。在共和制度下,"主权属于国民之全体",人民是国家的主人翁,而"国中之百官,上而总统,下而巡差,皆人民之公仆也"。他主张实施"全民政治"和"直接民权",人民通过行使选举、罢免、创制、复决四权"来管理国家的大事"。而为克服西方国家少数富豪操纵选举的弊端,孙中山主张"实行普选制度,废除以资产为标准之阶级选举"。上述种种,都不过是现阶段民主政治所要努力实现的目标,又为未来社会的大同政治创造前提条件。孙中山曾经说过:"民国者,近之为全民政治之现象,远之为大同世界之精神。四权之训练,将以全民之力合造大同。"② 至于大同政治本身将是一种什么情况,孙中山却几乎完全未有论及。

关于思想道德方面。孙中山相当重视精神因素的作用,他说,物质是"体",精神是"用","二者相铺,不可分离"。他一再强调,要改造旧国家而建设新国家,要打破旧世界而造成新世界,就必须打破旧观念、旧思想,发生新观念、新思想,树立新道德。他抨击自私自利思想,号召"改造人心",主要是根据当时欧美社会主义运动和俄国十月革命的世界新潮流,而提出以树立集体观念,"为国家、为人民、为社会、为世界来服务"③ 作为核心内容的道德观。他说:"新思想者何?即公共心。"替众人来服务的新道德,就是世界上道德的新潮流,提倡人人当以服务为目的,而不以夺取为目的。他要大家明白一个"真理":是为公,为大众;非为私,为一人。"为个人谋幸福,和近代的思想大不相合;近代人类立志的思想,是注重发达人群,为大家谋幸福。"④ 他认为"物质文明之标的,非私人之利益,乃公共之利益",故重在

---

① 孙中山:《在上海中国社会党的演说》,《孙中山全集》第 2 卷,北京:中华书局 1982 年版,第 524 页。
② 陆达节辑:《孙中山先生逸语》,江西省三民主义文化运动委员会 1935 年版,第 24~25 页。
③ 孙中山:《在岭南大学黄花岗纪念会的演说》,《孙中山全集》第 10 卷,北京:中华书局 1986 年版,第 156 页。
④ 孙中山:《在岭南学生欢迎会的演说》,《孙中山全集》第 8 卷,北京:中华书局 1986 年版,第 534~535 页。

"互助"而不是竞争。"社会国家者,互助之体也;道德仁义者,互助之用也",人类循此原则便能昌盛进步,即如现今人类历史正朝向孔子所说的"天下为公"境界进化,宜贯彻"互助之原则"以求达到人类进化的目的。① 总的说来,孙中山所提倡的是一种大体上适合于未来公有社会的崇高的道德观念,与"天下为公"的精神是一致的。而在新社会到来之前,这种提倡对于人民群众思想认识的提高也是十分有益和必要的;但如果把博爱和互助原则施于敌人,则会造成损害人民利益的相反结果。孙中山晚年之所以反对马克思的阶级斗争学说,是与他接受俄国无政府主义者克鲁泡特金的超阶级观点、把互助夸大为"人类进化之主动力"② 的抽象原则密切相关的。

关于国际关系方面。孙中山把人类没有纷争,特别是各国之间永不发生战争,视为世界大同的必然伴随物;如果未能消灭战争,就根本谈不上人类达到大同的境界。换言之,实现世界永久和平,乃是实现世界大同的基本前提和重要特征。反过来说,在"天下为公"的大同世界里,人人富裕安乐,人人不谋私利、没有贪欲,则民不争,甲兵亦可以不用,即发生战争的根源已不复存在。基于上述认识,故孙中山常把"主张和平"与"主张大同"两大任务相提并论③;把将来世界上实现和平与"总有大同之一日",同列为人类"无穷之希望"和"最伟大之理想"。当他于 1912 年解除临时大总统的职务而在南京参议院致词时,作为唯一的临别赠言,便是要求全体国民以"促进世界的和平"为天职。同年在北京会晤四国银行团代表的谈话中,他也特别提出了更冀世界各国共进大同、永不至再有战事的愿望。而要消灭战争,孙中山认为人类社会必须进化到破除国界,故他主张"泯除国界而进于大同",这与"天下一家"的思想是一致的。而所谓"泯除国界",就是要"使全世界合为一大国家"。世界强国大国而成一世界唯一大国,即所谓"大同之世"是也。显然,这个设想是完全不切实际的幻想。但除此之外,他也没有提出更多的具体主张。

除了上面所做的介绍外,值得注意的是,孙中山曾对俄国十月革命后建立社会主义制度的情况进行过不少评论。既然孙中山把苏俄当作"跻我大同"④的一个样板,从他对苏俄的评论中,我们也可进一步了解到孙中山对于大同社会的看法。

虽然孙中山曾在一次通信中说过"夫苏维埃主义者,即孔子之所谓'大

---

① 孙中山:《建国方略》,《孙中山全集》第 6 卷,北京:中华书局 1985 年版,第 196 页。
② 孙中山:《建国方略》,《孙中山全集》第 6 卷,北京:中华书局 1985 年版,第 394 页。
③ 参见孙中山:《在北京五族共和合进会与西北协进会的演说》,《孙中山全集》第 2 卷,北京:中华书局 1982 年版,第 440 页。
④ 孙中山:《追悼列宁祭文》,《孙中山全集》第 9 卷,北京:中华书局 1986 年版,第 509 页。

同'也"的话，但并不意味着他就把苏俄初期社会主义社会的现实与大同社会完全等同起来。事实上，孙中山心目中的苏维埃主义即是共产主义，因为他平时多称作"俄国共产主义"，而且把实行新经济政策视为"变更其共产主义"①；故孙中山既说苏维埃主义即是"大同"，则表明孙中山确实自认为他的大同主义与共产主义是大体相同的。而苏俄初期的社会实践却稍有不同，孙中山在更多场合说的是它"与孔子所谓'大同'相类"、"颇与此相似"、"庶几近之"等等。究竟在哪些地方相似呢？综合孙中山发表的言论，主要表现于下列各点：

第一，俄国革命的"目的在使人人享受经济上平等之幸福，而无不均之患"②。"近来人类要求社会上机会平均，贫富相等，便是民生革命。……现在已经成功的只有俄国。"③ 解决"均贫富"问题一贯为孙中山所重视，故他评之为"与孔子所谓'大同'相类"。

第二，"俄国之革命，为打破政治之不平等，同时打破资产之不平等。""其主义，在打破贵族及资本家之专制。"欧美相继发生"争自由、打平等"的革命，"成功最大的也是俄国。俄国革命的结果，不但把政治的阶级打到平等，并且把社会上所有资本的阶级都一齐打到平等"。④ 孙中山还说过，"俄国近来实行政治革命，同时又实行经济革命，一面把皇帝和贵族推翻，同时又把资本家推翻。在现在的俄国，什么阶级都没有，他们把全国变成了大公司，在那个公司之内人人都可以分红利。像这样好的国家，就是我要造成的新世界。"⑤ 看来孙中山是赞成在将来大同时代消灭阶级的，但平时极少进行宣传，可能是考虑到中国当时仍需保存资本家和发展资本主义的缘故。

第三，"俄国新政府……目的不在谋一人生活与一家生活，而在谋公众生活。……此即所谓人人不独亲其亲，人人不独子其子，以教以养，责在国家。""凡有老者、幼者、废疾者，皆由政府给养。"⑥ "俄国的人民可说是自

---

① 《孙中山全集》第6卷，北京：中华书局1985年版，第517页。另可参阅《孙中山全集》第9卷，北京：中华书局1986年版，第103页。
② 孙中山：《在广州大本营对各界人士的演说》，《孙中山全集》第8卷，北京：中华书局1986年版，第349页。
③ 孙中山：《在广州欢宴各军将领会上的演说》，《孙中山全集》第8卷，北京：中华书局1986年版，第471页。
④ 孙中山：《三民主义·民权主义》，《孙中山全集》第9卷，北京：中华书局1986年版，第289页。
⑤ 孙中山：《对驻广州湘军的演说》，《孙中山全集》第9卷，北京：中华书局1986年版，第505~506页。
⑥ 孙中山：《在桂林对滇赣粤军的演说》，《孙中山全集》第6卷，北京：中华书局1985年版，第39页，136页。

幼而老,一生无忧无虑。"① 孙中山还用许多篇幅详细介绍苏俄人民的就业情况和社会福利事业,甚至有所溢美;而在行文或口吻上则与"礼运"关于大同的描述颇多雷同。这就难怪他称许苏俄政府的计划和做法,与"礼运"大同"庶几近之"或颇为"相似"。在大同世界的实际内容方面,这一部分是孙中山从"礼运"中吸收最多的。

但孙中山对苏俄的社会主义实践也并非没有保留。例如,由于苏俄改行新经济政策,他就批评采用革命暴力手段并不能解决社会经济问题。又如,他称苏维埃政权为"人民独裁的政体",虽称赞它比西方的"代议政体改良得多",却又批评"民权一层"在苏俄不过是其社会经济政策的"附属品而已"②。被批评的正是孙中山所不想效法的东西。

孙中山还举出太平天国的例子来与苏俄做比较。他说,洪秀全实行一种"把社会上无论大小财产都集中到政府手内的制度",使人民"丰衣足食",政府"异常丰足",这种制度"和俄国所行的共产制度一样",而且"其功效较俄国尤大"③。由此可见,孙中山对于他所认为的太平天国财产公有制度是称羡的,但却从未发现他有使之与大同理想联系起来探讨的公开言论,这并不等于就把此种制度排除在未来世界的构想之外,而可能是由于太平天国的"家天下"帝国思想令他望而却步吧。

关于何时能实现"世界大同"的问题,孙中山多从制止战争、破除国界的意义上来考虑,而往往表现出一种过度乐观的情绪。1912 年,当孙中山为取得推翻清朝、缔造共和的历史性胜利所陶醉时,便曾作出了"现今世界日趋于大同"、"世界大同已有中外一家之势"的估计。他当时还说,虽然要做到"泯除国界"是不容易的,但只要"扩充其自由、平等、博爱之主义于世界人类",达到"大同盛轨"却又不难。④ 而在 1919 年,正当人们沉浸于第一次世界大战结束的欢欣之中,孙中山又以为从此便可"永久停止兵争"而"大同之世"将至,甚且采用推理的方法作出预测:"近代文明进步以日加速,最后之百年已胜于以前之千年,而最后之十年又胜已往之百年,如此递推,太平之世当在不远。"⑤ 可是,所有这些盲目乐观的想法统统被冷酷的社会现实

---

① 孙中山:《对驻广州湘军的演说》,《孙中山全集》第 9 卷,北京:中华书局 1986 年版,第 505 页。
② 孙中山:《在中国国民党本部特设驻粤办事处的演说》,《孙中山全集》第 5 卷,北京:中华书局 1985 年版,第 475 页。
③ 《孙中山全集》第 8 卷,北京:中华书局 1986 年版,第 472 页;《孙中山全集》第 9 卷,北京:中华书局 1986 年版,第 112 页。
④ 《孙中山全集》第 2 卷,北京:中华书局 1982 年版,第 530、439 页。
⑤ 孙中山:《建国方略》,《孙中山全集》第 6 卷,北京:中华书局 1985 年版,第 196 页。

所粉碎。另一方面，如从社会制度的根本变革来考虑，孙中山则对未来社会降临时间的估计显得极为谨慎和信心不足。他虽曾一再发表支持"共产"的言论，却又同时强调："不过，我们所主张的'共产'，是共将来，不是共现在。"① 这"将来"是什么时间概念呢？有一次他告诉听众说：实现"各尽所能，各取所需"的共产主义制度应在"数千年后"。② 这个发言不一定经过深思熟虑，但也可反映出他在这个问题上的保守看法。

（四）孙中山追求"世界大同"与对资本主义社会的政策

为了实现世界大同的理想，克服人类社会不平等现象，孙中山面临着一个重大的现实问题，即如何对待当时在世界上占支配地位的强大的资本主义经济的问题，如何解决因资本主义剥削所造成的严重的贫富不均和阶级对抗的问题。很难想象，哪个平等和谐、互助友爱的大同世界能够继续容忍残酷的压迫剥削现象的存在。因此，如何着手解决这一现实问题是至关重要的，也是根本无法回避的。

孙中山曾对西方不合理的资本主义制度进行过无情的揭露和批判，那么他在改造这个不合理制度的问题上采取的是什么立场呢？而在资本主义经济不发达的中国，又该怎么办呢？孙中山认为中外国情不同，在民生主义"反对资本家垄断"的共同原则下，采取的政策和方法也应有所区别。他表示："惟我国与各国社会之状态不同，则社会主义施展之政策，遂亦因之而有激烈、和平之不同矣。"③

孙中山从1912年起公开主张对西方资本主义社会采取"激烈"政策，说"欧西各国疾已缠身，不得不投以猛剂"，这贴猛剂就是采取暴力手段以实行社会主义革命。他是通过考察工人和资本家两大阶级之间的矛盾斗争，展开一系列的分析而作出这个论断的。

孙中山认为，"阶级战争，即工人与资本家之战争也"。大资本私有制是这种阶级斗争产生的根源："外国因为大资本是归私人所有，便受资本的害，大多数人民都是很痛苦，所以发生阶级战争来解除这种痛苦。"④ 他满怀着激

---

① 孙中山：《三民主义·民生主义》，《孙中山全集》第9卷，北京：中华书局1986年版，第389~390页。
② 孙中山：《在上海中国社会党的演说》，《孙中山全集》第2卷，北京：中华书局1982年版，第509页。
③ 孙中山：《在上海中国社会党的演说》，《孙中山全集》第2卷，北京：中华书局1982年版，第509页。
④ 孙中山：《三民主义·民生主义》，《孙中山全集》第9卷，北京：中华书局1986年版，第393~394页。

情为工人的反抗斗争辩护：工人"以世界人类之功臣而受强有力者之蹂躏虐待，我人已为不平，况有功于资本家而反受资本家之戕贼乎！工人受资本家之苛遇而思反抗，此不能为工人咎也"①。他指出，由于矛盾斗争而酿成社会革命（即社会主义革命）是不可避免的："至社会革命，原起于少数大资本家之压制多数平民耳。在各国贫富之阶级相差甚远，遂酿成社会革命，有不革不了之势。"孙中山在西方报刊上公开发表文章，竭力鼓吹社会革命，说"如果不进行社会革命，则大多数人依然得不到生活的快乐和幸福"。1912 年，英国百万煤矿工人举行全国总罢工，他对此评论说："英国煤矿工人的大罢工证明我的论断是正确的。但大罢工运动不是革命，它仅仅是表现了人民想掌握社会财富资源的一种愿望而已。显然，只有用武力才能达到这一目的。"② 当时他曾做过一个大胆的预测，认为社会革命将首先在大资本家专制甚烈的美国发生，而"政府有推翻之日，资本家亦有推翻之日"③。1917 年俄国社会主义革命的爆发，更使孙中山相信，欧美各国迟早必将因阶级矛盾激化而发生社会大革命，他说："贫富不济，豪强侵夺，自古有之，然不若欧美今日之甚也。……欧美今日愈演愈烈，循此而往，至发生社会之大革命不止也。俄国已发其端，德国又见告矣，英美诸国将恐不免也。"④

1919 年，孙中山在《三民主义》一书中"专就资本之问题，以求解决之方"，认为"欧美资本……尽入于少数人之手"是造成社会不平等的症结所在。因此，他坚决主张用流血革命的手段来解决欧美的资本主义问题："而其平之之法，则必待多数之觉悟，而决心为大牺牲，不惜杀人流血，始能达自由平等之目的也。"⑤ 由此可以看作孙中山在 20 世纪初头 10 年对待欧美资本主义社会所持革命观点的概括性总结。这种鲜明的立场，与当时各国激进的社会党人几乎没有什么两样。显然，孙中山希望能够清除对中国及世界其他弱小民族进行侵略和统治的国际垄断资本势力，能够结束西方各强国的资本主义剥削制度，这正是与他建立大同世界的崇高理想相一致的。

然而，人的思想总是复杂的。我们对此决不可有所忽略或低估。就在 1919 年这一年间，即第一次世界大战刚结束不久，孙中山在思想上发生了一

---

① 孙中山：《在上海中国社会党的演说》，《孙中山全集》第 2 卷，北京：中华书局 1982 年版，第 519 页。
② 孙中山：《中国革命的社会意义》，《孙中山全集》第 2 卷，北京：中华书局 1982 年版，第 325 页。
③ 孙中山：《在上海中国社会党的演说》，《孙中山全集》第 2 卷，北京：中华书局 1982 年版，第 520 页。
④ 孙中山：《三民主义》，《孙中山全集》第 5 卷，北京：中华书局 1985 年版，第 191 页。
⑤ 孙中山：《三民主义》，《孙中山全集》第 5 卷，北京：中华书局 1985 年版，第 195 页。

种微妙的变化。在《三民主义》一书中,他赞扬主要的帝国主义国家如英国在战争时期把"铁路、海运俱收归国有,而一切制造工厂亦收归官办,以供给军用品"的做法,是"社会突飞之进步"。作出这样的评价,对孙中山来说还是第一次。他接着提出:"惟今后战后经营,英国其能力排资本家之优势,以顺世界之潮流,而进英国为一集产之国家乎?抑仍受资本家之握制,而退归私人之所有也?此今后之一大问题也。"① 这些言论意味着:第一,孙中山认为帝国主义国家对某些经济部门和企业实行国有化,是一种顺应世界潮流的进步政策;第二,这种国有化是排斥资本家的;第三,这种国有化的进一步发展,有可能使西方国家向"集产之国家"过渡,即和平转变为社会主义国家;第四,这种国有化也可能无法坚持下去,而使国家政权仍受资本家所控制。这种表明,孙中山在积极鼓吹欧美进行暴力革命以实现社会主义的同时,却已开始考虑另一种客观可能性和主观抉择,即不需使用暴力,通过现存政权采取阶级调和的方式,使资本主义国家和平进入社会主义。这种考虑就是社会民主主义。这种思想在当时孙中山的思想中虽然尚未取得支配地位,但却开始动摇了他原有的激烈主张,是一种新的思想倾向。这种温和倾向在进入20世纪20年代以后日益加强,而到1924年演讲民生主义时终于压倒了原有的激烈主张。

其实,孙中山发生这种思想上的动摇和变化是毫不奇怪的,也并非出自偶然,因为在1919年前后,甚至早在民国初年,从他发表的言论中便已可看出一些端倪:

第一,早先孙中山侧重于从学理上了解以马克思主义为代表的西方科学社会主义学说,注重它的科学性而对其彻底革命性有所忽视,从而产生了不少误解,如强调它的"方法稳健",其目的在使贫富不均问题"求根本和平之解决","以和平慈善(手段)消灭贫富之阶级于无形"等等。② 这些误解实际上也正反映了孙中山本人的看法。

第二,孙中山曾对"社会主义"的含义做过一种望文生义而空泛的解释,认为"社会系对待个人而言,社会主义亦系对待个人主义而言",故"以国家为本位"、对"社会生计"做"和平完善之解决"者便是社会主义。以此为出发点,则"凡生利各事业若土地、铁路、邮政、电气、矿业、森林皆为国有"者,便是集产社会主义或国家社会主义,而不问其国家性质及政权掌握在哪个阶级手中。所以,孙中山把19世纪末20世纪初德国、法国、比利时等资本主义国家所采取的一些国有化措施都视为"国家社会主义",以至英国的养老金

---

① 孙中山:《三民主义》,《孙中山全集》第5卷,北京:中华书局1985年版,第196页。
② 参见孙中山:《在上海中国社会党的演说》,《孙中山全集》第2卷,北京:中华书局1982年版,第508、518、520页。

制度、日本的烟草专卖政策等也都是"国家社会主义"。他甚至认为,德、日政府虽反对社会主义,却不妨碍它们奉行国家社会主义政策;而对于这两者之间的矛盾并未作出任何说明。① 孙中山的上述见解都是在1912年发表的,当时虽还没有对他鼓吹在西方实行暴力革命产生什么影响,但这一种"社会主义"模式的存在和发展,显然也引起了他的注意。

第三,孙中山在鼓吹西方实行暴力革命的同时,却流露出一种情绪,即担心这样做会付出巨大的代价而对社会造成严重的破坏,对于革命能否取得成功也感到信心不足。他说过:"须知社会革命的惨痛,比政治革命流血更多"②;社会革命"实行之时,用何等激烈手段,呈何等危险现象,则难于预言"③。又说:欧美国家的"阶级战争……极形剧烈","何时可以终局,如何可以解决,无人敢预言之者"。④ 还提出了一个问题:为什么欧美的工人和农民都已觉悟,却未能实现以流血革命来解决经济问题呢?他自己回答说:"以此问题之解决,其烦难当有百十倍于政治问题也。为此故也,则我……不可学俄人之焦头烂额。"⑤ 最后一句话当指苏俄革命后未能真正解决经济问题,并且发生了国内反革命武装叛乱以及帝国主义国家更强的武装干涉,处境非常艰难。孙中山曾对苏俄人民的革命勇气和决心表示钦佩,又因其处境而忧心忡忡。

"一战"后数年间,国际社会主义运动的分裂已经公开化,孙中山一面积极地争取列宁所建立的第三国际对中国革命的帮助,一面又明显地受到了第二国际的阶级合作理论的影响。与此同时,英国虽然取消了战时由国家管理军用工厂及有关部门的做法,却为了缓和工人阶级的不满而增加一些社会改良措施;美、法等国也相继采取类似的政策。在这种情势下,孙中山企图使西方资本主义国家和平进入社会主义的想法有了进一步滋长。1923年底,他以多年来罕有的口吻称许英、美、法三国人民"有良好政府","彼政府常为人民谋幸福"⑥,对其实行的社会改良措施大加赞扬,说它们虽不及苏俄进步,但已做到了"少有所长,老有所养。未成年以前,国家设校以教之;壮岁以往,

---

① 以上引文见《孙中山全集》第2卷,北京:中华书局1982年版,第323、442、506~508页。
② 孙中山:《在中国国民党本部特设驻粤办事处的演说》,《孙中山全集》第5卷,北京:中华书局1985年版,第480页。
③ 孙中山:《在南京同盟会员饯别会的演说》,《孙中山全集》第2卷,北京:中华书局1982年版,第320页。
④ 孙中山:《建国方略》,《孙中山全集》第6卷,北京:中华书局1985年版,第397页。
⑤ 孙中山:《三民主义》,《孙中山全集》第5卷,北京:中华书局1985年版,第195页。
⑥ 孙中山:《在广州大本营对各界人士的演说》,《孙中山全集》第8卷,北京:中华书局1986年版,第506页。

有各种农工商以役之；至于衰老，国家有年金以养之"①。这又是一幅接近于大同社会的美好景象！孙中山美化了这些国家社会生活的某一侧面，这不仅与当时整个社会现实相去甚远，而且也与他前不久对欧美各国人民悲惨生活状况的揭露形成巨大的反差。

在1924年8月所做的民生主义演讲中，孙中山的阶级合作思想得到了集中而充分的表露。他把"欧美近年来之经济进化"归纳成四个方面并详加介绍，兹摘要如下：

第一，"社会与工业之改良"。即"改良工人的教育、卫生和工厂的设备，来增加社会上的生产力"。

第二，"运输与交通事业收归公有"。即"把电车、火车、轮船以及一切邮政、电政、交通的大事业都由政府办理"，以加速原料和商品的流通过程，而利于各种经济事业的发展。

第三，"超额征税"。即采用"累进税率，多征资本家的所得税和遗产税"，以更多"财力来改良种种社会事业"。

第四，"分配之社会化"。英国发明由工人联合组成的消费合作社，负责分配货物（即销售日常生活用品），欧美其他国家也有由市政府分配的，用以"消灭商人的垄断"，这种新方法"就是行社会主义来分配货物"。②

英国独立工党于1924年1月通过议会竞选而组成了西方历史上第一个被称为由"社会主义政党"执政的内阁，它和第二国际在其他国家的支部都积极主张、支持或推行上述改良主义措施有关。孙中山称这一派人为各国社会党中的"妥协家"、"和平派"；列宁则称这一派人为"小资产阶级民主派政党"，并于三年前就把时任英国首相的独立工党党魁麦克唐纳评价为"十足的资产阶级和平主义者和妥协主义者，是幻想着超阶级政府的小资产者"③。诚如孙中山所说，上述措施都是用"和平手段"来"改良经济问题"，这一派人则据以"反对马克思用革命手段来解决经济问题"的。孙中山认为，通过这些改良措施而"打破种种旧制度，发生种种新制度"，是社会的进化。实行这些措施，"在资本家一方面可以多得出产，在工人一方面也可多得工钱，这是资本家和工人的利益相调和，不是相冲突"；而"社会上大多数的经济利益相调和，就是为大多数谋利益；大多数有利益，社会才有进步"。因此，他批评

---

① 孙中山：《在广州大本营对国民党员的演说》，《孙中山全集》第8卷，北京：中华书局1986年版，第349页。

② 孙中山：《三民主义·民生主义》，《孙中山全集》第9卷，北京：中华书局1986年版，第366~368页。

③ （俄）列宁：《共产国际第二次代表大会》，《列宁选集》第4卷，北京：人民出版社1972年版，第326页。

和否定马克思关于"阶级战争是社会进化的原动力"的观点,说"我们所见欧美各国的事实和他的判断刚刚是相反","今日各国的资本家不但不消灭,并且更加发达,没有止境"。孙中山进而提出了一个非常重要的问题:"马克思社会主义的目的,根本上主张要推倒资本家。究竟资本家应该不应该推倒,还要后来详细研究才能够清楚。"① 换句话说,他要重新考虑是否存在推翻资本主义制度的可能性和必要性的问题。

很明显,孙中山的思想观点比过去大大后退了。用阶级合作来代替阶级斗争,无疑是他这时的主要思想倾向。但通过检视孙中山同一篇演讲中的全部内容,与其说他业已正式确立新的立场,毋宁说他仍处于继续观察和思考之中更为恰当。他虽然极力赞扬欧美"经济进化"的改良措施,却又有所保留,认为"还没有完全达到所期望的目的",并且指出:"现在英美各国的资本家专制到万分,总是设法反对解决社会问题的进行,保守他们自己的权利";故"无论是采用和平的办法或者是激烈的办法,都被资本家反对"。他说"资本家要保守自己的私利",就像从前专制皇帝"要保守他们的皇位"一样,会"用很专制的威权、极残忍的手段""来反对社会党"。在这种情况下,原来主张和平改良的,"便有许多人渐渐变更素来的主张,去赞成激烈的办法,也一定要用革命手段来解决社会问题"。"欧美社会党将来为势所迫,或者都要采用马克思的办法来解决经济问题,也是未可定的。"孙中山甚至重申以往的立场:"在不均的社会,当然可用马克思的办法,提倡阶级战争去打平它。"看来,他的种种说法自相矛盾之处甚多,正好表明他的思想起伏很大,对西方社会的发展趋势也感到难以判断掌握,所以才一再强调:"到底欧美将来解决社会问题是采用什么方法,现在还是看不出,还是料不到。"②

(五) 孙中山与中国的国家社会主义

至于中国的资本主义改造问题,孙中山认为贫富不均现象的性质与外国是相同的,"均贫富"的目的也是一致的。他说:"吾国经济组织,持较欧美,虽贫富不均之现象无是剧烈,然特分量之差,初非性质之殊也。"③ 但由于中国的资本主义经济极不发达,故就当前而言,"是患贫,不是患不均";而

---

① 孙中山:《三民主义·民生主义》,《孙中山全集》第9卷,北京:中华书局1986年版,第366~378页。
② 孙中山:《三民主义·民生主义》,《孙中山全集》第9卷,北京:中华书局1986年版,第378~392页。
③ 孙中山:《中国革命史》,《孙中山全集》第7卷,北京:中华书局1985年版,第61页。

"对于资本制度只可以逐渐改良,不能够马上推翻"①。言下之意,将来还是要推翻的。要变贫为富,首先就必须大力发展社会生产力。孙中山常说,民生主义不是"反对资本",而是"反对资本家"。② 所谓不反对资本,便是要保留私人资本主义生产;而所谓反对资本家的含义,则是要预防中国资本家会像欧美那样对社会经济财富实行垄断,进而使"私人之垄断渐变成资本之专制,致生出社会之阶级、贫富之不均耳"③。孙中山反复强调预防的重要性,说:"中国实业发达以后,资本家之以资本能力压制人民,固必然之势;若不预防,则必蹈英美之覆辙也。"④ 他主张采取"和平政策"进行预防,而反对用阶级斗争的方法,想通过预防来逐步"消灭"阶级斗争:"须趁此资本家、地主不多之际,行资产国有制,借机器以兴实业,普利一般人民,消灭阶级战争。"⑤

上面提及的"资产国有制",即孙中山所说的"国家社会主义"或"集产社会主义"。他主张一切重要资源的开发以及带垄断性的公用事业、生产部门和大型企业的经营,均由国家负责而不得委诸私人,这就具有"发达国家资本"和"节制私人资本"的双重意义,从而达到高度发展社会生产和防止资本家垄断经济的双重目的。在国营生产单位中,不仅没有私人资本家,而且得由工人参与一部分之管理权,又使"失业小民"能"各得其所,自食其力",这就体现了"社会主义之精神,而和平解决贫富之激战"⑥。又拟"以国家实业所获之利,归之国民共享","实业陆续发达,收益日多,则教育、养老、救灾、治疗及夫改良社会、励进文明,皆由实业发展之利益举办"。⑦ 孙中山说,经过开发资源和发展生产,国家"为公众谋幸福",对于人民的衣食住行都作出妥善安排,到了那时,"幼者有所教,壮者有所用,老者有所养,孔子之理想的'大同世界'真能实现,造成庄严华丽之新中华民国,且驾欧美而

---

① 孙中山:《三民主义·民生主义》,《孙中山全集》第9卷,北京:中华书局1986年版,第392~410页。
② 孙中山:《在沪南商会分会欢迎会的演说》,《孙中山全集》第2卷,北京:中华书局1982年版,第338页。
③ 孙中山:《中国实业如何能发展》,《孙中山全集》第5卷,北京:中华书局1985年版,第135页。
④ 孙中山:《在桂林对滇赣粤军的演说》,《孙中山全集》第6卷,北京:中华书局1985年版,第28页。
⑤ 孙中山:《在国民党粤省支部成立会上的演说》,《孙中山全集》第5卷,北京:中华书局1985年版,第460页。
⑥ 孙中山:《在上海中国社会党的演说》,《孙中山全集》第2卷,北京:中华书局1982年版,第509页。
⑦ 孙中山:《中国实业如何能发展》,《孙中山全集》第5卷,北京:中华书局1985年版,第135页。

上之"。① 由此可知，中国虽然经济发展水平的起点低，但孙中山认为只要采取一种适合于自己国情的社会主义政策，经过努力同样可以迈入大同时代。

但是，由于中国太穷，要实现上述经济发展计划极不容易。早在民国初年，孙中山就积极主张对外开放，"凡是我们中国应兴事业，我们无资本，即借外国资本；我们无人才，即用外国人才；我们方法不好，即用外国方法"②。及至第一次世界大战结束，他以为获得了一个旷古难逢的良机，于是写出重要的《实业计划》一书，制定了一个宏大的"国际共同发展中国实业计划"。他迫切希望西方各国特别是美国能将战争预算的一部分巨额款项（约为200多亿美元）转而投向中国，并输入战后闲置的原为生产军火的大批机器，用于国家举办的各项交通运输和生产开发事业。当时凡是阅读过《实业计划》这本书的人，都无不感到孙中山的雄心勃勃。但这种雄心，还不仅仅限于人们从表面看到的计划本身经济指标极高和建设规模过于庞大，而更表现为孙中山企图通过实施这项计划，来一揽子解决与未来人类命运攸关的种种重大而复杂的世界性问题。这是孙中山为了振兴中华，也为了寻求通往世界大同之路所做的一次重要尝试。

孙中山认为，第一次世界大战结束后欧美各国"陷于经济之恐慌"，许多军用工业部门停止生产，大量工人失业，而大批士兵的复员更加剧了解决社会就业问题的困难；与此同时，资本家也因生产停顿或不能扩大生产而在经济上遭到严重损失，急于寻找新的出路。因此之故，各资本主义国家"为土地而争、为食物而争、为原料而争将再出现"，甚至扩军备战，新的世界大战有再次发生的危险；而中国原为列强竞相争夺的"俎上肉"，极有可能成为第二个"巴尔干"，即新战争的策源地，故"中国问题"无形中也成为了"世界祸根"。③ 出路何在呢？孙中山极力主张把西方资本主义世界的"剩余"资金集中用于开发中国财源，经过相当的开发之后，地大物博的中国将"成为世界中无尽藏之市场"，"不特可为各国余货消纳之地，实可为吸收经济之大洋海，凡诸工业国其资本有余者，中国能尽数吸收之"。开发中国的成功可带来一连串的好处：第一，使中国生产事业实现"突飞之进步"，在社会经济发展上"新辟一世界"。第二，有助于恢复和发展各国经济及解决失业问题，也有助于"各国战后工人问题之解决"，直至最后使"劳资阶级斗争"得以"消

---

① 孙中山：《在桂林对滇赣粤军的演说》，《孙中山全集》第6卷，北京：中华书局1985年版，第39页。

② 孙中山：《在安徽都督府欢迎会的演说》，《孙中山全集》第2卷，北京：中华书局1982年版，第533页。

③ 参见孙中山：《建国方略》，《孙中山全集》第6卷，北京：中华书局1985年版，第247、248、395页。

除"。第三,"商业战争"(即贸易竞争)原为残酷性不亚于武力冲突的"资本家与资本家之战争",如今各国市场又有无穷的容纳量,故他们会从事实中认识到"为互助而获之利益,当比因竞争而获之利益更为丰厚",从而"可以打破现在之所谓列强势力范围,可以消灭现在之国际商业战争与资本竞争"。第四,国际上的贸易竞争既然"消灭",则造成世界战争的"最大原因"也随之消失,可"谋世界永久和平之实现",而"销兵气为日月之光,化凶厉于祯祥之域"。①

总而言之,孙中山所拟达到的有三大目标:其一,"盖欲使外国之资本主义以造成中国之社会主义,而调和此人类进化之两种经济能力,使之互相为用,以促进将来世界之文明也"。其二,"世界有三大问题,即国际战争、商业战争与阶级战争是也。在此国际发展实业计划中,吾敢为此世界三大问题而贡一实行之解决"。其三,通过"万国互助"格局的实现而形成世界新秩序,并从思想上"以化彼族竞争之性",使"为个人或一民族之私利者自当消灭于无形","而达我大同之治也"。②

孙中山所要实现的目标,包括在中国建成社会主义,在地球上消灭战争、资本主义竞争和阶级斗争,全人类共同进入"天下为公"的大同时代,这些大都是当时全中国和全世界一般人民所梦寐以求的理想。他企图通过一项计划把全世界一切有用的因素和各种互相敌对的力量都调动起来,共同为解决当代社会的最大难题、为实现人类的最高理想而团结奋斗,这当然是极不现实的想法,这项计划的落空和失败自是无法避免的;但他那种宏大的气魄和非凡的勇气,却实在令人万分敬佩。上面所列的三大目标是相互联系的,并且共同贯穿着一种国际性阶级合作的思想。曾被他所谴责的西方资本和资本家,却可以化腐朽为神奇,在这项伟大计划中起主导作用,并可通过和平改造而改变其本质。这种思想,与他在对待中国和欧美各国的资本主义改造问题上的调和观点是一脉相通的。但他也的确提出了一个发人深省的问题:资本主义和社会主义这两种对立的经济力量,在一定条件下难道不可能"互相为用"以促进各自的利益和某些共同利益吗?孙中山在晚年又一再强调:"我们要拿外国已成的资本,来造成中国将来的共产世界。能够这样做去,才是事半功倍。"③ 历史实践已经证明并将继续证明,这个非常富有战略眼光的独创性观点是正确的。

---

① 孙中山:《建国方略》,《孙中山全集》第 6 卷,北京:中华书局 1985 年版,第 247、248、250、252、395、396 页。

② 孙中山:《建国方略》,《孙中山全集》第 6 卷,北京:中华书局 1985 年版,第 249、394、396、398 页。

③ 孙中山:《三民主义·民生主义》,《孙中山全集》第 9 卷,北京:中华书局 1986 年版,第 393 页。

但是，在逐渐走向共产世界或大同世界的路途中，究竟应该如何真正妥善地处置这一生命力远未枯竭的国际资本主义经济力量，在孙中山的理论思考中还是一个没有解决的问题，也是一个留给后人去研究解决的重大问题。

孙中山关于建立世界大同的构想，就其愿望来说是热切的，但所构想的内容却不够充实；作为一种理想是可贵的，但却令人感到他的构想与所要实现的目标之间存在着很长一段距离。由于种种主客观条件的制约，看来要从理论上和实践上真正找到一条通向"世界大同"之路并不容易。

孙中山是在对中国和世界的政治现实深感不满并渴望出现根本性变化的情况下，提出关于建立世界大同社会的构想的。这种构想的许多方面，都在不同程度上直接导致了对于世界现存秩序的否定。故就其性质而言，这种构想反映了孙中山建立世界新秩序的企图；但由于要实现这个企图在当时是完全不可能的，故他对于世界新秩序的构想在形式上又是比较模糊的。

无论如何，孙中山的"世界大同"观从一个重要侧面表现了他的政治观点，牵涉到他对一系列重大社会问题的看法，而这些看法不一定能从他的三民主义思想体系中得到充分了解。通过研究他的"世界大同"观及其对有关问题的看法，有助于我们对孙中山的整体政治观和社会发展观作出更加全面和确切的评价。

总之，孙中山企图通过对世界各国发展道路的研究，利用其所长来为中国的社会建设服务。社会的发展有一个由低级阶段向高级阶段发展的过程，而社会的发展又有一个具体国情问题，某一国家选择什么发展道路，不同发展道路有无一个协调、和平共处、共同发展的可能，孙中山都认真地思考过。但从当时的中国去考虑，孙中山认为关键是民生问题，而要解决民生问题，不管是什么社会制度，都必须将发展经济作为首要任务。只有大力发展国有经济，建立国家社会主义（即国家资本主义），才能解决社会问题，才能解决国民的生计问题。只有社会和谐、人民幸福，才能调动国民建设社会的积极性，才能创造条件逐步向"大同世界"迈进。这是孙中山经过长期努力探索才总结出来的指导中国社会发展原则性、政策性的意见。

二、孙中山的大同理论与平等国家观念的确立

（一）孙中山的平等国家观念

已故的美国著名孙中山研究学者韦慕庭（C. Martin Wilbur）先生说过：孙中山"作为一个爱国者和世界主义者的中国人，他为外国对于他的祖国的经济和政治控制而痛苦伤神"。"在不同的时期，他可能宣称他和大不列颠、日

本或合众国亲密无间;而在另一时期,他又和这些国家不共戴天,声讨谴责她们。因为他被某些外国政府和个人所沮丧、所挫败甚至所侮辱,人们自然可以理解他在某些场合的激情爆发。"① 孙中山在他的政治生涯中,在同帝国主义列强的交往中吃尽苦头,帝国主义不仅不理解他为国效劳的苦心,更加不愿意放弃其在中国已经取得和扩大权益的图谋。尽管孙中山是一个足智多谋的政治家,但他在国际世界当中,在同帝国主义国家政治人物的交往中并没有获得多少优胜。所以,他对于帝国主义列强除了抱怨之外,就是强化了他的爱国心,用他的文字和舆论去向世人宣示,中国必须争回主权和收复领土,中华民族必须独立和振兴,国家与国家必须平等。外国人不给予中华民族以平等待遇,中国人就要起来反抗,就要争取。为此,孙中山号召中国各民族团结起来,发扬民族主义精神对外国人打不平。

中国必须争回主权与收复失土,才有与外国平等合作的条件

孙中山生活在近代中国被列强侵扰和宰割的年代。19世纪下半叶的中法战争、甲午战争、八国联军侵略中国的战争,通过各种不平等条约的签订,中国面临被世界列强瓜分的危机,失地、赔款、不平等条约导致利权的丧失,中华民族面临着生死存亡的考验。孙中山用他那至诚的爱国心,用爱民族、爱国家的精神去挽救中国。他一再强调,国家、民族必须平等,并用他的平等理念和主张,去争取和维护国家的独立,充分地反映了他作为一个爱国者和国际主义者的智慧、远见和卓识。

1894年11月,孙中山在《檀香山兴中会章程》中,对当时中国的形势做了陈述:"近之辱国丧师,剪藩压境","方今强邻环列,虎视鹰瞵"、"蚕食鲸吞,已效尤于接踵;瓜分豆剖,实堪虑于目前",造成"堂堂华夏不齿于邻邦,文物冠裳被轻于异族",② 非常气愤。由此时起,他便决心争回主权与收复失土。甲午战争失败后,通过不平等的《马关条约》,赔款和割让台湾等地给日本,孙中山指出:"我中国衰败至今,亦已甚矣!用兵未及经年,全军几至覆没,丧师赔款,蒙耻启羞,割地求和,损威失体,外洋传播,编成谈笑之资,虽欲讳之而无可讳也。追求积弱之故,不得尽归咎于廊庙之上,举国之士农工商亦当自任其过焉。"③ 所以,孙中山决定用事实来教育国民认识到国难当头的真正原因在于君与民的不一致,在于清政府"沾沾焉以练兵制械为自

---

① (美)韦慕庭著:《孙中山——壮志未酬的爱国者》,杨慎之译,广州:中山大学出版社1986年版,第10页。
② 孙中山:《檀香山兴中会章程》,《孙中山全集》第1卷,北京:中华书局1981年版,第19页。
③ 孙中山:《拟创立农学会书》,《孙中山全集》第1卷,北京:中华书局1981年版,第24页。

强计",殊不知"一意整军经武,不屑问细串",甲午一战一败涂地,而举国之士农工商皆不知如何"转弱为强"。孙中山说:"今值国家多难,受侮强邻,有志之士正当惟力是视"。① 1903 年 3 月,孙中山针对列强分割中国的谬论指出,那种认为中国没有独立的能力,只能甘受列强的分割"恐无是理","支那国土统一已数千年矣,中国虽有离析分崩之变,然当时不久复合为一。近世五六百年,十八省土地几如金瓯之固,从无分裂之虞。以其幅员之广,人口之多,只闽粤两省言语与中原有别,其余各地虽乡音稍异,大致相若,而文字俗尚则举国同风。往昔无外人交涉之时,则各省人民犹有畛域之见;今则此风渐灭,同情关切之感,国人兄弟之亲,以日加深。是支那民族有统一之形,无分割之势。……若要合列国分割此风俗齐一,性质相同之种族,是无异毁人之家室,离散人之母子,不独有伤天和,实大拂乎支那人之性;吾知支那人虽柔弱不武,亦必以死抗之矣。"② 所以,主张分割中国的人于理于势都站不住脚,企图通过武力来分割中国、瓜分中国的领土,中国人必群起反抗,坚决维护领土和主权的统一,失败的会是帝国主义列强。孙中山最后强调:中国的问题只能由中国人解决,解决的办法"惟有听之支那国民,因其势顺其情而自立之,再造一新支那而已"③。孙中山充满信心地指出:"我们许多人都担心列强要瓜分中国。可是,我们如不帮助他们,他们将无法实现瓜分。"④ "对此世界上人口最多,历史最悠久的帝国"——中国,"每一精明的观察者,都认为它是一个前程远大的国家;倘能使中国人民认识到自己的力量和资源并对其加以适当利用,则中国将来定能成为最大的强国"。⑤

由于中国在亚洲的东部,地大物博,人口众多,在"开疆辟土为心"的帝国主义列强的心目中是一个必争之地,"中国终究要成为那些争夺亚洲霸权的国家之间的主要斗争场所"。⑥ 中国人除了要应对帝国主义列强在中国的争夺、瓜分和权益的掠夺、分配外,还必须收回已经失去的领土和权益。所以,孙中山在 1905 年以后,号召国民要"联合大群,团集大力,以捍御祸害、赒

---

① 孙中山:《拟创立农学会书》,《孙中山全集》第 1 卷,北京:中华书局 1981 年版,第 25 页。
② 孙中山:《支那保全分割合论》,《孙中山全集》第 1 卷,北京:中华书局 1981 年版,第 223 页。
③ 孙中山:《支那保全分割合论》,《孙中山全集》第 1 卷,北京:中华书局 1981 年版,第 224 页。
④ 孙中山:《在檀香山正埠的演说》,《孙中山全集》第 1 卷,北京:中华书局 1981 年版,第 227 页。
⑤ 孙中山:《致麦格雷戈夫人函》,《孙中山全集》第 1 卷,北京:中华书局 1981 年版,第 225 页。
⑥ 孙中山:《中国问题的真解决——向美国人民的呼吁》,《孙中山全集》第 1 卷,北京:中华书局 1981 年版,第 248 页。

恤同人","光复祖国，拯救同胞"。①

1907 年，孙中山在槟榔屿对华侨的演说中，详尽地罗列了自鸦片战争后，帝国主义在中国的罪恶侵略行径和中国失去的权益带来的祸害，鼓舞国民和华侨同胞团结起来收回已失的权益。

孙中山说："在鸦片战争以后，国势日蹙，国本动摇，土地沦于异族者，几达三分之一，如英国之割香港，……俄国之割黑龙江东北沿边地、吉林辽东沿边地、占乌梁海与科布多沿边地及布哈尔、浩罕、哈萨克、布鲁特、新疆西北沿边诸地；日本的割台湾及澎湖诸岛、灭朝鲜、并琉球；……葡萄牙的占澳门；与帕米尔的被迫于英、俄而放弃；库页岛的先后沦入俄、日之手；暹罗、苏禄的脱藩独立等。"除了上述失地之外，孙中山还详尽地陈述了不平等条约和"受兵力胁迫而偿外人之款者，如江宁条约赔款二千一百万两，北京条约赔款一千六百万两，伊犁条约赔款九百万卢布，中日（台湾）和约赔款五十万两，芝罘条约赔款二十万两，马关条约赔款二万万两，还付辽东条约赔款三千万两，而辛丑条约赔款四万万五千万两，统计几达十余万万两。其余如德国的租胶州湾，俄国的租旅顺口、大连湾，英国的租九龙、威海卫，法国的租广州湾；军港要害，可以随便任人强行租去。关税不能自主，总税务司且要归英人充任。列强凭藉不平等条约，得在中国内地设立工场，利用贱价的工值与原料，以牟取厚利；外国银行在中国因藉赔款与外债的关系，所谓担保收入的管理权，如关税、盐税等，一国的经济权，可以任人操纵。又外国人在中国有领事裁判权、内河航行权、铁路敷设权等；既可以限制我国的司法，又可以管理我国的交通，满清政府像这样的丧权辱国，真是不一而足。"② 这是迄今为止，我们所能见到的有关孙中山对于帝国主义侵略造成中国耻辱最详尽的陈述。正如台湾李云汉先生在他的《国家的独立与统一》文中所说：中山先生上述所言，"等于一部国耻史，也是一部列强侵华概要史"，对失地、赔款、不平等条约造成中国主权权利的损害如数家珍，革命志士听到孙先生的悲愤陈述，如何不抱恢复救亡之心志！中山先生于同次讲演中，呼吁全国同胞："我们现在已经陷入'双重奴隶'的田地了。我们应该赶快湔洗这个耻辱，以免除亡国灭种的痛苦。""我们三民主义中的民族主义，就是要使中国人和外国人平等，

---

① 孙中山：《致公党重订新章要义》，《孙中山全集》第 1 卷，北京：中华书局 1981 年版，第 260~261 页。

② 孙中山：《在槟榔屿对侨胞的演说》，据台湾《国父全集补编》，杨汉翔编：《槟城阅书报社廿四周年纪念特刊》，转录颜清湟著、李恩涵译：《星马华人与辛亥革命》，台北：联经出版事业公司 1982 年版；又见陈旭麓、郝盛潮主编：《孙中山集外集》，上海：上海人民出版社 1990 年版，第 42~44 页。

不做外国人的奴隶。"① 在 1912 年中华民国成立前，孙中山曾数次申明争回主权的主张，如 1911 年 11 月底，在巴黎谈话时就指出："当弃除与外人种种不便之障碍物。而新政府应将海关税则重行编订，务使中国有益，不能徒使西商独受其利。"② 1911 年 12 月下旬在上海与驻沪外国记者谈话时，又强调："厘金须立即废除、币制之改革亦当于最短期内实行。""各种改革完成时，政府当立即取消领事裁判权。"③ 中华民国成立后，孙中山一再表示要使中国文明与世界各国相接触，"民国与世界各国政府人民之交际"必须进行，"且与各国交相提挈，勉进世界文明于无穷"。④ 可是列强国家对孙中山的中华民国不屑一顾，不承认不建交不支持，反而对中国的军阀势力，尤其是对袁世凯表示热心，这使孙中山感到愤慨，在他卸任临时大总统职后便一改他在对外宣言书中以和平善意的态度向世界各国宣布的八条政策，改而宣布要"收复主权，奠定邦本"。⑤ "中国政府将取消各口岸之租界"、"吾侪将扩张（广州）沙面，与共和国全境无异"。他说：数年后英国人在中国的权限，必将与中国人之在英国相同，相互平等，所有在中国的外国人必须受中国管辖⑥；并指出时机一到，我们必须取消通商口岸，"此乃华人之志意"，"吾人必要独立者，更不愿在中国而归洋人统辖也"⑦。孙中山表示，对于失去的国土"中国必能恢复"、"且绝不需要外力之帮助"⑧。

1915 年 5 月，日本与袁世凯签订"二十一条"交涉事件⑨发生。孙中山在《复北京学生书》中指出："由日本要求条件观之，如山东，如满洲，如东蒙，如福建，如汉冶萍煤铁，皆为利权之重大者"，关于山东、满蒙、福建等地权益为"日人所急欲得者"；袁世凯"以求借帝位之故，甘心卖国而不辞"，是

---

① 李云汉：《国家的独立与统一》，《中山先生民族主义正解》，台北：台湾书店 1999 年版，第 123 页。

② 孙中山：《与巴黎〈政治星期报〉记者的谈话》，《孙中山全集》第 1 卷，北京：中华书局 1981 年版，第 561 页。

③ 孙中山：《与驻沪外国记者的谈话》，《孙中山全集》第 1 卷，北京：中华书局 1981 年版，第 582 页。

④ 孙中山：《对外宣言书》，《孙中山全集》第 2 卷，北京：中华书局 1982 年版，第 8~11 页。

⑤ 参见李云汉：《国家的独立与统一》，《孙中先生民族主义正解》，台北：台湾书店 1999 年版，第 124 页。

⑥ 参见孙中山：《在香港与〈士蔑西报〉记者的谈话》，《孙中山全集》第 2 卷，北京：中华书局 1982 年版，第 368 页。

⑦ 孙中山：《在香港与〈南清早报〉记者威路臣的谈话》，《孙中山全集》第 2 卷，北京：中华书局 1982 年版，第 389 页。

⑧ 孙中山：《在北京与〈大陆报〉记者的谈话》，《孙中山全集》第 2 卷，北京：中华书局 1982 年版，第 414 页。

⑨ 中日"二十一条"交涉的过程、内容与国内外的反应，参见黄纪莲编：《中日"二十一条"交涉史料全编（1915—1923）》，合肥：安徽大学出版社 2001 年版。

向日本卖国的"祸首罪魁",但他不敢公开向日本出卖权益的内容,故此"二十一条"属于密约。对此,孙中山感慨地说:"呜呼!区区民国之名义,吾国民以无量数之牺牲而搏得之者,亦归于澌灭,尚何言哉,尚何言哉!"孙中山复书北京学生,鼓励他们奋起,反对袁世凯出卖主权,挽救"艰难缔造之民国坐致沉沦"。① 此后,孙中山一方面指斥日本对中国的掠夺野心,另一方面谴责北洋政府的卖国行径,提倡维护主权和废除非法卖国条约的主张。

1919 年五四运动爆发后,孙中山则痛斥日本取山东青岛权利的侵略行为,指出"日本今日之承继德国山东权利者,即为他年承继德国败亡之先兆而已"②。次年,孙中山与《益世报》记者谈话,又明确提出:"余主张'二十一条'应作废。日本并应于租借期满后,退出满洲各地。""日本绝无可以占据胶州、青岛之理由。……日本竟强行占据胶、青,无异强盗行为!日本可为强盗,吾国断不能与强盗交涉,更不能承认强盗有权强夺吾国土地之权利。"③ 1920 年 6 月,孙中山致函日本陆军大臣田中义一,指责日本以武力和资本侵略为骨干,在中国扶植守旧的反对势力,压抑革新运动为事,使"中国人民对日恶感日深","故国人咸认日本为民国之敌。若再以乱中国之和平为事,则国人之恶感更深,积怨所发,其祸将不止于排货"。④

由此可见,在"五四"反帝爱国运动之后,孙中山对于东西洋帝国主义的认识日益深刻,为他制定反帝反军阀、完成统一祖国的政策奠定了思想基础。诚如孙中山所说:"我们改革中国的主张,是三民主义。三民主义的精神,就是要建设一个极和平、极自由、极平等的国家。不但在政治上要谋民权的平等,而且在社会上要谋求经济上的平等。"⑤ 所以,1924 年 1 月在《中国国民党第一次全国代表大会宣言》中,孙中山宣布国民党政纲对外政策七款:

(一)一切不平等条约,如外人租借地、领事裁判权、外人管理关税权以及外人在中国境内行使一切政治的权力侵略中国主权者,皆当取消,重订双方平等、互尊主权之条约。

(二)凡自愿放弃一切特权之国家,及愿意废止破坏中国主权之条约者,中国皆将认为最惠国。

---

① 孙中山:《复北京学生书》,《孙中山全集》第 3 卷,北京:中华书局 1984 年版,第 175~176 页。
② 孙中山:《答日本〈朝日新闻〉记者问》,《孙中山全集》第 5 卷,北京:中华书局 1985 年版,第 74 页。
③ 孙中山:《与〈益世报〉记者的谈话》,《孙中山全集》第 5 卷,北京:中华书局 1985 年版,第 206 页。
④ 孙中山:《致田中义一函》,《孙中山全集》第 5 卷,北京:中华书局 1985 年版,第 276~277 页。
⑤ 孙中山:《与戴季陶的说话》,《孙中山全集》第 5 卷,北京:中华书局 1985 年版,第 69 页。

（三）中国与列强所订其他条约有损中国之利益者，须重新审定，务以不害双方主权为原则。

（四）中国所借外债，当在使中国政治上、实业上不受损失之范围内，保证并偿还之。

（五）庚子赔款，当完全划作教育经费。

（六）中国境内不负责任之政府，如贿选、僭窃之北京政府，其所借外债，非以增进人民之幸福，乃为维持军阀之地位，俾得行使贿买，侵吞盗用。此等债款，中国人民不负偿还之责任。

（七）召集各省职业团体（银行界、商会等）、社会团体（教育机关等）组织会议，筹备偿还外债之方法，以求脱离因困顿于债务而陷于国际的半殖民地之地位。①

由于帝国主义列强侵略造成中国社会的贫穷落后，在世界上没有地位，所以孙中山在构建中国社会的发展时，必须要从国际上求得平等，营造一个良好的国际环境，通过公平公正的政治、经济、文化、教育等各方面的交流、交往，才能使中国社会通过自身的改革，调整各方的关系，使它沿着有序、和谐和文明、进步的方向发展。所以，国家与国家、民族与民族之间的平等，不仅是中国社会发展的需要，也是实现世界和平与大同的需要。

国家之间只有平等合作，才会有世界的和平和社会的共同发展

王尔敏先生在20世纪70年代末，写过一篇《十九世纪中国国际观念之演变》的重要文章，在"结论"中，王先生指出：

> 中国自古以来维持国际和平，以求境内安定繁荣，其最高理想形成所谓："守在四夷"之原则。"守在四夷"之重要意义，即在于不贪边功，不勤远略，不取黩武远征开拓疆宇政策。世常谓：竭中国以事四夷。中国向来引以为戒，并多为讥评好大喜功之君主。中国传统国际观念，重在和平相待，重在文化传播，重在象征意义，而绝不计较权利之轻重。②

王先生又指出：

---

① 参见孙中山：《中国国民党第一次全国代表大会宣言》，《孙中山全集》第9卷，北京：中华书局1986年版，第122~123页。

② 王尔敏：《十九世纪中国国际观念之演变》，《中国近代思想史论续集》，北京：社会科学文献出版社2005年版，第134页。

> 回顾以西方为主流之国际制度，殆为今日全世界所必须遵循者，并向为西方学者所艳称之对等国际关系。然就近世国际情势以观，其所谓对等者，所指谁何？除欧洲以外，亚洲、澳洲、非洲林林总总之世界邦国，何国曾能享此对等国际关系？盖近两世纪以来，此种对等关系仅行于少数列强之间……，中国近代百年备受其虐制。①

近代中国国际观念的演变都是当时具体国情的反映，是当时国际环境的反映。1840 年，鸦片战争打破了中国自大与无知的梦幻，战争的结果使林则徐等精英分子开眼看世界，开明士绅魏源发出"师夷之长技以制夷"的呼唤、洋务派提倡学习西方技术与科学以实现中国富强的主张，这些都对国人的观念产生了积极的影响。然而，近代中国真正了解帝国主义列强的人毕竟太少，这些最早觉醒的开明封建士人，乃至后来的早期维新派王韬、薛福成、郑观应等人都只是知道西方社会发展的皮毛，未能了解其社会发展过程中的掠夺本质。从中国社会发展中遇到的诸多阻碍和西方资本主义列强带来的耻辱，那是在甲午战争和八国联军侵华战争以后，这些战争加速了中华民族的觉醒，使中国新知识分子认识到学习西方不仅没能改变中华民族的命运，反而使民族危机日益深重。经过反复的思考，终于使中国的精英分子认识到为什么老师总是侵略和压迫学生的原因，这是因为"欧洲人近有专用这种武力的文化来压迫我们亚洲，所以我们亚洲便不能进步"②，加上"前清专制政体人民无权利，遂无义务的思想。无自由平等的幸福，自甘暴弃责任，毫无竞争之心，进取之性。此实吾国民至于贫弱的一大原因也"③。由此带来了民族和国人的思考，才引起国人对帝国主义列强的研究，认清列强的本质，加深了对民主政治的认识，加促了国人的民族觉醒，引起了中国精英分子国际观念的变化。这个变化的本质就是对帝国主义不要盲从，对列强要进行分析，既要学习西方列强的先进方面，又要反抗帝国主义列强落后的侵略行为。在 19 世纪末 20 世纪初的世界变局和中国黑暗的政治环境的压迫下，造就了中国精英知识分子的爱国情怀和国际意识，孙中山就是在这种环境中陶冶和成长起来的佼佼者。

孙中山说：

---

① 王尔敏：《十九世纪中国国际观念之演变》，《中国近代思想史论续集》，北京：社会科学文献出版社 2005 年版，第 136 页。

② 孙中山：《对神户商业会议所等团体的演说》，《孙中山全集》第 11 卷，北京：中华书局 1986 年版，第 405 页。

③ 孙中山：《在山西实业界及各党派欢迎会的演说》，《孙中山全集》第 2 卷，北京：中华书局 1982 年版，第 476 页。

> 欧洲的物质文明,我们可以完全仿效,可以盲从,搬进中国来也可以行得通。如果不管中国自己的风土人情是怎么样,便像学外国的机器一样,把外国管理社会的政治硬搬进来,那便是大错。①

孙中山还以美国历史为例,指出人类的历史就是求独立、争平等、争自由的历史。他说:

> 美国第一次的大战争,是美国人民自己求独立,为自己争平等。第二次的大战争,是美国人民为黑奴争自由,为黑奴争平等;不是为自己争平等,是为他人争平等。为他人争平等,比较为自己争平等所受的牺牲还要大,流血还要多。所以,美国历史是一种争平等的历史。这种争平等的历史,是世界历史中的大光荣。②

暴力是人类的一种劣根性,而战争又是暴力最尖锐的表现形式。由暴力发展为战争,这是种族或阶级为争取经济、政治利益和保存生存与发展权而形成的矛盾对抗剧化的产物。在人类社会产生阶级和种族主义盛行的年代里,战争是不可避免的,但又是可以制止的。③

"战争始于政治,亦终于政治。"④ 过去,我们中国人都斥责战争,歌颂和平,但由于西方人用武力和战争跟中国人挑衅,中国人才改变了对西方人的观念。诚如蒋梦麟所说:

> 我们吃过炮弹的苦头,因而也就对炮弹发生兴趣,一旦我们学会制造炮弹,报仇雪耻的机会就来了。我们可以暂时不管这些炮弹是怎么来,因为对我们这些凡夫俗子而言,保全性命究竟比拯救灵魂来得重要。历史的发展真是离奇莫测。我们从研究炮弹而研究到机械发明;机械发明而导致政治改革;由于政治改革的需要,我们开始研究政治理论;政治理论又使我们再度接触西方的哲学。在另一方面,我

---

① 孙中山:《三民主义·民权主义》,《孙中山全集》第9卷,北京:中华书局1986年版,第320页。
② 孙中山:《三民主义·民权主义》,《孙中山全集》第9卷,北京:中华书局1986年版,第292页。
③ 参见林家有:《孙中山的和平理想》,林家有、(日)高桥强主编:《理想·道德·大同——孙中山与世界和平国际学术研讨会论文集》,广州:中山大学出版社2001年版,第3页。
④ 胡愈之:《论和约》,《胡愈之文集》第5卷,北京:生活·读书·新知三联书店1996年版,第20页。

们从机械发明而发现科学,由科学进而了解科学方法和科学思想。一步一步地我们离炮弹越来越远了,但是从另一角度来看,也可以说离炮弹越来越近了。①

蒋梦麟的话意味深长。他说的是基督教以和平仁爱为宗旨,慢慢地流传到中国,起初中国人尽管不欢迎,但还是坚忍着,逆来顺受。可是后来"基督教与以兵舰做靠山的商业行为结了伙,因而在中国人的心目中,这个宣传爱人如己的宗教也就成为侵略者的工具了。人们发现一种宗教与武力形影不离时,对这种宗教的印象自然就不同了,而且中国人也实在无法不把基督教和武力胁迫相提并论。慢慢地人们产生了一种印象,认为如来佛是骑着白象到中国的,耶稣基督是骑炮弹上飞过来的"②。1840年,英国靠炮舰打开中国的国门,并打败了中国,掠夺了中国的香港;1894年,日本又出其不意地向"东亚睡狮"咬了一大口,中国继痛失香港之后又丢了台湾。蒋梦麟说:经过这些打击使"这只东亚睡狮这时真有点感到疼痛了,茫茫然揉着惺忪的睡眼,不知道究竟是什么扰了它的清梦"?的确如此。自19世纪中叶以来,随着中国与西方的密切接触,中国的地位不仅日落千丈,且几有不能自保之势。应该如何应对这种局势的发展?西方人用武力和战争跟中国人挑衅,中国人不得不加以防范,因而有洋务运动的强军治国举措,可惜穷兵黩武并非中华民族的传统,与东西洋人一接战,中国便一败涂地。经过丧权辱国的苦痛,中国人明白了一个道理,兵不能不要,国不能不强,落后就会挨打,弱国必受欺凌。所以,中华民族开始形成振兴中华、立志强国的心理。也正由于存在振兴和强国的心理,鸦片战争后,由林则徐到魏源到相当数量的士大夫都有"师夷之长技以制夷"的思想,具有学习西方的科学技术发展中国的科学技术以与西方抗衡的意识。这种由发展物质文明与西方进行兵战的尚武思想的产生便为以曾国藩、李鸿章、左宗棠为代表的封建地主阶级洋务派立志强军治国奠定了思想和社会基础。就连资产阶级革命派孙中山等人也意识到,"大凡一个国家所以能够强盛的原故,起初的时候都是由于武力的发展,继之以种种文化的发扬,便能成功"③;"中国近代物质文明不进步,因之心性文明之进步亦为之稽迟"④。所以,立志救弱救贫,通过振兴中华来抵御侵略,实现中国的独立、民主和富强,便成为19世纪中叶以后中国多数人的追求。振兴中华、维护世界和平是

---

① 蒋梦麟著:《西潮》,台北:辅欣书局1980年版,第6页。
② 蒋梦麟著:《西潮》,台北:辅欣书局1980年版,第5~6页。
③ 孙中山:《民族主义第六讲》,《孙中山选集》,北京:人民出版社1981年版,第679页。
④ 孙中山:《建国方略》,《孙中山全集》第6卷,北京:中华书局1985年版,第180页。

从林则徐、魏源到孙中山、毛泽东等近代中国几代人努力奋斗的方向。可见，鸦片战争以后，为了复兴中国、振兴中华，中国从上到下都有一种追求近代化的强国意识。这种意识就是以实现强国作为反抗战争实现和平、实现中国近现代化的思想基础。但是，经过甲午战争和八国联军侵华以后，由于洋务运动建立起来的军事工业和海陆军的惨败，中国人以求强求富为目的的有志之士的观念则有明显的转变。有部分官绅和士大夫认识到东西方帝国主义国家处处表现出的强权万能、武力第一，是对人伦的违抗。他们的商人、传教士也随着帝国主义推行强权政治，剥夺殖民国家的利益而改变合法经商和传教的初衷，他们的活动也开始与他们国家的政治、经济利益结合在一起，依仗国家的炮舰作后盾，气势凌人，并有意在中国制造麻烦，干涉中国的内政。而无知自私的中国封建官僚、军阀，以及翻云覆雨的政客，为了争权夺利，甘心供帝国主义利用，使中国蒙受其害，陷入战争和惶恐的局势。所以，中国的有识之士，一个世纪以来除了强调自力更生、发展自己、强国富民之外，也强烈要求东西方列强应抛弃其强权政治与优越感，否则加重误会，将会导致更多的纷争。他们普遍认为，强权解决不了问题，单凭政治经济的措施亦不易消除隔阂。到了20世纪初叶，我国有的开明人士便想出一种办法来调和中西人之间的矛盾，强调以中国的仁义忠孝的道德文化来融合彼此观念，以中国的"恕"与"仁"为准则来制约人们的行为。所谓"恕"，即"己所不欲，勿施于人"；所谓"仁"，即"己欲立而立人，己欲达而达人"。中国的伦理观念是否真的具有那么大的力量，谁也说不清。不过在没有强大的物质力量与侵略者抗衡的年代，强调中国的平等待人、以理服人，以"仁善"的道德文化来抗拒侵略者的武力强权文化，也不失为一种较为理智的办法，起码它表明中国是文明古国，它讲王道不讲霸道，别人也不要以霸道来欺凌讲王道的中国人。这些劝告不一定有效，但它很明显地包含有中国人希望与一切国家的人民和平共处、"益增睦谊"、共同发展的愿望。

  和平是个理想，但它跟人类的现实息息相关。要实现和平，首先必须从现实做起。所谓现实，也即是现实社会存在列强以大欺小、以强凌弱的战争因素，如何才能制止战争实现和平，政治家和思想家为此绞尽脑汁。有人主张通过发展科学技术，生产先进的战略武器跟霸权主义者推行的强权政治抗衡；有人主张通过区域性的联合，建立伙伴关系，以多治少；也有人主张通过文化因素，以"王道"文化来抗衡"霸道"文化，使人类树立讲和不讲打的理念，造就高尚人格，同那些讲霸道热衷于战争的人作斗争。孙中山属于后一种。

  孙中山从关切人类的前途着想，提倡依靠人的自知之明、自强不息，树立正确的社会行为和规范，以及为人处世的法制和伦理道德，为人类造就一种不断前进的积极和健康的生活环境，最终实现"天下为公"、"世界大同"的理想。他设想通过人的自我修养和社会培养，提高人的忠公意识和人类平等，相互促进社会共同发展的精神，使人类走出战火不息、私欲横流的世局。孙中山的这个设想可谓用心良苦，但与现实存在较大差距。孙中山从道德建国的思维出发强调："有道德始有国家，有道德始有世界。"① 他设想用固有道德作为实现和平的基础，要人们认识到"凡是有利于人者，未必有害于己"②。"近日社会学说，虽大昌明，而国家界限尚严。国与国之间，不能无争。道德家必愿世界大同，永无争战之一日。我辈亦须存此心理，感受此学说。将来世界上总有和平之望，总有大同之一日，此吾人无穷之希望，最伟大之思想。"③ 消灭战争实现世界大同的道路虽然漫长，但人类社会应该树立一种新的道德，建立新的行为规范，尽量减少兽性、增多人性，"己立立人，己达达人"，④ 扩大同情心，用正义和公正去抵抗或征服社会存在的恶魔行为，从而树立替众人服务的新道德，使其成为"世界上道德的新潮流"。⑤ 这种以"改良人格来救国"治世的思想虽有几分天真，但它的确说明一个带有根本性的问题，即救国和拯救人类应该抱持一种什么心态和志愿。孙中山强调，人能创造物质，也能够控制和运用物质，人的素质如何、品德如何，是关系到国家安危、社会进步的关键所在。孙中山经常提到"国事多艰，苍生待拯"⑥。靠谁去拯救国家，靠谁去实现世界和平，还是要靠四万万中国人，还是要靠世界各国人民，"人人能尽职任，人人能尽义务"，以国家利益为重，以世界人民的利益为重，以争私人权利为国仇，以野心家为众矢之的，与宗教家、慈善家同其心术而异其目的，专为国家和人类出死力，为此牺牲生命也在所不计。只要决心"应乎世界进步之潮流，合乎善长恶消之天理，则终有最后成功之一日"⑦。这种以树立高尚思想和人格，以达破除旧世界、铲除人类的一切烦恼的思想的树立，表明孙中山是以"持以坚贞，以待未来"的态度去审视世界和对待人类的。

孙中山所处时代的世界现实使他认识到"今世界文明进化，尚在竞争时

---

① 孙中山：《在东京中国留学生欢迎会的演说》，《孙中山全集》第3卷，北京：中华书局1984年版，第25页。
② 孙中山：《在广州军界欢迎会的演说》，《孙中山全集》第2卷，北京：中华书局1982年版，第345页。
③ 孙中山：《在东京中国留学生欢迎会的演说》，《孙中山全集》第3卷，北京：中华书局1984年版，第25页。
④ 孙中山：《与门司新闻记者的谈话》，《孙中山全集》第11卷，北京：中华书局1986年版，第433页。
⑤ 孙中山：《在岭南大学黄花岗纪念会的演说》，《孙中山全集》第10卷，北京：中华书局1986年版，第156页。
⑥ 孙中山：《复马文元函》，《孙中山全集》第7卷，北京：中华书局1985年版，第38页。
⑦ 孙中山：《致邓泽如及南洋国民党人函》，《孙中山全集》第3卷，北京：中华书局1984年版，第74页。

代,而非大同时代","现在世界各国,均从事扩张军备,进步一日千里。处今之世,有武力之国家则隆隆烈烈,进于一等之地位,无武力之国家,必至于灭亡"。① 他指出,在竞争的时代,保卫国家的安全和稳定,还是要依靠军人承担责任。无军人也就无国防,无国防也就不能抵御列强国家的侵凌,更无法制止内乱。然而,任何国家都不能以强权称霸,"近世文明进步,以日加速,最后之百年已胜于以前之千年,而最后之十年又胜已往之百年,如此递进,太平之世当在不远"②。所以,孙中山为了实现和平理想,做了短期和长期的设计。从短期任务考虑,由于帝国主义推行政治、经济、文化和军事上的侵略,"国家对内、对外有时为保护晋行起见,必须兵力。国家既为大家所有,则兵力亦必全恃乎国民,所以国民又必有充兵之义务"③;"因二十世纪立国于地球上者,群雄争逐,未能至于大同时代,非兵力强盛不能立国"④。但这只是竞争时代不得不采取的策略,因为社会总是进化的,随着人类精神文明的进步,竞争必将为和平所取代。"现在世界文明未达极点,人类知识,犹不免于幼稚,故以武装求和平,强凌弱,大欺小之事,时有所闻。然使文明日进,智识日高,则必推广其博爱之义,使全世界合为一大国家,亦未可定";"虽然,欲泯除国界而进于大同,其道非易,必须从尚道德、明公理,庶可致之。今世界先觉之士,鼓吹大同主义者已不乏其人,我五大种族皆爱和平,重人道,若能扩充其自由、平等、博爱之主义于世界人类,则大同盛轨,岂难致乎?"⑤ 孙中山希望中国国民要以"促进世界的和平"⑥ 作为天职和责任。

中国是一个文明古国,中国人热爱和平,反对战争,但也不怕战争,1919年孙中山在为《精武本纪》一书作序时说到和平与战争时,他做这样的解释:

> 我国民族,平和之民族也。吾人初不以黩武善战,策我同胞,然处竞争剧烈之时代,不知求自卫之道,则不适于生存。且吾观近代战

---

① 孙中山:《在南昌军政学联合欢迎会的演说》,《孙中山全集》第 2 卷,北京:中华书局 1982 年版,第 536 页。

② 孙中山:《建国方略:孙文学说——行易知难(心理建设)》,《孙中山选集》,北京:人民出版社 1981 年版,第 157 页。

③ 孙中山:《在石家庄国民党交通部欢迎会的演说》,《孙中山全集》第 2 卷,北京:中华书局 1982 年版,第 479 页。

④ 孙中山:《在山西军界欢迎会的演说》,《孙中山全集》第 2 卷,北京:中华书局 1982 年版,第 474 页。

⑤ 孙中山:《在北京五族共和合进会与西北协进会的演说》,《孙中山全集》第 2 卷,北京:中华书局 1982 年版,第 439 页。

⑥ 孙中山:《在南京参议院解职辞》,《孙中山全集》第 1 卷,北京:中华书局 1981 年版,第 317 页。

争之起，恒以弱国为问题。倘以和平之民族，善于自卫，则斯世初无弱肉强食之说；而自国之问题不待他人之解决，因以促进世界人类之平和，我民族之责任不綦大哉？《易》曰："慢藏诲盗，冶容诲淫。"《孟子》曰："人必自侮，而后人侮之；国必自伐，而后人伐之。"①

孙中山在这里指出，在竞争激烈的时代，中国不知强种是中国受人欺凌的原因，但中国黩武善战、强种保国只是"吾民族所以致力于世界和平之一基础"。

1924年，孙中山在做民族主义讲演时，又列举很多事实指出，如果从军事上考虑，任何一个列强国家都可以灭亡中国，因为中国没有国防，又没有民众动员系统和坚强的民族大团体。为了抵御列强使用军事、政治、经济的力量来灭亡中国，孙中山认为有两种抵抗方法："一是积极的，这种方法就是振起民族精神，求民权、民生之解决，以与外国奋斗。二是消极的，这种方法就是不合作。不合作是消极的抵制，使外国的帝国主义减少作用，以维持民族的地位，免致灭亡。"② 然而，孙中山所强调的不是与列强讲强权，他认为讲强权的行为是很野蛮的，讲打不讲和不符合中国人的传统，中国已经脱离了讲打的野蛮习气，所以中国还是要永远保守和平的道德。"诸君知道革命本是流血的事，像汤武革命，人人都说他们是顺乎天应乎人，但是讲到当时用兵的情况，还有人说他们曾经过了血流漂杵。我们辛亥革命推翻满洲，流过了多少血呢？所以流血不多的原因，就是因为中国人爱和平。爱和平就是中国人的一个大道德，中国人才是世界中最爱和平的人。"③ 中国人的心理，向来不以打得为然。"这种不讲打的好道德，就是世界主义的真精神。我们要保守这种精神，扩充这种精神"④。

孙中山经过对中外历史的考察，尤其是他看到第一次世界大战后世界局势的变化，得出这样的结论："现在世界上的国家和民族，只有中国是讲和平；外国都是讲战争，主张帝国主义去灭人的国家。近年因为经过许多大战，残杀太大，才主张免去战争，开了好几次和平会议，像从前的海牙会议，欧战之后的华赛尔会议，金那瓦（按：今译日内瓦）会议、华盛顿会议，最近的洛桑会议。但是这些会议，各国人共同去讲和平，是因为怕战争，出于勉强而然的，不是出于一般国民的天性。中国人几千年酷爱和平，都是出于天性。论到

---

① 孙中山：《精武本纪序》，《孙中山全集》第5卷，北京：中华书局1985年版，第150页。
② 孙中山：《民族主义第五讲》，《孙中山选集》，北京：中华书局1981年版，第678页。
③ 孙中山：《民族主义第四讲》，《孙中山选集》，北京：中华书局1981年版，第665～666页。
④ 孙中山：《民族主义第四讲》，《孙中山选集》，北京：中华书局1981年版，第667页。

个人便重谦让，论到政治便说'不嗜杀人者能一之'"，所以中国人和外国人便有大大的不同。"中国从前的忠孝仁爱信义种种的旧道德，固然是驾乎于外国人，说到和平的道德，更是驾乎外国人。这种特别的道德，便是我们民族的精神。"①

从国民天性、民族精神的视角来说明外国帝国主义的侵略本性，诚然是不大科学，然而孙中山从文化的冲突和歧异论证了新旧潮流、中外发生矛盾和战争的原因则另有一番新意。中国是文明古国，所以它讲和平，讲仁义，讲兼爱（博爱），他不会侵略别的国家、奴役别的民族，也不允许别的民族和国家奴役中国、压迫中华民族。"我们对于弱小民族要扶持他，对于世界的列强要抵抗他"；"我们今日在没有发达之先，立定扶倾济弱的志愿，将来到了强盛的时候，想到今日身受过了列强政治经济压迫的痛苦，将来弱小民族如果也受这种痛苦，我们便要把那些帝国主义来消灭，那才算是治国平天下"。所以，孙中山说，中华民族坚持的是"打不平文化"，是利人也利己的文化，也是中国治国平天下的精神理念。孙中山号召中国人要担负起"用固有的道德和平做基础，去统一世界，成一个大国之治"的责任，并强调"担负这个责任，便是我们民族的真精神"。②

由此可见，消灭战争和人类的压迫，实现"天下为公"、"世界大同"和人类的和平是孙中山的伟大理想。孙中山用"以期维持世界之平和，增进人类之福祉"的理念去启迪人们思考和寻求世界和平的路向，虽然离现实尚远，但无疑是一种理性化的进步的政治思想。所以，正如人们所指出的：孙中山是一位为民族生存而战、为和平而战、为消灭障碍而战、为抵抗侵略而战、为人类打不平而战的大革命家、大政治家。他的"战争思想是进步的，是革命的，是反侵略的，是救国救世"的。③孙中山的和平理想是以反对民族压迫、民族侵略以及为推翻腐败的卖国统治、为消除天地间不平等，以期造成大同世界为前提的。他是以革命战争来求中国的独立、民主、平等、自由、富强和解放，以及人类的公正、民族的平等为目标。实现这个理想的道路虽然曲折而漫长，但孙中山并没有气馁过，更没有停止过奋斗，而且，就在他停止呼吸告别人间的前一刻，还在呼唤"和平、奋斗、救中国"、救世界。可见，反对帝国主义侵略战争，保卫亚洲和世界和平，是孙中山基于特定的时代和文化背景确立起来的美好理想。为了实现这个美好理想，孙中山制定并实施了包括完成中国革命以"拯救中国四亿的苍生，雪除东亚黄种人的耻辱"以及"恢复和维护世

---

① 孙中山：《民族主义第六讲》，《孙中山选集》，北京：中华书局1981年版，第683~684页。
② 孙中山：《民族主义第六讲》，《孙中山选集》，北京：中华书局1981年版，第691页。
③ 李浴日著：《中山战争论》，韶关：世界兵学杂志社1942年版，第27~42页。

界的和平和人道"的方略①,作为自己的职责,他把"保卫亚洲和平",视为"亚洲人应尽的义务"②。孙中山一生为国家谋富强,为世界求和平,为"天下为公"、"世界大同",以及"令人群社会,天天进步"努力奋斗,③ 得到全世界进步人士的赞誉,说"他是在人类公正精神范围内来唤醒民族意识",说他是"将战斗精神与互助精神联成一气",为"挽救民族,为保卫世界和平"④忘我地奋斗和工作。所以,从今天的世界局势去看,孙中山关于世界和平的许多见解,对于我们今天的国家与国家关系仍然具有启迪意义。国家与国家之间没有和平,就不会有人类社会的进步和世界的和谐。所以,当代世界问题的解决不能只通过武力,只有通过文化交流、外交等和平手段,通过谈判、商量才能有利于关系的发展。和平是世界各国、各民族发展的基础,没有和平就根本谈不上世界的文明和社会的进步。可见,孙中山的"世界大同"理论和平等国家观念的思想是值得我们重视、研究、弘扬和传承的重要思想遗产。孙中山作为20世纪世界杰出的人物,不仅属于中国,也属于世界。他有关和平以及国与国之间的谅解、睦邻友好的许多见解都集中了人类的智慧,对于当今建设和谐世界,仍然放射着时代的光芒。⑤ 国家、民族与人一样,都要求平等、追求平等,没有平等相待,世界就不会有和平,社会就不可能和谐,人类就不可能共享文明财富。平等万岁,和平万岁,是人类的共同期盼。

(二)孙中山的国权与民权并重的思想

国权与民权同样重要

凡是近代化的民主国家,其法律必须保护人民的民主权利,但也必须维持国家的独立和统一,国家有国家的权利,人民有人民的权利,人民不能通过民权去压制国权,国家也不能通过国权去压制民权。所以,如何处理好国权与民权的关系,是孙中山毕生都在探索、思考和力求解决的重大课题。

所谓国权,可从两个方面去理解:一方面是对外而言,即国家要有独立的

---

① (日)宫崎滔天著,林启彦改译:《三十三年之梦》,广州:花城出版社、三联书店香港分店1981年版,第123~124页。
② 《支那》杂志第4卷第5号,转引自李吉奎著:《孙中山与日本》,广州:广东人民出版社1996年版,第335页。
③ 孙中山:《在广州全国青年联合会的演说》,《孙中山全集》第8卷,北京:中华书局1986年版,第315页。
④ (德)海法特(H. Herrfahrt)著:《孙中山传》,王家鸿译,台北:商务印书馆1978年版,第141页。
⑤ 有关孙中山和平学说的内涵及其有关的和平主张,可参阅林家有:《孙中山的和平学说》,台北《国父纪念馆馆刊》2000年第6期。

主权，不允许别的国家干涉内政；另一方面是对内而言，即国民不能以民权去干预国权，人民有权管理国家，但外交、国防、军事权要由国家去掌握，以示统一。孙中山早在《香港兴中会章程》中就强调要"振兴中华、维持国体"，就是担心"中国一旦为人分裂，则子子孙孙世代为奴隶，身家性命且不保"。①因此，要维持国体即维护中国的统一，不是维护腐朽的实行高压统治政策的清政府，而是要通过推翻清政府，建立新的政体以维护国家的统一。孙中山在革命之初就认识到，因为中国人民所受的压迫极其沉重，因此他们"迟早将要起来革命"，而他们革命的目的就是要实现中华民族的独立和人民的民主。1901 年春天，孙中山同美国《展望》杂志（*The Outlook*）记者林奇（G. Lynch）在横滨进行了一次有趣的对话。孙中山对林奇说："你对新式的中国人有些什么想法？我料想你没有见有优美高尚之民，以无良民则无良政治，无良政治则无良国。"所以，孙中山指出：同盟会"所标三大主义，由民族而民权、民生者，进行之时有先后，而欲造成圆满纯固之国家，以副其始志者，则必完全贯彻此三大主义而无遗"②。实现这三大主义，就是国家有权、人民民主、社会富强。只有做到这样，中国才是一个共和民主的国家，也只有这样，国家才算有权，人民才有民主。所以，国权与民权是一个问题的两个方面，是相辅相成的，它们不是矛盾的，更不是相对的。国家行使国权保护人民、捍卫国家的统一与安全，而"国民蒙共和之福"，国家一旦有难就会"执干戈以卫社稷"，国家与国民各有其权，各尽其责，社会就会稳定，国家就能长治久安，人民就能过上和平安定的生活。在孙中山看来，只有在这样一个共和民主的国家治理之下，中国的社会才算是理想的社会、幸福的社会。

为此，孙中山做了认真的探讨和艰苦的奋斗。1912 年 2 月 18 日，孙中山在《布告国民消融意见蠲除畛域文》中指出："今中华民国已完全统一矣。中华民国之建设，专为拥护亿兆国民之自由权利，合汉、满、蒙、回、藏为一家，相与和衷共济，丕兴实业，促进教育，推广东球之商务，维持世界和平，俾五洲列国益敦亲睦，于我视为唇齿兄弟之邦。"并希望国民"而今而后，务当消融意见、蠲除畛域，以营私为无利，以公益为当谋，增祖国之荣光，造国民之幸福"③。他宣布："中华民国由中华人民组织之"，"中华民国之主权属

---

① 孙中山：《香港兴中会章程》，《孙中山全集》第 1 卷，北京：中华书局 1981 年版，第 22 页。
② 孙中山：《中国同盟会意见书》，《孙中山全集》第 1 卷，北京：中华书局 1981 年版，第 578 页。
③ 孙中山：《布告国民消融意见蠲除畛域文》，《孙中山全集》第 2 卷，北京：中华书局 1982 年版，第 105 页。

于国民全体"①,"政府不过一极小之机关,其力量不过国民极小之一部分,其大部分之力量,则全在吾中华民国之国民"②。"专制国之政治在于上,共和国之政治在乎民。将来政治之得失,前途之安危,结果之良否,皆惟我国民是赖。"③ 然而,国民也绝对不能侵犯国权。国无法则不立,国家应立法,以法治国,国民犯法,政府必须依法惩治,如果官吏违法,国民不仅有权罢免,同样必须依照法律面前人人平等的原则实行惩处。所以,国之权、民之权都是由人民去争取去捍卫的,不能顾此失彼,更不能强调一面又放弃另一面。

1912 年 4 月 1 日,孙中山辞去中华民国临时政府大总统后,将其主要精力投向中国社会的革新,从事社会的改良和"实业建设"。孙中山认为,他的政治革命的任务已经完成,需要进行并正集中思想与精力去做的工作是从社会、实业与商务几个方面去"重建我们的国家",但他并不是不过问政治。1912 年 7 月中下旬,孙中山在上海接见纽约《独立》杂志特约代表、美国长老会在华代言人李佳白(R. G. Reid)时有过一个长篇谈话。

在这个谈话中,孙中山说到在中国要实现建立共和政体是他的计划的一部分,说他"不但要推翻清政府,并且要建立共和政体"。他认为:"民主的观念在中国一向颇为流行,没有理由要以君主政体来妨害这种民主观念。中国人民不但爱好和平,遵守秩序,而且也浸染了选择自己的代表管理自己事务的观念。我们所需要做的,只是把这种民主观念付诸实行。为此,人民须有自己选出的全国的及各省的代表。他们为人民所选,代表人民,将为人民的最高利益而工作。"④ 孙中山还表示要运用他所有的影响力以努力于国家的统一、人民的民主和福利。可见,在中国实现民权、建立共和政体是孙中山一贯的思想,也是他一生为之奋斗的理想。

综观孙中山关于国权与民权的思想,他是坚持国权与民权并重,但在不同时期他强调的侧重点又有所不同。清政府统治期间,他认为清政府以国权压民权,造成丧权辱国,又由于清政府借专制摧残民主,所以,他强调民权和民主较多,并将实现民权作为发动国民起来反清的主要宗旨。但当清朝皇帝退位、民国政府成立后,他则强调国权与民权并重,将实现国家的统一作为共和施政主旨。可是,当袁世凯、段祺瑞篡夺民国政府的权力,借国权以压民权,摧毁

---

① 孙中山:《中华民国临时约法》,《孙中山全集》第 2 卷,北京:中华书局 1982 年版,第 220 页。
② 孙中山:《在南京参议院解职辞》,《孙中山全集》第 2 卷,北京:中华书局 1982 年版,第 318 页。
③ 孙中山:《在广州耶稣联合会欢迎会的演说》,《孙中山全集》第 2 卷,北京:中华书局 1982 年版,第 361 页。
④ 孙中山:《中华民国》,《孙中山全集》第 2 卷,北京:中华书局 1982 年版,第 393 页。

政党政治，以专制代替民主时，孙中山又反对借国权反对民权，强调维护民主政治的重要，并全力投身于护国、护法运动，为恢复民国成立时确立的民主共和政治体制作出不懈的努力和奋斗。然而，在孙中山晚年，由于民主政治一再受挫，无法形成中央政府去制定宪法行使国权时，孙中山又回到革命初期的政治主张：国权与民权并重，强调国权不立，国家难以施治，民权不立，民心难于合一。为了统一民心、合力救国，孙中山一再强调以法治国，运用法律的手段平衡国权与民权，运用法律的程序来规范官与民的行为，正确调处中央与地方、官吏与百姓的关系。

1921年3月20日，孙中山在广东省教育会会议上作关于"五权宪法"的报告时，强调建设国家的基础必须要有一部良好的宪法。因为只有一部良好的宪法才可以规范社会的秩序和治人者与治于人者的关系，可破治者与被治者的阶级，实行民治。他说："宪法的作用犹一部机器"，"我们现在讲民治，就是要将人民置于机器之上，使他驰骋翱翔，随心所欲"。"从前君主的时代有句俗话叫'造反'，造反就是将上头的反到下头，或是将下头的反到上头。"孙中山指出，他创造的"五权宪法，就是上下反一反，将君权去了，并将君权中的行政、立法、司法三权提出，作三个独立底权。行政设一执行政务的大总统，立法就是国会，司法就是裁判官，与弹劾、考试同是一样独立的"。①他要求广州的国会制定"五权宪法"作为治国的根本法，而这个根本法的明显特征就是通过法律的程序将国权与民权区分开来，各施其责，各行其权，使国家政权机关与人民代表大会行使权力能有序地进行，这样由国民代表选举产生的国民大会，由国民大会选举产生的官吏组成的中央政府行使统治权，即实行国权，而国民大会行使的选举权、复决权、罢官权和创制权也就是我们所说的民权。

1923年12月30日，孙中山在广州发表演讲，再次强调："三民主义"和"五权宪法"都是建国方略。他说："国家，是人人生死所在的地方。国家的基础，是建筑在人民的思想之上。世界上现在何以多是民国呢？从前何以都成帝国呢？因为人民政治思想各有不同。改造国家，并不是要把所有的江山都要改变。……只要改造人心，除去人民的旧思想，另外换成一种新思想，这便是国家的基础革新。"用三民主义指导建国就是"要把全国的主权，放在本族人民手内；一国的政令，都是由人民所出；所得的国家利益，由人民共享。这三项意思，便可用民有、民治、民享六个字包括起来。五权宪法是根据于三民主义的思想，用来组织国家的。好像一个蜂窝一样，全窝内的觅食、采花、看门等任务，都要所有的蜜蜂分别担任，各司其事"。"建设一个国家，好像是做

---

① 孙中山：《五权宪法》，《孙中山选集》，北京：人民出版社1981年版，第494~495页。

成一个蜂窝,在蜂窝内的蜜蜂,不许有损人利己的事,必要井井有条,彼此毫无冲突。"① 很明显,孙中山所讲的意思是用"三民主义"去指导建国,就是将国家的权力交给人民,而"五权宪法"的实行就是将国家的权力采取又分又合的办法,使国权与民权由不同的机构分别担任,各司其职,从而使国家机构能够互相制约、相互协调、相互促进。担任国事的人有权处理本职内的事,但一定要把国家应该做的大事管理好、做好。而人民又充分认识到"人饥己饥,人溺己溺""天下兴亡,匹夫有责",国家之内一物不得其所,便影响大局。所以,民权不仅仅是一种权力,也是一种责任,必须将权力责任恰当地处理好。从这个层面去看,孙中山的国权是指中央政府的统治权。然而,从孙中山一再强调帝国主义的侵略使中国变为"次殖民地"的危险地位去考虑,国权最重要的是对外的合法权力。所以,孙中山强调要确立国家观念,将全国人民联系起来组成"极大中华民国的国族团体"去兴邦保国,与外国奋斗,以维持民族的地位,免致民族灭亡。因此,孙中山指出,民权和国权都是争平等,讲民权"就是人民同皇帝相争"②,要打破君权,使人人都平等。"而讲国权就是反对帝国主义侵略,使中国与外国一律平等,'维护民族和国家的长久地位',使国家能够独立和强盛起来。"③ 讲民权便要反对君权,但讲民权不能反对国权,不但不能反对国权,而且还要通过实现民权使国权更加牢固,并在国民中牢固地树立起民族和国家的观念,养成忠于国家和人民的习惯,使爱国的观念在国民中一代又一代地传承下来。孙中山在民权主义第四讲中讲到美国独立后,国内虽没有敌人,但分成13邦,每邦不过20多万人,各不相下,大家不能统一,国力还是很弱,将来还有可能被欧洲吞并,前途仍是危险。于是各邦的先进人士想避免危险,使国家永远图生存发展,便主张加强国力,各邦联合起来,建设一个大国家。当时提倡联合的办法,有主张专行民权的,有主张专行国权的。头一派的主张就是地方分权;后一派的主张就是中央集权,限制民权,把各邦的大权力都联合起来,集中于中央政府,这后一派又可以说是"联邦派"。孙中山指出,这两派彼此用口头文字争论,争了很久,并且很激烈。最后是主张限制民权的"联邦派"胜利,是各邦联合起来,成立一个合众国,公布联邦宪法。美国自开国一直到现在,都是用这种宪法。这种宪法就是三权分立的宪法,我们叫作《美国联邦宪法》。孙中山说:"美国自结合联邦,成立宪法以后,便成世界顶富的国家;经过欧战以后,更成了世界上顶强的国家。因为美国达到了今日这样富强,是由于成立联邦宪法,地方人民的事

---

① 孙中山:《宣传造成群力》,《孙中山选集》,北京:中华书局1981年版,第563~564页。
② 孙中山:《民权主义第一讲》,《孙中山选集》,北京:中华书局1981年版,第69页。
③ 孙中山:《民权主义第六讲》,《孙中山选集》,北京:中华书局1981年版,第679页。

让各邦分开自治。"然而，孙中山认为中国的国情与美国不同，中国不能实行联邦制，"将本来统一的中国变成二十几个独立的单位，像一百年以前的美国十几个独立的邦一样，然后再来联合起来"，这是不适时宜的，并指出："美国之所以富强，不是由于各邦分裂的结果，而正是统一的结果。中国原来既是统一的，便不应该把各省再来分开。中国眼前一时不能统一，是暂时的乱象，是由于武人的割据。这种割据，我们要铲除他，万不能再有联省的荒谬主张，为武人割据作护符。"①

由此可见，孙中山不限制民权，但非常强调国权。他认为，国家应该由统一的政权来行使国权，反对借口所谓"充分民权"来分割国权。他说：如果"国家虽然是有政府，和无政府一样"，这样的国家便是无能的软弱的国家；但如果人民无权管理国家，这样的国权便和"从前的君权时代"一样，"皇帝高高在上，便可以为所欲为"，这样的国权便是高度的专制独裁。② 所以，孙中山关于国权与民权的思想是对民主政治学说的发展，他将国权与民权、政权与治权的关系做了科学的阐释，为解决民主政治实行过程中可能出现的国权与民权的矛盾提供了一个协调和解决的机制，使国家的统一和社会的有效管理，以及充分发扬民主和人民对国家应承担的责任统一起来，圆满地解决了民主国家推行民主政治产生国权与民权的矛盾给国家和社会带来的不稳定和弊端。

官吏和国民各有各的义务与职责

封建社会的官吏，民主国家则称为公务员，孙中山称为公仆，意即为人民做事的人，其职责是为人民服务。

1912年1月中华民国南京临时政府成立后，孙中山即宣布国家机关的各级官员均是人民的"公仆"，"公仆"即为人民服务的人员，它与封建社会的统治者官僚完全不同。"国以民为本"③，"民为邦本，本固邦宁"。说明"民国者，民之国也。为民而设，由民而设，由民而治者也"④。孙中山认为，革命的政府是一个以人民为主体的政府，因此政府的官员"千万勿扰百姓"⑤，要诚心诚意地为人民的权利服务，"共和政治，民为主体"⑥，民意是不可抗拒

---

① 孙中山：《民权主义第四讲》，《孙中山选集》，北京：中华书局1981年版，第744～146页。
② 孙中山：《民权主义第六讲》，《孙中山选集》，北京：中华书局1981年版，第784页。
③ 孙中山：《上李鸿章书》，《孙中山全集》第1卷，北京：中华书局1981年版，第17页。
④ 孙中山：《为居正题词》，《孙中山全集》第5卷，北京：中华书局1985年版，第200页。
⑤ 孙中山：《对汪精卫等的口谕》，《孙中山全集》第11卷，北京：中华书局1986年版，第639页。
⑥ 孙中山：《建设方针宣言》，《孙中山全集》第5卷，北京：中华书局1985年版，第441页。

的，所以官员应当"忠于国，为众服务"，总统是国民的"公仆"①，被国民推举的"公仆"，就要"尽忠民国"，"当守宪法，从舆论"，接受国民的监督，全心全意地为国民服务。孙中山在任临时大总统后便公开宣布："而今而后，务当消融意见，蠲除畛域，以营私为无利，以公益为当谋，增祖国之荣光，造国民之幸福"②，他表示"文之志愿，但求作新邦国"；"我辈之国民，为世界贱视久矣"，"耿耿我辈之心，所足以资无穷之方来者，惟尽瘁于大多数幸福之公道而已"。③ 由此可见，孙中山对于民国的公务员，从总统到一般的官员都有严格的要求，他这样做的目的就是要形成一个廉洁的热心为国民服务的干部体制，同封建时代的官僚区割，造成官民一体、朝野同心的大环境，实现社会的改良和国家的建设。

为了纯洁干部队伍，孙中山提倡"任官惟贤"；"任官授职，必赖贤能"；"因人设官，必有流弊"，必须"尚公去私"。孙中山通过参议院制订文官考试选择制度，严格铨选官员的程序，规定任何机关和个人都不能违规选择官员。"以后国家用人行政凡是我们的公仆都要经过考试，不能随便乱用。"④ 孙中山还发文严禁"再沿前清官厅恶称"，如大人、老爷等名称。孙中山指出："官厅为治事之机关，职员乃人民之公仆，本非特殊之阶级，何职非分之名称。""嗣后各官厅人员相称，咸以官职，民间普通称呼则曰先生、曰君，不得再沿前清官厅恶称。"⑤

孙中山认为，"国中之百官，上而总统，下而巡差，皆人民之公仆也"⑥。"其为国为公，则天下从之；其为己为私，则天下弃之。"⑦ 所以，官员与国民没有任何特权，只有从事的工作和职责的不同。官有官的权利和义务，民有民的权利和义务，任何人都必须遵守法律赋予的权利和义务，如有违法犯法者，不管什么人都要以法量刑，不得有使特别。"国中无论何人及何种势力，均应纳服于法律之下，不应在法律之外稍有活动。"⑧ 国于天地，唯法律而存在，

---

① 孙中山：《咨参议院辞临时大总统职文》，《孙中山全集》第 2 卷，北京：中华书局 1982 年版，第 84 页；孙中山：《谒明太祖陵文》，《孙中山全集》第 2 卷，北京：中华书局 1982 年版，第 95 页。
② 孙中山：《布告国民消融意见蠲除畛域文》，《孙中山全集》第 2 卷，北京：中华书局 1982 年版，第 105 页。
③ 孙中山：《致袁世凯函》，《孙中山全集》第 2 卷，北京：中华书局 1982 年版，第 107 页。
④ 孙中山：《在广东省教育会的演说》，《孙中山全集》第 5 卷，北京：中华书局 1985 年版，第 495 页。
⑤ 孙中山：《令内务部通知革除前清官厅称呼文》，《孙中山全集》第 2 卷，北京：中华书局 1982 年版，第 155 页。
⑥ 孙中山：《建国方略》，《孙中山全集》第 6 卷，北京：中华书局 1985 年版，第 211 页。
⑦ 孙中山：《规复约法宣言》，《孙中山全集》第 3 卷，北京：中华书局 1984 年版，第 305 页。
⑧ 孙中山：《与戊午爱信社记者的谈话》，陈旭麓、郝盛潮主编：《孙中山集外集》，上海：上海人民出版社 1990 年版，第 235 页。

只有以人就法，不可以法就人，任何人犯法都应以法论处，不得有任何的特殊。"刑罚之目的在维持国权、保护公安。人民之触犯法纪，由个人之利益与社会之利益不得其平，互相抵触而起。国家之所以惩创罪人者，非快私人报复之私，亦非以示惩创，使后来相戒，盖非此不足以保持国家之生存，而成人道之均平也。故其罚之之程度，以足调剂个人之利益与社会之利益之平为准，苟暴残酷，义无取焉。"① 孙中山认为，"民主政治赖以维系不敝者，其根本存在于法律"②，"宪法为国家根本大法，与国之存亡相始终"③。所以，法律面前人人平等，任何人犯法都要惩处，不得有任何特殊。可见，通过法治来维护共和政府官员与国民之间的平等和权益便是孙中山维护国权与民权的指导思想。这个思想的确立，对于建设一个平等的、民主的社会具有开拓性的意义。

国民，孙中山有时也称人民。民主国家，人民是国家的主人。孙中山说："专制国，皇帝是一国的主人，所以他一个人可以役使官吏。共和国，人民是主人，国家为人民的所有物：个个人民，都是皇帝，哪一个人想独裁全国，都是不成的。国内的事情，要人民去管理；国内的幸福，也是人民来享受。"④ 所以，共和国之政治在乎民，国家的政治之得失，"皆惟我国民是赖"，共和国的国民均有维持国政的义务。"国家之权利，人人当共享，而国家之义务，人人亦当共担。"⑤ 正因为国家的基础是建筑在人民思想之上的，所以国民要图国家富强，要革新社会，国民就必须振作精神，除去自己的旧思想，明白自己的职责和义务。孙中山强调：国民既要维护民权，享受宪法和各种法律赋予的合法权利，又要尽自己的能力和毅力维护国权，使国家能够长治久安。"从前专制的时候，官府为人民以上的人，现在共和，人民即是主人，官府即是公仆。官府既是公仆，大家须出资以养其廉耻，所谓国民有纳税之义务也。国家对内、对外有时为保护起见安全，必须兵力。国家既为大家所有，则兵力亦必全恃乎国民，所以国民又必有充兵之义务。国政百端，绝非少数人所能办理，必合全国。全国协力筹商，始克希望诸政妥善，晋于富强。……故为防止少数人之专制，凡属国民均有参政之权。所以义务、权利两相对待，欲享权利必先

---

① 孙中山：《令内务司法两部通饬所属禁止刑讯文》，《孙中山全集》第 2 卷，北京：中华书局 1982 年版，第 157 页。
② 孙中山：《辞大元帅职临行通电》，《孙中山全集》第 4 卷，北京：中华书局 1985 年版，第 480 页。
③ 孙中山：《在宴请美领事会上的讲话》，《孙中山全集》第 4 卷，北京：中华书局 1985 年版，第 400 页。
④ 孙中山：《在桂林对滇赣粤军的演说》，《孙中山全集》第 6 卷，北京：中华书局 1985 年版，第 26 页。
⑤ 孙中山：《在张家口各界欢迎会的演说》，《孙中山全集》第 2 卷，北京：中华书局 1982 年版，第 451 页。

尽义务。"①

在这里，孙中山不仅将官员与人民在共和政府中的地位讲清楚了，也将官员与人民在维护国权与民权中的作用和应尽的义务讲清楚了。民权重要，国权更重要，国家无官则不能治理，国家无民国将不国，国家无权则不成国，官员是行使国家权力的载体，他的能力、政治品格和素质如何对一个社会的影响至关重要；人民的法治观念、遵纪守法的能力，以及综合素质如何，对一个社会的稳定、文明发展、有序和谐也极为重要。所以，孙中山关于国权与民权、官员与人民关系的论述，以及他的思想和精神对于我们建设一个文明富裕的社会和强大的国家具有重要的价值和意义。

（三）孙中山的国际主义思想

何谓国际主义？《辞海》曾作过这样的解析：

> 全世界各国无产阶级为实现共产主义和推翻帝国主义而实行国际团结的观点，是马克思主义的基本原则之一。它同资产阶级民族主义、沙文主义相对立。……"全世界无产者，联合起来!"、"全世界无产者和被压迫民族联合起来!"这两个战斗口号，体现了国际主义的基本精神。

《辞海》还说：

> 在民族问题上，无产阶级政党的世界观是国际主义，不是民族主义。在革命斗争中，无产阶级政党支持进步的民族主义，反对反动的民族主义。因任何时候，无产阶级政党都必须同资产阶级民族主义划清界限。②

据此说来，国际主义是无产阶级的专利，民族主义是资产阶级所独有的。这样的解析明显带有"文化大革命"时代的痕迹，没有说明问题的本质。孙中山被定性为资产阶级民主革命家，故他的民族观是民族主义，不可能有国际主义，而遍查孙中山的文集也没有国际主义的提法，只有世界主义和民族主义的说法。那么，孙中山有无国际主义思想？他的国际主义与世界主义有何区别？

---

① 孙中山：《在石家庄国民党交通部欢迎会的演说》，《孙中山全集》第2卷，北京：中华书局1982年版，第479页。

② 参见《辞海》（民族分册），上海：辞书出版社1978年版，第8~9页。

这些便成为学术界思考的新问题。

晚年，孙中山在民族主义演讲时说道：

> 英俄两国现在生出了一个新思想，这个思想是有知识的学者提倡出来的，这是什么思想呢？是反对民族主义的思想。这种思想说，民族主义是狭隘的，不是宽大的；简单地说，就是世界主义。现在的英国和以前的俄国、德国，以及中国现在提倡新文化的新青年，都赞成这种主义，反对民族主义。我常听见许多新青年说，国民党的三民主义不合现在世界的新潮流，现在世界上最新最好的主义是世界主义。究竟世界主义是好是不好呢？如果这个主义是好的，为什么中国一经亡国，民族主义就要消亡呢？世界主义，就是中国二千多年以前讲的天下主义。我们现在研究这个主义，他到底是好不好呢？照理论上讲，不能说是不好。从前中国知识阶级的人，因为有了世界主义的思想，所以满清入关，全国就亡。康熙就是讲世界主义的人，他说：舜，东夷之人也；文王，西夷之人也，东西夷狄之人都可以来中国做皇帝，就是中国不分夷狄华夏。不分夷狄华夏，就是世界主义。大凡一种思想，不能说是好不好，只看他是合我们用不合我们用。如果合我们用便是好，不合我们用便是不好；合乎全世界的用途便是好，不合乎全世界的用途便是不好。世界上的国家，拿帝国主义把人征服了，要想保全他的特殊地位，做全世界的主人翁，便是提倡世界主义，要全世界都服从。①

孙中山又说：

> 我们要知道世界主义是从什么地方发生出来的呢？是从民族主义发生出来的。我们要发达世界主义，先要民族主义巩固才行。如果民族主义不能巩固，世界主义也就不能发达，由此便可知世界主义实藏在民族主义之内。②

> 中国人的心理，向来不以打得为然，以讲打的就是野蛮。这种不

---

① 孙中山：《三民主义·民族主义》，《孙中山全集》第9卷，北京：中华书局1986年版，第216页。

② 孙中山：《三民主义·民族主义》，《孙中山全集》第9卷，北京：中华书局1986年版，第226页。

> 讲打的好道德，就是世界主义的真精神。我们要保守这种精神，扩充这种精神，是用什么做基础呢？是用民族主义做基础。像俄国的一万万五千万人是欧洲世界主义的基础，中国四万万人是亚洲世界主义的基础，有了基础，然后才能扩充。所以我们以后要讲世界主义，一定要先讲民族主义，所谓欲平天下者先治其国。把从前失去了的民族主义重新恢复起来，更要从而发扬光大之，然后再去谈世界主义，乃有实际。①

笔者不厌其烦地引用孙中山关于世界主义的陈述，是要说明孙中山对世界主义概念的认识是非常含糊和意义不清的。他一方面说中国的古代讲世界主义，康熙讲世界主义，英俄等国也讲世界主义，目的都是为了灭人家的国家，然后成为世界的主人翁，要人家服从；另一方面又强调新文化运动的许多新青年都主张世界主义，反对民族主义，所以，不能简单地说世界主义是好还是不好，合用便是好，不合用便是不好，现在不合我所用，故是不好，将来民族主义发达了，也可以实行世界主义。可见，孙中山一方面反对世界主义，一方面又预示将来中国要实行世界主义。概念的不清晰，说明思想的混乱。他的意思很明白，就是在中国先要实行民族主义，以民族主义作为基础，再进一步扩充为世界主义。从孙中山的思想来看，他有时将世界主义比喻为帝国主义，有时又将世界主义比喻为带有"打不平"的实现公天下的平等意识，又好像是国际主义。所以，孙中山虽不使用"国际主义"这个概念，但他所说的世界主义同国际主义是否同属一个意思，还是世界主义即是帝国主义、侵略主义，这是必须要弄清楚的问题。

孙中山对于帝国主义的认识不能说不深刻，更加不能过多地指责他对帝国主义的斗争不尖锐。其实，孙中山在他的著述中对于帝国主义"行霸道"的武力侵略行为、"用洋枪大炮来压迫人"的非道德侵略行径的揭露是相当多的。他提倡民族主义树立国族意识就是通过弘扬民族精神来抗拒帝国主义对中国的侵略行为，这是很清楚的。孙中山希望和平，但他不是不讲武，更加不是不要武力；但因为他没有一支可与帝国主义抗衡的武力，所以，他用他的思想和智慧跟帝国主义讲文斗，不讲武斗，也是事实。对于这种实用主义的作风有人批评，也有人肯定它在一定的时候也是一种有效的抗拒力量。在1895年至1919年间，外国列强干涉中国事务的行为一个接着一个。如中日甲午战争，日本打败中国之后，义和团运动时期的八国联军的干涉、侵略，以及辛亥革命时期外国银行家对中国财政的控制。当时中国政治中任何一种力量都不可以与

---

① 孙中山：《三民主义·民族主义》，《孙中山全集》第9卷，北京：中华书局1986年版，第231页。

之抗衡。孙中山深怕帝国主义外来力量对中国内部政治的干涉,给中国带来更复杂的政局,增加解决中国社会问题的难度。所以,孙中山在对外政策方面,采取一种妥协的求稳定的保护政策,因此,孙中山为了获得外国的军事或政治支持和援助而表现出了有限度地牺牲中国民族利益的行为,对英、法、日、德、美等帝国主义都表示只要它们愿意援助他的政府,他愿意付出代价的意愿。孙中山害怕外国干涉而有了妥协的想法和做法,甚至愿意以适当牺牲民族利益为代价,尽管是合情合理的,甚至是可以理解的,但毕竟是软弱的表现。然而,另一方面也应该看到孙中山有一种长远的打算,就是寻求中国社会的稳定,争取时间发展中国的经济,增强实力实现中国的统一和强盛。只要中国能够富强起来,国民的觉悟能够提高,便能够取消对帝国主义的一切不体面的让步,废除一切不平等条约,收复失去的领土和帝国主义租界等损失的权益。对于孙中山与帝国主义列强的各种思想、言论和行为,过去国内外学术界持批评态度者占多数。① 可是,美国著名的孙中山研究专家史扶邻教授,在他的著作中则提出了一个新的观点。他说:

> 孙中山对外国列强的态度还有另一个方面值得我们注意,这就是孙中山的国际主义倾向。除了出于策略上的原因需要对列强作一些具体而暂时的让步之外,还有一个基本而一贯的国际主义主张影响着他的对外政策思想。在其政治生涯伊始,孙中山就认识到中国之衰弱和落后并非仅仅是一个国内问题,而且是一个国际问题。他认为,一个衰弱的中国会招致外来侵略,外来侵略又会威胁世界和平;而一个统一的现代化的中国却造福于全世界,尤其是造福于中国的邻国——日本。从这个意义上说,孙中山是走在他那个时代前面的。他认识到,不仅帝国主义的直接受害者会深受其苦,而且帝国主义国家本身亦将自食其果。……他预见到一个崭新的帝国主义之后的时代,到那时候,世界各国都会认识到,国际协作能够给人类带来比国际竞争和剥削发展中地区更大的利益。②

史扶邻教授指出,作为民族主义领袖的孙中山竟有强烈的国际主义思想意识。

---

① 参见(美)史扶邻《孙中山的国际主义倾向》一文中的注释,中山大学历史系、中山大学学报编辑部编:《孙中山研究论丛》第3集,1985年版;黄彦等:《广东学者讨论〈中日盟约〉真伪问题座谈会纪要》,林家有、(日)高桥强主编:《理想·道德·大同——孙中山与世界和平国际学术研讨会论文集》,广州:中山大学出版社2001年版,第425~461页。

② (美)史扶邻:《孙中山的国际主义倾向》,中山大学历史系、中山大学学报编辑部编:《孙中山研究论丛》第3集,1985年版,第141页。

"在为中国现代化奋斗的过程中,孙中山清楚地认识到,在达到民族平等的目的后,与国际社会的合作是必不可少的。他还想到未来的国际合作是世界和平的基础。"所以,孙中山"愈益引起人们的注意,获得愈多的赞美"。① 从孙中山早年在反清革命期间就支持菲律宾人民和越南人民争取民族独立的斗争,以及声援和支持土耳其人民革命、犹太民族的复国斗争,以及晚年声援朝鲜人民争取独立的斗争等行动中,都可以看到孙中山的国际主义意识。他不仅反对帝国主义列强称霸世界,反对帝国主义的侵略战争,而且晚年在民族主义讲演中还公开声言要"济弱扶倾",关怀弱小的被压迫民族的独立解放斗争和发展,以及"联合世界上平等待我之民族共同奋斗",并通过发展地缘经济实现世界民族政治、经济、文化共同发展的愿望,这些都说明孙中山是世界被压迫民族和人民的忠诚朋友。孙中山为了取代社会达尔文主义的"生存竞争"旧国际道德,提出一种基于人类进化的新道德,企图把他的国际主义观点和社会主义中国的理想结合起来,调和外国的资本主义和中国社会主义经济能力,使之互相为用,以促进中国社会的发展和世界文明的进步的思想,都显示出孙中山的远见卓识和建立国际新秩序的思想主张的伟大。

所以,孙中山追求"天下为公"、"世界大同"而形成的国际主义世界观和价值观,使他的影响超出国界,使他的思想对启导世界实现和平,实现世界民族共同进步,减少国家之间和民族之间的矛盾和斗争具有现实的强大意义。

三、孙中山的"博爱"观与"天下为公"思想的意义

(一) 孙中山的"博爱"与爱我中华

时代伟人孙中山以他的博大胸怀和超人的智慧,宣誓要以"博爱"、"天下为公"、"世界大同"为己任,实现中国和世界的文明共享、共同进步,建立一个大同的世界、和谐的社会,从而赢得世人对他的尊崇和敬仰。

"为四万万人谋幸福就是博爱"

"博爱"和"互助"是孙中山最主要的政治学说。他以人道博爱的普遍形式来解释社会的发展和进步。他说:"为四万万人谋幸福就是博爱。"② 所谓四

---

① (美) 史扶邻著:《孙中山:勉为其难的革命家》,丘权政、符致兴译,北京:中国华侨出版社 1996 年版,"中译本序(二)",第 29~30 页。
② 孙中山:《三民主义·民权主义》,《孙中山全集》第 9 卷,北京:中华书局 1986 年版,第 283 页。

万万人就是全中国人民,为它们谋幸福就是为全国人民谋幸福。所以,孙中山的博爱首在爱我中华民族、爱我中国同胞。用推广"博爱主义"来实现"世界大同",使全世界不同人类相互爱慕、共同发展、共同进步便成为孙中山毕生的政治追求。孙中山把"博爱"、"天下为公"、"世界大同"视为理想社会的最高境界和追求的最终目标,便使他的"博爱"政治思想超越国界,成为全世界全人类的宝贵精神财富。

按照中国传统思想来解释,"博爱"即所谓仁。"先王见教之可以化民也。是故先之以博爱,而民莫遗其亲。"曹植《当欲游南山行》谓:"长才能博爱,天下寄其身。"欧阳修《孝经·三才章》则云:"大仁博爱而无私。"韩愈的《原道》将博爱概括为"博爱之谓仁"。何所谓仁?孙中山根据西方社会政治学说中的精粹,即自由、平等、博爱,与中国传统的"仁",即博爱思想加以糅合、陶铸,赋予自己的解释,使其博爱思想既带有中国的传统道德"仁"的含义,又包含有西方社会政治学说的民主、自由、平等的内涵,使其更具有时代意义和世界意识。孙中山说:"据余所见,仁之定义,诚如唐韩愈所云'博爱之谓仁',敢云适当。博爱云者,为公爱而非私爱,即如'天下有饥者,由己饥之;天下有溺者,由己溺之'之意,与夫爱父母、妻子者有别。以其所爱之大,非妇人之仁可比,故谓之博爱。能博爱,即可谓之仁。"又说:"仁之种类:一、救世之仁;二、救人之仁;三、救国之仁。""救世、救人、救国三者,其性质皆为博爱。"① 在晚年做三民主义讲演时,孙中山又强调用我们的三民主义口号和法国革命的自由、平等、博爱口号来比较,他说:"外国革命是由争自由而起,奋斗了两三百年,生出了大风潮,才得到自由,才发生民权。从前法国革命的口号,是用自由、平等、博爱。我们革命的口号,是用民族、民权、民生。"用我们三民主义的口号和法国革命的口号来比较,"法国的自由和我们的民族主义相同,因为民族主义是提倡国家自由的。平等和我们的民权主义相同,因为民权主义是提倡人民在政治之地位都是平等的,要打破君权,使人人都是平等的,所以说民权是和平等相对待。以外还有博爱的口号,这个名词的原文是'兄弟'的意思,和中国'同胞'两个字是一样解法,普通译成博爱,当中的道理,和我们的民生主义是相通的。因为我们的民生主义是图四万万人幸福的,为四万万人谋幸福就是博爱"。② 用现在的话说,"博爱",其本义是对人类广泛施以爱心。所谓"博",形容"宽广"

---

① 孙中山:《在桂林对滇赣粤军的演说》,《孙中山全集》第 6 卷,北京:中华书局 1985 年版,第 22 页。

② 孙中山:《三民主义·民权主义》,《孙中山全集》第 9 卷,北京:中华书局 1986 年版,第 283 页。

丰富，多用于思想、学问、胸怀、学识、情操等抽象的事物；"爱"泛指关爱之心，内含人性、人情、人文的关爱。①

由上述可见，孙中山的博爱观是通过道德的感化，使人群在"互助"与"博爱"的精神启导下，努力消除人与人之间的矛盾，以及政治、经济的不平等，实现中国的民族独立、政治民主、人民自由和社会富强，以及全人类的和谐、幸福和大同。孙中山的博爱观包含有政治、经济、民族方面的内涵，但他谈得最多的是民生问题，他的博爱观从根本上说属于他的民生主义思想范畴。"民生就是人民的生活——社会的生存、国民的生计、群众的生命"，民生问题就是社会问题。② 所以孙中山强调："我国古代若尧、舜之博施济众，孔丘尚仁，墨翟兼爱，有近似博爱者也，然皆狭义之博爱，其爱不能普及于人人。社会主义之博爱，广义之博爱也。社会主义为人类谋幸福，普遍普及，地尽五洲，时历万世！蒸蒸芸芸，莫不被其泽惠。此社会主义之博爱，所以得博家之精神也。"③ 可见，孙中山所提倡的博爱就是中国古代的仁，就是社会主义者所追求的普遍的爱；也可以解析为人与人、阶级与阶级、民族与民族之间的相爱与互助，就是要实现人类的相互了解、共同进步和幸福，以及社会的和谐和文明。它是对人类的一种同情、期望和关怀，是孙中山对人类社会的文明、进步、和谐作出的理论贡献。作为一种社会的理想，它同我们的社会主义、共产主义是相通的，它的目标大致是相同的，是永远值得我们学习、研究、继承和发扬的精神财富。

孙中山把"博爱"、"天下为公"、"世界大同"视为终生为之努力奋斗的理想，除了不断的理论宣传和毕生的实践以外，他还以题词为手段和形式，使他的公天下精神和博爱精神得以广泛传扬，为国内外主张自由、民主、平等、博爱的有识之士所认同。孙中山说：通过广泛普及博爱思想，使其成为"世界大同"、"天下为公"、"人类之福音"，是全人类的共同追求。可见，孙中山的"博爱"是说，中国人应该相亲相爱、和谐吉祥、幸福安康，全世界的人类都应该相互支持、共同进步、和谐发展。

孙中山是爱国主义者，又是国际主义者，也是世界级的杰出政治家。他的政治思想和主张不仅在求中国之"天下为公"、"共进大同"，而且还致力于"世界大同主义"，努力开全球之"新纪元"。为宣传他的政治主张，孙中山将

---

① 参见梁庆年：《浅说孙中山先生"博爱"精神之含义》，广东省中山市孙中山研究会主办：《孙中山研究》2007 年第 3 期。
② 孙中山：《三民主义·民权主义》，《孙中山全集》第 9 卷，北京：中华书局 1986 年版，第 355 页。
③ 孙中山：《在上海中国社会党的演说》，《孙中山全集》第 2 卷，北京：中华书局 1982 年版，第 510 页。

"博爱"、"天下为公"、"世界大同"等题词分赠世界各地的国际友人，尤以赠给日本友人为最多，其目的是与友人相互砥砺，共同努力为人类的和平和福祉献身。仅在辛亥革命后，孙中山就以 20 余幅"博爱"题词赠与日本友人萱野长知、铃木久五郎、白岩龙平、山根重武、杉原铁城、大和宗吉、村田省藏、中家仲助、吉岛一雄、柴田旭堂、菊池九郎、群宽四郎、宫崎民藏、伊东真径、三上丰夷、秋山定辅、佐顿、森下、司徒、寺冈、二西田耕等人。孙中山不遗余力地宣传他的"博爱"思想，赢得了世人对他的尊敬与好评。孙中山的日本朋友宫崎寅藏认为，孙中山的博爱思想已"接近真纯的境地"，称孙中山"博爱"题词是无与伦比的"东洋珍宝"。美国林百克则尊称孙中山为"人间的活上帝"，是崇尚道德的典范。广大殖民地半殖民地国家的人民则称颂孙中山为"东方民族解放之父"和"世界被压迫民族、世界被压迫阶级的救主"。共产国际共产党人则公认孙中山为"东方被压迫革命民众的首领"，是"被压迫国家革命运动最伟大的代表之一"。①

由"博爱"、"天下为公"和"世界大同"形成的孙中山的世界意识，以及为全人类的幸福服务和献身的思想使孙中山成为世界杰出政治家。他的世界观，即现在人们所言的全球意识、世界意识，也即是孙中山在了解、探索世界各个国家及民族在发展过程中所积淀起来的政治、经济、思想和文化建设的经验和精神。这是孙中山政治革命、社会建设和振兴中华的思想渊源，也是他制订对外关系政策和处理中国与世界各国人类文明和思想的原则。现在，我们不讲世界意识，只强调和提倡"全球化"。"全球化"是一种后现代现象，在孙中山的时代还没有这种现象，但毫无疑问孙中山却具有世界意识（全球意识）。"全球化"指的是全世界的所有国家和民族即全人类不断地跨越空间阻挠和制度、文化等社会障碍在全球范围内实现物流与信息的充分沟通和达成共识与共同行动的过程。在全球化的趋势下，现代化是人类共同追求的价值，也是连接不同文化的枢纽。但由于世界各国的情况不同，人类追求的目标不一，因此，全球化也是一个不断出现冲突和统一、多维度和多样并存的过程。② 在孙中山所处的时代，中国是一个半殖民地半封建的社会，中国要实现近现代化面临多种矛盾，存在资本帝国主义的疯狂侵略、封建主义者的卖国、历史惰力和传统文化的阻碍。孙中山为了实现中国的独立、民主和富强，以"博爱"为号召，以追求"天下为公"和世界大同为伟大理想，有意识地将中国和世界进行比照，将中华民族同世界各民族发展的趋势做了深入的研究，从而形成

---

① 参见刘望龄辑注：《孙中山题词遗墨汇编》，武汉：华中师范大学出版社 2000 年版，"前言"。
② 参见陈家辉、姜新立：《孙中山思想与全球化》，林家有、李明主编：《看清世界与正视中国——"孙中山与世界"国际学术研讨会论文选集》，天津：天津古籍出版社 2005 年版，第 53~70 页。

自己的社会发展观和世界意识。

孙中山曾说:"世界潮流浩浩荡荡,顺之则昌,逆之则亡。"对于全世界这个沛之莫能御的发展潮流,该如何面对呢?孙中山有自己独到的考虑和应对措施。

第一,在开放中力求与国际建立平等互惠的关系,谋求共同发展。社会发展必须要克服荒岛孤人的封闭态度,向世人采取开放政策。孙中山长期生活在国外,比同时代的国人具有更宽广的视野,以及更深刻的思维方式,他认为中国"以前事事不能进步",不是由于中国万事不如西方,而是由于自己"排外自大之故,今欲急求发达,则不得不持开放主义"。所谓开放主义,就是在坚持民族独立和国权自主的前提下,在政治上借鉴欧美先进的民主共和制度,改革中国的封建政制;在文化上鼓励相互交流、互相学习,引进国外自然科学与人类的进步文明,实现中国文化的重构;在经济上引进外资、外才、设备与科技,同世界各国通商,利用世界各国相互通商的潮流,"行开放门户政策,以振兴工商业"。孙中山坚信开放主义会促进世界同中国整体福利的提高,加速各国的往来,增进相互了解,带动彼此的联系,可使人类"博爱"加强,有利于各国"共同走向大同之路"。

第二,为实现"博爱",达到文明共享,共同发展,实现"天下为公"理想,孙中山急切地了解世界。孙中山一生勤奋好学,"远观历代,横览九洲"。为了总结救国和治理国家的经验,他以古论今,从中到外全方位地了解世界,目的都是为了中国的富强,为了实现中华民族的复兴。他认为,东方与西方,民族不同,文化不同,价值观不同,人们的行为取向也有别。但东方的人、西方的人都是人,应当讲平等,不能讲压迫;不能只有对抗,没有对话;不能只讲斗争,不讲调和;更不能只讲功利强权,不讲仁义道德。所以,孙中山认为,中国应"与各友邦共结厚谊"、"力谋国际平等"、"持和平主义"、"见重于国际社会"、"努力促进世界和平"。因此,孙中山提倡用东方的王道文化去感化西方的霸道文化,通过"济弱扶倾",支持弱小的民族,共同发展,建构"世界和平"的国际新秩序。可见,孙中山热爱人类,关注全球。他既不排外,也不投靠某一国家;他反对霸权,但又不主张与列强结仇报复。他认为世界属于全人类,全人类应共享文明和世界财富,天下应该为公,人类应该"博爱"与大同。孙中山作为中国这样一个文明古国、有悠久历史的大国的政治家,在当时有这样豁达无私的思想的确世界罕有。

第三,将民族主义与国际主义结合起来,寻求中国与世界各国共同发展的新路向。孙中山认为,近代以来,由于中华民族遭受资本-帝国主义的侵略压榨,加上中国由传统向现代化社会转型,东西方的自由主义、无政府主义、社会民主主义、共和主义和马克思主义,以及其他各种各样的思想都在中国扩散、流传，多元文化在交汇、撞击、选择与吸收，这是一种新气象，但也造成人们的思想混乱和游离，因此人们往往只注重物质文明建设，忽视心性文明建设，抛弃了民族精神，淡化了国家的观念和责任感。孙中山强调振兴中华，首先是要振奋民族精神，建构"国族意识"，中国人既要有民族主义精神，又要有国际主义思想，否则难有精神的凝聚。孙中山强调，如果中国人只有宗族家族意识，没有国族意识，就没有爱国主义思想，没有民族主义思想。如果连理性民族主义的精魂都丢掉，我们民族就失去振兴的可能，国人也失去了与世界民族交往的基础。所以，我们要有一种正确的民族观，那就是既要防止狭隘民族主义的抬头，又要防止民族虚无主义的产生；既要建构一种理性民族主义去抗衡世界的霸权主义、帝国主义，又要从政治民族主义逐渐向经济民族主义发展。孙中山从国家发展和民族振兴的角度去审视，强调人类应该"博爱"，民族与民族之间应当相互学习、共同进步，共享人类的文明。所以，中华民族应从排外、抗击外来侵略与掠夺，转向充分利用世界的文明来发展我们的民族和加速全人类的文明进步。所以，孙中山的"博爱"观与世界意识不仅在当时是进步的，就在当今世界政治中也是带有启导性和普遍意义的进步思想，是孙中山遗留给人类的宝贵精神遗产。在当今中国现代化建设中，在对待世界性事务的时候，孙中山思想的价值也非常明显，弘扬孙中山的"博爱"精神，正确诠释他的"博爱"思想是我们尊重历史的需要，也是我们构建和谐社会，实现人类和解、世界大同的需要。

由此可见，孙中山的"博爱"、"天下为公"、"世界大同"的思想为世界爱好和平的国家和人民广泛拥护，极大地鼓舞了被压迫国家和民族争取民族独立和实现国家富强的决心，为社会文明进步以及追求和平、民主、平等、自由和发展的民族指明了方向。承继他"博爱"、"天下为公"和"世界大同"的精神遗产，对我们实现世界和平、社会和谐具有重大的现实意义，理应广为阐释和发扬光大。

爱我中华是孙中山博爱观之精粹

爱我中华是孙中山"博爱"思想的基础和精粹。我们目前发现的最早的孙中山"博爱"字幅是1905年在日本东京筹组中国同盟会期间为来访的革命报人林白水（字少泉）题写的"博爱"二字。① 孙中山在1906年的《中国同盟会革命方略》中的"军政府宣言"提到国民革命的目的是使"一国之人皆

---

① 参见王植伦著：《林白水》，福州：福建教育出版社1992年版，第207页。

有自由、平等、博爱之精神,即皆负革命之责任,军政府特其枢机而已"①。1907 年,孙中山应檀香山华侨邓荫南嘱赠"博爱"字幅。② 邓是兴中会会员,变卖全部家产支持孙中山的反清革命,他自己也参与策划广州起义、惠州起义,1911 年,他又组织新安民军,响应武昌起义。1917 年后,邓荫南历任孙中山大元帅府参议、农务局局长、东莞县县长、开平县县长等职,是孙中山革命的坚决参加者、支持者。孙中山给邓荫南题赠"博爱"字幅,无疑是对邓"博爱"精神的肯定和褒扬。同年,广东梅县籍印度尼西亚华侨潘祥初因捐款资助孙中山革命,孙先生又为潘题赠"博爱"字幅。③ 1912 年 5 月,孙中山出席广东佛教总会欢迎大会,应广东佛教总会会长、六榕寺主持铁禅和尚之请题词"自由 平等 博爱"。9 月,孙中山应山西省都督阎锡山之请,题词"博爱"。同年,还为日本朋友萱野长知、同盟会员曹亚伯、印度尼西亚华侨张耀轩题词"博爱"。1913 年,孙中山在日本又为朋友题写"博爱"、"博爱行仁"多幅。其余孙中山有关"博爱"的题词都在 1914 年之后。1914 年,就世界范围而言,第一次世界大战爆发;就中国而言,袁世凯下令解散国会实行独裁,孙中山筹划护国运动。在此期间,孙中山为各界人士题赠"博爱"字幅是为了表彰他们对他"救世"、"救人"、"救国"行动的支持,是为了宣示他"救世"、"救人"、"救国"的决心,是在号召国内外友好的和热心赞助、同情他革命救国的人士继续支持他拯救中国的行动。所以,孙中山提倡"博爱",首先是爱我中华,振兴中国;其次是通过"博爱"精神的弘扬,向世人彰显他的宽广心胸和关爱人类的思想,为实现他"天下为公"、"世界大同"的理想努力奋斗。但我们不要误解,孙中山提倡"博爱",但他不是爱一切人,他不爱帝国主义列强,不爱清朝的卖国官僚,更不爱北洋政府的军阀武人和政客。孙中山不是没有局限性,作为领导人的他总是温文尔雅,缺乏霸气,但他不是没有原则。他革命一生,为的是求国家的独立、民主和富强,凡是支持和同情其理想的人就以诚相待、施以爱心,凡是以他为敌者,则针锋相对、无情斗争。所以孙中山是以国家、民族利益为重的有原则的政治家,因为孙中山是爱国者,所以他以国家兴亡和民族振兴为己任。他认为中国"是一个前途远大的国家,倘能使中国人民认识到自己的力量和资源并对其加以适当利用,则中

---

① 孙中山:《中国同盟会革命方略》,《孙中山全集》第 1 卷,北京:中华书局 1981 年版,第 296 页。

② 载《中山墨宝》第 10 卷题词,图 5,北京:北京出版社 1996 年版。

③ 参见赖绍祥、房学嘉编著:《客籍志士与辛亥革命》,广州:广东人民出版社 1992 年版,第 159 页。

国将来定能成为最大的强国"①,并指出,中国这个幅员广阔,"占世界人口四分之一的国家的复兴,将是全人类的福音"②。又因为孙中山是国际主义者,所以,孙中山强调中国是一个负责任的国家,它不能称霸,也不应与国外民族无原则的对抗;但中国人也不能心甘情愿地受人欺压,应该鼓起勇气改变中国次殖民地的地位和自卑心理。孙中山教导国人要正确地认识自己,对于中国持过于乐观或悲观的论调都是不对的,过于乐观便不知救国的艰难,过于悲观便会在困难面前丧失拯救中国、振兴中华的自信。为此,孙中山费尽心思去纠正舆论和社会的偏激思维,寻求一种古今中外调适的方法作为平衡,实现人心和社会的稳定,并以"博爱"作为理论,创造性地提出解决中国与外国、中华民族与世界各民族的矛盾,为中华民族的振兴、中国的和平崛起和世界和平创造一种良好的内外环境,寻找一条可行的有效的正确的路向。可见,"博爱"也是孙中山对人类进步的一种寄托、一种社会责任,也是中国人民的一种社会公德。

　　孙中山认为,世界之大无奇不有,人种不同,价值观不同,对利益便各有追求,所以要实现世界大同和人类的文明进步,必须确立"博爱"观和"天下为公"的精神。"发展文明,非仅关于财富一方面(即物质文明),并负谋人民之幸福与安全(精神文明),所谓世界大国其福民往往多于富民,余信欲到此项目的,非发展中国实业不可",但"一个国家的伟大,不在于它的人民富有,而在于它的人民幸福"。③ 孙中山说幸福,就是"博爱",所以幸福是"博爱"实现的结果。所谓幸福就是人要安居乐业,人与人和谐,社会和睦,各种人等各有各的职业,各有各的依托。要做到这样,中国"今日立国于世界之上,犹乎人处于社会之中,相资为用,互助以成者"。④ 中国的复兴,将是全人类的福音,一旦我们革新中国的伟大目标得以实现,不但在我们美丽的国家将会出现新纪元的曙光,整个人类也将得以共享更为光明的前景。孙中山是企图通过民主政治的实施,调动国民的积极性,以发展经济,实现物质文明和精神文明同步发展,改善人类的生存环境,促进"天下为公"、"世界大同"幸福美满理想社会的实现。可见,孙中山提倡"博爱",就是让国人理解他的社会革新思想,"唤起民众,及联合世界上以平等待我之民族,共同奋斗"⑤,

---

① 孙中山:《致麦格雷夫人函》,《孙中山全集》第1卷,北京:中华书局1981年版,第255页。
② 孙中山:《致鲁赛尔函》,《孙中山全集》第1卷,北京:中华书局1981年版,第319页。
③ 孙中山:《对外宣言》,《孙中山全集》第6卷,北京:中华书局1985年版,第528页。
④ 孙中山:《建国方略》,《孙中山全集》第6卷,北京:中华书局1985年版,第224页。
⑤ 孙中山口授的遗嘱中,原来是"联合世界上被压迫民族,共同奋斗"。担任笔记的汪精卫因许世英曾来劝说不要得罪帝国主义,竟将这句话篡改为"联合世界上以平等待我之民族"。见何香凝:《我的回忆》,《辛亥革命回忆录》第1集,北京:文史资料出版社1981年版,第48页。

实现"天下为公","世界大同",世界和平,社会和谐,造福人类。

总之,孙中山是"以革命精神、兴义师、倒专制,登吾民于衽席;本博爱主义,扶小弱、抑强暴,跻世界于大同"①的世界政治家,他的品德和思想行为,诚如1925年4月15日,原四川靖国联军副总司令卢师谛在重庆追悼孙中山大会所写的挽联所云:孙中山"不自谋、不私怨、不任术、不好名、不苟同、不附欲、不巧不伐、不屈不挠、不以退为进、毕生勋烈、只是光明真实做来,论四十年革命艰难,到底成功在此;有主义、有方略、有新思、有远识、有魅力、有精神、有情有义、有勇有信、有杀身成仁、盖世模范、纯从学历志行流出,系亿万众平民忧乐,那堪继起无人"②。

此挽联全面地概括了孙中山的思想品德,以及为人处世的原则和孙中山为国为民的践行典范。孙中山始终坚信"博爱"这个最高信念,也鼓励同仁树立这个信念,并为之奋斗。③孙中山坚持这个信念不是空洞的,也不是随便说说而已。他本着"博爱"、"天下为公"的情怀,一步一步地实践,艰难地向着大同世界的目标奋斗,反映出孙中山了解实现博爱理想的艰辛,但他具有一种"天下事当与天下豪杰共之"④的心境,无论遇到什么艰难曲折,他都不会气馁,也不会放弃追求,这是常人不能与之向背的,这才是真正的孙中山。

(二) 孙中山"天下为公"思想的内涵和意义

孙中山对孔子以后"天下为公"理想的发展

"天下为公"是孙中山三民主义的最高境界和革命追求的理想目标。孙中山高举"天下为公"的旗帜,向"天下为私"的理念和行为作斗争,号召人民树立国族意识、群体意识,为国家的强盛和民族的振兴努力奋斗。可见,"天下为公",也包含着个人为天下(即国家、民族)献身的精神。⑤

孙中山对"天下为公"情有独钟,因为这四个字体现了他的理想、他的目标,浓缩了他的真精神。⑥"天下为公"寄托着他的革命情怀,蕴含着他的

---

① 刘作忠选编:《挽孙中山先生联选》,太原:山西高校联合出版社1994年版,第281页。
② 刘作忠选编:《挽孙中山先生联选》,太原:山西高校联合出版社1994年版,第652页。
③ 参见骆宝善:《孙中山的博爱与公天下情怀——以孙中山的题词为主》,林家有、(日)高桥强主编:《理想·道德·大同——孙中山与世界和平国际学术研讨会论文集》,广州:中山大学出版社2001年版,第155~161页。
④ 孙中山:《复温树德函》,《孙中山全集》第7卷,北京:中华书局1985年版,第113页。
⑤ 骆宝善:《孙中山的博爱与公天下情怀》,林家有、(日)高桥强主编:《理想·道德·大同——孙中山与世界和平国际学术研讨会论文集》,广州:中山大学出版社2001年版,第157页。
⑥ 参见周积明:《政治道德与天下为公》,《第九届孙中山与现代中国学术研讨会论文集》,台北:国父纪念馆2006年版,第107页。

政治主张和思想倾向。"天下为公"最重要的就在于"公"。所谓"公"，即指利益归属问题，孙中山认为，民主共和"其利益尽归于国民"，这便叫"公"，专制国称"其利益全属于君主"，这便叫"私"。① 共和国是公天下，君主国便是私天下，或称家天下，可见"公"与"私"是两种相对立的社会价值观。天下如为少数人所得而私，便是社会不公的根源，由此带来的社会矛盾、人权的不平，到了家天下，便是皇帝为人做主，天下即私人的天下。孙中山所追求的公天下，即天下是全国人和全世界人的天下。孙中山是民主革命的政治家，他的公天下便是他在三民主义里所解说的民有、民治、民享，或人民具有共有、共管、共用国家的政权和所有财产的意思。他说："在吾国数千年前，孔子有言曰：'大道之行也，天下为公'，如此，则人人不独亲其亲，人人不独子其子，是为大同世界。大同世界即所谓'天下为公'。要使老者有所养，壮者有所用，幼者有所教。孔子之理想世界，真能实现，然后不见可欲，则民不争，甲兵亦可以不用矣。"② 可见，孙中山的"天下为公"理想也即孔子的"世界大同"理想。孔子与孙中山生活在不同的时代，但他们都鄙视社会的不公和不平带来的社会问题。他们的"世界大同"和"天下为公"政治主张的意蕴是极其深广的，影响是极其深远的。总之，他们的"世界大同"、"天下为公"政治主张，反映了中国各族人民追求平等、公正和社会和谐的共同愿望，也反映了世界各国和各民族，乃至于全人类期盼实现"天下为公"、"共进大同"的共同心境，它是孙中山政治学说的重要组成部分，也是他遗留给全人类的共同精神财富。

"天下为公"不是孙中山最早提倡的，早在中国古代《礼记·礼运》大同篇中就有言："大道之行也，天下为公。"③ 此后，历代中国都有人就"天下为公"作了阐释，使孔子以降，"天下为公"思想形成一股绵长的脉流，成为中国传统文化的精粹思想。④

不过在孙中山以前，历代政治家、学者，所谓"天下"即中国，"天下为公"也即是中国要为公。"天下为公"与"天下为私"是截然对立的两种政治观。"天下为公"政治理想是社会公平、正义的理想，也是政治家所应具有的人格、道德。"天下非一人之天下"，即是说中国非一个皇帝之中国，"天下为

---

① 孙中山：《共和国异于专制国家之要点》，《国父全集》第 2 册，台北：中国国民党党史委员会 1981 年版，第 254 页。

② 孙中山：《在桂林对滇赣粤军的演说》，《孙中山全集》第 6 卷，北京：中华书局 1985 年版，第 36 页。

③ 参见《孙中山选集》，北京：人民出版社 1981 年版，孙中山"手迹之一"。

④ 参见周积明：《政治道德与天下为公》，《第九届孙中山与现代中国学术研讨会论文集》，台北：国父纪念馆 2000 年版，第 108 页。

天下人之天下",即中国应是中国人的中国,国家的最高权力应属于普天之下的全国人民所共有。孙中山的"天下为公"与他的"博爱"和"世界大同"结合起来,便使"天下为公"扩展为"世界为公"、"世界大同",因此孙中山的"天下为公"比起孔子的"天下为公"理想更具有时代和世界的普遍意义。孙中山的"天下为公"理想与当时中国和世界流行的社会主义、共产主义思想糅合,使中国传统的"天下为公"与马克思恩格斯的共产主义理想整合,使它更具有深远的重大的社会影响。尽管孙中山的"天下为公"、"世界大同"的思想与马克思主义的社会主义、共产主义不能等同,但无疑两者都体现了人类的普同性愿望和共同的追求。

孙中山继承了孔子"天下为公"的人本思想,对人生的关注热诚至极,为解决男、女、老、幼各种人等的生活问题,孙中山创造了他的"民生史观",他又将孔子的"天下为公"大同理想与西方的天赋人权和民权理论相结合,使传统的中国"天下为公"的政治同西方的民主、自由、平等民权思想相糅合,使其带有现代民主政治的精粹。可见,孙中山的思想不是僵化的顽固的死守传统,而是遵循他的"世界潮流浩浩荡荡,顺之则昌,逆之则亡"的教训,不断地追寻,不断地前进。

孔子讲过:"礼之用,和为贵";老子讲过:"和曰常,知和曰明";《法华经》中也说道:"慈悲仁让,志意和雅"。可见,中国的儒家、道家、佛家都是提倡和谐与和平的。孙中山最大的功绩是将中国传统文化的"天下为公"思想加以人性化、世俗化和民主化。孙中山反复强调和提倡的主张是人人生而平等,其中包括生存权、自由权和追求幸福的权利。为了保障这些权利,孙中山认为,人民建立的国家属于人民,人民掌管的国家机器应为人民服务,各级官员应为人民服务,它是人民的"公仆",不是人民的老爷和统治者、压迫者。孙中山指出:"天下事当与天下豪杰共之。"[①] "逆天者必受殃,害人者终害己。"[②] 也即是说,人间有一个大道理,大政治规范,此即天下不可为私,亦即国家、政权、权力不能属于某一强人所私有。天下者天下人的天下,要由天下豪杰共之,属人民所有,此即"民有",天下亦由人民所治,此即"民治",并由人民所享,此即"民享",故"民主共和"是孙中山的"天下为公"的内在构造。孙中山说:"夫人类必至不平而后有争,挟群以争,尤必有其职志。其为国为公,则天下从之;其为己为私,则天下弃之。"[③] 不平则争,

---

① 孙中山:《复温树德函》,《孙中山全集》第7卷,北京:中华书局1985年版,第113页。
② 孙中山:《致邓泽如及南洋国民党人函》,《孙中山全集》第3卷,北京:中华书局1984年版,第75页。
③ 孙中山:《规复约法宣言》,《孙中山全集》第3卷,北京:中华书局1984年版,第304~305页。

而争必乱，所以要治乱必须要社会公平。诚如台湾姜新立教授所指出的，这是孙中山为"全球人类问题所终极式思考所提出的政治哲学理论"。"天下为公"和"世界大同"是孙中山的最终追求，"是人类的共同理想，实现国家的民主共和，人间的永世和平与大同社会是全人类的共同追求"。至于他所提出的民族主义、民权主义与民生主义，不过是达到"天下为公"、"世界大同"理想的手段和途径。①

可见，孙中山"天下为公"思想所构建的是一个社会和谐的理想社会，是一个以人为善、与邻为善的"世界大同"的世界，是一个具有高度政治文明、道德文明和社会文明的人类乐园。由于整个社会建构在公平与正义的基础上，而且每个人都以道德情操和价值内容为规范，社会的各种阴谋诡计以及相互仇视的现象自然消失，最后整个社会成为自由、民主、和平、文明、正义、开放与富裕的理想社会，这种社会，既不缺乏物质条件，又有崇高的精神素养，自然路不拾遗、夜不闭户，完全是一种大同世界或共产社会，这便是"天下为公"的永久和平世界。②

"世界大同"是讲民族与民族、国家与国家之间的关系。孙中山认为，每一个民族首先要有民族的解放与独立，然后世界各民族国家在地位上一律平等，在和平方式上进入世界大同，实现"四海兄弟，万邦归一"。③ 所以，没有民族主义就不可能有国际主义、世界主义，所以民族主义是国际主义、世界主义构成的前提。实现"天下为公"不一定就能实现"世界大同"，但如果没有"天下为公"就根本不可能有"世界大同"。孙中山将"天下为公"与"世界大同"理念结合起来思考和追求他的理想社会，这是孙中山政治理想的特征，也是他关注人类社会进步和谐发展的精神所在。实现孙中山的"天下为公"理想是一个长远的历史使命，但它无疑地在鼓舞着中国人民为实现"天下为公"，以及中国与世界的和平、人类和谐，要勇于担当，下决心努力奋斗。

孙中山的公天下爱国情怀

孙中山喜欢题词，但他与一般的文人墨客不同的是，他不随心所欲题词。他题什么词、为谁题词，都有自己的思想意境和情怀。

---

① 参见姜新立：《试论孙中山的"天下为公"与"世界大同"思想》，林家有、（日）高桥强主编：《理想·道德·大同——孙中山与世界和平国际学术研讨会论文集》，广州：中山大学出版社2001年版，第144~145页。
② 参见《国父全集》第1册，台北：中国国民党党史委员会1991年版，第282页。
③ 1909年孙中山为日本宫崎寅藏的秘书石井晓云题词，参见刘望龄辑注：《孙中山题词遗墨汇编》，武汉：华中师范大学出版社2000年版，第160页。

据已故的刘望龄教授在《孙中山题词遗墨汇编》一书中收集到的孙中山"天下公"题词有 39 件，与"天下为公"相关的题词 9 件，总共有 48 件。这些题词有给国人嘱赠的，也有向外国朋友或为一些学校期刊杂志题赠的，有相当一部分题词的时间不详，但所题赠的对象都很清楚。刘教授花了很大精力收集孙中山的题词遗墨，其功甚伟，但他是否已经罗掘俱穷，已无遗漏，这也很难说。然而就据刘教授所能获取孙中山"天下为公"题词的时间和对象看，他题赠"天下为公"的意境十分明显，那是为了宣扬他的政治主张，实现国家的强大和民族的复兴，实现他的"公天下"理想，以及中国和世界的和平和谐。孙中山从内到外到处宣扬他的"公天下"思想，以及"大道之行，天下为公"的政治理念，表明他在为我们伟大祖国的政治转型，为中国理想社会的实现竭尽全力、忘我奋斗，并号召国人和外国友人理解他的思想和主张，支持他的救国行动和建构理想社会的主张。

据我们所见，孙中山为人题赠"天下为公"字幅，最早一幅是在 1912 年 4 月中旬他辞退中华民国南京临时政府大总统职后，在武汉应参加武昌起义的共进会员，曾任湖北军政府稽查部副部长、部长等职的曾尚武所请而题。

孙中山在南京解职后，即由宁赴沪。4 月 6 日晚 11 时，孙中山由上海乘专车赴南京，次日即由宁赴鄂。孙中山在鄂逗留一周，13 日离鄂赴安庆，14 日抵上海。在鄂期间，孙中山多次讲演民生主义，谈论社会革命，注重社会问题，并批评"资本家者无良心者也"。孙中山应曾尚武所请题赠"天下为公"字幅当在此时。孙中山于 4 月 10 日下午出席共和促进会武昌十三团体联合欢迎会，在会上演说社会革命时，以欧美的现状说明当时中国实行社会革命之必要，谓："今吾国之革命乃为国利民福革命，拥护国利民福者，实社会主义。"① 此时，孙中山题赠曾尚武"天下为公"，很明显是跟他当时准备实行民生主义，关注社会问题，号召革命党人跟他一起进行"国利民福"的社会主义革命有密切的关系。

7 月 10 日，孙中山又为上海《天铎报》题词"天下为公"。该报 1910 年 3 月 11 日于上海创刊，1911 年聘革命党人戴季陶出任主编，该报从此倾向革命，1913 年停刊。孙中山为该刊题词"天下为公"。同年，又为施从滨题赠"天下为公"。1913 年 3 月，为日本神户华侨、国民党神户支部副支部长杨寿彭，以及广东潮州人、金融家、受孙中山委托筹办中国国家银行的江少峰题词"天下为公"。由此可见，从 1912 年到 1913 年二次革命之前，孙中山为各界题词"天下为公"，目的很明显是为他当时的政治主张服务的，是期待他们参与社会革命，鼓励华侨和金融家参与经济建设，为国家和人民谋福利，反对袁世

---

① 陈锡祺主编：《孙中山年谱长编》上册，北京：中华书局 1991 年版，第 688 页。

凯的"私天下"的独裁专制复辟思想。

  1913年二次革命后，1915年7月中华革命党成立前，能确立时间的有关孙中山"天下为公"的题词，现在能够见到的只有为重庆同盟会领导人，重庆光复后蜀军政府高级顾问、川东讨袁安抚使朱之洪的一幅题词。其余孙中山"天下为公"的题词都在1917年以后。1919年，孙中山应美国人、1912年至1925年一直担任孙中山法律顾问的林百克（Linebarger, Paul Myron Wentworth）嘱题赠"天下为公"字幅。1920年1月1日，为上海《民国日报》四周年纪念号题词"天下为公"，4月1日为韩国《东亚日报》创刊题词"天下为公"，5月1日为上海《新青年》杂志劳动节纪念专号题词"天下为公"。1922年夏，孙中山为仰光洪门武帝庙、三合会建德堂题赠"天下为公"，此后又为广东大埔旅沪同乡会题匾"天下为公"。从孙中山在后期题赠"天下为公"字幅的对象和时间看，为报纸、杂志和社团、堂庙题词最多，从时间看，1922年至1924年题词"天下为公"最多。尤其值得我们注意和重视的是，1922年，孙中山为大元帅府秘书长、广东省省长杨庶堪书赠《礼运·大同篇》；1923年1月，为蒋介石书赠"大道之行　天下为公"、"安危他日终须仗　甘苦来时要共赏"，为戴季陶题联"人类进化　世界大同"。1923年2月5日，邓荫南在澳门病逝，孙中山为其遗像题词"爱国以命　爱党如诚　家不遑顾　老而弥贞　载瞻遗像　犹怀友声"，并发布命令，追赠邓荫南为陆军上将。同年9月，又题赠张学良"天下为公"条幅。这个时期的孙中山经历了与陈炯明等叛国者斗争，以及在共产国际和中国共产党人的支持下，走上了合力救国、争取实现国家统一的道路。所以，孙中山广泛播扬他的"世界大同"、"天下为公"思想，成为高扬人类未来，建设理想社会，为开辟"和平与人道"努力奋斗的精神巨人。孙中山的"世界大同"、"天下为公"卓越思想，不仅是号召人民起来结束当时的混乱世界和实现中国统一的需要，也是建构人类美好的未来社会所需要的。诚如孙中山的日本友人宫崎寅藏赞扬孙先生时曾经说过的：

  "孙逸仙实在已接近真纯的境地。"

  "他的思想何等高尚！他的见识何等卓越！"

  "他的抱负何等远大！而他的情感又何等恳切。"①

  诚如斯言。"作为世界上的一个平民和人道的维护者"——孙中山，他不

---

  ① （日）宫崎寅藏著：《三十三年落花梦》，参见（日）池田大作：《"孙中山与世界和平"国际学术研讨会贺词》，林家有、（日）高桥强主编：《理想·道德·大同——孙中山与世界和平国际学术研讨会论文集》，广州：中山大学出版社2001年版，第6页；又见马庆忠、李联海著：《孙中山和他的亲友》，广州：花城出版社1988年版，第350页。

仅将人民自治视为"政治极则",坚持"共和主义",而且将为了中国苍生、为了亚洲黄种,更为了世界人类作为自己的抱负,提倡"天下为公"、"世界大同",深得世人的敬仰。

孙中山"毁帝制、创共和"、争自由、争平等,救国救民,"其生也荣,其死也哀"。① 这是孙中山在香港读医时的英国老师康德黎在孙中山逝世后对他的评价。这个评价反映了世界有识之士对孙中山一生的肯定和赞扬。"在当今世界,科学技术和经济发展成就卓著,迅速地改变着世界各地的面貌,一方面显著地改善了人们的物质生活和文化生活,另一方面也带来了经济、政治、社会的冲突,以及战争和恐怖活动,这也给人们的心灵带来新的困惑。"② 认真地探索孙中山的"天下为公"思想,对于我们认识现代的世界秩序,实现世界和谐,以及端正人生价值,树立公平公正的社会道德和奉献精神,无疑具有积极的意义。

日本国际创价学会会长池田大作先生说过:"四书之中的《中庸》里有:'不偏之谓中,不易之谓庸'。不偏重于任何一方的天下道理称为'中',永恒不易的天下条理称为'庸'。"他又说:"在《中庸》里亦有'喜怒哀乐之未发,谓之中;发而皆中节,谓之和中者,天下之大本也,和者,天下之达道也'。"即是说,所谓"中",是在表现为喜怒哀乐之前,那不偏不倚的内在世界的"大本",而当这个"中"表面化,要达到合乎事物节度,成为"达道"时就是"和"。今天,"中道"、"中庸"思想是纠正西方偏重物质文明思想,求取与东方精神文明的调和,达到戒除极端的放纵与极端的禁欲,从而迈向"中道"世纪所必须弘扬的东方文明。③

孙中山的"天下为公"思想与"世界大同"理想正是以中国的"中"、"和"的"中庸"思想作为启导,期盼世界各国各民族在一个世界的视角下,实现人的和合,达到共同创造文明、实现人类共享的大同的公天下。孙中山的"天下为公"、"世界大同"思想道出了全人类的共同追求和心声,是全人类的伟大精神财富,理应广为阐扬、光大和继承。孙中山对中国和全人类具有诚挚和深切的感情,他期盼中国人民生活幸福,也期待全人类都过着和平、友好、大同的好日子。他真的好像一棵参天大树,时刻都在给人滋润和清新的感觉。

---

① 参见刘作忠编:《挽孙中山先生联选》,太原:山西高校联合出版社1994年版,第623页。
② 杨纲凯在2006年11月23日香港中文大学"儒释道之哲学对话——东方文化与现代社会国际学术会议"上的开幕词,参见刘笑敢、川田洋一主编:《儒释道之哲学对话——东方文化与现代社会国际学术会议论文集》,香港:商务印书馆2007年版,"序"篇,第4页。
③ 池田大作在2006年11月23日香港中文大学"儒释道之哲学对话——东方文化与现代社会国际学术会议的贺辞",参见刘笑敢、川田洋一主编:《儒释道之哲学对话——东方文化与现代社会学术会议论文集》,香港:商务印书馆2007年版,"序"篇,第7~8页。

孙中山是好人一生，他总是给人带来希望和鼓舞。这样一心为公的伟人，天下难得。

（三）孙中山对中国未来社会的构建

根据孙中山的《建国方略》、"建国大纲"，以及"三民主义"和《中国国民党第一次全国代表大会宣言》等著述，我们可以清晰地看到，孙中山对于中国未来社会有着憧憬和期待。他希望建构一个文明和谐、富裕安康、人民幸福和道德高尚的幸福社会，"化现在之痛苦世界而为极乐之天堂"①。

首先是文明的和谐的社会。

人类社会由野蛮进到文明是一个长久的历史过程。所谓文明，不仅仅是指物质文明和精神文明，也泛指文明的体系与制度以及人类社会的方方面面。所以，文明是政治民主的基础，也是人类社会进步的表征。

建构文明社会是人类历史的必经阶段，是人类由草昧通往完善道路的必经阶段。文明的含义广泛，有政治文明、制度文明、道德文明、社会文明、物质文明、精神文明、世界文明等等。陈独秀说过："文明云者，异于蒙昧未开化者之称也。La Civilisation，汉译为文明、开化、教化诸义。世界各国，无东西今古，但有教化之国，即不得谓之无文明。"② 孙中山讲过的物质文明、观念文明、政治文明、道德文明和心性文明，教化文明、社会文明、世界文明等等，他是从中西各种文明的比较中，根据西方过分强调物质文明忽视精神文明所带来的缺失，又根据有人抹煞中国古代文明、看不到中国道德文明和教化文明的优长造成盲目媚外的失误而提出来的。孙中山认为，因为有物质文明，所以"使人类安适繁华"，但只有物质文明没有心性文明之发达，社会不可能进步。"实际则物质文明与心性文明相待，而后能进步。中国近代物质文明不进步，因之心性文明之进步亦为之稽迟。"③ "心性文明"，亦即精神文明。孙中山在《建国方略》中又将政治文明、物质文明和精神文明称为"社会建设"、"物质建设"和"心理建设"，并将其作为建国的三大任务，说明孙中山对建设一个高度文明社会的重视和极度关注。

现行的孙中山《建国方略》只收录孙中山建国思想的三部分，之一是《孙文学说——行易知难（心理建设）》，之二是《实业计划（物质建设）》，之三是《民权初步（社会建设）》。之四是国家建设，但由于种种原因未能续

---

① 孙中山：《建国方略》，黄彦编：《孙文选集》上册，北京：中华书局1981年版，第46页。
② 陈独秀：《法兰西人与近世文明》，《独秀文存》，合肥：安徽人民出版社1987年版，第10页。
③ 孙中山：《建国方略》，黄彦编：《孙文选集》上册，广州：广东人民出版社2006年版，第27页。

出。可见,现行的《建国方略》不能代表孙中山建国、建设中国社会的全部思想,但从中我们看到孙中山将他的"孙文学说"视为对中国的"心理建设"、将他的《民权初步》视为"社会建设",很明显,他是以改变人们的思想意识作为建国的基础,通过推进国民的精神文明,使其具有好道德、高素质,建设一个物质文明、心性文明、政治文明、社会文明的中国作为中国社会进步和发展的前提条件。这是孙中山将中国社会与欧美社会作比照而总结出来的经验。他说:"持中国近代之文明以比欧美,在物质方面不逮固甚远,其在心性方面,虽不如彼者亦多,而能与彼颉颃者正不少,即胜彼者亦间有之。彼于中国文明一概抹杀者,殆未之思耳。且中国之心性理想无非古人所模铸,欲图进步改良,亦须从远祖之心性理想,究其源流,考其利病,始知补偏救弊之方。"①"当我们在我们社会生活中确立现代的文明时,我们有可能选择那些符合我们愿望的东西。"②"我们为志士的,总要择地球上最文明的政治法律来救我们中国,最优等的人格来对待我们四万万同胞。"③孙中山又说:"现在世界的潮流,都是进到新的文明。我们如果大家能醒起来,向新的文明这条路去走,我们才可以跟得到各国来追向前去。"④所谓新的文明,就是平等的自由的"民有"、"民治"、"民享"的和谐社会。"民有",就是国家为人民所共有;"民治"即民权,"民权者,民众之主权也"。⑤政治是人民所共管,"民权为人类进化之极则"。⑥"民享"即利益是人民所共享,"就是人民的生活——社会的生存、国民的生计、群众的生命","就是社会问题"。⑦据此,孙中山断定:"中国是可以实现社会主义的国度,这个国度应该用来作为社会主义政府的典范。"⑧在谈到社会建设时,孙中山说:"所谓建设者,有精神之建

---

① 孙中山:《建国方略》,黄彦编:《孙文选集》上册,广州:广东人民出版社 2006 年版,第 27 页。
② 孙中山:《复鲁赛尔函》,《孙中山全集》第 1 卷,北京:中华书局 1981 年版,第 322 页。
③ 孙中山:《在东京中国留学生欢迎大会的演说》,《孙中山全集》第 1 卷,北京:中华书局 1981 年版,第 281 页。
④ 孙中山:《应上海〈中国晚报〉所作的留声演说》,《孙中山全集》第 10 卷,北京:中华书局 1986 年版,第 237 页。
⑤ 孙中山:《三民主义》,《孙中山全集》第 5 卷,北京:中华书局 1985 年版,第 188 页。
⑥ 孙中山:《建国方略·民权初步》,《孙中山全集》第 6 卷,北京:中华书局 1985 年版,第 414 页。
⑦ 孙中山:《三民主义·民生主义》,《孙中山全集》第 9 卷,北京:中华书局 1986 年版,第 355 页。
⑧ 孙中山:《致国际社会党执行局函》,郝盛潮主编:《孙中山集外集补编》,上海:上海人民出版社 1994 年版,第 185 页。

设,有物质之建设。"① 有社会文明之建设,"全无物质亦不能表现精神",然而只有物质文明,没有精神也不行,只有当物质文明建设与精神文明建设合而为一,社会才能全面地进步。所以,物质与精神文明建设"不可分离",要"相互为用"。② 这就辩证地阐述了两个文明建设的互动关系在构建文明和谐社会中的重要作用。在孙中山看来,"精神文明之建设,不外政治修明"。政治修明,也即政治文明就是施政与执法均要以法治为基础、以道德为准则,为官者是人民的公仆,政府即管理,为官者要真心诚意地为人民服务,而人民则要改良"人格"、升华"人格"、完善"人格",树立忠于国家为民族奉献的思想,培养为国家为社会服务的意志和崇高品质。

文明是人类创造力的记录。一个国家的社会建设只抓物质建设,不重视精神文明建设,势必造成人心的涣散和道德的沦丧。孙中山所向往和努力构建的新社会是在提升物质文明的基础上,努力实现具有个人优良品格、崇高道德,官为民服务、民为国家效忠的自由、民主、平等与富裕、和谐的高度文明社会。孙中山将精神文明建设视为中国社会变革的首要条件,社会建设必须以精神文明建设为依皈,通过思想对民众进行教育,启导和协调社会各界逐步达到利益的均衡,实现社会和谐来稳定社会秩序,最后达到"天下为公"、"世界大同"理想社会的目标,这是一种具有独创性的建设思维,对于社会的全面建设和全面发展具有启示性作用。

其次是人民富裕安康、民主自由幸福的社会。

"民为邦本,本邦固宁。"民是国家和社会建设的根本,只要民能富裕安康、享有自由、平等的幸福,国家和社会就一定会富强和安宁。这种以民为本,也即是以人为本思想的确立,提升了民在国家和社会中的地位。孙中山说:"吾国土地如此之大,人民如此之多,物产如此之富,何至于如此之贫!推原其由,实因前清专制政体,人民无权利,遂无义务的思想。无自由平等的幸福,自甘暴弃责任,毫无竞争之心,进取之性。此实吾国民至于贫弱之一大原因也。"③ 因此,孙中山为了建构一个人民富裕安康、自由、平等,国利民福的幸福社会,首先从思想上努力,反复论证封建专制主义统治抹煞人性、埋

---

① 孙中山:《在济南各团体欢迎会的演说》,《孙中山全集》第 2 卷,北京:中华书局 1982 年版,第 480 页。
② 孙中山:《在桂林对滇赣粤军的演说》,《孙中山全集》第 6 卷,北京:中华书局 1985 年版,第 12~13 页。
③ 孙中山:《在山西实业界及各党派欢迎会的演说》,《孙中山全集》第 2 卷,北京:中华书局 1982 年版,第 476 页。

没人格，强调要"宣传主义，启牖文明"①，"把我们的主义，潜移默化，深入人心"，做到"人人心悦诚服，都欢迎我们的主义"。② 这里所讲的主义，即民族、民权、民生三民主义。"三民"也即是"全民"，即一切为了人民，"国家是人民所共有"，"政治是人民所共管"，"利益是人民所共享"。如此这"三种功夫同时做完，这就是本党的主义，这才是国利民福，人民才可享真正幸福"。③ 通过三民主义的实施，"促进中国之国际地位平等、政治地位平等、经济地位平等，使中国永久适存于世界"④。可见，平等便是孙中山以民为本思想的核心和基本原则。在专制与独裁的政治架构里，权力比什么都重要，有了权就有了一切，人民没有权也便失去一切。也即是说，要改变人民无权、男女不平等、贫富不均等社会不均不平现象，以及没有正义和公理的社会环境，确立民权是最基本的民本工程。人民只有有了民权和平等自由的人权才能够生存；如果没有民权，人的平等自由也只不过是一种空名词。⑤ 所以，实现民权，把"中国改造成一个'全民政治'的民国"⑥，便是孙中山"以民为本"思想的基础性工程。一个社会不可能没有矛盾，不可能没有冲突，不可能没有裂痕，一个好的社会能够不断地用法律制度和道德力量化解各种矛盾和冲突，融合裂痕。如果政治家不敢正视社会的冲突和裂痕，不能用自己的智慧去化解矛盾、解决利益多元化带来的社会多元化问题，这个社会也不可能有什么和谐。

中国的社会是二元结构的社会，除了城市就是乡村。乡村以家庭作为本位，所以以人为本或以民为本，必须以家庭为本，以家族为本。家和万事兴，只有治好家，才能治好社会和国家。所以，孙中山说："夫国以民为本，民以食为天，不足食胡以养民？不养民胡以立国？是在先养而后教，此农政之兴尤为今日之急务也。"⑦ "欲上纾国计，必先下裕民生。"⑧ "欲上充国库，必先下

---

① 孙中山：《益智书报社八周年纪念贺电》，《孙中山全集》第 6 卷，北京：中华书局 1985 年版，第 51 页。
② 孙中山：《在广州对国民党员的演说》，《孙中山全集》第 8 卷，北京：中华书局 1986 年版，第 568 页。
③ 孙中山：《在中国国民党本部特设驻粤办事处的演说》，《孙中山全集》第 5 卷，北京：中华书局 1985 年版，第 480 页。
④ 孙中山：《民权主义第一讲》，黄彦编：《孙文选集》上册，广州：广东人民出版社 2006 年版，第 403~404 页。
⑤ 参见孙中山：《民权主义第三讲》，黄彦编：《孙文选集》上册，广州：广东人民出版社 2006 年版，第 526 页。
⑥ 孙中山：《民权主义第四讲》，黄彦编：《孙文选集》上册，广州：广东人民出版社 2006 年版，第 548 页。
⑦ 孙中山：《上李鸿章书》，《孙中山全集》第 1 卷，北京：中华书局 1981 年版，第 17 页。
⑧ 孙中山：《致孙洪伊函》，《孙中山全集》第 3 卷，北京：中华书局 1984 年版，第 359 页。

裕民生。"① 为此，孙中山认为，兴办实业解决民生问题既是政治的需要，也是以人为本的道德根本。不关心人民的生计，不仅治国无方，也是对人民的不关爱，是道德的沦落。要社会长治久安，就要解决民生问题，解决人民的衣食住行等基本生活条件问题，而"长治久安之道"又在于发展实业为先，使人民有工做，有饭吃，有房舍住。所以以民为本，又在于"治本为先，救穷宜急"。可见，民生主义的归结点，是社会的稳定，以及和平协调发展，"建设一个极和平、极自由、极平等的国家"②。这是孙中山实施民生主义，避免社会弊病，消除劳资间的阶级斗争，防止无产阶级向资产阶级、农民向地主争取政治经济平等权益而发动"社会革命"，或曰"第二次革命"。孙中山的这些思想主张和政策，充分地反映了中国民族资产阶级要求和平、稳定、协调的社会环境，建设一个具有中国特色的资本主义社会的愿望。③

为了解决民生，避免社会革命带来的社会动荡和人民之间的矛盾，孙中山企图通过发展国家资本主义（也称国家社会主义），节制私人资本主义，让国家集聚资金进行第二次分配，通过国家的力量发展农、工、商、矿和交通企业，实现中国的工业化、城市化，从而解决民生的衣、食、住、行问题。1924年1月，孙中山在《国民政府建国大纲》中明确地指出，"国民政府本革命之三民主义、五权宪法，以建设中华民国"，并说："建设之首要在民生。故对于全国人民之衣、食、住、行四大需要，政府当与人民协力，共谋农业之发展以足衣食，共谋织造之发展以裕民衣，建筑大计画之各式屋舍以乐民居，修治道路、运河以利民行。"④ 孙中山的意思很明白，人民是需要生活的，衣食住行是最基本的生活条件，只有解决了人民的生计问题，社会才会有稳定，才会有发展，才会有和谐，所以发展中国的实业，开发中国的广大天然资源和其他资源是社会发展和民生所必需，但诚如孙中山所指出："开发资源不仅仅是为了富有，而更重要的是为了我国人民的满足和幸福。我认为一个国家的伟大，不在于它的人民富有，而在于它的人民幸福。"⑤

所谓"人民幸福"，是说在政治上，人民享有法律赋予的一切权利，政治上自由、平等，无压迫之苦；经济上各有所得，人与人之间具有良知、博爱与

---

① 孙中山：《致段祺瑞函》，《孙中山全集》第3卷，北京：中华书局1984年版，第360页。
② 孙中山：《与戴季陶的谈话》，《孙中山全集》第5卷，北京：中华书局1985年版，第69页。
③ 参见张海鹏：《试论孙中山"民生主义"的真谛》，《追求集：近代中国历史进程的探索》，北京：社会科学文献出版社1998年版，第316~329页。
④ 孙中山：《国民政府建国大纲》，黄彦编：《孙文选集》上册，广州：广东人民出版社2006年版，第397页。
⑤ 孙中山：《对外宣言》，《孙中山全集》第6卷，北京：中华书局1985年版，第528页。

互助，衣食住行无忧，"文明之福祉，国民平等以享之"①；人民享有教育权，使中国社会上下一心，"育人才而培国脉"②，"勉术学问，琢磨道德，以引进人群，愚者明之，弱者强之，苦者乐之"③，所以"励行教育普及，增进全国民族之文化"④，是为社会增福，为邦家添光。⑤ 从孙中山当时的思想和主张看，他所建构的社会还是属于社会发展较低层次的阶段，人民还不富有，但感到生活幸福；社会还存在阶级压迫和剥削，但通过调和阶级之间的矛盾，可以达到共容政治文化的态势，避免阶级矛盾尖锐化、激烈化造成的社会革命给社会带来破坏和毁损；文化和教育还不发达，但要在官员和人民中造成重视教育培养人才，树立以学问救国、科学救国的社会氛围，使社会风尚和人民的素质、品格高尚。这样的社会姑且可以称之为欠发达的资本主义社会。可见，孙中山强调阶级调和是不现实的，但他强调阶级互助，不强调对立和斗争，这里面有中国经济不发达的原因，也有世界社会民主主义思想的影响。应该如何评价孙中山当时的社会调和及其互助思想和主张，这是学术界可以讨论的问题，但孙中山认为，为了实现民生主义的目标，人与人之间必须以和为贵，与人为善，不能与人为恶，这是他一直坚持的道德观，这种道德观不是教人与对立阶级为恨。因之孙中山的民生主义远比其他民族、民权主义更具仁爱的伦理传统。具体说来就是"运动伦理的方式，使各阶级合作和谐，而绝不是使各阶级互相仇视而益形分歧"⑥。可见，"孙中山民生主义所蕴含的适度斗争、和谐共处，以调节社会阶级结构的矛盾，促进社会在相对稳定时期得以协调发展的意理，不失为其人类社会互助发展理念的补充"。如果我们把孙中山关于社会协调发展的理论，比作促进社会变革的一种政治心理"润滑剂"，那么由孙中山研制的这种"润滑剂"，对社会的变革和社会的稳定与进步，当是一种无形的潜在的巨大推动力。⑦

---

① 孙中山：《中国同盟会革命方略》，《孙中山全集》第1卷，北京：中华书局1981年版，第297页。
② 孙中山：《令教育部通告各省优初级师范开学文》，《孙中山全集》第2卷，北京：中华书局1982年版，第253页。
③ 孙中山：《在广州岭南学堂的演说》，《孙中山全集》第2卷，北京：中华书局1982年版，第360页。
④ 孙中山：《中国国民党宣言》，《孙中山全集》第7卷，北京：中华书局1985年版，第3页。
⑤ 参见孙中山：《广东大学学生毕业典礼训词》，《孙中山全集》第10卷，北京：中华书局1986年版，第318页。
⑥ （美）林百克：《与孙逸仙谈话》，参见王杰：《论孙中山的"中国式"社会变革理路》，江中孝、王杰主编：《跨世纪解读与审视——孙中山研究论文选辑（1996—2006）》，天津：天津古籍出版社2006年版，第29页。
⑦ 参见王杰：《论孙中山的"中国式"社会变革理路》，江中孝、王杰主编：《跨世纪解读与审视——孙中山研究论文选辑（1996—2006）》，天津：天津古籍出版社2006年版，第29页。

再次，建构国家社会主义，为"天下为公、世界大同"理想社会奠基。

孙中山是一位社会发展阶段论者，但不是马克思主义原始社会、奴隶社会、封建主义社会、资本主义社会、社会主义（共产主义）五种社会形态发展论者，他对于社会的变迁、变革有自己独到的见解，但又缺乏系统全面的阐释。所以，我们研读孙中山的社会发展思想，只能是根据其在有关政治的论述中去寻觅去探索去解读，因此分歧意见难免。

孙中山在晚年做民权主义讲演时，将人类社会的历史发展区分为"洪荒时代"、"神权时代"、"君权时代"和"民权时代"的依次递进。他认为，"世界的潮流，由神权流到君权，由君权流到民权，现在流到了民权，便没有方法可以反抗"。"世界潮流到了现在，不但是神权不能够存在，就是君权也不能够长久。"① 从这个带根本性的时代发展观出发，孙中山更认定，人类社会是不断向前发展的，中国的民权也一定会代替君权。在民生主义讲演中，孙中山又从经济生活的角度来说明人类社会的发展，把人类社会的发展分为"果实时代"、"渔猎时代"、"游牧时代"、"农业时代"和"工商时代"。② 从孙中山献身革命开始，他便追求"民权时代"，向往"工商时代"，主张"开放主义"，并把这些看作世界潮流和时代发展的方向；从他主张对西方科学采取"取法乎上"，以社会革命促进时代发展，以流血牺牲换取"真立宪"，以科学知识建设"最文明"的国家，到晚年以阶级合作建立国民政府，力争实现国家统一和"全民政治"，都是他对社会发展观的认知，以及主动地去适应潮流，用自己的实践促进社会发展和进步所得出的结果。孙中山的历史发展观，既不是西方的，也不完全是中国古代的，他完全是根据自己的体验而总结出来的，所以具有调和以及牵强附会的内涵。比如他在民生主义演讲中说："民生就是人民的生活——社会的生存、国民的生计、群众的生命便是。""我现在就是用民生二字，来讲外国近百十年来所发生的一个最大问题，这个问题就是社会问题。故民生主义就是社会主义，又名共产主义，即是大同主义。"③ 这话怎么理解？孙中山说，之所以会产生社会问题，"就是因为这几十年来，各国的物质文明极进步，工商业很发达，人类的生产力忽然增加"，"便有许多人一时失业，没有工做，没有饭吃。这种大变动，外国叫做'实业革命'。因为有了这种实业革命，工人便受很大痛苦。因为要解决这种痛苦，所以近几

---

① 孙中山：《民权主义第一讲》，黄彦编：《孙文选集》上册，广州：广东人民出版社2006年版，第407页。

② 孙中山：《民权主义第一讲》，黄彦编：《孙文选集》上册，广州：广东人民出版社2006年版，第599页。

③ 孙中山：《民生主义第一讲》，黄彦编：《孙文选集》上册，广州：广东人民出版社2006年版，第593页。

十年来便发生社会问题"①,出现社会主义革命。所以,孙中山用"民生主义"这个中国古代的代名词代替"社会主义"。孙中山虽说马克思是"马克思主义中的圣人","马克思专从事实与历史方面用功,原原本本把社会问题的经济变迁阐发无遗"。但"讲到社会问题,在马克思以前以为是一种希望,是做不到的事。到马克思本人,也以为单靠社会主义的理想去研究,还是一种玄想,就令全世界的人都赞成也是做不成功,一定要凭事实,要用科学的方法去研究清楚才可以做得到"。"故马克思所求出解决社会问题的方法,就是科学的社会主义。由于他这种详细深奥的研究,便求出一个结果,说世界上各种人事的动作,凡是文字记载下来令后人看见的,都可以作为历史。他在这种历史中所发明的最重要之一点,就是说世界一切历史都是集中于物质,物质有变动,世界也随之变动。并说人类行为都是由物质的境遇所决定,故人类文明史只可说是随物质境遇的变迁史。"孙中山对马克思发明物质是历史的重心的看法不以为然。他认为:"民生为社会进化的重心,社会进化又为历史的重心,归结到历史的重心是民生,不是物质。""由此便可知马克思认定要有阶级战争,社会才有进化,阶级战争是社会进化的原动力。这是以阶级战争为因,社会进化为果。"② 这是孙中山对马克思主义的误解,也与近代社会进化的事实不符。孙中山认为,"照欧美近几十年来社会上进化的事实看,最好的是分配之社会化,消灭商人的垄断,多征资本家的所得税和遗产税,增加国家的财富,更用这种财富来把运输和交通收归公有,以及改良工人的教育、卫生和工厂的设备,来增加社会上的生产力"。"社会之所以有进化,是由于社会上大多数的经济利益相调和,不是由于社会上大多数的经济利益有冲突。社会上大多数的经济利益相调和,就是为大多数谋利益。大多数有利益,社会才有进步。社会上大多数的经济利益之所以要调和的原因,就是因为要解决人类的生存问题。古今一切人类之所以要努力,就是因为要求生存;人类因为要有不间断的生存,所以社会才有不停止的进步。所以社会进化的定律是人类求生存,人类求生存才是社会进化的原因。"③ 孙中山的社会进化思想,明显与马克思的社会进化论不同,但在求社会的进步、发展和社会问题的解决,实现一个人类最为理想的社会方面则大致相同,只是实现理想社会的道路和方法不同。所以,孙中山说它的民生主义就是共产主义,就是社会主义,即是大同主义。孙中山是

---

① 孙中山:《民生主义第一讲》,黄彦编:《孙文选集》上册,广州:广东人民出版社2006年版,第593、596页。

② 孙中山:《民生主义第一讲》,黄彦编:《孙文选集》上册,广州:广东人民出版社2006年版,第593~605页。

③ 孙中山:《民生主义第一讲》,黄彦编:《孙文选集》上册,广州:广东人民出版社2006年版,第607~608页。

想通过阶级的调和发展经济，再通过国家掌控财富实现分配的合理化、社会化，弄到社会财源和分配平均，解决社会贫富不均的痛苦，使人类能够平等、自由、和谐地生存，缓和社会矛盾，促进社会的稳定和发展，并通过改良各种社会事业，使人类能够幸福和无忧无虑地生活。这种理论，孙中山说是社会主义，即大同主义。这种社会主义理论也不是他凭空想出来的，而是他从古今中外历史中、从国内外社会主义的众多流派和学说中解读出来的，实质即中国古代的大同主义和世界近代的国家社会主义。他之所以反复论证民生主义就是共产主义，就是社会主义，是为了说明民生主义与社会主义、共产主义不冲突，是好朋友，又是为了清除当时国内一些人士在社会发展理论上的纷争。这种社会发展理论，是西方的国家资本主义，也有人称之为国家社会主义。如果我们平心而论，孙中山理想社会其实还是孔子的"大道之行也，天下为公"，还是孔子在《礼记·礼运》大同篇中所说的大同理想。这就是让人们了解到孙中山的理想社会还是求人民的安居乐业，幸福祥和，享受社会发达、文明进步的善果。孙中山是想通过建设一个发达的国家社会主义社会为未来实现"天下为公"、"世界大同"奠下坚实的基础。

由此可见，孙中山所追求的理想社会——大同主义，或称"天下为公"、"世界大同"是孙中山的最高理想。他给广州中国国民党黄埔陆军军官学校写的训词前四句是："三民主义，吾党所宗，以建民国，以进大同"；这训词后来被定为国民党党歌，进而定为当时的国歌，可见孙中山及其所代表的国民党人对大同主义的重视。但因这种大同主义离社会的现实相当遥远，人民没有切身感受；又因为过去国民党人背叛了孙中山的理想没有建设国家的实际作为，并没有给国人带来大同主义的恩惠，因此人们选择马克思的社会主义作为中国的发展路向。然而，作为人类的一种追求和理想，孙中山的大同主义仍具有思想的价值。孙中山所确立和解读的"天下为公"、"世界大同"理想是对中国古代大同理想的继承，又包含有西方社会民主主义和科学社会主义的影子，它是一个综合古今中外人本思想和民主思想而创获的带有学术史和思想史的理论课题。这个课题由于孙中山未来得及作出系统和深入的研究和实践而显得比较乏味和不足，但回顾孙中山建构中国社会的理论和思想，对于当今我们建设社会主义和谐社会，实现人民的小康生活，实现中华民族伟大复兴的中国梦，是一种激励，无疑对全国种族人民团结奋进，创造美好的未来仍然具有重要的启迪。那就是，我们应该有理想有信念，坚定信念，坚定不移，为实现伟大的理想，向着光明的未来努力奋斗！

后　　记

本书是孙中山基金会的研究项目，由本会原副理事长（今顾问）林家有教授总负责并组织撰写。参与本书撰写的同人和分工如下：

林家有（中山大学）教授撰写引论，第一、二章，第三章第一、二节，第四章第一、二节，第七章第二、三节。

黄彦（广东省社会科学院）研究员撰写第七章第一节。

陈金龙（华南师范大学）教授撰写第四章第三、四、五节。

赵立彬（中山大学）教授撰写第三章第二、三、四节。

郭华清（广州大学）教授、朱云志（广州大学研究生）撰写第六章。

谷小水（中山大学）副教授撰写第五章。

全书由林家有设计体例和修改定稿。

本书2009年8月由中山大学出版社初版，得与读者见面，除了参与本书撰写的各位同人认真负责、精益求精、反复修改、保证书稿质量外，也跟孙中山基金会原理事长石安海（广东省政协原副主席）同志，以及各位副理事长的关心、支持和鼓励分不开。中山大学历史系梁碧莹教授花去很多时间和精力用电脑处理书稿中的各种问题，中山大学出版社的领导、责任编辑，以及有关的同志也通力合作，做了很大的努力，使本书能按时出版。

本书这次再版，林家有又就原版的一些疏漏作了修正，个别地方做些修改，基本观点不改动，并对原版的注释作了订正并统一体例。借本书再版之机，对本书的撰写、出版给予过关心、支持、鼓励和付出过心血的有关人士，除表达我们深切的敬意和衷心的感谢外，我们也诚心诚意地欢迎学术界，以及社会热心人士对本书的出版给予关注，提出批评指正。

林家有

2014年5月于

中山大学历史学系